Thalhofer (Hrsg.)
Handbuch IT-Litigation

Für meinen juristischen Ziehvater
und sehr gutem Freund
Karl-Heinz Dietzel

08.01.2013

Handbuch
IT-Litigation

*IT-Verfahrensrecht
national · international · gerichtlich
außergerichtlich*

herausgegeben von

Dr. Thomas Thalhofer
Rechtsanwalt,
München

2012

Verlag
Dr. Otto Schmidt
Köln

Bearbeiter

David Barker
Solicitor and Partner
Pinsent Masons LLP, London

Jihong Chen
Rechtsanwalt
Zhong Lun Law Firm, London

Michael Eggert, LLM.
Rechtsanwalt und
Wirtschaftsmediator
Noerr LLP, Frankfurt a.M.

Friederike Maria Fronius, LLM
Assessor iuris
Noerr LLP, München

Randy Gainer
Rechtsanwalt
Davis Wright Tremaine LLP, Seattle

Viktor Gerbutov
Jurist
Noerr OOO, Moskau

Matthew Lavy
Rechtsanwalt (Barrister)
4 Pump Court, London

Jessica Loew, LLM.
Rechtsanwältin
Noerr LLP, Berlin

Dr. Anke Meier, LLM.
Rechtsanwältin
Noerr LLP, Frankfurt a.M.

Luiza Saito Sampaio, LLM.
Advogada (Brasilien)
Noerr LLP, Frankfurt a.M.

Sajai Singh
Rechtsanwalt
J. Sagar Associates, Bangalore

Dr. Thomas Thalhofer
Rechtsanwalt
Noerr LLP, München

Matthias Uhrig
Geschäftsführender Partner
INTARGIA Managementberatung,
Dreieich
öffentlich bestellter und
vereidigter Sachverständiger
für Informationsverarbeitung

Dr. Brunela Vieira de Vincenzi
European Lawyer (PT) und
Advogada (Brasilien)
Noerr LLP, Frankfurt a.M.

Haibin Xue
Rechtsanwalt
Zhong Lun Law Firm, London

Bibliografische Information
der Deutschen Nationalbibliothek

Die Deutsche Nationalbibliothek verzeichnet diese
Publikation in der Deutschen Nationalbibliografie;
detaillierte bibliografische Daten sind im Internet
über http://dnb.d-nb.de abrufbar.

Verlag Dr. Otto Schmidt KG
Gustav-Heinemann-Ufer 58, 50968 Köln
Tel. 02 21/9 37 38-01, Fax 02 21/9 37 38-943
info@otto-schmidt.de
www.otto-schmidt.de

ISBN 978-3-504-56048-5

Das verwendete Papier ist aus chlorfrei gebleichten
Rohstoffen hergestellt, holz- und säurefrei, alterungs-
beständig und umweltfreundlich.

Einbandgestaltung: Jan P. Lichtenford, Mettmann
Satz: WMTP, Birkenau
Druck und Verarbeitung: Hubert & Co., Göttingen
Printed in Germany

Vorwort

Als Rechtsanwalt mit Spezialisierung auf den Bereich IT-Recht, welcher auch häufig mit außergerichtlichen und gerichtlichen Streitigkeiten zu tun hat, musste man sich bisher im Wesentlichen mit Literatur begnügen, die sich allgemein mit dem Prozessrecht oder mit allgemeinen Verhandlungsstrategien befasst. Eine umfassende Darstellung von für einen IT-Rechtsanwalt wichtigen Rechtsmaterien in streitigen Angelegenheiten suchte man bisher vergebens. Aus diesem Mangel an entsprechender Literatur, welcher in der täglichen Arbeit deutlich wurde, ist die Idee zu diesem Buch entstanden.

Dabei richtet sich das Werk sowohl an den Rechtsanwalt, welcher in seiner täglichen Praxis nur ab und an einen Fall mit IT-Bezug zu lösen hat, als auch an den Spezialisten, der gerade auch Unternehmen im internationalen Umfeld berät. Für Letzteren ist dann auch der zweite Teil des Buches, welcher sich mit den internationalen Gegebenheiten für IT-Verfahren in den wesentlichen Märkten befasst, gedacht. Gerade IT-Sachverhalte haben durch das weltumspannende Internet häufig einen internationalen Bezug. Oftmals ergibt sich für den beratenden Rechtsanwalt auch die Möglichkeit, zwischen verschiedenen Gerichtsständen auszuwählen. Gerade in diesem Fall des so genannten „Forum Shopping" ist die Kenntnis der wesentlichen Gegebenheiten für Verfahren vor den staatlichen Gerichten und Schiedsgerichtsverfahren in den jeweiligen Ländern von hoher Bedeutung. Vor diesem Hintergrund freut es mich besonders, für die im IT-Bereich wichtigsten Jurisdiktionen jeweils erfahrene und renommierte Rechtsanwälte und Praktiker gewinnen zu können, welche Beiträge zu diesem Buch geliefert haben.

Mein besonderer Dank gilt daher zuvorderst meinen nationalen und internationalen Mitautoren, die mit ihren hervorragenden Beiträgen dieses Buch erst ermöglicht haben. Weiterer Dank geht an meine wissenschaftliche Mitarbeiterin Patricia Herzog, die mit ihrer unermüdlichen Arbeit an Manuskript und Fußnoten einen wesentlichen Beitrag zur Entstehung dieses Werkes geleistet hat. Darüber hinaus darf ich auch unseren Assistentinnen Nina Holl, Jessica Jendroßek, Jutta Erndl und Christine Herrmann danken, die durch vielfaches Korrigieren hoffentlich auch die letzten Fehler aus den Texten verbannen konnten.

Schließlich danke ich meiner Frau Dr. Sonja Thalhofer und meinen Söhnen Simon und Maximilian für ihre Geduld und ihr Verständnis.

Ich möchte alle Leser bitten, mir Hinweise, Anregungen und Kritik über den Verlag zukommen zu lassen.

München, im Juli 2012   Thomas Thalhofer

Inhaltsübersicht

Inhaltsverzeichnis

Abkürzungsverzeichnis

a.F.	alte Fassung
AAA	American Arbitration Association
ABl.	Amtsblatt
Abs.	Absatz
AcP	Archiv für die civilistische Praxis (Zeitschrift)
ADR	Alternativ Dispute Resolution
AG	Amtsgericht; Aktiengesellschaft; Die Aktiengesellschaft (Zeitschrift)
AGB	Allgemeine Geschäftsbedingung(en); Applicant Guidebook der ICANN
ArbGG	Arbeitsgerichtsgesetz
ASP	Application Service Providing
Aufl.	Auflage
BAL	Brazilian Arbitration Law
BB	Betriebs-Berater (Zeitschrift)
BCCIL	Brazilian Civil Code Introductory Law
BCCP	Brazilian Code of Civil Procedure
BCCrP	Brazilian Code of Criminal Procedure
BDSG	Bundesdatenschutzgesetz
BGB	Bürgerliches Gesetzbuch
BGBl.	Bundesgesetzblatt
BGH	Bundesgerichtshof
BGHZ	Entscheidungssammlung des Bundesgerichtshofs in Zivilsachen
BIPL	Brazilian Industrial Property Law
BR-Drs.	Bundesrats-Drucksache
BT-Drs.	Bundestags-Drucksache
BVerfG	Bundesverfassungsgericht
BVerfGE	Entscheidungssammlung des Bundesverfassungsgerichts
ccTLD	Country Code Top-Level-Domain
CFAA	Computer Fraud and Abuse Act
CHF	Schweizer Franken
CIETAC	China International Economic and Trade Arbitration Center
CPC	Code of Civil Procedure
CPR	Civil Procedure Rules
CR	Computer und Recht (Zeitschrift)
CrPC	Code of Criminal Procedure
d.h.	das heißt
DB	Der Betrieb (Zeitschrift)
DENIC	zentrale Registrierungsstelle für alle Domains unter der Top Level Domain .de

DGRI	Deutsche Gesellschaft für Recht und Informatik e.V.
DIS	Deutsche Institution für Schiedsgerichtsbarkeit e.V.
DPMA	Deutsches Patent- und Markenamt
DRSP	Dispute Resolution Service Provider
DuD	Datenschutz und Datensicherheit (Zeitschrift)
DWiR	Deutsche Zeitschrift für Wirtschaftsrecht (Zeitschrift)
ECHR	European Court of Human Rights
ECS	electronic communication service
EGV	EG-Vertrag
EGZPO	Gesetz betreffend die Einführung der Zivilprozessordnung
EPA	Europäisches Patentamt
EPÜ	Europäisches Patentübereinkommen
EuGH	Europäischer Gerichtshof
EUR	Euro
EuZW	Europäische Zeitschrift für Wirtschaftsrecht (Zeitschrift)
e.V.	eingetragener Verein; einstweilige Verfügung
EVB-IT	Ergänzende Vertragsbedingungen für die Beschaffung von IT-Leistungen
EWR	Europäischer Wirtschaftsraum
FAA	Federal Arbitration Act
FS	Festschrift
GewO	Gewerbeordnung
GG	Grundgesetz
GKG	Gerichtskostengesetz
GmbH	Gesellschaft mit beschränkter Haftung
GRUR	Gewerblicher Rechtsschutz und Urheberrecht (Zeitschrift)
gTLD	generische Top-Level-Domain
GWB	Gesetz gegen Wettbewerbsbeschränkungen
HGB	Handelsgesetzbuch
HKIAC	Hongkong International Arbitration Center
i.d.R.	in der Regel
i.S.d.	im Sinne des
i.S.v.	im Sinne von
IBA	International Bar Association
ICANN	Internet Corporation for Assigned Names and Numbers
ICC	International Chamber of Commerce
ICDR	International Center for Dispute Resolution
IP	Intellectual Property
IPR	Intellectual Property Rights
IT	Informationstechnologie
ITIL	IT Infrastructure Library
ITRB	Der IT-Rechts-Berater (Zeitschrift)

JVEG	Justizvergütungs- und -entschädigungsgesetz
JZ	Juristenzeitung (Zeitschrift)
K&R	Kommunikation & Recht (Zeitschrift)
KMO	Konfliktmanagementordnung
LCIA	London Court of International Arbitration
LDSG	Landesdatenschutzgesetz
LG	Landgericht
m. Anm.	mit Anmerkung
m.w.N.	mit weiteren Nachweisen
MAB	Mediationsakademie Berlin
MarkenG	Markengesetz
MDR	Monatsschrift für Deutsches Recht (Zeitschrift)
MMR	Multimedia und Recht (Zeitschrift)
n.F.	neue Fassung
NJW	Neue Juristische Wochenschrift (Zeitschrift)
NPC	National People's Congress
NZA	Neue Zeitschrift für Arbeitsrecht (Zeitschrift)
o.Ä.	oder Ähnliches
öbuvSV	öffentlich bestellter und vereidigte Sachverständiger
OECD	Organisation for Economic Co-operation and Development
OLG	Oberlandesgericht
PatG	Patentgesetz
PDDRP	Trademark Post-Delegation Dispute Resolution Procedure
PRC	People's Republic of China
RDG	Rechtsdienstleistungsgesetz
RIW	Recht der Internationalen Wirtschaft
Rl.	Richtlinie
RMB	Renminbi (Währung der Volksrepublik China)
RR	Rechtsprechungsreport
RUB	Russischer Rubel
RUDRP	Uniform Domain-Name Dispute-Resolution Policy-Rules
RVG	Rechtsanwaltsvergütungsgesetz
Rz.	Randziffer
SCA	Stored Communications Act
SCC	Stockholm Chamber of Commerce
SchiedsVZ	Die neue Zeitschrift für Schiedsverfahren
SIPO	State Intellectual Property Office
SLA	Service Level Agreement
STF	Supreme Federal Court
STJ	Superior Court of Justice

TCC	Technology and Construction Court
TJ	Tribunal de Justiça
TKG	Telekommunikationsgesetz
TLD	Top-Level-Domain
TM Act	Trademarks Act
TREs	Tribunais Regionais Eleitorais
TRFs	Tribunais Regionais Federais
TRIPS	Agreement on Trade Related Aspects of Intellectual Property
TRTs	Tribunais Regionais do Trabalho
TSE	Tribunal Superior Eleitoral
TST	Superior Tribunal do Trabalho
u.a.	unter anderem, und andere
U.S.C.	United States Code
u.U.	unter Umständen
UDRP	Uniform Domain-Name Dispute-Resolution Policy
UNCITRAL	United Nations Commission on International Trade Law
UrhG	Urheberrechtsgesetz
URS	Uniform Rapid Suspension
USD	US-Dollar
UWG	Gesetz gegen den unlauteren Wettbewerb
VersR	Zeitschrift für Versicherungsrecht
vgl.	vergleiche
VIAC	Vienna International Arbitration Center
VO	Verordnung
WIPO	World Intellectual Property Organization
WM	Wertpapier-Mitteilungen (Zeitschrift)
WpHG	Wertpapierhandelsgesetz
WRP	Wettbewerb in Recht und Praxis (Zeitschrift)
WTA	Wiretap Act
z.B.	zum Beispiel
ZIP	Zeitschrift für Wirtschaftsrecht (Zeitschrift)
ZKM	Zeitschrift für Konfliktmanagement
ZPO	Zivilprozessordnung
zzgl.	zuzüglich

Literaturverzeichnis

A. Dissertationen

Wilhelm, Verhandlung im Schadenfall, Diss., 2003

B. Handbücher/Lehrbücher

American Arbitration Association, Handbook on Mediation, 2. Aufl. 2010

Auer-Reinsdorff/Conrad (Hrsg.), Beck'sches Mandatshandbuch IT-Recht, 2011

Becker/Gora/Uhrig (Hrsg.), Informationsmanagement 2.0 – Neue Geschäftsmodelle und Strategien für die Herausforderungen der digitalen Zukunft, 2012

Böckstiegel/Kroll/Nacimiento, Arbitration in Germany, 2007

Bräutigam (Hrsg.), IT-Outsourcing, 2. Aufl. 2009

Breidenbach, Mediation: Struktur, Chancen und Risiken von Vermittlung im Konflikt, 1995

Breidenbach/Henssler (Hrsg.), Mediation für Juristen, 1997

Bücking/Angster, Domainrecht, 2. Aufl. 2010

Duve/Eidenmüller/Hacke (Hrsg.), Mediation in der Wirtschaft, 2. Aufl. 2011

Enders/Börstinghaus, Einstweiliger Rechtsschutz, 2. Aufl. 2010

Fisher/Ury/Patton, Das Harvard-Konzept, 23. Aufl. 2009

Frost, Schiedsgerichtsbarkeit im Bereich des geistigen Eigentums nach deutschem und US-amerikanischem Schiedsrecht, 2001

Glasl, Konfliktmanagement, 9. Aufl. 2010

Greger/Unberath, Die Zukunft der Mediation in Deutschland, 2008

Haft/von Schlieffen (Hrsg.), Handbuch Mediation, 2. Aufl. 2009

Härting, Internetrecht, 4. Aufl. 2010

Hoeren/Sieber, Multimedia-Recht, Loseblatt

Hopt/Steffek (Hrsg.), Mediation: Rechtstatsachen, Rechtsvergleich, Regelungen, 2008

Hornung, rechtliche Rahmenbedingungen für die Tätigkeit freier Mediatoren, 2006

Kilian/Heussen, Computerrechts-Handbuch, Loseblatt

Klett/Sonntag/Wilske, Intellectual Property Law in Germany, 1. Aufl. 2008

Köhler/Arndt/Fetzer, Recht des Internet, 6. Aufl. 2008

Kunkel/Bräutigam/Hatzelmann, Verhandeln nach Drehbuch, 2006

Lachmann, Handbuch für die Schiedsgerichtspraxis, 3. Aufl. 2008

Lehmann/Meents (Hrsg.), Handbuch des Fachanwalts Informationstechnologierecht, 2008.

Leupold/Glossner (Hrsg.), Münchener Anwaltshandbuch IT-Recht, 2. Aufl. 2011

Nagel/Gottwald, Internationales Zivilprozessrecht, 6. Aufl. 2007

Prütting, Außergerichtliche Streitschlichtung. Ein Handbuch für die Praxis, 2003

Redeker, IT-Recht, 5. Aufl. 2012

Risse, Wirtschaftsmediation, 2003

Röhl/Weiß, Die obligatorische Streitschlichtung in der Praxis, 2005

Schneider (Hrsg.), Handbuch des EDV-Rechts, 4. Aufl. 2009

Schrey/Kugler, IT-Agreements in Germany, 2011

Schütze, Prozessführung und -risiken im deutsch-amerikanischen Rechtsverkehr, 2004

Spindler, Gerichtsnahe Mediation in Niedersachsen, 2005

Streitz, IT-Projekte retten: Risiken beherrschen und Schieflagen beseitigen, 2004

Teplitzky, Wettbewerbsrechtliche Ansprüche und Verfahren, 10. Aufl. 2011

Walz (Hrsg.), Formularbuch außergerichtliche Streitbeilegung, 2006

Woolf, Access to Justice: Final Report to the Lord Chancellor of England and Wales, Lord Chancellor's Department, 1996

C. Kommentare

Baumbach/Lauterbach/Albers/Hartmann, Zivilprozessordnung, 70. Aufl. 2012

Dreier/Schulze (Hrsg.), Urheberrechtgesetz, 3. Aufl. 2008

Harte-Bavendamm/Henning-Bodewig, UWG, 2. Aufl. 2009

Ingerl/Rohnke, Markengesetz, 3. Aufl. 2010

Jauernig (Hrsg.), Bürgerliches Gesetzbuch, 13. Aufl. 2009

Köhler/Bornkamm, UWG, 30. Aufl. 2012

Möhring/Nicolini (Hrsg.), Urheberrechtsgesetz, 2. Aufl. 2000

Münchener Kommentar zum Bürgerlichen Gesetzbuch, Band 4, 5. Aufl. 2009

Münchener Kommentar zur Zivilprozessordnung, Bd. 1–3, 3. Aufl. 2007/2008

Musielak, ZPO, 9. Aufl. 2012

Palandt, Bürgerliches Gesetzbuch, 70. Aufl. 2011

Spindler/Schuster (Hrsg.), Recht der elektronischen Medien, 2. Aufl. 2011

Stein/Jonas (Hrsg.), Kommentar zur Zivilprozessordnung, 22. Aufl. 2003–2011

Ströbele/Hacker, Markengesetz, 10. Aufl. 2012

Wandtke/Bullinger (Hrsg.), Praxiskommentar zum Urheberrecht, 3. Aufl. 2009

Zöller, Zivilprozessordnung, 29. Aufl. 2012

D. Festschriften/Aufsätze

Stein, die wachsende Bedeutung alternativer Streitbeilegungsverfahren in Deutschland in Stein (Hrsg.), Wege der Rechtskultur in Europa, Eröffnungskonferenz deutsch-italienisches Institut für Rechtskulturvergleich in Europa der Technischen Universität Dresden, 2010, S. 59 ff.

E. Zeitschriftenaufsätze

Bartsch, Softwarepflege nach neuem Schuldrecht, NJW 2002, 1526

Beckmann, Mediation im Telekommunikationsbereich – eine verpasste Chance? Außergerichtliche Streitbeilegungsverfahren nach dem TKG, MMR 2011, 791

Bergmann/Streitz, Beweiserhebung in EDV-Sachen, NJW 1992, 1726

Bettinger, Alternative Streitbeilegung für „.EU", WRP 2006, 548

Bettinger, Online-Schiedsgerichte für Domainnamensstreitigkeiten, WRP 2000, 1109

Bettinger/Scheffelt, Application Service Providing: Vertragsgestaltung und Konflikt-Management, CR 2001, 729

Bischof/Witzel, Softwarepflegeverträge, ITRB 2003, 31

Bitter, Die Crux mit der obligatorischen Streitschlichtung nach § 15a EGZPO, NJW 2005, 1235

Bräutigam, Die neue Schlichtungsordnung der DGRI, CR 2008, 338

Bräutigam, Second-Hand Software in Europe, Thoughts on the three questions of the German Federal Court of Justice referred to the Court of Justice of the European Union, CRi 2012, 1

Bräutigam/Rücker, Softwareerstellung und § 651 BGB – Diskussion ohne Ende oder Ende der Diskussion, CR 2006, 26

Breidenbach/Peres, Die DIS-Mediationsordnung, SchiedsVZ 2010, 125

DeGroote, Multi-Step Dispute Resolution Clauses: 7 Reasons They Work, http://www.settlementperspectives.com/2010/03/multi-step-dispute-reso lution-clauses-7-reasons-they-work/, retrieved 2011-07-07.

Duve/Sattler, Der Kampf ums Recht im Jahr 2030, AnwBl 2012, 2

Eidenmüller, A Legal Framework for National and International Mediation Proceedings, RIW-Beilage 2002, 3, 14

Eidenmüller, Hybride ADR-Verfahren bei internationalen Wirtschaftskon-flikten, RIW 2002, 1

Eidenmüller, Prozessrisikoanalyse, ZZP 2000, 404

Engel, Transatlantische Impulse für die Beilegung von Rechtsstreitigkeiten, AnwBl 2012, 13

Engelhardt/Greger, Take mediation seriously or face the consequences, ZKM 2003, 4

Eschenfelder, Verwertbarkeit von Discovery-Ergebnissen in deutschen Zivil-verfahren, RIW 2006, 443

Ewer, Wenn nur der Konsens zählt – was bleibt für das Gerichtsverfahren?, AnwBl. 2012, 18

Fähndrich/Ibbeken, Gerichtszuständigkeit und anwendbares Recht im Falle grenzüberschreitender Verletzungen (Verletzungshandlungen) der Rechte des geistigen Eigentums, GRUR Int. 2003, 616

Forster/Schwarz, XVIII. Münchener Symposium zum Film- und Mediations-recht, Streitschlichtung und Mediation in der Film- und Medienwirt-schaft, ZUM 2004, 451

Fritz/Krabbe, Neue Entwicklungen in der anwaltlichen Mediationspraxis, NJW 2011, 3204

Froomkin, ICANN's Uniform Dispute Resolution Policy, Causes and (Par-tial) Cures, Brooklyn Law Review 67 (2002), 608

Gans, Verankerung von Mediation im Unternehmen, ZKM 2001, 66

Gottwald, Verhandeln als juristische Fertigkeit, AnwBl 1984, 549

Greger, Die von der Landesjustizverwaltung anerkannten Gütestellen: Alter Zopf mit Zukunftschancen, NJW 2011, 1478

Greger, Qualitätssicherung der Mediation im internationalen Vergleich, JZ 2011, 229

Haft, Das Verhalten des Anwalts bei der außergerichtlichen Lösung von Konflikten, AnwBl 1989, 458

Haug, Neue generic Top Level Domains: Chancen und Risiken für Unternehmen, ITRB 2012, 20

Henschel, Mediation in Organisationen – Erkenntnisse der Kognitionsforschung und innovative Methoden zur Konfliktregelung in der Praxis, ZKM 2005, 176

Heussen, Die Vertragsverhandlung in der Krise, ZKM 2002, 236

Heymann, Outsourcing als Form der Kooperation, CR 2000, 23

Hoeren/Spittka, Aktuelle Entwicklungen des IT-Vertragsrechts, MMR 2009, 583

Hoppen, Software-Besichtigungsansprüche und ihre Durchsetzung, CR 2009, 407

Imberg/Geissl, Dokumentenmanagementrichtlinien und Aufbewahrungspflichten im Hinblick auf die rechtlichen Anforderungen des U.S. Zivilverfahrens, CCZ 2009, 190

Intveen, Verträge über die Anpassung von Standardsoftware, ITRB 2008, 237

Klinger, „Vernichtet und verloren?" Zum Einfluss der US-amerikanischen pretrial discovery-Regeln auf die Obliegenheiten deutscher Unternehmen zur Aufbewahrung von Dokumenten und zur Sicherung elektronischer Daten, RIW 2007, 108

Koch, Erstellung und Lieferung von Software nach Werkvertragsrecht, ITRB 2008, 233

Krabbe, Neuentwicklung in der anwaltlichen Mediationspraxis, NJW 2011, 324

Kraft, Mediation im Bereich des Wirtschaftsrechts, VersR 2000, 935

Lang, The Resolution of IPR disputes in Asia: Litigation, arbitration or mediation?, IBA Mediation Committee newsletter, September 2006, S. 8

Lapp, Die sieben Phasen einer Verhandlung, ITRB 2008, 112

Lapp, Mediation im IT-Projekt, ITRB 2011, 233

Lapp, Verhandlungsstrategien, ITRB 2008, 67

Lembcke, Urkundenprozess – Zulässige Beweismittel und Darlegungslast, MDR 2008, 1016

Luckey, Die Kammer für Handelssachen, ProzRB 2003, 55

Luckey, Das Schiedsgerichtsverfahren der ICANN – Lösung der Domain Disputes?, NJW 2001, 2527

Maaßen/Hühner, Neue Top-Level-Domains 2011, Fragen zu Verwechslungsgefahr und Haftung der Vergabestellen, MMR 2011, 148

Mähler/Mähler, Missbrauch von in der Mediation erlangten Informationen, ZKM 2001, 4

Maume/Wilser, Viel Lärm um nichts? Zur Anwendung von § 651 BGB auf IT-Verträge, CR 2010, 209

Meier, Der Rechtsanwalt in der Wirtschaftsmediation, SchiedsVZ 2011, 97

Meier, The Production of Electronically Stored Information in International Commercial Arbitration, SchiedsVZ 2008, 179

Mietzel/Orth, Quo vadis – .eu-ADR? Eine erneute Bestandsaufnahme nach 650 Entscheidungen, MMR 2007, 757

Monßen, Fördert das Mediationsgesetz die gerichtsnahe Mediation?, ZKM 2011, 10

Moos, Softwarelizenz-Audits, CR 2006, 797

Müller, „eu"-Domains: Erkenntnisse aus dem ersten Jahr Spruchpraxis, GRUR Int. 2007, 990

Müller-Hengstenberg, Ist das Kaufrecht auf alle IT-Projektverträge anwendbar?, NJW 2010, 1181

Nehle/Hacke, Die Mediationsvereinbarung, ZKM 2002, 257

Pfeiffer, Cyberwar gegen Cybersquatter, GRUR 2001, 92

Piltz, Vom EuGVÜ zur Brüssel-I-Verordnung, NJW 2002, 789

Prechtel, Prozesstaktische Pflichten des Anwalts, MDR 2010, 549

Rath/Klug, e-Discovery in Germany?, K&R 2008, 596

Redeker, Freistellung von Ansprüchen Dritter beim Softwareerwerb, ITRB 2004, 69

Rath/Klug, e-Discovery in Germany?, K&R 2008, 596

Renck, WIPO Arbitration and Mediaton Center, Eine Analyse der Spruchpraxis der ersten sechs Monate, MMR 2000, 586

Risse, Der Sarrazin-Skandal und die Mediation, ZKM 2011, 36

Risse, Neue Wege in der Konfliktbewältigung – Last-Offer-Schiedsverfahren – High/Low-Arbitration und Michigan-Mediation, BB Beilage Mediation und Recht, 16 (2001)

Risse, Wirtschaftsmediation im nationalen und internationalen Handelsverkehr, WM 1999, 1864

Risse/Bach, Wie frei muss Mediation sein, SchiedsVZ 2011, 14

Rüssel, Schlichtungs-, Schieds- und andere Verfahren außergerichtlicher Streitbeilegung, JuS 2003, 380

Schafft, Streitigkeiten über „.eu-Domains", GRUR 2004, 986

Scharmer/Käufer, Führung vor der leeren Leinwand, OrganisationsEntwicklung, 2008, 4

Scherer, Die Konfliktmanagementordnung der DIS – eine innovative Verfahrensordnung, SchiedsVZ 2010, 122

Schönknecht, Beweisbeschaffung in den USA zur Verwendung in deutschen Verfahren, GRUR Int. 2011, 1000

Schütze, Klage vor US-amerikanischen Gerichten – Probleme und Abwehrstrategien, RIW 2005, 579

Schwarz, Mediationsvereinbarung – Muster mit Kommentierungen, ZKM 2008, 111

Schweinoch, Geänderte Vertragstypen in Software-Projekten, CR 2010, 1

Seehausen, Das Gerechtigkeitsversprechen der Mediation, ZKM 2009, 110

Söbbing, Die rechtliche Betrachtung von IT-Projekten, MMR 2010, 222

Spies, US District Court Utah: Deutsches Datenschutzrecht blockiert nicht die US-Beweiserhebung (E-Discovery), MMR 2010, 275

Tautphäus/Fritz/Krabbe, Fristlose Kündigung wegen Vertrauensbruch/Neue Methoden der Konfliktbeilegung, NJW 2012, 364

Ulrich, Grundzüge des selbständigen Beweisverfahrens im Zivilprozess, AnwBl 2003, 78

Unberath, Mediationsklauseln in der Vertragsgestaltung, NJW 2011, 1320

Voegeli-Wenzl, Internet Governance am Beispiel der Internet Corporation of Assigned Names and Numbers (ICANN), GRUR Int. 2007, 807

F. Miszellen

Abschlussbericht Projekt gerichtsnahe Mediation in Niedersachsen, 2005

Düll, Das Zwölftafelgesetz, 7. Aufl., Zürich 1995

European Code of Conduct for Mediators (in englischer Version abgedruckt in ZKM 2004, 148)

Filler, Wirtschaftsmediation im europäischen Vergleich, Projektbericht im Auftrag des österreichischen Bundesministeriums für Wirtschaft und Arbeit, Wien, 2005

Fisher, Getting to Yes: Negotiating an agreement without giving in, 2. Aufl. 1992, Boston/New York

Grimm, Das deutsche Wörterbuch, 1. Aufl., 1838 bis 1971

Henschel, Ausbildungsunterlagen Wirtschaftsmediation, Seminarmaterial Mediationsakademie Berlin, MAB

Kommission der Europäischen Gemeinschaften, Grünbuch über alternative Verfahren zur Streitbeilegung im Zivil- und Handelsrecht, Brüssel, 19.4.2007

Kommission der Europäischen Gemeinschaften, Grünbuch über den Zugang der Verbraucher zum Recht und die Beilegung von Rechtsstreitigkeiten der Verbraucher im Binnenmarkt, Brüssel, 16.11.1997

Mittermaier, Der gemeine deutsche bürgerliche Prozess in Vergleichung mit dem preußischen und französischen Civilverfahren und mit den neuesten Fortschritten der Prozessgesetzgebung, 3. Aufl., Bonn, 1838

Müller/Streitz/Lapp, Ausbildungsunterlagen Fachanwaltschaft Informationstechnologierecht, Baustein 6: Besonderheiten der Verfahrens- und Prozessführung

Uhrig/Schrey, IT-Projekt-Vertragsmanagement: Kritischer Erfolgsfaktor und Fels in der Kriese, Publikation der INTARGIA Managementberatung GmbH mit Clifford Chance Partnerschaftsgesellschaft, Frankfurt, 2004

von Jhering, Der Kampf um's Recht, Wien, 1872

WIPO Arbitration and Mediation Centre, Guide to WIPO Mediation, WIPO Publication No. 449, S. 6

G. Abbildungen

Abbildung 1: Phasenmodell der Eskalation, Quelle: *Glasl* Konfliktmanagement, S. 236

Abbildung 2: Stufen und Schwellen der Eskalation, Quelle *Glasl* Konfliktmanagement, S. 234

Abbildung 3: Das Fünfphasenmodell der Mediation, Quelle: Ausbildungsunterlagen Seminarordner Mediationsakademie Berlin MAB

Abbildung 4: Phasenmodell der Mediation und Leitfragen, Quelle: Ausbildungsunterlagen, Seminarordner, Mediationsakademie Berlin MAB

Abbildung 5: Umfrageergebnis Auswirkung eines Mediationsverfahrens, Quelle: *Filler* in Wirtschaftsmediation im europäischen Vergleich, S. 88

Abbildung 6: Kostenvergleich, Quelle: *Horst* in Haft/Schlieffen Handbuch Mediation, Rz. 144 zu § 47 nach Eucon e.V.

Abbildung 7: Umfrageergebnis: Darstellung der durchschnittlichen Sitzungszeit durchgeführten Sitzungszeit durchgeführter Mediationsverfahren, Quelle: *Filler* in Wirtschaftsmediation im europäischen Vergleich, S. 62

A. Konfliktlösung in IT-Streitigkeiten auf nationaler Ebene

I. Einleitung

Für einen Rechtsanwalt, der seine Mandanten in IT-rechtlichen Streitfällen 1
kompetent und umfassend beraten will, ist sowohl die Kenntnis des materiellen IT-Rechts als auch das Wissen über die in der jeweiligen Situation zur Verfügung stehenden Streitbelehrungsmechanismen von entscheidender Bedeutung. Besonders wichtig ist dabei die Beratung des Mandanten über die Wahl des richtigen Vorgehens gegenüber dem Gegner: Macht es in der jeweiligen Situation Sinn, den Gerichtsweg einzuschlagen oder bietet sich eher ein Versuch einer amikablen, außergerichtlichen Lösung an? Welche alternativen Streitbeilegungsmethoden kommen möglicherweise in Betracht? Besteht vielleicht sogar ein internationaler Bezug, so dass die Rechtsordnung dritter Staaten berührt oder möglicherweise sogar ein Gerichtstand im Ausland begründet ist?

Vor dem oben geschilderten Hintergrund will dieses Buch dem bearbeiten- 2
den Rechtsanwalt eine Hilfe an die Hand geben, seiner Beratungsfunktion umfassend gerecht zu werden. Neben der Darstellung der wesentlichen Anspruchsgrundlagen in IT-rechtlichen Streitfällen will dieses Buch zunächst anspruchsspezifische Strategien vermitteln, die in den jeweiligen Einzelfällen zu beachten sind. Nachfolgend schließt sich eine eskalierende Darstellung der Möglichkeiten des Vorgehens in einem IT-rechtlichen Streitfall an. Über die außergerichtliche Verhandlung, Mediation, Schlichtung und Schiedsgericht kommt man schließlich zur Darstellung des gerichtlichen Hauptsacheverfahrens.

Die einzelnen Besonderheiten der jeweiligen Streitlösungsmechanismen, 3
wie zum Beispiel die einzelnen Schiedsordnungen, finden ebenso Beachtung wie Sonderthemen, zum Beispiel Domains oder einstweiliger Rechtsschutz. Besonderes Augenmerk haben die Bearbeiter auf die Praxistauglichkeit der einzelnen Ausführungen gelegt. Auch aus diesem Grund ist ein spezieller Bearbeitungsteil der Rolle des Sachverständigen in IT-Verfahren gewidmet, da seine Bedeutung gerade im Gerichtsverfahren, aber auch als Privatgutachter, nicht zu unterschätzen ist.

Schließlich will dieses Buch auch eine Hilfestellung für den Fall geben, dass 4
ein IT-rechtlicher Fall internationalen Bezug hat. Für diesen Fall zeigen Länderberichte die Grundzüge des jeweiligen Rechtssystems und die Spezifika der Behandlung von IT-Verfahren auf, um den nur im deutschen Recht ausgebildeten Rechtsanwalt in die Lage zu versetzen, seine Mandanten insofern zu beraten, ob eine nähere Prüfung eines Vorgehens in dem jeweiligen Land unter Einbeziehung eines lokalen Anwalts Sinn macht.

Abb. 1: Verhältnis verschiedener Streitbeilegungsmethoden

Least Formal ↑	Außergerichtliche Verhandlung	Ein informelles Verfahren, typischerweise ohne eine Verfahrensordnung o.ä., in dem die Parteien versuchen den Konflikt im direkten Diskurs zu lösen.
	Mediation	Strukturiertes freiwilliges Verfahren zur Lösung eines Konfliktes mit Unterstützung durch eine dritte Partei („Mediator").
	Schlichtungsverfahren	Außergerichtliche Konfliktlösung in einem formalisierten Verfahren, welches durch einen Schlichtungsspruch der Schlichtungsstelle endet, aber den Rechtsweg zu den ordentlichen Gerichten nicht abschneidet.
	Schiedsverfahren	Bindende Entscheidung durch ein privates Gericht anstelle des staatlichen Gerichts.
↓ Most Formal	Prozess vor staatlichen Gerichten	Formelles, öffentliches Verfahren um Konflikte vor den staatlichen Gerichten zu lösen.

II. Einteilung von IT-Verfahren

1. Softwareprojekt

a) Inhaltliche Beschreibung

Die klassischen Fälle von Softwareprojekten sind **Verträge über die Erstel-** 1
lung oder Anpassung von Software[1]. Die Anpassung von Standard-Software
auf die Bedürfnisse des Kunden (sog. **Customizing**) ist dabei wohl der häufigste Fall, da in den wenigsten Fällen eine Software für einen einzigen Kunden völlig neu erstellt wird[2].

Im Einzelnen kann der Vertragsgegenstand darin bestehen, Software neu zu 2
erstellen, bereits vorhandene Software zu verändern, anzupassen, zu ergänzen, zu portieren, umzustellen oder einzustellen[3].

b) Rechtliche Einordnung

Die Frage, ob auf einen Vertrag über die Erstellung bzw. Anpassung von Soft- 3
ware **Werk- oder Kaufvertragsrecht** anzuwenden ist, ist essentiell, da sich
aus der Einteilung bedeutsame rechtliche Unterschiede ergeben[4]. Bei der Anwendung von Kaufrecht entfällt bspw. das Erfordernis der Abnahme, so dass
ein Gefahrübergang schon bei Übergabe der Software geschieht und nicht
erst mit Erklärung der Abnahme durch den Kunden (§ 446 BGB) und auch
die Gewährleistungsfrist in diesem Zeitpunkt schon zu laufen beginnt (§ 438
Abs. 2 BGB). Wird der Vertrag dem Kaufrecht zugeordnet, beträgt die Gewährleistungsfrist nach § 438 Abs. 1 Nr. 3 BGB zwei Jahre. Im Bereich des
Werkvertragsrechts gibt es zwei Alternativen. Wird die Hauptleistung des
Vertrags in der Herstellung einer Sache gesehen, und Software als Sache, beträgt die Gewährleistungsfrist gem. § 634a Abs. 1 Nr. 1 BGB zwei Jahre und
beginnt gem. § 634a Abs. 2 BGB mit der Abnahme. Stellt man hingegen auf
den immateriellen Charakter der Software ab und sieht diese nicht als Sache
an, beträgt die Frist nach § 634a Abs. 1 Nr. 3 BGB drei Jahre und beginnt
gem. § 199 Abs. 1 Nr. 2 BGB mit Ablauf des Jahres, in dem der Kunde Kenntnis von dem Mangel erhält[5]. Die Bedeutung für die Praxis liegt hier auf der
Hand.

Zunächst einmal besteht die Möglichkeit, werkvertragstypische Regelungen 4
in den Vertrag aufzunehmen, um ihn nahe am werkvertraglichen Leitbild zu
halten[6]. Enthielt der Vertrag keine solchen Regelungen, war nach bisher
h.M. in Literatur und Rechtsprechung Werkvertragsrecht anwendbar, wenn
die Erstellung der Software den **Schwerpunkt der vertraglich geschuldeten**

---

1 *Schneider* in Schneider (Hrsg.), EDV-Recht, D. Rz. 7.
2 *Schneider* in Lehmann/Meents, IT-Recht, 2/4 Rz. 240.
3 *Schneider* in Schneider (Hrsg.), EDV-Recht, H. Rz. 1.
4 *Koch*, ITRB 2008, 233.
5 *Moritz* in Kilian/Heussen (Hrsg.), Computerrecht, Teil 3 Rz. 73.
6 *Koch*, ITRB 2008, 233 (234).

Leistung darstellte[1]. Ein solcher Schwerpunkt besteht insbesondere in Fällen, in denen die Überlassungsleistung gegenüber der Erstellungsleistung von nur untergeordneter Bedeutung ist[2]. Bei Verträgen über die Herstellung von Individualsoftware ist dies regelmäßig der Fall, da es dem Auftraggeber zwar auf die Verschaffung der in dem Programm enthaltenen Informationen, nicht aber auf die Verschaffung in einer bestimmten Verkörperung ankommt[3].

5 In einer Grundsatzentscheidung aus dem Jahr 2009, welche außerhalb des Softwarebereichs ergangen ist (sog. „Silofall"), hat der BGH erstmals zum **Anwendungsbereich des § 651 BGB** Stellung genommen[4]. Schon in den Leitsätzen stellt der BGH klar, dass Kaufrecht auf sämtliche Verträge mit einer Verpflichtung zur Lieferung herzustellender oder zu erzeugender beweglicher Sachen anzuwenden sei (LS 1) und dass auch eine Zweckbestimmung im Vertrag zu keinem anderen Ergebnis führe (LS 2). Gegen Kritik aus der Literatur, dass durch eine solche Auslegung des § 651 BGB die Unterschiede zwischen Werk- und Kaufvertrag nicht hinreichend berücksichtigt würden, wendet der BGH ein, dass es dem klaren Willen des Gesetzgebers entspräche, diejenigen Werklieferverträge, die nach altem Recht dem Werkvertragsrecht unterfielen, nunmehr nach Kaufvertragsrecht zu beurteilen[5]. Ein eventueller Wertungswiderspruch sei in der Regelung des § 651 BGB angelegt und könne nicht unter Hinweis darauf umgangen werden, dass die alte Rechtslage zu angemessenen Ergebnissen geführt habe[6]. Fraglich ist nun aber, inwieweit diese Entscheidung, der ein baurechtlicher Sachverhalt zu Grunde lag, auf Verträge über die Erstellung und Anpassung von Software Anwendung findet.

6 Nach einer Ansicht ist nach dieser BGH-Entscheidung die bisherige vertragstypologische Einordnung erfolgsbezogener Leistungen für Software als Werkverträge gem. § 631 BGB nicht mehr aufrechtzuerhalten. Vielmehr solle auf alle Verträge, die die Lieferung einer zu erstellenden beweglichen Sache zum Gegenstand haben, über § 651 BGB Kaufrecht Anwendung finden[7]. Die Ansicht in der Literatur, § 651 BGB sei bei der Softwareerstellung nicht anwendbar, da der Schwerpunkt in der geistigen Leistung liege, hielte den Argumenten des BGH nicht stand. Laut BGH könne auf die geistige Leistung nämlich nur dann abgestellt werden, wenn die Übergabe einer funktionsfähigen Software nach übereinstimmender Auffassung beider Vertragsparteien hinter den anderen Leistungen, also insbesondere der Lieferung, zurückträte[8]. Davon könne bei Softwareprojekten kaum ausgegangen werden, da

---

1 BGH v. 9.10.2001 – X ZR 58/00, CR 2002, 93 (95); Palandt/*Sprau*, Einf. v. § 631 Rz. 22; *Redeker*, IT-Recht, Rz. 297d; *Koch*, ITRB 2008, 233 (235); *Intveen*, ITRB 2008, 237; *Bräutigam/Rücker*, CR 2006, 361.
2 *Koch*, ITRB 2008, 233 (235).
3 MüKoBGB/*Busche*, § 631 Rz. 254.
4 BGH v. 23.7.2009 – VII ZR 151/08, CR 2009, 637.
5 BGH v. 23.7.2009 – VII ZR 151/08, CR 2009, 637 (638 f.).
6 BGH v. 23.7.2009 – VII ZR 151/08, CR 2009, 639.
7 *Schweinoch*, CR 2010, 1 (3).
8 *Schweinoch*, CR 2010, 1 (3).

Zweck und Endziel des Vertrages hier üblicherweise gerade in der Erstellung und Verschaffung der Software liege[1]. Somit sei auf Verträge über Softwareprojekte über die Verweisungsnorm des § 651 BGB nun Kaufrecht anzuwenden. Bei nicht vertretbaren Sachen – im Rahmen eines Softwareprojekts ist dies beispielsweise bei Individualsoftware der Fall – kämen nur über die Verweisungsnorm des § 651 Satz 3 BGB zusätzlich einige Vorschriften aus dem Werkvertragsrecht zur Anwendung.

Eine andere Ansicht in der Literatur geht davon aus, dass das Urteil des BGH nicht uneingeschränkt auf Softwareverträge übertragbar ist. Es sei sehr zweifelhaft, ob der entscheidende Senat auch die Erstellung von Software bei seiner Entscheidungsfassung im Auge hatte. Jedenfalls könne der Entscheidung nicht entnommen werden, dass in diesen Fällen § 651 BGB Anwendung finden solle[2]. Aufgrund der technologischen Unterschiede zwischen Bau- und IT-Projekten könnten rechtliche Aspekte, die für Bauprojekte gelten, nicht uneingeschränkt auf IT-Projekte übertragen werden[3]. Indem der BGH in einem *obiter dictum* eine ungeschriebene Ausnahme vom Anwendungsbereich des § 651 BGB für Verträge, in denen die Planungsleistung dominiere, anerkenne, bleibe auch Raum für eine teleologische Reduktion des § 651 BGB in Bezug auf Software[4]. 7

Schließlich spreche auch die Heranziehung der Gesetzesbegründung zur Schuldrechtsreform durch den BGH für eine Anwendung von Werkvertragsrecht. Laut der Gesetzesbegründung soll die Herstellung nicht-körperlicher Werke wie z.B. Planungen von Architekten oder Erstellung von Gutachten auch nach der Schuldrechtsreform weiterhin dem Werkvertragsrecht unterfallen[5]. Diese Beispiele betreffen nicht-körperliche Werke die zu ihrer Nutzung einer Verkörperung bedürfen, üblicherweise auf einem Datenträger wie Papier oder einer Festplatte[6]. Bei Software bestehe durch die notwendige Verkörperung einer ursprünglich nicht-körperlichen Sache eine vergleichbare Situation, so dass auch in diesen Fällen Werkvertragsrecht gelten müsse[7]. 8

Zu beachten sei zudem, dass der BGH in seiner Entscheidung nicht von einem Planungs*erfolg*, sondern von Planungs*leistungen* spreche. Schon in einer früheren Entscheidung vertrat der BGH die Auffassung, dass auch wenn von der Sacheigenschaft eines Leistungserfolges ausgegangen werde, Gegenstand der Leistungspflicht bei entsprechender Vereinbarung der Parteien nicht die Herstellung eines Werkes sei, sondern vielmehr Arbeiten an einem Programm und dessen Umgestaltung[8]. Die Software sollte das Ergebnis dieser Arbeiten sein, bezeichne aber nicht den Gegenstand der zu erbringenden Leistung. Bilden solche Planungsleistungen den Schwerpunkt des Vertrages, 9

---

1 *Schweinoch*, CR 2010, 1 (2).
2 *Maume/Wilser*, CR 2010, 209 (211).
3 *Müller-Hengstenberg*, NJW 2010, 1181 (1182).
4 *Maume/Wilser*, CR 2010, 209 (211).
5 BT-Drucksache 14/6040, 268.
6 *Maume/Wilser*, CR 2010, 209 (211).
7 *Maume/Wilser*, CR 2010, 209 (211).
8 BGH v. 9.10.2001 – X ZR 58/00, CR 2002, 93.

sei demnach aufgrund der durch den BGH eröffneten teleologischen Reduktion § 651 BGB nicht anwendbar und es käme weiterhin Werkvertragsrecht zur Anwendung[1].

10   Bei der Implementierung von komplexen IT-Projekten nimmt der Planungs- und Entwicklungsprozess eine prägende Rolle ein, die nicht schon in der Anfangsphase abgeschlossen wird, sondern einen laufenden, die Entwicklung begleitenden Prozess darstellt und erst mit Implementierung des Gesamtsystems abgeschlossen wird[2]. Durch die Einordnung von Verträgen über derartige Projekte als Lieferung beweglicher Sachen i.S.d. § 651 BGB werde man dem Gesamtinteresse des Auftraggebers bzw. dem Gesamtgegenstand nicht gerecht[3]. Es ist also auch nach der Entscheidung des BGH aus dem Jahr 2009 möglich, Verträge über die Erstellung oder Anpassung von Software dem Werkvertragsrecht zuzuordnen.

11   Nach einer weiteren Ansicht soll die Anwendbarkeit von § 651 BGB schließlich bereits dadurch ausgeschlossen sein, dass Software nicht als Sache klassifiziert wird[4]. Dies widerspricht jedoch der gefestigten Rechtsprechung des BGH, nach der Software grundsätzlich als bewegliche Sache anzusehen ist[5]. Wird ein bereits vorhandenes Programm in einer Weise an Kundenwünsche angepasst oder auf eine andere Systemplattform portiert, dass die Grundstrukturen des Programms erhalten bleiben, ist § 651 BGB nach einer Ansicht von vornherein unanwendbar, da schon keine Erstellung im Sinne der Norm gegeben ist[6]. Die Problematik kann umgangen werden, wenn eine Online-Überlassung der Software vereinbart wurde; in diesem Fall greift § 651 BGB mangels einer Lieferung beweglicher Sachen nicht[7].

➲ **Praxistipp:**

Aus vertragsgestalterischer Sicht ist daher grundsätzlich zu empfehlen, eine Regelung über den Vertragscharakter in den IT-Projektvertrag aufzunehmen. Fehlt eine solche, kann in einem IT-Streitfall der Rechtsanwalt im Hinblick auf die obigen Argumente die für den Mandanten günstigere Position im Hinblick auf die rechtliche Einordnung des Vertrages vertreten. Interessant wird dies gerade in den Fällen, bei denen es auf die Unterscheidung ankommt (z.B. im Hinblick auf die Verjährung von Gewährleistungsansprüchen), zumal eine klare höchstrichterliche Entscheidung für den Softwarebereich – wie dargestellt – noch aussteht.

---

1 *Maume/Wilser*, CR 2010, 209 (212).
2 *Müller-Hengstenberg*, NJW 2010, 1181 (1183).
3 *Müller-Hengstenberg*, NJW 2010, 1181 (1183).
4 Palandt/*Sprau*, Einf. v. § 631 Rz. 22; MüKoBGB/*Busche*, § 631 Rz. 254; *Moritz* in Kilian/Heussen (Hrsg.), Computerrecht, Nr. 31, Rz. 56.
5 BGH v. 15.11.2006 – XII ZR 120/04, CR 2007, 75 m.w.N.
6 *Koch*, ITRB 2008, 233 (235).
7 *Koch*, ITRB 2008, 233 (236).

c) Mögliche Streitpunkte mit Anspruchsgrundlagen

Eine häufige Streitquelle ist der **Verzug** des Auftragnehmers, insbesondere 12
bei umfangreichen und langwierigen Projekten[1]. Oftmals stellt sich heraus,
dass die geplante Software in der vereinbarten Zeit nicht ordnungsgemäß erstellt werden kann, entweder weil unvorhergesehene Hindernisse auftau-
chen oder weil die Zeit von vornherein zu knapp kalkuliert war[2]. In diesem
Fall kann der Kunde Schadensersatz nach §§ 280 Abs. 1, 2, 286 BGB verlangen, es sei denn, der Hersteller kann gem. § 280 Abs. 1 Satz 2 BGB darlegen,
dass er die Verzögerung nicht verschuldet hat. Grundsätzlich muss der Kunde zunächst eine Mahnung gem. § 286 Abs. 1 BGB aussprechen. Diese kann
jedoch unter den Voraussetzungen des § 286 Abs. 2 BGB entbehrlich sein.
Dies ist insbesondere der Fall, wenn für bestimmte Projektleistungen sog.
Meilensteine als Fixtermine und/oder für die Fertigstellung des Projekts ein
fixer Termin vereinbart war.

In manchen Fällen erweist sich Software als **nur eingeschränkt oder über-** 13
haupt nicht nutzbar; die Bandbreite der möglichen Mängel ist hierbei groß[3].
Oftmals stellt sich hierbei die Frage, ob ein Auseinanderfallen der Erwartungen des Kunden an die Software und der Funktionen des tatsächlichen Soft-
wareproduktes auch im vertraglichen Sinne einen Mangel darstellen. Gerade
bei komplexen Softwareprodukten ist die Grenze zwischen Schwierigkeiten
der Softwarenutzer beim Verständnis und Umgang mit der Software und einem Fehler im Rechtssinne oft schwer zu ziehen.

Aus dem Vorliegen von Mängeln können sich verschiedene Gewährleis- 14
tungsansprüche ergeben. Den Ausgangspunkt für sämtliche dieser Ansprüche bildet der **Mängelbegriff**. Ist im Vertrag eine bestimmte Beschaffenheit
vereinbart, richtet sich das Vorliegen eines Mangels gem. § 633 Abs. 2 Satz 1
BGB nach dieser Beschreibung. Entscheidend ist also, ob die Ist-Beschaffenheit von der Soll-Beschaffenheit nach Pflichtenheft oder sonstigen Unterlagen abweicht[4], wobei die Softwareunternehmen in der Regel versuchen, ihren Leistungskatalog auf das Pflichtenheft zu begrenzen und eine Referenz
auf andere Dokumente auszuschließen. Die Frage, ob dann tatsächlich solche Abweichungen der Ist-Beschaffenheit von der Soll-Beschaffenheit vorliegen, ist in der streitigen Auseinandersetzung dann in aller Regel von IT-
Sachverständigen zu klären[5].

Das **Pflichtenheft** im juristischen Sinn bestimmt bei wirksamer Einbezie- 15
hung in den Vertrag den Leistungsumfang des Lieferanten[6], wobei natürlich
– abhängig von den vertraglichen Regelungen – noch weitere Dokumente
und Leistungsanforderungen relevant sein können. Neben den geschuldeten
Funktionen der zu erstellenden Software werden in der Regel Vereinbarun-

---

1 *Moritz* in Kilian/Heussen (Hrsg.), Computerrecht, Nr. 31 Rz. 65.
2 *Redeker*, IT-Recht, Rz. 385.
3 *Hoeren/Spittka*, MMR 2009, 583 (587).
4 *Redeker*, IT-Recht, Rz. 321.
5 Vgl. hierzu ausführlich unten „Die Rolle des IT-Sachverständigen" Teil A X.
6 *Schneider* in Schneider (Hrsg.), EDV-Recht, D Rz. 414.

gen über Qualität der Software getroffen, z.B. Wartbarkeit, Entwurfsqualität und Sicherheit gegen Angriffe[1]. Die Bedeutung des Pflichtenhefts ist im IT-Bereich noch höher als beispielsweise im Baurecht, da es für IT-Leistungen kaum standardisierte Maßgaben der Ausführung, wie etwa DIN, gibt[2].

16 Grundsätzlich würde man erwarten, dass der Auftraggeber das Pflichtenheft erarbeitet, da diesem die Definition des Werkes obliegt[3]. Gerade im Bereich der IT ist dem Auftraggeber eine selbständige Erstellung des Pflichtenhefts mangels ausreichender Sachkompetenz jedoch oftmals nicht möglich[4]. In diesem Fall gibt es zwei Möglichkeiten. Die erste Möglichkeit besteht darin, dass der Auftraggeber einen sachkundigen Dritten gesondert beauftragt, dessen Aufgaben dann mit denen eines Architekten im Baurecht vergleichbar sind[5].

17 In den überwiegenden Fällen wird das Pflichtenheft allerdings von den Vertragsparteien gemeinsam erarbeitet[6]. Meist legt der Auftraggeber hierzu ein sog. **Lastenheft** vor, also ein Dokument, in dem er formuliert, welche Erwartungen er an die zu erstellende Software stellt. Das Pflichtenheft, das die Details enthält, wie der Auftragnehmer diese Erwartungen in der Software umsetzt, hat dann der Auftragnehmer zu erstellen. Dabei trifft den Auftragnehmer eine Vertragspflicht dergestalt, die Bedürfnisse und Vorstellungen des Auftraggebers genauer zu ermitteln, erkennbare Unklarheiten aufzuklären und Vorschläge zur Problemlösung zu unterbreiten[7]. Das vom Auftragnehmer erstellte Pflichtenheft wird dann schließlich vom Auftraggeber überprüft und akzeptiert[8]. Häufig vereinbaren die Parteien hierüber einen Werkvertrag, so dass es sich bei der Akzeptanz des Pflichtenhefts durch den Auftraggeber in einem solchen Fall um eine förmliche Abnahme i.S.v. § 640 BGB handelt. Das abgenommene Pflichtenheft bildet dann die Grundlage für die Entwicklung der Software und die „vereinbarte Beschaffenheit" gemäß § 633 Abs. 1 BGB.

18 Wurde eine Vereinbarung über die Beschaffenheit der Software nicht getroffen, ist nach § 633 Abs. 2 Satz 2 Nr. 1 BGB auf die **nach dem Vertrag vorausgesetzte Verwendung** abzustellen. Hierbei sind auch Aussagen in der Präambel und der vorvertraglichen Korrespondenz zu beachten[9].

19 Gibt es auch hier keine Anhaltspunkte, so ist gem. § 633 Abs. 2 Satz 2 Nr. 2 BGB auf die **übliche Beschaffenheit** abzustellen. Das bedeutet, dass die Software den üblichen Standards vergleichbarer Programme nach dem Stand der Technik zum Zeitpunkt der Auftragserteilung bzw. Ablieferung genügen

---

1 *Redeker*, IT-Recht, Rz. 302.
2 *Schneider* in Schneider (Hrsg.), EDV-Recht, D Rz. 412.
3 *Redeker*, IT-Recht, Rz. 302a.
4 *Redeker*, IT-Recht, Rz. 302a.
5 *Redeker*, IT-Recht, Rz. 302a.
6 *Redeker*, IT-Recht, Rz. 302a.
7 *Häuser* in Lehmann/Meents (Hrsg.), IT-Recht, 2/6 Rz. 45.
8 *Redeker*, IT-Recht, Rz. 302a.
9 *Häuser* in Lehmann/Meents (Hrsg.), IT-Recht, 2/6 Rz. 105.

muss[1]. Allerdings muss es sich bei einer technischen Fehlfunktion nicht unbedingt auch um einen juristischen Mangel handeln, da die Fehlerbegriffe in der Informatik und Rechtswissenschaft nicht immer identisch sind[2]. Als Mangel im Sinne des Kauf- oder Werkvertragsrechts gelten nur solche Fehler, die die Funktionsfähigkeit des Programms beeinflussen[3]. Fehler, die einer Programmierung *lege artis* widersprechen, sich auf den Ablauf des Programms letztendlich aber nicht auswirken, sind demnach zwar eventuell Mängel im technischen, nicht aber im rechtlichen Sinne[4]. Für die Einordnung und Bewertung sind allerdings vorrangig die vertraglichen Regelungen zwischen den Parteien heranzuziehen.

Liegt ein Mangel vor, ergeben sich aus § 634 BGB die **konkreten Ansprüche** 20 des Bestellers. Zunächst kann er nach §§ 634 Nr. 1, 635 BGB Nacherfüllung verlangen. Der Hersteller hat dann gem. § 635 Abs. 2 BGB die Wahl zwischen Beseitigung des Mangels und Herstellung eines neuen Werkes. §§ 634 Nr. 2, 637 BGB geben dem Kunden ein Selbstvornahmerecht, wenn er dem Unternehmer zuvor eine Frist zur Nacherfüllung gesetzt hat. Des Weiteren kann er bei Vorliegen der weiteren Voraussetzungen gem. §§ 634 Nr. 3, 636, 323, 326 Abs. 5 BGB vom Vertrag zurücktreten oder nach §§ 634 Nr. 3, 638 BGB mindern. Schließlich kann der Besteller gem. §§ 634 Nr. 4, 636, 280, 281, 283, 311a BGB Schadensersatz bzw. nach § 284 BGB Ersatz vergeblicher Aufwendungen verlangen.

Eine weitere Ursache für Rechtsstreitigkeiten im Rahmen eines Software- 21 projekts kann eine **fehlgeschlagene bzw. vom Kunden verweigerte Abnahme** sein. Worin genau eine Abnahme zu sehen ist, ist gerade für den Auftragnehmer von entscheidender Bedeutung, da gem. § 641 Abs. 1 Satz 1 BGB mit diesem Zeitpunkt die Vergütung fällig wird. Üblicherweise wird Abnahme als körperliche Hinnahme des Werkes in Verbindung mit der Erklärung des Bestellers, das Werk als vertragsgemäße Leistung im Wesentlichen anzuerkennen, verstanden[5]. Die körperliche Übergabe ist regelmäßig auch bei einem Softwareprojekt erforderlich. Sie kann z.B. durch Implementierung beim Kunden, Übergabe der Dokumentation und Einweisung erfolgen[6].

Umstritten ist, in welchen Handlungen des Bestellers eine **Billigung** der 22 Software gesehen werden kann. Nach einhelliger Auffassung eignet Software sich nicht zur sofortigen Abnahme nach Übergabe, da sich ihre Tauglichkeit erst im Gebrauch herausstellt und etwaige Mängel nicht sofort erkennbar sind[7]. Die erstmalige Ingebrauchnahme stellt also noch keine Billigung dar[8], wenn nicht eine abweichende vertragliche Regelung existiert. Im Gegenteil

---

1 *Redeker*, IT-Recht, Rz. 323.
2 *Hoeren/Spittka*, MMR 2009, 583 (587).
3 *Redeker*, IT-Recht, Rz. 321.
4 *Redeker*, IT-Recht, Rz. 320.
5 *Redeker*, IT-Recht, Rz. 341.
6 *Schneider* in Schneider (Hrsg.), EDV-Recht, H. Rz. 219.
7 *Schneider* in Schneider (Hrsg.), EDV-Recht, H. Rz. 220 unter Berufung auf OLG Celle
   v. 8.11.1985, iur 1986, 311.
8 *Schneider* in Schneider (Hrsg.), EDV-Recht, H. Rz. 219.

wird eine nicht ganz unerhebliche Anzahl von Testläufen als notwendig angesehen; die genaue Anzahl hängt von der Komplexität der Software ab[1]. Ist der Eintritt der Abnahmewirkung vertraglich nicht geregelt, geht die Rechtsprechung folglich regelmäßig erst dann von einer Abnahme aus, wenn die Software nach einer gewissen Nutzungs- und Erprobungszeit mangelfrei gelaufen ist[2]. Allerdings ist eine billigende Abnahme dann erfolgt, wenn der Besteller vorbehaltlos Nutzungshandlungen vornimmt, die deutlich machen, dass er die Software in seinen Betrieb integriert hat und normale Abläufe erzielt[3]. Es kommt also darauf an, ob die Software noch getestet oder schon regulär genutzt wird. Eine Abnahme liegt jedenfalls dann vor, wenn diese ausdrücklich erklärt wird[4]. Auch durch vorbehaltlose Zahlung kann eine konkludente Abnahme erfolgen[5].

23   Streitigkeiten können sich auch aus dem **Fehlen von Rechten** ergeben. Das Problem besteht darin, dass wenn die Software mit Rechten Dritter belastet ist, auch der Kunde wegen der Nutzung der Software von dem Dritten wegen einer Schutzrechtsverletzung in Anspruch genommen werden kann (etwa auf Unterlassung, § 97 Abs. 1 UrhG). Im IT-Bereich kommen v.a. gewerbliche Schutzrechte, Urheberrechte bzw. Nutzungsrechte und Unterlassungsansprüche aus dem Persönlichkeitsrecht in Betracht[6]. So erkannte beispielsweise das OLG Hamm im Fall einer unterlassenen Namensnennung des Urhebers einer Software Ansprüche auf Auskunftserteilung, Rechnungslegung, Vernichtung der Vervielfältigungsstücke und Schadensersatz an[7].

24   Bestehen die Rechte des Dritten tatsächlich, hat der Erwerber gegen seinen Lieferanten Ansprüche, entweder gem. § 311a BGB wegen anfänglichen Unvermögens oder wegen eines Rechtsmangels nach § 633 Abs. 3 BGB[8]. In dieser Konstellation ist der Softwareerwerber in der für ihn ungünstigen Situation, dass er gegebenenfalls **zwei Prozesse** führen muss, mit dem Dritten über die Frage, ob diesem das geltend gemachte Recht tatsächlich zusteht und mit dem Lieferanten über das Bestehen von Ansprüchen wegen Nichterfüllung oder mangelhafter Erfüllung des Vertrages[9]. Dabei kann er sich insbesondere gegen die Ansprüche des Dritten in aller Regel nicht vernünftig verteidigen, da es für ihn regelmäßig schon schwer festzustellen ist, ob der Dritte Recht hat oder nicht[10]. Die Vertragspraxis regelt die Problematik daher durch umfassende **Freistellungsklauseln**, sog. „Indemnification". Dabei verpflichtet sich der Softwareanbieter, den Erwerber vor Ansprüchen Dritter wegen der Verletzung von geistigem Eigentum unbefristet freizuhalten[11]. Zu

---

1 *Redeker*, IT-Recht, Rz. 341.
2 OLG Hamburg, CR 1986, 83.
3 *Schneider* in Schneider (Hrsg.), EDV-Recht, H. Rz. 223.
4 *Redeker*, IT-Recht, Rz. 343.
5 OLG Hamm v. 12.12.1988 – 31 U 104/87, NJW 1989, 1041 (1042).
6 *Schneider* in Schneider (Hrsg.), EDV-Recht, D. Rz. 523.
7 OLG Hamm v. 7.8.2007 – 4 U 14/07, CR 2008, 280 ff.
8 *Redeker*, ITRB 2004, 69.
9 *Redeker*, ITRB 2004, 69 (70).
10 *Redeker*, ITRB 2004, 69 f.
11 *von dem Bussche/Schelinski* in Leupold/Glossner (Hrsg.), IT-Recht, 1 Rz. 224.

beachten ist allerdings, dass Klauseln, die als Garantien für Rechtsmängel-
freiheit interpretiert werden können, in Einkaufsbedingungen gem. § 307
Abs. 2 Nr. 1 BGB unzulässig sind[1].

Schließlich kann die **Nichtzahlung** des Kunden zu einem Rechtsstreit füh-   25
ren. In diesem Fall kann der Vertragspartner die Einrede der Nichterfüllung
aus § 320 Abs. 1 BGB geltend machen und die Leistung verweigern, es sei
denn die Verweigerung widerspricht gem. § 320 Abs. 2 BGB Treu und Glauben.

Checkliste: Mögliche Ansprüche	26

– Schadensersatz aus §§ 280 Abs. 1, 2, 286 BGB wegen Verzug des Auftragnehmers (Fristsetzung gem. § 286 BGB bei festgelegten „Meilensteinen"
  entbehrlich)

– Mängelgewährleistung

  – Vorliegen eines Mangels bestimmt sich primär nach Pflichtenheft

  – Einzelne Ansprüche nach §§ 634 ff. BGB

– Fehlgeschlagene bzw. verweigerte Abnahme

– Ansprüche aus § 311a BGB wegen anfänglichem Unvermögen oder aus
  § 633 Abs. 3 BGB wegen Rechtsmangel bei Verletzung von Drittrechten

– Leistungsverweigerung nach § 320 Abs. 1 BGB bei Nichtzahlung des Kunden

2. Outsourcing-Projekt

a) Inhaltliche Beschreibung

In seiner einfachsten Definition ist IT-Outsourcing die **Übertragung von**   27
Verantwortung aus der eigenen EDV- oder IT-Abteilung an einen externen
Dienstleister[2]. Die am weitesten verbreitete Form des Outsourcings ist die
Inanspruchnahme von personellen Ressourcen, die im Rahmen ihrer spezi-
fischen Kenntnisse Dienstleistungen im beauftragten Unternehmen erbrin-
gen[3]. Die nächste Stufe ist die Vergabe von Projekten nach außen, wobei das
Arbeitsergebnis, die Vergütung und der Zeitraum vertraglich festgelegt sind[4].
Die wohl anspruchvollste Form des Outsourcing ist das Business Process
Outsourcing, bei dem ein kompletter Geschäftsprozess an einen externen
Dienstleister vergeben wird[5]. Nach dem Umfang der geschuldeten Leistun-
gen unterscheidet man zwischen Partial und Full Outsourcing; bei einem

---

1 *Redeker*, ITRB 2004, 69 (71).
2 *Küchler* in Bräutigam (Hrsg.), IT-Outsourcing, Teil 1 Rz. 1.
3 *Küchler* in Bräutigam (Hrsg.), IT-Outsourcing, Teil 1 Rz. 30.
4 *Küchler* in Bräutigam (Hrsg.), IT-Outsourcing, Teil 1 Rz. 31.
5 *Thalhofer* in Auer-Reinsdorff/Conrad (Hrsg.), IT-Recht, § 17 Rz. 4.

partiellen Outsourcing werden nur einzelne, beim Full Outsourcing sämtliche IT-Funktionen eines Unternehmens ausgelagert[1].

28   Eine erhöhte Komplexität erlangt das Outsourcing-Projekt in der heute üblichen Form des **Multisourcings**. Darunter versteht man, dass der Outsourcing-Kunde für die verschiedenen Gewerke (z.B. LAN, Telefonie, Rechenzentrum, Desktop Services) den jeweils besten Anbieter auswählt. Dies führt beim Kunden nicht nur zu einem erhöhten Aufwand bei der **Providersteuerung**, sondern stellt auch die Vertragspraxis vor die Herausforderung, den Regelungsbedarf hinsichtlich der Koordination der einzelnen Auftragnehmer untereinander abzudecken.

29   Da in vielen Unternehmen Bereiche oft bereits outgesourct sind, stellt sich beim Ende dieser Outsourcing-Verträge die Frage nach einem **Re-Insourcing** (also die Rückführung der Services in-house) oder die Überführung der Leistungen auf einen Folgeanbieter (sog. **Second Generation Outsourcing**).

30   Gerade die Situation des Auslaufens eines Outsourcing-Vertrages birgt – wenn nicht durch entsprechende vertragliche Regelungen Vorsorge getroffen wurde – ein großes Konfliktpotential. In diesen Fällen besteht seitens der Outsourcing-Anbieters oft – da die Vertragsbeziehung ja endet – kein gesteigertes Interesse mehr an der Mitwirkung bei der Überführung der Vertragsleistungen auf einen anderen Anbieter, welcher zudem oft ein Konkurrent des ersten Anbieters ist. Es liegt daher nahe, für diese Mitwirkung, wenn nicht eine abweichende vertragliche Regelung besteht, hohe Preise zu verlangen. Der Kunde ist dagegen in aller Regel auf eine ordnungsgemäße Mitwirkung durch den ursprünglichen Auftragnehmer angewiesen. Auch das Dreiecksverhältnis zwischen Kunde, Erst- und Folgeanbieter bietet bei Problemen bei der Überführung der Leistungen Anlass für Streitigkeiten.

b) Rechtliche Einordnung

31   Ein IT-Outsourcing-Projekt enthält eine Vielzahl unterschiedlicher Leistungspflichten; daher ist die Zuordnung zu einem der gängigen Vertragstypen des BGB nicht ohne weiteres möglich[2]. Ein Vertrag über ein solches Projekt ist vielmehr als **typengemischter Vertrag** einzuordnen, so dass sich das anwendbare Recht nach dem jeweils betroffenen Vertragsbestandteil richtet[3]. Grundsätzlich kann der Outsourcing-Vertrag in einen Rahmenvertrag, der die grundlegenden Pflichten der Vertragsparteien regelt, und mehrere Leistungsverträge und Service Level Agreements (SLA) aufgeteilt werden[4]. Dabei gilt die allgemeine Regel *lex specialis derogat legi generali*, so dass die

---

1 *Meents* in Lehmann/Meents (Hrsg.), IT-Recht, 2/7 Rz. 3 f. Für eine detaillierte Darstellung der verschiedenen Varianten siehe *Küchler* in Bräutigam (Hrsg.), IT-Outsourcing, Teil 1 Rz. 33–65.
2 *Bräutigam* in Bräutigam (Hrsg.), IT-Outsourcing, Teil 13 Rz. 131.
3 *Meents* in Lehmann/Meents (Hrsg.), IT-Recht, 2/7 Rz. 46.
4 *Bräutigam* in Bräutigam (Hrsg.), IT-Outsourcing, Teil 13 Rz. 2.

Leistungsverträge bzw. SLA dem Rahmenvertrag als speziellere Regelungen vorgehen[1].

Der Rahmenvertrag ist mangels konkreter Leistungsbeschreibungen ver- 32 tragstypisch neutral, seine rechtliche Einordnung richtet sich nach den unter ihm aufgeführten Leitungsscheinen[2]. Er enthält üblicherweise u.a. Angaben zum Vertragsgegenstand, zur Vertragslaufzeit, Gewährleistung, Haftung und zum Konfliktmanagement[3]. Die Leistungsverträge hingegen können auf Grund ihres speziellen Inhalts den einzelnen Vertragstypen zugeordnet werden. So kann z.B. die Anschaffung von Hard- und Software dem Kaufrecht, das Hosting bzw. Zurverfügungstellen von Räumlichkeiten und Leasing von Software dem Mietvertragsrecht und Support und Softwarepflege dem Dienst- oder Werkvertragsrecht unterfallen[4]. Zu beachten ist, dass SLA als Allgemeine Geschäftsbedingungen unter Umständen problematisch sein können, z.B. wenn es um die Beschränkung von Mängel- oder Schadensersatzrechten des Kunden geht[5].

c) Mögliche Streitpunkte mit Anspruchsgrundlagen

Die bereits angesprochenen Service Level Agreements sind vertragliche Ver- 33 einbarungen, durch die quantitative oder qualitative Leistungsstandards, insbesondere die Verfügbarkeit betreffend, festgelegt werden[6]. Die **Unterschreitung des vereinbarten Service Levels** kann zu Streitigkeiten zwischen den Vertragsparteien führen. Rechtlich ist die Vereinbarung eines bestimmten Service Levels als Vereinbarung einer Leistungspflicht i.S.d. §§ 241 Abs. 1, 311 Abs. 1, 280 Abs. 1 BGB zu verstehen[7]. Daraus ergibt sich, dass die Verletzung einer solchen Leistungspflicht durch Unterschreitung des vereinbarten Service Levels (bei Vorliegen der sonstigen Voraussetzungen) zu einem Schadensersatzanspruch nach § 280 Abs. 1 BGB führt[8]. Üblicherweise werden auch in den SLA selbst Sanktionen vorgesehen, z.B. Vertragsstrafen, eine Minderung der Vergütung, ein pauschalierter Schadensersatz oder die Möglichkeit einer fristlosen Kündigung[9].

Streitigkeiten können sich auch aus einem **Betriebsausfallschaden** ergeben. 34 Für den Schaden, der aufgrund des Betriebausfalls entsteht, kann der Kunde einen Schadensersatzanspruch aus §§ 280 ff. BGB geltend machen[10]. Der verschuldensabhängige Schaden soll hierbei als einfacher Schadensersatz nach

---

1 *Thalhofer* in Auer-Reinsdorff/Conrad (Hrsg.), IT-Recht, § 17 Rz. 46.
2 *Thalhofer* in Auer-Reinsdorff/Conrad (Hrsg.), IT-Recht, § 17 Rz. 53.
3 *Thalhofer* in Auer-Reinsdorff/Conrad (Hrsg.), IT-Recht, § 17 Rz. 45.
4 *Thalhofer* in Auer-Reinsdorff/Conrad (Hrsg.), IT-Recht, § 17 Rz. 37. Für eine detaillierte Zuordnung der einzelnen Elemente siehe *Grapentin* in Bräutigam (Hrsg.), IT-Outsourcing, Teil 3 Rz. 28–94.
5 *Redeker*, IT-Recht, Rz. 641c.
6 *Bräutigam* in Bräutigam (Hrsg.), IT-Outsourcing, Teil 13 Rz. 403.
7 *Bräutigam* in Bräutigam (Hrsg.), IT-Outsourcing, Teil 13 Rz. 425.
8 *Bräutigam* in Bräutigam (Hrsg.), IT-Outsourcing, Teil 13 Rz. 425.
9 *Redeker*, IT-Recht, Rz. 641b.
10 *Schneider* in Schneider (Hrsg.), EDV-Recht, D Rz. 665.

§ 280 Abs. 1 BGB ohne vorheriges Nacherfüllungsersuchen ersatzfähig sein, während der verschuldensunabhängige Folgeschaden nur nach vorheriger Mahnung gem. §§ 280 Abs. 1, 2, 286 BGB ersatzfähig sein soll[1].

35 Probleme können sich auch im Zusammenhang mit der Datensicherheit, insbesondere bei einem **Datenverlust**, ergeben. Bei der Frage, wer für den Verlust haftet, kommt es auf den vereinbarten Leistungsumfang an, der in den meisten Fällen in einem besonderen Leistungsvertrag geregelt ist[2]. Fehlt eine solche Vereinbarung, ist grundsätzlich der Auftraggeber selbst für die Sicherung seiner Daten verantwortlich, da die Datensicherung, jedenfalls bei gewerblicher Nutzung, eine allgemein anerkannte Selbstverständlichkeit darstellt[3]. Allerdings ist bei einer räumlichen Auslagerung der IT in ein Rechenzentrum des Auftragnehmers dieser für die physische und logische Sicherheit der Daten verantwortlich[4]. Kommt es in einer Situation, in der der Auftragnehmer für die Sicherheit der Daten verantwortlich ist zu einem Datenverlust, hat der Auftraggeber einen zivilrechtlichen Anspruch auf Ersatz des dadurch entstandenen Schadens. Bei Übergang der IT-Struktur werden außerdem fast immer personenbezogene Daten i.S.d. § 3 BDSG betroffen sein, so dass die besonderen Schutzvorschriften des BDSG zu beachten sind[5]. Die Rechte der Betroffenen ergeben sich hierbei aus §§ 33–35 BDSG.

36 Aufgrund der dauernden Verbindung mit dem Rechenzentrum sind an die Mitwirkungspflichten des Kunden meist hohe Anforderungen zu stellen[6]. Zu diesen Pflichten gehören insbesondere die Bereitstellung der Räumlichkeiten, da jedenfalls ein Teil der Leistung des Anbieters nur in den Räumen des Kunden erbracht werden kann[7]. Weitere Pflichten können u.a. in dem Einsatz von kompatiblen Geräten, Datenträgern und sonstigen Materialien bestehen[8]. Aus einer **fehlenden Mitwirkung des Kunden** folgt zunächst, dass die vertraglich festgelegten Fertigstellungstermine ihre Verbindlichkeit verlieren[9]. Der Auftragnehmer kommt nur dann in Verzug, wenn die Verspätung in seinen Verantwortungsbereich fällt. Beruht die Verzögerung dagegen auf einer Verletzung von Mitwirkungspflichten des Kunden, ist Verzug ausgeschlossen[10]. Außerdem kann sich aus einer fehlenden Mitwirkung des Kunden ein Mitverschulden ergeben, was zu einer entsprechenden Kürzung seines Schadensersatzanspruchs führt[11]. Vorrangig ist aber hier selbstverständlich die vertragliche Regelung, welche oftmals Anforderungs- oder Ausgleichspflichten des Auftragnehmers im Hinblick auf die Mitwirkungspflichten des Kunden enthält.

---

1 OLG Hamm v. 23.2.2006 – 28 U 164/05, juris.de.
2 *Bräutigam* in Bräutigam (Hrsg.), IT-Outsourcing, Teil 13 Rz. 237.
3 OLG Karlsruhe v. 20.12.1995 – 10 U 123/95, CR 1996, 348 f.
4 *Bräutigam* in Bräutigam (Hrsg.), IT-Outsourcing, Teil 13 Rz. 243.
5 *Thalhofer* in Auer-Reinsdorff/Conrad (Hrsg.), IT-Recht, § 17 Rz. 140.
6 *Schneider* in Schneider (Hrsg.), EDV-Recht, M Rz. 42.
7 *Heymann*, CR 2000, 23 (26).
8 *Schneider* in Schneider (Hrsg.), EDV-Recht, M Rz. 42.
9 *Bräutigam* in Bräutigam (Hrsg.), IT-Outsourcing, Teil 13 Rz. 97.
10 BGH v. 23.1.1996 – X ZR 105/93, CR 1996, 467.
11 *Bräutigam* in Bräutigam (Hrsg.), IT-Outsourcing, Teil 13 Rz. 97.

Die Phase der Überführung der Vertragsleistungen auf den Outsourcing-An- 37
bieter (sog. **Transition**) ist aus technischen Gründen eine der schwierigsten
in der Outsourcing-Beziehung, in der oftmals Probleme entstehen. Diese
sind daher auch häufig der Grund für Streitigkeiten zwischen den Parteien.
Häufig ist der erfolgreiche Abschluss der Transitionsphase (und die vorherige
Einhaltung entsprechender Meilensteine) Gegenstand eines vom Outsourcing-Anbieter zu erfüllenden Werkvertrages. Ähnlich wie beim IT-Projekt
können dem Kunden daher Ansprüche wegen mangelhafter Leistung (§ 634
BGB) oder wegen Verzuges (§§ 280, 286 BGB) zustehen.

Durch die Nichterfüllung von Mitwirkungspflichten kann aber auch der 38
Kunde gem. § 293 BGB in Annahmeverzug kommen. Gerät der Kunde **bei
Transition in Verzug**, hat der Auftragnehmer aus § 642 BGB einen Anspruch
auf angemessene Entschädigung. Unter den zusätzlichen Voraussetzungen
des § 643 BGB kann er zudem den Vertrag kündigen.

Checkliste: Mögliche Ansprüche	39

- Verzug des Auftragnehmers mit der Transition (§§ 280, 286 BGB)

- Mängelansprüche des Kunden, insbesondere im Zusammenhang mit der
  Transition (§ 634 BGB)

- Unterschreitung Service Level

  - Schadensersatz nach § 280 BGB

  - Sanktionen aus SLA, z.B. Vertragsstrafen, Minderung, pauschalierter
    Schadensersatz, fristlose Kündigung

- Schadensersatz aus § 280 BGB bei Betriebsausfall, beachte hier insbesondere Folgeschäden/entgangener Gewinn (§ 252 BGB)

- Datenverlust

  - Auftraggeber grundsätzlich selbst für die Sicherung seiner Daten ver-
    antwortlich

  - Bei räumlicher Auslagerung der IT in ein Rechenzentrum des Auftrag-
    nehmers ist dieser für die Sicherheit der Daten verantwortlich, bei
    Pflichtverletzung Schadensersatzanspruch des Auftraggebers

- Mangelhafte Mitwirkung des Kunden

  - Vertraglich festgelegte Fertigstellungstermine verlieren ihre Verbind-
    lichkeit

  - Mitverschulden führt zu entsprechender Kürzung eines Schadens-
    ersatzanspruchs

- Anspruch des Auftragnehmers auf angemessene Entschädigung aus § 642
  BGB oder vertraglichen Ansprüchen, wenn Kunde z.B. bei Transition in
  Verzug mit seinen Mitwirkungspflichten gerät

- Kündigung aus wichtigem Grund nach § 314 BGB

3. Softwarelizenzen

a) Inhaltliche Beschreibung und rechtliche Einordnung

40   Im Rahmen von IT-Projekten spielt häufig die Überlassung von urheber-
rechtlich geschützter Software eine Rolle. So ist beispielsweise bei der
Übereignung einer Anwendersoftware dem Käufer zugleich ein (einfaches)
Nutzungsrecht einzuräumen[1]. Die Nutzungsrechte entstehen mit ihrer Einräumung an Dritte originär in deren Person als vom Stammrecht Urheberrecht abgespaltene, selbständige dingliche Rechte[2]. Wie der Vertrag über die
Einräumung des Nutzungsrechts rechtlich einzuordnen ist, richtet sich nach
Vertragsgegenstand und -zweck, dabei wird zumeist auf die Vertragstypen
des BGB zurückgegriffen[3].

b) Mögliche Streitpunkte mit Anspruchsgrundlagen

41   Probleme und Streitigkeiten im Zusammenhang mit Softwarelizenzen können sich vor allem durch die nichtberechtigte **Unterlizenzierung** des Lizenznehmers ergeben. Eine Unterlizenzierung ist nicht berechtigt, wenn der Lizenznehmer entgegen § 35 Abs. 1 UrhG ohne die Zustimmung des Urhebers
Dritten (z.B. Konzerngesellschaften) selbst Lizenzen einräumt. Der Lizenzgeber kann sich in diesem Fall durch ein sog. **Audit** Informationen einholen[4]. Darunter versteht man ein Untersuchungsverfahren zur Überprüfung, ob ein Unternehmen für die verwendete Software eine ausreichende
Anzahl an Lizenzen besitzt. Ein häufiger Grund für eine Überprüfung seitens
des Lizenzgebers ist auch ein Verdacht, ein Lizenznehmer habe nicht genügend Lizenzen erworben, z.B. bei einer Arbeitsplatzlizenz weniger Desktop-
Arbeitsplätze angegeben, als tatsächlich mit der fraglichen Software ausgestattet sind.

42   Ein Anspruch des Lizenznehmers auf Durchführung eines Audits könnte
sich aus **§ 101a UrhG** ergeben. Der BGH hatte grundsätzlich anerkannt, dass
der Besichtigungsanspruch aus § 809 BGB auch dem Urheber zustehen kann,
der sich vergewissern möchte, ob eine bestimmte Sache unter Verletzung
des geschützten Werks hergestellt worden ist; Voraussetzung hierfür ist jedoch, dass für die Verletzung bereits eine gewisse Wahrscheinlichkeit besteht[5]. Eine solche Wahrscheinlichkeit kann sich daraus ergeben, dass der
Lizenznehmer nicht lizenzierte Programme eines Dritten verwendet[6] oder
durch Hinweise eines Mitarbeiters auf den Einsatz nicht lizenzierter Programme[7]. Der Gesetzgeber hatte dies in der Regelung des § 101a UrhG umgesetzt, welcher den materiell-rechtlichen Beseitigungsanspruch für den
Bereich des Urheberrechts ersetzt. Allerdings ergibt sich aus § 101a UrhG,

---

1 *Lehmann* in Lehmann/Meents, 2/3 Rz. 68 m.w.N.
2 *Wandtke/Bullinger*/Wandtke/Grunert, Vor §§ 31 ff. Rz. 47.
3 *Wandtke/Bullinger*/Wandtke/Grunert, Vor §§ 31 ff. Rz. 67.
4 *Moos*, CR 2006, 797 (798).
5 BGH v. 2.5.2002 – I ZR 45/01, *Faxkarte*, CR 2002, 791.
6 LG Nürnberg-Fürth v. 26.5.2004 – 3 O 2524/04, CR 2004, 890.
7 KG Berlin v. 11.8.2000 – U 3069/00, CR 2001, 80 (81).

selbst wenn die Hürde der hinreichenden Wahrscheinlichkeit überwunden wurde, kein allgemeiner Nachforschungs- und Durchsuchungsanspruch für den Geschäftsbereich des Schuldners[1]. Das Gericht kann hier angemessene Maßnahmen zum Schutz von Geschäftsgeheimnissen treffen (§ 101a Abs. 1 Satz 3 UrhG).

Wegen dieser Schwächen des gesetzlichen Besichtigungsanspruchs verein-   43
baren die Parteien in der Praxis häufig eine **vertragliche Auditklausel**. Solche Klauseln, die Auskunftspflichten und Kontrollbefugnisse enthalten, sind von der Rechtsprechung grundsätzlich anerkannt[2]. Die Befugnisse des Lizenz-gebers müssen jedoch in einem sachlich gerechtfertigten Umfang bleiben. So gelten beispielsweise sofortige, unangemeldete Überprüfungen in den Ge-schäftsräumen des Lizenznehmers als unangemessen[3]. Außerdem sind die Geheimhaltungsinteressen des Lizenznehmers zu berücksichtigen. Dies kann üblicherweise der Einsatz unabhängiger Wirtschaftsprüfer gewährleis-ten[4].

Ein derzeit stark streitbefangener Bereich ist der Komplex „**Handel mit ge-   44
brauchter Software**". Im Kern geht es dabei um die Frage, ob der urheber-rechtliche Erschöpfungsgrundsatz auch auf online bezogene Software An-wendung findet[5]. Hierzu hat der EuGH nun mit Urteil vom 3.7.2012 eine Entscheidung getroffen.

Schließlich können sich auch im Rahmen eines Lizenzvertrages Probleme   45
aufgrund einer Beeinträchtigung von **Rechten Dritter** ergeben. Siehe hierzu die Ausführungen unter dem Punkt Softwareprojekt (A II Rz. 1 ff.).

Checkliste: Mögliche Ansprüche   46

– Ansprüche des Lizenzgebers bei Verdacht der nichtberechtigten Unterli-zenzierung

  – Besichtigungsanspruch aus vertraglicher Auditklausel (in sachlich ge-rechtfertigtem Umfang)

  – Vorlage- und Besichtigungsanspruch aus § 101a UrhG

– Ansprüche des Lizenzgebers bei nichtberechtigter Unterlizenzierung

  – Beseitigung, Unterlassung und Schadensersatz aus § 97 UrhG

  – Vernichtung, Rückruf und Überlassung von rechtswidrigen Vervielfäl-tigungsstücken aus § 98 UrhG

  – Auskunft über Herkunft und Vertriebsweg der rechtswidrigen Verviel-fältigungsstücke aus § 101 UrhG

---

1 BGH v. 13.11.2003 – I ZR 187/01, *Kontrollbesuch*, GRUR 2004, 420 (421).
2 BGH v. 24.10.2002 – I ZR 3/00, *CPU-Klausel*, CR 2003, 323.
3 *Moos*, CR 2006, 797 (801).
4 *Moos*, CR 2006, 797 (801).
5 Siehe hierzu ausführlich unten „Beispielsfall aus der Rechtsprechung".

- Ansprüche Dritter bei Beeinträchtigung von deren Rechten, z.B. bei rechtswidriger Lizenzerteilung

- Ansprüche des Lizenznehmers aus Freistellungsklausel (Indemnification)

---

4. Support- und Pflegevertrag

a) Inhaltliche Beschreibung

47 Wegen der unvermeidlichen Fehlerhaftigkeit von Software, der Wandlungen der Umwelt und wegen des Wunsches der Verbesserung sind Support- und Pflegeverträge ein wichtiger Bereich der Praxis des IT-Vertragsrechts[1] und damit auch Gegenstand zahlreicher Streitfälle. Pflege bezeichnet als softwarebezogene Leistungen, die **Beseitigung von Fehlern und die Aktualisierung und Erweiterung der Software**[2]. Support meint normalerweise die Unterstützung eines Anbieters nach Kauf seines Produktes, meistens durch eine telefonische Hotline oder das Zusenden von aktualisierten Versionen[3]. Typische Leistungen im Rahmen eines Support- oder Pflegevertrages sind die Beseitigung von Fehlern in der Software, die Anpassung an Änderungen der technischen Umgebung oder der funktionalen Bedingungen und die Optimierung der Software in Bezug auf Effizienz, Leistungsverhalten und Ergonomie[4].

b) Rechtliche Einordnung

48 Support- und Pflegeverträge erstrecken sich üblicherweise über einen längeren Zeitraum, für den der Anbieter seine Leistungsbereitschaft erklärt; dies ist kennzeichnend für ein Dauerschuldverhältnis[5]. Die h.M. unterscheidet bei solchen Verträgen zwischen **tätigkeits- und erfolgsorientierten Leistungsbestimmungen** und differenziert bei der vertragstypologischen Einordnung entsprechend (insbesondere zwischen Dienst- und Werkvertrag)[6]. Liegt der Schwerpunkt der vertraglichen Leistung in der Bereitstellung von Kapazitäten, ohne dass die erfolgreiche Beseitigung von Fehlern geschuldet ist, handelt es sich um eine tätigkeitsorientierte Leistungsbestimmung, so dass die Bestimmungen des Dienstvertragsrechts zur Anwendung kommen[7]. Geht es stattdessen um die Beseitigung von Mängeln bzw. Fehlern und Störungen und eventuellen alterungsbedingten Gebrauchsbeeinträchtigungen, ist die geschuldete Leistung erfolgsorientiert[8]. Damit ist üblicherweise Werkvertragsrecht anwendbar. Nach einer anderen Ansicht kommt es auf die Unter-

---

1 *Bartsch*, NJW 2002, 1526 (1527).
2 *Bischof/Witzel*, ITRB 2003, 31.
3 *Bischof/Witzel*, ITRB 2003, 31 (32).
4 *Bartsch*, NJW 2002, 1526 (1527).
5 *Bischof/Witzel*, ITRB 2003, 31 (34).
6 *Schneider* in Schneider (Hrsg.), EDV-Recht, K Rz. 37a; *Bischof/Witzel*, ITRB 2003, 31 (34).
7 *Bischof/Witzel*, ITRB 2003, 31 (34).
8 *Schneider* in Schneider (Hrsg.), EDV-Recht, K Rz. 44.

scheidung zwischen Werk- und Dienstvertrag nicht an, da aufgrund der spezifischen Eigenschaften im Ergebnis auch bei der Softwarepflege ein Erfolg
geschuldet werde[1].

c) Mögliche Streitpunkte mit Anspruchsgrundlagen

Typische Störungen bei einem Support- oder Pflegevertrag sind, dass der   49
Softwarehersteller den Softwarefehler trotz Rüge nicht beseitigt, dass die
Hotline nicht erreichbar ist oder dass der Hersteller die Software nicht angemessen fortentwickelt[2]. Auf Grund der Einordnung als Dauerschuldverhältnis ist die Leistung während der gesamten Laufzeit des Vertrages geschuldet.
Der Anspruch auf Behebung der Störungen ergibt sich also direkt aus der
Hauptleistungspflicht des Vertrages[3]. Bei Vorliegen der weiteren Voraussetzungen kann der Kunde Schadensersatz aus §§ 280 ff. BGB verlangen. Nach
§ 314 BGB kann der Vertrag aus wichtigem Grund gekündigt werden.

Ein weiterer häufiger Streitpunkt ist die Verletzung von sog. **Service Level**   50
Agreements. Üblicherweise vereinbaren die Parteien gerade im Support- und
Pflegebereich Leistungsqualitäten. Im Bereich der Hotline kommen hierfür
etwa Antwortzeiten, für die Problemlösung etwa eine „first-time-fix-rate" in
Betracht. Die Verletzung dieser Service Levels durch den Auftragnehmer ist
üblicherweise mit Service-Level-Pönalen belegt. Die Feststellung der Unterschreitung der Leistungsqualitäten wird in der Regel durch ein von dem Auftragnehmer durchgeführtes **Monitoring**[4] sowie die Bereitstellung eines **Re-
porting** von dem Auftragnehmer an den Auftraggeber bewerkstelligt. Bei
einem Service Level Agreement handelt es sich um eine rein vertragliche
Anspruchsgrundlage. Im deutschen Gesetzesrecht ist diese Konstruktion
nicht verankert. Vielmehr sind etwaige gesetzliche Gewährleistungsansprü-
che von der Verletzung von Service Levels getrennt zu behandeln und können auch nebeneinander bestehen[5]. Häufig sind die Ansprüche des Auftraggebers auf Zahlung einer Pönale als Vertragsstrafe ausgestaltet (§§ 339 ff.
BGB). Als Anspruchsgrundlage kommt dann die vertragliche Regelung in
Verbindung mit §§ 339 ff. BGB in Betracht, welche subsidiär Anwendung finden. Als für den Auftragnehmer günstigere Regelung werden die Rechtsfolgen der Verletzung von Service Level Agreements zum Teil auch als pau-
schalisierter Schadensersatz ausgestaltet.

---

1 *Bartsch*, NJW 2002, 1526.
2 *Bartsch*, NJW 2002, 1526 (1528).
3 *Bartsch*, NJW 2002, 1526 (1528).
4 Hierunter versteht man die Messung von Leistungsqualitäten durch automatische
  Tools.
5 Eine vertragliche Regelung zum Verhältnis von Gewährleistungsansprüchen und Service Level Verletzungen ist zu empfehlen. Näher zum Verhältnis der Ansprüche vgl.
  Thalhofer in Auer-Reinsdorff/Conrad (Hrsg.), IT-Recht, § 17 Rz. 125 ff.

51 | **Checkliste: Mögliche Ansprüche**

- Schadensersatz aus §§ 280 ff. BGB z.B. wegen Softwaremangel oder Unerreichbarkeit der Hotline

- Kündigung aus wichtigen Grund nach § 314 BGB

- Ansprüche aus vertraglichen SLA, häufig auf Zahlung einer Vertragsstrafe oder auf pauschalisierten Schadensersatz

5. Domains

a) Inhaltliche (und technische) Beschreibung

52   Domains[1] sind heutzutage für den Auftritt von Unternehmen im Internet unerlässlich. Technisch sind Domains zunächst rein numerisch ausgestaltet, die sog. **IP-Adresse**[2]. Diese besteht aus bis zu zwölf Zahlen, die wiederum in bis zu dreistelligen Kombinationen angeordnet sind[3]. Es gibt statische und dynamische IP-Adressen, wobei erstere für einen Rechner feststehen und letztere nur für kurze Zeit mit einem Rechner verbunden werden, z.B. durch Access Provider[4]. Da diese Zahlenkolonnen für sich keinen Sinn ergeben und vor allem keinen Bezug zu der spezifischen Internetpräsenz enthalten, werden den IP-Adressen die Namen, also die Domains, zugeordnet (sog. Domainnamensystem, DNS)[5]. Diese Zuordnung ist keine codemäßige Übersetzung der IP-Adresse, sondern kann beliebig erfolgen, so dass die Namen frei vergeben werden können[6]. An den Domainnamen wird, durch einen Punkt getrennt, die sog. Top-Level-Domain (TLD) angehängt, z.B. „.com" oder „.de"[7]. Die Top-Level-Domain stellt hierarchisch die höchste Ebene dar. Je nachdem ob sie aus einem Länderkürzel (z.B. „.de", „.at" oder „.uk") oder einer generischen Abkürzung für eine Gruppenbeschreibung (z.B. „.com", „.biz" oder „.info") besteht, wird sie als Country Code Top-Level-Domain (ccTLD) oder generic Top-Level-Domain (gTLD) bezeichnet. Die jeweils zuständige Registrierungsstelle (für die TLD „.de" beispielsweise die DENIC[8]) vergibt dann unterhalb der Top-Level-Domain die so genannte Second-Level-Domain, d.h. den eigentlichen Domainnamen.

53   Bislang standen 22 generische Top-Level-Domains zur Vergabe von Second-Level-Domains zur Verfügung. Die ICANN hat am 20. Juni 2011 allerdings beschlossen, ab dem Jahr 2012 neue, weitgehend frei wählbare generische

---

1 Vgl. zur Begrifflichkeit *Beier* in Lehmann/Meents, IT-Recht, 4/19 Rz. 4.
2 *Schneider* in Schneider, EDV-Recht, C Rz. 666.
3 *Beier* in Lehmann/Meents, IT-Recht, 4/19 Rz. 5.
4 *Beier* in Lehmann/Meents, IT-Recht, 4/19 Rz. 5.
5 *Schneider* in Schneider, EDV-Recht, C Rz. 666.
6 *Schneider* in Schneider, EDV-Recht, C Rz. 666.
7 *Schneider* in Schneider, EDV-Recht, C Rz. 667.
8 *Schneider* in Schneider, EDV-Recht, C Rz. 681.

Top Level-Domains zuzulassen, insbesondere geographische Angaben (z.B. „.koeln"), Marken (z.B. „.canon") und Gattungsbegriffe (z.B. „.fashion")[1].

Bei der Vergabe gilt grundsätzlich das Prinzip *first come, first served* bzw. nach dem BGH das Gerechtigkeitsprinzip der Priorität[2]. Eine Ausnahme gibt es bei sog. Sunrise-Perioden, bei denen im Rahmen der Einführung neuer generischer TLD die Inhaber bestimmter, als schützenswert angesehener Kennzeichen bevorzugt werden[3].   54

b) Rechtliche Einordnung

aa) Rechtsnatur der Domain

Das Recht an einer Domain gewährt grundsätzlich kein absolutes Recht, wie es bei einem Marken- oder Eigentumsrecht der Fall ist[4]. Zwar kann ein bestimmter Domainname nur einmal registriert werden mit der Folge, dass die Domain-Registrierung mit einer gewissen Ausschlusswirkung verbunden ist. Rechtstechnisch gesehen besitzt der Inhaber einer Domain aber lediglich einen **schuldrechtlichen Anspruch** gegenüber der Vergabestelle, gegen Zahlung der vereinbarten Vergütung den registrierten Domainnamen zu verwenden[5].   55

Aus der Eigenschaft als **relativ wirkendes vertragliches Nutzungsrecht** folgt, dass bei Benutzung eines mit dem registrierten Domainnamen identischen oder ähnlichen Zeichens bzw. einer ähnlichen Domain durch Dritte nicht aus der Verletzung der Domain an sich vorgegangen werden kann[6]. Die Benutzung (nicht bereits die Registrierung) einer Domain kann allerdings zu einem Schutz des Domainnamens als Unternehmenskennzeichen oder Werktitel führen, so dass bei Nutzung einer ähnlichen Domain durch einen Dritten ggf. Ansprüche wegen Verletzung eines Unternehmenskennzeichens bzw. Werktitels bestehen[7].   56

Unbeschadet dessen, dass die Domain kein absolutes Recht darstellt, stellt sie natürlich einen **Vermögenswert** dar, der unter den verfassungsrechtlichen Schutz der Eigentumsgarantie gemäß Art. 14 Abs. 1 Satz 1 GG fällt[8]. Darüber hinaus kann die Domain, ähnlich wie das Eigentum an einer Sache, wirtschaftlich verwertet, d.h. verkauft, lizenziert und übertragen werden.   57

---

1 Vgl. zu den neuen gTLDs der ICANN Teil A VII Rz. 63 ff.
2 *Beier* in Lehmann/Meents, IT-Recht, 4/19 Rz. 10.
3 *Beier* in Lehmann/Meents, IT-Recht, 4/19 Rz. 11.
4 Vgl. *Ingerl/Rohnke*, Markengesetz, 3. Aufl. 2010, nach § 15 Rz. 31 m.w.N.; *Härting*, Internetrecht, 4. Aufl. 2010, Rz. 1402.
5 Vgl. BVerfG v. 24.11.2004 – 1 BvR 1306/02, CR 2005, 282 = GRUR 2005, 261 – ad-acta.de; *Ingerl/Rohnke*, Markengesetz, nach § 15 Rz. 31 m.w.N.; LG Zwickau v. 12.8.2009 – 8 T 228/09, MMR 2010, 72.
6 Vgl. *Ingerl/Rohnke*, Markengesetz, nach § 15 Rz. 31 m.w.N.
7 Vgl. dazu nachfolgend unter Rz. 58 und Rz. 83 ff.
8 Vgl. BVerfG v. 24.11.2004 – 1 BvR 1306/02, CR 2005, 282 = GRUR 2005, 261 – ad-acta.de.

Ferner kann das relativ wirkende, vertragliche Nutzungsrecht gegenüber der Vergabestelle gemäß § 857 Abs. 1 ZPO gepfändet werden, nicht allerdings die Domain selbst[1].

bb) Kennzeichenrechtlicher Schutz des Domainnamens

58   Da die Domain kein absolutes Recht ist, stellt sich die Frage, ob und unter welchen Voraussetzungen der Domainname (d.h. die Second-Level-Domain[2]) gegen eine identische oder ähnliche Benutzung durch Dritte geschützt ist. Schließlich hat eine Domain ein hohes Identifizierungspotential, da der Domainname meistens so ausgewählt wird, dass er auf den Betreiber der unter der Domain erreichbaren Website oder auf die dort präsentierten Produkte hinweist. Aufgrund dieses Identifizierungspotentials ist anerkannt, dass die Benutzung einer Domain zu einem Schutz des Domainnamens als Unternehmenskennzeichen, Werktitel oder Name führen kann. Dies setzt jedoch voraus, dass die allgemeinen gesetzlichen Anforderungen an den Schutz als Unternehmenskennzeichen oder Werktitel (§ 5 MarkenG) bzw. Name (§ 12 BGB) erfüllt sind. Denn weder die Registrierung noch die Benutzung einer Domain führt neben den anerkannten Kennzeichenrechten (Marke, Unternehmenskennzeichen, Werktitel) zur Entstehung eines Kennzeichenrechts sui generis[3].

(1) Schutz als Unternehmenskennzeichen

59   Ein Domainname kann zum einen als Unternehmenskennzeichen gem. § 5 Abs. 1, 2 MarkenG geschützt sein, wenn die Voraussetzungen erfüllt sind. So hat das OLG Hamburg bspw. bei Benutzung des Domainnamens „abebooks.com" für eine Internet-Buchhandlung die Entstehung eins Unternehmenskennzeichens für „abebooks" bejaht[4].

60   Nach der **Legaldefinition** in § 5 Abs. 2 Satz 1 MarkenG sind Unternehmenskennzeichen Bezeichnungen, die im geschäftlichen Verkehr als Name, als Firma oder als besondere Bezeichnung eines Geschäftsbetriebs oder eines Unternehmens benutzt werden.

61   Für die **Entstehung eines Unternehmenskennzeichenrechtes** ist kein formeller Akt, wie z.B. die Registrierung, erforderlich. Vielmehr entsteht das Unternehmenskennzeichen automatisch in dem Moment, in dem ein kennzeichnungskräftiges, d.h. nicht rein beschreibendes Zeichen, im Inland im geschäftlichen Verkehr in Gebrauch genommen wird[5]. Nicht kennzeich-

---

1 Vgl. BGH v. 5.7.2005 – VII ZB 5/05, CR 2006, 50 = ITRB 2005, 270 = MMR 2005, 685, 686 – Domain-Pfändung.
2 Vgl. hierzu oben unter Rz. 52 a.E.
3 Vgl. *Köhler/Arndt/Fetzer*, Recht des Internet, 6. Aufl. 2008, S. 40, Rz. 113.
4 Vgl. OLG Hamburg GRUR-RR 2005, 381 – abebooks.
5 Vgl. *Ingerl/Rohnke*, Markengesetz, § 5 Rz. 10 ff.; *Bücking/Angster*, Domainrecht, 2. Aufl. 2010, Rz. 103.

nungskräftige Unternehmenskennzeichen sind erst dann geschützt, wenn sie Verkehrsgeltung erworben haben[1].

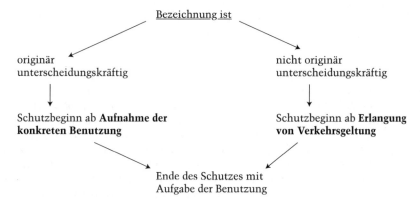

Der Schutz als Unternehmenskennzeichen hat mithin folgende Vorausset- 62
zungen:

– Handeln im geschäftlichen Verkehr

– Inlandsbezug

– Unterscheidungskraft bzw. Verkehrsgeltung

Ein **Handeln im geschäftlichen Verkehr** setzt voraus, dass die Domain für ei- 63
ne aktive Website benutzt wird[2]. Die bloße Registrierung einer Domain reicht für den Erwerb eines Unternehmenskennzeichens nicht aus, da der Domainname in diesem Fall nicht zur Kennzeichnung eines bestimmten Unternehmens verwendet wird[3]. Dies erfordert in der Regel, dass auf der aktiven Website bereits ein Unternehmensauftritt vorhanden ist. Vor diesem Hintergrund wird der Erwerb eines Unternehmenskennzeichens durch die Benutzung einer Domain auch dann abgelehnt, wenn sich auf der unter der Domain erreichbaren Website lediglich ein „Baustellen-Hinweis" oder eine Ankündigung befindet, dass demnächst ein Unternehmensauftritt erfolgt[4]. Gleiches gilt, wenn die Domain nur zum Verkauf angeboten wird[5].

Ob ein Handeln im geschäftlichen Verkehr vorliegt oder nicht, beurteilt sich 64
bei Domains nach dem **Inhalt der Website**[6], wobei bei aktiven Websites von

---

1 Vgl. *Ingerl/Rohnke*, Markengesetz, § 5 Rz. 52.
2 Vgl. BGH v. 14.5.2009 – I ZR 231/06, CR 2009, 801 m. Anm. *Hackbarth* = ITRB 2010, 5 = GRUR 2009, 1055 = AfP 2009, 583 – airdsl, Rz. 40; vgl. BGH v. 19.2.2009 – I ZR 135/06, CR 2009, 748 = ITRB 2009, 171 = GRUR 2009, 685 – ahd.de, Rz. 30.
3 Vgl. BGH v. 19.2.2009 – I ZR 135/06, CR 2009, 748 = ITRB 2009, 171 = GRUR 2009, 685 – ahd.de, Rz. 30.
4 Vgl. BGH v. 14.5.2009 – I ZR 231/06, CR 2009, 801 m. Anm. *Hackbarth* = ITRB 2010, 5 = GRUR 2009, 1055 – airdsl. Rz. 40.
5 Vgl. BGH v. 19.2.2009 – I ZR 135/06, CR 2009, 748 = MDR 2009, 942 = ITRB 2009, 171 = GRUR 2009, 685 – ahd.de, Rz. 30.
6 Vgl. BGH v. 24.4.2008 – I ZR 159/05, MDR 2009, 98 = GRUR 2008, 1099 – Afilias.de, Rz. 13.

Unternehmen[1] sowie bei kommerziellen Angeboten[2] stets von einem Handeln im geschäftlichen Verkehr auszugehen ist. Bei rein privaten Websites[3] sowie amtlichen, wissenschaftlichen, politischen oder kritisierenden Websites[4] wird ein Handeln im geschäftlichen Verkehr hingegen regelmäßig abgelehnt. Die Domainnamen solcher Websites können daher nicht als Unternehmenskennzeichen geschützt sein.

65   Nur ein **inländisches** Handeln im geschäftlichen Verkehr führt zur Entstehung eines Unternehmenskennzeichenrechts. Da eine Website grundsätzlich von überall auf der Welt abgerufen werden kann, ist aufgrund der sonstigen Umstände zu beurteilen, ob sich die unter der Domain erreichbare Website an den deutschen Markt richtet oder nicht[5]. Anhaltspunkte hierfür sind u.a. die Top-Level-Domain „.de", die Verwendung der deutschen Sprache[6], Lieferangebote nach Deutschland und ähnliches[7]. Nicht erforderlich ist, dass es sich auch um einen inländischen Kennzeicheninhaber handelt. Auch ausländische Kennzeicheninhaber können ein Unternehmenskennzeichenrecht durch die Benutzung einer Domain erwerben, wenn die Benutzung auf eine dauerhafte wirtschaftliche Betätigung im Inland schließen lässt[8].

66   Der Schutz des Domainnamens entsteht nur dann automatisch mit Benutzung für eine aktive Website im geschäftlichen Verkehr, wenn dem Domainnamen **namensmäßige Unterscheidungskraft** zukommt[9]. Dies ist bei rein beschreibenden Domainnamen sowie Gattungs- und geographischen Bezeichnungen in der Regel nicht der Fall[10]. In solchen Fällen ist der Domain-

---

1 Vgl. BGH v. 19.7.2007 – I ZR 137/04, CR 2007, 727 = GRUR 2007, 888 – Euro Telekom.
2 Vgl. BGH v. 14.5.2009 – I ZR 231/06, CR 2009, 801 m. Anm. *Hackbarth* = ITRB 2010, 5 = GRUR 2009, 1055 – airdsl, Rz. 61.
3 Vgl. BGH v. 22.11.2001 – I ZR 138/99, CR 2002, 525 = ITRB 2002, 177 = GRUR 2002, 622, 624 – shell.de; eine Ausnahme gilt ggf. dann, wenn durch Werbung, wie z.B. Werbebanner, Einnahmen für die private Website erzielt werden.
4 Vgl. OLG Hamm v. 18.2.2003 – 9 U 136/02, CR 2003, 937 = GRUR 2003, 722 – www.castor.de; vgl. OLG Hamburg v. 31.5.2007 – 3 W 110/07, CR 2007, 661 = MMR 2008, 118 – M-Block.de; vgl. *Ingerl/Rohnke*, Markengesetz, nach § 15 Rz. 126 m.w.N.
5 Die WIPO fordert zur Abgrenzung einen sog. „commercial effect" im Inland, vgl. „Joint Recommendation Concerning the Protection of Marks, and Other Industrial Property Rights in Signs, on the Internet" der WIPO.
6 Dies genügt bei einer „.at" oder „.ch" Top-Level-Domain allein nicht, da in Österreich und in der Schweiz ebenfalls deutsch gesprochen wird.
7 Für weitere Anhaltspunkte siehe Art. 3 der „Joint Recommendation Concerning the Protection of Marks, and Other Industrial Property Rights in Signs, on the Internet" der WIPO.
8 Vgl. *Ingerl/Rohnke*, Markengesetz, § 5 Rz. 62 m.w.N.; *Härting*, Internetrecht, Rz. 1449.
9 Vgl. BGH v. 22.7.2004 – I ZR 135/01, CR 2005, 284, 285 = ITRB 2005, 110 – Soco.de; OLG München v. 16.9.1999 – 29 U 5973/98, CR 1999, 778 – t-net.de.
10 Vgl. BGH v. 2.12.2004 – I ZR 207/01, CR 2005, 593 = ITRB 2005, 198 = MMR 2005, 534 = AfP 2005, 364 – welt-online.de.

name nur dann als Unternehmenskennzeichen geschützt, wenn er Verkehrsgeltung besitzt[1].

(2) Schutz als Werktitel

Alternativ kann ein Domainname auch als sog. Werktitel gemäß § 5 Abs. 1,   67
3 MarkenG kennzeichenrechtlichen Schutz genießen.

Nach **§ 5 Abs. 3 MarkenG** sind Werktitel die Namen oder besonderen Be-   68
zeichnungen von Druckschriften, Filmwerken, Tonwerken, Bühnenwerken
oder sonstigen vergleichbaren Werken. Wie der Schutz als Unternehmenskennzeichen erfordert der Schutz des Domainnamens als Werktitel, dass der
Domainname im geschäftlichen Verkehr verwendet wird[2]. Darüber hinaus
kommt ein Schutz des Domainnamens als Werktitel nur in Betracht, wenn
sich die Domain auf ein titelschutzfähiges Werk (d.h. die Website) bezieht.
Die unter dem Domainnamen erreichbare Website kann nur dann ein titelschutzfähiges Werk darstellen, wenn es sich um eine aktive Website handelt, die bereits mit redaktionellen Inhalten gefüllt ist[3]. Vor diesem Hintergrund wird ein Werktitelschutz abgelehnt, wenn die Website noch nicht
hinreichend fertig gestellt ist[4].

Darüber hinaus ist erforderlich, dass die Website ein **auf geistiger Leistung**   69
beruhendes Gesamtwerk darstellt, das durch den Domainnamen als Titel gekennzeichnet wird[5]. Nicht notwendig ist, dass die Website ein urheberrechtlich geschütztes Werk i.S.d. § 2 UrhG darstellt.

Für die Entstehung des Werktitelschutzes ist mithin zu prüfen, ob die unter   70
der Domain erreichbare Website ein **eigenständiges geistiges Arbeitsergebnis**
darstellt oder dort lediglich Informationen angesammelt werden. Bei Websites mit redaktionellen Inhalten kann daher regelmäßig von einem titel-
schutzfähigen Werk ausgegangen werden[6], während bei bloßen Linksamm-
lungen, Datenbanken oder Portalen ein solches in der Regel mangels
kommunikativen Inhalts abzulehnen ist[7]. Sofern auf der Website lediglich
ein Unternehmen präsentiert wird, ist genau zu prüfen, ob hier ein titelschutzfähiges Werk vorliegt oder der Domainname als Unternehmenskennzeichen geschützt ist.

---

1 Vgl. OLG München v. 22.4.1999 – 29 W 1389/99, CR 1999, 595 = MMR 1999, 547 –
  Buecher.de; vgl. OLG München v. 20.10.2005 – 29 U 2129/05, CR 2006, 414 = MMR
  2006, 234, 235 – Oesterreich.de; vgl. KG NJWE-WettbR 2000, 234, 235 – Toolshop.
2 Vgl. hierzu oben unter Rz. 63.
3 Vgl. *Ingerl/Rohnke*, Markengesetz, nach § 15 Rz. 53 m.w.N.
4 Vgl. OLG München v. 11.1.2001 – 6 U 5719/99, CR 2001, 406 = ITRB 2001, 289 =
  GRUR 2001, 522 – Kuecheonline; vgl. LG Düsseldorf GRUR-RR 2006, 303 – Technik-
  quelle.info.
5 Vgl. BGH v. 21.1.1993 – I ZR 25/91, CR 1993, 684 = GRUR 1993, 767 – Zappelfisch.
6 Vgl. OLG Hamburg, GRUR-RR 2004, 104 – Eltern.
7 Vgl. KG NJWE-WettbR 2000, 234 – Toolshop; vgl. BGH v. 21.1.1993 – I ZR 25/91, CR
  1993, 684 = GRUR 1993, 767; vgl. NJW 1993, 1465 – Zappelfisch; vgl. *Köhler/Arndt/*
  Fetzer, Recht des Internet, Rz. 123.

71 Wie bei dem Schutz des Domainnamens als Unternehmenskennzeichen entsteht der Werktitelschutz bereits mit Ingebrauchnahme der Domain im geschäftlichen Verkehr, wenn der Domainname **ausreichende Unterscheidungskraft** aufweist, wobei hier bei Titeln mit beschreibenden Anklängen – ähnlich wie bei Titeln im Printbereich – in der Regel ein großzügiger Maßstab angelegt wird[1]. Bei einem (rein) beschreibenden Titel kommt allerdings ein Schutz nur bei Verkehrsgeltung in Betracht.

(3) Schutz als Marke

72 Bereits vor der Registrierung einer Domain und unabhängig von der Nutzung kann ein Domainname auch als Marke geschützt sein.

73 Der Schutz des Domainnamens als Marke erfordert, dass dem Schutz keine **absoluten Eintragungshindernisse** gemäß § 8 Nr. 1–10 MarkenG entgegenstehen, insbesondere dass dem Domainnamen für die Waren- und Dienstleistungen nicht jegliche Unterscheidungskraft[2] fehlt, d.h. er geeignet ist, die Waren- und Dienstleistungen eines Unternehmens von denen anderer Unternehmen zu unterscheiden (§ 8 Abs. 2 Nr. 1 MarkenG), und dass er keine rein merkmalsbeschreibende Angabe oder eine Gattungsbezeichnung oder Freizeichen darstellt (§ 8 Abs. 2 Nr. 2 und 3 MarkenG). Darüber hinaus wird ein Markenschutz auch abgelehnt, wenn ein Verstoß gegen die öffentliche Ordnung oder gegen die guten Sitten (§ 8 Abs. 2 Nr. 5) oder eine bösgläubige Markenanmeldung (§ 8 Abs. 2 Nr. 10 MarkenG) vorliegt.

74 Der Schutz eines Domainnamens als Marke in Deutschland entsteht entweder durch die **Eintragung** des Domainnamens als Marke ins Markenregister des Deutschen Patent- und Markenamtes[3] (DPMA) oder durch die **Benutzung** eines Zeichens im geschäftlichen Verkehr, soweit das Zeichen innerhalb beteiligter Verkehrskreise als Marke Verkehrsgeltung erworben hat (sog. Benutzungsmarke)[4].

75 Die Anforderungen an die Annahme einer **Verkehrsgeltung**, bei der ein Markenschutz gem. § 4 Nr. 2 MarkenG auch ohne Eintragung entsteht, sind allerdings hoch. Nicht ausreichend für die Erlangung der Verkehrsgeltung ist die bloße Benutzungsaufnahme, durch die weder Markenschutz noch ein Vorbenutzungsrecht für einen Domainnamen entsteht[5]. Die Entstehung ei-

---

1 Vgl. BGH GRUR 2010, 156 – Eifel-Zeitung; vgl. OLG München GRUR-RR 2006, 686 – oesterreich.de; vgl. LG Stuttgart MMR, 2003, 675 – snowscoot.de.
2 Bei mangelnder Unterscheidungskraft kann allerdings die Eintragung aufgrund einer Verkehrsdurchsetzung gem. § 8 Abs. 3 MarkenG erfolgen.
3 Ein Markenschutz in Deutschland entsteht außerdem durch Eintragung einer Gemeinschaftsmarke beim Harmonisierungsamt für den Binnenmarkt oder einer internationalen Registrierung bei der World Intellectual Property Organisation.
4 Vgl. § 4 Nr. 1 und 2 MarkenG. Darüber hinaus sind notorisch bekannte Marken im Sinne des Artikels 6bis der Pariser Verbandsübereinkunft zum Schutz des gewerblichen Eigentums automatisch geschützt.
5 Vgl. BGH v. 9.10.1997 – I ZR 95/95, MDR 1998, 670 = GRUR 1998, 412 – Analgin; vgl. *Ingerl/Rohnke*, Markengesetz, § 4 Rz. 6 m.w.N.

ner Benutzungsmarke erfordert vielmehr, dass ein nicht unerheblicher Teil der angesprochenen Verkehrskreise das konkrete Zeichen im Hinblick auf konkrete Waren- oder Dienstleistungen als Herkunftshinweis auffasst.

cc) Namensrechtlicher Schutz des Domainnamens

Unbeschadet dessen, dass die Registrierung und Nutzung einer Domain, die 76 mit einem fremden Namen übereinstimmt, zu einer Verletzung eines (fremden) Namensrechts führen kann[1], kann durch die Nutzung eines Domainnamens auch ein eigenes Namensrecht i.S.d. § 12 BGB begründet werden[2].

Für die Entstehung eines Namensrechts ist wieder die **Benutzung des Do-** 77 **mainnamens für eine aktive Website** erforderlich[3], nicht hingegen eine Verwendung im geschäftlichen Verkehr, da der namensrechtliche Schutz zu den kennzeichenrechtlichen Regelungen in §§ 5, 15 MarkenG grundsätzlich subsidiär ist und ohnehin nur zum Zuge kommt, wenn eine private Nutzung erfolgt oder die kennzeichenrechtlichen Regelungen aus sonstigen Gründen nicht greifen.

Die Anforderung an den Schutz eines Domainnamens, **der nicht mit dem** 78 **Namen** oder sonstigen Kennzeichen des Domaininhabers **übereinstimmt**, als Name i.S.d. § 12 BGB (z.B. als Pseudonym) unterliegt jedoch hohen Anforderungen. Die bloße namensmäßige Benutzung eines Domainnamens ist dabei nicht ausreichend; nach der Auffassung des BGH in der Entscheidung „maxem.de" ist sogar Verkehrsgeltung erforderlich[4]. Anders sahen dies die Gerichte, wenn sich der Domainname aus den Anfangsbuchstaben oder einer Buchstabenkombination der Anfangsbuchstaben des Namens des Domaininhabers zusammensetzte[5].

c) Streit um die Domain

Domainstreitigkeiten handeln meist davon, dass sich jemand an der Regis- 79 trierung einer von ihm begehrten Domain stört, da sie ihm nicht mehr zur Verfügung steht, oder dass sich jemand durch die Registrierung bzw. Nutzung einer mit seinem Namen oder Kennzeichen ähnlichen Domain in seinen Rechten beeinträchtigt sieht. In solchen Fällen kommen insbesondere Ansprüche wegen Verletzung

---

1 Vgl. hierzu nachfolgend unter Rz. 104 ff.
2 Vgl. *Ingerl/Rohnke*, Markengesetz, nach § 15 Rz. 37.
3 Vgl. *Ingerl/Rohnke*, Markengesetz, nach § 15 Rz. 38.
4 Vgl. BGH GRUR 2003, 897, 898 – maxem.de; a.A. Vorinstanz OLG Köln MMR 2001, 170 – maxem.de.
5 Vgl. LG Frankfurt/M. v. 10.9.1997 – 2/6 O 261/97, NJW-RR 1998, 974, das einen eigenen namensrechtlichen Schutz der L.I.T. Logistik-Informations-Transport Lager & Logistik GmbH für den Domainnamen lit. de annahm sowie LG Bonn v. 22.9.1997 – 1 O 374/97, NJW-RR 1998, 977, welches den namensrechtlichen Schutz des Domainnamens detag.de der Deutschen Telekom AG bejahte.

- von Kennzeichenrechten
- des Namensrechts
- des Wettbewerbsrechts und
- des allgemeinen Zivilrechts

in Betracht.

80 In keinem Fall besteht jedoch ein **Anspruch auf Übertragung** der Domain, da weder die Verletzung von Kennzeichenrechten, noch des Namens- oder Wettbewerbsrechts einen solchen Anspruch begründen kann[1].

81 Es kann lediglich eine Übertragung einer Domain mit der Top-Level-Domain „.de" durch eine Durchsetzung eines bestehenden Löschungsanspruchs in Kombination mit einem vorherigen **Dispute-Eintrag** erreicht werden, weil bei einem Dispute-Eintrag der Antragsteller bei Löschung automatisch Inhaber der Domain wird[2]. Ferner kann bei Durchführung bestimmter Domainschiedsverfahrens, wie z.B. dem UDRP-Verfahren, die Schiedsstelle eine Übertragung der Domain anordnen[3].

82 Die Verletzung von Kennzeichenrechten gewährt jedoch in aller Regel auch keinen **Anspruch auf Löschung** der Domain, da die Nutzung der Domain nicht schlechthin, sondern nur im geschäftlichen Verkehr und in Bezug auf die Waren und Dienstleistungen untersagt werden kann, bei denen eine Verwechslungsgefahr besteht[4]. Kennzeichenrechtliche Ansprüche gewähren daher stets nur Ansprüche auf Untersagung einer bestimmten Nutzung der Domain. Ein Löschungsanspruch kann sich allenfalls aus der Verletzung des Namens-, Wettbewerbs- oder Zivilrechts ergeben.

Im Einzelnen:

aa) Ansprüche wegen der Verletzung von Kennzeichenrechten

83 Ansprüche wegen Verletzung von Kennzeichenrechten kommen vor allem dann in Betracht, wenn sich jemand durch die Registrierung bzw. Nutzung einer mit seinen Kennzeichen identischen oder ähnlichen Domain in seinen Rechten beeinträchtigt sieht.

(1) Bestehen eines Kennzeichenrechts

84 Voraussetzung ist zunächst, dass derjenige, der sich gegen eine identische oder ähnliche Domain wehren möchte, Inhaber eines prioritätsälteren Kennzeichenrechts ist, d.h. einer Marke eines Unternehmenskennzeichens oder eines Werktitelrechts. Dabei kann auch die Benutzung einer Domain für ei-

---

1 Vgl. *Härting*, Internetrecht, Rz. 1417.
2 Vgl. dazu im Einzelnen Teil A VII Rz. 57.
3 Vgl. dazu nachfolgend unter Teil A VII Rz. 19.
4 Vgl. dazu nachfolgend unter Rz. 87, 88 und 103.

ne aktive Website im geschäftlichen Verkehr zur Entstehung eines Unternehmenskennzeichen- oder eines Werktitelrechts führen[1].

(2) Rechtsverletzende Benutzung

Zu beachten ist allerdings, dass nicht jeder Gebrauch einer Marke (bzw. eines Unternehmenskennzeichens oder eines Werktitels) eine rechtsverletzende Benutzung darstellt. Es ist daher zunächst zu prüfen, ob die Voraussetzungen einer markenmäßigen (bzw. firmen- oder titelmäßigen) Benutzung bei der potentiell rechtsverletzenden Domain vorliegen. Dabei gilt grundsätzlich, dass die bloße Registrierung einer Domain keine rechtsverletzende Benutzung darstellt und zwar unabhängig davon, ob eine Verletzung einer Marke, eines Unternehmenskennzeichens oder eines Werktitels in Betracht kommt[2]. Für die Annahme einer rechtsverletzenden Benutzung ist vielmehr erforderlich, dass der potentiell rechtsverletzende Domainname für eine aktive Website genutzt wird, aus der ersichtlich ist, für welche Waren- und Dienstleistungen (bzw. Branche oder Werk) die Domain gebraucht wird[3]. Eine Benutzung für eine aktive Website ist allerdings auch dann anzunehmen, wenn die potentiell rechtsverletzende Domain automatisch auf eine andere Website weiterleitet, mithin eine sog. „Durchgangsdomain" darstellt[4].

85

Sofern die potentiell verletzende Domain eine beschreibende Angabe oder einen Gattungsbegriff darstellt (wie z.B. seetour.de) bedarf es einer besonders eingehenden Prüfung, ob eine kennzeichenmäßige Benutzung vorliegt oder nicht[5].

86

(3) Benutzung im geschäftlichen Verkehr

Eine Markenverletzung liegt nur dann vor, wenn die Domain im geschäftlichen Verkehr benutzt wird. Es ist daher anhand des Inhalts der unter der Domain erreichbaren Website zu beurteilen, ob die Website der Förderung der eigenen oder einer fremden erwerbswirtschaftlichen oder sonstigen beruflichen Tätigkeit dient[6] oder eine private Website vorliegt. Bei Websites von Unternehmen sowie kommerziellen Angeboten kann in der Regel davon ausgegangen werden, dass ein Handeln im geschäftlichen Verkehr gegeben

87

---

1 Vgl. oben Rz. 58 ff.
2 Vgl. BGH v. 5.2.2009 – I ZR 167/06, CR 2009, 407 = GRUR 2009, 484 – Metrobus;
  BGH v. 2.12.2004 – I ZR 207/01, CR 2005, 593 = ITRB 2005, 198 = GRUR 2005, 687 –
  weltonline.de.
3 Vgl. *Ingerl/Rohnke*, Markengesetz, nach § 15 Rz. 117 ff., Rz. 146 ff., Rz. 153 ff.
4 Vgl. BGH v. 14.5.2009 – I ZR 231/06, CR 2009, 801 m. Anm. *Hackbarth* = ITRB 2010,
  5 = GRUR 2009, 1055 – airdsl; *Hoeren/Sieber*, Multimedia-Recht, 2011, Rz. 67.
5 Vgl. OLG Düsseldorf GRUR-RR 2007, 147 – professionalnails.de: Keine kennzeichenmäßige Benutzung, weil beschreibende Nutzung bei einer Verwendung für Website,
  auf der Fingernagelkosmetik angeboten wird; OLG Köln, GRUR-RR 2005, 16 – Kreuzfahrten: Keine markenmäßige Benutzung; LG Köln v. 4.8.2005 – 84 O 22/05, CR 2006,
  207 – investment.de: Keine kennzeichenmäßige, sondern beschreibende Benutzung
  bei Betrieb eines Finanzportals.
6 Vgl. BGH v. 24.4.2008 – I ZR 159/05, MDR 2009, 98 = GRUR 2008, 1099 – afilias.de.

ist[1]. Darüber hinaus kann jedoch auch bei einer rein privaten Website ein Handeln im geschäftlichen Verkehr vorliegen, wenn beispielsweise durch die Website Einnahmen durch Werbung erzielt wird[2]. Hingegen nicht dem geschäftlichen Verkehr zuzuordnen sind amtliche, wissenschaftliche oder politische oder rein kritisierende Websites, solange dort keine Waren zum Verkauf angeboten werden[3].

(4) Verwechslungsgefahr

88　Soweit es sich nicht um ein bekanntes Kennzeichen handelt[4], kommen Ansprüche wegen einer Markenverletzung nur in Betracht, wenn eine mit der Marke identische oder ähnliche Domain für identische oder ähnliche Waren oder Dienstleistungen genutzt wird (§ 14 Abs. 2 Nr. 1 und 2 MarkenG). Bei der Verletzung eines Unternehmenskennzeichen- oder Werktitelrechts wird naturgemäß nicht auf die Identität der Waren oder Dienstleistungen abgestellt, sondern darauf, ob die Domain für eine Website eines Unternehmens in einer identischen oder ähnlichen Branche bzw. für ein identisches oder ähnliches Werk benutzt wird (§ 15 Abs. 2 MarkenG).

89　Soweit **keine identische Verletzung** vorliegt, ist dabei zu prüfen, ob die Benutzung der Domain zur Verwechslungsgefahr mit der Marke (bzw. Unternehmenskennzeichen oder Werktitel) führt.

90　Die **Beurteilung der Verwechslungsgefahr** hat nach ständiger Rechtsprechung unter Berücksichtigung aller Umstände des Einzelfalls zu erfolgen, wobei insbesondere folgende Faktoren maßgeblich sind:

– Kennzeichnungskraft der Marke

– Zeichenähnlichkeit

– Waren- und Dienstleistungsähnlichkeit

91　Dabei besteht eine **Wechselwirkung** zwischen den in Betracht zu ziehenden Faktoren, so dass ein geringerer Grad der Ähnlichkeit der Waren und Dienstleistungen durch einen höheren Grad der Ähnlichkeit der Zeichen ausgeglichen werden kann und umgekehrt[5]. Dieser Grundsatz der Wechselwirkung führt dazu, dass bei hoher Kennzeichnungskraft und Warenidentität ein erheblich weiterer Zeichenabstand notwendig ist, um eine Verwechslungsgefahr auszuschließen, als es bei einer bloßen Warenähnlichkeit der Fall ist.

1　Vgl. BGH v. 14.5.2009 – I ZR 231/06, CR 2009, 801 m. Anm. *Hackbarth* = ITRB 2010, 5 = GRUR 2009, 1055 – airdsl.de; *Ingerl/Rohnke*, Markengesetz, nach § 15 Rz. 124.
2　Vgl. LG Hamburg MMR 2000, 436; *Hoeren/Sieber*, Multimedia-Recht, Rz. 80; *Ingerl/Rohnke*, Markengesetz, nach § 15 Rz. 125 m.w.N.
3　Vgl. OLG Hamm v. 18.2.2003 – 9 U 136/02, CR 2003, 937 = GRUR 2003, 722 – www.castor.de; OLG Hamburg v. 31.5.2007 – 3 W 110/07, CR 2007, 661 = MMR 2008, 118 – M-block.de; LG Köln GRUR-RR 2006, 372 – Qaktie.de.
4　Vgl. dazu nachfolgend unter Rz. 94.
5　Vgl. statt vieler EuGH v. 29.9.1998 – Rs. C-39/97, NJW 1999, 933 – Canon.

Bis zur **Einführung der neuen generic Top-Level-Domains** durch die ICANN 92
wurde bei Beurteilung der Zeichenähnlichkeit ausschließlich auf die Second-Level-Domain als den eigentlichen Domainnamen abgestellt und die
jeweilige Top-Level-Domain (wie z.B. „.de", „.com" oder „.info") außer Betracht gelassen, da diese in der Regel keine herkunftshinweisende Funktion
besitzt. Nachdem nun allerdings auch Firmen- und Markennamen als Top-
Level-Domain angemeldet werden können[1], kann sich die Zeichenähnlichkeit zukünftig gerade auch aus der Top-Level-Domain ergeben (z.B. bei einer
Top-Level-Domain „.telekom").

Die Ähnlichkeit der Domain mit dem Kennzeichen allein ist jedoch nicht 93
ausreichend, um eine Marken- oder sonstige Kennzeichenverletzung anzunehmen, solange es sich nicht um ein bekanntes Kennzeichen handelt. Erforderlich ist für eine Markenverletzung zusätzlich, dass eine Waren- oder
Dienstleistungsähnlichkeit vorliegt, d.h. dass auf der unter der Domain erreichbaren Website Waren oder Dienstleistungen angeboten werden, die mit
den für die Marke eingetragenen Waren oder Dienstleistungen identisch oder
ähnlich ist. So könnte beispielsweise der Inhaber einer Marke „Afri", eingetragen für Getränke, es nicht einem Dritten untersagen, die Domain
www.afri.biz für Friseurdienstleistungen zu nutzen, weil zwischen Geträn-
ken einerseits und Friseurdienstleistungen andererseits keine Waren- oder
Dienstleistungsähnlichkeit besteht.

(5) Erweiterter Bekanntheitsschutz

Etwas anderes gilt nur dann, wenn es sich um ein bekanntes Kennzeichen 94
(Marke, Firma oder Titel) handelt. Der Inhaber eines bekannten Kennzeichens kann die Verwendung einer identischen oder ähnlichen Domain im
geschäftlichen Verkehr auch dann untersagen, wenn keine Produkt-, Bran-
chen- oder Werkähnlichkeit vorliegt. Erforderlich ist allerdings, dass der
identische oder ähnliche Domainname ohne Rechtfertigung zu einer Aus-
nutzung oder Beeinträchtigung der Unterscheidungskraft des bekannten
Kennzeichens (Verwässerung) oder des Rufs (Trittbrettfahren) führt (§ 14
Abs. 2 Nr. 3, § 15 Abs. 3 MarkenG).

(6) Schrankenregelungen

Die Nutzung eines fremden Kennzeichens kann allerdings gestattet sein, 95
wenn eine Schrankenregelung eingreift, wobei bei der Nutzung als Domain
insbesondere die Regelungen des § 23 MarkenG (Benutzung von Namen und
beschreibenden Angaben) und des § 24 MarkenG (Erschöpfung) in Betracht
kommen.

Die Anwendung der Schrankenregelung des **§ 24 MarkenG** wird häufig 96
diskutiert, wenn Wiederverkäufer von Waren sich ohne Zustimmung ein

---

1 Vgl. hierzu unter Teil A VII Rz. 63 ff.

Kennzeichen des Inhabers als Domainname (oder Teil eines Domainnamens) schützen lassen.

97 Nach § 24 Abs. 1 MarkenG hat der Inhaber einer Marke oder einer geschäftlichen Bezeichnung nicht das Recht, einem Dritten zu untersagen, die Marke oder die geschäftliche Bezeichnung für Waren zu benutzen, die unter dieser Marke oder dieser geschäftlichen Bezeichnung von ihm oder mit seiner Zustimmung in der Europäischen Union **in den Verkehr gebracht** worden sind. Eine Ausnahme des Erschöpfungsgrundsatzes gilt gem. § 24 Abs. 2 MarkenG nur dann, wenn sich der Inhaber der Marke oder der geschäftlichen Bezeichnung der Benutzung der Marke oder der geschäftlichen Bezeichnung aus berechtigten Gründen widersetzt, insbesondere wenn der Zustand der Waren nach ihrem Inverkehrbringen verändert oder verschlechtert ist.

98 Der Grundsatz der Erschöpfung des Markenrechts nach Inverkehrbringen der Marke umfasst auch das Recht, die Marke zu **Werbe- und Ankündigungszwecken** zu verwenden. Eine Erschöpfung nach § 24 Abs. 1 MarkenG tritt mithin nicht nur für die mit der geschützten Marke versehene Ware, sondern auch für das Werbe- und Ankündigungsrecht ein[1]. Dabei kann im Rahmen des Rechts, die Marke zu Werbe- und Ankündigungszwecken zu verwenden, die Marke grundsätzlich auch im Rahmen des Internetauftrittes verwendet werden, sofern nicht berechtigte Interessen entgegenstehen.

99 Hieraus folgt allerdings nicht zwangsläufig, dass ein **Wiederverkäufer** zur Benutzung einer Marke als Domainname befugt ist. Vielmehr dürfte dies nur ausnahmsweise der Fall sein, da nach der Rechtsprechung sich ein Kennzeicheninhaber gegen die Nutzung seines Kennzeichens zur Wehr setzen darf, wenn die Marke in der Werbung des Wiederverkäufers in einer Weise benutzt wird, die den Eindruck erwecken kann, das Unternehmen des Wiederverkäufers gehöre dem Vertriebsnetz des Markeninhabers an oder es bestehe zwischen ihnen eine Sonderbeziehung[2]. Mit einer ähnlichen Begründung entschied beispielsweise das LG Düsseldorf, dass der Inhaber der Marke „CAT" sich der Benutzung der Domain „cat-ersatzteile.de" u.a. für Originalprodukte der Marke „CAT" aus berechtigten Gründen im Sinne des § 24 Abs. 2 MarkenG widersetzen kann[3].

100 Ebenfalls Zurückhaltung ist bei Anwendung der Schrankenregelungen der **§ 23 Nr. 2 und 3 MarkenG** geboten, um die Registrierung fremder Kennzeichen als Domainname zu rechtfertigen.

---

1 Vgl. BGH v. 8.2.2007 – I ZR 77/04, MDR 2007, 1273 = CR 2007, 589 = GRUR 2007, 784 – AIDOL.
2 Vgl. EuGH GRURInt 1999, 438 – BMW; vgl. LG Düsseldorf GRUR-RR 2007, 14 – www.cat-ersatzteile.de; LG München v. 16.11.2000 – 17HK O 17624/00, CR 2001, 416; OLG Jena GRUR-RR 2008, 397 – Noch vor der Deutschlandpremiere; LG Hamburg NJWE-WettbR 2000, 235 – Ferrari Official Merchandise.
3 Vgl. LG Düsseldorf GRUR-RR 2007, 14, 15 – www.cat-ersatzteile.de.

Zwar steht gem. § 23 Nr. 3 MarkenG einem Kennzeicheninhaber nicht das   101
Recht zu, einem Dritten die Benutzung eines Kennzeichens als Hinweis auf
die Bestimmung einer Ware oder einer Dienstleistung zu untersagen, soweit
die **Benutzung dafür notwendig** ist. Die Regelung soll es Anbietern von Er-
satzteilen, Zubehör und Dienstleistungen ermöglichen, fremde Kennzeichen
als Bestimmungshinweis auf ihre Produkte zu benutzen. Die Benutzung eines fremden Kennzeichens ist allerdings nur dann notwendig, wenn sie praktisch das einzige Mittel darstellt, um die angesprochenen Verkehrskreise
verständlich und vollständig über die Bestimmung zu informieren[1]. Bei der
Nutzung eines fremden Kennzeichens als Teils eines Domainnamens wird
die Notwendigkeit dabei von der Rechtsprechung regelmäßig verneint, da
stets ausreichend ist, die Marke auf der Website zu nennen[2].

Die Regelung des § 23 Nr. 2 MarkenG enthält das Kriterium der Notwen-   102
digkeit zwar gerade nicht. Sie gestattet allerdings nur die Nutzung solcher
Zeichen, die eine **beschreibende Angabe oder eine Gattungsbezeichnung** darstellen[3] oder zumindest beschreibend verwenden[4], so dass eine Privilegie-
rung des Gebrauchs fremder Marken und Kennzeichen als Domainname nur
in äußerst seltenen Fällen in Betracht kommt.

(7) Rechtsfolgen

Die Verletzung eines Kennzeichenrechts durch die Benutzung eines fremden   103
Kennzeichens in einer Domain führt regelmäßig zu Unterlassungs-, Aus-
kunfts- und Schadensersatzansprüchen (§§ 14 Abs. 5 und 6, 15 Abs. 4 und 5
MarkenG), nicht jedoch zu Ansprüchen auf Übertragung oder Löschung der
Domain, da selbst im Falle eines bekannten Kennzeichens nicht die Nutzung der Domain für eine private Website untersagt werden kann[5]. Ein Anspruch auf Verzicht auf die Domain kann sich jedoch aus einer Verletzung
des Namensrechts ergeben[6].

bb) Ansprüche wegen Verletzung des Namensrechts

Ein **Löschungsanspruch** kommt allerdings dann in Betracht, wenn eine Ver-   104
letzung des Namensrechts vorliegt (§ 12 BGB). Nach der Rechtsprechung des
BGH kann der Inhaber eines Namensrechts gegen die Registrierung einer

---

1 Vgl. *Ströbele/Hacker*, Markengesetz, 10. Aufl. 2012, § 23 Rz. 94.
2 Vgl. LG Düsseldorf, CR 2007, 714 – hapimag-a-aktien.de; OLG Düsseldorf v.
   21.11.2006 – I-20 U 241/05, K&R 2007, 101 – peugeot-tuning.de; LG Düsseldorf
   GRUR-RR 2007, 14, 15 – www.cat-ersatzteile.de; LG Hamburg MMR 2009, 143 – an-
   walt-ebay.de.
3 Vgl. BGH v. 7.10.2009 – I ZR 109/06, GRUR 2009, 1167, Leitsatz 1 – Partnerpro-
   gramm; *Ströbele/Hacker*, Markengesetz, § 23 Rz. 62.
4 Vgl. OLG Hamburg v. 6.11.2003 – 5 U 64/03, ITRB 2004, 171 = CR 2004, 846 – schufa-
   freierkredit.de.
5 Vgl. BGH v. 22.11.2001 – I ZR 138/99, CR 2002, 525 = ITRB 2002, 177 = MMR 2002,
   382, 385 – shell.de.
6 Vgl. BGH v. 22.11.2001 – I ZR 138/99, CR 2002, 525 = ITRB 2002, 177 = MMR 2002,
   382, 385 – shell.de.

Domain vorgehen, wenn sie eine Namensanmaßung i.S.d. § 12 BGB darstellt[1]. Die Namensanmaßung hat folgende Voraussetzungen:

– Unbefugter Namensgebrauch durch einen Dritten;

– Eintritt einer Zuordnungsverwirrung;

– Verletzung schutzwürdiger Interessen des Namensträgers[2].

105   Durch die Regelung des § 12 BGB sind neben den Namen natürlicher Personen auch Namen von Gebietskörperschaften[3], Vereinen[4] sowie Firmennamen und deren Bestandteile[5] und sonstige Unternehmensbezeichnungen geschützt. Dabei können sich auch ausländische Unternehmen auf den namensrechtlichen Schutz ihrer Firma berufen, wenn sie in hinreichendem Umfang im Inland verwendet wird[6]. Nicht als Name geschützt sind hingegen bloße Sach- oder Produktbezeichnungen[7].

106   Voraussetzung für den Schutz als Name ist, dass der Bezeichnung **namensmäßige Unterscheidungskraft** zukommt, wobei jedoch bei bürgerlichen Namen ein sehr großzügiger Maßstab angelegt wird[8].

107   Da eine Domain in der Regel Individualisierungsfunktion hat, liegt bereits in der bloßen **Registrierung** ein Namensgebrauch[9]. Im Gegensatz zum Kennzeichenrecht setzt die Verletzung des Namensrechts dabei nicht voraus, dass unter der Domain eine aktive Website erreichbar ist, da der Inhaber eines Namensrechts bereits durch die Registrierung von einer eigenen Nutzung seines Namens als Second-Level-Domain unter der bestimmten Top-Level-Domain ausgeschlossen wird[10]. Ein Namensgebrauch wird allerdings dann abgelehnt, wenn es sich um eine rein beschreibende Domain handelt, weil sie den Namensträger nicht hinreichend individualisieren kann[11].

108   Eine Verletzung des Namensrechts setzt ferner voraus, dass der Gebrauch des Namens als Domain **unbefugt** erfolgt. Dies ist nur der Fall, wenn dem

---

1 Vgl. statt vieler BGH v. 22.11.2001 – I ZR 138/99, CR 2002, 525 = ITRB 2002, 177 = GRUR 2002, 622, 624 – shell.de.

2 Vgl. *Ingerl/Rohnke*, Markengesetz, nach § 15 Rz. 71 m.w.N.

3 Vgl. BGH v. 21.9.2006 – I ZR 201/03, CR 2007, 36 = GRUR 2007, 259 – solingen.info; BGH v. 9.6.2005 – I ZR 231/01, CR 2006, 426 = ITRB 2006, 54 = GRUR 2006, 158 – segnitz.de.

4 Vgl. OLG Rostock MMR 2009, 417 – braunkohle-nein.de.

5 Vgl. BGH v. 22.11.2001 – I ZR 138/99, CR 2002, 525 = ITRB 2002, 177 = GRUR 2002, 622, 624 – shell.de.

6 Vgl. BGH GRUR 2008, 109 – afilias.de.

7 Vgl. OLG Köln GRUR-RR 2006, 67, 68 – Mahngericht; OLG Stuttgart, MMR 2002, 734 – herstellerkatalog.com; OLG Hamm v. 18.2.2003 – 9 U 136/02, CR 2003, 937 = GRUR 2003, 722 – castor.de.

8 Vgl. *Ingerl/Rohnke*, Markengesetz, nach § 15 Rz. 76 m.w.N.

9 Vgl. statt vieler BGH v. 26.6.2003 – I ZR 296/00, CR 2003, 845 = ITRB 2004, 3 = GRUR 2003, 897, 898 – maxem.de.

10 Vgl. BGH v. 22.11.2001 – I ZR 138/99, CR 2002, 525 = ITRB 2002, 177 = GRUR 2002, 622, 624 – shell.de.

11 Vgl. LG Köln GRUR-RR 2009, 260, 261 – welle.de; LG München v. 8.3.2001 – 4HK O 200/01, CR 2001, 555 = ITRB 2001, 209 = MMR 2001, 545 – saeugling.de.

Domaininhaber keine eigenen Rechte an dem Domainnamen zustehen und er sich auch nicht auf Rechte Dritter berufen kann[1]. Kann sich der Domaininhaber hingegen auf ein eigenes Namens- oder Kennzeichenrecht (z.B. Marke, Unternehmenskennzeichen oder Werktitel) berufen, gilt das Recht der Gleichnamigen.

Das **Recht der Gleichnamigen** besagt, dass, wenn mehrere Personen oder   109
Unternehmen als berechtigte Namensträger für einen Domainnamen in Betracht kommen, hinsichtlich der Registrierung ihres Namens als Domain grundsätzlich das Gerechtigkeitsprinzip der Priorität gilt[2]. Diesem Prinzip muss sich grundsätzlich auch der Inhaber eines relativ stärkeren Rechts unterwerfen, der feststellt, dass sein Name oder sonstiges Kennzeichen bereits von einem Gleichnamigen als Domainname registriert worden ist[3]. Eine Abweichung von dieser Prioritätsregel ist allerdings dann angezeigt, wenn die Interessen der Parteien von derart unterschiedlichem Gewicht sind, dass es nicht bei der Anwendung der Prioritätsregel bleiben kann. Dies ist für den Fall anerkannt, dass eine der beteiligten Parteien eine überragende Bekanntheit genießt und der Verkehr deshalb einen Internetauftritt unter diesem Namen erwartet. Dies hat der BGH beispielsweise zu Gunsten des Unternehmens „Shell" bei der Domain „shell.de" angenommen und entschieden, dass der (unbekannte) Domaininhaber auf die Domain verzichten und für seinen neuen Domainnamen einen unterscheidungskräftigen Zusatz wählen muss[4].

Für die weiterhin für eine Namensverletzung erforderliche **Zuordnungsver-**   110
wirrung genügt bereits, dass ein fremder Name namensmäßig als Domainname verwendet wird, da in diesem Fall regelmäßig auch eine Zuordnungsverwirrung anzunehmen ist[5].

Zuletzt setzt eine Verletzung des Namensrechts voraus, dass **schutzwürdige**   111
Interessen des Namensträgers verletzt sind. Dies ist zum einen der Fall, wenn durch die Nutzung des Namens als Domain Verwechslungsgefahr besteht[6]. Eine Verletzung schutzwürdiger Interessen des Namensträgers kann sich aber auch aus der Blockadewirkung ergeben, da anerkannt ist, dass ein Namensträger ein schutzwürdiges Interesse daran hat, bei üblichen Top-Level-Domains (wie z.B. „.de", „.info", oder „.eu") seinen Namen in kurzer und prägnanter Form als Domainnamen zu nutzen[7]. Eine Beeinträchtigung schutzwürdiger Interessen des Namensträgers kann allerdings fehlen, wenn

---

1 Vgl. *Ingerl/Rohnke*, Markengesetz, nach § 15 Rz. 79 m.w.N.
2 Vgl. Grundsatzentscheidung BGH v. 22.11.2001 – I ZR 138/99, CR 2002, 525 = ITRB 2002, 177 = MMR 2002, 382 – shell.de.
3 Vgl. BGH v. 22.11.2001 – I ZR 138/99, CR 2002, 525 = ITRB 2002, 177 = MMR 2002, 382, 385 – shell.de.
4 Vgl. BGH v. 22.11.2001 – I ZR 138/99, CR 2002, 525 = ITRB 2002, 177 = MMR 2002, 382, 386 – shell.de.
5 Vgl. *Ingerl/Rohnke*, Markengesetz, nach § 15 Rz. 85.
6 Vgl. *Ingerl/Rohnke*, Markengesetz, nach § 15 Rz. 88 m.w.N.
7 Vgl. BGH v. 26.6.2003 – I ZR 296/00, CR 2003, 845 ITRB 2004, 3 = GRUR 2003, 897, 898 – maxem.de; BGH v. 21.9.2006 – I ZR 201/03, CR 2007, 36 = GRUR 2007, 259 –

er sich gegen einen Domainnamen wendet, bei dem offensichtlich kein Interesse an einer Nutzung besteht, wie z.b. wenn der angegriffene Domainname den Namen des Namensträgers mit weiteren Bestandteilen kombiniert[1] oder es lediglich um einen abgewandelten, ähnlichen Domainnamen geht.

112　Ansprüche wegen Verletzung des Namensrechts sind zu kennzeichenrechtlichen Ansprüchen grundsätzlich **subsidiär**, so dass sie regelmäßig nur zum Zuge kommen, wenn die Domain nicht im geschäftlichen Verkehr oder außerhalb der kennzeichenrechtlichen Verwechslungsgefahr benutzt wird[2]. Im Gegensatz zu einer Verletzung von Kennzeichenrechten kann bei der Verletzung des Namensrechts nicht nur die konkrete Nutzung der Domain untersagt werden, sondern auch ein Verzicht (Löschung) der Domain verlangt werden[3].

cc) Ansprüche wegen Verletzung des Wettbewerbs- und des allgemeinen Zivilrechts

113　Darüber hinaus kommen insbesondere im Fall des sog. Domaingrabbings wettbewerbs- und zivilrechtliche Unterlassungs- und Schadensersatzansprüche sowie Verzichtsansprüche in Betracht. Unter **Domaingrabbing** wird im Allgemeinen die sittenwidrige Blockade einer Second-Level-Domain zu Lasten des berechtigten Kennzeicheninhabers bzw. Namensträger verstanden[4]. Domaingrabbing wird mittlerweile von der Rechtsprechung einhellig für sittenwidrig erachtet[5], weshalb in einem solchen Fall entweder eine vorsätzliche sittenwidrige Schädigung (§ 826 BGB) oder eine wettbewerbswidrige gezielte Behinderung (§ 4 Nr. 10 UWG) vorliegt.

114　**Zivilrechtliche Ansprüche** sind dabei grundsätzlich subsidiär, so dass bei einem Domaingrabbing-Fall vorrangig zu prüfen ist, ob das Gesetz gegen den unlauteren Wettbewerb (UWG) anwendbar ist. Die **Anwendbarkeit des UWG** setzt voraus, dass eine geschäftliche Handlung vorliegt (§ 2 Abs. 1 Nr. 1 UWG) und der Domaininhaber als Mitbewerber anzusehen ist (§ 2 Abs. 1 Nr. 3 UWG), was nur der Fall ist, wenn er mit dem Kennzeicheninhaber bzw. Namensträger in einem konkreten Wettbewerbsverhältnis steht. Die Begriffe werden jedoch insbesondere bei Domaingrabbing-Fällen sehr weit ausgelegt. So wird zwischen demjenigen, der durch die (unberechtigte) Domainregistrierung behindert wird und dem Domaininhaber ein Wettbewerbsverhältnis selbst dann bejaht, wenn beide offline keine Mitbewerber

---

solingen.info; KG v. 10.8.2007 – 5 W 230/07, CR 2007, 737 = ITRB 2007, 226 = MMR 2008, 53.

1 Vgl. BGH v. 13.3.2008 – I ZR 151/05, CR 2008, 730 = ITRB 2009, 7 = GRUR 2008, 912 – Metrosex.

2 Vgl. *Ingerl/Rohnke*, Markengesetz, nach § 15 Rz. 65 m.w.N.

3 Vgl. *Ingerl/Rohnke*, Markengesetz, nach § 15 Rz. 65.

4 Vgl. *Köhler/Arndt/Fetzer*, Recht des Internet, Rz. 95.

5 Vgl. *Palandt*, BGB, 70. Aufl. 2011, § 826 Rz. 46 m.w.N.; OLG Düsseldorf v. 17.11.1998 – 20 U 162/97, CR 1999, 528 = WRP 1999, 343 – ufa.de; OLG Frankfurt v. 12.4.2000 – 6 W 33/00, CR 2000, 615 = CI 2000, 173 – weideglueck.de.

sind, da sie zumindest im Hinblick auf die konkrete Domain in Wettbewerb stehen[1].

Eine unlautere Behinderung kann jedoch nicht bereits aufgrund des durch die Registrierung eintretenden Blockadeeffekts bejaht werden, da dies Folge des allgemein geltenden „First Come, First Served" Prinzips ist. Vielmehr müssen **zusätzlich besondere, unlautere Umstände** vorliegen, um eine unlautere Behinderung im Sinne des § 4 Nr. 10 UWG anzunehmen. Solche wurden insbesondere darin gesehen, dass von Dritten benutzte Kennzeichen ohne ernsthaften Benutzungswillen zum Zwecke des Weiterverkaufs registriert wurden[2]. 115

Zu beachten ist allerdings, dass der bloße **Domainhandel** an sich nicht rechtswidrig ist, sofern keine fremden Kennzeichen betroffen sind oder im Zeitpunkt der Registrierung aus sonstigen Gründen nahe liegt, dass nur eine Veräußerung an bestimmte Dritte bezweckt ist[3]. 116

Die Registrierung von **beschreibenden Domainnamen** stellt allerdings grundsätzlich keine unlautere Behinderung dar, selbst wenn an dem Domainnamen gleichzeitig Namens- oder Kennzeichenrechte Dritter bestehen[4]. 117

Neben dem Fall des Domaingrabbings kommen wettbewerbsrechtliche Ansprüche wegen einer **unlauteren Irreführung** (§ 5 UWG) in Betracht, wenn bereits der Domainname an sich eine Irreführung des Verbrauchers hervorruft, beispielsweise der Eindruck einer offiziellen oder berufsständigen Organisation erweckt[5], eine nicht vorhandene Qualifikation vorgetäuscht[6] oder durch die Top-Level-Domain die Annahme einer unzutreffenden Rechtsform des Domaininhabers erzeugt wird[7]. 118

---

1 Vgl. BGH v. 19.2.2009 – I ZR 135/06, CR 2009, 748 = ITRB 2009, 171 = GRUR 2009, 685 – ahd.de; *Ingerl/Rohnke*, Markengesetz, nach § 15 Rz. 170 m.w.N.
2 Vgl. BGH v. 19.2.2009 – I ZR 135/06, CR 2009, 748 = ITRB 2009, 171 = GRUR 2009, 685 – ahd.de; *Ingerl/Rohnke*, Markengesetz, nach § 15 Rz. 172 m.w.N.
3 Vgl. *Ingerl/Rohnke*, Markengesetz, nach § 15 Rz. 172 m.w.N.
4 Vgl. BGH v. 2.12.2004 – I ZR 207/01, CR 2005, 593 = ITRB 2005, 198 = GRUR 2005, 687, 688 – weltonline.de; *Ingerl/Rohnke*, Markengesetz, nach § 15 Rz. 175 m.w.N.
5 Vgl. OLG Hamburg v. 15.10.2006 – 5 U 185/05, MMR 2007, 389 – deutsches-handwerk.de; LG Heidelberg, WRP 1997, 1230 – aerztekammer.de.
6 Vgl. OLG Hamburg v. 2.5.2002 – 3 U 303/01, MMR 2002, 824 – rechtsanwalt.com.
7 Vgl. OLG Hamburg, MMR 2004, 680 – tipp.ag.

III. Außergerichtliche Verhandlung

1. Strategien

a) Allgemeine Verhandlungstechniken

1 Die außergerichtliche Streitbeilegung juristischer Konflikte gewinnt zunehmend an Bedeutung. Rechtssoziologische Untersuchungen zeigen, dass viele Prozesse vor staatlichen Gerichten von den beteiligten Richtern und Anwälten selbst als überflüssig empfunden werden[1].

2 Die informellste Art der außergerichtlichen Streitbeilegung ist die Verhandlung zwischen den Parteien selbst. Gerade in Streitfällen zwischen Unternehmen geht die außergerichtliche Verhandlung aufgrund der diversen Nachteile eines gerichtlichen Verfahrens (vgl. Teil A IX Rz. 107 ff.) in aller Regel auch einer gerichtlichen Streitbeilegung voraus, so dass ihr im Rahmen der Konfliktlösung eine überragende Bedeutung zukommt. Wählen die Parteien ein solches Verfahren zur Konfliktbewältigung, kommt es bedeutend auf das Verhandlungsgeschick des Anwalts an. In diesem Bereich gibt es verschiedene Verhandlungsstrategien und -stile.

aa) Harvard-Konzept

3 Eine klassische Verhandlungstechnik ist das Harvard-Konzept[2]. Dieses Konzept basiert auf einigen Grundregeln, die es zu beachten gilt.

4 Die erste Regel ist es, **Menschen und Probleme getrennt voneinander zu behandeln**. In jeder Verhandlung lässt sich eine Sach- und eine Beziehungsebene differenzieren. Die meisten Verhandlungen, gerade im IT-Bereich, finden im Rahmen von dauernden Beziehungen statt. Man denke dabei zum Beispiel an ein IT-Outsourcing-Projekt, in dem die Parteien über mehrere Jahre eng in einem das Herzstück des Unternehmens des Outsourcing-Kunden betreffenden Bereich zusammenarbeiten. Wenn – wie in einem solchen Fall – das Geschäft des Kunden von einer ordnungsgemäßen Leistungserbringung des Outsourcing-Anbieters abhängt, ist es nur verständlich, dass bei Schwierigkeiten bei der Leistungserbringung durch den Anbieter mit erheblichen Auswirkungen auf den Geschäftsbetrieb des Kunden der Ärger auf Kundenseite groß sein kann.

5 Im Rahmen einer Argumentation werden sach- und personenbezogene Aspekte jedoch häufig vermischt. Gerade im Ärger über eine negative Situation drückt man leicht seinen Unmut gegenüber der Person aus, mit der man die jeweilig bestehende Situation verbindet. Nach dem Ansatz des Harvard-Konzeptes sollen allerdings beide Seiten versuchen, sich in die Lage des jeweils anderen hinein zu versetzen, anstatt sich gegenseitig die Schuld an den Problemen zuzuschieben. Die jeweiligen Vorstellungen sollen die Partei-

---

1 *Haft*, AnwBl 1989, 458.
2 *Fisher/Ury/Patton*, Das Harvard-Konzept.

en offen und ohne Vorwürfe gegenüber der anderen Seite artikulieren und diskutieren, um ein ernsthaftes Verständnis für die Position des Partners herzustellen. Auf emotionale Ausbrüche soll man nicht reagieren, sondern möglichst rasch zu einer sachlichen Diskussion zurückkehren. Notfalls kann dies durch den Rückgriff auf unverfängliche Themen geschehen. Ziel ist, dass die Verhandlungen die Beziehung zwischen den Parteien auch und gerade im Hinblick auf die zukünftige Zusammenarbeit fördern, jedenfalls diese nicht über Gebühr beeinträchtigen. Gerade in langfristigen Beziehungen liegt hier ein unschätzbarer Wert der außergerichtlichen Verhandlung.

Die zweite Grundregel lautet, **sich auf Interessen und nicht auf Positionen zu**   6
konzentrieren. Die Positionen der einzelnen Parteien, also das was sie nach außen kommunizieren, stehen im Widerspruch. Dadurch ist es ja gerade zum Streit gekommen. Von den eingenommenen Positionen zu unterscheiden sind die Interessen, also die hinter den Positionen liegenden Beweggründe. Selbst wenn die Parteien komplett gegenteilige Positionen eingenommen haben, bestehen oftmals erstaunlich viele gemeinsame Interessen. Wichtig ist hierbei, Interessenkonflikte innerhalb einer Partei vorab zu klären[1]. Zwischen den Positionen ist oftmals kein Kompromiss zu erreichen, oder dieser wird jedenfalls von mindestens einer der Parteien als Abweichen von ihrer Position und damit als Niederlage empfunden. Fokussiert man sich nicht auf Positionen, sondern auf Interessen, kann eine Win-win-Lösung entstehen. Als Schul-Beispiel hierfür wird nach dem Harvard-Konzept die Lösung des Sinai-Konflikts aufgeführt[2]. Die Positionen Israels und Ägyptens waren unvereinbar, Israel bestand darauf, Teile des Sinai zu behalten, Ägypten dagegen forderte vollkommene Kontrolle über den Sinai. Zwischen diesen Positionen schien zunächst kein Kompromiss möglich, erst durch Berücksichtigung der Interessen wurde eine Lösung möglich. Das Interesse Israels war vor allem auf Sicherheit gerichtet, während Ägypten nach langer Herrschaft anderer Staaten wieder Souveränität über den Sinai wollte. Durch die Demilitarisierung des Sinai konnten die Interessen beider Parteien größtenteils erfüllt werden.

Insbesondere die Konzentration auf Interessen statt Positionen kann bei ei-   7
nem deutschen Zivilprozess unmöglich zum Tragen kommen, da man hier immer von Ansprüchen und Anspruchsgrundlagen ausgeht und damit automatisch feste Positionen einnimmt[3].

Eine weitere Grundregel des Harvard-Konzepts ist es, sich nicht auf die ur-   8
sprünglichen beiderseitigen Ansprüche zu konzentrieren, sondern nach Möglichkeiten zu suchen, **„den Kuchen zu vergrößern"**, z.B. durch das Herausfinden gemeinsamer Interessen. Auch hier wird der Sinai-Konflikt als Beispiel genannt[4]. Die Entscheidung für eine der ursprünglichen Forderungen hätte für die jeweils andere Seite eine Niederlage bedeutet. Durch die

---

1 *Lapp*, ITRB 2008, 67 (68).
2 *Fisher/Ury/Patton*, S. 70 f.
3 *Haft*, AnwBl 1989, 458.
4 *Fisher/Ury/Patton*, S. 89 f.

Demilitarisierung wurde eine zuvor überhaupt nicht bedachte Lösung gewählt, die für beide Seiten vorteilhaft war. Durch eine solche kreative Lösung können oftmals Ergebnisse erzielt werden, die für beide Seiten mehr Vorteile mit sich bringen als die ursprünglich angestrebten einseitigen Forderungen.

9   Schließlich gehört es zum Harvard-Konzept, **neutrale Bewertungskriterien** zu benutzen, um spontane, emotionsgesteuerte Entscheidungen zu vermeiden. Bei der Auswahl dieser Kriterien kann beispielsweise auf Normen, Standards, den Marktwert, auf frühere Vergleichsfälle oder ein wissenschaftliches Gutachten oder von einem Sachverständigen aufgestellte Kriterien zurückgegriffen werden. Auch sollten faire Verfahrensweisen festgelegt werden. Dabei kann man sich an dem Modell, „einer teilt den Kuchen in zwei Stücke, der andere darf sich ein Stück aussuchen", orientieren, da für beide Parteien ein Anreiz besteht, ein möglichst ausgeglichenes Ergebnis zu erzielen.

bb) Weitere Verhandlungstechniken

10   Nach dem Tübinger Konzept ist bei komplexen juristischen Verhandlungen derjenige erfolgreich, der durch strukturiertes Denken und Argumentieren die **Gesprächsführung** gewinnt[1]. Die Komplexität und Unbestimmtheit juristischer Konflikte stellt für Menschen eine Herausforderung dar. Dies ergibt sich aus der von Psychologen nachgewiesenen „begrenzten Rationalität" des Menschen, die besagt, dass der Mensch maximal sieben (plus/minus zwei) sog. Items (Stichworte, Gesichtspunkte, Aspekte etc.) gleichzeitig verarbeiten kann. Rechtliche Probleme bestehen jedoch typischerweise aus einer Vielzahl relevanter, miteinander verbundener Aspekte, die ein typologisches Denken erfordern. *Haft* bezeichnet den menschlichen Denkvorgang in Anlehnung an die Computersprache als einen informationsverarbeitenden Prozess, bei dem das menschliche Gehirn als Hardware und das in Rechtsnormen und dogmatischen Sätzen steckende Wissen als Software zu sehen sei. Um die angesprochenen Schwierigkeiten juristischer Konflikte zu bewältigen, sei es zunächst erforderlich, die Informationsverarbeitung im eigenen Kopf zu organisieren. Dadurch könne man einmal die eigene Verhandlungsmethodik verbessern, aber auch Einfluss auf die Informationsverarbeitung des Verhandlungspartners nehmen. Übernehme der Anwalt im Rahmen von unproblematischen Punkten beispielsweise durch Rückfragen wie „Stimmen Sie zu?" die Führung des Gesprächs, habe er gute Chancen, auch in den wirklich relevanten Punkten die Führung gewinnen und die Gegenseite von seiner Auffassung überzeugen zu können.

11   Im Laufe der Verhandlung kann man durch ähnliches Strukturdenken die verschiedenen handelnden Personen in **Verhandlungstypen** einteilen[2]. Es gibt kompetitive, kooperative und individualistische Verhandlungstypen, die jeweils spezifische Stärken und Schwächen haben. Eine kompetitive Ver-

---

1 *Haft*, AnwBl 1989, 458 (459 ff.).
2 *Haft*, AnwBl 1989, 458 (462).

handlungsstrategie zielt darauf ab, den eigenen Gewinn auf Kosten der Gegenseite zu maximieren[1]. Individualistische Verhandlungstypen sind ebenfalls primär daran interessiert, das eigene Verhandlungsergebnis zu maximieren; im Gegensatz zu den kompetitiven Typen ist ihnen das Ergebnis der Gegenseite jedoch grundsätzlich gleichgültig[2]. Eine kooperative (auch integrative oder sachbezogene) Verhandlungsstrategie ist darauf ausgerichtet, ein Verhandlungsergebnis zu erzielen, das die Interessen beider Parteien berücksichtigt und nicht den „Sieg" einer Partei über die andere bedeutet[3]. Diese gilt es zu erkennen und entsprechend zu behandeln. Die unterschiedlichen Verhandlungstypen kann man beispielsweise durch ein Studium der Körpersprache der Verhandlungteilnehmer erkennen[4]. Empirische Studien belegen, dass kompetitive Verhandlungstypen bei ihrer Strategie bleiben, ohne die des Gegners zu berücksichtigen, unabhängig davon, ob ihnen daraus Nachteile entstehen. Kooperative Teilnehmer dagegen verhalten sich regelmäßig nur solange kooperativ, bis ihnen die Nachteile, die sich aus ihrem eigenen Verhalten ergeben, klar werden[5].

Daneben gibt es eine Vielzahl spezieller Verhandlungsstrategien, die ihren   12
Ursprung oftmals in der **traditionellen chinesischen Strategielehre** haben. So beispielsweise die Taktik „Wei belagern, um Zhao zu retten", die auf einem Ereignis der chinesischen Geschichte beruht. In der Antike griff der Staat Wei den Staat Zhao an, der daraufhin den Staat Qui um Unterstützung bat. Statt wie erwartet in die Belagerung von Zhao einzugreifen, attackierte der Staat Qui die ungeschützte Hauptstadt von Wei. Die Armee von Wei brach daraufhin die Belagerung von Zhao ab, um die eigene Hauptstadt zu verteidigen und geriet bei ihrem Rückzug in einen Hinterhalt von Qui. Zhao war gerettet. Der Kern dieser Strategie besteht also darin, die Gegenseite dazu zu nötigen, sich mit einem eigenen Schwerpunkt so umfänglich beschäftigen zu müssen, dass keine Kräfte mehr zur Verfügung stehen, um gegen eine andere Partei vorzugehen[6]. Eine ähnliche Taktik besteht darin, sich auf den schwächsten Punkt der anderen Seite, deren Achillesferse, zu konzentrieren, um die eigene Verhandlungsposition zu optimieren[7]. Diese Strategien zielen darauf ab, die Aufmerksamkeit bewusst von dem eigentlichen Verhandlungsgegenstand abzulenken. Weitere Verhandlungsstrategien, die dieses Ziel verfolgen, sind der klassische Bluff oder das Werfen von Nebelkerzen („aus einem Nichts etwas erzeugen"). Schließlich kann auch durch das Stiften von Unordnung und Verwirrung von unangenehmen Tatsachen abgelenkt werden. In der chinesischen Strategielehre wird dies mit dem Sprichwort „Das Wasser trüben, um die Fische zu fangen" umschrieben[8].

---

1 *Gottwald*, AnwBl 1984, 549 (550).
2 *Wilhelm*, Verhandlung im Schadenfall, S. 73.
3 *Gottwald*, AnwBl 1984, 549 (550).
4 *Haft*, AnwBl 1989, 458 (462).
5 *Wilhelm*, Verhandlung im Schadenfall, S. 74 f.
6 *Kunkel/Bräutigam/Hatzelmann*, Verhandeln nach Drehbuch, S. 38 f.
7 *Kunkel/Bräutigam/Hatzelmann*, Verhandeln nach Drehbuch, S. 130.
8 *Kunkel/Bräutigam/Hatzelmann*, Verhandeln nach Drehbuch, S. 39.

13 Daneben gibt es die klassischen **Koalitionsstrategien**, z.B. zuvor außen stehende Personen oder Gruppen als Verbündete in die Verhandlung einzubeziehen oder die andere Partei zu spalten und dadurch für bestimmte Aspekte der Verhandlung Unterstützung zu bekommen. In eine ähnliche Richtung geht die chinesische Strategie, sich mit einem fernen Feind zu verbünden, um einen nahen Feind anzugreifen und auszuschalten[1].

14 Eine weitere Verhandlungsstrategie besteht darin, der Gegenseite **nicht erkennen zu geben**, wenn man für sich selbst einen Verhandlungsvorteil sieht. In der chinesischen Strategielehre wird dieses Verhalten als „das Schaf mit leichter Hand wegführen" bezeichnet. Reagiert man auf einen Vorschlag der Gegenseite mit Anerkennung und Zufriedenheit, weiß diese sich schon nah an einer Einigung und wird keine weiteren Zugeständnisse machen. Formulierungen, die einerseits erkennen lassen, dass man mit dem Angebot der Gegenseite (noch) nicht zufrieden ist, die aber gleichzeitig den Willen für eine Einigung und damit einen positiven Ausgang der Verhandlung zeigen, sind erfolgversprechender. Die Gegenseite bleibt unter Druck und wird eher bereit sein, sich durch weitere Konzessionen der eigenen Vorstellung anzunähern[2].

15 Bei der eigentlichen Argumentation ist es effektiver, beständig auf **sein bestes Argument** zu beharren und es gegebenenfalls zu wiederholen. Durch das Nachschieben schwächerer Argumente wird das Hauptargument eher verwässert als unterstützt. Außerdem muss man in diesen Fällen seine schwächeren Argumente verteidigen, anstatt dass der Gegner sich einzig mit dem besten Argument beschäftigen muss. Welches dieses beste Argument ist, bestimmt sich nicht nach der eigenen Präferenz, sondern danach, dass es von der Gegenseite als besonders überzeugend eingeschätzt wird, nach dem Prinzip „der Köder muss dem Fisch schmecken und nicht dem Angler"[3].

16 Der Mensch hat ein Urbedürfnis, einen **Ausgleich im Geben und Nehmen** herzustellen. Das gilt auch beim Verhandeln, d.h. auf jedes Zugeständnis der Gegenseite will man intuitiv mit einem eigenen Zugeständnis reagieren. Eine Verhandlungsstrategie besteht daher darin, der Gegenseite durch eine Scheinkonzession oder ein Zugeständnis, das nur auf den ersten Blick wertvoll erscheint, eine wichtige Konzession abzuringen. Auch diese Taktik gibt es in der chinesischen Strategielehre, wo sie mit dem Bild „Einen Backstein hinwerfen, um einen Jadestein zu erlangen" umschrieben wird[4].

b) Die Phasen einer Verhandlung im Einzelnen

17 Jede Verhandlung enthält sieben Phasen, die der erfolgreiche Verhandler kennen sollte, um sie zu seinem Vorteil nutzen zu können[5]. Durch die Kenntnis

---

1 *Kunkel/Bräutigam/Hatzelmann*, Verhandeln nach Drehbuch, S. 41.
2 *Kunkel/Bräutigam/Hatzelmann*, Verhandeln nach Drehbuch, S. 127.
3 *Kunkel/Bräutigam/Hatzelmann*, Verhandeln nach Drehbuch, S. 128.
4 *Kunkel/Bräutigam/Hatzelmann*, Verhandeln nach Drehbuch, S. 131 f.
5 *Lapp*, ITRB 2008, 112 (113 ff.).

dieser Phasen ist der Verhandlungsteilnehmer in der Lage, eine optimale Agenda für die Verhandlung aufzustellen. Die sieben Phasen sind:

Schon bei der **Vorbereitung einer Verhandlung** gilt es einige Punkte zu be- 18 achten. Zunächst sollte der Verhandlungsführer alle relevanten Informationen zusammentragen[1]. Durch Sammlung und Analyse aller Unterlagen, die mit der Verhandlung im Zusammenhang stehen, können sich die Stärken und Schwächen der eigenen Position herauskristallisieren. Dadurch kann der Verhandlungsführer zugleich die Argumente der Gegenseite sammeln, antizipieren und jeweilige Gegenargumente im Vorfeld vorbereiten. Doch nicht nur sachbezogene Fakten, sondern auch Informationen über die Verhandlungspartner, wie Position und Entscheidungskompetenz der einzelnen Personen, Größe der Verhandlungsdelegation und persönliche Eigenheiten der Verhandlungspartner spielen für den Erfolg in der Verhandlung eine Rolle. Auch deren Analyse sollte Teil der Verhandlungsvorbereitung sein.

Sinnvoll ist es auch, vor Beginn der Verhandlungen die beste **Alternative**, für 19 den Fall, dass die Verhandlung zu keinem Ergebnis führt, herauszufinden (sog. BATNA – Best Alternative To Negotiated Agreement). Ebenso sollte eine Strategie für den Fall entwickelt werden, dass die Gegenseite die Verhandlung abbricht.

Bereits bei der **Begrüßung** kann der Grundstein für eine erfolgreiche Ver- 20 handlung gelegt werden. Die Person, die am souveränsten und entspanntesten auftritt, wird in einer Gruppe als „mächtigste" Person wahrgenommen[2]. Indem man dem Verhandlungspartner offen, freundlich und mit Respekt begegnet, wird die Basis für eine gute Beziehung gelegt.

Im Anschluss an die Begrüßung folgt die Phase des **Informationsaustauschs**. 21 In dieser Phase sollte mehr zugehört als geredet werden, um weitere Informationen über die Gegenseite zu erlangen. Durch kurze Nachfragen, die am besten schon vorbereitet sind, erhält man noch mehr Informationen, da die meisten Menschen durch geschickte Fragen dazu geleitet werden, möglichst wahrheitsgemäß zu antworten. Offene Fragen sind hier besser geeignet als geschlossene (Ja/Nein) Fragen oder Suggestivfragen. In dieser Phase ist es auch empfehlenswert, zum ersten Mal die eigene Sichtweise in die Diskussion einzubringen. Insbesondere bietet sich nun im Sinne des Harvard-Konzepts die Möglichkeit, die eigenen Interessen darzustellen und nach gemeinsamen Interessen beider Parteien zu suchen.

---

1 *Lapp*, ITRB 2008, 67 ff.
2 *Lapp*, ITRB 2008, 112 (113 ff.).

22 Die Eröffnung der **Verhandlung im engeren Sinn** sollte mit einer fairen und verhältnismäßigen Forderung beginnen, die nach dem bisherigen Verlauf der Gespräche eine einigermaßen realistische Aussicht auf Erfolg hat. Einem Gegenangebot der anderen Seite sollte man möglichst offen entgegentreten, also nicht sofort seinerseits dagegen argumentieren, sondern die für sich günstigen Aspekte festhalten. Im Laufe der Verhandlung sollten die eigenen Forderungen mit substantiierter Argumentation vorgetragen werden. Man sollte jedoch nicht starr an den eigenen Forderungen festhalten, sondern geschickt nachgeben, nach Möglichkeit nur in den Bereichen, die die eigenen Interessen nur geringfügig beeinträchtigen. Mehrere kleinere Zugeständnisse wirken hierbei stärker als eine einmalige große Konzession. In einem Streitfall um Forderungen aus einem Softwareprojektvertrag ist es daher etwa denkbar, Konzessionen im Bereich von Nebenforderungen wie Zinsen und Kosten zu machen, aber auf der Hauptsacheforderung zu beharren. Für den beratenden Rechtsanwalt ist insofern natürlich eine enge Abstimmung mit seinem Mandanten von hoher Bedeutung, da nur der Mandant letztlich über die Rechtspositionen der Partei verfügen kann.

23 Kommt es zu einer Eskalation der Auseinandersetzung zwischen den Parteien, sollte man versuchen, einen Weg zurück in die sachliche Diskussion zu finden. Eine emotional aufgeladene Verhandlungsatmosphäre wirkt im Hinblick auf eine Auflösung der sachlichen Grundlage des Streites oft hinderlich. Hierzu bietet sich die Betonung gemeinsamer Interessen an. Notfalls kann in Verhandlungspausen durch unverfängliche Gespräche die Atmosphäre beruhigt werden. In dieser Phase des Gespräches kommt dem Anwalt eine entscheidende Bedeutung zu, zumal er, anders als die Parteien, an dem Streit persönlich nicht beteiligt ist. Gerade der Anwalt ist daher in der Position, das Gespräch zwischen den Parteien in geordnete Bahnen zu führen und sich auf die Sachebene zu konzentrieren. Nicht zuletzt kommt dem Anwalt dabei auch die Aufgabe zu, die von ihm vertretene Partei in der Verhandlung zu führen, auch und gerade dann, wenn die eigene Partei stark emotional involviert ist. Auch wenn dies im Einzelfall sehr schwierig sein kann, wird der Anwalt für seine Partei das beste Ergebnis erzielen, wenn er im richtigen Moment das Heft in der Diskussion übernimmt und – weitgehend frei von Emotionen – auf der Sachebene nach einer Lösung des Konfliktes sucht.

24 Ist eine Einigung absehbar, sollten die Parteien die Verhandlung in der Euphorie nicht vorschnell beenden. Die Verhandlungsteilnehmer sollten sich Zeit nehmen, eine **Lösung zu finden und formulieren.** Es ist zu prüfen, ob wirklich alle Verhandlungspunkte bedacht wurden und ob die einzelnen Punkte sowie das Gesamtergebnis für alle Beteiligten angemessen sind.

25 Ähnlich wie die Begrüßung sollte man auch die Bedeutung der **Verabschiedung** nicht unterschätzen. Hier entsteht der emotionale Eindruck, den die Verhandlungsteilnehmer langfristig behalten. Dem Verhandlungspartner sollte man für die gute Zusammenarbeit und seinen Beitrag zum Erfolg der Gespräche danken. Insbesondere bei Verhandlungen in IT-Projekten (etwa in

einem Streit über entstandene Verzugsschäden bei einer verspäteten Transition in einem Outsourcing-Projekt) ist zu berücksichtigen, dass das Ende der Verhandlung oftmals erst den Anfang der eigentlichen Arbeit darstellt, so dass eine vertrauensvolle Atmosphäre als Basis für die spätere Zusammenarbeit wichtig ist. Zum Beispiel im Bereich von Outsourcing-Verträgen ist zu beachten, dass diese in der Regel mehrere Jahre laufen, da die Analyse und Umarbeitung der IT-Struktur des Kunden-Unternehmens oft hohe Anfangsinvestitionen erfordert. Kommt es in einer frühen Phase des Projektes zum Streit, hat der Anwalt zu berücksichtigen, dass die Atmosphäre der Zusammenarbeit nicht über lange Zeit durch den Streitfall beschädigt werden darf.

Im Rahmen der **Nachbereitung** sind zunächst die aufgrund der Verhandlungen erforderlichen Maßnahmen festzuhalten. Außerdem sollte das Verhandlungsteam Erkenntnisse aus der Verhandlung notieren, welche im Laufe der weiteren Zusammenarbeit hilfreich sein können[1]. Dies können Informationen über das Unternehmen und die Vorgehensweisen, aber auch über die einzelnen Personen sein. Schließlich ist das eigene Verhandlungskonzept im Rahmen einer Selbstreflexion zu analysieren und eventuell für die Zukunft zu verbessern.   26

c) Stufenweise Konfliktlösung

Die außergerichtliche Verhandlung zwischen den Parteien kann der erste   27
Schritt in einem System der stufenweisen Konfliktlösung sein. Dieses System kann verschiedene Formen haben, in Betracht kommt z.B. die von der WIPO vorgeschlagene **Multi-Step Dispute Resolution**[2].

In einem ersten Schritt soll versucht werden, das Problem auf der Ebene der   28
projektbeteiligten Mitarbeiter zu lösen. Führen diese Gespräche nicht zum Erfolg, ist der Konflikt an die nächsthöhere Stufe im Unternehmen weiterzuleiten. Erst wenn auch durch diese Verhandlungen keine Lösung erzielt wird, werden im Rahmen eines Mediationsverfahrens erstmals Dritte an der Konfliktlösung beteiligt. Als letzter Schritt ist ein Verfahren vor einem Schiedsgericht vorgesehen.

---

1 *Lapp*, ITRB 2008, 112 (116).
2 WIPO Dispute Avoidance Best Practices and Resolution Guidelines for the ASP-Industry, http://www.wipo.int/amc/en/asp/report/index.html.

2. Vorzüge und Nachteile

a) Vorzüge

29   Eine außergerichtliche Verhandlung bietet gegenüber einem Prozess vor staatlichen Gerichten verschiedene Vorteile. Einige davon gelten für alle Formen der außergerichtlichen Streitbeilegung, andere sind spezifisch für die außergerichtliche Verhandlung.

aa) Allgemeine Vorzüge außergerichtlicher Streitbeilegung[1]

30   Ein grundsätzlicher Vorteil außergerichtlicher Streitbeilegung gegenüber Verfahren vor staatlichen Gerichten ist die zumeist deutlich kürzere **Dauer**. Ein langwieriges Verfahren führt häufig dazu, dass die Beziehungen zwischen den Parteien beschädigt werden. Ein Gerichtsprozess verursacht zudem hohe Kosten, sowohl in Bezug auf personelle als auch finanzielle Ressourcen.

31   Die eingesparten **Kosten** sind ein weiterer Vorteil der außergerichtlichen Konfliktlösung. Zum einen ergibt sich dies aus der kürzeren Dauer, zudem sind insbesondere die konsensualen Formen der Streitbeilegung im Regelfall mit niedrigeren Kosten verbunden als ein förmliches Gerichtsverfahren.

32   Ein für viele Unternehmen äußerst bedeutsamer Vorteil ist die **Vertraulichkeit** einer außergerichtlichen Streitbelegung. Im Gegensatz zu Prozessen vor staatlichen Gerichten, die nach § 169 GVG grundsätzlich öffentlich sind, lässt sich der Personenkreis bei einer außergerichtlichen Streitbeilegung nach dem freien Willen der Parteien begrenzen, in der Regel sind sie nur „parteiöffentlich". Gerade in der IT-Branche sind von einem Streit häufig Geschäfts- oder Betriebsgeheimnisse oder ähnlich vertrauliche Informationen betroffen, die nicht an eine breite Öffentlichkeit gelangen sollen. Die Möglichkeit eines nicht-öffentlichen Verfahrens ist in solchen Fällen für die Parteien sehr attraktiv.

33   IT-Verfahren beinhalten oftmals komplexe technische Fragestellungen, die ein durchschnittlicher Richter alleine nicht sachgerecht beurteilen kann. Aus diesem Grund werden in ein Gerichtsverfahren im IT-Bereich – gerade wenn es um Schlechtleistungen geht – Sachverständige eingebunden[2]. In einem Verfahren der außergerichtlichen Streitbeilegung können die Parteien **Sachverständige** oder andere Beteiligte selbst (mit)auswählen. Dadurch ist nicht nur eine fachmännische Beurteilung der Sachlage gewährleistet, sondern es kann auch viel Zeit und Geld eingespart werden.

34   Ein Gerichtsverfahren strapaziert die Beziehungen zwischen den Parteien oft sehr stark. IT-Projekte sind jedoch oftmals langfristig und auf Kooperati-

---

1 WIPO Dispute Avoidance Best Practices and Resolution Guidelines for the ASP-Industry, III A 2a, *Bettinger/Scheffelt*, Application Service Providing: Vertragsgestaltung und Konflikt-Management, CR 2001, 729 (738 ff.).
2 Siehe zur Bedeutung des Sachverständigen detailliert unter AX.

on angelegt (z.B. Mitwirkungspflichten beim Outsourcing), so dass die **Aufrechterhaltung der Geschäftsbeziehungen** für den weiteren Verlauf des Projekts essentiell ist. Eine außergerichtliche Streitbeilegung ist weniger auf Konfrontation ausgerichtet, so dass eine höhere Wahrscheinlichkeit für die Wahrung der Beziehungen besteht. Anders als ein Gerichtsverfahren bietet die außergerichtliche Verhandlung also insbesondere durch ihre Flexibilität die Möglichkeit, Streitigkeiten aufzulösen, ohne das Verhältnis zwischen den Parteien so zu belasten, dass auch die operative Zusammenarbeit leidet. Diese hohe Bedeutung der operativen Zusammenarbeit sollte der beratende Rechtsanwalt letztlich immer im Hinterkopf behalten, bevor er eine Eskalation des bestehenden Konfliktes zulässt. Dem Anwalt kommt hier die besondere Rolle zu, dass er in aller Regel in den Konflikt nicht persönlich emotional involviert sein dürfte.

Durch die größeren Mitbestimmungsmöglichkeiten der Parteien, insbesondere in der Verhandlung und Mediation können die Parteien kreative **Winwin-Lösungen** erarbeiten, die ihren Interessen entsprechen. Vor einem Gericht wird dagegen einem festen Schema von Anspruchsgrundlagen gefolgt, so dass weniger Raum für individuelle Lösungswege bleibt, wenngleich das Gericht natürlich auch bestrebt ist, die Zusammenarbeit zwischen den Parteien zu fördern.   35

Die Parteien und ihre Anwälte haben die **Wahlmöglichkeit** zwischen verschiedenen Instrumenten außergerichtlicher Streitbeilegung, von der informellen Verhandlung, über Mediation und Schlichtung bis hin zu einem Schiedsgerichtsverfahren. Bei ihrer Wahl können sie die konkreten Umstände der Streitigkeit, ihre geschäftlichen und sonstigen Interessen und den Zeitrahmen berücksichtigen und in Folge dieser Überlegungen das für sie am besten geeignete Verfahren wählen. Haben die Parteien sich für ein Verfahren entschieden, können sie dieses wiederum nach ihren Vorstellungen ausgestalten (siehe hierzu die Ausführungen bei den jeweiligen Verfahren).   36

Entscheiden die Parteien sich für ein Schiedsverfahren, geben sie ihr Recht auf, vor ein ordentliches Gericht zu gehen. Bei den anderen Mitteln der außergerichtlichen Streitbeilegung ist dies jedoch in der Regel nicht der Fall. Es ist also grundsätzlich möglich, z.B. nach einer gescheiterten Verhandlung ein Schiedsverfahren oder einen Zivilprozess zu bestreiten. Die Parteien behalten also ihre Rechte auf anderweitige Streitbeilegung.   37

bb) Verhandlungsspezifische Vorzüge

Zusätzlich zu den grundsätzlichen Vorzügen, die sich aus der außergerichtlichen Streitbeilegung ergeben, bietet die Wahl der außergerichtlichen Verhandlung einige spezifische Vorteile. Das Verfahren ist von allen dargestellten das informellste. Dadurch ist eine schnelle und kostengünstige Konfliktlösung möglich. Es gibt keine vorgeschriebene Verfahrensordnung, das heißt, die Parteien können sämtliche Verfahrensregeln, den Ablauf und den Ort der Verhandlung selbst bestimmen. Sie können zudem entscheiden, ob sie Drit-   38 te in das Verfahren einbeziehen wollen. Außerdem steht es ihnen frei, die Verhandlungen jederzeit zu beenden und sich für eine andere Methode der Konfliktlösung zu entscheiden.

cc) Vorzüge einer stufenweisen Konfliktlösung[1]

39   Entscheiden die Parteien sich für eine stufenweise Konfliktlösung, ergeben sich hieraus wiederum einige spezifische Vorzüge. Das Wissen, dass der Konflikt an eine höhere Unternehmensebene übergeben wird, falls keine Lösung gefunden wird, kann die Sachbearbeiter dazu motivieren, selbst eine Lösung zu finden. Gelangt der Konflikt dennoch zu einer höheren Ebene, kann dies ebenfalls von Vorteil sein, da sich dadurch, dass sich andere Personen mit dem Problem auseinandersetzen, neue Perspektiven und dadurch neue Lösungsoptionen ergeben können. Auf der Managementebene ist zudem die Wahrscheinlichkeit höher, dass der Konflikt in einem Gesamtkontext gesehen und eine objektive Entscheidung getroffen wird. Ein Zeitplan, der den Ablauf der verschiedenen Stufen regelt, ist im Vergleich zu einer einfachen Verhandlung strukturierter und erzeugt einen Anreiz bzw. Druck, den Prozess voranzutreiben.

b) Nachteile

40   Der wohl schwerwiegendste Nachteil einer außergerichtlichen Verhandlung ist, dass eine Einigung nicht garantiert ist. Wenn von vorneherein klar ist, dass die Parteien auf ihren Positionen beharren, eignet sich eine Verhandlung daher nicht als Instrument der Konfliktlösung. Das Verfahren ist üblicherweise relativ form- und strukturlos, was einerseits Vorteile mit sich bringt, insbesondere ein hohes Maß an Flexibilität. Das Fehlen von Form und Struktur kann jedoch auch ein Nachteil sein. Wenn beispielsweise die Gespräche stocken, ist in der Regel der nächste Schritt nicht festgelegt. Daraus entsteht das Risiko, dass eine Partei außergerichtliche Gespräche lediglich für eine Verzögerungstaktik nutzt, ohne an der Beilegung des Streites ernsthaft interessiert zu sein. Schließlich kann der Vollzug einer Verhandlung problematisch sein, soweit dies nicht hinreichend in Vereinbarungen geregelt ist.

---

1 *DeGroote*, Multi-Step Dispute Resolution Clauses: 7 Reasons They Work, http://www.settlementperspectives.com/2010/03/multi-step-dispute-resolution-clauses-7-rea sons-they-work/.

IV. Mediation

Der Begriff Mediation kommt vom lateinischen Verb „mediare" = „vermitteln, dazwischengehen". Mit Mediation wird ein ganz spezielles, strukturiertes und freiwilliges Verfahren zur konstruktiven Beilegung eines Konfliktes ohne Einschalten eines Gerichts beschrieben. Erster bekannter „Mediator" ist der am 25. April 1597 geborene venezianische Diplomat **Alvise Contarini**. Zusammen mit dem Nuntius Fabio Chigi gilt er als Vater des Westfälischen Friedens, der den 30jährigen Krieg beendete: ab dem 16. November 1643 nahm er an über 800 Sitzungen teil, bei denen er zwischen den feindlichen Parteien vermittelte. Und zwar in Form von gleichberechtigten Gesprächen am runden Tisch, wie auch in Einzelgesprächen verbunden mit Pendelmissionen. Seine Tätigkeit in den fünf Jahren der Friedensverhandlungen in Münster wurde von den Beteiligten so hoch geschätzt, dass er nach dem Friedensschluss am 24. Oktober 1648 im Vertragstext eine persönliche Erwähnung und rühmende Würdigung erfuhr. Sein Portrait, gemalt von Jan Baptista Floris hängt im Friedenssaal des Rathauses in Münster neben den Portraits der 35 bedeutsamsten „Friedensstifter". Die nach diesem Bild gefertigten Kupferstichsammlungen[1] enthalten alle die lateinische Bezeichnung „eques patricius venetus extraordinarius ad pacis tractatus universalis, Legatus et **Mediator**". Die Bezeichnung Mediator wird dann im Deutschen weitergeführt[2].   1

Als Methode, geprägt durch die Neutralität des Mediators, die Vertraulichkeit des Prozesses, die Freiwilligkeit der Parteien, ihre Eigenverantwortlichkeit und ihre volle Informiertheit, blieb die Mediation in den Jahrhunderten danach eine anerkannte Methode des **Völkerrechts**[3].   2

In die Dekade der völkerrechtlichen Camp David Mediation fiel die Wiederentdeckung der Mediation durch die amerikanische Zivilgesellschaft zur Beilegung bürgerlich-rechtlicher Konflikte. Als Alternative zu der kontroversen Streitentscheidung durch Gerichte eroberte sich Mediation, ausgehend vom Familien- und Ehescheidungsrecht über das Arbeitsrecht, das gesamte Zivil- und Unternehmensrecht. Mit der Jahrtausendwende fand die Mediation auch insofern immer größere Verbreitung in Deutschland und Europa.   3

---

1 Z.B. von Anselm von Hulle, geboren Gent 1601 oder von Pieter de Jode dem Jüngeren, geboren 1606 Antwerpen.

2 Z.B. in der 1681 in Nürnberg verlegten Portrait-Sammlung von Hermann Heinrich Guiter „Wahrhaffte Kontrafaccturen und Abbildungen derer weltberühmten und preißwürdigsten Herren Mediatoren ...".

3 Als spektakulärstes Beispiel gelten die vom amerikanischen Präsidenten Jimmy Carter als Mediator moderierten Verhandlungen zwischen Israelis, Palästinensern und Ägyptern, die am 17.9.1978 zu zwei Abkommen führten, auf die ihrerseits der am 26.3.1979 geschlossene Friedensvertrag zwischen Ägypten und Israel Bezug nimmt.

1. Begriffsbestimmung und Abgrenzung

4   Das deutsche Mediationsgesetz[1] enthält in § 1 Abs. 1 eine kurze Begriffsbestimmung. Danach ist Mediation ein vertrauliches und strukturiertes Verfahren, bei dem Parteien mit Hilfe eines oder mehrerer Mediatoren freiwillig und eigenverantwortlich eine einvernehmliche Beilegung ihres Konflikts anstreben. Dem entspricht die in Amerika übliche Definition: „Mediation is a facilitative process in which disputing parties engage the assistance of an impartial party, the mediator, who helps them to try to arrive at an agreed resolution of their dispute. The mediator has no authority to make any decisions that are binding on them, but uses certain procedures, techniques and skills to help them to negotiate and agreed resolution of the dispute without adjudication"[2].

5   Beide Definitionen betonen mit der **Selbstverantwortung** der Parteien das wesentliche Merkmal der Mediation. Dem spiegelbildlich die Beschränkung der Mediatoren-Aufgabe ausschließlich auf die Kommunikationsstruktur entspricht. Auch dies geht auf das historische Beispiel zurück: schon in der Konstruktion Contarinis wird im Hinblick auf seinen Verhandlungseinsatz ausgeführt, dass er keine Sachentscheidung zu treffen und sich um keine anderen politischen Dinge zu kümmern habe, als die Vermittlungstätigkeit selbst[3].

a) Der Vermittlungs- und Ausgleichgedanke und seine Wiederbelebung in den USA

6   Seit den 70er Jahren des letzten Jahrhunderts geriet in den USA das Thema Verhandlung (Negotiation) in das Zentrum akademischer wissenschaftlicher Beschäftigung[4]. Den wichtigsten Impuls erhielt diese Verhandlungsbewegung 1978 in der sog. Pound Conference, bei der der Harvard-Professor Frank Sander mit seinem Vortrag „The varieties for dispute processing" einen wichtigen Anstoß gab, aus dem heraus sich eine weitere Bewegung namens **„Alternative Dispute Resolution"** (ADR), in deren Zentrum heute die Mediation steht, entwickelte[5].

---

1 Gesetz zur Förderung der Mediation und anderer Verfahren der Konfliktbeilegung, am 15.12.2011 in zweiter und dritter Lesung verabschiedet, BT-Drs. 17/4335, 17/5496 in der Fassung der Beschlussempfehlung des Vermittlungsausschusses Drs. 17/10102.

2 *Bülow* in Walz (Hrsg.), Formularbuch Außergerichtliche Streitbeilegung, Kapitel 3 § 6 S. 45.

3 *Hehn* in Haft/Schlieffen (Hrsg.), Handbuch Mediation, § 8 Rz. 14.

4 Zu nennen sind z.B. das Harvard Negotiation Project, das Stanford Center on Colflict and Negotiation oder das Consortium on Negotiation and Conflict Resolution der Georgia State University.

5 Zur amerikanischen Perspektive *Holbrook* in AAA (Hrsg.), Handbook on Mediation, Chapter 1, I, S. 3–22, aus deutscher Sicht *Engel*, AnwBl 2012, 1.

Äußerer Anlass hierfür waren die Defizite der US-Amerikanischen Zivilpro-   7
zesse, deren Entscheidungen – insbesondere wenn sie von Geschworenenge-
richten getroffen wurden – nicht vorhersehbar erscheinen, auf jeden Fall aber
langwierig und außergewöhnlich kostspielig sind.

Die Mängel des Zivilprozesses ließen nach einem System rufen, in dem die   8
Betroffenen selbst und unmittelbar ihren Konflikt beilegen[1]. Dieses Streben
knüpfte an mehr als 100 Jahre alte Formen der außergerichtlichen Streitbeilegung und Streitvermittlung, die in den USA schon im Jahr 1898 in gesetzliche Grundlagen der Mediation bei Arbeitskonflikt mündeten[2], an. Verknüpft
wurde dieser (namensgebende) Vermittlungsgedanke mit dem Ausgleichs-
gedanken, der sich im Bemühen um einen Täter-Opfer-Ausgleich nieder-
schlägt und der in der Mediation auf „Win-win-Situationen" hinarbeitet.
Hauptzweck dieses Ausgleichs liegt in der Deeskalation: die Parteien sollen
in der Mediation den Konflikt auf die Sachebene zurückführen und durch
die Vereinbarung von Ausgleichsleistungen die Basis für ein zukünftiges
friedliches Miteinander finden[3]. Dabei ist das Verständnis eines Konflikts
und seiner aktuellen Eskalationsstufe der wichtigste Ausgangspunkt[4].

Nur auf den ersten Eskalationsstufen ist ein Win-Win überhaupt möglich,   9
deshalb sind Kommunikationsstrategien wichtig, die den Teufelskreis der
Konflikteskalation durchbrechen.

Den Durchbruch zur Methode fanden diese Ansätze, als sie kombiniert wur-   10
den mit einer strukturierten und objektivierten **Verhandlungstheorie**[5]. Damit wurde Verhandeln von der intuitiven Fähigkeit Einzelner zur rationalen
Wissenschaft, die gelehrt und von vielen erlernt werden konnte. Zu einer
völlig neuen Bedeutung konnte diese objektive Kommunikationsmethode
aufsteigen, weil der Mediator als ihr Schutzpatron zu ihrer Einhaltung und
Durchsetzung verpflichtet wurde. Diese Rolle kann der Mediator wirkmäch-
tig spielen, weil er von jeglichen Sachentscheidungen entbunden wird.

---

1 Wohl nicht zuletzt um die zuweilen fragwürdigen Verhaltensweisen der durch Erfolgs-
  honorare motivierten Rechtsanwälte auszuschalten.
2 *Haft* weist in Haft/Schlieffen (Hrsg.), Handbuch Mediation auf die Rolle des Eisen-
  bahnbaus hin, der im Jahr 1913 zur Einrichtung des Board of Mediation and Conciliation führte, § 2 Rz. 10.
3 *Glasl* in Konfliktmanagement S. 233 ff. gibt die auch heute noch brauchbarste Definition des Konflikts und ein Phasenmodell seiner Eskalationsstufen.
4 *Henschel*, ZKM 2005, 176.
5 Z.B. des sog. Harvard-Konzepts ausgehend von *Roger Fisher* „Getting to Yes" 1. Aufl.
  1998, 7. Aufl. 2003.

Abb. 1: Phasenmodell der Eskalation, Quelle: *Glasl* Konfliktmanagement

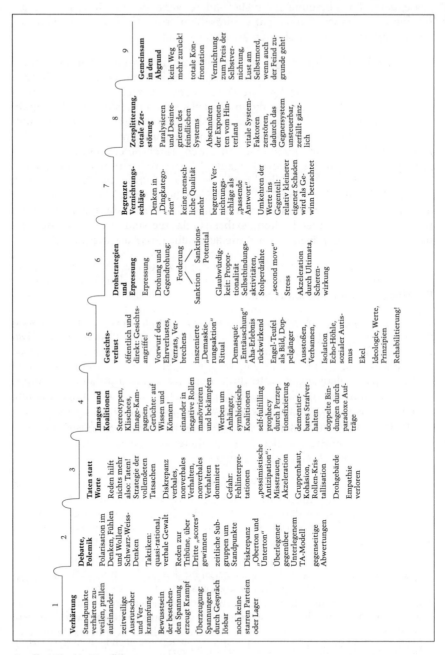

Quelle: *Glasl* in Konfliktmanagement

Abb. 2: Stufen und Schwellen der Eskalation

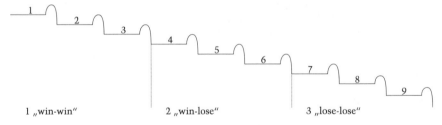

| 1 „win-win" | 2 „win-lose" | 3 „lose-lose" |

Quelle: *Glasl* in Konfliktmanagement

b) Abgrenzung von Mediation von Parteiverhandlungen einerseits und Entscheidung durch Dritte andererseits

Mediation ist ein kommunikatives Verfahren. Sie geht davon aus, dass die   11
Konfliktparteien die besten Kenner ihrer Probleme sind, was sie spiegelbildlich zu den besten Experten für die Lösung der Probleme macht. Allerdings
blockiert der Konflikt den Zugang der Konfliktparteien zu ihren Stärken und
damit auch zu den Kompetenzen für die Konfliktklärung.

Im Mediationsprozess werden die Konfliktparteien wieder an ihre Ressour-   12
cen herangeführt, so dass sie selbständig die optimale Regelung für ihr Problem finden. Der Mediator fungiert als allparteilicher Dritter. Er stellt den
Konfliktparteien für die Dauer der Regelungssuche eine sichere und erprobte
Struktur zur Verfügung, die den Kommunikationsprozess zwischen den Parteien regelt und stabilisiert. Es ist diese stabile Kommunikationsstruktur,
die den Parteien des Konflikts einerseits ein vertieftes Verständnis von sich
selbst, andererseits aber auch ein vertieftes Verständnis der anderen Partei
und des Konfliktes in seinem Kontext ermöglicht. Durch dieses Verständnis
werden eigenverantwortliche und verstehensbasierte Regelungen möglich,
mit denen der Schritt von der vergangenheitsbezogenen Konfrontation zur
zukunftsbezogenen Kooperation gelingt.

Mediation kann also als eine **strukturierte Power-Verhandlung**, bei denen   13
der Mediator die kommunikativen Regeln vorgibt und auf deren Einhaltung
achtet, beschrieben werden. Eine inhaltliche Entscheidung trifft der Mediator nicht. Er deeskaliert und strukturiert den Kommunikationsprozess nur
dergestalt, dass die Parteien selbst die Lösung finden. Das Mediationsergebnis ist immer ein von beiden Parteien gewolltes Verhandlungsergebnis, es
gibt in keinem Fall eine inhaltliche Entscheidung oder inhaltliche Empfehlungen durch den Mediator. Die Parteien können ihre Interessen formulieren und akzeptieren nur eine Lösung, die den jeweiligen Interessen entspricht. Die so gefundenen Ergebnisse sind besonders stabil, weil sie dem
Gerechtigkeitsempfinden beider Parteien entsprechen[1]. Können sich die Parteien nicht auf ein gemeinsames Ergebnis einigen, ist die Mediation gescheitert. Das gilt auch, wenn eine der Parteien die Mediation abbricht.

---

1 *Seehausen*, ZKM 2009, 110.

14   Anhand dieser Beschreibung kann und muss die Mediation von anderen Verfahren abgegrenzt werden, die sehr häufig mit ihr verwechselt werden. In neuester Zeit führt die Erfolgsgeschichte der Mediation auch dazu, dass völlig anders geartete Verfahren sich mit dem Begriff Mediation schmücken.

15   Streng abzuschichten sind all diejenigen Verfahren, die mit der inhaltlichen Entscheidung eines Dritten enden[1].

16   Hierzu gehören zum einen die **Schiedsgerichtsverfahren**, die am ehesten mit den Verfahren vor den staatlichen Gerichten zu vergleichen sind. Auch hier wird durch ein Gremium von entscheidungsbefugten Dritten eine für die Parteien verbindliche Regelung getroffen, wenn auch die Parteien – anders als bei den staatlichen Gerichten – die Personen der Schiedsrichter und das Verfahren im Vorhinein bestimmen können. Vgl. Teil A VI.

17   Das Gleiche gilt auch für **Schiedsgutachten**, bei denen ein außenstehender Experte naturwissenschaftliche Feststellungen, z.B. die Übereinstimmung mit gewissen Standards mit Bindungswirkung für die Streitparteien feststellt. Vgl. Teil A X Rz. 12 ff.

18   Ebenfalls in die Kategorie der Streitentscheidung durch einen Dritten gehören die in Deutschland mit einer langen Tradition versehenen **Schlichtungsverfahren**. Die größte Bedeutung haben diese Verfahren im Bereich des Tarifrechts erlangt. Können sich Tarifparteien in der ersten Phase eines Tarifkonflikts nicht einigen, sehen Tarifverträge sehr häufig die Anrufung eines neutralen Dritten als Schlichter vor. Dieser Schlichter entscheidet den Tarifkonflikt zwar nicht mit rechtlicher Bindungswirkung. Er gibt aber Lösungsempfehlungen, die die Parteien aufgrund der Presseöffentlichkeit oder politischer Zwänge zumindest indirekt binden. Schlichtungsverfahren gibt es in Deutschland, außer im Tarifrecht, in verschiedenen Bereichen des Verbraucherschutzrechts aber auch als Serviceangebot verschiedener Branchenverbände. Vgl. Teil A V.

19   In dieser Tradition steht auch das Schlichtungsverfahren, dass unter dem Schlichter Heiner Geisler im Herbst 2011 durchgeführt wurde, um zwischen den Befürwortern und Gegnern des Baus eines unterirdischen Bahnhofs in Stuttgart[2] zu vermitteln. Zwar hat dieses spektakuläre Verfahren einige kommunikative Elemente aus dem Repertoire der Mediationsverfahren übernommen, dass der Schlichter aber am Schluss eine eigene – mit den Parteien nicht abgestimmte und nicht von allen Parteien getragene – Lösungsvariante präsentiert hat, macht den wesentlichen Unterschied zur Mediation aus.

20   Ebenfalls kein Mediationsverfahren war die **Streitentscheidung** zwischen der Bundesbank und ihrem damaligen Vorstandsmitglied Thilo Sarrazin durch den Bundespräsidenten im Jahr 2010. Obwohl der Sprecher des Bundespräsidenten dazu erklärte, der Bundespräsident habe die Rolle des Mediators im

---

1 *Rüssel*, JuS 2003, 380.
2 Sog. „Mediation" Stuttgart 21.

Rahmen rechtlichen Gehörs der Beteiligten übernommen, fehlte es an den elementaren Strukturprinzipien eines Mediationsverfahrens. Unter anderem sollen die Medianten bei dem Verfahren gar nicht persönlich anwesend und mit einem Schiedsspruch durch den Mediator nicht vorab einverstanden gewesen sein[1].

Dem gegenüber waren die **Verhandlungen am runden Tisch**, die den Bau der 21 Nord-West-Startbahn des Frankfurter Flughafens über zehn Jahre erfolgreich begleiteten[2], eine Mediation im engeren Sinne. Deren Tragik aber darin bestand, dass die Hessische Landesregierung das gefundene Ergebnis zum Nachtflugverbot nicht umsetzte sondern abweichend entschied und den Streit darüber bis zum Bundesverwaltungsgericht führte.

Ebenfalls abzugrenzen von der Mediation sind diejenigen Verfahren von Ver- 22 handlungshilfen, bei denen ein **sachverständiger Dritter** einer oder mehreren Parteien zur Verfügung steht. Zu nennen ist hier der im Dezember 2009 als Reaktion auf die Finanzkrise 2007 und die nachfolgende Kreditklemme der mittelständischen Wirtschaft von der Bundesregierung in Deutschland eingeführte sog. „Kreditmediator"[3]. In diesem Fall agierte der „Kreditmediator" gerade nicht allparteilich. Er stand vielmehr als eine Art Fürsprech auf der Seite der kreditsuchenden Unternehmen und versucht deren Interessen bei der jeweiligen Hausbank vorzutragen. Dabei schien Hilfestellung bei der korrekten und vollständigen Ausfüllung von Bankunterlagen die zentrale Dienstleistung zu sein. Ausgebildeter Mediatoren bediente sich diese Institution nicht.

Trotz der langen deutschen Tradition von Schieds- und Schlichtungsstellen 23 ist Mediation also nicht durch geschäftstüchtige Anwälte in neue Schläuche gefüllter alter Wein[4], sondern ein für das deutsche Zivilrecht grundsätzlich neues Verfahren.

c) Aktuelle Bedeutung der Mediation in Deutschland

Die Entwicklung von ADR in Amerika wurde flankiert von der Idee des **Multi-** 24 **Door-Courthouse**. Danach kann man Konflikte nach typischen Eigenschaften in verschiedene Gruppen einteilen und jeder dieser Gruppen die bestgeeignete Konfliktlösungsstrategie aus dem Fächer der ADR-Streitschlichtungsmechanismen zuordnen. Gefordert wurde, dass die US-Amerikanischen Zivilgerichte nicht nur den „klassischen" Zivilprozess anbieten, sondern unter ei-

---

1 *Risse*, ZKM 2011, 36 ff.
2 In Form des sog. regionalen Dialogforums in dem die Arbeitsgemeinschaft der Hessischen Industrie- und Handelskammern, die Fraport AG, die Deutsche Lufthansa und die Deutsche Flugsicherung an einem Tisch mit den Städten und Gemeinden der Flughafenregion, Kirchen und Gewerkschaften, Bürgerinitiativen und Naturschutzverbänden saßen, um Konsenslösungen für die im Zusammenhang mit dem Flughafenausbau erwarteten Belastungen für die Bevölkerung zu erarbeiten.
3 Dieses Beratungsangebot der Bundesregierung endete zum 31.12.2011.
4 So *Stein*, die den Mediationsboom eher ein Phänomen der Wahrnehmung als der Realität nennt in Bedeutung der ADR Techniken in Deutschland S. 77.

nem Dach auch die Türen zu den verschiedenen ADR-Verfahren öffnen, um einer möglichst befriedigenden Konfliktlösung zu dienen. Die Idee ist in den einzelnen Bundesstaaten der USA unterschiedlich umgesetzt, so werden z.B. in New Jersey alle Streitigkeiten rund ums Auto dem Schiedsverfahren oder in Kalifornien die Fragen des Sorge- und Besuchsrechts dem Mediationsverfahren zugewiesen[1].

25 Diese Idee ist in Deutschland zunächst im Bundesland **Nordrhein-Westfalen** aufgegriffen worden. Dort wurde in der Zeit von 2002 bis 2005 vom Justizministerium ein **wissenschaftlich begleitetes Projekt der gerichtsnahen Mediation** etabliert. Im Rahmen dieses Projekts wurden Richter zu Mediatoren ausgebildet und alle Richter über das Verfahren des Mediation informiert. Soweit Richtern ein Streitfall „mediationsfähig" erschien, schlugen sie den Parteien eine gerichtsnahe Mediation auf freiwilliger Basis vor. Erteilten die Parteien die Zustimmung, wurde das Gerichtsverfahren unterbrochen und der Fall von einem für die Sache nicht zuständigen, zum Mediator ausgebildeten Richter des gleichen Gerichts in einer oder mehrerer Mediationssitzungen behandelt. Bei Erfolg wurde die Mediationseinigung in Form eines gerichtlichen Vergleichs protokolliert, bei Scheitern der Mediation wurde das Verfahren vor dem üblichen Richter fortgesetzt.

26 Dem Beispiel Nordrhein-Westfalen folgten weitere Bundesländer. So gibt es **Modellprojekte** zur gerichtsnahen Mediation in Baden-Württemberg an den Verwaltungsgerichten, ab dem Jahr 2005 boten sieben bayerische Landgerichte Mediation in Zivilsachen an, das Land Berlin betreut ein Pilotprojekt zur Erprobung der Konfliktbewältigung durch Gerichtsmediation bei der Berliner Verwaltungsgerichtsbarkeit. In Hamburg gibt es kein landesweites Projekt, es besteht aber die Möglichkeit Mediationsverfahren in Familien- und erbrechtlichen Angelegenheiten sowie im Arbeits- und Wirtschaftsrecht bei der öffentlichen Rechtsauskunft- und Vergleichsstelle Hamburg durchzuführen. Angegliedert ist die öffentliche Rechtsauskunft- und Vergleichsstelle der Behörde für Soziales und Familie. In Hessen laufen Projekte zur gerichtsnahen Mediation u.a. in der hessischen Verwaltungsgerichtsbarkeit. Das Land Mecklenburg-Vorpommern betreut das Pilotprojekt „Gerichtliche Mediation" in Rostock und Greifswald: Die dortigen Land- und Oberlandesgerichte erproben die gerichtliche Mediation in zivilgerichtlichen Verfahren, das Verwaltungsgericht erprobt die gerichtliche Mediation im verwaltungsgerichtlichen Verfahren erster Instanz. Das Niedersächsische Justizministerium hat am 1.3.2002 damit begonnen, ein Modellprojekt „Gerichtsnahe Mediation in Niedersachsen" umzusetzen[2]. Dieses Verfahren wurde aufwändig wissenschaftlich begleitet und analysiert[3] In Rheinland-Pfalz wird unter der Federführung des OLG Koblenz bei fünf Amtsgerichten eine in das gerichtliche Verfahren eingebundene Mediation in Familiensachen erprobt.

---

1 *Gottwald* in Haft/Schlieffen (Hrsg.), Handbuch Mediation, § 39, Rz. 6.
2 *Spindler*, Gerichtsnahe Mediation in Niedersachsen.
3 Projekt gerichtsnahe Mediation in Niedersachsen, Projekt Abschlussbericht 2005; vgl. *Gottwald* in Haft/Schlieffen (Hrsg.), Handbuch Mediation, § 39 S. 969–982.

Eine **spezielle Rechtsgrundlage** gab es für diese Modelle weder auf der Ebene   27
des Bundes noch auf der Ebene des Landesrechts. Sie bewegten sich vergleichsweise freischwebend im Rahmen des § 278 ZPO, der in seinem ersten
Absatz das Gericht dazu verpflichtet, in jeder Lage des Verfahrens auf eine
gütliche Beilegung des Rechtsstreits oder einzelner Streitpunkte bedacht zu
sein. Die weiteren Absätze regeln die prozessrechtlichen Ausformungen dieses allgemeinen Grundsatzes:

Absatz 2 schreibt vor, dass jeder mündlichen Verhandlung in Zivilsachen ei-   28
ne **Güteverhandlung** zum Zwecke der gütlichen Beilegung des Rechtsstreits
vorauszugehen habe, es sei denn, es hätte bereits ein Einigungsversuch vor
einer außergerichtlichen Gütestelle stattgefunden oder die Güteverhandlung
erschiene erkennbar aussichtslos. Das Scharnierstück zur Übergabe an die
speziellen Richter-Mediatoren war Absatz 5, wonach das Gericht die Partei-
en für die Güteverhandlung vor einem beauftragten und ersuchten Richten
verweisen kann und in geeigneten Fällen sogar eine außergerichtliche Streitschlichtung vorschlagen kann.

Die **Reaktionen** auf die verschiedenen Modellversuche waren gemischt: 29
nach anfänglicher Skepsis sehr positiv war die Reaktion der Richterschaft,
die eine erhebliche Arbeitsentlastung konstatierte. Ebenfalls positiv war die
Reaktion der Politik und Justizverwaltung, die durch die Verkürzung der
Prozesszeiten und durch Rückgang von Rechtsmittelverfahren eine Entlastung der Justizhaushalte erwartete. Die Reaktion der Parteien schwankte
von großer Zustimmung bis zur Ablehnung. In der Wissenschaft wurden
zum Teil verfassungsgerichtliche Bedenken erhoben. Es wurde argumentiert,
dass mit der Mediation der Richter von seiner originären Aufgabe Rechtsstreitigkeiten zu entscheiden, entbunden würde. Richten und Schlichten sei-
en streng zu trennen, die Entscheidung für oder gegen eine Mediation müsse
der mündige Bürger unbeeinflusst außerhalb des Gerichts treffen[1]. Diese
Entscheidung habe der mündige Bürger bereits getroffen, wenn er sich für
ein Gerichtsverfahren entschieden, habe. Er habe dann einen Justizgewährleistungsanspruch.

Diese Bedenken haben dazu geführt, dass die in den ersten Entwürfen für ein   30
deutsches Mediationsgesetz ausdrücklich geregelte gerichtsnahe und gerichtsinterne Mediation in der vom Bundestag schließlich beschlossenen
Form gestrichen war. Stattdessen wurden in dem neuen § 278 Abs. 5 ZPO
dem Güterichter umfassendere Befugnisse eingeräumt. Die Länder haben im
Bundesrat gegen dieses vom Bundestag – parteiübergreifend – beschlossene
Gesetz Einspruch erhoben. Im Vermittlungsausschuss ist das Mediationsgesetz daraufhin ein letztes Mal geändert worden. Das Güterichterkonzept in
§ 278 Abs. 5 ZPO wurde dahingehend erweitert, dass der Güterichter alle Methoden der Konfliktbeilegung anwenden kann, wobei die Zivilprozessordnung
die Mediation nunmehr ausdrücklich nennt. Außerdem soll im Gerichtskostengesetz eine Verordnungsermächtigung verankert werden, wonach die Landesregierungen ermächtigt werden, in Gerichtsverfahren denjenigen Kosten-

---

1 *Risse/Bach*, SchiedsVZ 2011, 14 (20).

vorteile zu gewähren, die ein Gerichtsverfahren durch Mediation oder ein anderes Verfahren der außergerichtlichen Konfliktbeilegung beenden.

Damit ist klargestellt, dass es Mediation im engeren Sinne zukünftig nur außerhalb der Gerichte geben wird. Aus den bisherigen „Richtermediatoren" werden zukünftig „Güterichter".

31 Für die noch laufenden gerichtsnahen Mediationsverfahren gibt es eine **Übergangsfrist**. Danach wird es keine gerichtsnahen Mediationsverfahren mehr geben. An ihre Stelle tritt ein aufgewertetes Güterichterverfahren für das § 278 ZPO ergänzt wird. Ein solches Verfahren gab es bereits im Bereich der Amtsgerichte von 1924 bis 1950.

32 Unabhängig von den Pilotversuchen der Landesjustizverwaltungen haben **deutsche Großunternehmen** die Mediation um die Jahrtausendwende als Mittel zur Befriedung innerbetrieblicher Konflikte entdeckt. Nicht zu unterschätzen waren die Einflüsse aus Übersee im Zusammenhang mit dem internationalen Handelsverkehr[1].

33 Ein qualitativer Sprung trat insoweit im Jahr 2008 ein, als führende Großunternehmen die bis dahin bestehenden Insellösungen vernetzten und in einen institutionellen Erfahrungsaustausch eintraten, der als **„Round Table Mediation und Konfliktmanagement der deutschen Wirtschaft"** die Entwicklung der Wirtschaftsmediation in Deutschland seither aktiv mitgestaltet und beeinflusst[2]. Das Angebot des Round Table richtet sich an mit dem Thema Konfliktmanagement in Unternehmen befasste Personen, insbesondere an Vertreter der Rechtsabteilung und der Personalabteilungen. Besondere Wirkung hat der Round Table bei der Umsetzung der EU-Richtlinie zum Thema Mediation in ein deutsches Mediationsgesetz gespielt. Die Themenschwerpunkte umfassen aber auch die Optimierung des Vorgehens bei der Konfliktanalyse im Unternehmen, die Erörterung von Konzepten für die Einführung von Mediatorenpools und umfassenden Konfliktmanagementsystemen. Besonders wirkkräftig ist dieser Round Table geworden durch seine Zusammenarbeit mit der Deutsch-Polnischen Universität Viadrina in Frankfurt/Oder und deren mediationsaffinen Institut für Konfliktmanagement sowie mit einer Wirtschaftsprüfungsgesellschaft, die sich in verschiedenen Studien zur Konfliktbewältigung und zum Konfliktmanagement in der deutschen Wirtschaft manifestiert hat.

---

1 *Risse*, WM 1999, 1864.
2 Derzeitige Mitglieder SAP AG, E.ON Kernkraft GmbH, ABB AG, AREVA NP GmbH, Audi AG, Bayer AG, Bombardier Transportation GmbH, Deutsche Bahn AG, Deutsche Bank AG, Deutsche Lufthansa Technik AG, Deutsche Telekom AG, E-Plus Mobilfunk GmbH & Co. KG, EnBW AG, ERGO AG, Fraunhofer Gesellschaft, GRUNDIG Intermedia GmbH, HSG Zander GmbH, I.K. Hofmann GmbH, Nokia Siemens Networks GmbH & Co. KG, Porsche AG, Siemens AG, ZDF und das Institut für Konfliktmanagement an der Europa-Universität Viadrina.

d) Europarechtliche Rahmenbedingungen

Zahlreiche Initiativen der OECD, des Europarats und der Europäischen Uni-   34
on beweisen, dass Mediation seit längerem als Instrument der Streitbeilegung auch in Europa im Fokus steht. Dabei ist das Interesse an Mediation gerade bei grenzüberschreitenden Verfahren besonders groß, da sich gerade
dabei Schwächen der nationalen Gerichtsbarkeiten zeigen[1]: Nach Einschätzung der Europäischen Kommission führen grenzüberschreitende Tatbestände in aller Regel zu einer (weiteren) Verlangsamung und erheblichen Ver-
teuerung der Verfahren vor nationalstaatlichen Gerichten.

Erste europarechtliche Schritte im Hinblick auf eine Stärkung der Mediation   35
wurzelten aber nicht im Wirtschafts-, sondern im Verbraucherrecht. An-
knüpfend an die Frage des effektiven Zugangs der Verbraucher zum Recht,
befasste sich die Europäische Kommission am 16.11.1997 in einem Grünbuch auch mit Fragen der Mediation[2]. Um das Vertrauen der Verbraucher in
die Funktionsweise der außergerichtlichen Streitbeilegung zu stärken, wurde durch die **Empfehlungen 98/257/EG[3] und 2001/310/EG[4]** Rahmenbedingungen und Mindeststandards auch für die Mediation festgesetzt: Unabhängigkeit, Transparenz, Effizienz, Rechtsmäßigkeit im Hinblick auf zwingende
nationale Bestimmungen und die Möglichkeit sich vertreten und beraten zu
lassen[5].

Als durch den Amsterdamer Vertrag am 1.5.1999 die justizielle Zusammen-   36
arbeit in Zivilsachen vergemeinschaftet wurde (Art. 65 EG), war die Grundlage für ein weiteres Handeln der Kommission gelegt. Im Jahr 2002 wurde in
einem weiteren Grünbuch Formen der alternativen Streitbeilegung mit Ausnahme von Schiedsverfahren bearbeitet[6]. **Das Grünbuch ADR** bot einen guten Überblick über den Stand der alternativen Streitbeilegung in Europa. So
waren zum Zeitpunkt 2002 gesetzliche Regelungen in Portugal, Österreich,
Italien und Dänemark in Arbeit.

Die Konsultationen aufgrund des Grünbuchs ADR hatten zum Ergebnis,   37
dass europaweit verbindliche einheitliche Vorschriften für Mediatoren nicht
gewünscht waren. Vielmehr wurde ein **freiwilliger und unverbindlicher europäischer Verhaltungskodex** für Mediatoren bevorzugt[7].

Ebenfalls als Ergebnis der Konsultationen zum Grünbuch ADR wurde über   38
einen Vorschlag für eine **EU-Mediationsrichtlinie** diskutiert. Streitpunkt

---

1 *Eidenmüller*, RIW-Beilage 2002, 3; vgl. auch *Kraft*, VersR 2000, 935.
2 Grünbuch über den Zugang der Verbraucher zum Recht und die Beilegung von Rechtsstreitigkeiten der Verbraucher im Binnenmarkt.
3 Empfehlung der Europäischen Kommission vom 30.3.1998, ABl. L 115 vom 17.4.1998,
S. 31.
4 Empfehlung der Europäischen Kommission vom 4.4.2001, ABl. L109 vom 19.4.2001,
S. 56.
5 *Sharma* in Haft/Schlieffen (Hrsg.), Handbuch Mediation, § 51 Rz. 8.
6 Grünbuch über alternative Verfahren zur Streitbeilegung im Zivil- und Handelsrecht.
7 *Sharma* in Haft/Schlieffen (Hrsg.), Handbuch Mediation, § 51 Rz. 4.

war, ob die Rechtsgrundlage in Art. 65, Art. 61 Buchst. c und Art. 67 Abs. 2 EGV, also in der justiziellen Zusammenarbeit in Zivilsachen liegen sollte, oder ob nicht vielmehr Art. 61 EGV oder Art. 95 EGV also die Harmonisierung von Rechtsvorschriften zur Verwirklichung des Binnenmarktes, die richtigen Rechtsgrundlagen seien. Nach einem gemeinsamen Standpunkt des Europäischen Parlaments und des Rates beschränkte sich die Richtlinie auf grenzüberschreitende Verfahren. Sie wurde am 24.5.2008 im Amtsblatt veröffentlicht. Die EU-Mediationsrichtlinie beschränkt sich auf Mediation in Zivil- und Handelssachen und schließt das Arbeits- und Verbraucherrecht ein. Ausdrücklich ausgenommen wurden Fälle der Staatshaftung, Verwaltungsstreitigkeiten, Zollsachen und Steuersachen. Sachlich umfasst sind nur grenzüberschreitende Verfahren. Mediation wird dabei definiert als „Strukturiertes Verfahren unabhängig von seiner Bezeichnung, in dem zwei oder mehr Streitparteien mit Hilfe eines Mediators auf freiwilliger Basis selbst versuchen, eine Vereinbarung über die Beilegung ihrer Streitigkeit zu erzielen." Abgegrenzt wird die Mediation von den Anwendungsbereichen der Schiedsverfahren, Ombudsmannregelungen, Verbraucherbeschwerdeverfahren, Sachverständigenverfahren und auch von Verfahren von Stellen, die eine rechtliche verbindliche oder unverbindliche förmliche Empfehlung zur Streitschlichtung abgeben[1].

39   Die EU-Mediationsrichtlinie enthielt die **Selbstverpflichtung** der Mitgliedstaaten Verhaltenscodices für Mediatoren entwickeln zu lassen. Diese konnten an einem schon bestehenden Europäischen Verhaltenskodex für Mediatoren anknüpfen[2].

40   Weiterhin war der Zugang zur Mediation während eines gerichtlichen Verfahrens geregelt. Weitere Regelungsgegenstände waren die Vollstreckbarkeit einer im Mediationsverfahren erzielten Vereinbarung, die Vertraulichkeit sowie die Auswirkung von Mediationsverfahren auf Verjährungsfristen.

41   Art. 12 der EU-Mediationsrichtlinie enthielt eine **Frist** von drei Jahren ab Annahme der Richtlinie, innerhalb derer die Mitgliedstaaten die erforderlichen Rechts- und Verwaltungsvorschriften in Kraft zu setzen hatten.

e) Verspätete Umsetzung durch Gesetz zur Förderung der Mediation und andere Verfahren der außergerichtlichen Konfliktbeilegung

42   Nach der Verkündung der EU-Mediationsrichtlinie[3] am 21.5.2008 brauchte es mehr als zwei Jahre, bis das federführende Bundesministerium der Justiz unter dem 4.8.2010 einen **Referentenentwurf** zirkulierte. Der Referentenentwurf war einerseits ambitioniert, als er sich nicht nur auf die Regelung

---

1 *Sharma* in Haft/Schlieffen (Hrsg.), Handbuch Mediation, § 51 Rz. 27.
2 European Code of Conduct for Mediators, in englischer Version abgedruckt in ZKM 2004, 148; deutsche Übersetzung in Mediationsreport 2004, 3.
3 Richtlinie 2008/52/EG des Europäischen Parlaments und des Rates vom 21.5.2008 über bestimmte Aspekte der Mediation in Zivil- und Handelssachen, ABl.L 136/3 vom 24.5.2008.

grenzüberschreitender Aspekte von Mediationsverfahren beschränkte. Er ging vielmehr über den europäischen Gesetzgebungsauftrag hinaus und zielte auf eine Regelung auch rein innerstaatlicher Mediationsprojekte. Damit folgte der deutsche Gesetzgeber dem Beispiel z.B. Österreichs, das schon auf eine längere Erfahrung mit einem derartigen Mediationsgesetz[1] zurückblicken konnte. Bei der inhaltlichen Ausgestaltung war der Referentenentwurf hingegen zurückhaltend. Er verzichtete bewusst auf die abschließende Regelung eines klar umgrenzten Berufsbildes des Mediators. Anders als im österreichischen Gesetz war auch weder eine Ausbildungsverordnung noch die Eintragung besonders qualifizierter Mediatoren in eine staatliche Liste vorgesehen. Ausgehend von dem europäischen Verhaltenskodex für Mediatoren normierte der Referentenentwurf lediglich wesentliche Aufgaben und Pflichten des Mediators. Die in diesem Zusammenhang in die „eigene Verantwortung des Mediators gestellte angemessene Aus- und Fortbildung" war die einzige, lediglich rudimentäre Regelung einer Qualitätskontrolle.

Trotz erheblicher Kritik an dem Referentenentwurf beschloss die Bundesregierung am 12.1.2011 auf dessen Grundlage ein **Gesetz zur Förderung der Mediation**. Unter dem 18.3.2011 nahm der Bundesrat zu dem Gesetzentwurf der Bundesregierung zur Förderung der Mediation unter Beachtung der Empfehlung seiner Ausschüsse Stellung[2]. Die Länderkammer äußert sich positiv zu den Plänen der Bundesregierung, in dem Gesetz sowohl die außergerichtliche als auch die verschiedenen Formen der innergerichtlichen Mediation zu stärken. Auf der Basis dieser Vorschläge brachte die Bundesregierung am 14.4.2011 ein Gesetz zur Förderung der Mediation und anderer Verfahren der außergerichtlichen Konfliktbeilegung in den Bundestag ein, das dort im Sommer 2011 in erster Lesung behandelt wurde[3].   43

Das Gesetz wurde innerhalb des Bundestags fraktionsübergreifend kontrovers diskutiert, wobei insbesondere die Kritik der Mediationspraktiker in den öffentlichen Anhörungen des Rechtsausschusses aufgenommen und verstärkt wurde[4]. Einigkeit bestand insofern, als die Ausbildungs- und Fortbildungsregelungen für Mediatoren deutlich erweitert werden müssen. Streitpunkt wurde die innergerichtliche und gerichtsnahe Mediation und die Frage, ob diese Gegenstand des Mediationsgesetzes sein sollten. Durch diese Diskussion verstrich der Umsetzungszeitpunkt gemäß Art. 12 der EU-Mediationsrichtlinie im Mai 2011. Erst am 15.12.2011 wurde der Gesetzentwurf in zweiter und dritter Lesung beraten und in der Fassung der Beschlussempfehlung des Rechtsausschusses[5] vom Bundestag angenommen.   44

---

1 Österreichisches Bundesgesetz über Mediation in Zivilrechtssachen, BGBL I Nr. 29/2003 mit Zivilrechts-Mediations-Ausbildungsverordnung BGBL II Nr. 47/2004.
2 BR-Drs. 60/11; BR-Drs. 60/1/11 und BR-Drs. 60/11 (B).
3 BT-Drs. 17/5335 vom 1.4.2011.
4 Vgl. Gegenäußerung der Bundesregierung zu der Stellungnahme des Bundesrates BT-Drs. 17/5496.
5 BT-Drs. 17/8058 vom 1.12.2011: Beschlussempfehlung und Bericht des 6. Rechtsausschusses zu dem Gesetzentwurf der Bundesregierung Drs. 17/5335, 17/5496.

Das vom Deutschen Bundestag in seiner 149. Sitzung beschlossene „Gesetz zur Förderung der Mediation und anderer Verfahren der außergerichtlichen Konfliktbeilegung" (sog. „Mediationsgesetz") scheiterte zunächst am Einspruch des Bundesrates. Alle Bundesländer kritisierten das dadurch erzwungene Auslaufen ihrer Pilotprojekte zur gerichtsnahen Mediation. In seiner 16. Sitzung hat daraufhin der Vermittlungsausschuss des Deutschen Bundestages und des Bundesrates das Mediationsgesetz nochmals verändert und das Güterichter-Modell erweitert, indem Methoden der Mediation ausdrücklich genannt wurden.

45 Das Gesetz hoffte mit der gesetzlichen Verankerung der Mediation Streitparteien zu helfen, Streitigkeiten eigenverantwortlich zu lösen und damit Gerichtsverfahren, die sowohl die Parteien als auch den Staat Aufwand kosten, zu vermeiden.

46 Die in den ersten Entwürfen geplante gesetzliche Verankerung der gerichtsnahen bzw. richterlichen Mediation, wie sie in zahlreichen Bundesländern in Modellversuchen praktiziert wird, findet sich im vom Bundestag beschlossenen Gesetz nicht mehr. Stattdessen wird in der vom Vermittlungsausschuss ergänzten Fassung des Gesetzes auf ein im Vergleich zu § 278 ZPO erweitertes **Güterichtermodell** verwiesen. Dieses Modell stellt keine gerichtliche Variante der Mediation dar, da der Güterichter rechtliche Bewertungen vornehmen und den Parteien eine Lösung des Konflikts vorschlagen darf, während sich ein echter Mediator jeder rechtlichen und inhaltlichen Bewertung zu enthalten hat. Diese klare Trennung zwischen der Rolle eines Richters und eines Mediators nimmt die entsprechende Kritik auf.

47 Die **Qualität der Aus- und Fortbildung** von Mediatoren ist im vom Bundestag beschlossenen Gesetz jetzt ebenfalls umfangreicher geregelt. Dabei etabliert das Gesetz ein zweistufiges System, das zunächst Anforderungen an die Grundkenntnisse und Kernkompetenzen eines „einfachen Mediators" benennt. Darüber wird die Bezeichnung eines „zertifizierten Mediators" gesetzlich verankert, für den erhöhte Anforderungen an die Aus- und Fortbildung gelten, die durch Rechtsverordnung des Bundesjustizministeriums festgelegt werden können. Das entspricht dem Österreichischen Modell.

f) Arten der Mediation laut Regierungsentwurf des Mediationsgesetzes vom 1.4.2011 (BT-Drs. 17/5335) in der Form der Beschlussempfehlung des Vermittlungsausschusses (Drs. 17/10102)

aa) Außergerichtliche Mediation

48 Die im Regierungsentwurf des Mediationsgesetzes unter Art. 1 § 1 Nr. 1 geregelte außergerichtliche Mediation umfasst alle diejenigen Verfahren, die unabhängig von einem Gerichtsverfahren stattfinden.

Es handelt sich dabei um den Kernbereich der Mediation, die auch in allen   49
nachfolgenden Varianten des Gesetzes geregelt ist.

bb) Gerichtsnahe Mediation

In Art. 1 § 1 Abs. 1 Nr. 2 des Regierungsentwurfs des Mediationsgesetzes   50
war auch die gerichtsnahe Mediation geregelt, die während eines laufenden
Gerichtsverfahrens im Hinblick auf den Streitgegenstand, aber außerhalb
des Gerichts stattfindet.

Diese Art der Mediation ist im Gesetzesbeschluss des Bundestags vom   51
15.12.2011 nicht mehr enthalten. Auch nach den vom Vermittlungsausschuss durchgesetzten Änderungen gibt es keine gerichtsnahe Mediation
mehr, lediglich noch Güterichterverfahren, bei denen im Rahmen des neu
gefassten § 278 Abs. 5 ZPO Methoden der Mediation angewendet werden
können.

cc) Gerichtsinterne Mediation

Im Regierungsentwurf des Mediationsgesetzes war unter Art. 1 § 1 Abs. 1   52
Nr. 3 auch die gerichtsinterne Mediation in Form eines Mediationsverfahrens durch einen nicht entscheidungsbefugten Richter während eines laufenden Gerichtsverfahrens geregelt.

Dieses in vielen Bundesländern mit dort als erfolgreich empfundenen Pilot-   53
projekten betriebene Verfahren war Gegenstand der größten Kritik im Ge-
setzgebungsverfahren[1]. Im Gesetzesbeschluss des Deutschen Bundestages
findet es sich deshalb nicht mehr. Nachdem alle Bundesländer – parteiübergreifend – ihre Mediationsprojekte vehement verteidigt haben, kam es im
Vermittlungsausschuss zum Kompromiss: Einerseits wurde § 278 Abs. 5
ZPO so ergänzt, dass die Güterichter ausdrücklich alle Methoden der alternativen Konfliktbeilegung anwenden können, wobei die Mediation ausdrücklich genannt wurde. Seither spricht man vom „erweiterten Güterichter-Modell". Auf der anderen Seite verwendet das Mediationsgesetz für die
Personen, die derartige gerichtsnahe oder gerichtsinterne Verfahren durchführen, nicht mehr den Tätigkeitsbegriff „Mediator", sondern nennt sie zutreffend „Güterichter". Damit wird dem Umstand Rechnung getragen, dass
derartige Güterichter – anders als Mediatoren – auch gegen den Willen der
Parteien Einblick in die Unterlagen der bisherigen Prozesse nehmen können,
die Angelegenheit eigenständig rechtlich beurteilen und diese Beurteilung in
Lösungsvorschläge an die Parteien gießen dürfen.

2. Außergerichtliche Mediation

Die außergerichtliche Mediation wird als die „wahre" echte Mediation be-   54
schrieben. Im vom Bundestag beschlossenen Gesetz ist sie die einzige aus-

---

1 *Monßen*, ZKM 2011, 10.

drücklich geregelte Form der Mediation. Gerichtsinterne und gerichtsnahe Mediation sind zum teil atypische Abwandlungen. Die außergerichtliche Mediation soll deshalb hier ausführlich dargestellt werden, so dass die Darstellung der gerichtsnahen und der gerichtsinternen Mediation sich auf die Unterschiede konzentrieren kann.

a) Verfahren

55 Eine verbindliche Verfahrensordnung für außergerichtliche Mediationsverfahren, die den Regelungen eines Zivilprozesses in der Zivilprozessordnung entsprechen würde, gibt es nicht[1]. Die verschiedenen **Verhaltenscodices** für Mediatoren enthalten zwar neben Anforderungen an den Mediator auch Eckpunkte für das Mediationsverfahren selbst, sie sind jedoch nicht verbindlich[2]. Dies ist außergewöhnlich, weil andere außergerichtliche Streitschlichtungsformen, wie das Schiedsgerichtsverfahren, in der Zivilprozessordnung zumindest eine gesetzliche Regelung der Eckpunkte ihres Verfahrens erfahren haben. Ein Regelungseingriff, den der Gesetzgeber mit seinen Schutzpflichten gegenüber einem potenziellen Gläubiger begründet: Wenn ein Schiedsspruch vollstreckbar ist, dann bedeutet dies, dass der Staat mit seinen Zwangsmitteln wie Gerichtsvollzieher, Pfändung bis hin zur Haftandrohung, privatrechtliche Ansprüche durchsetzt. Dies kann und will ein Rechtsstaat nur, wenn er eine hinreichende Gewähr dafür hat, dass der Vollstreckungstitel auch in einem den elementaren Gerechtigkeitsvorstellungen entsprechenden Verfahren entstanden ist.

56 Da auch die ein Mediationsverfahren beendende Mediationsvereinbarung **vollstreckbar** gemacht werden kann, ist es bemerkenswert, dass der Gesetzgeber selbst darauf verzichtet hat, „Leitplanken" für ein außergerichtliches Mediationsverfahren einzuziehen. Der Grund liegt in den hergebrachten Prinzipien des außergerichtlichen Mediationsverfahrens, die der Gesetzgeber statt des Verfahrens in den Mittelpunkt seines Regelungswerks gestellt hat:

b) Grundprinzipien der Mediation

57 Die Prinzipien der Mediation sind in den zahlreichen Codices zur Selbstverpflichtung der Mediatoren, in Satzungen der Mediationsverbände und in ihrem Kern auch im Mediationsgesetz geregelt. Die Grundprinzipien sind wichtiger als die jeweilige Ausgestaltung des Mediationsverfahrens, das individuell an die Bedürfnisse und Wünsche der Parteien angepasst werden kann. Die Einhaltung der Grundprinzipien macht ein Verfahren erst zum Mediationsverfahren und unterscheidet es von anderen Verfahrenstypen wie Schlichtungsverfahren, Moderationsverfahren oder Schiedsgutachten.

---

1 Zu einzelnen Regelungsbereichen: *Breidenbach*, Mediation, S. 259 ff.
2 Vgl. European Code of Conduct for Mediators, in englischer Version abgedruckt in ZKM 2004, 148 und in deutscher Übersetzung in Mediationsreport 2004, 3.

• Freiwilligkeit

Das Mediationsverfahren ist jederzeit und ausnahmslos freiwillig. Jede Par- 58
tei und der Mediator können das Verfahren jederzeit abbrechen, wenn sie der
Meinung sind, dass in dem Mediationsverfahren eine für sie günstige Regelung nicht erreicht werden kann. Eine Begründung ist nicht erforderlich.

• Eigenverantwortung

Es sind ausschließlich die Parteien, die für die Regelungen, die sich aus und 59
in Zusammenhang mit dem Mediationsverfahren ergeben, verantwortlich
sind. Ein Mediator wird keine Vorschläge machen und keine Lösungen unterbreiten. Der Mediator ist ausschließlich unterstützend tätig: Er ist für die
Struktur der Kommunikation und des Mediationsverfahrens verantwortlich.
Er stellt sicher, dass alle Parteien in angemessener Weise in das Verfahren
eingebunden sind.

• Transparenz

Alle Parteien wissen zu jedem Zeitpunkt des Mediationsverfahrens, was pas- 60
siert. Alle Informationen stehen allen Parteien des Mediationsverfahrens
vollständig zur Verfügung.

Dieser Grundsatz der Transparenz steht in einem Spannungsverhältnis mit 61
dem Grundsatz der Freiwilligkeit und muss mit diesem in einen schonenden
Ausgleich gebracht werden: Die Parteien können selbst bestimmen, was alle
wissen dürfen. Insofern ist es möglich und in vielen Mediationsfällen in einer ersten Phase auch üblich, dass statt Gesprächen am runden Tisch unter
der Teilnahme aller, zunächst vertrauliche Einzelgespräche von dem Mediator geführt werden. In solchen vertraulichen Einzelgesprächen ist es auch
möglich, dass die Parteien den Mediator verpflichten, gewisse Informationen
– z.B. Betriebsgeheimnisse – auch gegenüber den anderen Parteien vertraulich zu behandeln. Der Transparenz ist hinreichend Genüge getan, wenn der
Mediator die Parteien darüber informiert, dass es die Möglichkeit derartiger
vertraulicher Gespräche gibt, und darüber informiert, dass er sich mit der jeweils anderen Partei zu einem solchen Gespräch trifft.

• Kenntnis aller entscheidungserheblichen Tatsachen

Die Mediation zielt auf eine tragfähige, in die Zukunft gerichtete Lösung, 62
die von den Parteien freiwillig befolgt und umgesetzt wird. Eine solche Regelung setzt voraus, dass alle entscheidungsrelevanten Tatsachen im Prozess
der Mediation vorgelegt werden. Die Tatsachenermittlung kann in Mediationsverfahren daher eine ganz zentrale Rolle einnehmen. Dabei ist es üblich, dass behauptete Tatsachen durch Belege, Dokumente und Urkunden
unterfüttert werden. Je nach betroffenem Sachgebiet ist es möglich oder sogar notwendig, Sachverständige hinzuzuziehen.

• **Vertraulichkeit**

63 Das Aufdecken aller entscheidungsrelevanten Tatsachen, verbunden mit dem Prinzip der Freiwilligkeit, macht die Mediation anfällig für Missbrauch im Hinblick auf einen nachfolgenden Zivilprozess, insbesondere wenn dieser nach deutschem Zivilprozessrecht zu führen wäre. Dort gilt nämlich der sog. Beibringungsgrundsatz. Das bedeutet, dass jede Partei diejenigen Umstände, die ihr nützlich sind, beweisen muss. Vermag sie dies nicht, dann kann sie den Prozess allein aufgrund dieser Beweisnot verlieren. Ein Mediationsverfahren könnte also dazu missbraucht werden, sich für einen nachfolgenden Zivilprozess zu „munitionieren". Zumal das Mediationsverfahren nicht zwangsweise bis zu einer, den Konflikt regelnden Mediationsvereinbarung, geführt werden muss, sondern von jeder Partei jederzeit ohne Angaben von Gründen beendet werden kann.

64 Insofern ist die Vertraulichkeit des Mediationsverfahrens von zentraler Bedeutung. Die Parteien müssen zur Wahrung dieser Vertraulichkeit umfangreiche Vereinbarungen schließen. Z.B. mit dem Inhalt, dass sowohl die Parteien als auch die Mediatoren verpflichtet sind, Informationen, die ihnen im Laufe des Mediationsverfahrens (erstmalig) bekannt geworden sind, nicht außerhalb und nach dem Mediationsverfahren zu benutzen. Im Rahmen solcher Vereinbarungen muss auch darauf gedrungen werden, dass der Mediator und seine Hilfspersonen in einem eventuell nachfolgenden Zivilverfahren nicht als Zeugen vernommen werden bzw. sich auf ihr Zeugnisverweigerungsrecht berufen. Es müssen auch Regelungen hinsichtlich der in das Mediationsverfahren eingebrachten und dort erstellten Unterlagen getroffen werden.

65 Der Mediator und die Parteien halten die Tatsache geheim, dass die Mediation stattfinden soll oder stattgefunden hat. Von diesem letztgenannten Aspekt der Vertraulichkeit kann in Übereinstimmung mit allen Parteien abgewichen werden.

• **Partizipation**

66 Das Mediationsverfahren erfordert die aktive Mitwirkung aller Parteien. Bei hierarchisch gegliederten Unternehmen ist das Mediationsverfahren Chefsache. Es muss diejenige Person an den Mediationssitzungen teilnehmen, die einerseits die volle Sachverhaltskenntnis hat, die andererseits aber auch entscheidungsbefugt ist und die mit der Gesamtstrategie und den Zielen des Unternehmens bestens vertraut ist.

67 Jede Delegation auf einer untergeordneten Ebene, die diese Anforderungen nicht vollständig erfüllt, gefährdet die Mediation insofern, als die am Ende getroffene Regelung wirklich von Allen in Zukunft getragen werden kann.

• Neutralität und Allparteilichkeit

Der Mediator ist kein Beteiligter am Konflikt. Er ist nicht Partei. Er ist neu- 68
tral in einer ganz besonderen Form: Er ist allparteilich. Er wendet sich jeder
Partei zu und geht auf sie ein, um die Interessen und Bedürfnisse, die hinter
der von ihr eingenommenen Position stehen, ans Tageslicht zu bringen. Insofern unterstützt er jede Partei und alle Parteien des Mediationsverfahrens,
eine für sie jeweils optimale Regelung des Konflikts im Rahmen des Mediationsverfahrens zu finden. Der Mediator wird aber keiner Partei inhaltliche
Lösungsvorschläge machen[1]. Er ist verantwortlich für die Struktur des Mediationsverfahrens und für die Kommunikation.

Der Mediator muss seine Unabhängigkeit gegenüber den Parteien wahren. 69
Er muss alle Umstände, die seine Unabhängigkeit beeinträchtigen oder den
Anschein eines Interessenkonflikts erwecken können, gegenüber den Partei-
en offenlegen. Die Offenlegungspflicht besteht im Mediationsprozess zu jeder Zeit. Solche Umstände sind zum Beispiel eine persönliche oder geschäftliche Verbindung des Mediators zu einer Partei oder eine anderweitige
Tätigkeit des Mediators oder eines Mitarbeiters seiner Firma für eine der
Parteien. In solchen Fällen darf der Mediator die Mediationstätigkeit nur
aufnehmen bzw. fortsetzen, wenn er sicher ist, dass er die Aufgabe völlig unabhängig und objektiv durchführen kann und wenn die Parteien dem ausdrücklich zustimmen.

• Ergebnisoffenheit

Aufgrund des Freiwilligkeitsprinzips muss ein Mediationsverfahren nicht 70
zwangsläufig auf eine Mediationsvereinbarung hinauslaufen. Es kann scheitern, es kann auch vorzeitig enden, z.B. wenn die Parteien sich im Laufe der
Mediation auf die Einholung eines Sachverständigengutachtens als Schiedsgutachten verständigt haben.

Die gleiche Ergebnisoffenheit gilt auch inhaltlich: Die Mediation präjudi- 71
ziert keine Ergebnisse, sie ist hinsichtlich ihrer Ergebnisse auch nicht in einen vorbestimmten Rahmen gezwängt. Anders als ein Zivilprozess, in dem
der Richter nicht mehr und nichts anderes zusprechen kann als beantragt,
kann eine abschließende Mediationsvereinbarung ganz andere Themen umfassen, als diejenigen, die den ursprünglichen Konflikt bestimmt haben. Genau diese Ausweitung der potenziellen Lösungen und das Verlassen vorgefer-
tigter Denk- und Handlungsschemata, unterscheidet die Mediation von
Verfahren, bei denen ein Dritter, wie z.B. ein Richter oder Schiedsrichter entscheidet.

---

1 Deshalb ist der Güterichter nach dem durch das neue Mediationsgesetz eingeführten
  § 278 Abs. 5 ZPO auch kein „Mediator" im engeren Sinne. Denn der Güterichter soll
  den Streitfall auch rechtlich durchdringen und auf dieser Basis den Parteien Lösungsvorschläge unterbreiten.

● **Beendigung der (erfolgreichen) Mediation durch eine Regelung**

72 Das außergerichtliche Mediationsverfahren zielt auf die Regelung eines konkreten Problems. Was geregelt werden soll, bestimmen die Parteien. Wie diese Regelung aussieht, ergibt sich im Verfahren. Eine derart abschließende Regelung, die „Mediationsvereinbarung" genannt wird, kann theoretisch auch mündlich geschlossen werden. Es ist aber sehr zu empfehlen, diese Vereinbarung schriftlich niederzulegen und von allen Beteiligten unterzeichnen zu lassen. Dies vermeidet spätere Erinnerungs- und Interpretationsschwierigkeiten und es ist eine von mehreren unverzichtbaren Voraussetzungen dafür, dass die Mediationsvereinbarung für vollstreckbar erklärt und von den staatlichen Zwangsorganen zur Not auch durchgesetzt werden kann. Darauf hinzuwirken und darüber aufzuklären ist Aufgabe des Mediators. Die dabei möglicherweise zu beachtenden juristischen Rahmenbedingungen und Einzelaspekte sind vielgestaltig. Sie können nicht von jedem Mediator voll überblickt werden. Aus diesem Grunde ist es ratsam und sinnvoll, das Mediationsverfahren auf Seiten der Parteien durch Juristen begleiten zu lassen, die spätestens zu diesem Zeitpunkt hinzugezogen werden, um sicherzustellen, dass die in der Mediationsvereinbarung getroffenen Regelungen rechtlich umsetzbar sind.

c) Phasenmodell der Mediation

73 Die Mediation ist ein strukturiertes Verfahren. Das besondere Potenzial der Mediation basiert auf der Verbindung genau dieser Strukturierung der Konfliktkommunikation und die dadurch erreichte Veränderung von Kommunikationsmustern. Die Durchbrechung der ansonsten vorgegebenen Eskalationsstufen wird erreicht durch verschiedene Phasen, die typischerweise nach einander ablaufen und auf einander aufbauen. Dabei ist es Geschmackssache, ob man den Mediationsprozess in vier, fünf oder sechs Phasen unterteilt. Dargestellt soll der Ablauf der Mediation werden anhand der in der Wissenschaft wohl am weitesten verbreiteten Aufteilung in ein Fünf-Phasen-Modell[1].

---

1 *Kessen/Troja* in Haft/Schlieffen (Hrsg.), Handbuch Mediation, § 13 Rz. 4 untergliedern das Mediationsverfahren hingegen in sechs Phasen.

Abb. 3: Das Fünf-Phasen-Modell der Mediation

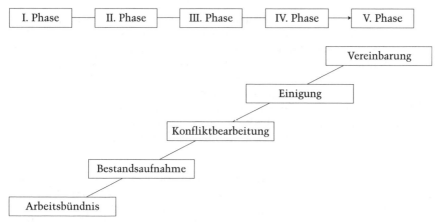

Quelle: Mediationsakademie Berlin MAB

Phase I: Arbeitsbündnis

In dieser Phase I schließen die Parteien ein Arbeitsbündnis. Häufig wird da- 74
bei zunächst das Angebot „Mediation" durch den Mediator erläutert. Es
kommen die Prinzipien der Mediation allgemein zur Sprache. Genauso wie
das typische Vorgehen während des Mediationsverfahrens. Diskutiert werden auch die Honorare und die Verteilung der Kosten.

Phase I endet typischerweise mit dem Abschluss eines Mediationsvertrages 75
zwischen dem Mediator und den Parteien des Mediationsverfahrens. Ggf.
auch mit dem Abschluss eines zweiten Mediationsvertrages zwischen den
Parteien des Mediationsverfahrens selbst[1]. In diesem Vertrag werden die
Rahmenbedingungen und die Organisation der Mediation festgeschrieben.

Phase II: Bestandsaufnahme

In dieser Phase II definiert jede Partei des Mediationsverfahrens, was aus ih- 76
rer Sicht in dem Mediationsverfahren zur Regelung ansteht. Diese Phase
dient zum einen der Bestandaufnahme aber auch dem Ausgleich des Infor-
mationsniveaus zwischen den Parteien des Mediationsverfahrens.

Ziel und Ende dieser Phase II ist dann erreicht, wenn der Mediator verstan- 77
den hat, worin der Konflikt der Parteien besteht und welche Themen die
Parteien in dem Mediationsverfahren regeln wollen.

---

1 *Schwarz*, ZKM 2008, 111.

Phase III: Konfliktbearbeitung

78   In dieser Phase III setzt der Mediator an den Themen und Positionen jeder
einzelnen Partei an. Er befragt jede einzelne Partei intensiv um festzustellen,
was an den einzelnen Punkten, die zur Regelung anstehen, der jeweiligen
Partei wichtig ist. Ziel ist es, dass der Mediator hinter die ursprünglich defi-
nierten Positionen der Parteien leuchtet und herausfindet, welche Interessen
jeweils hinter der einzelnen Position stecken. Ggf. gräbt der Mediator auch
noch weiter um herauszufinden, auf welchen Bedürfnissen die jeweiligen Interessen der Partei gründen. Die Weitung des Blicks von der Position zum Interesse ist der Quantensprung an Erkenntnis, den das Mediationsverfahren
bietet[1].

79   Neben dem Erkenntnisgewinn beim Mediator werden in dieser Phase
zwangsläufig auch zwei weitere Ergebnisse erzielt: jede einzelne Konflikt-
partei wird durch die Befragung dabei unterstützt, ihre Interessen und die dahinterliegenden Bedürfnisse zu erkennen und zu artikulieren. Dieser Selbst-
erkenntnisprozess[2] findet in Gegenwart der anderen Mediationspartei statt.
Typischerweise bleibt die Gegenpartei nicht unbeeindruckt sondern ist gezwungen sich mit den Interessen und den dahinterliegenden Bedürfnisse der
Gegenpartei auseinanderzusetzen. Regelmäßig führt die bei der „zuhörenden
Gegenpartei" zu einem erstmaligen oder vertieften Verständnis der Gegenseite, bei dem deren Interesse und Bedürfnisse anerkannt werden[3].

80   In dieser Phase lösen sich die Mediationsparteien von den ursprünglich eingenommenen Positionen, die die Konflikte der Vergangenheit darstellen.
Der Mediator richtet den Fokus vielmehr zukunftsgerichtet auf die Interessen und Bedürfnisse.

81   Die Phase III ist beenden, wenn die Parteien und der Hilfe des Mediators einen abstrakten Katalog derjenigen Kriterien aufgestellt haben, die erfüllt
sein müssten, damit jede Partei einer interessengerechten Lösung zustimmen kann. Am Ende dieser Phase sind also verschiedene abstrakte Kriterienkataloge aufgestellt.

Phase IV: Einigung

82   In dieser Phase IV werden die abstrakten Kriterienkataloge übereinander
gelegt. Die Parteien suchen nun gemeinsam nach Lösungen, die allen abstrakten Kriterien entsprechen. Die möglichen Lösungen sind durch die Orientierung an den abstrakten Kriterien von Interessen und Bedürfnissen zahlreicher und vielfältiger, als es die ursprünglichen, vergangenheitsbezogenen
Positionen waren. Der Mediator unterstützt diese Phase dadurch, dass er

---

1 Mit einem praktischen Fall erklärt *von Schlieffen* in Haft/Schlieffen Handbuch Mediation § 1 Rz. 21–24.
2 Von einigen Autoren „empowerment", von anderen „zukunftsgerichtete Therapiesit-
zung" genannt.
3 Vertieft: *Scharmer/Käufer*, OrganisationsEntwicklung, 2008, 4.

den Parteien zur Priorisierung ihrer Interessen anhält. Oder sie mit verschiedenen Methoden bei der kreativen Lösungssuche unterstützt.

In dieser Phase IV finden die Mediationsparteien zu gemeinsamen Bewer-   83
tungsmaßstäben, anhand derer sie die gefundenen Lösungsoptionen auswählen und bewerten.

Die Phase IV endet damit, dass die Parteien die gemeinsam beste Lösungs-   84
option identifizieren und deren Realisierbarkeit gemeinsam prüfen.

Phase V: Vereinbarung und Umsetzung

In dieser Phase V geht es darum die gefundene Regelung auszuformulieren   85
und rechtsverbindlich festzuhalten. In der Grundkonstellation wird der Mediator die gefundene Einigung nach bestem Wissen protokollieren und von den Parteien unterzeichnen lassen.

Sind an der Mediation Rechtsanwälte beteiligt, so endet die Phase damit,   86
dass die Rechtsanwälte unter Berücksichtigung der juristischen Anforderungen einen schriftlichen Vergleich ausarbeiten[1].

Wenn dies von den Parteien gewünscht wird, sind auf dieser Stufe auch die   87
Voraussetzungen für eine Vollstreckbarkeit des Vergleichs zu schaffen. Also entweder die Gestaltung dieser abschließenden Mediationsvereinbarung als vollstreckbarer Anwaltsvergleich oder die Vereinbarung eines nachgelagerten Schiedsverfahrens oder den Gang zum Notar um eine vollstreckbare Urkunde oder eine den möglicherweise zusätzlich erforderlichen Formvorschriften entsprechende Urkunde fertigen zu lassen.

---

1 *Meier*, SchiedsVZ 2011, 97.

Abb. 4: Phasenmodell der Mediation und Leitfragen

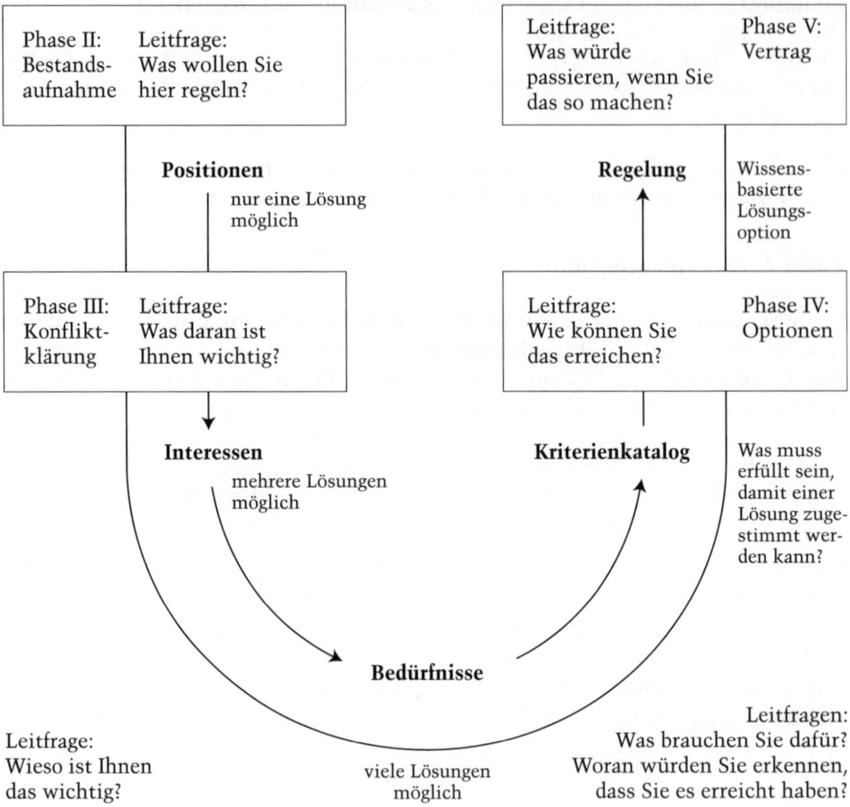

| Phase II: Bestandsaufnahme | Leitfrage: Was wollen Sie hier regeln? | | Leitfrage: Was würde passieren, wenn Sie das so machen? | Phase V: Vertrag |

Positionen

nur eine Lösung möglich

Regelung

Wissensbasierte Lösungsoption

| Phase III: Konfliktklärung | Leitfrage: Was daran ist Ihnen wichtig? | | Leitfrage: Wie können Sie das erreichen? | Phase IV: Optionen |

Interessen

mehrere Lösungen möglich

Kriterienkatalog

Was muss erfüllt sein, damit einer Lösung zugestimmt werden kann?

Bedürfnisse

Leitfrage: Wieso ist Ihnen das wichtig?

viele Lösungen möglich

Leitfragen: Was brauchen Sie dafür? Woran würden Sie erkennen, dass Sie es erreicht haben?

Quelle: Mediationsakademie Berlin MAB

d) Auswahl des Mediators

88   Die Auswahl des Mediators ist die erste entscheidende Weichenstellung im Mediationsverfahren. Gerade weil seine Einwirkungsmittel sich auf Vorschläge zur Verfahrensstruktur und die permanente Förderung von Kommunikation beschränken, ist es unerlässlich, dass der Mediator diese Mittel souverän handhaben kann. Mediation ist ein allseitiger Erkenntnisprozess mit Hilfe der Kommunikation. Der Mediator muss ein Kommunikations-Profi sein. Es ist unabdingbar, dass er sehr gut zuhören kann, er muss aber auch sehr gut fragen und er muss vor allem systemisch denken können. Neben diesen kommunikativen Anforderungen tritt spezielles Fachwissen zurück: Es ist sinnvoll, wenn der Mediator im Einzelfall technischen Sachverstand oder Kenntnis der Produkte oder betroffenen Verkehrspreise mitbringt. Es ist aber im Mediationsverfahren nicht notwendig.

89   „Mediator" ist in Deutschland **keine geschützte Berufsbezeichnung**, es gibt keine Ausbildungsordnung. Deshalb kann sich jedermann „Mediator" nen-

nen und Mediationen anbieten[1]. Dies widerspricht auch nicht dem Rechtsdienstleistungsgesetz (RDG)[2]. Eine Ausnahme von Vorgenanntem gilt für Steuerberater und Rechtsanwälte, die sich aus standesrechtlichen Gründen nur dann „Mediator" oder „Wirtschaftsmediator" nennen dürfen, wenn sie eine anerkannte Mediations-Ausbildung absolviert und nachgewiesen haben[3].

Gleiche Anforderungen – verbunden mit einer Pflicht zur Fortbildung – müssen diejenigen Mediatoren erfüllen, die die durch das Mediationsgesetz eröffnete Möglichkeit nutzen und sich **„zertifizierter Mediator"** nennen wollen. Hierzu soll durch Rechtsverordnung des Justizministeriums eine Ausbildungsverordnung erlassen werden. In der Verordnung sind unter anderem die Aus- und Fortbildungsinhalte näher zu bestimmen sowie die Anforderungen an die Aus- und Fortbildungskräfte fest zu legen. Allerdings enthält die Verordnung keine Ermächtigung zum Erlass behördlicher Vollzugsregelungen. Der durch das Bundesministerium der Justiz initiierte Arbeitskreis „Zertifizierung für Mediatorinnen und Mediatoren", an dem Vertreter namhafter Mediatorenverbände, der Anwälte und Notare sowie der Hochschulen mitgewirkt haben, hat als Vorarbeit zur Ausbildungsverordnung schon jetzt nähere Ausbildungsinhalte entworfen[4]. Die Verordnungsermächtigung findet sich nunmehr in § 6 des Mediationsgesetzes. Ähnliche Voraussetzungen stellen auch die verschiedenen Mediationsverbände an ihre Mitglieder[5].

Die Auswahl des Mediators ist der erste Schritt im Mediationsverfahren, so dass auch hier der Grundsatz der **Freiwilligkeit und Transparenz** gilt. Die Parteien müssen sich daher auf die Partei eines Mediators einigen. Eine solche Einigung kann vorverlegt und/oder auf eine außenstehende Institution verlagert werden, z.B. wenn man in einem Projektvertrag eine Mediationsklausel aufnimmt. In dieser kann nicht nur bestimmt werden, dass auftretende Probleme zunächst im Wege der Mediation gelöst werden sollen, sondern es kann z.B. geregelt werden, dass die örtliche Industrie- und Handelskammer oder ein Branchenverband einen geeigneten Mediator bestimmen soll. Natürlich besteht auch die Möglichkeit, dass die Parteien selbst schon zu diesem frühen Zeitpunkt sich auf die Person eines Mediators oder eine Liste von möglichen Mediatoren einigen. In vielen Fällen wird es aber so sein, dass der Wunsch nach einer Mediation zunächst nur in einer Partei wächst

90

91

---

1 Umfassend zu Stellung und Pflichten des Mediators *Hornung* in Rechtliche Rahmenbedingungen für die Tätigkeit freier Mediatoren 1. Aufl. 2006, Kapitel 10 S. 31–87.
2 § 2 Abs. 3 RDG: „Eine Rechtsdienstleistung ist nicht die Mediation und jede vergleichbare Form der alternativen Streitbeilegung, sofern die Tätigkeit nicht durch rechtliche Regelungsvorschläge in die Gespräche der Beteiligten eingreift."
3 Zur Werbung durch Anwaltsmediatoren *Hornung*, rechtliche Rahmenbedingungen S. 126 ff.
4 Die Ausbildung zu einem zertifizierten Mediator soll nach dem gegenwärtigen Erkenntnisstand bei einer Mindeststundenzahl von 120 Stunden liegen. Die Inhalte sind mit ihrer Gewichtung enthalten in der Ausschussdrucksache Nr. 17 (6) 151 des Deutschen Bundestags Rechtsausschuss vom 25.11.2011, S. 22 ff.
5 *Greger*, JZ 2011, 229.

und diese sich an einen ihr vertrauten Mediator wendet, um mit diesem Paket auf die streitende Gegenpartei zuzugehen. Bei dieser Alternative muss dann die andere Partei nicht nur dem Verfahren zustimmen, sondern auch den Mediator ausdrücklich akzeptieren.

92 Von ihrer prinzipiellen Anlage her kann die Mediation nur erfolgreich sein, wenn sie freiwillig erfolgt, das schließt die Auswahl des Mediators zwingend mit ein. Ein aufgezwungener Mediator, der nicht das Vertrauen beider Parteien genießt und/oder der nicht von jedem für umfassend allparteilich gehalten wird, gefährdet die ansonsten sehr hohen Erfolgsaussichten eines Mediationsverfahrens. Wenn es nicht sogar der gewählten Verfahrensart wegen Verstoß gegen den Freiwilligkeitsgrundsatz die Eigenschaft als „Mediationsverfahren" zur Gänze nimmt.

93 Das schließt natürlich nicht aus, dass der von einer Seite oder von dritter Seite vorausgewählte Mediator sich zunächst in einem längeren Prozess der anderen Seite vorstellen und deren Vertrauen und deren Zustimmung erwerben muss[1].

94 Ein **besonderes Näheverhältnis** zu einer der Parteien disqualifiziert einen Mediator. Er ist zu jedem Zeitpunkt des Verfahrens – also auch im Auswahlverfahren – verpflichtet, derartige Umstände den Parteien zu offenbaren. Eine solche Verpflichtung findet sich § 3 Abs. 1 Mediationsgesetz. Bei Umständen, die die Unabhängigkeit und Neutralität eines Mediators beeinträchtigen können, darf er nur als Mediator tätig werden, wenn die Parteien dem ausdrücklich zustimmen. Noch strenger ist die Regelung, wenn der Mediator vor der Mediation in derselben Sache für eine der Partei tätig gewesen ist. Dann darf der Mediator nicht tätig werden. Dies gilt auch für den Fall, dass der Mediator während oder nach der Mediation für eine Partei in derselben Sache tätig wird (§ 3 Abs. 2 Mediationsgesetz). Nicht ganz so streng ist die Regelung, wenn eine mit dem Mediator in derselben Berufsausübungs- oder Bürogemeinschaft verbundene andere Person vor der Mediation in derselben Sache für eine Partei tätig gewesen ist oder während oder nach der Mediation für eine Partei in derselben Sache tätig werden will. Zwar schließt auch dies nach § 3 Abs. 3 Mediationsgesetz den Mediator grundsätzlich aus. Die Beschränkungen dieses Absatzes 3 gelten allerdings nicht, wenn sich die betroffenen Parteien im Einzelfall nach umfassender Information damit einverstanden erklärt haben und Belange der Rechtspflege dem nicht entgegenstehen (§ 3 Abs. 4 Mediationsgesetz).

95 Die Auswahl des Mediators endet mit dem **Mediationsvertrag**, den der Mediator mit allen Beteiligten schließt. Es ist ein Dienstvertrag, in dem zunächst die Dienstleistung des Mediators vereinbart wird. Dazu gehört auch die Ausgestaltung der Nebenpflichten, hier vor allem der Pflicht zur Verschwiegenheit. Weiterhin ist hier die Vergütung des Mediators zu regeln, zumindest hinsichtlich ihrer Höhe und der Frage, wer sie zu tragen hat.

---

1 Allgemein: *Risse*, Wirtschaftsmediation.

3. Mediation und Recht

a) Recht im Kontext der Mediation

Als Credo der Mediation gilt, dass die persönliche Situation der Parteien   96
nicht durch die gesetzliche Norm geprägt sein soll, sondern dass die Beteilig-
ten zu autonomen Akteuren werden und ihre individuelle Situation in der
Mediation durch das Mittel der Verhandlung und den Vertrag prägen. Dieser
Ansatz wird dadurch begünstigt, dass in der Bundesrepublik die staatliche
Ordnung die **Vertragsfreiheit** garantiert und die Vertragsabschlussfreiheit
genauso wie die Vertragsinhaltsfreiheit verfassungsrechtlich garantierte
Grundpfeiler des Bürgerlichen Gesetzbuches sind[1]. Allerdings haben die
Parteien sich innerhalb der Grenzen der Gesetze zu halten. Dies bedeutet
unter anderem, den Respekt vor Formvorschriften, gesetzlichen Verboten,
dem Schutz Minderjähriger und dem in vielen Rechtsgebieten verwirklich-
ten Schutz des sozial Schwächeren.

Aus diesem Grunde kommt Recht an verschiedenen Stellen und in verschie-   97
denen Phasen des Mediationsverfahrens zur Anwendung und zwingendes
Gesetzesrecht fordert seine Beachtung.

b) Recht im Lauf des Mediationsverfahrens

Recht spielt an verschiedenen Stellen des Mediationsverfahrens eine erhebli-   98
che Rolle. Ein Mediationsverfahren ohne die Berücksichtigung von Recht ist
schwerlich denkbar. Die nachfolgende Darstellung orientiert sich an dem
Fünf-Phasen-Modell der Mediation, wie es die herrschende Meinung beschreibt[2].

aa) Phase I

Die Mediation beginnt mit der Auftragserteilung, die zum Ziel hat, ein ver-   99
trauensbildendes und verlässliches **Arbeitsbündnis** aller Beteiligten zu schaffen. Diese Vereinbarung kann vorgezogen in Projektverträgen als Mediationsklausel vereinbart werden, bevor ein Konflikt entsteht. Sie kann aber
auch als „ad hoc"-Vereinbarung nach dem Auftreten von Konflikten vereinbart werden.

In jedem Fall sind bei der Vereinbarung des Mediatoren-Honorars, der Pflich-   100
ten und Nebenpflichten des Mediators genauso wie der Pflichten der ande-

---

1 BVerfG v. 7.2.1990 – 1 BvR 26/84, BVerfGE 81, 242 ff.: „Auf der Grundlage der Privatautonomie, die Strukturelement einer freiheitlichen Gesellschaftsordnung ist, gestalten die Vertragspartner ihre Rechtsbeziehungen eigenverantwortlich. Sie bestimmen
  selbst, wie ihre gegenläufigen Interessen angemessen auszugleichen sind und verfügen
  damit über ihre grundrechtlich geschützte Position ohne staatlichen Zwang. Der Staat
  hat die im Rahmen der Privatautonomie getroffenen Regelungen grundsätzlich zu respektieren."
2 Vgl. *Duve/Eidenmüller/Hacke*, Mediation in der Wirtschaft, S. 77.

ren Parteien am Mediationsvertrag, zwingend gesetzliche Vorgaben zu beachten[1].

101   Bei einem schon bestehenden Konflikt muss weiterhin das Recht im Hinblick auf die anderweitige Durchsetzung der betroffenen Ansprüche beachtet
werden. So z.B. im Hinblick auf eventuell laufende Fristen, insbesondere
Verjährungsfristen, über deren Hemmung die Parteien sich einig werden
müssen. Gleiches gilt für die eventuelle Stundung von mediationsbefassten
Ansprüchen. Nicht zuletzt muss über das Schicksal eines eventuell laufenden Gerichtsverfahrens entschieden werden, da es ggf. nach den gesetzlichen
Verfahrensvorschriften zum Ruhen gebracht wird.

bb) Phase II

102   Rechtliche Umstände können Fakten der Realität sein, die in die Mediation
mit einbezogen werden müssen. So sind möglicherweise diejenigen Rege-
lungsinhalte, über die die Parteien in der Mediation entscheiden wollen, gesetzlich vollständig oder teilweise normiert. Möglicherweise sind diese gesetzlichen Normen auch zwingend, so dass die Parteien darüber gar nicht
disponieren können. In diesem Falle sind juristische Verpflichtungen Teile
der Realität, über die die Parteien sich im Wege der **Sachverhaltsaufklärung**
Sicherheit verschaffen müssen. Auch insofern, als die Parteien ein Verständnis dafür entwickeln müssen, welche Konsequenz eine Nichteinigung in der
Mediation für die Ansprüche hätte.

cc) Phase III und IV

103   Recht spielt nicht zuletzt auf der abschließenden Ebene, bei der eine Media-
tions- oder Abschlussvereinbarung getroffen wird, eine entscheidende Rolle.
Zum einen sind den möglichen vertraglichen Vereinbarungen durch das Gesetz **Grenzen** gesetzt. So z.B. durch das Wucherverbot und die allgemeine
Überprüfung am Maßstab der Sittenwidrigkeit, des gesetzliches Verbots und/
oder zwingender gesetzlicher Bestimmungen. Aber auch durch gewisse gesetzliche Verbote, die sich aus der jeweils zu regelnden Materie ergeben können. Zu nennen sind hier z.B. das Urheberrecht dritter Personen, das Gesetz
über Wettbewerbsbeschränkung (Kartellverbot), aber auch tarifliche Bestimmungen über Mindestlöhne und ähnliches.

104   Auch soweit das Recht nicht zwingend ausgestaltet ist, spielt es in dieser
Phase eine Rolle. Nämlich insofern, als das jeweils anwendbare Gesetzesrecht eine vorgegebene, abstrakte Musterregelung bereithält, die die Vermutung der Fairness für sich hat. Insofern bietet das Gesetz eine Überprüfungsmöglichkeit an. Diese **Überprüfungsmöglichkeit** besteht nicht nur in
inhaltlicher Hinsicht, sondern auch in prozessualer: Auch auf dieser Ebene
kann es den Parteien helfen, sich zu vergegenwärtigen, welche Weiterungen
z.B. eine Nichteinigung hätte. Zu denken ist hier an die Dauer eines mögli-

---

1 *Nehle/Hacke*, ZKM 2002, 257.

chen Gerichtsverfahrens, dessen Kosten und dessen Regelungen zur Beweis-
lastverteilung.

c) Verantwortung für die Einführung des Rechts in das Mediationsverfahren

Grundsätzlich ist es nicht Aufgabe des Mediators, das Recht in das Media-   105
tionsverfahren einzuführen. Ganz im Gegenteil: Im Hinblick auf die Definition im Rechtsdienstleistungsgesetz wäre eine solche Rechtsberatung ohnehin nur zugelassenen Anwälten erlaubt. Ganz abgesehen davon, dass eine
solche Rechtsberatung den meisten Mediatoren auch gar nicht möglich wäre, weil sie über keine oder nur über eine nicht hinreichend spezielle juristische Ausbildung verfügen.

Aus den vorgenannten Gründen wird die notwendige Information über das   106
Recht im Mediationsverfahren auf Experten nach außen verlagert. Der Mediator hat die Pflicht, den Parteien anzuempfehlen, sich durch entsprechende externe Berater, also in den meisten Fällen individuell beratende Anwälte[1] unterstützen und informieren zu lassen. § 2 Abs. 6 Mediationsgesetz hat
den Hinweis auf möglicherweise notwendige zusätzliche **professionelle Beratung** von der „Sollberatung" des Regierungsentwurfs zur Pflicht des Mediators aufgewertet. Diese Regelung hat den Vorteil, dass diese zusätzlichen,
meist anwaltlichen Berater die Parteien nicht nur während des laufenden
Mediationsverfahrens beraten, sondern auch die Gestaltung der abschließenden Mediationsentscheidung und -vereinbarung übernehmen können. Alternativ und/oder zusätzlich kann der Mediator auch vorschlagen, juristische
Sachverständige zuzuziehen, die beide Parteien einheitlich über einzelne juristische Fragen oder ganz Komplexe informieren und aufklären.

d) Zentrale rechtliche Themen

aa) Schnittstelle zum gerichtlichen Verfahren/Schiedsgerichtsverfahren

Unverzichtbarer Regelungsschwerpunkt zwischen den Parteien ist das Kon-   107
kurrenzverhältnis und die **Schnittstellen** des Mediationsverfahrens zu einem
parallelen gerichtlichen Verfahren[2]. Offensichtlich ist dies bei der gerichtsnahen oder gerichtsinternen Mediation, die während eines laufenden Gerichtsverfahrens erfolgt. Genauso wichtig ist dies bei der außergerichtlichen
Mediation, die im besten Falle ein gerichtliches Verfahren überflüssig macht,
bei der aber daran gedacht werden muss, dass insbesondere beim Scheitern des
Mediationsverfahrens ein gerichtliches Verfahren nachfolgen kann. Nach
allgemeiner Ansicht enthält eine jede Mediationsabrede automatisch ein
pactum de non petendo, das während der Mediation eine parallele Geltendmachung des Konflikts vor den staatlichen Gerichten ausschließt. Und zwar
insofern, als eine Zivilklage erst dann zulässig wird, wenn eine Partei die
Mediation ausdrücklich für gescheitert erklärt. Die dogmatische Einordnung
ist noch nicht vollständig geklärt, richtigerweise wird man das Ende des Me-

---

1 *Krabbe*, NJW 2011, 324.
2 *Unberath*, NJW 2011, 1320.

diationsverfahrens als besondere Prozessvoraussetzung einordnen müssen[1]. Diese Einordnung bedeutet, dass ein nicht durchgeführtes bzw. laufendes Mediationsverfahren vom dennoch angerufenen Gericht nicht von Amts wegen, sondern nur ausdrücklich auf Rüge einer Partei zu beachten ist. Eine gesetzliche Regelung für Mediationsvereinbarungen fehlt auch im neuen Mediationsgesetz, gleichwohl wird man die Regelung des § 1032 ZPO für die Schiedsvereinbarung entsprechend heranziehen können. Danach hat das Gericht die Klage als unzulässig abzuweisen, sofern der Beklagte die Einrede der entgegenstehenden Mediationsvereinbarung vor Beginn der mündlichen Verhandlung zur Hauptsache erhebt, es sei denn, das Gericht stellt fest, dass die Mediationsvereinbarung nichtig, unwirksam oder undurchführbar ist.

108 Aus Beweisgründen sollte diejenige Partei, die das Mediationsverfahren abbricht, um danach vor den staatlichen Gerichten zu klagen, ihre **Beendigungserklärung** schriftlich abgeben und den Zugang bei der anderen Seite und dem Mediator gerichtsverwertbar dokumentieren. Will man derartige Förmlichkeiten und Beweisprobleme ausschließen, empfiehlt es sich, in der Mediationsvereinbarung eine Klausel aufzunehmen, nach der jede Partei jederzeit das Recht hat, Klage vor den staatlichen Gerichten zu erheben und wonach die Einreichung einer derartigen Klage automatisch als Beendigungserklärung der Mediation gilt. In diesem Fall wird die Rechtsklarheit allerdings mit einer erheblichen Schwächung des Mediationsverfahrens erkauft.

109 Nach allgemeiner Ansicht schließt aber weder ein laufendes Mediationsverfahren noch eine Mediationsklausel das Recht der Parteien aus, Verfahren des **einstweiligen Rechtsschutzes** zu beantragen[2]. Dies kann in Eilfällen oder potentiellen Eilfällen zur Sicherung der Rechte einer Partei und/oder zur Sicherung des Status quo unabdingbar sein. Auf der anderen Seite kann sich eine Partei des Mediationsverfahrens durch parallele Verfahren des einstweiligen Rechtsschutzes erhebliche Vorteile verschaffen, z.B. einzelne Vermögensgegenstände oder das Vermögen der Gegenseite als Ganzes blockieren oder die Nutzung von Daten oder den Verkauf von Geräten zunächst verbieten. Dies kann die Machtbalance verschieben und die Vertrauensbasis zerstören. Die Parteien sollten sich deshalb bei dem Abschluss der Mediationsvereinbarung über dieses Thema ausdrücklich austauschen und einig werden. Grundsätzlich kann jede Partei auch über Sicherungsrechte disponieren und deswegen auf die Sicherung von Ansprüchen im einstweiligen Rechtsschutzverfahren verzichten[3]. Insofern sind aber die deutschen Verbraucherschutzgesetze als Einschränkung zu beachten: Eine Ausschlussklausel in einem Formular dürfte dann gemäß § 307 BGB unwirksam sein, wenn sie vor Entstehung des streitigen Anspruchs vereinbart wird. Individualvertraglich müsste ein solcher Ausschluss im Geschäftsverkehr zwi-

---

1 BGH v. 23.1.1983 – VIII ZR 197/82, NJW 1984, 669; genauso BGH v. 18.11.1998 – VIII ZR 344/97, veröffentlicht u.a. in NJW 1999, 647.
2 So *Hess* in Haft/Schlieffen (Hrsg.), Handbuch Mediation § 43 Rz. 16 unter Hinweis auf *Risse*, Wirtschaftsmediation § 3 Rz. 45.
3 *Grunsky* in Stein/Jonas, ZPO, vor § 916 Rz. 21.

schen Kaufleuten oder zwischen Unternehmern (i.S.d. § 14 BGB) grundsätzlich auch zu diesem frühen Zeitpunkt zulässig sein. Dies gilt jedoch nicht, wenn Verbraucher (i.S.d. § 13 BGB) beteiligt sind[1].

Ähnlich gelagert und regelungsbedürftig ist das Verhältnis zwischen Mediationsverfahren einerseits und eventuellen **Schiedsgerichtsverfahren**. Mangels einer gesetzlichen Regelung, die § 1032 ZPO entspricht, empfiehlt es sich, hier ein mögliches Konkurrenz- oder Stufenverhältnis in der Mediationsvereinbarung ausdrücklich niederzulegen. Die forensische Wissenschaft hat hier insbesondere in den USA eine große Vielzahl von Klauselkombinationen entwickelt, die nicht nur das Stufenverhältnis zwischen Mediationsverfahren und Schiedsgerichtsverfahren regeln, sondern jeweils eine spezielle Verhandlungsdynamik erzielen sollen[2]:   110

So gibt es sog. **Arb-Med-Klauseln**, bei denen zunächst ein Schiedsrichter im Rahmen eines Schiedsgerichtsverfahrens einen Schiedsspruch fällt, der aber in einem Umschlag verschlossen den Parteien zunächst nicht zur Kenntnis gebracht wird. Die Offenlegung erfolgt erst, wenn die Parteien sich in einem nachfolgenden Mediationsverfahren (innerhalb einer gewissen Zeit) nicht einigen[3]. Verbreiteter sind sog. Arb-Med-Vereinbarungen, die die Anrufung eines Schiedsgerichts von einer erfolglosen Durchführung eines Mediationsverfahrens abhängig machen[4]. Diese Kombination sichert für den Fall der Mediation über das nachgeschaltete Schiedsverfahren die Vertraulichkeit des gesamten Verfahrens, insbesondere wichtig auch im Hinblick auf eventuelle Bekanntgabe von Geschäftsgeheimnissen während des Mediationsverfahrens.   111

Erprobt werden auch so exotische Verfahrensmischungen wie **MEDALOA**[5] oder die **Michigan-Mediation**[6]: Auch dort verpflichten sich die Parteien zunächst zu einer Mediation, allerdings mit der an sich strukturfremden Besonderheit, dass diese Mediation nicht scheitern kann, sondern mit einem Mediationsvorschlag des Mediators endet. Lehnt eine Partei diesen ab und erreicht sie in einem anschließenden Prozess kein um 20 % besseres Ergebnis, so trägt sie die gesamten Kosten des Gerichtsprozesses und zwar unabhängig von dessen Ausgang. Damit wird der Kostendruck verstärkt, um die Einigungsbereitschaft der Parteien zu erhöhen.   112

Bekannter als diese **Kombinationsmodelle** sind in Deutschland Eskalationsmodelle, in denen die Parteien vereinbaren, bei auftretenden Konflikten zunächst zu sprechen und dann ein Mediationsverfahren zu versuchen, das Voraussetzung für ein endentscheidendes Schiedsverfahren oder Schiedsgut-   113

---

1 So *Hess* in Haft/Schlieffen (Hrsg.), Handbuch Mediation § 43 Rz. 17.
2 Auf innovative Modelle weist *Risse* in Haft/Schlieffen (Hrsg.), Handbuch Mediation § 23 Rz. 127 hin.
3 *Eidenmüller*, RIW 2002, 1.
4 *Hess* in Haft/Schlieffen (Hrsg.), Handbuch Mediation, § 43 Rz. 16 unter Hinweis auf *Cohen/Thompson*, Harvard Negotiation Law Review 45 (2006).
5 *Risse*, BB 2001 (Beilage 2) S. 16 (19).
6 *Risse*, BB 2001 (Beilage) S. 16.

achten oder eine gerichtliche Klärung ist. Im Bereich der IT-Outsourcing-Verträge sind derartige **Eskalationsmodelle** Marktstandard[1]. Mediation ist dabei ein regelmäßiger Baustein[2]. Wichtig ist, dass die Parteien, auch wenn sie keines der soeben beschriebenen Konfliktregelungssysteme anwenden wollen, die Konkurrenzfragen zwischen Mediationsverfahren und eventuell nachfolgenden Schiedsgerichtsverfahren oder Gerichtsverfahren regeln.

114   Genauso wichtig wie diese formellen Fragen ist die Regelung von materiellem Recht. Von zentraler Bedeutung ist eine Abrede zur **Verjährung**. Schon die Mediations-Richtlinie fordert in Art. 8 Abs. 1 die Implementierung einer Fristhemmung durch Mediation in den nationalen Rechtssystemen. In Deutschland kann dabei auf die Regelung des § 203 BGB verwiesen werden, wonach die Verjährung gehemmt ist, wenn zwischen dem Schuldner und dem Gläubiger Verhandlungen über den Anspruch oder die den Anspruch begründenden Umstände schweben. Da das Mediationsverfahren strukturell ein Verhandlungsverfahren ist, findet diese gesetzliche Regelung Anwendung, denn die Anwendungsschwelle ist sehr gering: der Gläubiger muss klarstellen, dass er einen Anspruch geltend macht und worauf er ihn im Kern stützen will[3]. Anschließend genügt jeder Meinungsaustausch über den Anspruch oder seine tatsächlichen Grundlagen, es sei denn, dass der Schuldner sofort erkennbar alle Verhandlungen ablehnt[4], um den Begriff der „Verhandlung" zu genügen. Dennoch ist den Parteien eine entsprechende Klarstellung und vor allem eine vollständige Regelung der Verjährungsfragen im Mediationsvertrag anzuraten[5]. Diese soll genau definieren, welche Handlung bei der Einleitung oder im Mediationsverfahren denn die Hemmung der Verjährung beginnen lässt und bis wann genau die Hemmung wirken soll. Auch sollte das Verhältnis zur gesetzlichen Regelung des § 203 Satz 2 BGB klargestellt werden, wonach die Verjährung frühestens drei Monate nach Ende der Hemmung eintritt.

115   Im deutschen Recht ist die Verjährung als Einrede ausgestaltet, das bedeutet, sie wird vom Gericht nur dann berücksichtigt, wenn sich eine Partei darauf beruft. Davon zu unterscheiden sind sog. **materielle Ausschlussfristen**, die ein Recht inhaltlich allein durch Zeitablauf erlöschen lassen, ohne dass sich eine Partei darauf berufen muss und die ein Gericht von Amts wegen beachten muss. Derartige Fristen sind häufig in Tarifverträgen enthalten, aber auch Kündigungsfristen gehören in diese Kategorie: Eine Kündigung kann dann nicht mehr erklärt werden, wenn die vertraglich oder gesetzlich bestimmte Kündigungsfrist verstrichen ist. Es kann nicht deutlich genug darauf hingewiesen werden, dass die Hemmungsregelung des § 203 BGB auf derartige Fristen nicht anwendbar ist, mit der Folge, dass eine automatische

---

1 *Bräutigam* in Bräutigam (Hrsg.), IT-Outsourcing Teil 12c, S. 813 weist auf die Vorschläge der WIPO-ASPIC-Arbeitsgruppe für ASP Verträge hin.
2 *Bräutigam* in Bräutigam (Hrsg.), IT-Outsourcing Teil 12c, S. 815 und zur Zulässigkeit nach deutschem AGB-Recht Teil 13B, S. 967.
3 BGH v. 14.7.2009 – XI ZR 18/08, WM 2009, 1597.
4 BGH v. 26.9.2006 – VI ZR 124/05, NJW 2007, 65.
5 *Schwarz*, ZKM 2008, 111.

Hemmung durch ein Mediationsverfahren nicht eintritt. Das Gleiche gilt für prozessuale Fristen, wie z.B. die Frist zur Berufungseinlegung oder die Frist zur Berufungsbegründung. Auch diese Fristen werden durch ein Mediationsverfahren nicht verlängert. Dies gilt auch für gerichtsnahe oder gerichtsinterne Mediationsverfahren, die bei dem Prozessgericht geführt werden. Die entsprechende Partei muss also entsprechende Fristverlängerungsanträge stellen oder die prozessualen Handlungen rechtzeitig vornehmen, will sie sich ihrer prozessualen Position nicht begeben. Auch die Verlängerung der Berufungsbegründungsfrist durch den Mediationsrichter ist unwirksam, wenn sie nach Ablauf der Begründungsfrist erfolgt ist und bis dahin kein Verlängerungsantrag gestellt worden war[1]. In diesen Fällen darauf zu hoffen, dass über die Generalklausel des § 242 BGB eine sachgerechte Entscheidung erreicht wird und Fristversäumnisse geheilt werden könnten, ist ein gefährlicher Trugschluss, der zu Rechtsverlust führen kann[2].

Insbesondere wenn um Zahlungsansprüche gestritten/verhandelt wird, emp-   116
fehlen sich weiterhin Regelungen zur **Stundung** der streitbefangenen Forderungen, z.B. mit der Folge, dass eventuelle Verzugsansprüche, insbesondere Ansprüche auf Verzugszinsen während des Mediationsverfahrens ausgeschlossen sein sollen. Denkbar und unter Umständen sinnvoll sind auch Vereinbarungen, wonach es den Parteien während des Mediationsverfahrens untersagt sein soll, **Zwangsvollstreckungsmaßnahmen** gegeneinander auszubringen. Diese Abreden können auch auf die in Deutschland zulässigen Formen der Privat-Zwangsvollstreckung wie das Selbsthilferecht, eventuelle Wegnahmerechte und die Aufrechnung ausgedehnt werden.

Schon die Begriffsbestimmung in § 1 Abs. 1 Mediationsgesetz definiert das   117
Mediationsverfahren als „vertrauliches" und strukturiertes Verfahren. Der **Vertraulichkeit** als zentrales Strukturprinzip folgend, regelt § 4 des Mediationsgesetzes eine weitgehende Verschwiegenheitspflicht des Mediators und der in die Durchführung des Mediationsverfahrens eingebundenen Personen. Insofern wird bei Rechtsanwälten und Notaren die Verschwiegenheitspflicht durch deren Berufsrecht in § 43a Abs. 2 BRAO und § 18 Abs. 1 BNotO ergänzt. Bei Berufspsychologen ergibt sich eine ergänzende Regelung aus § 203 Abs. 1 Nr. 2 StGB, wenn diese als Mediator tätig werden. Eine derartige weitere Verfestigung des Schweigegebots gibt es für Ehe- und Drogenberatern bzw. Steuerberatern, vereidigten Buch- und Wirtschaftsprüfern nicht, da die Tätigkeit als Mediator entweder nicht zu deren klassischen Berufsbild gehört oder es in den entsprechenden Berufsfeldern keine entsprechende spezielle Verschwiegenheitsverpflichtung gibt.

Allerdings kennt der deutsche Zivilprozess in den §§ 383, 384 und 385 ZPO   118
Zeugnisverweigerungsrechte, wobei Mediation nach der herrschenden Meinung unter § 383 Abs. 1 Nr. 6 ZPO fällt. Danach bestehen **Zeugnisverweige-**

---

1 BGH v. 12.2.2009 – VII ZB 76/07 ZKM 2009, 91.
2 Wohl aber in diese Richtung *Hess* in Haft/Schlieffen (Hrsg.), Handbuch Mediation § 43 Rz. 69, ähnlich *Spindler*, Gerichtsnahe Mediation, Rz. 101 ff.; wie hier BGH v. 12.2.2009 – VII ZB 76/07, ZKM 2009, 91.

rungsrechte für Personen, denen Kraft Amtes oder Gewerbes geheimhaltungsbedürftige Tatsachen anvertraut wurden. Damit besteht ein Zeugnisverweigerungsrecht nur für Mediatoren, die entweder bereits aufgrund gesetzlicher Vorschriften unter die Verschwiegenheitsverpflichtung fallen (Rechtsanwälte, Diplompsychologen, Notare) oder die im Bereich ihres Tätigkeitsfeldes gemäß § 203 Abs. 2 Nr. 2, 4, 5 StGB zur Verschwiegenheit verpflichtet sind.

119 Vor dem Hintergrund dieser nicht ganz lückenfreien gesetzlichen Regelungen sind die Parteien gut beraten, den Mediator und seine Hilfspersonen zu umfassender Verschwiegenheit zu verpflichten und diese Vereinbarung schriftlich niederzulegen. Auf die **Vertraulichkeitsabrede** sollte besondere Sorgfalt verwendet werden, insbesondere gibt es auch sinnvolle Bereiche, die von der Vertraulichkeitsabrede ausgenommen werden sollen. So kann es durchaus sinnvoll sein, dass der Mediator aussagen dürfen soll darüber, dass es eine Mediation gab, dass eine Vertraulichkeitsvereinbarung abgeschlossen wurde und/oder dass die Mediation mit einer konkreten Vereinbarung beendet wurde oder gescheitert ist. Insofern kann es für die Parteien sogar sinnvoll sein, dem Mediator eine Pflicht zur Aussage aufzuerlegen, der er auf Anforderung einer Partei nachzukommen hat. Das gleiche gilt in derjenigen Konstellation, in der die Parteien untereinander wegen eines Verstoßes gegen die Mediationsvereinbarung oder um die Auslegung der Mediationsvereinbarung streiten. Auch hierzu sollte der Mediator im Zweifelsfall aussagen können. Es ist sinnvoll, wenn die Parteien möglichst frühzeitig und im Zusammenhang mit der allgemeinen Vertraulichkeitsvereinbarung den Mediator dann für diese Ausnahmefälle auch von seiner Schweigepflicht entbinden.

120 Um Umgehungsversuche der Vertraulichkeitsverpflichtung zu verhindern, sollten die Parteien ausschließen, dass in einem folgenden Prozess Beweis angetreten wird durch Vorlage von Unterlagen und Urkunden, die der Mediator in der Mediation erstellt hat. Zu denken wäre an handschriftliche Aufzeichnungen, Schaubilder auf Flipcharts, Skizzen und Zeichnungen in elektronischer Form. In diesem Zusammenhang sollten die Parteien auch an **Öffentlichkeitsarbeit** und **Veröffentlichungen des Mediators** denken: Sie sollten mit dem Mediator vereinbaren, dass ihr Fall bei wissenschaftlichen oder publizistischen Aktivitäten des Mediators nicht oder nur in anonymisierter und verfremdeter Form und ohne jede Originalunterlagen an die Öffentlichkeit gebracht werden darf. Um diese Vereinbarung abzusichern, sollte der Mediator verpflichtet werden die Parteien unverzüglich und umfänglich zu unterrichten, sobald er eine Ladung zur Aussage als Zeuge oder zur Aussage als Sachverständiger im Hinblick auf Vorgänge erhält, die mit einer Mediation im Zusammenhang stehen oder stehen könnten oder wenn er Veröffentlichungen plant.

121 Deutlich vielschichtiger sind die Probleme im Zusammenhang mit Vertraulichkeitsvereinbarungen, mit denen die Parteien sich **untereinander** binden[1].

---

1 Allgemein: *Mähler/Mähler*, ZKM 2001, 4.

Das Bedürfnis für derartige Vertraulichkeit ist genauso groß wie das Bedürfnis nach der Verschwiegenheit des Mediators und seiner Hilfspersonen. Denn das Prinzip der Offenheit ist konstitutiv für den Mediationsprozess. Das Forschen nach den Interessen, die hinter der ursprünglichen Position stehen, funktioniert nur bei voller Offenheit und muss bei einem taktischen Umgang mit der vollen Wahrheit zwangsläufig scheitern.

Allerdings verbietet sich hier eine einfache Regelung, da ansonsten eine Mediation als **Präklusion-Abseitsfalle** taktisch missbraucht werden kann: Eine Partei könnte nämlich ein Mediationsverfahren dazu ausnutzen, Beweisnachteile, die sie im Hinblick auf den Beibringungsgrundsatz im Zivilprozess hätte, durch das Mediationsverfahren auszugleichen, z.B. dadurch, dass Informationen, die zugunsten der Gegenseite im Mediationsverfahren zur Sprache kommen, für das nachfolgende Zivilverfahren durch eine Vertraulichkeitsvereinbarung gesperrt wären. 122

Interessengerecht sind daher nur **eingeschränkte Verschwiegenheitsverpflichtungen** für die Parteien. Z.B. solche, die sich nur auf Äußerungen, Tatsachen und Umstände oder Beweismittel beziehen, die der jeweiligen Partei erstmals durch das Mediationsverfahren bekannt wurden bzw. nicht aus einer anderen Quelle (legal) beschaffbar wären. Ziel einer derartigen Vereinbarung sollte es sein, dass in nachfolgenden Gerichtsverfahren wie auch Schiedsverfahren Tatsachenvortrag und auch Beweismittel insoweit eingeschränkt werden, als abredewidriger Sachverhalt im Prozess unerheblich und abredewidrige Beweismittel unzulässig sein sollten. 123

Die rechtliche Verbindlichkeit derartiger Verschwiegenheitsvereinbarungen ist im Hinblick auf den Zivilprozess noch nicht abschließend geklärt. Anerkannt ist in Deutschland aber, dass die Parteien sog. **Prozessverträge** abschließen können, mit denen sie sich zur Vornahme und Unterlassung von Prozesshandlungen, sei es im Zivilprozess, sei es im Schiedsverfahren, verpflichten können. Soweit sich diese Verträge auf Umstände beziehen, die nach der jeweiligen Prozessordnung der Disposition der einzelnen Parteien unterliegen, sind solche Verträge wirksam. Mit ihnen können die Partcien wirksame Vereinbarungen z.B. zum Vorbringen von Angriffs- oder Verteidigungsmitteln und zur Beweisführung und zum Beweisantritt wirksam treffen. Beschränkt nur durch gesetzliche Verbote, die nicht disponible prozessuale Wahrheitpflicht und den auch das Prozessrecht beherrschenden Grundsatz von Treu und Glauben. In diesem Zusammenhang sind auch gesetzliche oder vertragliche Auskunftsansprüche zu beachten, z.B. gesellschaftsrechtliche Kontroll- und Auskunftsrechte, z.B. gemäß §§ 118, 166, 138 HGB, § 131 AktG oder § 51a GmbHG. Hier wird teilweise der Standpunkt vertreten, dass die Vertraulichkeitsvereinbarungen durch entsprechende Auskunftsrechte eingeschränkt seien[1]. Soweit die Auskunftsrechte reichen, soll sich die entsprechende Partei trotz der Vertraulichkeitsvereinbarung auf Informationen aus der Mediation berufen können. Dies ist aller- 124

---

1 *Mähler/Mähler*, ZKM 2001, 6.

dings heftig umstritten[1] und noch nicht abschließend geklärt. Derartige Prozessvereinbarungen gerichtet auf Vertraulichkeit sind nicht von Amts wegen zu beachten, sie werden nur als Einrede im Prozess berücksichtigt. Nur wenn diese Einrede geltend gemacht wird, kann abredewidriger Sachvortrag unerheblich, abredewidrige Beweisanträge unzulässig werden.

125   Noch nicht abschließend geklärt ist das Verhältnis zwischen derartigen Vertraulichkeitsvereinbarungen und dem Recht eines Richters gemäß §§ 142–144, 273 Abs. 2 Nr. 1, 4 ZPO **von Amts wegen Beweis zu erheben**. Gerade im zivilprozessualen Schrifttum wird vertreten, dass der Richter insoweit nicht an die Vertraulichkeitsvereinbarung gebunden sei[2]. Dieser Auffassung ist indes nicht zu folgen. Nach richtiger Auffassung ist in derartigen Fällen das richterliche Ermessen auf Null reduziert. Eine Beweisanordnung des Richters gemäß § 144 ZPO wäre ermessensfehlerhaft mit der Folge, dass von Amts wegen gerade keine entsprechenden Beweise erhoben werden dürfen, wo und soweit eine Vertraulichkeitsvereinbarung besteht[3]. Die Verhandlungsmaxime und der Dispositionsgrundsatz sind Ausflüsse der grundgesetzlich geschützten Privatautonomie. Dadurch werden dem Gericht klare und unüberschreitbare Grenzen gesetzt und es wird verhindert, dass aus § 273 ZPO eine dem Zivilprozess fremde Amtsermittlung abgeleitet wird.

126   Im Rahmen des § 273 ZPO müssen Richter daher nach richtiger Ansicht den Parteivortrag und insbesondere Vertraulichkeitsabreden beachten[4].

bb) Durchsetzung des Mediationsergebnisses

127   Ziel der Mediation ist ein Mediationergebnis, mit dem die Parteien die Konflikte und Themen, die sie selbst zum Gegenstand des Mediationsverfahrens gemacht haben, regeln und lösen. Die besondere Stärke des Mediationsverfahrens besteht darin, dass die Parteien hier weitestgehende Gestaltungsfreiheit haben. Anders als in gerichtlichen Verfahren oder auch Schiedgerichtsverfahren sind sie nicht an ihre ursprünglichen Anträge gebunden. Es ist vielmehr die besondere Stärke und ein Wesensmerkmal des Mediationsverfahrens, dass es den Blick der Partei weg von ihren ursprünglichen Positionen hin zu ihren Interessen richtet und dadurch den Fächer der möglichen Lösungen erheblich ausweitet. Dies korreliert mit dem die Deutsche Zivilrechtsordnung prägenden Grundsatz der Privatautonomie, d.h. der Möglichkeit für jeden, in freier Entscheidung seine Rechtsverhältnisse selbst zu prägen und zu gestalten. Aus diesem Grunde haben die Beteiligten für die inhaltliche Gestaltung der abschließenden Mediationsvereinbarung den weitesten Spielraum.

---

1 Dagegen: *Hartmann* in Haft/Schlieffen (Hrsg.), Handbuch Mediation, § 44 Rz. 30.
2 Z.B. MüKoZPO/*Prütting*, § 286 Rz. 159; genauso *Leipold* in Stein/Jonas ZPO, § 286 Rz. 133.
3 So auch MüKoZPO/*Peters*, §§ 142–144 Rz. 4, und Zöller/*Greger*, ZPO § 144 Rz. 2.
4 So auch *Hartmann* in Haft/Schlieffen (Hrsg.), Handbuch Mediation, § 44 Rz. 44.

Schranken bestehen nur dort, wo der Gesetzgeber zwingende Schutznormen   128
zugunsten einzelner Personengruppen gesetzlich normiert hat. Diese finden
sich z.b. beim Schutz von Minderjährigen, im Zusammenhang mit Allgemeinen Geschäftsbedingungen, aber auch hinsichtlich besonderer Vertrags-
formen, wie z.b. im Mietrecht oder bei Arbeitsverträgen. Und auch hinsichtlich der abschließenden Mediationsvereinbarung gelten die allgemeinen
Grenzen der Privatautonomie z.b. des Wuchers, der sittenwidrigen Benach-
teiligung und der ausdrücklichen gesetzlichen Verbote[1].

Eine abschließende Mediationsvereinbarung sollte die inhaltlichen Quali-   129
tätsanforderungen erfüllen, die für Verträge im Allgemeinen und für vollstreckbare Titel im Besonderen gelten. Das bedeutet zunächst einmal, dass
diese inhaltlich und sprachlich präzise und eindeutig abgefasst werden sollten. Allgemeinplätze und Programmsätze sind allenfalls dort unschädlich,
wo sie die Regelungsmotive der Parteien oder allgemeine Auslegungshilfen –
z.b. in einer programmatischen Präambel – umschreiben sollen. Ansonsten
sollten die Regelungen so präzise sein, dass sich eindeutig ergibt, wer von
wem, was, wie viel, wann und unter welchen Voraussetzungen zu erhalten
hat.

Wenn es um die Herausgabe von Sachen geht, ist weiterhin das sachenrecht-   130
liche **Bestimmtheitsgebot** zu beherzigen, das bedeutet, Gegenstände müssen
so individualisiert beschrieben und bezeichnet sein, dass es jedem außenste-
henden Dritten möglich ist, sie zu identifizieren.

Ein besonderes Augenmerk sollten die Parteien auch auf die **Vollständigkeit**   131
der Vereinbarung richten. In diesem Rahmen ist es vor allem sinnvoll, das
Verhältnis dieser abschließenden Mediationsvereinbarung zu früheren Verträgen der Partei und/oder gesetzlichen Ansprüchen der Parteien zu klären.
Sollen diese anderen Ansprüche durch die Mediationsvereinbarung nur ergänzt oder ganz oder teilweise ersetzt werden? Kann im Hinblick auf diese
möglichen Ansprüche die Durchsetzung der in der Mediationsvereinbarung
neugeschaffenen Rechte verweigert werden, z.b. in dem mit anderen Ansprüchen aufgerechnet oder ein Zurückbehaltungsrecht ausgeübt wird?

Mit den vorgenannten und ähnlichen Fragen sind die Parteien eines Media-   132
tionsverfahrens und die meisten Mediatoren überfordert. Spätestens an dieser Stelle ist es sinnvoll, wenn die Parteien sich der Hilfe einschlägiger Experten versichern. Das werden in der Regel Rechtsanwälte sein, zu denken
ist aber auch an die zusätzliche oder alternative Heranziehung von Steuerberatern und/oder Wirtschaftsprüfern, damit die steuerlichen und/oder bilan-
ziellen Auswirkungen der abschließenden Mediationsvereinbarung und bei
der Gestaltung der Vereinbarung berücksichtigt werden können.

Rechtstechnisch ist die abschließende Mediationsvereinbarung als **Vergleich**   133
i.S.d. § 779 BGB einzuordnen. Daraus folgt, dass neben den aus dem allgemeinen Teil und allgemeinen Teil des Schuldrechts des BGB fließenden

---

1 Einzelheiten bei *Breidenbach*, Mediation, S. 297 ff.

Anfechtungs- und Unwirksamkeitsgründen auch eine besondere **Unwirksamkeitsfolge** nach § 779 Abs. 1 BGB Anwendung findet: Ein Vertrag, durch den der Streit oder die Ungewissheit der Parteien über ein Rechtsverhältnis im Wege gegenseitigen Nachgebens beseitigt wird, ist unwirksam, wenn der nach dem Inhalt des Vertrages als feststehend zugrunde gelegte Sachverhalt der Wirklichkeit nicht entspricht und der Streit und die Ungewissheit bei Kenntnis der Sachlage nicht entstanden sein würde. Denkbar und entschieden sind Fälle der Einigung über das Eigentum an einer Sache, die in Wirklichkeit einem Dritten gehören oder über die Höhe einer Geldforderung, wenn der übereinstimmend vorausgesetzte Grund des Anspruchs nicht besteht. Das Auffinden neuer Beweismittel für die Richtigkeit einer Behauptung, die die Ungewissheit oder den Streit verursacht hat, führt in der Regel jedoch nicht zur Unwirksamkeit des Vergleichs nach dieser Norm[1]; die Parteien haben in der Regel nicht die objektive Nichtexistenz der Beweismittel als gegeben vorausgesetzt, sondern lediglich den Umstand, dass ihnen kein Beweismittel zur Verfügung stand. Das kann anders sein, wenn die objektive Nichtexistenz die Vergleichslage bildete und dies hinreichend klar in der abschließenden Mediationsvereinbarung zum Ausdruck kam.

134 Die Rechtsnatur als Vergleich bedeutet auch, dass die abschließende Mediationsvereinbarung keiner besonderen **Form** bedarf. Allein um Erinnerungslücken auszuschließen und Interpretationsdifferenzen vorzubeugen, dürfte an der schriftlichen Niederlegung des Mediationsergebnisses in der Praxis kein Weg vorbeiführen. Strengere Formen, wie z.B. die notarielle Beurkundung, sind dann gesetzlich vorgeschrieben, wenn es um die Übertragung von Grundstücken, die Verpflichtung zur Übertragung von Grundstücken oder die Übertragung von Gesellschaftsanteilen geht. Insofern sind alle Formvorschriften des Zivilrechts zwingend zu beachten. Verstöße gegen diese Formvorschrift können unter Umständen auch außerhalb der Mediationsvereinbarung bestehende Verträge infizieren und zu deren Unwirksamkeit führen. Bei langlaufenden Mietverträgen besteht z.B. die Gefahr, dass die Mediationsvereinbarung in deren Schriftform eingreift, so dass diese Mietverträge ordentlich kündbar und die Laufzeitvereinbarung nicht mehr durchsetzbar ist. Die insofern zu beachtenden rechtlichen Indikationen erfordern in aller Regel die Beratung durch rechtskundige Personen. Nach dem Mediationsgesetz hat der Mediator auf diese Beratungsmöglichkeit zwingend hinzuweisen.

135 Die Orientierung auf den Konsens der Partei führt nicht nur dazu, dass ein erstaunlich hoher Anteil aller Mediationsverfahren erfolgreich ist, sondern auch dazu, dass die Parteien sich in aller Regel an das **Mediationsergebnis** auch gebunden fühlen. Belastbare Zahlen liegen insofern zu den Niederlanden vor, nach den etwa ⅔ der abschließenden Mediationsvereinbarungen innerhalb von drei Monaten erfüllt werden – gegenüber nur 18 % der Gerichtsurteile[2]. Dennoch muss bei einer abschließenden Mediationsvereinbarung

---

1 BGH v. 17.3.1975 – VIII ZR 98, 73, WM 1975, 566.
2 *Schmiedel* in Hopt/Steffek (Hrsg.), Mediation, Rechtstatsachen, Rechtsvergleich, Regelungen, S. 329 (389).

auch immer deren Durchsetzung, zur Not auch die zwangsweise Durchsetzung gegen eine widerstrebende Partei mitbedacht werden:

Unabdingbare Voraussetzung der zwangsweisen Durchsetzung einer Mediationsvereinbarung ist die inhaltliche Klarheit und Bestimmtheit. Fehlt sie, ist eine Vereinbarung nicht vollstreckbar. 136

Denkbar ist, dass die Parteien die **Vollstreckung** der abschließenden Mediationsvereinbarung in die eigenen Hände nehmen, z.B. dadurch, dass das Mediationsergebnis durch Sicherheiten bewehrt wird, die die Parteien zu stellen haben. Denkbar sind hier Bankgarantien oder Bürgschaften, aber auch die Hinterlegung von Geldern auf einem Anderkonto, z.B. bei einem Notar, verbunden jeweils mit dem Recht einer Partei, bei Nichtdurchführung der Vereinbarung auf diese Vermögensgegenstände zuzugreifen. Denkbar ist auch, dass an die Verspätung bei der Durchführung und Umsetzung des Mediationsergebnisses negative Konsequenzen geknüpft werden, sei es dadurch, dass hohe Verzugszinsen vereinbart werden, sei es, dass Vertragsstrafen oder Verfallsklauseln vereinbart werden. Hinsichtlich dieser scharfen Instrumente müssen aber die Grenzen, die die Gesetze und die Rechtsprechung definiert haben, auch in einer abschließenden Mediationsvereinbarung beachtet werden. Nicht aus dem Auge verloren werden darf die Möglichkeit, die abschließende Mediationsvereinbarung zur Not auch mit den staatlichen Gewaltmitteln der Zwangsvollstreckung vollstreckbar zu machen. Diese Möglichkeit ist für so wichtig eingeschätzt worden, dass in Artikel 6 der Mediationsrichtlinie diese Eröffnung der Zwangsvollstreckung zum Mindestinhalt der von den Mitgliedsländern zu erlassenden Mediationsgesetze gemacht wurde. 137

Der Regierungsentwurf enthielt insofern in seinem Artikel 3 Änderungen der Zivilprozessordnung, mit denen in einem neu einzufügenden § 796b ZPO ein spezielles Verfahren zur **Vollstreckbarerklärung** einer Mediationsvereinbarung vorgesehen waren. Sie sah ein vereinfachtes Antragsverfahren unter Beteiligung der Amtsgerichte oder eines deutschen Notars vor. 138

In der neuesten Form des Mediationsgesetzes findet sich diese Änderung der ZPO nicht mehr. Es gibt auch kein sonstiges gesondertes Verfahren, in dem der Inhalt einer Mediationsvereinbarung vollstreckbar zu machen sei. Vielmehr verbleibt den Parteien die Anwendung der allgemeinen Möglichkeit, eine Vollstreckungsfähigkeit eines nicht-gerichtlichen Titels herzustellen. 139

So verweist die Gesetzesbegründung darauf, dass auch eine Mediationsvereinbarung gemäß § 794 Abs. 1 Nr. 5 i.V.m. § 797 ZPO durch Protokollierung bei einem deutschen Gericht oder Beurkundung durch einen deutschen Notar vollstreckbar gemacht werden kann. Die Tragweite dieses Hinweises ist allerdings begrenzt, als die Beurkundung als gerichtlicher Vergleich voraussetzt, dass ein entsprechendes gerichtliches Verfahren anhängig ist. Insofern steht diese Möglichkeit allenfalls bei Verfahren der gerichtsinternen oder gerichtsnahen Mediation zur Verfügung. Bei der von dem Gesetz und der Praxis für den Regelfall gehaltenen Konstellation der außergerichtlichen 140

Mediation steht eine solche „Vertragshilfe" durch den Richter gerade nicht zur Verfügung.

141   Somit verbleibt es zunächst bei der Möglichkeit, die Form einer bei einem deutschen Notar beurkundeten **vollstreckbaren Urkunde** nach § 754 Abs. 1 Ziff. 5 ZPO herzustellen. Diese Möglichkeit besteht allerdings nur für Ansprüche, die einer vergleichsweisen Regelung grundsätzlich zugänglich, nicht auf Abgabe einer Willenserklärung gerichtet sind und nicht den Bestand eines Mitverhältnisses über Wohnraum betreffen. Zusätzlich ist erforderlich, dass sich der Schuldner der sofortigen Zwangsvollstreckung aus dieser Urkunde im Text der Urkunde ausdrücklich unterwirft.

142   Wenn nicht der Mediator gleichzeitig Notar ist, erfordert dieser Weg zu einer vollstreckbaren notariellen Urkunde einen zusätzlichen und auch zusätzlich zu bezahlenden Beratungsschritt: Nach der Ausformulierung der abschließenden Mediationsvereinbarung und deren Fassung in Schriftform, müsste diese Vereinbarung dann in einem weiteren Schritt vor einem Notar zusätzlich beurkundet werden. Nicht nur weil der Notar über den Gang und die Dynamik des Mediationsverfahrens in dieser Konstellation nicht informiert ist, erscheint dieser Weg eher kompliziert und dazu angetan, erneuten Streit zu eröffnen.

143   Vorzugswürdig erscheint eine weitere technische Möglichkeit: Nämlich der in § 796a ZPO eröffnete Weg eines **Anwaltsvergleichs:** Danach kann ein von Rechtsanwälten im Namen und mit Vollmacht der von ihnen vertretenen Parteien abgeschlossener Vergleich auf Antrag nur einer Partei für vollstreckbar erklärt werden, wenn sich der Schuldner darin der sofortigen Zwangsvollstreckung unterworfen hat und der Vergleich unter Angabe des Tages seines Zustandekommens bei einem Amtsgericht niedergelegt ist, bei dem eine der Parteien zur Zeit des Vergleichsabschlusses ihren allgemeinen Gerichtsstand hat. Diese wohl am einfachsten handhabbare und praktische Form der Vollstreckbarkeitserklärung setzt aber voraus, dass alle Parteien des Mediationsverfahrens zumindest bei der Abfassung der Mediationsvereinbarung durch Rechtsanwälte vertreten sind. Durch diese Begleitung haben es die Parteien des Mediationsverfahrens in der Hand, die Vollstreckbarkeit ihres Vergleichs auf einfache Weise und auch mit relativ geringem Kostenaufwand ohne zwischengeschaltetes gerichtliches Verfahren sicherzustellen.

144   Damit ist eine Vollstreckbarkeit in Deutschland mit einfachen Möglichkeiten zu erreichen. In aller Deutlichkeit muss aber darauf hingewiesen werden, dass diese besondere Wirkung des deutschen Anwaltsvergleichs sich auf das deutsche Zivilrecht beschränkt. Bisher noch nicht höchstrichterlich geklärt ist die Frage, ob der Anwaltsvergleich z.B. auch in Arbeitssachen vollstreckbar wäre[1]. Noch viel bedeutender ist die Einschränkung, dass im Ausland eine solche Wirkung des deutschen Anwaltsvergleichs nicht aner-

---

1 Das LAG Düsseldorf hat dies ausdrücklich verneint, und zwar in seinem Beschl. v. 4.3.1997 – 7 Ta 18/97, AnwBl. 1998, 352, allerdings für die Vorgängernorm des § 1044 ZPO a.F.

kannt wird, insofern helfen auch die **internationalen Vollstreckungsabkommen** in aller Regel nicht[1]. Zu erwähnen ist, dass in einzelnen Bundesländern anerkannte Gütestellen eingerichtet sind, deren Vergleiche nach § 794 Abs. 1 Nr. 1 ohne jede Einschränkung im Inland gerichtlich vollstreckbar sind. Obwohl diese Gütestellen zum Teil auf eine lange Tradition zurückblicken können, haben sie nur punktuell und zeitlich begrenzt größere Bedeutung erlangt[2]. Es bleibt abzuwarten, ob die sich in jüngster Zeit häufenden Versuche anwaltlicher Mediatoren, sich bei der örtlich zuständigen Landesjustizverwaltung als derart offizielle **Gütestelle** registrieren zu lassen, Erfolg und Marktgeltung und damit eine zusätzliche Vollstreckungsmöglichkeit eröffnen werden.

Im Hinblick darauf, dass die Mediationsrichtlinie gerade die grenzüberschreitenden Möglichkeiten der Mediation regeln und fördern wollte, erscheint es zweifelhaft, ob mit dem aktuellen Verzicht auf eine genuine Vollstreckungsmöglichkeit der deutsche Gesetzgeber dem Regelungsauftrag der Richtlinie gerecht geworden ist.   145

Bis zu einer evtl. Neuregelung kann Parteien, denen es auf eine Vollstreckung ihrer Mediationsvereinbarung auch im Ausland ankommt, nur geraten werden, nach der Mediation ein Schiedsgerichtsverfahren nachzuschieben, das sich im Wesentlichen darauf beschränkt, die Mediationsvereinbarung als Schiedsspruch festzuschreiben. Denn anders als der aus dem Mediationsverfahren resultierende Vergleich ist der vom Schiedsgericht erlassene Schiedsspruch von dem Gesetzgeber gemäß § 1055 ZPO so privilegiert, dass er unter den Parteien die Wirkung eines rechtskräftigen gerichtlichen Urteils hat. Ein Schiedsspruch kann daher nach § 1060 ZPO ohne jede inhaltliche Einschränkung für vollstreckbar erklärt werden. Das gilt nicht nur für den „normalen Schiedsspruch", sondern auch für einen Vergleich im Schiedsverfahren, der nach § 1053 Abs. 1 Satz 2 ZPO als Form eines **Schiedsspruchs mit vereinbartem Wortlaut** niedergelegt werden kann. Auch dieser Schiedsspruch ist verbindlich und vollstreckbar, sofern der Inhalt des Vergleichs nicht gegen die öffentliche Ordnung (*Ordre Public*) verstößt. Über die Rechtskraft hinaus bieten derartige Schiedssprüche den weiteren erheblichen Vorteil, dass sie auch im Ausland vollstreckt werden können. Und zwar nicht nur in Anwendung der jeweils einschlägigen nationalen Regeln, sondern auch aufgrund des sehr schiedsgerichtsfreundlichen internationalen Rechts. Zentrale Norm sind hier die New Yorker Übereinkommen über die Anerkennung und Vollstreckung ausländischer Schiedssprüche vom 10.6.1958[3]. Das New Yorker Übereinkommen wurde bislang von weit über 100 Staaten ratifiziert[4].   146

---

1 *Lörcher* in Haft/Schlieffen (Hrsg.), § 45 Rz. 24 unter Hinweis auf *Eidenmüller*, RIW 2002, 1, 5.
2 Z.B. bei den sog. Telekom-Massenklagen, weil der (kostengünstige und formal einfache) Antrag bei der Gütestelle verjährungsunterbrechende Wirkung hat.
3 Abgedruckt in allen größeren ZPO-Kommentaren, u.a. Baumbach/Lauterbach/Albers, ZPO, dort als Anhang VI.A.I.
4 Vgl. *Lörcher* in Haft/Schlieffen (Hrsg.), Handbuch Mediation, § 45 Rz. 29.

147   Aufgrund dieser Anzahl und der relativ einfachen Verfahren ist die Vollstreckung aus einem Schiedsspruch in aller Regel praktikabler und einfacher
      selbst als die Vollstreckung aus dem Urteil eines nationalen Gerichts und
      erst recht einfacher als die Vollstreckung aus einer Mediationsentscheidung.
      Zu beachten ist allerdings, dass die hier vorgeschlagene Vollstreckung über
      einen nachgeschalteten Schiedsspruch mit vereinbartem Wortlaut noch
      nicht allgemein und höchstrichterlich abgesegnet ist. Die hier vertretene
      Meinung entspricht einer im Vordringen befindlichen Meinung, die die damit zusammenhängenden Fragen zum Teil uneinheitlich beantwortet und
      unterschiedliche Einschränkungen macht[1]. Obwohl es grundsätzlich möglich ist, den Mediator in dem nachgeschalteten Verfahren auch zum Schiedsrichter zu bestellen und weitere Maßnahmen zu treffen, um das Schiedsverfahren möglichst schlank zu halten, sind doch Mindestanforderungen des
      Schiedsgerichtsverfahrens und Besonderheiten zu beachten[2].

cc) Dauer und Kosten der Mediation in IT-Verfahren

148   Der Mediation liegt ein Kosten- und Konfliktbegriff zugrunde, der in den
      Vordergrund rückt, dass bei der streitigen Bewältigung von Konflikten über
      die rein finanziellen direkten Kosten hinaus noch zahlreiche weitere Kosten
      auftreten: So innere Kosten, die durch den unternehmensinternen Zeitaufwand zur Vorbereitung und Durchführung der Streitigkeit anfallen. Oder
      Verlust an Good Will, wenn bei einer streitigen Entscheidung das zukünftige
      Verhältnis z.B. in einem Dauerschuldverhältnis, einer Lieferantenkette oder
      in einem engen Markt beschädigt wird[3]. Ein besonderer Vorteil des Mediationsverfahrens liegt darin, dass die letztgenannten Kostenarten nicht anfallen.

149   In aller Regel sind aber auch die **Verfahrenskosten** im engeren Sinne, also
      die Zahlungen an den Mediator, die Kosten einer eigenen Beratung, deutlich
      niedriger, als die Gerichts- und Anwaltskosten in einem streitigen Verfahren. Sei es ein Schiedsgerichtsverfahren oder ein Verfahren vor den staatlichen Gerichten.

150   Dabei wird der Kostenvorteil der Mediation umso größer, je höher der Streitwert oder die Komplexität des Streitgegenstandes wird[4]. Wobei der Kostenvorteil der Mediation abschmilzt, wenn die Parteien sich in der Mediation
      von Anwälten begleiten lassen.

---

1 Vgl. die Darstellung bei *Lörcher* in Haft/Schlieffen (Hrsg.), Handbuch Mediation,
  § 45 Rz. 29.
2 Vgl. *Lörcher* in Haft/Schlieffen (Hrsg.), Handbuch Mediation, § 45 Kap. V, Rz. 27–44.
3 *Eidenmüller*, ZZP 2000, 404.
4 Vgl. *Horst* in Haft/Schlieffen (Hrsg.), Handbuch Mediation, § 47 Rz. 144 mit Tabelle
  nach Eucon e.V.

Abb. 5: Umfrageergebnis Auswirkungen eines Mediationsverfahrens (n=20)

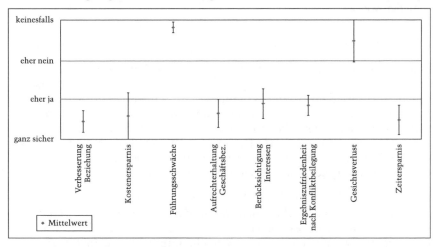

Quelle: *Filler* in Wirtschaftsmediation im europäischen Vergleich

Abb. 6: Kostenvergleich

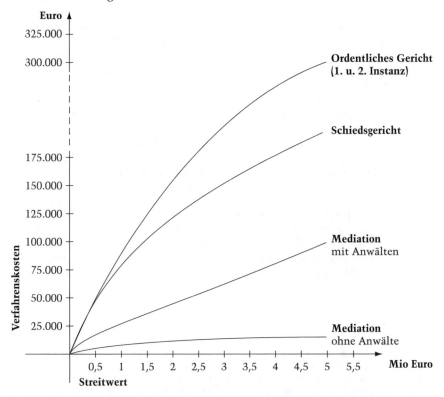

Quelle: Eucon e.V. und *Horst* in Haft/Schlieffen (Hrsg.), Handbuch Mediation

151   Folgende Kostenpositionen können bei einem Mediationsverfahren unter-
      schieden werden:

   • **Kosten der Verfahrenorganisation**

152   Grundsätzlich bedarf die Durchführung eines Mediationsverfahrens keiner
      besonderen Verfahrensorganisation, wie diese z.b. von der ICC oder verschie-
      denen internationalen Handelskammern für Schiedsgerichtsverfahren zur
      Verfügung gestellt wird[1]. In **Deutschland** ist es derzeit noch üblich, dass die
      Parteien sich an einen Mediator direkt wenden, der dann auch die Verfah-
      rensorganisation übernimmt[2]. Eckpunkte der Verfahrensorganisation wie
      Ort der Mediation und Häufigkeit der Treffen werden dann in der Media-
      tionsvereinbarung ausgehandelt und niedergeschrieben.

153   In den Jurisdiktionen, in denen Mediation eine längere Tradition hat, also
      insbesondere im **angelsächsischen Raum**, hat sich eine andere Verfahrens-
      weise eingespielt: Dort existieren neutrale Institutionen, die die Abwicklung
      der verfahrensvorbereitenden Tätigkeit übernimmt, Standardverfahren und
      Mustervereinbarungen vorhalten, und einen Pool von Mediatoren empfeh-
      len. Diese Herangehensweise verbreitet sich nun auch in Deutschland. Sie
      ist empfehlenswert.

154   Im IT-Bereich sind als solche Institutionen zunächst die **Deutsche Gesell-
      schaft für Recht und Informatik e.V. (DGRI)** zu nennen, die sich mit Fragen
      im Bereich der Schnittstelle zwischen Informatik und EDV-Technik einer-
      seits sowie Recht und Wissenschaft andererseits beschäftigt. Die DGRI stellt
      ein Instrumentarium zur Verfügung, Streitigkeiten mit Bezügen zur Infor-
      mations- und Kommunikationstechnik im Wege der Mediation zu lösen.
      Nicht ganz trennscharf nennt die DGRI ihre Mediations-Organisation
      „Schlichtungsstelle" und nennt die Verfahrensordnung, die sowohl Schieds-
      verfahren als auch Schlichtung und Mediation abbildet, „Schlichtungsord-
      nung"[3]. In diesem Rahmen erhält die Schlichtungsstelle eine Aufwandsent-
      schädigung in der Größenordnung zwischen 400 und 800 Euro pro Verfahren.

155   Die bei der Bundesnetzagentur gemäß § 47a Abs. 4 TKG eingerichtete
      Schlichtungsstelle führt ebenfalls Mediationsverfahren durch und erhebt ih-
      rerseits Verfahrensgebühren nach § 145 TKG i.V.m. § 34 Abs. 1 GKG. Diese
      richten sich nach dem Wert des Streitgegenstandes und betragen mindestens
      25 Euro, und steigen dann kontinuierlich z.B. auf 311 Euro bei einem Streit-
      wert bis 25 000 Euro an[4]. Die Marktbedeutung dieses Verfahrens ist aber
      eher gering geblieben[5].

---

1 Allgemein: *Prütting*, Außergerichtliche Streitschlichtung.
2 Vgl. *Nehle/Hacke*, ZKM 2002, 257.
3 Nähere Informationen im Internet unter www.dgri.de.
4 Vgl. Schlichtungsordnung gemäß § 47a Abs. 4 TKG, veröffentlicht im Amtsblatt
  Nr. 13/08 der Bundesnetzagentur vom 16.7.2008 als Mitteilung Nr. 374/2008.
5 *Beckmann*, MMR 2011, 791.

Allgemeine Organisationen, die ADR-Verfahren organisieren, bieten diesen   156
Rahmen für Mediation ebenfalls an. Im deutschen Markt führend ist die
Deutsche Institution für Schiedsgerichtsbarkeit, die zum 1.5.2010 vier neue
Regelwerke zu dem Bereich der alternativen Streitbeilegung in Kraft gesetzt
hat, die eine umfassende **Konfliktmanagementordnung** darstellen wollen[1].
Dazu gehört auch die neue DIS-Mediationsordnung[2]. Diese Mediationsord-
nung enthält zwei Gebühren, nämlich die Antragsgebühr zur Einleitung des
Mediationsverfahrens, die 250 Euro beträgt, sowie die weitere Gebühr, die
nur dann anfällt, wenn die DIS einen Mediator aussucht und bestellt. Diese
zusätzliche Gebühr beträgt dann weitere 250 Euro.

Die Gebühren anderer Anbieter, die die Organisation von Mediationsverfah-   157
ren in ihr Geschäftsmodell integriert haben, liegen zum Teil unter, zum Teil
auch über diesen Ansätzen[3]. Zu nennen sind hier Anlaufstellen wie die
Industrie- und Handelskammern, die verbreitet, wie z.B. die Industrie- und
Handelskammer für München und Oberbayern ein Mediationszentrum eingerichtet haben, das bei Konflikten, bei denen mindestens eine Partei einer
deutschen IHK ist, unterstützt[4]. Das Gleiche gilt für die immer größer wer-
dende Zahl an Mediationsverbänden wie den **Bundesverband für Mediation**[5],
oder auch die **Centrale für Mediation**[6], die **Deutsche Gesellschaft für Mediation**[7], das **Europäische Institut für Conflictmanagement e.V.**[8]. Im Bereich
IT-Mediation tätig sind auch traditionelle Mediationsanbieter aus dem gewerblichen Bereich wie die **Mediationsakademie Berlin (MAB)**[9] oder die **Arbeitsgemeinschaft Mediation im Deutschen Anwaltverein**[10].

● **Kosten des Mediators**

Die größte Kostenposition sind aber die Honorare des Mediators einerseits   158
und – falls gewünscht oder notwendig – die Kosten der das Mediationsverfahren auf jeder Seite begleitenden Rechtsanwälte.

In aller Regel werden hier Zeithonorare vereinbart, wie sie sich in fast allen   159
Bereichen der wirtschaftsrechtlichen Beratung durchgesetzt haben[11]. Nach
einer im Jahr 2004 durchgeführten Studie des Soldan Instituts für Anwaltsmanagement variierten die von Mediatoren verlangten Stundensätze stark.

---

1 Vgl. *Scherer* in SchiedsVZ 2010, 122.
2 Genau dazu: *Breidenbach/Peres*, SchiedsVZ 2010, 125.
3 Vgl. *Horst* in Haft/Schlieffen (Hrsg.), Handbuch Mediation, § 47 Rz. 14–21 mit weiteren Beispielen.
4 www.ihk-muenchen.de.
5 www.bmev.de.
6 www.centrale-fuer-mediation.de.
7 www.dgm-web.de.
8 www.eucon-institute.com.
9 www.mediationsakademie-berlin.de.
10 www.mediation.anwaltverein.de.
11 So auch *Horst* in Haft/Schlieffen (Hrsg.), Handbuch Mediation, § 47 Rz. 45 unter Hinweis auf eine Studie aus dem Jahr 2004 des Soldan Instituts für Anwaltsmanagement
   im Auftrag der Arbeitsgemeinschaft Mediation des Deutschen Anwaltvereins.

Der niedrigste Stundensatz lag damals bei 20 Euro, der höchste bei 400 Euro. Eine ungewichtete Durchschnittsbildung ergab einen Durchschnittswert von 149 Euro[1]. Diese Stundensätze dürften überholt sein. Die aktuelle Schlichtungsordnung des DGRI nennt in § 11 Abs. 1 einen Stundensatz zwischen 200 und 400 Euro für jedes Mitglied des „Schlichtungsteams"[2].

160 Die Kostentabelle für DIS-Mediationsverfahren nennt ein Mediationshonorar, soweit nichts anderes vereinbart ist, von 300 Euro pro Stunde[3]. Werden Anwälte als Mediator tätig, so richtet sich deren Stundenhonorar in der Regel nach dem von der Kanzlei vorgegebenen Rahmen und der Seniorität, Expertise und des Rufs des jeweiligen Rechtsanwalts. Es wird in der Größenordnung von 200 Euro pro Stunde beginnen und kann im Einzelfall auch 1000 Euro pro Stunde überschreiten.

161 Nicht durchgesetzt haben sich Abrechungsmodelle, bei denen das Zeithonorar auf Tagessatzbasis errechnet wurde. Nach einer Studie lagen diese in einer Bandbreite von 1400 bis 1900 Euro in Deutschland[4], in Österreich von 800 bis 3000 Euro täglich[5].

162 Denkbar ist auch, Rechtsanwälte nach der – streitwertabhängigen – gesetzlichen Gebührenordnung des **Rechtsanwaltsvergütungsgesetzes (RVG)** zu vergüten. Denkbar sind auch Modelle mit einem Erfolgshonorar, wobei die dadurch verursachten (Fehl-)Anreize von den Parteien genauestens überlegt werden sollten. Auf jeden Fall empfiehlt sich bei der Honorargestaltung unbedingt eine detailreiche und schriftliche Regelung.

163 Eine Sonderstellung nimmt insofern die gerichtsinterne Mediation ein, bei der während eines laufenden Streitverfahrens bei einem anderen – nicht für den Streit zuständigen – Richter des gleichen Gerichts ein Mediationsverfahren durchgeführt wird. Diese Dienstleistung des Richter-Mediators ist nach den Regelungen der verschiedenen Pilotprojekte in aller Regel kostenlos für die Parteien. Das gilt auch für das Verfahren vor dem „Güterichter", das nach Inkrafttreten des Mediationsgesetzes und dem Verstreichen der Übergangsfrist die gerichtsinternen und gerichtsnahen Verfahren der bisherigen „Richter-Mediatoren" ersetzen wird.

164 In aller Regel liegen die Honorare von nicht anwaltlichen Mediatoren unter den Stundensätzen der Rechtsanwälte. Dies gilt insbesondere für Mediatoren mit einer Ausbildung aus dem pädagogischen, psychologischen oder sozialen Berufsfeld. Naturwissenschaftler und Techniker orientieren sich hingegen eher an Vergütungssystemen für Gutachter.

---

1 Vgl. *Horst* in Haft/Schlieffen (Hrsg.), Handbuch Mediation, § 47 Rz. 46.
2 Dieser Satz soll der allgemeinen wirtschaftlichen Entwicklung angepasst werden, der jeweils gültige Stundensatz kann bei der Schlichtungsstelle erfragt werden und ist auf der DGRI-Homepage unter www.dgri.de im Internet abrufbar.
3 Nr. 2 der Anlage zu § 11 Abs. 5 der DIS-Mediationsordnung.
4 *Filler* in Wirtschaftsmediation im europäischen Vergleich, S. 134.
5 *Filler* in Wirtschaftsmediation im europäischen Vergleich, S. 96.

• **Parteianwälte**

Hinsichtlich der Vergütung der jeweiligen Parteianwälte gilt das Gleiche wie   165
oben für Anwälte als Mediatoren Gesagte. Auch hier wird in aller Regel ein
qualifizierter Anwalt auf **Zeithonorarbasis** abrechnen.

In diesem Rahmen finden sich vereinzelt auch Rückgriffe auf die gesetzli-   166
chen Honorare nach RVG, die streitwertabhängig berechnet werden. Allerdings enthält § 22 RVG verschiedene Höchstgrenzen, so beträgt der Gegenstandswert in einer Angelegenheit höchstens 30 Mio. Euro, soweit durch
Gesetz kein niedrigerer Höchstwert bestimmt ist. Sind in derselben Angelegenheit mehrere Personen Auftraggeber, beträgt der Wert für jede Person
höchsten 30 Mio. Euro, insgesamt jedoch nicht mehr als 100 Mio. Euro. Zur
Einordnung: Eine Rechtsanwaltsgebühr aus dem Gegenstandswert von bis
zu 110 000 Euro beträgt 1354 Euro, aus einem Gegenstandwert bis 1 Mio.
Euro beträgt 4496 Euro, bei einem Gegenstandswert bis 10 Mio. Euro beträgt
eine Rechtsanwaltsgebühr 31 496 Euro. Während eines Mediationsverfahrens werden für den begleitenden Rechtsanwalt je nach Verfahrensablauf 1–2
derartigen Gebühren anfallen. Theoretisch denkbar und vereinzelt praktiziert wird in diesem Rahmen auch eine zusätzliche **Erfolgskomponente** insofern als die Parteien eine zusätzliche Einigungsgebühr vereinbaren können,
die im außergerichtlichen Bereich eine 1,5-fache Gebühr aus dem Gegenstandswert (Ziff. 1000 VVRVG) berechnen kann. Ohne dass ein unzulässiges
Erfolgshonorar vorläge, kann durch eine schriftliche Honorarvereinbarung
diese Einigungsgebühr auch erhöht werden (§ 49b Abs. 2 Satz 3 BRAO).

• **Kostenverteilung**

Die große Flexibilität des Mediationsverfahrens zeigt sich auch bei der Rege-   167
lung der Verteilung der Mediationskosten. Für eine außergerichtliche Mediation stehen den Parteien alle Möglichkeiten offen. Sie können vereinbaren,
dass jede Partei ihre eigenen Kosten trägt und die Verfahrenskosten sowie
die Kosten des Mediators geteilt werden. Sie können der unterschiedlichen
wirtschaftlichen Leistungsfähigkeit der am Mediationsprozess Beteiligten
Rechnung tragen, in dem sie von vorne herein unterschiedliche Kosten-
quoten vereinbaren. Und sie können die Unterliegendenhaftung des §§ 91
ZPO ff. adaptieren. Darüber hinaus sind der Fantasie keine Grenzen gesetzt,
so gibt es verschiedene Stufenmodelle mit nachgeschalteter Schiedsgerichts-
klausel, die einen Kostennachteil für diejenige Parteien vorsehen, die eine
Einigung in der Mediation verhindert und nachher nicht voll obsiegt hat.

Soweit nach der Mediation noch ein Gerichtsverfahren folgt, besteht im   168
Blick auf die Mediationskosten noch keine einheitliche und gefestigte
Rechtsprechung. Nach einer unter anderem vom OLG München vertretenen
Auffassung[1] gehören Rechtsanwaltskosten für ein freiwilliges Verfahren zur
gütlichen Beilegung eines Konflikts nicht zu den Kosten des nachfolgenden

---

1 OLG München v. 15.12.1998 – 11 W 3203/98, MDR 1999, 380.

Rechtsstreits. Derartige Rechtsanwaltskosten sind nach dieser Ansicht nur dann erstattungsfähig, wenn das Güteverfahren/Mediationsverfahren gesetzlich vorgeschrieben ist. Die Gegenansicht wird zum Beispiel vom Hanseatischen Oberlandesgericht vertreten, wonach die Kosten auch einer freiwilligen Schlichtung Teil der Kosten des nachfolgenden Rechtsstreits sind und damit durch Kostenentscheidung nach §§ 91 ZPO ff. nach den Unterliegensquoten aufgeteilt werden. Das soll nach dieser Ansicht sogar dann gelten, wenn eine Schlichtung oder ein Güteversuch oder eine Mediation nicht vorgeschrieben ist[1].

169   Soweit es in den verschiedenen Pilotprojekten zur gerichtsinternen Mediation tatsächlich zu einer Mediationsverhandlung gekommen ist, fallen dadurch (zusätzliche) Terminsgebühren für den Anwalt nach dem RVG an. Diese Kosten gehören zu den Kosten des gerichtlichen Verfahren i.S.d. § 11 Abs. 1 RVG, so dass sie festzusetzen und nach den Vorschriften des §§ 91 ZPO ff. zu verteilen sind[2]. Das gilt auch für das erweiterte Güterichterverfahren nach dem Mediationsgesetz.

170   Eine ganz andere und die Parteien zuweilen überraschende Verteilung der Mediationskosten und der Gerichtskosten hat der Gesetzgeber in **England** mit der sog. **Lord Woolf Reform** umgesetzt. In den seit 1999 neu geltenden Civil Procedure Rules (CPR) genießen die Methoden der außergerichtlichen Streitbeilegung (ADR) absoluten Vorrang. Es gehört zu den prozessualen Pflichten der Parteien auch in einem anhängigen zivilrechtlichen Verfahren ADR-Methoden nach Möglichkeit auszuschöpfen. In Fällen, die dem Gericht geeignet erscheinen, kann das Gerichtsverfahren sogar gegen den Willen der Prozessparteien ausgesetzt werden (CPR 26.4)

171   Hinsichtlich der Kosten gilt das „agressor pays principle": Kommt eine Partei ihrer Kooperationspflicht nicht nach und versäumt es eine angeregte Mediation ernsthaft zu betreiben, dann fließt dieser Umstand in die Verteilung der Verfahrenskosten nach Abschluss des Zivilrechtsverfahrens ein (CPR 44 5 (3) (A) (ii)). Im Extremfall kann auch das im englischen Recht grundsätzliche Prinzip der Unterliegendenhaftung dadurch völlig ausgehebelt werden. Es sind Fälle bekannt, in denen sich Unternehmen der Mediationsaufforderung eines englischen Richters widersetzt haben, weil sie sich im Recht fühlten und ihre Ansprüche durch ein Urteil bestätigt sehen wollten (oder wegen der Anforderungen einer Versicherung und/oder Aufsichtsgremien „mussten"). In Einzelfällen sind einer derartigen Partei, selbst wenn sie im Prozess vollständig obsiegt hat, die gesamten Verfahrenskosten auferlegt worden. Dies umfasst in England auch die Verfahrenskosten der Gegenseite, die wegen der im Vergleich zu Deutschland extrem hohen und nicht limitierten Anwaltskosten überraschende Höhen erreichen können. Im Bereich der Streitwerte im einstelligen Millionen-Pfund-Bereich können die Verfahrenskosten unter Umständen den Streitwert übersteigen. So, dass der mediationsunlustige Prozessgewinner wirtschaftlich gesehen den Prozess dennoch

---

1 OLG Hamburg v. 20.6.2006 – 13 AR 13/03, ZInsO 2006, 1059.
2 OLG Hamm v. 23.6.2006 – 23 W 246/05, NJW 2006, 2499.

verloren hat[1]: „the danger in England of the parties is the risk of being killed on the costs of the case if they haven't tried mediation or other forms of ADR".

Insofern ist Wirtschaftsmediation von allen europäischen Justizsystemen in   172
England am verbreitetsten[2]. Dies allerdings um den Preis eines erschwerten Zugangs zum gesetzlichen Richter, was grundsätzliche und verfassungsrechtliche Bedenken auslösen muss[3].

● **Kostenersatz**

Das Projekt einer Mediationskostenhilfe, die mit der Gerichtskostenhilfe   173
vergleichbar wäre, ist gescheitert. Möglicherweise, weil die Bundesländer ihre Justizhaushalte nicht weiter belasten wollten, möglicherweise aber auch, weil es dem Bund darum ging, das Mediationsgesetz von Kostenregelungen freizuhalten, die es zu einem Zustimmungsgesetz gemacht hätten. Bei einem einfachen Einspruchsgesetz waren die Verzögerungsmöglichkeiten des Bundesrates wesentlich geringer. Durch den Vermittlungsausschuss ist allerdings die Möglichkeit eines staatlichen **Kostenverzichts** in das Mediationsgesetz eingefügt worden: In das Gerichtskostengesetz soll ein neuer § 69b eingefügt werden, der eine Verordnungsermächtigung zu Gunsten der Landesregierungen enthält. Diese können dann regeln, dass Verfahrenskosten ermäßigt werden oder ganz entfallen, wenn das gesamte Verfahren nach einer Mediation oder nach einem anderen Verfahren der außergerichtlichen Konfliktbeilegung durch Zurücknahme der Klage oder des Antrags beendet wird und in der Klage- oder Antragsschrift mitgeteilt worden ist, dass eine Mediation unternommen wurde oder beabsichtigt sei. Das Gleiche soll auch gelten, wenn das Gericht den Parteien die Durchführung einer Mediation oder eines anderen Verfahrens der außergerichtlichen Konfliktbeilegung vorgeschlagen hat.

Bezeichnend für die Wirksamkeit der Mediation ist hingegen, dass die meis-   174
ten Rechtschutzversicherungen – ohne zusätzliche Zahlungen – Mediationsleistungen ersetzen. Dahinter steht die betriebswirtschaftliche Erkenntnis, dass Mediationsverfahren Konflikte besser, schneller und vor allem billiger als Gerichtsverfahren zu lösen vermögen[4].

---

1 Z.B. die Fälle Dunnet vs. Railtrack (2002) 2a II ER850 oder Royal Bank of Canada Trust Corporation Ltd. vs. The Secretary of State for Defence (2003).
2 *Filler* in Wirtschaftsmediation im europäischen Vergleich im Auftrag des österreichischen Bundesministeriums für Wirtschaft und Arbeit, S. 236 wonach vor der Lord Woolf Reform pro Jahr 200 000 Fälle beim Queen's Court anhängig gemacht wurden, heute nur noch ca. 20 000, die Differenz geht in alle Formen der ADR auch Mediation.
3 *Engelhardt/Greger*, ZKM 2003, 4.
4 *Tögel* in Greger/Unberath (Hrsg.), Die Zukunft der Mediation in Deutschland.

● **Dauer des Mediationsverfahrens**

175   Als entscheidender weiterer Vorteil des Mediationsverfahrens wird dessen kurze Dauer genannt. Diese kurze Dauer ist zum schon deshalb ein bedeutender Vorteil, weil die Dauer der zweite Faktor ist, über den sich die stundenbasierten Anwaltshonorare errechnen.

176   Darüber hinaus ist die Dauer des Verfahrens für sich allein ein ganz entscheidendes Kriterium bei der Auswahl einer Konfliktbearbeitungsart.

177   Natürlich kann die Dauer eines jeden individuellen Mediationsverfahrens nicht präzise vorhergesagt werden, da dies nicht nur von der Einigungsbereitschaft der Parteien, sondern auch von der Komplexität des Verfahrens abhängt. Entscheidend ist u.a., ob z.B. zur Sachverhaltsaufklärung externe Gutachter oder Sachverständige beigezogen werden müssen. Eine grobe Faustregel besagt aber, dass eine Wirtschaftsmediation von mittlerem Schwierigkeitsgrad in drei bis sechs Mediationstagen erfolgreich beendet werden kann. Wobei pro Tag in aller Regel nicht mehr als zwei jeweils 90-minütige Mediationssitzungen möglich und nötig sind. Dies summiert sich dann auf zwölf Sitzungen mit insgesamt 18 Stunden. Die wissenschaftliche Studie des österreichischen Wirtschaftsministeriums zur Wirtschaftsmediation kam 2005 auf Verfahrensdauern im Korridor von 8 bis 24 Stunden, wobei 33 % der Verfahren zwischen 8 und 16 Stunden und weitere 25 % 16 bis 24 Stunden dauerte, die restlichen 17 % dauerten durchschnittlich 24 Stunden oder mehr.

Abb. 7: Umfrageergebnis: Darstellung der durchschnittlichen Sitzungszeit durchgeführter Mediationsverfahren (n=24)

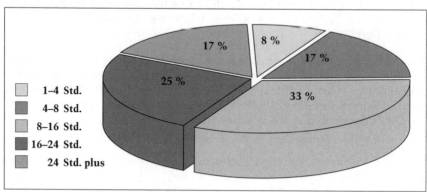

Quelle: *Filler* in Wirtschaftsmediation im europäischen Vergleich

178   In der Literatur werden in aller Regel noch kürzere Mediationszeiten genannt, gerade auch für den **IT-Bereich**. So beschreibt *Horst*[1] einen typischen Fall, in dem der Kunde einer Softwarefirma, die ihr Produkt als Application

---

1 Vgl. *Horst* in Haft/Schlieffen (Hrsg.), Handbuch Mediation, § 47 Rz. 55.

Service Provider anbietet, vorwirft, die in einem Pflichtenheft vereinbarte Zielgröße dauerhaft nicht zu erreichen, weshalb die Software fehlerhaft sei. *Horst* beschreibt den typischen Fall, wonach der Anbieter sich damit verteidigt, dass der Kunde bei der Bedienung der Software Fehler mache. Die durch einen Branchen-Insider als Mediator durchgeführte Mediation dauerte nach *Horst* etwa sieben Stunden, und ersetzte einen komplizierten Rechtsstreit mit wechselseitigen Sachverständigengutachten, der bis zu einer erstinstanzlichen Entscheidung sicherlich mehrere Monate, wenn nicht mehrere Jahre, gedauert hätte.

Auf derartig kurze Verfahrenszeiten kann auch der Autor verweisen. Zum   179
Beispiel in einem typischen Urheberrechtsstreit, der mit wechselseitigen Unterlassungserklärungen in einstweiligen Verfügungsverfahren und einem von mehreren sich widersprechender Gutachten begleiteten Hauptsacheverfahren in erster und zweiter Instanz vor den deutschen Zivilgerichten drei Jahre dauerte und allein auf einer Seite Zeitaufwand in der Größenordnung von 500 Anwaltsstunden verschlungen hatte. Es stand die Revision zum BGH bevor, die voraussichtlich einen zusätzlichen Aufwand an Zeit und Geld in gleichem Umfang erfordert hätte. Die auf Anregung des OLG-Senats durchgeführte Mediation brachte dann eine endgültige einvernehmliche und für die Zukunft tragfähige Lösung. Dieses Mediationsverfahren war nach sechs Sitzungen à 90 Minuten beendet und abgeschlossen.

Natürlich gibt es auch Mediationsverfahren, die deutlich länger dauern. Ins-   180
besondere trifft dies auf Mediationsverfahren zu, die aufwendige rechtliche Planungsverfahren für Großbauprojekte begleiten oder ersetzen. So dauerte z.B. die Fluglärm-Mediation, die den Ausbau des Frankfurter Flughafens flankierte, mehrere Jahre. Sie war damit aber noch deutlich kürzer, als die gerichtliche Auseinandersetzung über die Planfeststellungsbeschlüsse, die bis zum Bundesverwaltungsgericht ging. Derartige Groß-Verfahren sind aber für den Bereich der IT-Litigation eher unüblich und ungewöhnlich.

Auch insofern zeigt sich aktuell die Flexibilität des Mediationsverfahrens: 181
derzeit wird mit Kurz-Mediationsverfahren, die nach Möglichkeit innerhalb eines Tages abgeschlossen sein sollen[1], experimentiert.

dd) Vorteile des Mediationsverfahrens für die IT-Litigation

Mediation ist in der deutschen Öffentlichkeit und in der deutschen Wirt-   182
schaft und Rechtswissenschaft in aller Munde. Allerdings hat sich Mediation als Konfliktlösungsstrategie bislang nur in wenigen Bereichen wie dem Ehescheidungsrecht oder innerbetrieblichen Konflikten als Standardmethode etabliert und auf breiter Front durchgesetzt[2]. Große Bereiche des Wirtschaftsrechts weisen noch einen vergleichsweise geringen Einsatz von Mediation zur Konfliktlösung auf und das obwohl einige dieser Bereiche, wozu

---

1 *Fritz/Krabbe*, NJW 2011, 3204.
2 *Klett/Sonntag/Wilske* in Intellectual Property Law in Germany part 1 II.

auch IT-Konflikte gehören, ideal für Mediationsverfahren geeignet sind[1]. Das gilt auch vor dem Hintergrund internationaler Erfahrungen, die Mediation gerade im IT-Bereich für sinnvoll hält[2]. Allgemein kann gesagt werden, dass es in der Welt sehr viele mediationsaffine Kulturen und Rechtsfamilien gibt. Je stärker die Globalisierung und die Verflechtung des internationalen Handels, desto größer wird auch der Druck auf deutsche Marktteilnehmer, sich der Mediation als Konfliktlösungsinstrument zu nähern[3].

183   Offensichtlich wird dies anhand des Teilbereichs **Telekommunikation**. § 124 TKG führt als neues Instrument zur Beilegung von Konflikten die Mediation ein. Danach kann die Regulierungsbehörde in geeigneten Fällen zur Beilegung telekommunikationsrechtlicher Streitigkeiten den Parteien einen einvernehmlichen Einigungsversuch vor einer Gütestelle (Mediationsverfahren) vorschlagen. Allerdings lässt die Begründung des Gesetztestexte nicht erkennen, warum es der Gesetzgeber für sinnvoll gehalten hat, Mediation als Streitschlichtungsverfahren im Telekommunikationsmarkt derart massiv voranzutreiben.

184   Soweit IT-Streitigkeiten Projektkrisen zugrunde liegen, sind bereits die allgemeinen Mediations-Vorteile offensichtlich: Die Mediation kann sehr schnell sein. Sie kann innerhalb weniger Tage zum Erfolg führen, so dass ein Projekt nicht erst vollständig vor die Wand fährt, sondern aus der Krise heraus gerettet werden kann. Deshalb ist es über die Mediation möglich, die von den beiden Parteien in das Projekt investierten Ressourcen an Zeit und Geld noch nutzbar zu machen, die im Vergleich mit einem jahrelangen Rechtsstreit, der die Projektfertigstellung verhindert, verloren wäre[4].

185   Die meisten IT-Projekte sind durch ihre Langfristigkeit geprägt: Sie sind nicht nur durch eine längere Projekt- und Entwicklungsphase gekennzeichnet, sondern auch dadurch, dass nach dem Ende des eigentlichen Projekts eine weitere Zusammenarbeit notwendig oder zumindest sinnvoll ist. Sei es, dass das ursprüngliche Projekt weiterentwickelt und erweitert wird. Sei es, dass Software gewartet wird. Eine gerichtliche Auseinandersetzung zerstört in den allermeisten Fällen das Vertrauen und die Kommunikation der Prozessparteien[5]. Eine weitere vertrauensvolle Zusammenarbeit ist nach Prozessende eher die Ausnahme als die Regel und auf jeden Fall belastet. Insofern ist das Mediationsverfahren, das anstrebt (und in den meisten Fällen auch erreicht), dass beide Parteien als Gewinner aus dem Mediationsverfahren herausgehen, schon strukturell die geeignete Lösungsvariante[6]. Anders als die in Schiedsgerichtsverfahren und gerichtlichen Streitverfahren oft

---

1 Vgl. auch WIPO Arbitration and Mediation Center, Guide to WIPO Mediation, WIPO Publication No. 449, S. 6.
2 *Lang* in resolution of IPR disputes in Asia: Litigation, Arbitration or Mediation?, IBA Mediation Committee Newsletter, September 2006, S. 8.
3 *Engel*, AnwBl 2012, 13.
4 *Streitz*, IT-Projekte retten: Risiken beherrschen und Schieflagen beseitigen.
5 *Uhrig/Schrey*, IT-Projekt-Vertragsmanagement, S. 4.
6 Weshalb zur Ausbildung eines Fachanwalts für Informationstechnologierecht die Kenntnis von Mediationsverfahren gehört. Vgl. insoweit die Ausbildungsunterlagen

überstarke Tendenz rückwärts gerichtet über die Vergangenheit zu räsonie-
ren, ist das Mediationsverfahren konsequent zukunftsgerichtet. Es klebt
nicht an vorgefassten Positionen sondern entwickelt eine größere Innovationskraft. Gerade Parteien, die eine IT-Mediation erlebt haben, benennen eine sehr hohe Verfahrenszufriedenheit und begründen dies insbesondere mit
der großen Innovationskraft der Mediation als deren wesentlichen Vorteil[1].

Gerade bei IT-Projekten gehören **Projektkrisen** zum Alltag. Diese Projektkri-   186
sen können ihre Ursache insbesondere in Spezifikationsproblemen, Organi-
sationsproblemen aber auch in Umgebungsproblemen und sehr häufig in
Kommunikationsdefiziten haben[2]. Sehr häufig ist dabei festzustellen, dass
der eigentliche Ursprung einer Auseinandersetzung im zwischenmensch-
lichen und im kommunikativen Bereich liegt. IT-Projekte erfordern in ganz
besonderer Weise ein wechselseitiges Vertrauen in die Leistungsfähigkeit
und Zuverlässigkeit der anderen Seite. IT-Projekte bedingen darüber hinaus
auch ein ganz außergewöhnliches Maß an Kooperations- und Kommunikati-
onsbereitschaft[3]. Mediation als kommunikatives Verfahren mit einem ganz-
heitlichen Ansatz ist deshalb zur Auflösung derartiger Projektkrisen ideal
geeignet. Dies gilt insbesondere deshalb, weil dieses Verfahren darauf angelegt ist, die Parteien zur Zusammenarbeit zu ermuntern und zusätzliches
Vertrauen aufzubauen. Insofern wirkt Mediation auch stabilisierend für zukünftige Projektarbeit. In weiteren Projektschritten, bei weiteren Projektkrisen eskaliert nach erfolgreicher Mediation der Streit nicht mehr so schnell;
in aller Regel finden die Parteien deutlich schneller zu einer kooperativen
Vorgehensweise zurück[4].

ee) Nachteile der Mediation bei IT-Verfahren

Nicht alle IT-Streitigkeiten sind gleichermaßen für eine Mediation geeignet.   187
Problematisch sind insbesondere diejenigen Konstellationen, die durch
rechtliche Grundsatzfragen oder durch ihre **Eindimensionalität** geprägt sind.
Dies gilt zum Beispiel für die Auseinandersetzung um die Verletzung von gewerblichen Schutzrechten oder wenn es um die Vertragsverletzung aus einem Lizenzvertrag geht: Ein Patent ist entweder verletzt oder nicht, eine
Marke ist entweder löschungsreif oder nicht.

Problematisch sind auch Fälle, die komplexe und international relevante   188
Rechtsfragen zum Kern haben. Wenn es zum Beispiel darum geht, ob eine
im Streit befindliche Ausführungsform die Verletzung eines Patents darstellt
und dies nicht nur in der Bundesrepublik Deutschland, sondern zum Beispiel auch in Großbritannien, Frankreich, den USA, Japan und Russland.
Diese rechtliche Komplexität werden nur wenige Mediatoren beherrschen.

---

von *Müller/Streitz/Lapp*, Fachanwaltschaft Informationstechnologierecht, Baustein
6: Besonderheiten der Verfahrens- und Prozessführung, S. 43–54.

1 *Müller/Streitz/Lapp*, Besonderheiten der Verfahrens- und Prozessführung, S. 54.
2 *Streitz*, IT-Projekte retten, S. 162 ff.
3 *Lapp*, Mediation im IT-Projekt, ITRB 2011, 233.
4 *Lapp*, Mediation im IT-Projekt, ITRB 2011, 233, 234.

Insofern kann ein Mediationsverfahren nur dann zum Erfolg führen, wenn es dem Mediator gelingt, den Horizont deutlich zu weiten und durch kreative Einbeziehung weiterer Gesichtspunkte die Parteien so zu befrieden, dass es auf die rechtssichere und vollständige Entscheidung der komplexen Rechtsfragen schlussendlich nicht mehr ankommt. Wie selbst in diesem problematischen Bereich eine Mediation im gewerblichen Rechtsschutz praktisch umgesetzt und durchgeführt werden kann, ist in der Literatur anhand ausführlicher Case Studies beschrieben worden[1].

189   Bei derartigen komplexen Rechtsfragen müssen die Streitparteien entscheiden, ob sie mit der Mediation eine Regelung anstreben wollen, die nur zwischen den Mediationsbeteiligten gilt. Gerade in derartigen Fällen, in denen die Klärung von Rechtsfragen auch dazu dient, eventuelle weitere Beteiligte, insbesondere weitere Nachahmer, in den Griff zu bekommen, hat das staatliche Klageverfahren gewisse Vorteile. Dies gilt erst recht in den Fällen, in denen neben zivilrechtlichen Ansprüchen strafrechtliche Ansprüche denkbar sind.

190   Ganz allgemein ist für Deutschland auch in Betracht zu ziehen, dass in aller Regel in beiden Zivilgerichten Spruchkörper mit speziellem Fachwissen existieren und derartige Rechtsstreitigkeiten bei insofern spezialisierten Landgerichten und Oberlandesgerichten konzentriert werden. Damit ist eine sachgerechte und marktgerechte Entscheidung in derartigen Rechtsstreitigkeiten wahrscheinlich, wenn auch im Hinblick auf die regelmäßige Überlastung dieser spezialisierten Spruchkörper in aller Regel nicht kurzfristig erreichbar. Praktiker des IT-Vertragsrechts raten auch dann von der ordentlichen Gerichtsbarkeit ab, wenn eine der beiden Vertragsparteien eine natürliche Person ist. Denn dann droht die Gefahr, dass je nach Parteirolle unterschiedliche Gerichtsstände bestehen. Diese Gefahr kann durch die Vereinbarung von ADR-Methoden verhindert werden[2].

ff) Missbrauchsmöglichkeiten

191   Sowohl bei der Entscheidung für ein Mediationsverfahren, als auch für das Verhalten in einem laufenden Mediationsverfahren dürfen die potenziellen Missbrauchsmöglichkeiten nicht außer Acht gelassen werden.

192   Als Erstes ist hier das **Zeitmoment** zu nennen. Obwohl Mediationsverfahren in aller Regel deutlich kürzer sind als Gerichtsverfahren, erfordern sie doch bei der Vorbereitung und Durchführung Zeit und vor allem Management-Attention. Gerade in zeitkritischen Verhältnissen kann nicht ausgeschlossen werden, dass ein Mediationsverfahren von der Gegenseite ohne wirkliche Einigungsbereitschaft geführt wird, allein deshalb, um die gerichtliche Gel-

---

1 *Chrocziel/von Samson-Himmelstjerna* in Haft/Schlieffen (Hrsg.), Handbuch Mediation, § 27 Rz. 25–48.
2 *Schrey/Kugler* in IT-Agreements, Anmerkung 27.12 zur Gerichtsstandsklausel des Software Project Agreement; allerdings dort mit Fokus auf das Schiedsgerichtsverfahren.

tendmachung von Ansprüchen herauszuzögern. Um dieses Risiko zu minimieren, sollte schon in der anfänglichen Mediationsvereinbarung ein straffer Zeitplan vereinbart werden. Das Verzögerungsrisiko kann weiterhin dadurch entschärft werden, indem die zeitbezogenen Regelungen in der Mediationsvereinbarung entsprechend strikt gefasst werden. Also insbesondere die Vereinbarungen im Hinblick auf eine Stundung eines etwaigen Geldanspruches, im Hinblick auf Verzugsfolgen allgemein, im Hinblick auf die Verjährung und im Hinblick auf ein etwaiges Verbot von Maßnahmen des einstweiligen Rechtsschutzes während des Mediationsverfahrens.

Ein zweites Feld von potentiellem Missbrauch wird durch die **Ausforschungsmöglichkeit** während eines Mediationsverfahrens beschrieben. Im Mediationsverfahren müssen die Parteien über ihre Motive und wirtschaftlichen Interessen rückhaltlos Auskunft geben. Das Gleiche gilt im Hinblick auf Geschäftsgeheimnisse und interne Abläufe. Ohne eine solche Offenheit kann ein auf Kommunikation angelegtes Mediationsverfahren nicht funktionieren. Ein taktischer Umgang mit der Wahrheit, wie er in einem von der Parteiherrschaft unter Beibringungsmaxime bestimmter staatlicher Zivilverfahren möglich ist, scheidet bei dem Mediationsverfahren deshalb aus. Bei aller notwendigen Offenheit müssen die Beteiligten an einem Mediationsverfahren daher immer berücksichtigen, dass die von ihnen im Verfahren offenbarten Geheimnisse unter Umständen nach Ende des Mediationsverfahrens oder nach Scheitern des Mediationsverfahrens missbraucht werden können. Die Parteien sind bei der Entscheidung für ein Mediationsverfahren deshalb gut beraten, sich intern Rechenschaft abzulegen darüber, ob die Gegenseite des Mediationsverfahrens möglicherweise nur oder auch deshalb anregt und betreibt, um auf diesem Wege in Besitz dieser Geheimnisse zu kommen. Vorteile kann eine solche Ausforschung nicht nur im Hinblick auf Betriebsgeheimnis im engeren Sinne bringen. Die Parteien können sich auch Kenntnisse und Beweismittel verschaffen, die ihre Position in einem etwa nachfolgenden Zivilprozess verbessert und auf die sie ohne die Mediation nicht zugreifen könnten. Sich also im Mediationsverfahren „aufmunitionieren".

Die Gefahr des Ausforschungsverhaltens können die Parteien eingrenzen und ganz ausschließen, indem sie in ihrer grundlegenden Mediationsvereinbarung umfangreiche Vertraulichkeits- und Verschwiegenheitsverpflichtungen aufnehmen. Derartige Vereinbarungen sind z.B. bei der Projektarbeit oder bei Due Diligence-Verfahren oder allgemein bei jedem Bieterverfahren üblich. Insofern gilt im Hinblick auf den Inhalt einer solchen Vertraulichkeitsvereinbarung nichts Besonderes. Es gilt insbesondere der allgemeine Hinweis, dass derartige Vertraulichkeitsvereinbarungen eine klare Rechtsfolge für den Fall einer Zuwiderhandlung beinhalten sollten. Diese Rechtsfolge sollte zum einen in einer spürbaren Vertragsstrafe bestehen, zum anderen aber auch explizit regeln, dass ein zuwiderlaufender Tatsachenvortrag im Zivilprozess unzulässig und ein zuwiderlaufender Beweisantrag unbeachtlich sein soll.

195   Bei der Formulierung dieser Vertraulichkeitsvereinbarung ist allerdings ganz
       besondere Vorsicht und Gründlichkeit angebracht, damit nicht diese **Ver-
       traulichkeitsvereinbarung** selbst Ansatzpunkt für eine weitere Missbrauchs-
       möglichkeit darstellt: Theoretisch ist es möglich, dass eine Partei ein Me-
       diationsverfahren dadurch missbraucht, dass sie eine besonders strenge
       Vertraulichkeitsvereinbarung vereinbart. Und zwar mit dem Ziel, die Gegen-
       seite durch diese Vertraulichkeitsvereinbarung für einen späteren Zivilpro-
       zess zu entwaffnen. Dies könnte z.B. dadurch geschehen, dass die sich miss-
       bräuchlich verhaltende Partei während des Mediationsverfahrens darauf
       dringt, möglichst viele ihr potentiell ungünstige Sachverhalte in das Me-
       diationsverfahren einzuführen und sich nach dem (möglicherweise sogar
       provozierten) Scheitern des Mediationsverfahrens dann im Zivilverfahren
       darauf zu berufen, dass diese Sachverhalte aufgrund der Vertraulichkeitsver-
       einbarung nicht mehr verwendet werden dürfen.

196   Auch diese Missbrauchsmöglichkeit kann durch eine entsprechende pro-
       blembewusste Sorgfalt bei der Formulierung der Vertraulichkeitsverein-
       barung entschärft werden. Zum Beispiel dadurch, dass Sachverhalte und Be-
       weisangebote, die der entsprechenden Gegenpartei oder der Öffentlichkeit
       schon bekannt waren und/oder die sich die Gegenpartei außerhalb des Me-
       diationsverfahrens auch beschaffen könnte, von der Vertraulichkeitsverein-
       barung ausgeschlossen sind. Um diesen Ausschluss praktikabel zu machen,
       empfiehlt es sich, ihn auch prozessual abzusichern. Zum Beispiel dadurch,
       dass die Parteien denjenigen Sachvortrag, den sie im Laufe des Mediations-
       verfahrens als vertraulich behandelt wissen wollen, ausdrücklich als solchen
       kennzeichnen. Ungekennzeichneter Sachverhaltsvortrag ist bei einer sol-
       chen Gestaltung dann frei verfügbar. Denkbar ist auch, gegen eine solche
       Kennzeichnung ein Einspruchsrecht und/oder einen Zwischenstreit über die
       Vertraulichkeit zu vereinbaren.

197   Mediationsvereinbarungen, die die oben beschriebenen drei Umgehungs-
       möglichkeiten vollständig und rechtssicher ausschließen, werden kompli-
       ziert und umfangreich. Sie übersteigen an Regelungsdichte die derzeit auf
       dem Markt allgemein erhältlichen Formulare und Muster. Wenn derartige
       Umgehungsmöglichkeiten naheliegen, kann den Parteien also nur angeraten
       werden, unter Einschaltung entsprechender Rechtsanwälte schon die erste
       Mediationsvereinbarung besonders sorgfältig verhandeln und formulieren zu
       lassen.

198   In aller Deutlichkeit muss darauf hingewiesen werden, dass die oben ge-
       nannten Umgehungsmöglichkeiten nicht nur bei außergerichtlichen Me-
       diationsverfahren eingreifen. Die Risiken bestehen genauso bei gerichts-
       internen und gerichtsnahen Mediationsverfahren, bei denen ein Richter als
       Mediator auftritt. In diesen Konstellationen sind die Missbrauchsmöglich-
       keiten evident: Denn bei der gerichtsnahen oder gerichtsinternen Mediation
       gibt es ja schon einen anhängigen Rechtsstreit, der beim Scheitern der Me-
       diation automatisch fortgeführt wird. Die besondere Herausforderung in der-

artigen Konstellationen liegt in der Person eines Richters als Mediator. In aller Regel werden in dieser Konstellation vom Richter-Mediator nur sehr verkürzte Mediationsvereinbarungen vorgeschlagen. Ganze Regelungsbereiche, wie z.b. die Verschwiegenheit des Richter-Mediators und dessen (fehlende) Honorierung werden nur rudimentär unter Verweis auf die richterlichen Amtspflichten geregelt. Dennoch sind gerade die Bereiche, mit denen Umgehungs- und Missbrauchsmöglichkeiten eingegrenzt werden sollen, besonders regelungsbedürftig die Durchsetzung gegenüber einem Richter-Mediator ist mitunter aufwendig und setzt Überzeugungsarbeit und Beharrlichkeit voraus. Diese Gefahr hat sich auch durch die Umgestaltung der gerichtsnahen Mediationsverfahren zum „Güterichterverfahren" nicht verringert. Wenn die Güterichter in diesen neuen Verfahren die Parteien auffordern, „rückhaltlos" Informationen, Motive und Interessen preiszugeben, dann sollte dies vom vorherigen Abschluss einer entsprechenden Vereinbarung mit Verschwiegenheitsregelungen abhängig gemacht werden. Schließlich besteht die Möglichkeit, dass dieser Verfahrensteil protokolliert wird oder sonst über seinen Inhalt in einem anderen Zivilprozess Beweis erhoben wird. Sollte eine solche Vereinbarung nicht erzielbar sein, ist es besser, sich bei der Preisgabe von Informationen auf dasjenige zu beschränken, was nach der Zivilprozessordnung notwendig ist, auch um den Preis, dass ggf. das Güterichterverfahren scheitert.

Schließlich müssen sich die Parteien auch vergegenwärtigen, dass die außergewöhnliche Flexibilität des Mediationsverfahrens zwangsläufig mit einer geringeren Dichte an Schutz einhergeht. Sowohl formale Regelungen eines staatlichen Zivilrechtsverfahrens als auch die materiellen Regelungen des Zivilrechts dienen der **Gerechtigkeitsgewähr**, der Fairness und oft auch dem Schutz der schwächeren Partei. Diese Schutzmechanismen sind während eines Mediationsverfahrens deutlich geringer ausgeprägt. Die Vermutung, dass eine abschließende Mediationsvereinbarung und eine Einigung der Parteien im Mediationsverfahren gerecht und fair ist, wird aus der Annahme gespeist, dass die Parteien Experten für ihren Konflikt und in der Lage seien, ihre Interessen selbst hinreichend zu vertreten. Wo diese Prämisse nicht richtig ist, z.B. weil eine Partei wirtschaftlich oder intellektuell extrem unterlegen ist, kann der Verzicht auf die prozessualen Garantien eines Zivilverfahrens problematisch werden. Der Richter in einem Zivilprozess hat wesentlich weitreichendere Möglichkeiten die unterlegene Partei zu schützen und zu ihrem „Recht" zu verhelfen, als dies ein Mediator kann und darf. Eine besonders schutzbedürftige Partei sollte angesichts eines extremen Übergewichts der anderen Partei eine Mediation besonders gründlich prüfen und sich auf gar keinen Fall ohne entsprechende anwaltliche Begleitung auf ein Mediationsverfahren einlassen. | 199

4. Gerichtsnahe Mediation und gerichtsinterne Mediation

Rechtstatsächlich gehörten bislang die meisten Mediationsverfahren, die in Deutschland auch im IT-Bereich durchgeführt wurden, in die Kategorien ge- | 200 richtsnahe oder gerichtsinterne Mediation[1]. Denn es waren meist die Richter der angerufenen Zivilgerichte, die die Streitparteien darauf hinwiesen, dass die Besonderheiten eines IT-Rechtsstreits ideal geeignet seien, um durch Mediation gelöst zu werden. Soweit in den entsprechenden Bundesländern **Pilotprojekte** zur zivilrechtlichen Mediation bestanden, war die Überleitung an einen Richter des gleichen Gerichts, der als Mediator fungierte, ohne großen zusätzlichen Aufwand möglich und erfolgte regelmäßig. Der Umstand, dass der Richter-Mediator kostenlos zur Verfügung stand sowie dass verfahrensbegleitende Rechtsanwälte schon aus dem Prozess mandatiert und bezahlt waren, senkte die Hemmschwelle. Möglicherweise spielte bei der Entscheidung der Prozessparteien für die Mediation auch die Autorität des streitentscheidenden Richters eine Rolle, dessen Verfahrensvorschläge die Parteien aus prozesstaktischen und richterpsychologischen Gründen sich ungern widersetzen. Aus Sicht der verschiedenen Landesjustizverwaltungen waren die auf gerichtsnahe und gerichtsinterne Mediation bezogenen Pilotprojekte ein uneingeschränkter Erfolg, denn ein Großteil der eingeleiteten Mediationsverfahren endete mit einem Mediationsvergleich, so dass die auslösenden und zugrunde liegenden Zivilrechtsstreite schnell und mit geringem Ressourceneinsatz beendet werden konnten zumal ein Angriff auf die Entscheidung durch die unterliegende Partei mit einem Rechtsmittel nicht zu befürchten war. Schließlich ist staatlicher Rechtsschutz ein öffentliches Gut, mit den aus der ökonomischen Theorie bekannten Problemen[2]. Auch führte die befriedende Wirkung von Mediationsverfahren im Allgemeinen dazu, dass Nachfolgeprozesse unterblieben.

201 Vor diesem Hintergrund war es naheliegend, dass der erste Referentenentwurf zum Mediationsgesetz die gerichtsinterne und gerichtsnahe Mediation als eine von drei Mediationsalternativen der außergerichtlichen Mediation gleichwertig zur Seite stellt.

202 Allerdings sind durch die Mediationswissenschaften gegen die gerichtsnahe und gerichtsinterne Mediation grundsätzliche Einwendungen erhoben wurden. So wird die Verquickung von Richteramt und Mediatorenamt grundsätzlich kritisch gesehen. Das tragende Prinzip der Freiwilligkeit wird vielfach verletzt gesehen, z.B., dadurch dass die freie Wahl des Richter-Mediator nicht gewährleistet ist und die Einleitung des Mediationsverfahrens auf mehr oder minder sanften Druck des streitentscheidenden Richters erfolgte. Der wohl gewichtigste Einwand benennt einen Verstoß gegen den grundgesetzlich geschützten **Justizgewährleistungsanspruch**: Wenn die Parteien sich schon zu einem Zivilprozess entschlossen haben, dann haben sie sich damit hinreichend deutlich gegen die Mediations-Alternative entschieden. Es ist dann die aus Art. 20 GG fließende Pflicht des Staates, seinen Streitentscheidungsmechanismus der Gerichte auch zur Verfügung zu stellen. Der Staat muss dem Wunsch der Parteien nach einer Entscheidung durch Urteil

---

1 Allgemein: *Duve/Eidenmüller/Hacke* (Hrsg.), Mediation in der Wirtschaft, S. 351.
2 Vgl. *Kulms* in Hopt/Steffek (Hrsg.), Mediation Rechtstatsachen, Rechtsvergleich, Regelungen; Mediation zwischen Rechtsschutz und Privatisierung der Justiz in den USA, S. 923 (941).

respektieren. Vor diesem Hintergrund muss auch das ökonomische Argument zurücktreten. Ganz im Gegenteil: ein Hauptgrund für die allgemein beklagte lange Verfahrensdauer der Zivilverfahren vor den staatlichen Gerichten wird in einem Richtermangel und einer allgemeinen Ressourcenknappheit in der Justiz gesehen. Umso wichtiger erscheint es, dass die vorhandenen Richter sich auf ihre Kernaufgabe, nämlich die spruchrichterliche Entscheidungstätigkeit konzentrieren. Der Justiz zusätzliche Ressourcen zu entziehen, indem Richter „fachfremd" als Richter-Mediatoren arbeiten, würde die aktuelle Ressourcekrise der staatlichen Rechtsprechung noch verschärfen. Der Mediation wäre dadurch nicht geholfen, da das Angebot an qualifizierten – nichtrichterlichen – Mediatoren die aktuelle Nachfrage deutlich übersteigt[1]. Nicht zuletzt führt gerichtliche Mediation zum Nulltarif zu einer Wettbewerbsverzerrung.

Aufgrund dieser Einwendungen sind im ursprünglichen Regierungsentwurf 203 in § 1 Abs. 1 Nr. 2 des Mediationsgesetzes geregelten Verfahren der gerichtsnahen Mediation und die in § 1 Abs. 1 Nr. 3 ursprünglich geregelte gerichtsinterne Mediation aus dem Gesetz, dass der Bundestag in zweiter und dritter Lesung beschlossen hat, wieder entfernt worden. Stattdessen ist die in § 278 ZPO ohnehin enthaltene Güteverhandlung aufgewertet worden. Selbst wenn ein entsprechend ausgebildeter Güterichter Kommunikationstechniken aus der Mediationslehre anwendet, kann eine Güterichterverhandlung nicht als Mediationsverfahren bezeichnet werden[2].

Der Regierungsentwurf des Gesetzes hatte in Artikel 2 noch eine Änderung 204 des Gerichtsverfassungsgesetzes (GVG) insoweit vorgesehen, als ein neuer § 15 GVG eingefügt werden sollte, in dem die Landesregierungen ermächtigt wurden, durch Rechtsverordnung zu bestimmen, dass gerichtsinterne Mediation in Zivilsachen angeboten wird. Nachdem diese Ermächtigungsgrundlage im Gesetz nicht mehr enthalten ist, fehlt den verschiedenen Modellvorhaben die gesetzliche Grundlage. Konsequent enthält deshalb das Mediationsgesetz in seiner neuesten Form in Artikel 1 § 7 eine Übergangsbestimmung, wonach die derzeit laufenden Verfahren der gerichtsinternen Mediation nur noch bis zum ersten Tage des 13. auf die Verkündung des Mediationsgesetzes im Gesetzblatt folgenden Kalendermonat weiterhin durchgeführt werden dürfen. Damit erscheint die gerichtsinterne Mediation in Deutschland als **Auslaufmodell**.

---

1 *Ewer*, AnwBl 2012, 18 (20).
2 *Tautphäus/Fritz/Krabbe* in NJW 2012, 364 beschreiben anhand eines Arbeitsgerichtlichen Kündigungsschutzprozesses eine Güterichterverhandlung mit mediativen Elementen.

V. Schlichtungsverfahren

1   Schlichten bedeutet im Mittelhochdeutschen etwas durch Bearbeitung glätten, ordnen, streicheln oder besänftigen. Der **Begriff** kommt aus der Holzbearbeitung. In der neueren Sprache bezeichnet Schlichtung die Tätigkeit des Ausgleichens, Vermittelns oder zur Entscheidung bringen. Wird aber auch häufig gebraucht in Beziehung zum „Versöhnen, miteinander ins Reine bringen". Anders als der Wortstamm „Mediation" ist „Schlichten" auch im Grimm'schen Wörterbuch verzeichnet[1]. Abgeleitet daraus und abgeglichen mit dem heutigen Sprachgebrauch wäre das Ziel einer Schlichtung die Aussöhnung der Parteien[2].

2   Schlichtung kann man **definieren** als die außergerichtliche Beilegung eines Rechtsstreits zwischen streitenden Parteien durch eine außenstehende neutrale Instanz, die einen Kompromiss vorschlägt. Auch die Schlichtung ist eine uralte Kulturtechnik; schon das Römische Zwölftafelgesetz kennt die gütliche Einigung der Parteien vor dem Prätor vor Eintritt in den streitigen Prozess[3]. Seither haben sich verschiedene Spielarten der Schlichtung herausgebildet, die sich nach der Verbindlichkeit des Schlichtungsergebnisses unterscheiden.

3   Mit Schiedsgerichtverfahren und staatlichen Zivilprozessen hat die Schlichtung gemein, dass nicht die Parteien selbst, sondern eine außenstehende Person eine **Entscheidung vorschlägt**. Dies ist der Hauptabgrenzungsbereich zur Mediation, bei der der Mediator keine inhaltlichen Vorschläge macht, sondern die Parteiherrschaft insoweit absolut und ausschließlich ist[4].

4   Von der Schiedsgerichtsbarkeit und der staatlichen Gerichtsbarkeit hingegen unterscheidet die Schlichtung die **abgesenkte Verbindlichkeit** des Schlichtungsspruchs im Vergleich zum Urteil oder Schiedsspruch. Des Weiteren ist die Schlichtung nicht auf die Subsumtion unter Normen beschränkt.

1. Lange Schlichtungstradition in Deutschland mit Beispielen

5   Streitschlichtungsmechanismen außerhalb der staatlichen Justiz haben z.B. bei den **Industrie- und Handelskammern** eine lange Tradition. Begründet in den Autonomiebestrebungen der Kaufleute, Zünfte und Gilden weg von der landesherrlich bestimmten Rechtsprechung hin zur Selbstverwaltung. Diese Schlichtungsstellen und ihre Hang zum Vergleich gerieten aber in der Zeit des politischen Liberalismus unter erheblichen Rechtfertigungsdruck, so bemängelte schon *Carl Joseph Mittermaier* „dass da, wo ein feigherziges, schwaches, der Bequemlichkeit zusagendes Nachgeben nach den gepriesenen Vergleichsvorschriften an der Tagesordnung wäre, nur das größere Un-

---

1 *Jacob und Wilhelm Grimm* Das Deutsche Wörterbuch 1883 bis 1971.
2 *Rüssel*, JuS 2003, 380.
3 Tafel I 6. und Tafel III 5; vgl. *Düll*, Das Zwölftafelgesetz, 7. Aufl. 1995, S. 29 (33).
4 Diesen Unterschied negiert *Stein*, die in ADR-Technik S. 70 Schlichtung und Mediation zusammenfasst.

recht seinen Deckmantel finde und mit dem verschwundenen Sinne für das Recht auch jede Kraft aus dem Volke gewichen wäre[1]. Dem entspricht die Auffassung des Vaters der deutschen Zivilprozessordnung, *Ihering*, der in seinem Vortrag „Kampf ums Recht" die Rechtsdurchsetzung durch eine Prozesspartei nicht in deren Belieben stellt, sondern als eine sittliche Pflicht gegenüber des Gemeinwesens überhöht[2].

Es waren **ökonomische Nützlichkeitserwägungen**, aufgrund derer der Gesetzgeber unter dem Eindruck der großen Finanzkrise im Jahr 1924 in die vom Geiste *Iherings* geprägte ZPO ein obligatorisches Güteverfahren vor dem Amtsrichter einführte (§ 495a ZPO a.F.). Ein Systembruch. **6**

Den Atem der gleichen Zeit verströmt der Begriff der „durch die Landesjustizverwaltung eingerichteten oder anerkannten Gütestellen", wie sie etwa in § 794 Abs. 1 Nr. 1 ZPO zu finden sind[3]. Das obligatorische Güteverfahren gemäß § 495a ZPO a.F. wurde nach dem zweiten Weltkrieg wieder abgeschafft, die Gütestellen und deren Sonderregelungen blieben bestehen. **7**

Seither hat sich die Institution des Schlichtens in Deutschland rasend schnell verbreitet. Am sichtbarsten ist sie sicherlich in **Tarifkonflikten**, wo die Schlichtung ein zwischen Gewerkschaften und Arbeitgebern vereinbartes Verfahren darstellt, um ins Stocken geratene Tarifverhandlungen ohne Arbeitskampf zu Ende zu führen. Grundlage sind in aller Regel Schlichtungsabkommen auf Tarifvertragsebene[4]. **8**

Genauso bedeutsam sind Schlichtungsstellen, die in einzelnen Branchen eingerichtet wurden in der Regel, um den **Verbraucherschutz** zu stärken, und gleichzeitig die branchenzugehörigen Unternehmen vor imageschädlichen Prozessen zu schützen. Die Anzahl und Vielfalt dieser Schlichtungsstellen sind Legion, so dass nachfolgend lediglich einige **Einzelbeispiele** aufgezählt werden, um die Bandbreite zu illustrieren: **9**

Praktisch jede Landesärztekammer in Deutschland unterhält eine Schlichtungsstelle für Arzthaftpflichtfragen. Patienten haben bei vermuteten Behandlungsfehlern die Möglichkeit, vor oder statt einer Arzthaftungsklage diese Schlichtungsstelle anzurufen. Der Verband der privaten Banken unterhält eine Beschwerdestelle, der seit 1992 ein Ombudsmann vorsteht[5] und die ein Schlichtungsverfahren anbietet. Dieses Verfahren besteht aus einem schriftlichen Verfahren ausgelöst durch eine Kundenbeschwerde. Der Schlichter fällt aufgrund der Aktenlage einen Schlichtungsspruch. Damit ist das **10**

---

1 Vgl. *Mittermaier* in Der gemeine deutsche bürgerliche Prozess, Bonn, 1880, S. 8.
2 Vgl. *Rudolf von Ihering* in Der Kampf ums Recht, 1. Auflage 1872, 5. Auflage Frankfurt 1977.
3 Vgl. *Duve/Sattler*, AnwBl 2012, 2 (5).
4 *Pars pro toto* sei auf die Schlichtung im Tarifkonflikt zwischen der Gewerkschaft Deutscher Lokomotivführer (GDL) einerseits und der Deutschen Bahn (DB) vom Sommer 2007 verwiesen, bei denen die Politiker Heiner Geißler und Kurt Biedenkopf als Schlichter auftraten.
5 Siehe hierzu *Risse* WM 1999, 1864 (1868).

Schlichtungsverfahren beendet. Ein Rechtsmittel gegen den Schlichtungsspruch gibt es nicht. Ist der Beschwerdeführer mit dem Schlichtungsspruch nicht zufrieden, kann er jederzeit den Streit vor Gericht austragen. Ganz ähnlich für die Bausparkassen[1] oder auch die Versicherungswirtschaft[2]. Ähnliche Schlichtungsstellen und **Ombudsmänner** mit vergleichbaren Verfahren gibt es im Bereich der privaten Krankenversicherung und der privaten Pflegeversicherung, die ihre Schlichtungsstelle in dem Verein Versicherungsombudsmann e.V. organisiert haben. Für den öffentlichen Personenverkehr gibt es gleich mehrere Schlichtungsstellen. Bundesweit arbeitet die Schlichtungsstelle für den öffentlichen Personenverkehr e.V. (soep)[3], sie richtet sich sowohl an Reisende von Bahnen, Bussen, Flugzeugen wie auch Schiffen.

11   Besonders zu nennen ist die Handelskammer Hamburg, die bereits im Jahr 2004 die **Hamburger IT-Schlichtungsstelle** eingerichtet hat. Diese Schlichtungsstelle stellt ein Schlichterteam, bestehend aus einem IT-Experten und einem Rechtsanwalt zur Verfügung, die Projektkrisen durch Lösungen schlichten sollen, die von sich in Anspruch nehmen, nicht nur juristisch wasserdicht, sondern auch praktikabel zu sein. Auch diese Lösungsvorschläge des Schlichtungsteams sind erst verbindlich, wenn die Parteien ihnen zustimmen und das Ergebnis in Form eines Vergleichs gießen. Die Schlichtungsstelle wirbt mit ihren günstigen Honoraren, wonach einmalig 50 Euro an die Handelskammer zu zahlen sei, die Honorare der Schlichter hingegen lägen in der Regel bei 145 Euro pro Stunde und Person[4].

2. Die obligatorische Streitschlichtung nach § 15a EGZPO

12   Unter dem 1.1.2000 ist das Gesetz zur Förderung der außergerichtlichen Streitbeilegung in Kraft getreten. Mit ihm wurde ein neuer § 15a in das Einführungsgesetz zur ZPO (EGZPO) eingeführt. Diese Neuregelung besteht in einer **Experimentierklausel**, wonach durch Landesgesetz die Zulässigkeit einer Klage in Zivilsachen in bestimmten Fällen davon abhängig gemacht werden kann, dass vor einer „durch Landesrecht anerkannten Gütestelle" eine Einigung versucht worden ist[5]. IT-Streitigkeiten gehören nur zu diesem Katalog, wenn es um Geldforderungen bis 600/750 Euro geht.

a) Geburtsfehler der Experimentierklausel

13   Die teilweise mit großen Erwartungen eingeführte außergerichtliche Streitschlichtung hat enttäuscht. Dies liegt zum einen daran, dass eine für den Rechtsuchenden verwirrende **Rechtszersplitterung** aufgetreten ist: Einzelne

---

1 Die privaten Bausparkassen haben im Jahr 2002 ein Ombudsmannverfahren eingerichtet, dessen Verfahrensordnung online abrufbar ist unter www.Bausparkassen.de.
2 Auch hier gibt es ein Ombudsmannverfahren, die Verfahrensordnung ist online abrufbar unter www.Versicherungsombudsmann.de.
3 Vgl. soep-online.de.
4 Vgl. www.hk24.de/IT-Schlichtungsstelle.
5 Vgl. *Krafka* in Prütting (Hrsg.), Außergerichtliche Streitschlichtung – ein Handbuch für die Praxis, S. 64.

Länder haben von den Befugnissen des § 15a ZPO keinen Gebrauch gemacht. So gibt es z.B. in den Bundesländern Berlin, Bremen und Thüringen
keine landesrechtlichen Regelungen über die Anerkennung von Gütestellen
bzw. keine durch die Landesjustizverwaltung anerkannten Gütestellen. Das
bedeutet, dass in diesen Ländern Verfahren, die in Katalogen nach § 15a
Abs. 1 EGZPO aufgeführt sind, ohne Schlichtungsverfahren zu den streitigen Gerichten getragen werden können. In den anderen Bundesländern wäre
eine sofortige Klage unzulässig.

b) Umgehungsmöglichkeiten und Umgehungsversuche

Ganz allgemein sind die Schlichtungsverfahren von den beteiligten Rechts-   14
kreisen als überflüssig und störend empfunden worden, weshalb sich die
meisten Literaturstellen und Gerichtsurteile zu § 15a EGZPO mit Um-
gehungsversuchen der Praxis beschäftigen. So ist insbesondere der **Aus-
nahmenkatalog** des § 15a Abs. 2 EGZPO von der Praxis instrumentalisiert
worden, wonach das Schlichtungsverfahren nicht obligatorisch ist für Ansprüche, die im Urkunden- oder Wechselprozess geltend gemacht werden
(§ 15a Abs. 2 Nr. 4 EGZPO) oder für die Durchführung des streitigen Verfahrens, wenn ein Anspruch zunächst im Mahnverfahren geltend gemacht worden ist (§ 15a Abs. 2 Nr. 5 EGZPO). So berichtet eine empirische Untersuchung über die Umsetzung des § 15a EGZPO in Nordrhein-Westfalen von
einem Anstieg derjenigen Zivilprozesse im Streitwertbereich bis zur Anwen-
dungsgrenze von 600 Euro (in anderen Bundesländern 750 Euro), denen ein
Mahnverfahren vorausging, von 53,4 % im Jahr 1999 vor der Gesetzesände-
rung auf 73,5 % im Jahr 2002. Ähnliche Zahlen sollen aus Baden-Württemberg und Hessen vorliegen[1]. Weiter sind Klageerhöhungen zur Vermeidung
eines Schiedsverfahrens gerichtsnotorisch geworden[2]. Oder auch die Verbindung schlichtungspflichtiger mit nichtschlichtungspflichtigen Anträgen[3],
die ebenfalls in der Rechtsprechung unterschiedlich behandelt wurden. Wie
groß der Leidensdruck durch die Zwangs-Schlichtung ist, kann man daraus
entnehmen, dass sogar die Klageerhebung vor einem sachlich oder örtlich
unzuständigen Gericht, bei dem keine Schlichtungspflicht besteht und die
Klage sodann auf Antrag des Klägers an das zuständige Gericht im Rahmen
einer landesrechtlichen Schiedspflicht verwiesen wird, vorkommt und die
Literatur beschäftigt[4]. Rechtspolitisch gilt die obligatorische Streitschlichtung als gescheitert. Im wichtigsten Anwendungsbereich der Geldforderungen hat sie zumindest in Nordrhein-Westfalen praktisch keine Wirkung entfaltet[5].

---

1 *Röhl/Weiß*, Die obligatorische Streitschlichtung in der Praxis, Bochum 2005, S. 6.
2 LG München I v. 15.2.1998 – 11 W 3203/98, MDR 2003, 1313; LG Kassel v. 18.4.2002
   – 1 S 640/01, ZKM 2003, 43 = NJW 2002, 2256.
3 LG Aachen v. 11.3.2002 – 6 T 6/02, NJW-RR 2002, 1439; genauso AG Halle v. 3.4.2001
   – 7 C 538/00, NJW 2001, 2099; anders BGH v. 7.7.2009 – VI ZR 278/08, NJW-RR 2009,
   1239 und AG Kleve v. 29.5.2006 – 30 C 78/06, juris.
4 *Bitter*, NJW 2005, 1235 (1239).
5 *Röhl/Weiß*, Die obligatorische Streitschlichtung, S. 11.

c) Freiwilliges Verfahren vor den Gütestellen

15   In einem Dornröschenschlaf liegen derzeit noch die „durch die Landesjus-tizverwaltung eingerichteten oder anerkannten Gütestellen" außerhalb der durch § 15a ZPO in einigen Ländern für obligatorisch erklärten Streit-schlichtung. Zum Teil haben diese Gütestellen eine lange Tradition bis in die Anfangszeit des § 495a ZPO a.F.[1]. Das verwundert: Die freiwilligen Ver-fahren vor diesen Gütestellen haben nämlich mehrere **Besonderheiten und Privilegien**, die rechtsuchende Parteien u.U. auch im IT-Prozess höchst sinn-voll für sich nutzen könnten:

aa) Chancen und Privilegien der anerkannten Gütestellen

16   Der vor einer solchen Stelle abgeschlossene Vergleich ist unter § 794 Abs. 1 Nr. 1 ZPO in den Katalog der **Vollstreckungstitel** eingereiht worden, die Er-teilung der Vollstreckungsklausel richtet sich nach § 797a ZPO. Dieses Ver-fahren ist deutlich einfacher als bei einem Anwaltsvergleich.

17   Der Antrag auf Schlichtung bei einer derartigen Gütestelle hat nach § 204 Abs. 1 Nr. 4 BGB **verjährungshemmende Wirkung**.

18   Ein Anwalt kann für die Vertretung vor einer solchen Gütestelle nach Nr. 2303 der Anlage zu § 2 Abs. 2 RVG eine **1,5 Geschäftsgebühr** verdienen, wobei das Verfahren vor einer solchen Stelle und ein nachfolgendes Ge-richtsverfahren gemäß § 17 Nr. 7 Buchst. a RVG verschiedene Angelegenhei-ten sind, die dem anwaltlichen Vertreter somit gesondert und ohne Anrech-nung zu vergüten sind. Dies ist für eine obsiegende Partei deshalb besonders günstig, weil nach § 91 Abs. 3 ZPO, die durch ein solches Verfahren vor ei-ner solchen Stelle entstandenen Gebühr als Kosten eines innerhalb von ei-nem Jahr nachfolgenden Rechtsstreits erstattungsfähig sind[2]. Das freiwillige Verfahren vor einer derartigen Gütestelle, die sog. fakultative Streitschlich-tung, wird als Mischform zwischen Drittentscheidung und drittunterstütz-ter Verhandlung verstanden[3].

bb) Nachteil: Zum Teil ungeklärter Status

19   § 794 Abs. 1 Nr. 1 ZPO und § 204 Abs. 1 Nr. 4 BGB setzen voraus, dass die Gütestelle durch die Landesjustizverwaltung eingerichtet oder anerkannt wurde. Dabei handelt es sich um einen Organisations- oder Verwaltungsakt der Exekutive. In einigen Bundesländern wird der entsprechende Status auch

---

1 So z.B. die bereits 1924 in Hamburg eingerichtete Rechtsauskunftsstelle, die bis heute unter der Bezeichnung „Öffentliche Rechtsauskunft- und Vergleichsstelle der Freien und Hansestadt Hamburg (ÖRA)" eine rege Schlichtungstätigkeit entfaltet und als Gütestelle anerkannt wurde.

2 Nach OLG Hamburg v. 31.8.2001 – 8 W 191/01, ZKM 2002, 231 = MDR 2002, 115 al-lerdings nur für die Gebühren der Gütestelle, nicht etwaige Anwaltsgebühren; entgegen OLG Köln v. 7.10.2009 – 17 W 2009/09, NJW-RR 2010, 431; dazu näher Zöller/*Herget*, ZPO, § 91 Rz. 9.

3 *Forster/Schwarz*, ZUM 2004, 451 (458).

kraft Gesetzes direkt verliehen. Fraglich ist dabei, ob den direkt durch Landesgesetz anerkannten Gütestellen auch die weiteren Privilegien zustehen, die das Bundesrecht den „durch die Landesjustizverwaltung eingerichteten oder anerkannten" Gütestellen beilegt. Denn diese Scharniernorm erwähnt die Einrichtung durch Landesgesetz gerade nicht[1].

cc) Länderregelung im Einzelnen

In den einzelnen Bundesländern ist von der Einrichtung derartiger Schlich-   20
tungsstellen durchaus unterschiedlich Gebrauch gemacht worden:

Baden-Württemberg:

Für die obligatorische Schlichtung nach § 15a EGZPO sind an jedem Amts-   21
gericht Gütestellen eingerichtet (§ 2 Baden-Württembergisches Schlichtungsgesetz vom 28.6.2000). Darüber hinaus gibt es zahlreiche Gütestellen, die durch die Landesjustizverwaltung anerkannt wurden. Dabei handelt es sich überwiegend um Rechtsanwälte[2].

Bayern:

Alle bayerischen Notare sowie diejenigen Rechtsanwälte, die sich verpflich-   22
tet haben, Schlichtung als dauerhafte Aufgabe zu betreiben und von der Rechtsanwaltskammer entsprechend zugelassen wurden, sind in Bayern kraft Gesetzes Gütestellen i.S.v. § 15a EGZPO. Eine besondere Anerkennung ist nicht erforderlich[3].

Brandenburg:

Die in den Gemeinden eingerichteten Schiedsstellen sind kraft Gesetzes Gü-   23
testellen i.S.d. § 15a EGZPO. Vom Präsidenten der Notarkammer können weiterhin Notare als Gütestellen anerkannt werden. Für die Zulassung weiterer Personen oder Einrichtungen ist das Justizministerium zuständig. Die Voraussetzungen richten sich nach §§ 3–6 Brandenburgisches Gütestellengesetz[4].

---

1 *Greger*, NJW 2011, 1478, bestreitet dies und weist darauf hin, dass § 15a Abs. 6 Satz 2 EGZPO dann sinnentleert wäre.
2 Die Liste der anerkannten Gütestellen ist abrufbar online unter www.justizportal-bw.de.
3 So ausdrücklich die Gesetzesbegründung: Landtagsdrucksache 14/2265, S. 12.
4 Eine Liste der anerkannten Gütestellen findet sich online auf der Homepage des Brandenburgischen Justizministeriums unter www.mdj.brandenburg.de.

Hamburg:

24 Die öffentliche Rechtsauskunft- und Vergleichsstelle ist anerkannte Gütestelle mit bundesweitem Zuständigkeitsbereich[1]. Organisation und Aufbau
der Stelle sind in der Verordnung vom 1.2.2011 geregelt (Hamburgisches Ge-
setz- und Verordnungsblatt S. 49).

Hessen:

25 Die von den Gemeinden aufgrund des Hessischen Schiedsamtsgesetzes vom
23.3.1994 eingerichteten Schiedsämter sind Gütestellen i.S.d. § 15a EGZPO.
Darüber hinaus können juristische und natürliche Personen vom Präsidenten des OLG Frankfurt am Main als Gütestellen anerkannt werden (§§ 6 ff.
des Hessischen Gesetzes zur Regelung der außergerichtlichen Streitschlichtung vom 6.2.2001).

Mecklenburg-Vorpommern:

26 Die bei den Gemeinden bestehenden Schiedsstellen, die aufgrund des Meck-
lenburgischen Schiedsstellengesetzes vom 13.9.1990[2] eingerichtet wurden,
sind Gütestellen nach § 15a EGZPO.

Niedersachsen:

27 Eine gesetzliche Grundlage für die Anerkennung gibt es in Niedersachsen
nicht. Anerkannt wird aber durch Einzelfallentscheidung aufgrund von Ver-
waltungsübung[3].

Nordrhein-Westfalen:

28 Aufgrund von § 44 des Nordrhein-Westfälisches Justizgesetz vom 26.1.2010
sind die in NRW bestehenden Schiedsämter kraft Gesetzes auch anerkannte
Gütestellen. Weiterhin können vom Präsidenten des OLG natürliche und juristische Personen anerkannt werden, sofern sie die Voraussetzungen nach
§§ 45 ff. des Nordrhein-Westfälischen Justizgesetzes erfüllen.

Rheinland-Pfalz:

29 Bisher hat das Ministerium der Justiz lediglich eine einzige Bauschlichtungs-
stelle anerkannt. Die angelegten Kriterien sind unbekannt.

---

1 § 1 Hamburgisches ÖRAG vom 16.11.2010; wegen der weiteren Zuständigkeit wird
die Gütestelle bei Massenverfahren wie z.B. den Anlegerprozessen gegen die deutsche
Telekom AG regelmäßig mit Anträgen aus dem gesamten Bundesgebiet meist nur
zum Zwecke der Verjährungsunterbrechung überschwemmt.
2 Noch von der DDR-Volkskammer erlassen (Gesetzblatt I, S. 1527), allerdings mit
dem Einigungsvertrag in bundesdeutsches Recht überführt und durch das weitere Gesetz vom 1.7.2010 (GVOBl. S. 329) adaptiert.
3 So die Mitteilung des niedersächsischen Justizministeriums vom 23.3.2011, die z.B.
den Nachweis der Qualifikation, einer Haftpflichtversicherung, einer Rechtsanwalts-
zulassung und einer schriftlichen Verfahrens- und Gebührenordnung fordert.

Saarland:

Das Ministerium der Justiz kann aufgrund von § 37d des saarländischen Ge- 30
setzes zur Ausführung bundesrechtlicher Justizgesetze vom 5.2.1997 Gütestellen anerkennen.

Sachsen:

In Sachsen bestehen aufgrund von § 36 des Sächsischen Schiedsstellen- und 31
Gütestellengesetzes Schiedsstellen bei den Gemeinden, die den Namen
„Friedensrichter" tragen. Diese sind Gütestellen i.S.d. § 15a EGZPO. Bisher
sehr zurückhaltend ist der Präsident des OLG Dresden bei der Anerkennung
von weiteren natürlichen oder juristischen Personen als Gütestellen. Diese
haben bestimmte gesetzliche Anforderungen im Hinblick auf die persönliche Eignung, die Vorlage einer Verfahrensordnung, einer Ordnung zur Ak-
tenführung und im Hinblick auf die Haftpflichtversicherung und Zuverlässigkeit zu erfüllen. Die wenigen bisher bekannt gewordenen wenigen
Schlichterbestellungen scheinen beschränkt[1].

Sachsen-Anhalt:

Notare und Rechtsanwälte, die ihrer Bereitschaft zur Tätigkeit als Schieds- 32
person erklären, können in eine von der Rechtsanwaltskammer geführten
Liste aufgenommen werden[2]. Die Entscheidung hierüber wurde dem Präsidenten des Landgerichts Magdeburg übertragen[3].

Schleswig-Holstein:

Rechtsanwälte, die von der Rechtsanwaltskammer geführte Liste nach § 3 33
Abs. 1 Nr. 2 und 3 des Schleswig-Holsteinischen Gesetzes vom 11.2.2001 dafür zugelassen wurden, sind Gütestellen.

dd) Ausblick

Die jetzige Rechtszersplitterung bei der obligatorischen Schlichtung ist be- 34
dauernswert und kontraproduktiv. Es bedarf spezieller Handbücher, um
überhaupt die einzelnen Ländergesetze zu erschließen[4]. Ganz zu schweigen
davon, dass die verschiedenen Ländergesetze auch verschiedene Formulare
erfordern[5].

---

1 Es scheint, dass es sich bei den vier bislang bekannten anerkannten Schlichtern um
  die Sozien einer einzigen Rechtsanwaltskanzlei handelt, die sich „gesetzlicher
  Schlichter" nennen und den Gründungsvorstand eines „Deutschen Schlichterbundes"
  stellen sowie drei von acht im dort „bundesweiten Schlichterpool" aufgeführten
  Schlichtern.
2 Online abrufbar online unter: www.sachsen-anhalt.de/index.php?id=2946.
3 AV des Ministeriums der Justiz vom 17.2.2010.
4 *Prütting*, Außergerichtliche Streitschlichtung, S. 251–296.
5 *Prütting*, Außergerichtliche Streitschlichtung enthält Musterformulare nach Ländern
  geordnet, S. 297–330.

35   An einem eher unbeachteten Nebenarm dieses Gesetzes-Wildwuchses, entwickelt sich jedoch eine überraschend attraktive Blüte. Es geht um die fakultative Schlichtung vor nach Landesgesetz anerkannten Gütestellen:

36   Derzeit versuchen zahlreiche Anwälte und anwaltliche Mediatoren sich bei den für sie zuständigen Landesbehörden als Gütestelle registrieren zu lassen, um die Segnungen des sich daraus ergebenden Status gerade im Hinblick auf die **Vollstreckbarkeit** der bei ihnen geschlossenen Vergleiche in das Mediationsverfahren integrieren zu können. Inwieweit dies erfolgreich sein wird, ist genauso offen, wie die Entscheidung der zahlreichen verfassungsrechtlichen Fragen, die dem Bestellungsverfahren noch anhaften. Einer allmählichen Klärung durch die Rechtsprechung vorzuziehen wäre, dass der Bundesgesetzgeber schnell klare Vorgaben für die materiellen und formellen Voraussetzungen einer Anerkennung der im fakultativen Verfahren tätigen Schlichter schafft. Schließlich geht es um die Freiheit der Berufsausübung, so dass die bisherige Praxis mancher Landesjustizverwaltungen Anerkennung allein aufgrund von Verwaltungsvorschriften zu verweigern, bedenklich ist. Insofern wäre eine Ergänzung des Mediationsgesetzes, das trotz seines ambitionierten Titels „Gesetz zur Förderung der Mediation und anderer Verfahren der außergerichtlichen Konfliktbeilegung", zu dieser Nahtstelle zu bereits existierenden Schlichtungsgesetzgebung schweigt, wünschenswert.

37   Wegen der unterschiedlichen landesrechtlichen Ausgestaltung der fakultativen Streitschlichtung im Zusammenhang mit § 15a EGZPO fehlt es auch an einer einheitlichen Auswahl und Qualifikation der Schlichter. Der diesbezügliche Markt ist völlig intransparent und alles andere als verbraucherfreundlich.

38   Das Verfahren der fakultativen Schlichtung kann deshalb für IT-Verfahren nur dann empfohlen werden, wenn der Schlichter ein ohnehin als Schiedsrichter oder Mediator erfolgreicher und routinierter Notar oder Rechtsanwalt ist. Dann schadet die zusätzliche Anerkennung als Gütestelle nicht, sondern bringt im Falle des Anwalts sogar noch zusätzliche verfahrensmäßige Vorteile z.B. im Hinblick auf die Vollstreckbarkeit der Mediationsvereinbarung. Die ist dann nämlich als Vergleich vor einer anerkannten Schiedsstelle und Gütestelle nach § 794 Abs. 1 Nr. 1 ZPO bei der Vollstreckung privilegiert.

ee) Beispiel: Schlichtung bei der Deutschen Gesellschaft für Recht und Informatik e.V.

39   Die Deutsche Gesellschaft für Recht und Informatik e.V. (DGRI) mit Sitz in Berlin unterhält eine Schlichtungsstelle, um Streitigkeiten mit besonderen Bezügen zur **Informations- und Kommunikationstechnik** beizulegen. Dabei steht die Schlichtungsstelle für nationale und grenzüberschreitende Streitigkeiten zur Verfügung.

Streitigkeiten, die gemäß § 47a Abs. 1 TKG unter die Zuständigkeit der Re- 40
gulierungsbehörde fallen, schließt die DGRI von ihrer Schlichtungsordnung
aus. Sie ist aber **zuständig** insbesondere für Streitigkeiten:

– Zwischen und Anbietern und Kunden von Lieferung und Leistung der 41
  Informations- und Datenverarbeitungsbranchen;

– Zwischen Anbietern und Kunden von Onlinediensten einschließlich 42
  Telemedien;

– Über die Verletzung von gewerblichen oder geistigen Schutzrechten ein- 43
  schließlich wettbewerbsrechtlich geschützter Rechtsposition an Produk-
  tion der Informations- und Kommunikationstechnik;

– Über Anstellungs-, Dienst- oder Werkverträge mit Bezügen zum Informa- 44
  tions- oder datenverarbeitenden Wertschöpfungsprozess.

Die Besonderheit der Schlichtung nach der Schlichtungsordnung der DGRI 45
besteht in der Zusammensetzung des **Schlichtungsteams**: Es besteht in der
Regel aus einem Juristen, der die Befähigung zum Richteramt besitzt, und
aus einem in der Regel öffentlich bestellten und vereidigten EDV-Sachver-
ständigen. Unter Umständen wird ein Dritter im Schlichtungsteam aufgenommen, der eine der beiden vorgenannten Qualifikationen erfüllt. In geeigneten Einzelfällen kann auch ein einzelner Schlichter oder Mediator
vorgeschlagen werden.

Die **Schlichtungsordnung**[1] enthält dann die Regelungen, die auch Schlich- 46
tungsordnungen vergleichbarer Institutionen in aller Regel enthalten[2]. Im
Einzelnen:

§ 1 definiert den Anwendungsbereich der Schlichtung.   47

In § 2 wird die Einleitung des Verfahrens geregelt, u.a. hinsichtlich des Min- 48
destinhalts des Schlichtungsantrags und der Wahl der Sprache für das
Schlichtungsverfahren.

In § 3 ist die Zusammensetzung des Schlichtungsteams geregelt. Dieser Pa- 49
ragraph enthält auch Vorschriften hinsichtlich der Pflichten der Schlichter
und Befangenheitsanträge gegen die Schlichter.

---

1 Abzurufen online über die Homepage der DGRI unter www.dgri.de/schlichtung/
  schlichtungsordnung.
2 Bei einer Suche nach „Schlichtungsordnung" wirft eine Suchmaschine wie Google
  über 23 000 Ergebnisse aus, u.a. die Schlichtungsordnung der Industrie- und Handelskammer Frankfurt am Main unter www.frankfurt-main.ihk.de/recht/themen/schlich
  tung/ordnung; die Suche nach den kombinierten Stichwörtern „Schlichtungsordnung"
  und „IT" ergibt bei einer Suchmaschine wie Google über 3900 Treffer, darunter die IT-
  Schlichtungsordnung der HK Handelskammer Hamburg unter www.hk24.de/recht_
  recht_fair_play/schiedsgerichte/mediationschlichtung/schlichtung/ITschlichtungsstel
  le.de.

50 § 4 enthält allgemeine Verfahrensmaximen, wie eine allgemeine Verfahrensforderungspflicht, die Regelung von Zustellungen, die Vertretung jeder Partei, die Vertraulichkeit und die Verjährungshemmung im Rahmen von § 203 Satz 1 BGB.

51 Die Durchführung der eigentlichen Schlichtung wird in § 5 geregelt. Hierzu gehören Vorschriften über das rechtliche Gehör und schriftliche Stellungnahmen, aber auch über Eckpunkte des Beweiserhebungsrechts.

52 Eine Besonderheit des Schlichtungsverfahrens der DGRI zeigt sich in § 6, der hinsichtlich des **Schlichtungsergebnisses** vier Alternativen auffächert:

53 Kommt auf Vorschlag des Schlichtungsteams eine Vereinbarung zwischen den Parteien zustande, so ist sie als Schlichtungsvergleich zu protokollieren (§ 6 Abs. 1).

54 Ergebnis der Schlichtung können auch vorläufige Regelungen sein, die auf Vorschlag oder unter Mitwirkung des Schlichtungsteams zustande kommen (§ 6 Abs. 2).

55 Ist eine Einigung der Parteien nicht erzielbar, unterbreitet das Schlichtungsteam einen schriftlichen Schlichtungsspruch mit kurzer Begründung (§ 6 Abs. 3). Dies entspricht dem Verlauf eines Schlichtungsverfahrens im engeren Sinne. Unter der Geltung dieser **Schlichtungsordnung** beträgt die Frist zur Annahme des Schlichtungsspruchs zwei Wochen. Sie kann nach dieser Schlichtungsordnung einmal verlängert werden. Stimmen die Parteien innerhalb dieser Frist nicht zu, ist die Schlichtung gescheitert. Denn die Schlichtung ist in aller Regel freiwillig.

56 Allerdings kann unter der Geltung dieser Schlichtungsordnung auf Wunsch der Parteien davon eine Ausnahme gemacht werden: Die Parteien können in der Form des § 1031 ZPO vereinbaren, dass das Schlichtungsteam mit der endgültigen Entscheidung über den Streitgegenstand als Schiedsgericht beauftragt wird. In diesem Fall entscheidet das Schlichtungsteam als Schiedsgericht durch einen Schiedsspruch (§ 6 Abs. 4). Insofern sieht die Verfahrensordnung auch ausdrücklich vor, dass selbst nach Beendigung/Scheitern der Schlichtung in Form eines **Schiedsspruchs mit vereinbartem Wortlaut (§ 1053 ZPO)** entschieden werden kann.

57 Das Verhältnis zwischen Schlichtungs- und Gerichts- bzw. weiteren Schiedsverfahren ist in § 7 geregelt.

58 Verschiedene Formen der Beendigung des Schlichtungsverfahrens enthält § 8.

59 Einen weitgehenden Haftungsausschluss des Schlichtungsteams gegenüber den Parteien enthält § 9.

Die Verteilung der durch das Schlichtungsverfahren entstandenen Kosten enthält § 10.   60

Honorare des Schlichtungsteams werden in § 11 geregelt.   61

Die Schlichtungsordnung der DGRI ist zum 1.3.2008 neu gefasst worden und hat im Bereich der IT-Streitigkeit eine gewisse Marktgeltung erreicht[1].   62

ff) Weiteres Beispiel: ADR-Konzept mit Kombination von Schlichtung und Mediation (DIS)

Die in Deutschland neben internationalen Anbietern wie der International Chamber of Commerce (ICC) bekannteste und wichtigste Institution für ADR-Verfahren ist wohl die **Deutsche Institution für Schiedsgerichtsbarkeit e.V.** (DIS). Sie ist ein eingetragener Verein mit Sitz in Berlin, dessen Wurzeln bis in das Jahr 1920 zurückreichen. In der heutigen Form ist sie aus einem Zusammenschluss vom Deutschen Ausschuss für Schiedsgerichtswesen und dem Deutschen Institut für Schiedsgerichtswesen hervorgegangen. Der Verein verfügt derzeit über ca. 1050 Mitglieder im In- und Ausland, darunter zahlreiche Spitzenverbände der deutschen Wirtschaft, Industrie- und Handelskammern, führende deutsche Unternehmen, aber auch Richter, Rechtsanwälte und Wissenschaftler[2].   63

Für die gebräuchlichsten ADR-Verfahren bietet die DIS sowohl vertragliche Musterklauseln als auch jeweils Verfahrensordnung an. Dazu gehören die DIS-Schlichtungsordnung, die DIS-Mediationsordnung, die DIS-Schiedsgutachtensordnung, die DIS-Gutachtensordnung für projektbegleitende, vorläufig bindende Entscheidungen, die DIS-Verfahrensordnung für Adjudikation.   64

Die DIS-Mediationsordnung stammt vom 1.5.2010 und ist insofern eine der modernen, ausführlichen und professionellen Mediationsordnungen[3]. Das Besondere an der Mediationsordnung genauso wie an den anderen Verfahrensordnungen der DIS ist der Umstand, dass sie zusammen ein gesamtes **ADR-System** darstellen. Verbindendes und überwölbendes Element ist dabei die DIS-Konfliktmanagementordnung. Mit ihr beschreitet die DIS Neuland im Bereich der außergerichtlichen Konfliktbeilegung. Denn sie stellt damit eine Verfahrensordnung zur Verfügung, die sich auf sinnvolles vorgelagertes Thema spezialisiert: Es geht noch nicht um die Bereinigung des Konflikts als solchen, sondern ausschließlich um die Auswahl aus dem umfangreichen Fächer der unterschiedlichsten ADR-Verfahren. Damit ist die Konfliktmanagementordnung[4] eine allen sonstigen Verfahrensordnungen vorgelagerte „Verfahrenswahl-Verfahrensordnung"[5].   65

---

1 Vgl. zusammenfassend *Bräutigam*, CR 2008, 338.
2 Nähere Informationen sind online abrufbar unter www.dis-arb.de.
3 Vgl. ausführlich dazu: *Breidenbach/Peres*, SchiedsVZ 2010, 125.
4 Online verfügbar unter www.dis-arb.de.
5 Vgl. umfassende Darstellung bei *Scherer*, SchiedsVZ 2010, 122.

66 In den meisten Unternehmen führen heute noch vorgegebene Entschei-
dungsstrukturen Konflikte betreffend regelmäßig immer zu den gleichen
Konfliktlösungsmechanismen, am häufigsten zu Schiedsgerichtsverfahren
oder staatliche Gerichtsverfahren. Erst in jüngster Zeit ist in den Unternehmen ein Bewusstsein dafür gewachsen, dass es mit den zusätzlichen Verfahren der ADR eine stark erweiterte Palette an Konfliktregelungsmechanis-
men gibt. Damit zusammenhängend ist in den Unternehmen auch das
Bewusstsein dafür gewachsen, dass es ökonomisch sehr sinnvoll sein kann,
jeden einzelnen Konflikt daraufhin zu evaluieren, mit welchem Konflikt-
regelungsmechanismus er am besten und effektivsten aus der Welt geschaffen werden kann[1].

67 Die Erkenntnis, dass es für jeden einzelnen Konflikt quasi maßgeschneiderte
ADR-Verfahren gibt, hat zunächst zu sog. **Eskalations-Klauseln** geführt, die
schon im Stadium der Vertragsverhandlungen die Palette an geeigneten Konfliktlösungsmechanismen öffnen.

68 Eine Regelungslücke bestand in denjenigen Fällen, in denen keine ausreichende Eskalationsklausel vereinbart wurde und/oder die Probleme ad hoc
entstanden. Die **Konfliktmanagementordnung** bietet nun eine einfache Lösung, weil die Parteien sich bei Abschluss des Projektvertrages noch keine
Gedanken über die geeignete ADR-Methode machen müssen, sondern sich
auf einen in Verfahrenswahlfragen besonders qualifizierten neutralen Dritten abstützen können. Denn die Wahl eines derartigen „Konfliktmanagers"
ist die Besonderheit dieses vorgeschalteten „Verfahrenswahlverfahrens".
Dieser Konfliktmanager ist insoweit besonders qualifiziert und besonders
unabhängig, als er in keinem der später möglicherweise gewählten ADR-
Verfahren auftritt, er ist also weder Mediator, noch Schiedsrichter, noch
Schiedsgutachter oder Schlichter[2].

69 Das Konfliktmanagementverfahren zeichnet sich durch eine – im Vergleich
zur DIS-Mediationsordnung – erheblich geringere Regelungsdichte aus.
Gleichzeitig verlangt es von dem Konfliktmanager deutlich mehr Experten-
wissen, als dies bei der (möglicherweise nachfolgenden) Mediation der Fall
wäre. Der große Vorteil dieses neuen Vorschaltverfahrens liegt darin, dass
die Parteien ihre ursprünglichen Vertragsverhandlungen von dem schwierigen und misslichen Thema des Umgangs mit zukünftigen Konflikten frei-

---

1 Vgl. z.B. die Studien des Round Table Mediation und Konfliktmanagement der deutschen Wirtschaft in Zusammenarbeit mit der Europa Universität Viadrina Frankfurt
und PWC, zuletzt die Studie „Konfliktmanagement – von den Elementen zum System" aus dem Jahr 2011, online verfügbar unter www.pwc.de/de/consulting/foren
sik-services.

2 Damit unterscheidet sich das DIS-Konfliktmanagementverfahren von anderen Systemen, u.a. auch dem bei der ICC angesiedelten ADR-Auswahlverfahren, bei dem das
Verfahrensauswahlverfahren und das eigentliche Lösungsverfahren durch ein und denselben Dritten erfolgen. Vgl. Art. 5 Abs. 1 der ICC-ADR Regeln, online verfügbar unter
www.iccwbo.org.

halten können. Die Aufnahme der von der DIS vorgeschlagenen Konfliktmanagementklausel

hinsichtlich aller Streitigkeiten, die sich aus oder im Zusammenhang mit dem Vertrag (...Bezeichnung des Vertrags...) ergeben und für deren Lösung die Parteien noch keine Vereinbarung über das Streitbeilegungsverfahren getroffen haben, wird ein Konfliktmanagementverfahren nach der Konfliktmanagementordnung der Deutschen Institution für Schiedsgerichtsbarkeit e.V. (DIS)(DIS-KMO) mit dem Ziel der Festlegung eines Streitbeilegungsverfahrens durchgeführt.

ist in keiner Weise kontrovers, sondern stärkt im Gegenteil den Zusammenarbeitswillen der Parteien. Es bleibt abzuwarten, welche Marktgeltung dieses moderne System erreichen wird.

VI. Schiedsverfahren

1. Bedeutung und Grundlagen der Schiedsgerichtsbarkeit

1 Eine zunehmende Bedeutung kommt heutzutage der Streitbeilegung durch Schiedsverfahren zu. Im internationalen Rechtsverkehr stellen Schiedsverfahren manchmal die einzig zuverlässige Möglichkeit der Rechtsdurchsetzung dar. Aber auch in rein nationalen Streitigkeiten kann es vorteilhaft sein, anstatt eines Rechtsstreits vor den staatlichen Gerichten ein Schiedsverfahren durchzuführen. Für IT-Streitigkeiten, die eine sehr spezifische Erfahrung erfordern, bieten Schiedsverfahren die Möglichkeit, Schiedsrichter auszuwählen, die über besondere Expertise in dem konkret relevanten Thema verfügen. Schiedsverfahren sind grundsätzlich nicht öffentlich und ermöglichen einen zuverlässigen Schutz von sensiblen Informationen.

2 Schiedsgerichte sind private Gerichte, die Rechtsstreitigkeiten anstelle der staatlichen Gerichte für die Parteien **bindend entscheiden**. Das zur Entscheidung eines Rechtsstreits berufene Schiedsgericht wird im Regelfall speziell für diesen Streitfall gebildet. Das Verfahren vor Schiedsgerichten kann von den Parteien im Rahmen der Privatautonomie weitgehend selbst gestaltet werden, vorausgesetzt, dass die Parteien grundsätzlich gleichwertige Rechtsschutzmöglichkeiten wie vor den staatlichen Gerichten haben. Aufgrund der weitreichenden Einfluss- und Gestaltungsmöglichkeiten der Parteien gelten Schiedsverfahren als weniger fremdbestimmt als Verfahren vor den staatlichen Gerichten.

3 Das Schiedsgericht entscheidet den Rechtsstreit durch einen **Schiedsspruch**, der weitgehend dem Urteil staatlicher Gerichte gleichgestellt ist und Grundlage für eine Zwangsvollstreckung sein kann. Für IT-Streitigkeiten kann die Schiedsgerichtsbarkeit Vorteile gegenüber Verfahren vor staatlichen Gerichten bieten, insbesondere wenn es um Sachverhalte geht, deren Entscheidung eine spezielle Expertise erfordert, die bei staatlichen Richtern nicht vorhanden wäre. Schiedsverfahren eignen sich zudem besonders für internationale Rechtsstreitigkeiten. Aus Sicht deutscher Parteien ermöglichen internationale Schiedsgerichte ein neutrales Forum, wenn der Rechtsstreit alternativ nicht vor den deutschen staatlichen Gerichten geführt werden würde, sondern in einer oder mehreren fremden Jurisdiktionen.

4 Abzugrenzen ist die Schiedsgerichtsbarkeit von anderen Formen der **alternativen Streitbeilegung**, die nicht ohne Weiteres zu einem vollstreckbaren Titel führen, beispielsweise der Mediation, Schlichtung oder Gutachterverfahren. Unter den verschiedenen Methoden der alternativen Streitbeilegung sind Schiedsverfahren am ehesten vergleichbar mit Prozessen vor staatlichen Gerichten. Sie führen in einem kontradiktorischen Verfahren zu einer Entscheidung des Rechtsstreits durch einen oder mehrere Dritte, es sei denn, die Parteien einigen sich im Laufe des Verfahrens gütlich oder das Schiedsverfahren wird aus sonstigen Gründen vor einer endgültigen Entscheidung beendet.

Schiedsverfahren werden durch internationale Übereinkommen und die na-   5
tionalen Schiedsverfahrensrechte geregelt. Das deutsche Schiedsverfahrensrecht findet sich im **10. Buch der ZPO** (§§ 1025 ff. ZPO). Es ist immer dann
anzuwenden, wenn der Ort des schiedsrichterlichen Verfahrens[1] in Deutschland liegt (§ 1025 Abs. 1 ZPO). Für die Anwendbarkeit des deutschen
Schiedsverfahrensrechts kommt es weder auf die Nationalität der Parteien
oder der Schiedsrichter noch auf das anzuwendende materielle Recht an. Daher ist es möglich, dass sowohl rein innerdeutsche als auch internationale
Schiedsverfahren mit Parteien aus unterschiedlichen Ländern nach den
§§ 1025 ff. ZPO durchgeführt werden. Das deutsche Schiedsverfahrensrecht
ist zudem – in relevanten Teilen – immer dann anzuwenden, wenn ausländische Schiedssprüche in Deutschland anerkannt und vollstreckt werden
sollen (§ 1025 Abs. 4 ZPO).

Heutzutage sind viele nationale Schiedsverfahrensrechte dem **Modellgesetz**   6
der UNCITRAL[2] nachempfunden. Daher herrschen in vielen Ländern, insbesondere der westlichen Hemisphäre, eine gewisse Vergleichbarkeit und
einheitliche Standards. Trotz der Bemühungen um internationale Vereinheitlichung gibt es allerdings immer noch diverse Besonderheiten und Unterschiede, die die Parteien eines Schiedsverfahrens beachten sollten. Besonders relevant für die Parteien sind stets das nationale Schiedsverfahrensrecht
am Schiedsort und am Ort einer späteren Zwangsvollstreckung. Neben den
nationalen Schiedsverfahrensrechten sind für die konkrete Verfahrensführung die von den Parteien vereinbarten Regelungen maßgeblich.

Nachfolgend werden die Grundzüge von Schiedsverfahren anhand des deut-   7
schen Schiedsverfahrensrechts vorgestellt, das ein Beispiel für ein modernes,
dem UNCITRAL-Modellgesetz nachempfundenes Schiedsverfahrensrecht
ist[3]. Kapitel III enthält einen Überblick über die Schiedsregeln verschiedener
international tätiger Schiedsgerichtsinstitutionen.

a) Steigende Bedeutung im nationalen und internationalen Wirtschaftsleben

Die Bedeutung der Schiedsgerichtsbarkeit hat in den vergangenen Jahren   8
stark zugenommen. Innerhalb Deutschlands hat die **Einführung eines mo-**
dernen Schiedsverfahrensrechts im Jahr 1998 wesentlich dazu beigetragen,
dass Unternehmen verstärkt zu dieser Form der Streitbeilegung greifen. Auf
internationaler Ebene wird die Schiedsgerichtsbarkeit als effektiver Streitbeilegungsmechanismus in einem neutralen Forum, das von dem jeweiligen
nationalen Gerichtssystem der Parteien losgelöst ist, angesehen. Als beson-

---

1 Der Ort des schiedsrichterlichen Verfahrens ist in § 1043 ZPO geregelt und wird unten
  unter Rz. 174 ff. ausführlich erörtert. Bestimmte Vorschriften, die das Verhältnis zwischen deutschen staatlichen Gerichten und Schiedsgerichten betreffen (§§ 1032, 1033,
  1050 ZPO), sind auch dann anzuwenden, wenn der Ort des schiedsrichterlichen Verfahrens im Ausland liegt (§ 1025 Abs. 2 ZPO).
2 Der Text des UNCITRAL Model Law on International Commercial Arbitration ist unter www.uncitral.org verfügbar.
3 Das deutsche Schiedsverfahrensrecht trat in seiner heutigen Fassung am 1.1.1998 in
  Kraft.

dere Vorzüge werden die häufig leichtere Vollstreckbarkeit von Schiedssprüchen im Ausland, die Flexibilität des Verfahrens und die individuelle, auf den jeweiligen Streitfall zugeschnittene Expertise der Schiedsrichter angesehen[1].

9   Das gestiegene Interesse an Schiedsverfahren schlägt sich in **steigenden Fallzahlen** bei den international tätigen Schiedsinstitutionen nieder. Bei der International Chamber of Commerce („ICC") mit Sitz in Paris stieg die Anzahl der jährlich neu eingeleiteten Schiedsverfahren von etwas über 500 im Jahr 2006 auf über 800 im Jahr 2009[2]. Bei der Deutschen Institution für Schiedsgerichtsbarkeit e.V. („DIS") stieg die Zahl der neu eingeleiteten Schiedsverfahren von 2007 auf 2008 um 22 % und von 2008 auf 2009 um 40 %[3].

10 Das stetig wachsende Interesse an der Schiedsgerichtsbarkeit und anderen Formen der alternativen Streitbeilegung schlägt sich auch in einem immer größeren und vielfältigeren **Angebot der Schiedsinstitutionen** wider. Die DIS bietet beispielsweise neben den Schiedsregeln für „klassische" Schiedsverfahren derzeit Ergänzende Regeln für Gesellschaftsrechtliche Streitigkeiten sowie Ergänzende Regeln für beschleunigte Schiedsverfahren an. Daneben hält die DIS eine Konfliktmanagementordnung, Schlichtungsordnung, Mediationsordnung, Schiedsgutachtensordnung, Gutachtensordnung und Verfahrensordnung für Adjudikation bereit. Trotz dieses vielfältigen Spektrums ist in der Praxis, nicht nur in Bezug auf die DIS, allerdings zu beobachten, dass es keine überragend große Anzahl von Verfahren unter den diversen Verfahrensordnungen gibt. Die Fallzahlen der „klassischen" Schiedsverfahren werden von den anderen Angeboten alternativer Streitbeilegung nicht annähernd erreicht.

11 Ein speziell auf IP-Streitigkeiten zugeschnittenes Angebot bietet das im Jahr 1994 eröffnete **World Intellectual Property Organisation** Arbitration and Mediation Center („WIPO"). Die WIPO verfügt über Regelwerke für verschiedene Formen der alternativen Streitbeilegung, jeweils mit einem besonderen Zuschnitt auf Verfahren im Bereich des geistigen Eigentums, Technologie und Entertainment. Die WIPO führt ebenfalls eine Liste potentieller Schiedsrichter und Mediatoren, die über Expertise und Erfahrung in diesen Bereichen verfügen.

b) Vertraglicher Ausschluss der staatlichen Gerichtsbarkeit

12 Mit einer Schiedsvereinbarung unterwerfen die Parteien eine Rechtsstreitigkeit unter **Ausschluss der staatlichen Gerichte** der Entscheidung durch ein Schiedsgericht. Es ist möglich, Streitigkeiten sowohl vor als auch nach Entstehung des Streits einem Schiedsgericht zu unterwerfen (§ 1029 Abs. 1 ZPO). Strebt eine Partei die Streitbeilegung durch Schiedsverfahren an, emp-

---

1 International Arbitration: Corporate Attitudes and Practices 2008, Queen Mary University of London, School of International Arbitration, PriceWaterhouse Coopers.
2 Facts and Figures on ICC Arbitration – 2009 statistical report, Februar 2010.
3 SchiedsVZ 2009, Heft 2, VII; SchiedsVZ 2010, Heft 3, VII.

fiehlt es sich jedoch, frühzeitig Einvernehmen mit der anderen Partei zu suchen. Besteht eine vertragliche Beziehung zwischen den Parteien, bietet sich hierzu der Ausgangsvertrag an. Dies beruht auf dem immer noch häufig zu beobachtenden Phänomen, dass sich Parteien nach der Entstehung von Streitigkeiten nicht einmal mehr auf rein prozessuale Regelungen verständigen können, die eigentlich im beidseitigen Interesse sein müssten.

Die Parteien können alle oder nur einzelne Streitigkeiten vor ein Schieds-   13
gericht bringen. Voraussetzung ist lediglich, dass sich die Streitigkeiten auf ein **bestimmtes Rechtsverhältnis** vertraglicher oder nicht vertraglicher Art beziehen. Nach der deutschen Terminologie handelt es sich um eine „Schiedsabrede", wenn eine Schiedsvereinbarung in Form einer selbständigen Vereinbarung geschlossen wird, und um eine „Schiedsklausel", wenn es sich um eine Klausel in einem Vertrag handelt (§ 1029 Abs. 2 ZPO).

Die Parteien können die **Anzahl der Schiedsrichter** selbst bestimmen. Zur   14
Vermeidung von Patt-Situationen empfiehlt sich eine ungerade Zahl, wobei typischerweise entweder ein Einzelschiedsrichter oder ein aus drei Schiedsrichtern bestehendes Schiedsgericht gewählt wird. Ein Schiedsgericht mit mehr als drei Schiedsrichtern wird im Allgemeinen wegen der hohen zusätzlichen Kosten und dem vergleichsweise geringen Mehrwert gegenüber einem Dreierschiedsgericht nicht empfohlen. Das deutsche Schiedsverfahrensrecht geht von dem Leitbild eines aus drei Schiedsrichtern bestehenden Schiedsgerichts aus (§ 1034 Abs. 1 Satz 2 ZPO). Sofern die Parteien nichts anderes vereinbart haben, bestellt jede Partei einen Schiedsrichter und die beiden parteiernannten Schiedsrichter bestellen den dritten Schiedsrichter, der als Vorsitzender des Schiedsgerichts tätig wird (§ 1035 Abs. 3 ZPO).

aa) Schiedsfähigkeit

Gegenstand einer Schiedsvereinbarung können zum einen **vermögensrecht-**   15
liche Ansprüche sein und zum anderen **nichtvermögensrechtliche Ansprü-**
che, sofern die Parteien berechtigt sind, über den Gegenstand des Streites einen Vergleich zu schließen (§ 1030 Abs. 1 ZPO). Verschiedene Streitigkciten sind kraft Gesetzes nicht schiedsfähig, beispielsweise bestimmte Streitigkeiten über den Bestand eines Wohnraum-Mietverhältnisses im Inland (§ 1030 Abs. 2 ZPO) und Nichtigkeits-/Anfechtungsklagen gegen Beschlüsse der Hauptversammlung einer Aktiengesellschaft (§ 246 Abs. 3 AktG). In anderen Sachgebieten unterliegen Schiedsverfahren Beschränkungen, beispielsweise Arbeitssachen (§ 101 ArbGG) und bestimmte Geschäfte nach dem WpHG (§ 37h WpHG).

In Bezug auf Schutzrechte stellt sich vor allem die Frage der **Schiedsfähigkeit**   16
von Streitigkeiten über die Erteilung und Vernichtung von Schutzrechten.
Nach immer noch herrschender Meinung sind nach deutschem Recht Streitigkeiten über die Existenz gewerblicher Schutzrechte, die durch hoheitlichen Akt begründet werden, nicht schiedsfähig[1]. Begründet wird diese Auf-

---

1 MüKoZPO/*Münch*, Band 3, 3. Aufl. 2008, § 1030 Rz. 33.

fassung damit, dass die Erteilung und die Vernichtung von Schutzrechten der öffentlichen Hoheit zuzurechnen und der Privatautonomie entzogen sind. Beispiele für nicht schiedsfähige Streitigkeiten sind die Klagen nach § 81 PatG auf Nichtigkeit von Patenten oder Erteilung von Zwangslizenzen. Bedürfen Schutzrechte keines hoheitlichen Akts zu ihrer Entstehung, wie beispielsweise Urheberrechte oder Recht am Know-how, kann ein Schiedsgericht über deren Existenz entscheiden[1]. Als unstreitig schiedsfähig gelten demgegenüber Streitigkeiten über die Konsequenzen von Schutzrechtsverletzungen, beispielsweise Schadensersatzansprüche aufgrund von Patentrechtsverletzungen[2].

17   Es vermehrt sich jedoch die Kritik an dem deutschen Ansatz, die Schiedsfähigkeit von Streitigkeiten über die Existenz von gewerblichen Schutzrechten, die durch Hoheitsakt begründet werden, zu verneinen. Im Verhältnis zwischen den Parteien (inter partes) soll es möglich sein, über den Bestand derartiger Schutzrechte zu entscheiden[3]. Beispielsweise in den USA wird diese Auffassung regelmäßig vertreten. Angesichts der zunehmenden Zahl von Streitigkeiten, in denen Schutzrechte in mehreren Jurisdiktionen betroffen sind, wäre eine Vereinheitlichung äußerst wünschenswert. Internationale Schiedsgerichte scheinen dem vereinzelt zu folgen, indem sie vermehrt die Schiedsfähigkeit von Streitigkeiten über die Existenz von deutschen Schutzrechten mit Wirkung zwischen den streitenden Parteien anerkennen[4].

bb) Schiedsvereinbarung begründet Einrede vor deutschen staatlichen Gerichten

18   Eine wirksame Schiedsvereinbarung hat zur Folge, dass **Klagen** vor den deutschen staatlichen Gerichten **unzulässig** sind, wenn sich der Beklagte auf die Einrede der Schiedsvereinbarung beruft (§ 1032 Abs. 1 ZPO). Der Beklagte muss hierzu vor Beginn der mündlichen Verhandlung zur Hauptsache rügen, dass der Klageerhebung eine Schiedsvereinbarung entgegensteht. Das Gericht prüft daraufhin die Wirksamkeit der Schiedsvereinbarung. Sofern die Schiedsvereinbarung nicht nichtig, unwirksam oder undurchführbar ist, hat das Gericht die Klage als unzulässig abzuweisen.

19   Erhebt ein Beklagter die Einrede der Schiedsvereinbarung nicht, prüfen die deutschen staatlichen Gerichte **nicht von Amts wegen**, ob eine wirksame Schiedsvereinbarung vorliegt. Vielmehr würde in dieser Situation die Schiedsvereinbarung in Bezug auf den konkret anhängigen Streitgegenstand außer

---

1 *Fritze*, GRUR Int 1992, 218.
2 *Frost*, Schiedsgerichtsbarkeit im Bereich des geistigen Eigentums nach deutschem und US-amerikanischem Schiedsrecht, 2001, 43.
3 Diese Auffassung wird unter anderem durch ein BGH Urteil gestützt, wonach der Streitstoff bei einer Patentnichtigkeitsklage durch Vergleich beschränkt werden könne (BGH, GRUR 1962, 294).
4 *Klett/Sonntag/Wilske*, Intellectual Property Law in Germany, 2008, Chapter 6, B.II.1. mit Verweis auf ICC Bulletin, Vol. 4 No. 2 (1993), S. 76 ff.

Kraft treten. Die Schiedsvereinbarung bliebe jedoch im Übrigen wirksam, so dass die Parteien eine andere als die eingeklagte Streitigkeit vor einem Schiedsgericht klären lassen können.

Besteht Unklarheit darüber, ob eine wirksame Schiedsvereinbarung vorliegt, 　20 können die Parteien die deutschen staatlichen Gerichte auch unabhängig von der Erhebung einer Klage für eine Klärung anrufen. Bis zur Bildung des Schiedsgerichts kann ein Antrag auf **Feststellung der Zulässigkeit oder Unzulässigkeit eines schiedsrichterlichen Verfahrens** gestellt werden (§ 1032 Abs. 2 ZPO)[1]. Dies ermöglicht den Parteien im Vorfeld eines Schiedsverfahrens eine abschließende Klärung über die Wirksamkeit der Schiedsvereinbarung. Dieser Weg steht den Parteien allerdings nur bis zur Bildung des Schiedsgerichts offen.

Nach Bildung des Schiedsgerichts muss die Unzulässigkeit des schiedsrich-　21 terlichen Verfahrens zunächst vor dem Schiedsgericht geltend gemacht werden (§ 1040 Abs. 2 ZPO). Hält sich das Schiedsgericht für zuständig, wird über die Rüge der Unzuständigkeit des Schiedsgerichts durch Zwischenentscheid entschieden. Der Zwischenentscheid kann wiederum vor den staatlichen Gerichten überprüft werden (§ 1040 Abs. 3 ZPO).

Durchsetzung einer Schiedsvereinbarung nach deutschem Schiedsverfahrensrecht

Klage vor staatlichen Gerichten	Abstrakte Klärung vor Erhebung einer Schiedsklage oder Klage	Schiedsklage vor Schiedsgericht
Schiedseinrede vor dem staatlichen Gericht	Antrag auf Feststellung der Zulässigkeit oder Unzulässigkeit eines schiedsrichterlichen Verfahrens	Rüge der Unzuständigkeit des Schiedsgerichts vor dem Schiedsgericht Überprüfung eines Zwischenentscheids des Schiedsgerichts vor dem staatlichen Gericht
§ 1032 Abs. 1 ZPO	§ 1032 Abs. 2 ZPO	§ 1040 Abs. 2 ZPO, § 1040 Abs. 3 ZPO

cc) Durchsetzbarkeit von Schiedsvereinbarungen auf internationaler Ebene

Auf internationaler Ebene ist die Durchsetzbarkeit von Schiedsvereinbarun-　22 gen durch multilaterale Übereinkommen sichergestellt. Das New Yorker UN-Übereinkommen über die Anerkennung und Vollstreckung ausländischer Schiedssprüche vom 10.6.1958 (**New Yorker Übereinkommen**)[2] ist das international wichtigste Übereinkommen im Bereich der Schiedsgerichtsbarkeit. Mit derzeit 145 Vertragsstaaten gilt es als das erfolgreichste

---

1 Für den Antrag nach § 1032 ZPO besteht eine ausschließliche Zuständigkeit der Oberlandesgerichte (§ 1062 Abs. 1 Nr. 2 ZPO).
2 BGBl. 1961 II, S. 122.

UN-Übereinkommen[1]. Das New Yorker Übereinkommen dient, entsprechend seinem Titel, vornehmlich der Sicherstellung der Anerkennung und Vollstreckung ausländischer Schiedssprüche. Zugleich enthält es aber auch Vorschriften über die Durchsetzbarkeit von Schiedsvereinbarungen.

23 Vertragsstaaten des New Yorker Übereinkommens erkennen schriftliche Schiedsvereinbarungen an (Art. II.1 des New Yorker Übereinkommens). Wird ein staatliches Gericht eines Vertragsstaates wegen eines Streitgegenstandes angerufen, für den eine Schiedsvereinbarung besteht, so hat das **staatliche Gericht die Parteien auf das schiedsrichterliche Verfahren** zu verweisen. Wie im deutschen Recht ist hierzu der Antrag einer Partei erforderlich. Des Weiteren kommt eine Verweisung auf das schiedsrichterliche Verfahren nur in Betracht, sofern das staatliche Gericht nicht feststellt, dass die Schiedsvereinbarung hinfällig, unwirksam oder nicht erfüllbar ist (Art. II.3 des New Yorker Übereinkommens).

24 Auf europäischer Ebene gilt daneben das Genfer Europäische Übereinkommen über die internationale Handelsschiedsgerichtsbarkeit vom 21.4.1961 **(Genfer Übereinkommen)**[2]. Auch das Genfer Übereinkommen stellt die Durchsetzung von Schiedsvereinbarungen dadurch sicher, dass der vor den staatlichen Gerichten Beklagte die Einrede der Unzuständigkeit des staatlichen Gerichts erheben kann (Art. VI.1 des Genfer Übereinkommens). Wird das staatliche Gericht eines Vertragsstaates angerufen in Bezug auf einen Streitgegenstand, über den bereits ein schiedsrichterliches Verfahren eingeleitet wurde, so setzt das staatliche Gericht die Entscheidung über die Zuständigkeit des Schiedsgerichts aus (Art. VI.3 des Genfer Übereinkommens). Das Schiedsgericht hat die Kompetenz, über seine eigene Zuständigkeit und über das Bestehen und die Gültigkeit einer Schiedsvereinbarung zu entscheiden (Art. X.3 des Genfer Übereinkommens). Möglich bleibt jedoch eine spätere Überprüfung vor den staatlichen Gerichten, wenn diese nach dem Recht des jeweiligen Vertragsstaates vorgesehen ist, wie dies für das deutsche Recht der Fall ist (Art. X.3 des Genfer Übereinkommens).

c) Flexibilität des Verfahrens vor Schiedsgerichten

25 Das Verfahren vor Schiedsgerichten zeichnet sich dadurch aus, dass die Parteien einen **weitreichenden Gestaltungsspielraum** in Bezug auf die Verfahrensführung haben. Dies gestattet es den Parteien, das Schiedsverfahren losgelöst von den zivilprozessualen Vorschriften einer bestimmten Jurisdiktion zu führen. Sofern die Parteien keine Regelungen zum Verfahren treffen und keine zwingenden Vorschriften anwendbar sind, hat das Schiedsgericht einen weiten Ermessensspielraum im Hinblick auf die Verfahrensgestaltung. Die Gestaltungsfreiheit findet ihre Grenzen lediglich in zwingenden unab-

---

1 Der jeweils aktuelle Status des New Yorker Übereinkommens ist verfügbar unter www.uncitral.org. Im Verhältnis zur Bundesrepublik Deutschland ist es am 28.9.1961 in Kraft getreten.
2 BGBl. 1964 II, S. 426. Das Genfer Übereinkommen ist für die Bundesrepublik Deutschland am 25.1.1965 in Kraft getreten.

dingbaren gesetzlichen Verfahrensregeln, wie dem Grundsatz der Gleichbehandlung der Parteien und der Gewährung rechtlichen Gehörs.

aa) Privatautonomie bietet weitreichende Gestaltungsspielräume

Innerhalb der Grenzen zwingenden Rechts haben die Parteien weitreichende   26
Gestaltungsspielräume, das Schiedsverfahren nach ihren Bedürfnissen aus-
zugestalten. Den größten Einfluss auf die Verfahrensgestaltung können die
Parteien bei sog. **Ad-hoc-Schiedsverfahren** erzielen, bei denen die Parteien
das komplette Verfahren eigenständig regeln. Alternativ zu Ad-hoc-Schiedsverfahren kommen **institutionelle Schiedsverfahren** in Betracht, bei denen
das Schiedsverfahren von einer Schiedsgerichtsinstitution betreut und begleitet wird. Die Schiedsgerichtsinstitutionen stellen auch eine Verfahrensordnung zur Verfügung, die die wesentlichen Eckpunkte des Schiedsverfahrens regelt.

(1) Ad-hoc-Schiedsverfahren

In Ad-hoc-Schiedsverfahren organisieren die Parteien das Schiedsverfahren   27
eigenständig, **ohne Rückgriff auf eine Schiedsgerichtsinstitution**. Sie bestimmen die Regeln für das Schiedsverfahren, indem sie bereits in der Schiedsvereinbarung oder erst nach Entstehung einer Streitigkeit die wesentlichen
Eckpunkte der Verfahrensführung niederlegen.

Ad-hoc-Schiedsverfahren geben den Parteien den **größtmöglichen Gestal-**   28
tungsspielraum, das Schiedsverfahren ganz nach ihren individuellen Bedürfnissen zu gestalten. Bereits im Vorfeld können die Parteien festlegen, welche
Streitfragen das Schiedsgericht in welcher Reihenfolge erörtern soll. Kommt
es beispielsweise auf eine besonders schnelle Entscheidung der Streitigkeit
an, können die Parteien die Länge von Schriftsatzfristen und sonstigen Fristen oder den Umfang von Schriftsätzen ausdrücklich festlegen.

Für Ad-hoc-Schiedsverfahren sind **umfangreiche Schiedsvereinbarungen**   29
nicht untypisch. Es ist in der Regel von Vorteil, die wesentlichen Eckpunkte
für das Verfahren gleich in der Schiedsvereinbarung zu regeln. Wie bereits
oben erwähnt, ist häufig zu beobachten, dass sich die Parteien nach der Entstehung einer Streitigkeit über nichts mehr einigen können, selbst nicht auf
prozessuale Fragen, deren Klärung eigentlich im Interesse aller Beteiligten
sein müsste. Die Details der Verfahrensführung erst zu einem späteren Zeitpunkt, nach Entstehung der Streitigkeit, zu regeln, birgt mithin das Risiko
in sich, langwierige Streitereien zu führen und letztlich möglicherweise
nicht die gewünschte Einigung zu erzielen. Umgekehrt wird es von vielen
Parteien als Belastung empfunden, gleich bei Abschluss der Schiedsvereinbarung sehr umfangreiche Verfahrensregelungen zu treffen. Dadurch werden
die Regelungen zur Streitbeilegung oftmals aufgebläht, obwohl in der Euphorie eines Vertragsschlusses sich niemand gern mit dem Gedanken befasst,
dass später Streitigkeiten entstehen könnten.

30 Ein Kompromiss wird oftmals darin gesehen, dass Ad-hoc-Schiedsverfahren durchgeführt werden mit einem **Verweis auf schon bestehende Verfahrensregeln**. Die Parteien können beispielsweise auf das 10. Buch der ZPO verweisen, das alle erforderlichen Regelungen für die Durchführung eines kompletten Schiedsverfahrens beinhaltet. Für internationale Konstellationen, in denen eine Anlehnung an das deutsche Schiedsverfahrensrecht vielleicht nicht verhandelbar ist, kämen beispielsweise die Schiedsverfahrensregeln der UNCITRAL in Betracht[1]. Der Vorteil eines Verweises auf schon vorhandene Schiedsregeln liegt darin, dass es sich um erprobte Regelungen handelt, die auch Situationen abdecken, die die Parteien vielleicht sonst nicht bedacht hätten.

31 Gelegentlich sind in rein nationalen Ad-hoc-Verfahren auch Verweise auf die deutschen **zivilprozessualen Vorschriften für erstinstanzliche Gerichtsverfahren** anzutreffen. Damit drücken Parteien ihren Wunsch aus, das Schiedsverfahren dem Rechtsstreit vor deutschen Gerichten weitgehend anzugleichen, häufig, weil sich die Parteien dann auf bekanntem Terrain befinden. Diese Vorgehensweise wirft jedoch die Frage auf, ob sich die Parteien damit des Vorteils der Verfahrensflexibilität begeben. In internationalen Sachverhalten wird ein Verweis auf das nationale Zivilprozessrecht einer Partei im Regelfall schwerlich durchsetzbar sein, da keine Partei gegenüber dem Vertragspartner ein solches Zugeständnis machen würde. Die Schiedsgerichtsbarkeit wird in der Regel gerade deshalb gewählt, weil die Parteien ein neutrales Forum suchen, das von den nationalen Prozessregeln einer Partei losgelöst ist.

32 In Ad-hoc-Schiedsverfahren müssen die Parteien auch die **Vergütung des Schiedsgerichts** selbst regeln, einschließlich der Höhe der Schiedsrichtervergütung, Kostenvorschüsse und Endabrechnung über Schiedsrichterhonorar und Auslagen. Es ist immer noch weit verbreitet, dass Schiedsvereinbarungen keine Regelung in Bezug auf die Höhe des Honorars des Schiedsgerichts treffen. Dann wird die Vergütung erst nach der Konstituierung des Schiedsgerichts zwischen den Parteien und den Schiedsrichtern erörtert, zumeist bei Abschluss des Schiedsrichtervertrages. Wenn die Schiedsrichter aber erst einmal benannt sind, haben die Parteien geringere Einflussmöglichkeiten auf die Honorierung und können sich mitunter schwerlich den Vorschlägen der Schiedsrichter entziehen. Dies spricht dafür, bereits in der Schiedsvereinbarung zumindest die Eckpunkte der Schiedsrichtervergütung zu thematisieren (vgl. Rz. 149 ff.).

(2) Institutionelle Schiedsverfahren

33 Sofern die Parteien das Schiedsverfahren nicht eigenständig durchführen möchten, können sie zwischen den Leistungen von einer Vielzahl institutioneller Anbieter wählen. Es gibt zahlreiche teils national, teils international operierende Schiedsinstitutionen, die mitunter bestimmte regionale oder

---

1 Die Schiedsverfahrensregeln der UNCITRAL sind in ihrer neuesten Fassung am 15.8.2010 in Kraft getreten. Der Text ist unter www.uncitral.org verfügbar.

Branchenschwerpunkte haben. Die Schiedsinstitutionen stellen den Parteien eine **Verfahrensordnung** für die Durchführung von Schiedsverfahren zur Verfügung und sind – in unterschiedlicher Intensität – bei der Administration des Schiedsverfahrens behilflich. Beispielsweise übernehmen Schiedsinstitutionen Zustellungen an die Parteien, verwalten die Kostenvorschüsse für die Kosten des Schiedsgerichts und unterstützen bei Bedarf bei der Konstituierung des Schiedsgerichts, indem sie Vorschläge für Schiedsrichter unterbreiten, Unabhängigkeitserklärungen von den Schiedsrichtern einholen und Ersatzbestellungen vornehmen, falls die Konstituierung des Schiedsgerichts ins Stocken kommt.

Der wesentliche Vorteil eines institutionellen Schiedsverfahrens liegt darin, 34
dass den Parteien erprobte Verfahrensregeln zur Verfügung gestellt werden, die einen **reibungslosen Ablauf des Schiedsverfahrens** gewährleisten sollten. Die Schiedsgerichtsordnungen enthalten auch für ungewöhnlichere Konstellationen funktionierende Regelungen, beispielsweise für Mehrparteien-Verfahren, in denen sich mehrere Parteien auf Kläger- und/oder Beklagtenseite gegenüber stehen. Typischerweise überarbeiten die Schiedsinstitutionen ihre Verfahrensregeln in regelmäßigen Abständen, so dass auf aktuelle Entwicklungen Rücksicht genommen werden kann[1]. Aus diesem Grund bieten sich institutionelle Schiedsverfahren eher für Parteien an, die keine vertiefte Erfahrung mit Schiedsverfahren besitzen oder wenn bei Abschluss der Schiedsvereinbarung bereits klar ist, dass es zu besonderen Konstellationen kommen kann, in denen die Unterstützung einer Schiedsinstitution wünschenswert ist, beispielsweise komplexe Mehrparteien-Verfahren.

Die Schiedsinstitutionen unterstützen die Parteien darüber hinaus bei der 35
Administration des Verfahrens im Hinblick auf Themen, die für die Parteien häufig eine gewisse Lästigkeit entfalten. Dient ein Schiedsverfahren beispielsweise der Verjährungshemmung, kommt es nach deutschem Recht auf den Zeitpunkt des Beginns des schiedsrichterlichen Verfahrens an (§ 204 Abs. 1 Nr. 11 BGB). Sofern die Parteien nichts anderes vereinbart haben, kommt es nach dem deutschen Schiedsverfahrensrecht darauf an, dass die beklagte Partei den Antrag, die Streitigkeit einem Schiedsgericht vorzulegen, empfängt (§ 1044 Satz 1 ZPO). Die Schiedsklägerin muss selbst eine ordnungsgemäße und rechtzeitige Zustellung bewirken, um einen rechtzeitigen Empfang bei der Schiedsbeklagten sicherzustellen und nachzuweisen. Dies kann vor allem im Verhältnis zu ausländischen Beklagten, die keinen Zustellungsbevollmächtigten im Inland haben und sich eventuell sogar der Zustellung aktiv widersetzen, Schwierigkeiten und Verzögerungen mit sich bringen. Demgegenüber beginnt das Schiedsverfahren nach den Schiedsregeln zahlreicher Schiedsinstitutionen bereits mit dem Eingang des verfahrenseinleitenden Schriftstücks bei der Schiedsinstitution. Die klagende Partei muss also lediglich sicherstellen, dass der Antrag rechtzeitig bei der Schiedsinstitution eingeht, wozu oftmals ein Telefax oder eine E-Mail aus-

---

1 Die Schiedsinstitutionen bieten häufig nicht nur Verfahrensregeln für die Durchführung von Schiedsverfahren an, sondern auch andere Formen der alternativen Streitbeilegung.

reicht. Die Schiedsinstitution übernimmt sodann die Zustellung an den Beklagten.

36 Die institutionelle Schiedsgerichtsbarkeit wird auch dann als vorteilhaft angesehen, wenn die Schiedsbeklagte voraussichtlich nicht kooperativ sein wird, sondern jede Chance nutzt, das Schiedsverfahren zu verzögern und zu boykottieren. In jüngster Zeit ist vermehrt von „**Guerilla-Taktiken**" die Rede. Die Störversuche beginnen häufig bereits in der Phase der Konstituierung des Schiedsgerichts, indem entweder kein Schiedsrichter benannt oder Ablehnungsanträge gegen die von der anderen Seite benannten Schiedsrichter gestellt werden. Die Schiedsgerichtsordnungen der Schiedsinstitutionen sehen gerade für die Anfangsphase des Schiedsverfahrens Standards vor, einschließlich bestimmter Fristen für die Benennung von Schiedsrichtern. Kommt eine Partei ihren Verpflichtungen nicht nach, erfolgen Ersatzbenennungen durch die Schiedsinstitutionen.

37 Weitere **Serviceleistungen** der Schiedsinstitutionen bestehen darin, die Kostenvorschüsse für das Schiedsgericht anzufordern und zu verwalten, bei Bedarf Räumlichkeiten für die mündlichen Verhandlungen bereit zu stellen und bei der Abfassung von Schiedssprüchen auf die Einhaltung von Mindeststandards zu achten[1].

38 Die Dienstleistungen der Schiedsinstitution schlagen sich naturgemäß in Kosten nieder, die die Parteien bei Ad-hoc-Schiedsverfahren einsparen können. In der Regel erheben die Schiedsinstitutionen zusätzlich zu der Vergütung des Schiedsgerichts **Registrierungs-** und/oder **Verwaltungsgebühren**. Die Höhe der Kosten orientiert sich im kontinentaleuropäischen Raum gewöhnlich an dem Streitwert. Im angloamerikanischen Rechtskreis knüpfen die Kosten der Schiedsinstitutionen demgegenüber häufig an die konkret aufgewendete Zeit an. Über die Höhe der Kosten können sich die Parteien im Vorfeld anhand der von den Schiedsinstitutionen veröffentlichten Kosten- und Gebührenordnungen informieren.

bb) Ermessensspielraum des Schiedsgerichts

39 Auch wenn die Parteien selbst grundlegende Regelungen zur Durchführung des Schiedsverfahrens treffen oder auf die Verfahrensordnungen von Schiedsinstitutionen verweisen, wird es nicht möglich sein, vorab jede prozessuale Konstellation im Detail zu regeln. Soweit die Parteien keine Verfahrensregelung getroffen haben und keine zwingenden Vorschriften eingreifen, besteht ein mitunter weitreichender Ermessensspielraum des Schiedsgerichts[2]. Der

---

1 Die ICC bietet mit dem Internationalen Schiedsgerichtshof die Besonderheit einer Überprüfung des Schiedsspruchs vor dessen Erlass an vgl. Art. 33 der ICC-Schiedsgerichtsordnung.

2 Für Schiedsverfahren nach dem 10. Buch der ZPO sieht § 1042 Abs. 4 vor, dass das Schiedsgericht die Verfahrensregeln in diesem Fall nach freiem Ermessen bestimmt und das Schiedsgericht berechtigt ist, über die Zulässigkeit einer Beweiserhebung zu entscheiden, diese durchzuführen und das Ergebnis frei zu würdigen. Die Schiedsordnungen von Schiedsinstitutionen sehen regelmäßig ebenfalls einen weiten Ermessens-

Spielraum, der den Schiedsrichtern in Bezug auf die Verfahrensgestaltung gewährt wird, trägt zur Flexibilität von Schiedsverfahren bei. Die Schiedsrichter haben die Möglichkeit, die Details des Verfahrens genau auf die Bedürfnisse der Parteien und des Streitgegenstandes zuzuschneiden. Dabei können sie insbesondere auch kulturelle Unterschiede zwischen den Parteien überbrücken, was vor allem bei Aufeinandertreffen von Parteien aus Civil-Law- und Common-Law-Jurisdiktionen hilfreich sein kann. Anders als ein staatliches Gericht kann ein Schiedsgericht sehr individuelle Lösungen und Kompromisse finden, die besonders sachgerechte und kreative Lösungen ermöglichen.

Wichtigstes Beispiel für den weitgehenden Ermessensspielraum des Schiedsgerichts sind die **Gestaltungsmöglichkeiten** in Bezug auf die **Beweisaufnahme**. Nach den meisten Schiedsgerichtsordnungen hat das Schiedsgericht darüber zu entscheiden, wann und wie Beweis erhoben wird. Bereits im Hinblick auf die Zeugeneigenschaft sind Schiedsgerichte weniger streng als die deutschen staatlichen Gerichte und lassen in der Regel auch gesetzliche Vertreter als Zeugen zu. Aber auch die Vernehmungsweise unterscheidet sich mitunter. Schiedsgerichte sind eher bereit, Vernehmungen per Videokonferenz und in anderen Sprachen vorzunehmen. Gerade in internationalen Schiedsverfahren bereiten schriftliche Zeugenaussagen vielfach die Beweisaufnahme vor, während die Vernehmung der Zeugen nicht schwerpunktmäßig vom Schiedsgericht, sondern den Parteien durchgeführt wird. Dies sind zweifelsfrei Einflüsse aus dem angloamerikanischen Rechtskreis, die in vielen Schiedsverfahren Eingang gefunden haben. 40

In den weitreichenden Ermessensspielräumen des Schiedsgerichts liegt zugleich die Gefahr eines **unvorhergesehenen Verfahrens**, in dem die Parteien gerade nicht vorab wissen, wie die Schiedsrichter mit einer konkreten Situation umgehen werden. Anders als bei staatlichen Gerichten gibt es häufig gerade keine Erfahrungswerte, wie bestimmte Situationen behandelt werden. Das Schiedsgericht ist an die von den Parteien vereinbarten Verfahrensregeln gebunden. Wenn die Parteien jedoch keine Vereinbarung getroffen haben oder im schon laufenden Schiedsverfahren keine Einigung finden können, wird das Schiedsgericht seine eigenen Vorschläge unterbreiten. 41

---

spielraum seitens des Schiedsgerichts vor. Beispielsweise regelt § 24.1 der Schiedsgerichtsordnung der DIS: „Auf das schiedsrichterliche Verfahren sind die zwingenden Vorschriften des Schiedsverfahrensrechts des Ortes des schiedsrichterlichen Verfahrens, diese Schiedsgerichtsordnung und gegebenenfalls weitere Parteivereinbarungen anzuwenden. Im Übrigen bestimmt das Schiedsgericht das Verfahren nach freiem Ermessen. Die Schiedsgerichtsordnung der ICC regelt in Art. 19: „Auf das Verfahren vor dem Schiedsgericht ist die Schiedsgerichtsordnung anzuwenden und soweit diese keine Regeln enthält, diejenigen Regeln, die von den Parteien oder, falls diese es unterlassen, vom Schiedsgericht festgelegt werden, unabhängig davon, ob dabei auf eine auf das Schiedsverfahren anzuwendende nationale Prozessordnung Bezug genommen wird oder nicht." Ebenfalls typisch für die Schiedsgerichtsordnungen von Schiedsinstitutionen ist das Gebot, die Parteien fair und unparteiisch zu behandeln und jeder Partei rechtliches Gehör zu gewähren.

42 Es kann erfahrungsgemäß davon ausgegangen werden, dass Schiedsrichter ein Verfahren anregen, von dem sie entweder selbst überzeugt oder mit dem sie aufgrund ihrer eigenen Ausbildung gut vertraut sind. Ein kontinental-europäischer Schiedsrichter wird tendenziell zurückhaltender sein, eine Beweisaufnahme nach stark angloamerikanisch geprägten Grundsätzen durchzuführen. Umgekehrt ist schwer vorstellbar, dass ein Schiedsrichter aus dem angloamerikanischen Rechtskreis die Beweisaufnahme wie in einem deutschen Zivilprozess durchführt. Insofern empfiehlt es sich, bereits bei der Schiedsrichterauswahl auch auf den jeweiligen **Hintergrund der Schiedsrichter** zu achten, da er ein gutes Indiz dafür sein kann, wie das Verfahren durchgeführt wird.

cc) Geltung zwingender Normen

43 Die Gestaltungsfreiheit der Parteien und die Ermessensspielräume des Schiedsgerichts in Bezug auf die Ausgestaltung des Schiedsverfahrens haben ihre Grenzen in den zwingenden Verfahrensvorschriften. Dies sind **Verfahrensgrundrechte** der Gleichbehandlung der Parteien und Gewährung rechtlichen Gehörs (§ 1042 Abs. 1 ZPO). Rechtsanwälte dürfen als Bevollmächtigte der Parteien nicht ausgeschlossen werden (§ 1042 Abs. 2 ZPO). Die zwingenden Verfahrensgrundsätze dienen dazu, sicherzustellen, dass die Schiedsgerichtsbarkeit mit der staatlichen Gerichtsbarkeit gleichwertig ist. Die für das Schiedsverfahren maßgeblichen zwingenden Verfahrensgrundsätze orientieren sich an den Prozessgrundrechten im staatlichen Gerichtsverfahren, sind aber nicht identisch. Beispielsweise in Bezug auf das rechtliche Gehör besteht in Schiedsverfahren keine mit § 138 ZPO vergleichbare Hinweispflicht[1].

44 Bei der Durchführung des Schiedsverfahrens muss zunächst darauf geachtet werden, dass die zwingenden Vorschriften, die das nationale Recht am Schiedsort vorsieht, eingehalten werden. Um eine spätere Anerkennung und Vollstreckung des Schiedsspruchs nicht zu gefährden, sollten zudem die zwingenden Vorschriften am Ort einer späteren Vollstreckung nicht außer Acht gelassen werden.

d) Wirkung des Schiedsspruchs

45 Sofern ein Schiedsverfahren nicht auf andere Weise, beispielsweise durch Vergleich oder Klagerücknahme, vorzeitig beendet wird, erlässt das Schiedsgericht am Ende des Verfahrens einen **Schiedsspruch**. Falls das Schiedsgericht aus mehr als einem Schiedsrichter besteht, genügt hierzu eine Mehrheitsentscheidung (§ 1054 Abs. 1 Satz 2 ZPO). Nach deutschem Recht ist der Schiedsspruch schriftlich zu erlassen und zu begründen, es sei denn, die Par-

---

1 Um eine weitreichende Orientierung an die Vorschriften der ZPO zu erreichen, vereinbaren Parteien mitunter in ihrer Schiedsvereinbarung die entsprechende Geltung der zivilprozessualen Grundsätze der ZPO, was u.a. zu einer umfangreichen Hinweispflicht des Schiedsgerichts führt. *Lachmann*, Handbuch für die Schiedsgerichtspraxis, 3. Aufl. 2008, Rz. 1302.

teien haben auf eine Begründung verzichtet oder es handelt sich um einen Schiedsspruch mit vereinbartem Wortlaut (§ 1054 Abs. 1, 2 ZPO). Ein Schiedsspruch mit vereinbartem Wortlaut dient dazu, einen im Schiedsverfahren getroffenen Vergleich so zu manifestieren, dass insbesondere eine Vollstreckung im Ausland möglich ist. Vergleichen sich die Parteien, kann das Schiedsverfahren alternativ jedoch auch durch Beschluss beendet werden (§ 1056 Abs. 2 ZPO).

aa) Gleichstellung mit rechtskräftigem Urteil

Ein inländischer Schiedsspruch hat unter den Parteien die Wirkung eines 46 rechtskräftigen gerichtlichen Urteils (§ 1055 ZPO). Die **Rechtskraft des Schiedsspruchs** ist von Amts wegen zu beachten, wobei die objektiven und subjektiven Grenzen der Rechtskraft nach §§ 322 ff. ZPO bestimmt werden, sofern die Parteien nichts Abweichendes vereinbaren.

bb) Begrenzte Aufhebungsmöglichkeiten

Ein Schiedsspruch wird nach dem deutschen Schiedsverfahrensrecht von 47 den deutschen staatlichen Gerichten nicht inhaltlich überprüft. Elementarer Bestandteil der Schiedsgerichtsbarkeit ist, dass gerade **keine revision au fond** stattfindet. Im Regelfall vereinbaren die Parteien ein einzugiges Schiedsverfahren, in dem es nicht zu einer Berufung vor einem anderen Schiedsgericht kommt[1]. Somit wird der Schiedsspruch inhaltlich nicht auf Richtigkeit oder Rechtsfehler überprüft. Im Verfahren vor den deutschen staatlichen Gerichten über die Anerkennung und Vollstreckbarerklärung kommen nur begrenzte Aufhebungsgründe in Betracht.

cc) Anerkennung und Vollstreckbarerklärung von Schiedssprüchen

Bei der Anerkennung und Vollstreckung von Schiedssprüchen sind drei 48 Grundkonstellationen voneinander zu unterscheiden:

- Anerkennung und Vollstreckung eines deutschen Schiedsspruchs in Deutschland (vgl. Rz. 51 ff.);

- Anerkennung und Vollstreckung eines ausländischen Schiedsspruchs in Deutschland (vgl. Rz. 57 ff.); sowie

- Anerkennung und Vollstreckung eines deutschen Schiedsspruchs im Ausland (vgl. Rz. 59).

Bereits vor dem Beginn des Schiedsverfahrens empfiehlt sich eine Prüfung, 49 in welche **Vermögensgegenstände** eine spätere Vollstreckung erfolgen soll und wo diese belegen sind. Wenn absehbar ist, in welcher Jurisdiktion eine

---

1 Die Vereinbarung von einem zweizugigen Schiedsverfahren, einer ersten Instanz und einer zweiten Instanz vor einem anders besetzten „Berufungsschiedsgericht" ist grundsätzlich möglich, wird aber regelmäßig nicht gewählt, um den Vorteil einer schnellen endgültigen Streitentscheidung nicht zu gefährden.

spätere Anerkennung und Vollstreckung stattfinden soll, können das Schiedsverfahren und der Schiedsspruch so gestaltet werden, dass später keine Schwierigkeiten oder unnötige Verzögerungen auftreten.

50   Ein besonderes Augenmerk ist auch darauf zu legen, ob der **erstrebte Tenor** in dem Staat einer späteren Vollstreckung vollstreckbar ist. Auch in dieser Hinsicht gibt es durchaus gravierende Unterschiede in den nationalen Vollstreckungsrechten. Beispielsweise ist die in Deutschland durchaus übliche Klage auf Erfüllung eines Vertrages in angloamerikanischen Rechtskreisen als specific performance sehr viel schwieriger durchsetzbar.

(1) Anerkennung und Vollstreckung eines deutschen Schiedsspruchs in Deutschland

51   Im Unterschied zu dem Urteil staatlicher Gerichte muss ein Schiedsspruch, der zu einer Leistung oder Unterlassung verurteilt, erst von den staatlichen Gerichten anerkannt und für vollstreckbar erklärt werden. Hierzu erfolgt ein **Antrag auf Vollstreckbarerklärung** gem. § 1060 ZPO, für den die ausschließliche Zuständigkeit der Oberlandesgerichte begründet ist. Im Regelfall entscheiden die Oberlandesgerichte innerhalb einer sehr kurzen Zeit über die Vollstreckbarerklärung.

52   Die Vollstreckbarerklärung ist abzulehnen, wenn Aufhebungsgründe gem. § 1059 Abs. 2 ZPO vorliegen. § 1059 ZPO enthält eine abschließende Aufzählung der **Aufhebungsgründe**, die gegen einen formell wirksamen inländischen Schiedsspruch erhoben werden können. Zu den Aufhebungsgründen zählen beispielsweise die Ungültigkeit der Schiedsvereinbarung, Verletzung rechtlichen Gehörs, Kompetenzüberschreitungen des Schiedsgerichts oder die fehlerhafte Besetzung des Schiedsgerichts. Die Aufhebungsgründe sind in der Regel von der Partei, die sich gegen den Schiedsspruch wendet, begründend geltend zu machen. Von Amts wegen wird geprüft, ob der Streitgegenstand nach deutschem Recht schiedsfähig war und die Anerkennung oder Vollstreckung des Schiedsspruchs zu einem Ergebnis führen würde, das der öffentlichen Ordnung (ordre public) widerspricht (§ 1059 Abs. 2 Nr. 2 ZPO).

Aufhebungsgründe nach § 1059 Abs. 2 ZPO

Vom Antragsteller begründet geltend zu machende Aufhebungsgründe (Nr. 1):

– Eine der Parteien war nach dem für sie persönlich maßgebenden Recht nicht fähig, eine Schiedsvereinbarung zu schließen.

– Die Schiedsvereinbarung ist nach dem Recht, dem die Parteien sie unterstellt haben oder, falls die Parteien hierüber nichts bestimmt haben, nach deutschem Recht, ungültig.

– Der Antragsteller ist von der Bestellung eines Schiedsrichters oder von dem schiedsrichterlichen Verfahren nicht gehörig in Kenntnis gesetzt oder konnte aus einem anderen Grund seine Angriffs- und Verteidigungsmittel nicht geltend machen.

– Der Schiedsspruch betrifft eine Streitigkeit, die in der Schiedsabrede nicht erwähnt ist oder nicht unter die Bestimmungen der Schiedsklausel fällt oder enthält Entscheidungen, die die Grenzen der Schiedsvereinbarung überschreiten (aber getrennte Betrachtung möglich).

– Die Bildung des Schiedsgerichts oder das schiedsrichterliche Verfahren hat einer Bestimmung des 10. Buchs der ZPO oder einer zulässigen Vereinbarung der Parteien nicht entsprochen, und es ist anzunehmen, dass sich dies auf den Schiedsspruch ausgewirkt hat.

Vom Gericht von Amts wegen zu prüfende Aufhebungsgründe (Nr. 2):

– Der Gegenstand des Streits ist nach deutschem Recht nicht schiedsfähig.

– Die Anerkennung oder Vollstreckung des Schiedsspruchs führt zu einem Ergebnis, dass der öffentlichen Ordnung (*ordre public*) widerspricht.

Es werden regelmäßig **hohe Anforderungen** an die Darlegung eines Aufhebungsgrunds gestellt. Es gilt der Grundsatz, dass das staatliche Gericht auf keinen Fall die inhaltliche Entscheidung des Schiedsgerichts überprüfen soll. Dies bedingt, dass auch gewisse Mängel des schiedsrichterlichen Verfahrens hinzunehmen sind, solange sich die Verfahrensverstöße nicht auf den Schiedsspruch ausgewirkt haben. 53

Die im Schiedsverfahren unterlegene Partei kann spiegelbildlich zu dem Antrag der obsiegenden Partei auf Vollstreckbarerklärung des Schiedsspruchs einen **Antrag auf Aufhebung des Schiedsspruchs** stellen. Der Aufhebungsantrag muss innerhalb einer Frist von drei Monaten nach Empfang des Schiedsspruchs eingereicht werden (§ 1059 Abs. 3 ZPO)[1]. Ein Antrag auf Aufhebung des Schiedsspruchs ist ausgeschlossen, wenn der Schiedsspruch bereits von einem deutschen Gericht gem. § 1060 ZPO für vollstreckbar erklärt worden ist. 54

Inländische Schiedssprüche werden in Deutschland gem. § 794 Abs. 1 Nr. 4a ZPO vollstreckt. Voraussetzung ist, dass die Entscheidung über die Vollstreckbarkeit gem. § 1060 Abs. 1 ZPO formell rechtskräftig ist oder für vorläufig vollstreckbar erklärt wird. 55

Liegt einer der seltenen Fälle vor, in denen das staatliche Gericht einen Schiedsspruch aufhebt, kann die Sache in geeigneten Fällen an dasselbe Schiedsgericht **zurückverwiesen** werden (§ 1059 Abs. 4 ZPO). Eine Verweisung an dasselbe Schiedsgericht kommt demgegenüber nicht in Betracht, wenn der Aufhebungsgrund in der fehlerhaften Bildung des Schiedsgerichts liegt. 56

---

1 Eine Sonderreglung gilt, wenn eine Partei einen Antrag auf Berichtigung, Auslegung oder Ergänzung des Schiedsspruchs gem. § 1058 ZPO gestellt hat, dann verlängert sich die Frist gem. § 1059 Abs. 3 Satz 1 ZPO um höchstens einen Monat nach Empfang der Entscheidung über den Antrag nach § 1058 ZPO (§ 1059 Abs. 3 Satz 2 ZPO).

(2) Anerkennung und Vollstreckung eines ausländischen Schiedsspruchs in Deutschland

57   Ein ausländischer Schiedsspruch, der in Deutschland vollstreckt werden soll, muss zunächst von einem deutschen Gericht für vollstreckbar erklärt werden (§ 1061 ZPO). Auch für dieses Verfahren besteht eine ausschließliche Zuständigkeit der Oberlandesgerichte (§ 1062 Abs. 1 Nr. 4 ZPO).

58   Die Anerkennung und Vollstreckung ausländischer Schiedssprüche in Deutschland richtet sich nach den Vorschriften des New Yorker Übereinkommens (§ 1061 ZPO). Dessen **Artikel V** enthält eine abschließende Aufzählung der Ablehnungsgründe. Zu diesen zählen unter anderem die Unwirksamkeit der Schiedsvereinbarung, unzureichende Informationen über die Verfahrenseinleitung, Kompetenzüberschreitung des Schiedsgerichts oder die fehlerhafte Zusammensetzung des Schiedsgerichts. Ebenso wie nach deutschem Recht ist die Anerkennung und Vollstreckbarkeit zu versagen, wenn das Gericht feststellt, dass die Streitigkeit nach seinem nationalen Recht nicht schiedsfähig war oder die Anerkennung und Vollstreckung des Schiedsspruch den ordre public des Staates, in dem die Anerkennung und Vollstreckung beantragt wird, verletzen würde.

(3) Anerkennung und Vollstreckung eines deutschen Schiedsspruchs im Ausland

59   Handelt es sich um einen deutschen Schiedsspruch, der im Ausland vollstreckt werden soll, ist das Verfahrensrecht des Staates maßgeblich, in dem die Vollstreckung stattfinden soll. Ist der **Vollstreckungsstaat** Mitglied des Genfer Übereinkommens, sind nur die Aufhebungsgründe im dortigen Art. IX relevant. Soll in einem Mitgliedsstaat des New Yorker Übereinkommens vollstreckt werden, ist das dortige Verfahren, einschließlich der Aufhebungsgründe von Art. V, maßgeblich.

e) Rolle der staatlichen Gerichte

60   Die deutschen staatlichen Gerichte sind in zweierlei Hinsicht in Zusammenhang mit Schiedsverfahren tätig. Sie leisten Unterstützung für Schiedsgerichte, wenn Zwangsmaßnahmen erforderlich sind, zu denen den Schiedsgerichten mangels hoheitlicher Tätigkeit die Zwangsgewalt fehlt. Zudem haben die deutschen staatlichen Gerichte die Letztentscheidungs-Kompetenz in Bezug auf besonders wesentliche Entscheidungen des Schiedsgerichts. Dies soll garantieren, dass Schiedsverfahren einen gleichwertigen Rechtsschutz wie staatliche Gerichte bieten, insbesondere im Hinblick auf die Unabhängigkeit und Unparteilichkeit der Schiedsrichter.

aa) Unterstützung von Schiedsgerichten

61   Schiedsgerichte werden von den deutschen staatlichen Gerichten unterstützt, wenn es um Beweisaufnahmen und sonstige **richterliche Handlungen**

geht (§ 1050 ZPO). Auf Antrag des Schiedsgerichts können die staatlichen Gerichte beispielsweise Zeugen vorladen, die nicht freiwillig vor dem Schiedsgericht erscheinen oder Eide und eidesstattliche Versicherungen abnehmen. Ebenso kann die Vorlage einer Urkunde erzwungen werden. Diese Unterstützungshandlungen der staatlichen Gerichte sind erforderlich, da Schiedsgerichte keine hoheitliche Zwangsgewalt ausüben dürfen. Kann eine Beweisaufnahme vor dem Schiedsgericht nicht aufgrund der freiwilligen Mitwirkung der beteiligten Personen erfolgen, helfen die staatlichen Gerichte aus.

Die deutschen staatlichen Gerichte sind auch für Unterstützungshandlungen für **Schiedsgerichte außerhalb Deutschlands** verfügbar. Für Schiedsverfahren, deren Schiedsort im Ausland liegt, sieht § 1025 Abs. 2 ZPO ausdrücklich vor, dass die gerichtliche Unterstützung deutscher Gerichte gem. § 1050 ZPO verfügbar ist. Dies wird beispielsweise relevant, wenn in einem Schiedsverfahren mit einem Schiedsort außerhalb Deutschlands ein deutscher Staatsangehöriger, der sich in Deutschland aufhält, als Zeuge vernommen werden soll. Sofern der Zeuge nicht freiwillig vor dem Schiedsgericht erscheint, kann das Schiedsgericht die deutschen staatlichen Gerichte um Unterstützung bitten.   62

Für die Unterstützungshandlungen sind die **Amtsgerichte** zuständig, wobei sich die örtliche Zuständigkeit danach richtet, in welchem Bezirk die jeweilige richterliche Handlung vorzunehmen ist (§ 1062 Abs. 4 ZPO). Muss beispielsweise ein Zeuge vorgeladen und vernommen werden, ist das Amtsgericht am Wohnsitz oder gewöhnlichen Aufenthalt des Zeugen zuständig.   63

bb) Letztentscheidungs-Kompetenz deutscher staatlicher Gerichte

Die deutschen staatlichen Gerichte werden auch tätig, wenn es um die finale Überprüfung von Entscheidungen geht, die für die Schiedsgerichtsbarkeit von elementarer Bedeutung sind. Hierzu zählen die folgenden Themenbereiche: 64

Unanfechtbare Entscheidung durch Oberlandesgerichte	Rechtsbeschwerdemöglichkeit zum Bundesgerichtshof
– Bestellung von Schiedsrichtern	– Zuständigkeit des Schiedsgerichts
– Ablehnung von Schiedsrichtern	– Vollstreckbarerklärung von Schiedssprüchen
– Beendigung des Schiedsrichteramtes	– Aufhebung von Schiedssprüchen
– Zulässigkeit des schiedsrichterlichen Verfahrens	
– Vollziehung vorläufiger oder sichernder Maßnahmen des Schiedsgerichts	

In den oben dargestellten Bereichen sieht das 10. Buch der ZPO die Möglichkeit von Anträgen an die staatlichen Gerichte vor, um die Entscheidung des   65

Schiedsgerichts abschließend zu prüfen. Ausschließlich zuständig für die Verfahren sind die Oberlandesgerichte (§ 1062 ZPO)[1]. Ein Teil der Entscheidungen der Oberlandesgerichte ist unanfechtbar. Die Rechtsbeschwerde zum Bundesgerichtshof ist zulässig, wenn es um die Zulässigkeit von schiedsrichterlichen Verfahren, die Zuständigkeit des Schiedsgerichts und die Aufhebung und Vollstreckbarerklärung von Schiedssprüchen geht (§ 1065 Abs. 1 ZPO).

66 Um einen möglichst reibungslosen Ablauf des Schiedsverfahrens zu ermöglichen, kann das Schiedsgericht seine Tätigkeit fortsetzen, während und solange die deutschen staatlichen Gerichte über Anträge im Zusammenhang mit den Schiedsverfahren entscheiden. Beispielsweise sieht § 1040 Abs. 3 ZPO ausdrücklich vor, dass das Schiedsverfahren fortgesetzt und sogar ein Schiedsspruch erlassen werden kann, während ein Antrag auf Überprüfung der Zuständigkeitsentscheidung des Schiedsgerichts bei den Oberlandesgerichten anhängig ist.

67 Über die im 10. Buch der ZPO geregelten Fälle hinaus dürfen die deutschen staatlichen Gerichte nicht in Schiedsverfahren eingreifen (§ 1026 ZPO). Insbesondere ist es den deutschen staatlichen Gerichten nicht möglich, Schiedsverfahren durch einstweilige Verfügungen zu stoppen[2].

f) Einstweiliger Rechtsschutz und Schiedsverfahren

68 Besondere Relevanz für IT-Streitigkeiten hat die Frage, in welchem Verhältnis Schiedsverfahren und einstweilige Rechtsschutzmöglichkeiten zueinander stehen. Da den Schiedsgerichten typischer Weise die Entscheidung über alle Streitigkeiten aus oder im Zusammenhang mit einem bestimmten Vertrag übertragen wird, sind sie im Regelfall dazu befugt, einstweilige Rechtsschutzmaßnahmen zu erlassen. Alternativ können aber auch die staatlichen Gerichte für einstweilige Rechtsschutzmaßnahmen angerufen werden.

aa) Einstweiliger Rechtsschutz vor dem Schiedsgericht

69 Soweit die Parteien nichts anderes vereinbart haben, können Schiedsgerichte auf Antrag einer Partei einstweilige Rechtsschutzmaßnahmen anordnen. Nach dem deutschen Schiedsverfahrensrecht können Schiedsgerichte **vorläufige oder sichernde Maßnahmen** anordnen, die das Schiedsgericht „in Bezug auf den Streitgegenstand für erforderlich hält" (§ 1041 Abs. 1 Satz 1 ZPO). Die Schiedsverfahrensordnungen der Schiedsinstitutionen enthalten regelmäßig ebenfalls eine klarstellende Regelung, dass Schiedsrichter für die Anordnung einstweiliger Maßnahmen im Zusammenhang mit dem Streitgegenstand zuständig sind.

---

1 Die örtliche Zuständigkeit der Oberlandesgerichte orientiert sich an dem Ort des schiedsrichterlichen Verfahrens. Ausnahmen gelten, wenn kein deutscher Schiedsort besteht.
2 Zöller/*Geimer*, ZPO, 29. Aufl. 2012, § 1032 Rz. 26.

Die einstweilige Anordnung eines Schiedsgerichts wird von den deutschen 70
staatlichen Gerichten für **vollziehbar erklärt**, es sei denn, es ist bereits eine
entsprechende Maßnahme im einstweiligen Rechtsschutz bei einem deutschen staatlichen Gericht beantragt worden (§ 1041 Abs. 2 ZPO). Damit sollen doppelte Maßnahmen vor dem Schiedsgericht und den staatlichen Gerichten vermieden werden. Bereitet die Vollziehung einer Anordnung des
Schiedsgerichts Schwierigkeiten, kann das staatliche Gericht die Anordnung
abweichend fassen, um eine Vollziehung zu ermöglichen.

Die staatlichen Gerichte sind ebenfalls befugt, die Vollziehbarerklärung auf- 71
zuheben oder zu ändern, wenn veränderte Umstände eintreten oder der
Grund für die Anordnung des Schiedsgerichts ganz oder teilweise entfallen
ist (§ 1041 Abs. 3 ZPO). Wird eine Maßnahme des einstweiligen Rechtsschutzes vollzogen, obwohl sie von Anfang an ungerechtfertigt war, steht
dem Gegner, wie im staatlichen Rechtsschutzverfahren vor den deutschen
staatlichen Gerichten **Schadensersatz** zu (§ 1041 Abs. 4 ZPO). Der Schadensersatzanspruch kann unmittelbar im anhängigen Schiedsverfahren geltend
gemacht werden.

bb) Einstweiliger Rechtsschutz vor den staatlichen Gerichten

Neben den Schiedsgerichten sind im Regelfall alternativ die staatlichen Ge- 72
richte für Maßnahmen des einstweiligen Rechtsschutzes zuständig. Für das
deutsche Schiedsverfahrensrecht stellt § 1033 ZPO klar, dass der Abschluss
einer Schiedsvereinbarung nicht ausschließt, dass ein deutsches staatliches
Gericht vorläufige oder sichernde Maßnahmen in Bezug auf den Streitgegenstand des schiedsrichterlichen Verfahrens anordnet. Es kommt nicht darauf
an, in welchem Stadium sich das Schiedsverfahren befindet.

Im Rahmen der **Privatautonomie** ist es den Parteien möglich, einstweilige 73
Rechtsschutzmaßnahmen vor den staatlichen Gerichten zugunsten einer ex-
klusiven Zuständigkeit des Schiedsgerichts auszuschließen. Hierzu bedarf
es eines ausdrücklichen Ausschlusses, weil es ansonsten bei dem Regelfall
des § 1033 ZPO bleibt. Gleichwohl ist auf eine sorgfältige Formulierung der
Schiedsvereinbarung zu achten. Möchten Parteien sicherstellen, dass ihnen
für den einstweiligen Rechtsschutz der Weg zu den staatlichen Gerichten offen steht, kann es sich durchaus empfehlen, eine an § 1033 ZPO orientierte
Klarstellung in die Schiedsvereinbarung aufzunehmen.

cc) Strategische Überlegungen zur Auswahl des Forums für einstweiligen Rechtsschutz

Bei der Abwägung, ob einstweiliger Rechtsschutz vor den staatlichen Ge- 74
richten oder dem Schiedsgericht beantragt werden sollte, kommt es entscheidend darauf an, in welcher **Verfahrensphase** sich das Schiedsverfahren
befindet, bzw. ob überhaupt schon ein Schiedsgericht konstituiert ist.

75 Hat das Schiedsgericht bereits seine Arbeit aufgenommen und sich möglicher-
    weise auch schon in den Sachverhalt eingearbeitet, kann es von Vorteil sein,
    dort einstweiligen Rechtsschutz zu beantragen. Die Schiedsrichter kennen
    den Sachverhalt und haben bereits ein Gespür für die Streitigkeit und die Par-
    teien. Das Schiedsgericht sollte in der Lage sein, ebenso schnell wie die staatli-
    chen Gerichte, wenn nicht gar schneller, einstweilige Rechtsschutzmaßnah-
    men anzuordnen. Ein Schiedsgericht, das bereits mit den Parteien und dem
    Streitgegenstand vertraut ist, mag sogar eher geneigt sein, einstweilige
    Rechtsschutzmaßnahmen anzuordnen als ein staatliches Gericht.

76 Möglicherweise hat ein Schiedsgericht zudem eine größere **Flexibilität bei
    der Auswahl geeigneter Maßnahmen.** Das deutsche Schiedsverfahrensrecht
    ermöglicht alle Maßnahmen, die das Schiedsgericht „für erforderlich hält"
    (§ 1041 Abs. 1 ZPO). Auch nach den Schiedsverfahrensordnungen verschie-
    dener Schiedsinstitutionen besteht ausdrücklich ein Ermessensspielraum,
    die geeigneten Maßnahmen anzuordnen. Es kann also eine sehr speziell auf
    die Bedürfnisse der Parteien zugeschnittene Regelung gefunden werden.

77 Ganz anders stellt sich die Situation dar, wenn **noch kein Schiedsgericht
    konstituiert** ist oder es gerade konstituiert wird. Das Verfahren von der Ver-
    fahrenseinleitung bis zur abgeschlossenen Bestellung aller Schiedsrichter
    dauert in der Regel mehrere Monate. Mit einer kürzeren Dauer ist nur dann
    zu rechnen, wenn die Parteien extrem kurze Fristen für die Schiedsrichter-
    benennung vereinbart haben oder bereits in ihrer Schiedsvereinbarung
    Schiedsrichter namentlich benannt haben und diese dann tatsächlich zur
    Verfügung stehen. Einstweilige Rechtsschutzmaßnahmen vor dem Schieds-
    gericht scheiden somit in vielen Konstellationen bereits deshalb aus, weil
    kein Schiedsgericht existiert, das kurzfristig eine Entscheidung treffen könn-
    te.

78 Verschiedene Schiedsinstitutionen haben auf diesem Missstand reagiert und
    stellen sog. **Emergency Arbitrator** zur Verfügung, die einstweilige Recht-
    schutzmaßnahmen innerhalb weniger Tage anordnen können, auch wenn in
    der Hauptsache noch kein Schiedsgericht konstituiert ist (vgl. B III Rz. 17 ff.,
    80).

79 In Bezug auf die **Kosten für einstweilige Verfügungsverfahren** kommt es auf
    die jeweiligen Regelungen zur Schiedsrichtervergütung an, ob Verfahren vor
    dem Schiedsgericht oder den staatlichen Gerichten günstiger sind. Bei
    Schiedsverfahren nach der DIS Schiedsgerichtsordnung erhöht sich beispiels-
    weise das Schiedsrichterhonorar um 30 %, wenn vorläufige oder sichernde
    Maßnahmen beantragt werden[1]. Dies kann, je nach Streitwert, günstiger
    sein als ein Verfahren vor deutschen staatlichen Gerichten.

80 Wenn die Alternative zu einstweiligem Rechtsschutz vor dem Schieds-
    gericht ein Verfahren vor den deutschen staatlichen Gerichten ist, sollte be-
    rücksichtigt werden, dass die deutschen staatlichen Gerichte gerade im Be-

---

1 Nr. 14 der Anlage zu § 40.5 der DIS-Schiedsgerichtsordnung.

reich des **gewerblichen Rechtsschutzes** äußerst geübt sind im Umgang mit einstweiligen Verfügungsverfahren. Im Regelfall kann innerhalb einer kurzen Zeit in einem sehr vorhersehbaren Verfahren eine Entscheidung erreicht werden. In manchen Fällen wird es sogar möglich sein, anhand veröffentlichter Entscheidungen eine Tendenz zu erkennen, welche Verfügungen Gerichte in vergleichbaren Fällen erlassen oder verweigert haben. Diese **Kontinuität der richterlichen Entscheidung** fehlt in aller Regel bei Schiedsverfahren.

Die einstweilige Verfügung eines staatlichen Gerichts ist zudem unverzüglich vollstreckbar. Maßnahmen von Schiedsgerichten bedürfen demgegenüber einer **Vollziehbarerklärung** gemäß § 1041 Abs. 2 ZPO. Wenngleich diese sehr schnell erteilt werden kann, gibt es gleichwohl potentielle weitere Streitpunkte. Es ist möglich, dass die konkrete Anordnung des Schiedsgerichts anders gefasst werden muss, weil das staatliche Gericht sie nicht für vollziehbar hält. Weitere Schwierigkeiten können entstehen, wenn sich der Antragsgegner darauf beruft, die Schiedsvereinbarung sei unwirksam oder die angeordnete Maßnahme nicht rechtmäßig. Es ist umstritten, ob und in welchem Umfang die angeordnete Maßnahme dann auf ihre Rechtmäßigkeit überprüft werden muss[1]. 81

Besondere Vorsicht ist geboten, wenn einstweilige Rechtsschutzmaßnahmen des Schiedsgerichts nicht in Deutschland, sondern **einer anderen Jurisdiktion** vollstreckt werden sollen. In diesem Fall empfiehlt es sich, im Vorfeld genau zu prüfen, ob Maßnahmen des einstweiligen Rechtsschutzes durch Schiedsgerichte überhaupt vollstreckbar sind oder bestimmte Förmlichkeiten für die Entscheidung erfüllt sein müssen. Des Weiteren muss sichergestellt sein, dass die konkret angeordnete Maßnahme in der betreffenden Jurisdiktion der Vollstreckung fähig ist. 82

2. Vorzüge und Nachteile von Schiedsverfahren mit IT-Bezug

Die Schiedsgerichtsbarkeit kann in vielen Situationen der vorzugwürdige Streitbeilegungsmechanismus sein. Allerdings ist die weit verbreitete Aussage, Schiedsverfahren seien generell günstiger und schneller als Rechtsstreitigkeiten vor staatlichen Gerichten, in dieser Pauschalität nicht zutreffend. Es bedarf vielmehr einer Abwägung im Einzelfall, ob Schiedsverfahren der Vorzug zu geben ist. Dabei sollte eine konkrete Gegenüberstellung mit den jeweiligen prozessualen Alternativen erfolgen. Es ist schließlich ein gravierender Unterschied, ob ein Schiedsverfahren mit einem Rechtsstreit vor den im internationalen Vergleich kostengünstigen und schnellen deutschen Gerichten oder den eher kostenintensiven angloamerikanischen Gerichten verglichen wird. 83

---

1 Zöller/*Geimer*, ZPO, 29. Aufl. 2012, § 1041 Rz. 3.

Kriterien bei der Abwägung zwischen Schiedsverfahren und Verfahren vor staatlichen Gerichten

- Streitbeilegung im neutralen Forum (vgl. Rz. 84 ff.)
- Parteiöffentlichkeit/Vertraulichkeit (vgl. Rz. 89 ff.)
- Auswahlmöglichkeit in Bezug auf Schiedsrichter (vgl. Rz. 95 ff.)
- Flexibilität bei der Verfahrensgestaltung (vgl. Rz. 101 ff.)
- Verfahrensdauer (vgl. Rz. 112 ff.)
- Verfahrenskosten (vgl. Rz. 122 ff.)
- Vollstreckbarkeit im Ausland (vgl. Rz. 130 ff.)

a) Streitbeilegung im neutralen Forum

84　Die Schiedsgerichtsbarkeit führt zu einem weitgehenden Ausschluss der Zuständigkeit staatlicher Gerichte eines bestimmten Staates. Schiedsverfahren ermöglichen daher eine Streitbeilegung, die weitgehend von einem bestimmten nationalen Gerichtssystem losgelöst ist. In Vertragsverhandlungen bevorzugt typischerweise jede Partei die ihr vertrauten Gerichte im eigenen Land und versucht, den Gang zu den Gerichten am Heimatort des Gegners zu vermeiden. Es wird mal mehr, mal weniger berechtigt, vermutet, dass der Gegner ansonsten einen **Heimvorteil** hätte. Es kommt hinzu, dass der Gegner besser vertraut ist mit dem Gerichtssystem im eigenen Land. Er wird oft seine Haus- und Hofanwälte einschalten können, während die Partei, die in einem fremden Staat vor Gericht muss, häufig neue oder zusätzliche Anwälte einschalten muss.

85　Ein Sonderfall besteht in internationalen Konstellationen, wenn der Vertragspartner aus einem Staat ohne **funktionierendes Justizsystem** kommt. Die deutschen staatlichen Gerichte sind im internationalen Vergleich sehr zuverlässig, schnell und kostengünstig. Die gute Ausbildung der Richter führt zu einer hohen Qualität der Rechtsprechung, gerade auch im Bereich des gewerblichen Rechtsschutzes. Dieses Niveau wird keinesfalls überall erreicht. In vielen, auch wirtschaftlich bedeutenden Staaten ist die Prozessführung extrem kostenintensiv. In anderen Staaten sind Richter schlecht ausgebildet oder schlimmstenfalls korrupt. Stehen derartige Foren zur Wahl, ist die Schiedsgerichtsbarkeit zweifelsfrei vorzugswürdig. In derartigen Konstellationen wird ein Schiedsverfahren oftmals der einzig gangbare Weg sein, wobei allerdings bereits von vornherein kritisch hinterfragt werden sollte, welche späteren Vollstreckungsmöglichkeiten in der Jurisdiktion des Vertragspartners bestehen.

86　Ein Nachteil der Schiedsgerichtsbarkeit besteht darin, nicht die **Kontinuität** von gerichtlichen Spruchkörpern zu bieten. Während es in der Regel möglich ist, die Entscheidungen staatlicher Gerichte anhand früherer veröffentlichter Entscheidungen in einem gewissen Rahmen vorherzusehen, fehlt es bei den für den Einzelfall konstituierten Schiedsgerichten an einer entsprechenden Kontinuität. In Schiedsverfahren kann allenfalls die bisherige Tätigkeit der bestellten Schiedsrichter analysiert werden. Nicht selten versuchen die Parteien, im Vorfeld eines Schiedsverfahrens anhand der Publikationen einzelner Schiedsrichter vorherzusehen, welche Auffassungen sie voraussichtlich vertreten werden. Soweit veröffentlichte Schiedssprüche anderer Schiedsgerichte in vergleichbaren Sachverhalten vorliegen, ist schwer vorherzusehen, in welchem Maß sich ein anderes Schiedsgericht danach richten wird. Es ist sicherlich ein gutes Argument, wie ein anderes Schiedsgericht einen vergleichbaren Fall entschieden hat. Allerdings besteht keine zwangsläufige Präzedenzwirkung.

Durch die stets voranschreitende Globalisierung ist, gerade auch im IT-Bereich, zunehmend mit Konstellationen zu rechnen, in denen nicht nur die beiden Heimatjurisdiktionen der Vertragsparteien vom Streitfall betroffen sind. Ein Beispiel ist die Erteilung einer Lizenz für verschiedene Länder/Regionen. Möglicherweise müssten Streitigkeiten in mehr als einer Jurisdiktion ausgetragen werden. Auch in einem solchen Fall kann die Schiedsgerichtsbarkeit Vorteile bringen, in dem Streitigkeiten vor einem einzigen Schiedsgericht **konzentriert** werden.   87

Voraussetzung ist allerdings, dass die diversen Streitigkeiten von derselben Schiedsklausel erfasst werden. Wenn zwischen einem Rechtsgutinhaber und dem Verletzer eine vertragliche Beziehung besteht, die eine Schiedsvereinbarung enthält, können mehrere Streitigkeiten vor demselben Schiedsgericht konzentriert werden. Sofern eine Verletzungshandlung von einer Partei vorgenommen wird, zu der keine vertragliche Beziehung besteht, ist zweifelhaft, ob nach Entstehung der Streitigkeiten noch eine Schiedsvereinbarung abgeschlossen werden kann. Aus Sicht des vermeintlichen Verletzers gibt es keinen Anlass, die Streitigkeiten vor einem Schiedsgericht auszutragen. Der potentielle Verletzer mag sich vielmehr auf den Standpunkt stellen, der Rechtsgutinhaber möge ihn in separaten Prozessen in verschiedenen Ländern verklagen, so dass die Rechtsdurchsetzung erschwert wird. Aufgrund der Freiwilligkeit der Schiedsgerichtsbarkeit hat der Rechtsgutinhaber in dieser Situation kaum die Möglichkeit, die verschiedenen Rechtsstreitigkeiten in diversen Jurisdiktionen zu vermeiden.   88

b) Parteiöffentlichkeit/Vertraulichkeit

In Handelsschiedsverfahren herrscht keine Gerichtsöffentlichkeit, sondern **Parteiöffentlichkeit**. Weder die Existenz des Schiedsverfahrens noch die beteiligten Parteien und Schiedsrichter werden öffentlich bekannt. Mündliche Verhandlungen finden unter Ausschluss der Öffentlichkeit statt. Dies kann für die Parteien vorteilhaft sein, wenn eine fortlaufende Geschäftsbeziehung besteht oder in der Öffentlichkeit nichts von den Streitigkeiten bekannt werden soll.   89

90 Die fehlende Gerichtsöffentlichkeit wird gelegentlich damit gleichgesetzt, dass Schiedsverfahren per se vertraulich seien und keine Details aus dem Schiedsverfahren veröffentlicht werden dürfen. Allein der Abschluss einer Schiedsvereinbarung führt jedoch nicht zu einem umfassenden Vertraulichkeitsschutz. Dies gilt nicht nur nach deutschem Recht, sondern ist auch international weit verbreitet. Eine vollständige Vertraulichkeit ist keinesfalls automatisch gewährleistet[1].

91 Zwar mögen die am Schiedsverfahren beteiligten Personen aufgrund ihrer Berufsangehörigkeit zur Verschwiegenheit verpflichtet sein. Dies wird am ehesten für Rechtsanwälte nach ihrem jeweiligen **Standesrecht** gelten. Schiedsrichter sind häufig durch die Schiedsregeln von Schiedsinstitutionen verpflichtet, den Inhalt des Schiedsverfahrens vertraulich zu behandeln. Darüber hinaus gibt es jedoch keine pauschale Regelung, dass alle Beteiligten die im Schiedsverfahren gewonnenen Informationen vertraulich behandeln müssen.

92 Um die Vertraulichkeit des Schiedsverfahrens umfassend und zuverlässig zu schützen, empfiehlt sich daher der Abschluss separater **Geheimhaltungsverpflichtungen/Non Disclosure Agreements**. Es werden hierzu entweder separate Vereinbarungen geschlossen oder die Verfahrensregelungen innerhalb des Schiedsverfahrens enthalten entsprechende Abschnitte.

93 Die Vertraulichkeitsvereinbarungen können nur zwischen den Schiedsparteien geschlossen werden. In vielen Fällen wird es sich jedoch empfehlen, sie als **multilaterale Vereinbarungen** abzuschließen, die auch von den Schiedsrichtern unterzeichnet werden. Dies ermöglicht umfassendere Regelungen, beispielsweise auch in Bezug auf den Umgang mit vertraulichen Informationen im Verfahren, beispielsweise der Vorlage von Dokumenten beim Schiedsgericht. Zum Schutz von Geschäftsgeheimnissen kann beispielsweise vorgesehen werden, dass Dokumente entweder teilweise geschwärzt beim Schiedsgericht vorgelegt werden oder die Vorlage nur gegenüber den Schiedsrichtern und den externen Rechtsanwälten der Parteien erfolgt. Diese Praxis ist im angloamerikanischen Rechtsraum als „**For Attorneys' Eyes Only Designation**" bekannt.

94 In einer weiteren Stufe ist denkbar, dass höchst sensible Informationen nur gegenüber dem Schiedsgericht oder einem **zur Vertraulichkeit verpflichteten Dritten** vorgelegt werden, der dem Schiedsgericht und den Parteien in geeigneter Form über den beweiserheblichen Inhalt der Dokumente berichtet. Bei dieser Vorgehensweise ist jedoch darauf zu achten, dass den Schiedsparteien ihr Recht auf rechtliches Gehör nicht abgeschnitten wird. Wenn ein späterer Schiedsspruch maßgeblich auf Dokumente aufbaut, die die Parteien nicht vollständig gesehen haben, sind Angriffe gegen den Schiedsspruch zu erwarten.

---

1 *Lachmann*, Handbuch für die Schiedsgerichtspraxis, 3. Aufl. 2008, Rz. 143 ff.

c) Auswahlmöglichkeiten in Bezug auf Schiedsrichter

Als wesentlicher Vorteil der Schiedsgerichtsbarkeit wird die Auswahlmög- 95
lichkeit der Schiedsparteien in Bezug auf die Schiedsrichter angesehen. Damit kann zum einen sichergestellt werden, dass **unabhängige und unpartei-
liche Schiedsrichter** die Streitigkeit entscheiden. Aus deutscher Sicht ist die
Besorgnis um parteiliche staatliche Richter nicht groß. Nicht in allen Jurisdiktionen ist dies jedoch so selbstverständlich.

Nach dem deutschen Schiedsrecht haben die Schiedsrichter alle Umstände 96
offen zu legen, die Zweifel an ihrer Unparteilichkeit oder Unabhängigkeit
wecken können. Entsprechendes gilt, wenn im Laufe des schiedsrichterlichen Verfahrens neue Umstände in dieser Hinsicht auftreten (§ 1036 Abs. 1
ZPO). Sofern es berechtigte Zweifel an der Unparteilichkeit oder Unabhängigkeit eines Schiedsrichters gibt, kann dieser abgelehnt werden (§ 1036
Abs. 2 ZPO).

Die Parteien können das **Verfahren für die Ablehnung eines Schiedsrichters** 97
selbst regeln. Haben die Parteien keine entsprechende Vereinbarung getroffen, ist zunächst ein Ablehnungsantrag an das Schiedsgericht zu richten.
Verweigert das Schiedsgericht die Ablehnung, kann eine Entscheidung über
die Ablehnung vor den deutschen staatlichen Gerichten beantragt werden
(§ 1037 ZPO). Gibt es Anhaltspunkte für eine fehlende Unparteilichkeit oder
Unabhängigkeit von Schiedsrichtern, ist sorgfältig auf das im Einzelfall
maßgebliche Ablehnungsverfahren zu achten, da Ablehnungsanträge regelmäßig an relativ kurze Fristen gebunden sind.

Die Auswahlmöglichkeit der Parteien in Bezug auf die Schiedsrichter ermög- 98
licht des Weiteren, auf **spezielle Expertise** und Erfahrung zu achten, die für
den individuellen Streitfall relevant sind. Sobald bekannt ist, wie der konkrete Streitfall beschaffen ist, kann entschieden werden, über welche Kenntnisse und Erfahrungen die Schiedsrichter im Idealfall verfügen sollen. Geht
es um praktische Fragen der Formulierung von Verträgen, mag es sich empfehlen, einen Rechtsanwalt als Schiedsrichter zu benennen, der selbst vergleichbare Verträge unzählige Male entworfen und verhandelt hat. Geht es
um eine mehr dogmatische Frage, könnte ein Rechtsprofessor oder ehemali-
ger Richter besonders geeignet sein. Entsprechendes gilt in Bezug auf spezifische Branchen- oder technische Kenntnisse.

Die Auswahlmöglichkeit von Schiedsrichtern ermöglicht es, Spezialisten 99
auf dem jeweiligen relevanten Gebiet für die Entscheidungsfindung zu gewinnen. Häufig ist dies einer der Garanten für eine **hochqualitative Streitbeilegung**. Neben den rein materiellen Kenntnissen ist bei der Auswahl von
Schiedsrichtern jedoch stets auch darauf zu achten, ob es auch hinreichende
Kenntnis in Bezug auf die von dem Schiedsrichter zu erfüllenden prozessualen Aufgaben gibt. Insbesondere der Vorsitzende des Schiedsgerichts muss
die Verfahrensführung übernehmen, die Verfahrensverfügungen verfassen
und Entscheidungen vorbereiten. Hierzu ist eine gewisse Kenntnis des relevanten Schiedsverfahrensrechts unerlässlich.

100 In einem aus drei Schiedsrichtern bestehenden Schiedsgericht ist es darüber hinaus auch möglich, **unterschiedliche Rechts- und Kulturkreise** abzubilden, die die Parteien repräsentieren. In einem Schiedsverfahren zwischen einer amerikanischen und asiatischen Partei könnten beispielsweise Schiedsrichter aus diesen beiden Kontinenten und ein Europäer als Vorsitzender benannt werden. Die Schiedsrichter spiegeln durch ihren eigenen Hintergrund die Bedürfnisse und Erwartungen der Parteien wider und können einen Ausgleich finden, der keine Seite übermäßig bevor- oder benachteiligt. Gerade in der Streitbeilegung werden kulturelle Unterschiede zwischen den Parteien oftmals unterschätzt und können von staatlichen Gerichten nicht flexibel genug berücksichtigt werden. Dies betrifft nicht nur etwaige sprachliche Barrieren. Die Schiedssprüche von kulturell diversen Schiedsgerichten finden häufig eine besonders hohe Akzeptanz der Parteien, da diese das Verfahren als sachgerecht und ausgleichend empfunden haben.

d) Flexibilität bei der Verfahrensgestaltung

101 Schiedsverfahren sind nicht an das mitunter starre Gerüst zivilprozessualer Vorschriften eines bestimmten Staates gebunden. Vielmehr können die Schiedsparteien in den Grenzen zwingenden Rechts das Verfahren nach ihren eigenen Bedürfnissen gestalten.

102 Dies ermöglicht es, mit ungewöhnlichen Situationen angemessen umzugehen. Beispielsweise können Zeugen, die über verschiedene Länder verstreut sind, im Wege von Videokonferenzen vernommen werden. Es können auch leichter Kompromisse gefunden werden, wenn die Parteien aus sehr unterschiedlichen Rechtskreisen stammen. Das klassische Beispiel hierfür ist stets der Streit zwischen kontinentaleuropäischen und angloamerikanischen Parteien, insbesondere in Bezug auf die Beweisaufnahme. Die eine Seite erwartet eine vom Schiedsgericht geleitete Beweisaufnahme, die andere eine Discovery. Die prozessuale Flexibilität von Schiedsverfahren ermöglicht es, beiden Schiedsparteien dadurch entgegen zu kommen, dass ein Kompromiss gewählt wird, der für alle Beteiligten akzeptabel ist.

103 Angesichts der gravierenden Unterschiede in der Beweisaufnahme im angloamerikanischem und kontinentaleuropäischen Rechtskreis hat die International Bar Association mit den IBA Rules on the Taking of Evidence in International Arbitration („**IBA Rules**") Vorschläge unterbreitet, wie die Erwartungen und Bedürfnisse unterschiedlicher Schiedsparteien einem Kompromiss zugeführt werden können.

Übersicht über den Regelungsgehalt der IBA Rules

Allgemeine Regelungen über Anwendungsbereich, Zulässigkeit und Würdigung von Beweismitteln (v.a. Art. 1, 2, 9)

Dokumente (v.a. Art. 3)

Zeugen (v.a. Art. 4, 8)

Parteiernannte Sachverständige (v.a. Art. 5, 8)

Vom Schiedsgericht benannte Sachverständige (v.a. Art. 6, 8)

Inspektionen (v.a. Art. 7)

Die IBA Rules sehen unter anderem einen begrenzten Dokumentenaus- 104
tausch vor, der weit entfernt von einer typisch amerikanischen Pre-trial-Dis-
covery ist, aber gleichwohl dem Informationsbedürfnis angloamerikanischer
Parteien Rechnung trägt. Die Beweisaufnahme durch Zeugen wird durch
schriftliche Zeugenaussagen, sog. witness statements, vorbereitet. In der
mündlichen Verhandlung befragen vornehmlich die Parteien die Zeugen,
wobei das Schiedsgericht zu jedem Zeitpunkt selbst in die Befragung eingreifen kann.

Die Parteien können die Anwendung der IBA Rules vereinbaren. Aber auch 105
ohne eine entsprechende Parteivereinbarung können Schiedsrichter im Rahmen ihres Ermessensspielraums bei der Verfahrensgestaltung die IBA Rules
heranziehen.

Die Einflussmöglichkeiten der Schiedsparteien auf die **Verfahrensgestaltung** 106
führt im Regelfall auch dazu, dass der gesamte Prozess **weniger fremdbestimmt und konfrontativ** ist als ein Verfahren vor staatlichen Gerichten.
Dies wird bereits dadurch erreicht, dass sich die Parteien nicht in dem starren Gefüge einer bestimmten nationalen Prozessordnung bewegen. Der Verfahrensablauf und die Fristen werden den Parteien nicht von der Prozessordnung bzw. dem staatlichen Gericht vorgegeben.

Typischerweise kommt es vielmehr schon in der Anfangsphase des Schieds- 107
verfahrens zu einem Dialog zwischen den Schiedsparteien und dem Schiedsgericht, in dem die Verfahrensführung besprochen wird, sog. **Pre-Hearing
Conferences** oder **Case Management Conferences**. Die ICC sieht in ihren ab
dem 1.1.2012 geltenden Schiedsregeln die Durchführung einer Case-Manage-
ment-Conference vor und gibt den Schiedsrichtern konkrete Beispiele an die
Hand, durch welche prozessualen Maßnahmen die Effizienz in der Verfahrensführung gesteigert werden kann[1].

Die **frühzeitige Kommunikation** zwischen den Parteien und dem Schieds- 108
gericht kann zu einer besonders konstruktiveren Atmosphäre führen, die
eine sachgerechte, effiziente Verfahrensführung befördert. Die Beziehung
zwischen den Parteien wird weniger beschädigt als dies in höchst konfrontativen Auseinandersetzungen der Fall ist. Selbst wenn es letztendlich zu einer
streitigen Entscheidung durch das Schiedsgericht kommt, ist es Parteien, die
in fortlaufenden Geschäftsbeziehungen zueinander stehen, häufig einfacher
möglich, diese Geschäftsbeziehung unbeschadet fortzuführen.

Mitunter wird durch die individuelle, weniger konfrontative Auseinander- 109
setzung vor einem Schiedsgericht auch die Chance auf eine **gütliche Streit-**

---

1 Art. 24 ICC-Schiedsgerichtsordnung einschließlich Appendix IV.

beilegung gefördert. In dieser Hinsicht ist indes zu berücksichtigen, dass keinesfalls alle Schiedsgerichte die Fälle vergleichen, anstatt sie zu entscheiden. Die deutsche Sichtweise, dass ein Schiedsrichter einen Vergleichsvorschlag unterbreiten kann[1], wird auf internationaler Ebene nicht geteilt. Insbesondere vermeiden Schiedsrichter aus dem angloamerikanischen Raum, sich in Vergleichsbemühungen zu engagieren, weil dies als Zeichen für eine fehlende Unparteilichkeit gewertet werden könnte.

110 Die Flexibilität bei der Verfahrensgestaltung wird dadurch abgerundet, dass es im Vergleich zu Verfahren vor staatlichen Gerichten in der Regel leichter ist, mit **mehrsprachigen Konstellationen** umzugehen. Nicht selten treffen Parteien aufeinander, die zwar untereinander englisch sprechen, intern aber in ihrer jeweiligen Muttersprache kommunizieren. Dementsprechend sind maßgebliche Dokumente und Beweismittel nicht nur in englischer Sprache verfügbar. Ebenso wird es Zeugen geben, die des Englischen zwar mächtig sind, gleichwohl in ihrer Muttersprache Zeugnis ablegen möchten. In Schiedsverfahren kann mit diesen Konstellationen womöglich einfacher und flexibler umgegangen werden als vor staatlichen Gerichten. Wenn bei Beginn des Schiedsverfahrens absehbar ist, welche Sprachen voraussichtlich tangiert sind, kann dies bereits bei der Auswahl von Schiedsrichtern berücksichtigt werden.

e) Dauer und Kosten

111 Die Aussage, Schiedsverfahren seien schneller und kostengünstiger als die Verfahren vor staatlichen Gerichten, ist in dieser Pauschalität nicht zutreffend. Insbesondere die international tätigen Schiedsinstitutionen bemühen sich intensiv, angesichts wachsender Kritik an der Dauer und den Kosten die **Effizienz von Schiedsverfahren** zu verbessern. Trotz dieser Bemühungen gilt derzeit der Grundsatz, dass Schiedsverfahren schneller und kostengünstiger sein können. Umgekehrt können aber auch die staatlichen Gerichte eine kürzere Dauer und niedrigere Kosten ermöglichen. Es kommt immer darauf an, welche Form des Schiedsverfahrens mit welchem staatlichen Gericht verglichen wird. Dabei ist generell zu berücksichtigen, dass die deutschen Gerichte im internationalen Vergleich sowohl bei den Kosten als auch der Verfahrensdauer hervorragende Ergebnisse erzielen. Gerade bei niedrigen Streitwerten können die Gerichtskosten in erster Instanz deutlich unter den Kosten von Schiedsgerichten liegen. Anders kann es aussehen, wenn vor den staatlichen Gerichten drei Instanzen durchlaufen werden.

aa) Dauer von Schiedsverfahren

112 Die Länge von Schiedsverfahren richtet sich zum Teil nach denselben Kriterien wie die Dauer von Verfahren vor staatlichen Gerichten. Ist beispielsweise umfangreicher Sachverständigenbeweis erforderlich, kann sich durch die

---

1 Vgl. § 32 DIS-Schiedsgerichtsordnung.

Erstellung von Sachverständigengutachten die Verfahrensdauer erheblich verlängern.

Schiedsverfahren haben gegenüber Verfahren vor staatlichen Gerichten na-   113
turgemäß den Nachteil, dass im Regelfall das Schiedsgericht nach Entstehung des Streits erst **konstituiert** werden muss und somit nicht unverzüglich die Arbeit aufgenommen werden kann. Besteht das Schiedsgericht aus
drei Schiedsrichtern, benennen die Kläger- und die Beklagtenseite die beiden
beisitzenden Schiedsrichter jeweils innerhalb gewisser Fristen, häufig jeweils 30 Tage. Nachfolgend läuft eine weitere Frist, innerhalb derer die beiden parteibenannten Schiedsrichter einen Vorsitzenden auswählen. Selbst
wenn dieser Benennungsprozess ohne besondere Störungen abläuft, vergehen
mehrere Monate, bis das Schiedsgericht gebildet ist.

Die Konstituierung des Schiedsgerichts kann aber in verschiedener Hinsicht   114
ins Stocken geraten. Beispielsweise ist denkbar, dass die beklagte Partei keinen Schiedsrichter in der vorgesehenen Zeit benennt. Dann ist eine **Ersatz-
benennung** erforderlich, die durch die Schiedsinstitution, eine neutrale dritte
Stelle oder die staatlichen Gerichte vorgenommen werden kann. Sofern die
Parteien kein abweichendes Bestellungsverfahren vereinbart haben, ist nach
deutschem Schiedsrecht ein Antrag an das zuständige Oberlandesgericht auf
Bestellung eines Schiedsrichters zulässig (§ 1035 Abs. 3 ZPO).

Besonders problemanfällig sind des Weiteren **Mehrparteien-Konstellationen**,   115
in denen mehrere Parteien auf Kläger- und/oder Beklagtenseite vertreten
sind und diese sich nicht auf einen Schiedsrichter einigen können. In diesen
Fällen kann die Nichtbenennung eines Schiedsrichters durch eine Seite aus
Gründen der Gleichbehandlung der Parteien dazu führen, dass die bereits erfolgte Benennung der anderen Seite hinfällig wird und alle Schiedsrichter
von einer neutralen Stelle benannt werden.

Weitere Verzögerungen können eintreten, wenn nach einer Benennung Streit   116
über die Unparteilichkeit oder Unabhängigkeit des vorgeschlagenen Schiedsrichters entsteht und **Ablehnungsanträge** letztendlich durch die staatlichen
Gerichte entschieden werden müssen. Dabei ist allerdings weit verbreitet,
dass schwebende Ablehnungsanträge nicht zwangsläufig den Fortgang des
Schiedsverfahrens aufhalten. Beispielsweise sieht das deutsche Schiedsverfahrensrecht vor, dass das Schiedsgericht das Schiedsverfahren unter Beteiligung des abgelehnten Schiedsrichters fortsetzen kann, wenn ein Ablehnungsantrag vor den staatlichen Gerichten anhängig ist (§ 1037 Abs. 3 ZPO).

Verzögerungen im weiteren Lauf des Schiedsverfahrens können dadurch ein-   117
treten, dass sich die Beteiligten nicht auf die Termine für mündliche Verhandlungen einigen können. Eine Ursache kann insoweit die schlechte Verfügbarkeit von Schiedsrichtern sein. Daher empfiehlt es sich, bereits bei der
Auswahl von Schiedsrichtern unter anderem darauf zu achten, in welchem
Zeitrahmen die potentiellen Kandidaten das Schiedsverfahren durchführen
könnten.

118   Vorteilhaft im Vergleich zu Verfahren vor staatlichen Gerichten kann sich auswirken, dass die Schiedsparteien mit dem Schiedsgericht in der Regel gleich zu Beginn des Verfahrens die einzelnen Verfahrensschritte festlegen und sich dabei auch auf Schriftsatzfristen verständigen. Diese Verfahrensabsprachen werden häufig in sog. **Provisional Timetables** niedergelegt. Sie zeichnen den Gang des Schiedsverfahrens bis zur mündlichen Verhandlung auf. Die mit den Parteien abgestimmten Fristen sollen spätere Fristverschiebungen und Fristverlängerungsanträge vermeiden. Gleichwohl besteht kein abschließender Schutz vor Fristverlängerungsanträgen oder beispielsweise dem unplanmäßigen Einreichen von zusätzlichen Schriftsätzen. Es liegt dann an dem Schiedsgericht, das Verfahren souverän zu führen und Verzögerungen zu verhindern, ohne einer Partei das rechtliche Gehör abzuschneiden.

119   Als Reaktion auf die wachsende Kritik an der zu langen Dauer von manchen Schiedsverfahren bieten verschiedene Schiedsinstitutionen verstärkt besondere Verfahrensregeln für **beschleunigte Schiedsverfahren** an (vgl. Rz. 189 ff.). In beschleunigten Schiedsverfahren verpflichten sich die Parteien und die Schiedsrichter zu einer besonders zügigen Verfahrensbeendigung. Allerdings sind viele Fristen lediglich als anvisiertes Leitbild konzipiert, ohne dass ihnen ein zwingender Charakter zukäme. Beispielsweise „soll" bei einem beschleunigten Schiedsverfahren nach den Regeln der DIS das Verfahren vor einem Dreierschiedsgericht innerhalb von neun Monaten abgeschlossen sein[1]. Verlängerungen der einzelnen Fristen sind allerdings möglich. Dies kann im Einzelfall dazu führen, dass ein beschleunigtes Schiedsverfahren letztlich doch nicht in der ursprünglich anvisierten Zeit beendet werden kann.

120   Schließlich ist zu berücksichtigen, dass vor Schiedsverfahren in der Regel keine besonderen Verfahrensarten verfügbar sein werden, wie beispielsweise der deutsche **Urkundenprozess**. Würden in einem regulären Schiedsverfahren die Beweismittel auf Urkunden beschränkt, könnte dies zu begründeten Zweifeln an der umfassenden Gewährung rechtlichen Gehörs führen. Schiedsverfahren genauso wie den deutschen Urkundenprozess mit einem Urkundsverfahren und einem Nachverfahren auszustatten, ist nicht ausgeschlossen, allerdings eher ungewöhnlich. Die ICC reagiert auf diese Situation damit, dass im Rahmen der Case Management Konferenz unter anderem erörtert werden soll, ob bestimmte Teile des Streits unstreitig oder nur durch Urkunden bewiesen werden können[2]. Einzelfallabhängig kann dies bei der Strukturierung des Schiedsverfahrens berücksichtigt werden.

121   In Schiedsverfahren ist es ebenfalls schwierig, einen Rechtsstreit kurzerhand durch **Versäumnisurteil** zu beenden. Nach dem deutschen Schiedsverfahrensrecht führt die Säumnis des Schiedsklägers bei der Klageeinreichung zu einer Beendigung des Schiedsverfahrens (§ 1048 Abs. 1 ZPO). Die Säumnis des Beklagten, eine Klageerwiderung einzureichen, führt nicht zu einem Versäumnisurteil (§ 1048 Abs. 2 ZPO). Bleibt eine Partei der mündlichen Ver-

---

1   § 1.2 der DIS – Ergänzende Regeln für beschleunigte Verfahren.
2   Art. 24 der ICC-Schiedsregeln.

handlung fern oder versäumt sie es, Beweise fristgerecht vorzulegen, hat das Schiedsgericht die Möglichkeit, den Schiedsspruch auf der Basis der vorliegenden Erkenntnisse zu erlassen (§ 1048 Abs. 3 ZPO). Die Säumnis einer Partei bleibt zudem immer dann unberücksichtigt, wenn sie genügend entschuldigt wird (§ 1048 Abs. 4 ZPO). Die Parteien können abweichende Regelungen treffen, allerdings ist dies in der Praxis selten. Dadurch entsteht in Säumnissituationen oftmals Frustration über die begrenzten Sanktionsmöglichkeiten. Das Schiedsgericht wird im Regelfall längere Zeit als ein deutsches staatliches Gericht dafür benötigen, den Streit endgültig abzuschließen.

bb) Kosten

Die Kosten von Schiedsverfahren und staatlichen Gerichtsprozessen miteinander zu vergleichen, erfordert eine sehr differenzierte Betrachtung. Ein Rechtsstreit vor den – im internationalen Vergleich kostengünstigen – deutschen Gerichten ist häufig, aber nicht immer kostengünstiger als ein Schiedsverfahren. 122

Zunächst ist zu berücksichtigen, dass staatliche Gerichtsverfahren **mehrzugig** sind, während sich das Schiedsverfahren im Regelfall auf eine Instanz beschränkt. Beschränkt sich das Verfahren vor den deutschen Gerichten auf eine Instanz, liegen die Gerichtskosten in aller Regel unter den Kosten für Schiedsverfahren, unabhängig davon, ob es sich bei dem Schiedsgericht um ein Dreierschiedsgericht oder einen Einzelschiedsrichter handelt. Werden zwei Instanzen vor den deutschen staatlichen Gerichten geführt, kommt es auf den Streitwert an, ob das Gerichtsverfahren oder das Schiedsverfahren günstiger ist. Es gilt dabei der Grundsatz, dass Schiedsverfahren vorteilhafter werden, je höher der Streitwert ist. Bei niedrigeren Streitwerten kann ein Schiedsverfahren günstiger sein als ein Verfahren vor den staatlichen Gerichten, wenn das Schiedsgericht aus einem Einzelschiedsrichter besteht. Kommt es vor den deutschen staatlichen Gerichten zu einem Verfahren, welches durch drei Instanzen betrieben wird, sind die Kosten für Schiedsverfahren gerade bei hohen Streitwerten deutlich günstiger. Bei niedrigen Streitwerten kommt es im Einzelfall auf die Vergütung des Schiedsgerichts und die Anzahl der Schiedsrichter an. Wenn das Schiedsgericht aus einem Einzelschiedsrichter besteht, sind Schiedsgerichte in vielen Fällen günstiger als Verfahren vor den deutschen staatlichen Gerichten über drei Instanzen. Handelt es sich um ein Dreierschiedsgericht liegen die Kosten bei niedrigen Streitwerten allerdings über den Gerichtsgebühren. 123

Die **Kosten für das Schiedsgericht** hängen zunächst von der Art des Schiedsverfahrens ab, insbesondere ob es sich um ein Ad-hoc-Verfahren oder ein institutionelles Schiedsverfahren handelt. Während die Schiedsinstitutionen in aller Regel Vergütungsordnungen vorgeben, können die Schiedsparteien in Ad-hoc-Verfahren die Vergütung der Schiedsrichter selbst regeln. Der Deutsche Anwaltverein hat ein „Textmuster über die Vereinbarung über die Vergütung der Schiedsrichter" veröffentlicht, das als Vorschlag für die 124

Schiedsrichtervergütung dienen soll und häufig von Schiedsparteien zur Orientierung herangezogen wird[1]. Die für die Schiedsrichter vorgeschlagene Vergütung orientiert sich an den Gebühren, die ein Rechtsanwalt für die Vertretung einer Partei vor den staatlichen Gerichten gemäß RVG verdienen würde. Während die beisitzenden Schiedsrichter die Gebühren eines in zweiter Instanz tätigen Rechtsanwalts erhalten, erhält der Vorsitzende oder der Einzelschiedsrichter für jeden Gebührentatbestand eine Gebühr von 2,0. Die Schiedsparteien können die Schiedsrichtervergütung jedoch abweichend regeln, indem sie selbst andere Regeln entwickeln oder beispielsweise auf die Vergütungsordnungen einer Schiedsinstitution verweisen. Dementsprechend ist es nicht unüblich, dass sich für Ad-hoc-Schiedsverfahren die Schiedsparteien darauf verständigen, dass sich die Höhe der Vergütung der Schiedsrichter nach der Vergütungsordnung der DIS richtet, obwohl das Schiedsverfahren an sich nicht nach den Schiedsregeln der DIS durchgeführt wird.

125 Die **Kostenstrukturen der Schiedsinstitutionen** variieren mitunter stark. Es kommt hinzu, dass die meisten Schiedsinstitutionen eine Spannbreite von Minimal- und Maximalbeträgen vorsehen, die mitunter weit auseinander liegen und sich letztlich an dem konkreten Aufwand eines Schiedsverfahrens bemessen sollen. Nur wenige Schiedsinstitutionen geben die Schiedsrichtervergütung exakt an, so dass die Schiedsparteien bereits zu Beginn des Schiedsverfahrens die genaue Höhe der Schiedsrichterhonorare kennen[2]. Viele Schiedsinstitutionen berechnen die Schiedsrichtervergütung anhand des Streitwerts und der Zahl der Parteien. Im angloamerikanischen Rechtsraum ist es demgegenüber weit verbreitet, die Schiedsrichtervergütung stundenabhängig zu berechnen. Die Stundensätze der Schiedsrichter richten sich nach den individuellen Vereinbarungen und können auch innerhalb eines Schiedsgerichts unterschiedlich sein. Dies führt zu einer begrenzten Planbarkeit der letztendlichen Kosten im Zeitpunkt des Beginns des Schiedsverfahrens, zumal der Aufwand für die Bearbeitung im Regelfall nicht absehbar ist.

126 Zu der reinen Schiedsrichtervergütung treten im Regelfall bei institutionellen Schiedsverfahren weitere Gebühren hinzu, die den Verwaltungsaufwand der Schiedsinstitution abdecken. Typischerweise bestehen diese aus **Registrierungsgebühren und Verwaltungsgebühren**. Diese Kosten richten sich oft nach dem Streitwert. Teilweise werden die Verwaltungsgebühren jedoch auch anhand des Stundenaufwands berechnet[3]. Als weitere Kostenkomponente kommen Auslagen hinzu, die typischerweise nach entsprechenden Kostennachweisen abgerechnet werden. Hierzu zählen beispielsweise Reisekosten der Schiedsrichter, Kosten für die Anmietung von Räumen und Gebühren für Stenographen.

---

1 Vgl. Rz. 151.
2 Nach der Vergütungsordnung der DIS bestimmt sich das Schiedsrichterhonorar ausschließlich aufgrund des Streitwerts.
3 Art. 1 des LCIA Schedule of Arbitration Costs.

Die **Kostenerstattung in Schiedsverfahren** orientiert sich durchweg an kon-   127
tinentaleuropäischen Grundzügen. In Schiedsverfahren gilt weitgehend die
Regel, dass das Schiedsgericht in seinem Schiedsspruch auch über die Kosten
des Schiedsverfahrens entscheidet. Die obsiegende Partei hat einen Kosten-
erstattungsanspruch, der sich an dem Anteil des Obsiegens und Unterliegens
orientiert. Erstattet werden typischerweise die Kosten des Schiedsverfahrens, einschließlich der Vergütung des Schiedsgerichts und der Gebühren der
Schiedsinstitution, sowie der zur Rechtsdurchsetzung erforderlichen Kosten
der Rechtsverteidigung. In Bezug auf die Erstattung von Rechtsanwaltskosten und gegebenenfalls weiterer zur Rechtsdurchsetzung erforderlichen Kosten steht den Schiedsgerichten typischerweise ein Ermessensspielraum zu.
Gerade in internationalen Schiedsverfahren ist es üblich, dass Rechtsanwaltskosten, die auf einer stundenabhängigen Vergütungsvereinbarung beruhen, ersatzfähig sind. Im Einzelfall kommt es jedoch zu einer Überprüfung
der Angemessenheit der Höhe der angesetzten Stundensätze und der Anzahl
der abgerechneten Stunden. Dabei werden mitunter auch die Rechtsanwaltskosten beider Seiten miteinander verglichen.

Nicht alle Jurisdiktionen sehen in Zivilprozessen vor den staatlichen Gerich-   128
ten eine Kostenerstattung durch die unterlegene Partei vor, wie sie das deutsche Zivilprozessrecht kennt. Beispielsweise erfolgt im angloamerikanischen
Raum eine Kostenerstattung nur in den speziellen Fällen, die das Gesetz ausdrücklich vorschreibt, oder in anderen besonderen Ausnahmesituationen. Ist
die Alternative zu einem Schiedsverfahren somit ein Rechtsstreit in einem
Land, das **keine Kostenerstattung** kennt, bieten Schiedsverfahren, abhängig
von deren Ausgang, eine Chance oder ein Risiko in Bezug auf die Kostentra-
gung. Im Fall eines Obsiegens schließt dies auch die Möglichkeit ein, Rechtsanwaltskosten ersetzt zu verlangen. Anders als vor deutschen staatlichen Gerichten ist die Erstattung von Rechtsanwaltskosten nicht zwingend auf die
gesetzlichen Gebühren nach dem RVG beschränkt (vgl. Teil B III Rz. 49).

Als Kostenfaktor kann letztlich auch angeführt werden, dass vor Schieds-   129
gerichten **kein Anwaltszwang** herrscht und somit zumindest theoretisch ein
meistens erheblicher Kostenblock völlig gespart werden könnte. Es muss
jedoch sehr kritisch hinterfragt werden, ob ein Schiedsverfahren tatsächlich
ohne Einsatz eines externen Anwalts geführt werden kann. Sofern die
Schiedspartei nicht über eine Rechtsabteilung verfügt, die Erfahrung im Umgang mit Schiedsverfahren hat, ist hiervon eher abzuraten.

f) Vollstreckbarkeit im Ausland

Schiedssprüche werden von den Parteien oft befolgt, ohne dass es überhaupt   130
einer Zwangsvollstreckung bedarf. Dies geht zurück auf die Einschätzung,
dass die Akzeptanz für eine Entscheidung höher ist, wenn sie durch Schiedsrichter erfolgt, die von den Parteien wegen ihrer spezifischen Sachkunde respektiert werden und die Entscheidung in einem Verfahren ergeht, das die
Parteien als ordnungsgemäß und gerecht empfinden. Gleichwohl sollte bereits im Stadium von Vertragsverhandlungen geprüft werden, in welchen Ju-

risdiktionen voraussichtlich eine Vollstreckung erfolgen muss, damit der Streitbeilegungsmechanismus entsprechend ausgestaltet werden kann.

131   Ein Vorteil der Schiedsgerichtsbarkeit wird darin gesehen, dass Schiedssprüche häufig **einfacher im Ausland vollstreckt** werden können als die Urteile staatlicher Gerichte. Im Einzelfall ist zu prüfen, ob bi- oder multilaterale Vollstreckungsabkommen im Verhältnis der Staaten, in denen einerseits ein Urteil oder Schiedsspruch ergehen würde, und in denen andererseits die Vollstreckung erfolgen müsste, bestehen. Das New Yorker Übereinkommen bietet als erfolgreichstes Übereinkommen der Vereinten Nationen ein sehr umfangreiches Netz von Staaten, in denen Schiedssprüche für vollstreckbar erklärt werden können.

132   Es ist jedoch zu berücksichtigen, dass es mitunter eine große **Diskrepanz zwischen den theoretischen und praktischen Vollstreckungsmöglichkeiten** in einzelnen Staaten gibt. Gerade im arabischen, asiatischen und osteuropäischen Raum hat sich in den vergangenen Jahren gezeigt, dass die Vollstreckung von Schiedssprüchen Schwierigkeiten bereiten kann, obwohl in dem jeweiligen Land das New Yorker Übereinkommen ratifiziert und in Kraft getreten ist. Staatliche Gerichte benutzen den Ordrepublic-Vorbehalt, um Schiedssprüche inhaltlich auf die Vereinbarkeit mit lokalem Recht zu überprüfen oder die Vollstreckung abzuwenden.

133   In einzelnen Ländern ist zudem ein unterschiedlicher Umgang der staatlichen Gerichte mit Schiedssprüchen zu beobachten, der sich oft auch danach richtet, welche Gerichtsinstanz zuständig ist. Tendenziell tun sich unterinstanzliche Gerichte schwerer mit einer korrekten Anwendung des New Yorker Übereinkommens, als im Instanzenzug höher angesiedelte Gerichte. Außerdem spielen, abhängig von den involvierten Parteien und den betroffenen Branchen und Sektoren durchaus politische Gründe eine gewisse Rolle bei der Vollstreckung von Schiedssprüchen.

g) Schnittstellen zwischen Schiedsverfahren und Verfahren vor staatlichen Gerichten

134   Die Schiedsgerichtsbarkeit hat den Nachteil, keine Kontinuität von Spruchkörpern und Entscheidungen zu haben, wie dies bei staatlichen Gerichten nahezu selbstverständlich ist. Schiedssprüche werden zum ganz überwiegenden Teil nicht veröffentlicht. Sie werden daher nicht nur nicht bekannt, sondern haben darüber hinaus eine äußerst geringe **Präzedenzwirkung**. Kommt es einer Partei darauf an, eine Entscheidung zu erwirken, die in vergleichbaren Sachverhalten gegenüber anderen Beteiligten verwendet werden kann, sind Verfahren vor den staatlichen Gerichten vorzugswürdig.

135   Werden in einem komplexen Sachverhalt parallel Streitigkeiten vor verschiedenen Schiedsgerichten oder vor Schiedsgerichten und staatlichen Gerichten geführt, bereiten die Schnittstellen oftmals Probleme. Anders als in vielen nationalen Prozessrechten fehlen klare Regelungen zum Rangverhältnis und **Bindungswirkungen**. Es ist häufig eine Ermessensentscheidung, ob

ein Verfahren auszusetzen ist, bis in einem anderen Verfahren eine Entscheidung ergangen ist. Außerdem kann unklar sein, welche Wirkung die Entscheidung eines Schiedsgerichts für eine spätere Entscheidung eines staatlichen Gerichts, oder umgekehrt, hat. Es ist zu erwarten, dass ein staatliches Gericht die Entscheidung eines Schiedsgerichts respektiert, und umgekehrt. Gleichwohl ist der genaue Umgang mit den Entscheidungen aus den unterschiedlichen Streitbeilegungsarten nicht so klar vorhersehbar, wie wenn es sich um zwei Verfahren vor staatlichen Gerichten in derselben Jurisdiktion handeln würde.

Ähnliche Fragen ergeben sich bei einem Aufeinandertreffen von Schiedsver- 136 fahren und Verfahren vor staatlichen Gerichten im Bereich des **einstweiligen Rechtsschutzes**. Die §§ 916 ff. ZPO regeln klar das Verhältnis zwischen dem Verfügungsverfahren und dem Hauptsacheverfahren. Vergleichbar detaillierte Regelungen sind im Verhältnis zu Schiedsgerichten nicht vorhanden. Ist beispielsweise eine einstweilige Verfügung von den deutschen staatlichen Gerichten erlassen worden und das Hauptverfahren vor dem Schiedsgericht anhängig, stellt sich die Frage, ob ein Schiedsgericht die Verfügung gemäß § 927 Abs. 2 ZPO aufheben könnte. In diesem Bereich fehlt es an klaren Vorgaben.

3. Vertragliche Gestaltung von Schiedsvereinbarungen

Für Parteien ist es in der Phase der Vertragsgestaltung mitunter überaus läs- 137 tig, sich bereits Gedanken darüber zu machen, welche Streitbeilegungsmechanismen im Fall einer rechtlichen Auseinandersetzung greifen sollen. Dies geht zurück auf das weit verbreitete Phänomen, dass in der Euphorie des Vertragsschlusses niemand über spätere Streitigkeiten nachdenken will. Die Erfahrung zeigt allerdings, dass sich die Parteien sehr wohl bereits bei der Vertragsgestaltung Gedanken über den geeigneten Streitbeilegungsmechanismus machen sollten. Ist erst einmal eine Streitigkeit entstanden, können die Parteien oft keinerlei Verständigung mehr finden, auch nicht über rein prozessuale Themen, die eigentlich in beidseitigem Interesse seien müssten.

Sofern die Parteien ein Schiedsverfahren vereinbaren wollen, sollten folgen- 138 de Aspekte berücksichtigt werden:

Kriterien bei der Gestaltung der Schiedsvereinbarung

– Anwendbare Verfahrensregeln (vgl. Rz. 140 ff.)

– Zahl/Auswahl der Schiedsrichter (vgl. Rz. 156 ff.)

– Auswahl des Schiedsortes (vgl. Rz. 174 ff.)

– Auswahl der Sprache des Schiedsverfahrens (vgl. Rz. 180 ff.)

– Anwendbares Recht (vgl. Rz. 184 ff.)

139 Die Parteien müssen zudem prüfen, ob es relevante Formvorschriften für den Abschluss der Schiedsvereinbarung gibt. Abhängig von der betroffenen Rechtsordnung können möglicherweise ein Schriftformerfordernis oder, bei der Beteiligung von Verbrauchern, besondere Formvorschriften gelten (vgl. Rz. 186 ff.).

a) Auswahl der Verfahrensregeln

140 Wenn sich die Parteien der Schiedsgerichtsbarkeit unterwerfen wollen, empfiehlt es sich, die Verfahrensregeln auszuwählen, nach denen ein etwaiges Schiedsverfahren durchgeführt werden soll. Dies gibt den Parteien im Fall eines Streits Klarheit über den Gang des Verfahrens über das Schiedsverfahren. Zudem können **Gestaltungsmöglichkeiten** genutzt werden, um die individuellen Bedürfnisse der Parteien zu berücksichtigen.

141 Erfolgt keine Auswahl der Verfahrensregeln, kann gleichwohl eine wirksame Schiedsvereinbarung vorliegen. Das deutsche Schiedsverfahrensrecht enthält beispielsweise im 10. Buch der ZPO alle Mindestregelungen, um ein Schiedsverfahren durchzuführen, selbst wenn die Parteien keine zusätzlichen Verfahrensregeln getroffen haben. Erforderlich ist lediglich ein **Verweis auf das deutsche Schiedsverfahrensrecht** als für das Schiedsverfahren anwendbare Verfahrensrecht.

142 Bei der Auswahl der Verfahrensregeln stellt sich zunächst die Frage, ob die Parteien ein Ad-hoc-Schiedsverfahren oder ein institutionelles Schiedsverfahren wünschen. Des Weiteren sollten die Parteien überlegen, ob ein „klassisches" Schiedsverfahren durchgeführt werden soll, oder besondere Formen der Schiedsgerichtsbarkeit, beispielsweise ein beschleunigtes Schiedsverfahren, vorzugswürdig sind (vgl. Rz. 188 ff.).

aa) Ad-hoc-Schiedsverfahren vs. Institutionelle Schiedsverfahren

143 Die Parteien müssen die Grundentscheidung treffen, ob sie ein Ad-hoc-Schiedsverfahren oder ein institutionelles Schiedsverfahren durchführen möchten. Generell empfehlen sich institutionelle Schiedsverfahren, wenn die Parteien über keine besondere Erfahrung mit der Schiedsgerichtsbarkeit verfügen und daher gern die Unterstützung und den Service einer Schiedsinstitution in Anspruch nehmen möchten.

144 Die institutionelle Schiedsgerichtsbarkeit kann auch dann von besonderem Vorteil sein, wenn es um komplexe Mehrparteien-Konstellationen geht oder sonstige Faktoren ein besonders komplexes und kompliziertes Verfahren erwarten lassen. Müssen beispielsweise umfangreiche Zustellungen im Ausland vorgenommen werden, ist die Verfahrenseinleitung über eine Schiedsinstitution oftmals unkomplizierter als in einem Ad-hoc-Schiedsverfahren, bei dem sich die Parteien um die Auslandszustellung selbst kümmern müssen.

Entscheiden sich die Schiedsparteien für ein institutionelles Schiedsver- 145
fahren, ist es empfehlenswert, in der Schiedsvereinbarung die ausgewählte
Schiedsinstitution **vollständig und richtig zu bezeichnen**. Die Schiedsinstitutionen bieten durchweg Formulierungsvorschläge an, wie eine Schiedsvereinbarung mit Verweis auf die betreffende Schiedsinstitution gestaltet werden sollte. Diese Muster für empfohlene Schiedsvereinbarungen sind eine
gute Hilfe, um eine wirksame Schiedsvereinbarung in einen Vertrag aufzunehmen.

Bevor die empfohlenen Musterklauseln übernommen werden, sollte jedoch 146
hinterfragt werden, ob es **Ergänzungs- oder Änderungsbedarf** gibt, der in den
Musterformulierungen nicht abgebildet werden kann. Insbesondere im Hinblick auf die Bildung des Schiedsgerichts können Ergänzungen sinnvoll sein,
wenn die Parteien beispielsweise im Fall eines Dreierschiedsgerichts eine
Auswahl des Vorsitzenden Schiedsrichters durch die beiden parteiernannten
Schiedsrichter wünschen anstelle einer Auswahl durch die Schiedsinstitution.

Entscheiden sich die Parteien für ein Ad-hoc-Schiedsverfahren sind in der 147
Regel längere Formulierungen erforderlich als ein kurzer Verweis auf die
Schiedsregeln einer bestimmten Schiedsinstitution. Die Parteien können bereits die für sie besonders wichtigen Verfahrensregeln in die Schiedsvereinbarung aufnehmen. Es sind insbesondere Regelungen zur Beweisaufnahme
anzutreffen, die in vielen Schiedsverfahren eine zentrale Rolle spielen.

Bevorzugen die Parteien sehr knappe Ad-hoc-Schiedsvereinbarungen, sollten 148
sie beispielsweise auf das 10. Buch der ZPO oder den UNCITRAL Schiedsregeln verweisen. Mit derartigen Verweisen inkorporieren sie alle Regelungen, die erforderlich sind, ein Schiedsverfahren komplett durchzuführen.

Formulierungsvorschlag für die Orientierung an das 10. Buch der ZPO

Das Schiedsverfahren wird nach den Vorschriften des 10. Buchs der ZPO
durchgeführt.

**Von der UNCITRAL empfohlene Musterklausel für Ad-hoc-Schiedsverfah-
ren nach den UNCITRAL Schiedsregeln**

Any dispute, controversy or claim arising out of or relating to this contract, or
the breach, termination or invalidity thereof, shall be settled by arbitration in accordance with the UNCITRAL Arbitration Rules.

Note. Parties should consider adding:

(a) The appointing authority shall be … [name of institution or person];

(b) The number of arbitrators shall be … [one or three];

(c) The place of arbitration shall be … [town and country];

(d) The language to be used in the arbitral proceedings shall be …

149 In Ad-hoc-Schiedsverfahren sollte zudem erwogen werden, bereits in der Schiedsvereinbarung Vorschriften über die **Schiedsrichtervergütung** aufzunehmen. In institutionellen Schiedsverfahren stellt die Schiedsinstitution Kostenordnungen bereit und verwaltet die Einzahlung von Kostenvorschüssen. Im Unterschied hierzu kümmern sich die Parteien in Ad-hoc-Schiedsverfahren selbst um die finanziellen Aspekte der Verfahrensführung und müssen mit den Schiedsrichtern die Vergütung aushandeln. Sofern nicht bereits in der Schiedsvereinbarung Regelungen in Bezug auf die Schiedsrichtervergütung getroffen werden, kann die Höhe des Schiedsrichterhonorars in Ad-hoc-Schiedsverfahren unvorhersehbar und damit unplanbar sein. Sind in Ad-hoc-Schiedsverfahren die Schiedsrichter erst einmal benannt, besteht naturgemäß nur noch ein geringer Verhandlungsspielraum in Bezug auf die Honorierung. Außerdem empfinden es manche Parteien als unangenehm, mit den Schiedsrichtern über deren Vergütung zu verhandeln, in der Befürchtung, man könne sich den Unmut des Schiedsgerichts zuziehen, wenn man nicht bereit ist, die geforderte Vergütung widerspruchslos zu akzeptieren.

150 Vor diesem Hintergrund kann es empfehlenswert sein, bereits in der Schiedsvereinbarung die Eckpunkte der Schiedsrichtervergütung festzulegen. Wenn die Parteien auf diese Weise ihr Einvernehmen ausdrücken, ist es oftmals einfacher, diese Vergütung auch gegenüber den Schiedsrichtern durchzusetzen. Als Vergütungsregelungen kommt beispielsweise eine Orientierung an den Gebührentabellen von Schiedsinstitutionen in Betracht.

Formulierungsvorschlag für die Orientierung an die Kostenordnung einer Schiedsinstitution

Die Vergütung der Schiedsrichter orientiert sich an der Kostenordnung der Deutschen Institution für Schiedsgerichtsbarkeit in der Fassung vom ...

151 In rein nationalen Schiedsverfahren ist eine Orientierung an das Textmuster des Deutschen Anwaltsvereins verbreitet.

Empfehlung des Deutschen Anwaltsvereins für Schiedsrichterverträge[1]

§ 1 Vergütung

(1) Jedes Mitglied des Schiedsgerichts erhält für seine Tätigkeit eine Vergütung (Gebühren und Auslagen), die derjenigen entspricht, die einem Rechtsanwalt für die Vertretung einer Partei vor den staatlichen Gerichten gemäß dem Rechtsanwaltsvergütungsgesetz (RVG) zusteht. Das RVG sieht für gerichtliche Verfahren die Entstehung einer Verfahrensgebühr, einer Terminsgebühr und ggf. einer Einigungsgebühr vor. Für die Höhe der Gebühren gilt das RVG in der zum Zeitpunkt des Abschlusses der Vereinbarung geltenden Fassung.

(2) Der Vorsitzende des Schiedsgerichts oder der Einzelschiedsrichter erhält für jeden Gebührentatbestand eine Gebühr mit einem Satz von 2,0. Die beisitzen-

---

1 Im Volltext verfügbar unter http://anwaltverein.de/downloads/praxis/mustervertrag/ SchiedsrichterverguetungDAV-DRiB.pdf.

den Schiedsrichter erhalten die Gebühren eines in zweiter Instanz tätigen Rechtsanwalts. Die Mitglieder des Schiedsgerichts können die Gebühren in anderer Weise unter sich aufteilen.

(3) Die Parteien haben den Schiedsrichtern alle notwendigen Auslagen ggf. zzgl. USt zu erstatten, insbesondere Reisekosten und Tagegelder, Post- und Telekommunikationskosten (evtl. Pauschale nach RVG-VV Nr. 7002) und Aufwendungen, die für die Durchführung des Verfahrens, der Verhandlungen und von Beweisaufnahmen notwendig geworden sind, und zwar nach den Grundsätzen, die für entsprechende Maßnahmen vor ordentlichen Gerichten gelten.

bb) Besondere Formen der Schiedsgerichtsbarkeit

Den Parteien stehen im zunehmenden Maße neben den „klassischen"   152
Schiedsverfahren besondere Formen der Schiedsgerichtsbarkeit zur Verfügung. Beispielsweise bietet eine Vielzahl von Schiedsinstitutionen **beschleunigte Schiedsverfahren** an, die speziellen Verfahrensregeln unterliegen. Entscheiden sich die Parteien für ein institutionelles Schiedsverfahren, sollten sie sich daher über das konkrete Angebot der jeweiligen Schiedsinstitution informieren und abwägen, ob eine besondere Verfahrensform für sie sinnvoll wäre.

Manche Schiedsinstitutionen verfolgen das Konzept, dass besondere Verfah-   153
rensformen nur dann angewandt werden können, wenn sich die Parteien hierauf geeinigt haben. Andere Schiedsinstitutionen sehen demgegenüber eine **automatische Anwendung** vor, wenn gewisse Kriterien erfüllt sind, meistens bezogen auf den Streitwert. Ein Beispiel hierfür ist die internationale Schiedsordnung der Schweizerischen Handelskammern. Sie enthält Vorschriften für ein beschleunigtes Verfahren, die angewendet werden, wenn sich die Parteien hierauf verständigen, oder der Streitwert nicht über CHF 1 Mio. liegt[1]. Vor diesem Hintergrund empfiehlt sich auch die umgekehrte Überlegung, ob die Parteien **Einwendungen gegen die Anwendung** besonderer Verfahrensformen haben. Auch dies könnte bereits in der ursprünglichen Schiedsvereinbarung niedergelegt werden.

cc) Regelung zum einstweiligen Rechtsschutz

Die Verfügbarkeit von einstweiligen Rechtsschutzmaßnahmen ist gerade bei   154
IT-Streitigkeiten von sehr großer Bedeutung. Der Rechtsweg zu den staatlichen Gerichten sollte für einstweilige Rechtsschutzmaßnahmen jederzeit offen sein, um den Parteien einen optimalen Rechtsschutz zu gewähren. Einstweilige Rechtsschutzmaßnahmen vor dem Schiedsgericht zu beantra-

---

1 Art. 42.2 der Internationalen Schiedsgerichtsordnung der Schweizerischen Handelskammern sieht die Anwendung der Vorschriften über das beschleunigte Verfahren vor, wenn der Streitwert „unter Berücksichtigung der Klage- und der Widerklagesumme (oder einer Allfälligenverrechnungseinrede) den Betrag von CHF 1 Mio. nicht übersteigt, es sei denn, die Kammern entscheiden unter Berücksichtigung aller maßgeblichen Umstände etwas anderes".

gen, sollte demgegenüber nur eine zusätzliche Option sein. Das deutsche Schiedsrecht verfolgt das Konzept, dass unbeschadet einer Schiedsvereinbarung der Rechtsweg zu den staatlichen Gerichten für einstweilige Rechtsschutzmaßnahmen offen steht (vgl. § 1033 ZPO).

155 Die Parteien sollten bei Abfassung der Schiedsvereinbarung allerdings darauf achten, dass sie nicht versehentlich missverständliche Formulierungen aufnehmen, die die Zuständigkeit staatlicher Gerichte für einstweilige Rechtsschutzmaßnahmen in Zweifel ziehen könnten. Falls Unsicherheit über die Verfügbarkeit von einstweiligen Rechtsschutzmaßnahmen vor den staatlichen Gerichten besteht, könnte ein klarstellender Satz aufgenommen werden, dass unbeschadet der Schiedsvereinbarung den Parteien jederzeit Anträge auf Erlass einstweiliger oder sichernder Maßnahmen in Bezug auf den Streitgegenstand vor den zuständigen staatlichen Gerichten möglich sind.

Formulierungsvorschlag in Bezug auf einstweiligen Rechtsschutz vor staatlichen Gerichten

Unbeschadet dieser Schiedsvereinbarung steht den Parteien für vorläufige und sichernde Maßnahmen des einstweiligen Rechtsschutzes der Weg zu den zuständigen staatlichen Gerichten offen.

b) Anzahl und Auswahl der Schiedsrichter

156 In Bezug auf die Schiedsrichter sollten die Parteien in der Schiedsvereinbarung regeln, ob sie eine Entscheidung durch einen Einzelschiedsrichter oder ein Dreierschiedsgericht wünschen, oder Gründe dafür sprechen, die Zahl der Schiedsrichter offen zu lassen. Des Weiteren können die Parteien das Bestellungsverfahren regeln und Anforderungen in Bezug auf die Qualifikation der Schiedsrichter aufnehmen. Da die Qualität des Schiedsverfahrens und des Schiedsspruchs stark von den tätigen Schiedsrichtern abhängt, sollten die Parteien bereits in ihrer Schiedsvereinbarung die Grundlage für ein optimal besetztes Schiedsgericht legen.

aa) Einzelschiedsrichter vs. Dreierschiedsgericht

157 Die Parteien sollten bei Abschluss der Schiedsvereinbarung überlegen, ob spezielle Gründe vorliegen, die Streitigkeit einem Einzelschiedsrichter oder einem aus drei Schiedsrichtern bestehenden Schiedsgericht vorzulegen. Ein Schiedsverfahren vor einem Einzelschiedsrichter ist naturgemäß **kostengünstiger** als vor einem Dreierschiedsgericht, da anstatt drei Personen nur eine Person für ihre Tätigkeit vergütet werden muss. Daher wird gerade bei niedrigen Streitwerten oftmals zu einem Einzelschiedsrichter gegriffen.

158 Der Vorteil eines aus drei Schiedsrichtern bestehenden **Kollegiums** liegt darin, dass die Streitigkeit von mehreren Personen durchdacht und untereinander diskutiert werden kann. Dies mag zu einer höheren Qualität von Entscheidungen führen oder zumindest das Risiko minimieren, dass ein einzelner Schiedsrichter eine falsche Entscheidung trifft. Insbesondere bei hohen

Streitwerten oder strategisch bedeutenden Streitigkeiten bevorzugen Parteien daher häufig ein Dreierschiedsgericht.

Ein weiterer Vorteil eines Dreierschiedsgericht besteht darin, dass zumindest nach kontinentaleuropäischem Verständnis das Schiedsgericht in der Regel dadurch gebildet wird, dass jede Partei zunächst einen Schiedsrichter benennt. Somit kann jede Seite eine Person in das Schiedsgericht entsenden, der sie vertraut und von der sie eine kompetente Entscheidung erwartet.   159

Nachteilig kann bei einem Dreierschiedsgericht der **höhere Abstimmungsbedarf** unter den Schiedsrichtern sein. Gerade die Terminabstimmung kann bei drei Schiedsrichtern leichter zu Verfahrensverzögerungen führen. Verfahrensverzögerungen durch schlechte zeitliche Verfügbarkeit können in gewissen Grenzen dadurch vermieden werden, dass bereits bei der Schiedsrichterauswahl die Verfügbarkeit des potentiellen Schiedsrichters abgefragt wird.   160

Eine wirksame Schiedsvereinbarung hängt allerdings nicht von der Festlegung auf eine bestimmte Anzahl von Schiedsrichtern ab. Sofern die Parteien keine Regelung in Bezug auf die Anzahl der Schiedsrichter treffen, entscheiden die anwendbaren Verfahrensregeln darüber, mit wie vielen Schiedsrichtern das Schiedsgericht besetzt wird. Das deutsche Schiedsverfahrensrecht geht von drei Schiedsrichtern aus, wenn die Parteien keine abweichende Anzahl vereinbart haben (§ 1034 Abs. 1 ZPO)[1].   161

In institutionellen Schiedsverfahren kommt es auf die jeweiligen Schiedsregeln an. Haben die Parteien keine Vereinbarung über die Zahl der Schiedsrichter getroffen, entscheidet vielfach die Schiedsinstitution, ob ein Einzelschiedsrichter oder ein Dreierschiedsgericht tätig werden soll[2]. Gelegentlich ist die Anzahl der Schiedsrichter an den Streitwert gekoppelt[3].   162

bb) Bestellung der Schiedsrichter

Das Verfahren zur Bestellung der Schiedsrichter richtet sich nach den anwendbaren Verfahrensregeln, soweit die Partcien nichts Abweichendes vereinbart haben. Das deutsche Schiedsverfahrensrecht geht davon aus, dass ein Einzelschiedsrichter von den Parteien einvernehmlich bestellt wird. Sofern keine Einigung erfolgen kann, wird der Einzelschiedsrichter auf Antrag einer Partei durch das Gericht bestellt (§ 1035 Abs. 3 Satz 1 ZPO). In einem Dreierschiedsgericht bestellt jede Partei einen Schiedsrichter und die parteiernannten Schiedsrichter bestellen den dritten Schiedsrichter, der als Vorsit-   163

---

1 Gleiches gilt nach § 3 der DIS-Schiedsgerichtsordnung.
2 Gemäß Art. 14.2 der Schieds- und Schlichtungsordnung des Internationalen Schiedsgerichts der Wirtschaftskammer Österreich entscheidet das Präsidium, ob der Rechtsstreit von einem Schiedsrichter oder einem aus drei Schiedsrichtern bestehenden Schiedsgericht entschieden wird.
3 Nach der Internationalen Schiedsordnung der Schweizerischen Handelskammern wird bei einem Streitwert unterhalb von 1 000 000 CHF (unter Berücksichtigung des Streitwerts aus Klage und Widerklage) ein Einzelschiedsrichter tätig, es sei denn, die Schiedsvereinbarung sieht ausdrücklich ein Dreierschiedsgericht vor (Art. 42.2).

zender des Schiedsgerichts tätig wird (§ 1035 Abs. 3 Satz 2 ZPO). Bestellt eine Partei den Schiedsrichter nicht fristgerecht oder können sich die parteiernannten Schiedsrichter nicht fristgerecht über den dritten Schiedsrichter einigen, so erfolgt die Schiedsrichterbestellung auf Antrag einer Partei durch das Gericht (§ 1035 Abs. 3 Satz 3 ZPO).

164   In institutionellen Schiedsverfahren legen die jeweiligen Schiedsregeln die Einzelheiten des Bestellungsverfahrens fest. Abweichende Parteivereinbarungen sind jedoch weitgehend zulässig, es sei denn, diese verletzen das Recht auf Gleichbehandlung der Parteien bei der Schiedsrichterbestellung.

165   Einige Schiedsgerichtsinstitutionen sehen vor, dass der Einzelschiedsrichter und der Vorsitzende des Dreierschiedsgerichts nicht von den Parteien, sondern von der Schiedsinstitution ausgewählt wird. Dieses Vorgehen stößt bei deutschen Parteien oftmals auf Kritik, weil sie befürchten, dass sie einen der besonderen Vorteile der Schiedsgerichtsbarkeit, die Auswahlmöglichkeit in Bezug auf die Schiedsrichter, verlieren. In diesen Fällen kann häufig in der Schiedsvereinbarung vorgesehen werden, dass der Einzelschiedsrichter oder der Vorsitzende des Schiedsgerichts in Abweichung von den Verfahrensregeln der Schiedsinstitution nur dann von der Schiedsinstitution ausgewählt wird, wenn sich die Parteien oder die parteiernannten Schiedsrichter nicht innerhalb bestimmter Fristen einigen können. Damit behalten die Parteien zunächst ihre Einflussmöglichkeit auf die Besetzung des Schiedsgerichts. Falls sich die Parteien nicht einigen können, gibt es ein Verfahren für die Ersatzbestellung.

cc) Qualifikation der Schiedsrichter

166   Sofern die Parteien keine besonderen Anforderungen in Bezug auf die Qualifikation der Schiedsrichter vorsehen, können nach dem deutschen Schiedsverfahrensrecht alle **geschäftsfähigen Personen**, unabhängig von ihrer Ausbildung, als Schiedsrichter bestellt werden. Die Schiedsrichter müssen insbesondere nicht zwingend Juristen sein.

167   Gerade in Bezug auf sehr **technische Sachverhalte** überlegen Parteien häufig, ob es sachgerecht sein könnte, Angehörige bestimmter Berufsgruppen, beispielsweise Ingenieure o.ä., zu Schiedsrichtern zu bestellen. In dieser Hinsicht ist allerdings zu berücksichtigen, dass es sich bei Schiedsverfahren trotz der geringeren Formalität als in Verfahren vor staatlichen Gerichten immer noch um juristische Verfahren handelt. Das Schiedsgericht muss in der Lage sein, das Verfahren ordnungsgemäß zu leiten und einen Schiedsspruch abzufassen, der anerkannt und vollstreckt werden kann. Die **prozessualen Aspekte** des Schiedsverfahrens können für Personen ohne juristische Ausbildung mitunter ungewohnt sein, wenn sie nicht über nachhaltige Erfahrung in der Schiedsgerichtsbarkeit verfügen.

168   Wenn eine Partei für ein Dreierschiedsgericht erwägt, **keinen Juristen** als Schiedsrichter zu bestellen, sollte sie überlegen, ob der von ihr benannte Schiedsrichter im Schiedsgericht aufgrund des unterschiedlichen Hinter-

grunds möglicherweise isoliert wird. Dies ist denkbar, wenn die anderen beiden Schiedsrichter Juristen sind und ihren Gedanken- und Argumentationsaustausch so führen, dass ein Nicht-Jurist „außen vor" bleibt.

Gerade in älteren deutschen Schiedsvereinbarungen finden sich Vorgaben, dass die Schiedsrichter oder zumindest der Vorsitzende die **Befähigung zum Richteramt** haben muss. Besonders bei einem Dreierschiedsgericht kann es vorzugswürdig sein, dass zumindest der Vorsitzende des Schiedsgerichts eine juristische Ausbildung hat. Typischerweise ist der Vorsitzende stärker als die beisitzenden Schiedsrichter für die prozessualen Aspekte, wie dem Entwurf von verfahrensleitenden Verfügungen, verantwortlich. Dies gewährleistet, dass sich im Schiedsgericht technische Expertise der beisitzenden Schiedsrichter und die juristische Expertise des Vorsitzenden ergänzen.

169

Gelegentlich sehen Parteien darüber hinaus weitere Qualifikationen vor, beispielsweise eine gewisse, gelegentlich in Jahren festgelegte Erfahrung in einem Rechtsgebiet oder einer bestimmten Branche. Derartige Vorgaben sind zulässig. Erfüllt ein Schiedsrichter die von den Parteien vereinbarten Voraussetzungen nicht, so begründet dies einen **Ablehnungsgrund** (§ 1036 Abs. 2 ZPO).

170

Vorgaben in Bezug auf die Qualifikation der Schiedsrichter können dazu beitragen, dass das Schiedsgericht aus besonders geeigneten Personen besteht. Allerdings stellt sich die Frage, ob die Parteien nicht ohnehin bemüht sind, die am besten geeigneten Schiedsrichter auszuwählen, ohne dass es notwendig ist, hierzu Vorgaben in die Schiedsvereinbarung aufzunehmen. Dies gilt insbesondere dann, wenn im Zeitpunkt des Abschlusses der Schiedsvereinbarung noch gar nicht absehbar ist, welchen Streit ein Schiedsgericht in Zukunft zu entscheiden hat, so dass das Anforderungsprofil an die Schiedsrichter mitunter variieren kann.

171

Bei allem Bestreben um eine hochkarätige Besetzung des Schiedsgerichts sollten die Parteien nicht übersehen, dass starre Anforderungen in Bezug auf die Qualifikation der Schiedsrichter dazu führen kann, dass nur ein **kleiner Personenkreis** für das Schiedsrichteramt in Betracht kommt. Gerade in Kombination mit dem anwendbaren Recht und den erforderlichen Sprachkenntnissen kann sich leicht die Anzahl qualifizierter Personen in einem Maße reduzieren, dass nur schwerlich eine Schiedsrichterauswahl möglich ist. Den Parteien ist letztlich nicht geholfen, wenn nur wenige Personen die formalen Anforderungen der Schiedsvereinbarung erfüllen, diese aber nur schlecht verfügbar sind oder aus anderen individuellen Gründen doch nicht die optimale Besetzung für das Schiedsgericht sind.

172

In der Mehrzahl der Fälle kann erst im **Zeitpunkt der Streitentstehung** überlegt werden, welche Anforderungen in Bezug auf die Schiedsrichter wünschenswert sind. Die Parteien sind bei ihrer Auswahl flexibler, wenn die Schiedsvereinbarungen keine und vor allem keine zu hohen Anforderungen in Bezug auf die Qualifikation der Schiedsrichter vorsehen.

173

c) Auswahl des Schiedsortes

174   Zu den nicht zwingend erforderlichen, aber in jedem Fall empfehlenswerten Regelungen einer Schiedsvereinbarung gehört die Bezeichnung eines Schiedsortes. Der deutsche Begriff „Schiedsort" ist in gewisser Hinsicht irreführend, da der Schiedsort nicht zwangsläufig identisch mit dem **Tagungsort** des Schiedsgerichts ist. Der Schiedsort bestimmt vielmehr das zwingend anwendbare nationale Schiedsverfahrensrecht.

175   Liegt der Schiedsort innerhalb Deutschlands, sind die Vorschriften des 10. Buchs der ZPO anzuwenden (§ 1025 Abs. 1 ZPO). Der Schiedsspruch eines Schiedsgerichts mit einem Schiedsort innerhalb Deutschlands ist ein **inländischer deutscher Schiedsspruch**, unabhängig davon, ob ausländische Parteien am Schiedsverfahren beteiligt sind oder ein anderes materielles Recht als das deutsche Recht anwendbar ist. Ein solcher Schiedsspruch wird als inländischer Schiedsspruch innerhalb Deutschlands vollstreckt.

176   Nach dem deutschen Schiedsverfahrensrecht können die Parteien den Schiedsort selbst bestimmen. Fehlt eine **Parteivereinbarung**, bestimmt das Schiedsgericht den Schiedsort unter Berücksichtigung der Umstände des Einzelfalls (§ 1043 Abs. 1 ZPO). Bei der Auswahl bestimmter Schiedsinstitutionen kann die Auswahl des Schiedsortes dergestalt begrenzt sein, dass zwingend der Sitz der Schiedsinstitution als Schiedsort dient[1]. Hierüber können sich die Parteien in den Schiedsregeln der Schiedsinstitutionen informieren.

177   Da der Schiedsort das zwingend anwendbare nationale Verfahrensrecht als **lex fori** am Schiedsort bestimmt, sollten die Parteien einen Schiedsort in einem schiedsfreundlichen Umfeld auswählen. Der Schiedsort sollte in einem Staat mit einem modernen Schiedsverfahrensrecht gelegen sein, damit die dortigen staatlichen Gerichte die Schiedsgerichtsbarkeit als von den staatlichen Gerichten unabhängige Form der Streitbeilegung akzeptieren und respektieren. Einerseits sollten die staatlichen Gerichte am Schiedsort nicht unnötig in die Durchführung von Schiedsverfahren eingreifen. Andererseits sollten sie die notwendigen Unterstützungshandlungen für das Schiedsgericht zuverlässig und rechtssicher durchführen.

178   Viele nationale Schiedsverfahrensrechte orientieren sich heute an dem **UNCITRAL-Modellgesetz**, welches einen schiedsfreundlichen Standard gewährleistet. Bevor die Parteien einen Schiedsort auswählen, sollten sie sich jedoch gleichwohl erkundigen, wie das nationale Schiedsrecht am Schiedsort ausgestaltet ist und in der Praxis angewandt wird. Abgesehen davon, dass es immer noch zahlreiche Staaten gibt, die kein modernes Schiedsrecht haben, gibt es selbst bei Staaten, deren Schiedsrecht dem UNCITRAL-Modellgesetz folgt, durchaus spezifische Besonderheiten, die die Parteien nicht erst im Schiedsverfahren überraschen sollten.

---

1 Für Schiedsverfahren, die nach den Schiedsregeln des Internationalen Handelsschiedsgerichts der Handels- und Industriekammer der Russischen Föderation („MKAS") durchgeführt werden, ist der Schiedsort Moskau, wobei die Parteien sich darauf verständigen können, die mündliche Verhandlung an einem anderen Ort durchzuführen (§ 22).

Der Schiedsort hat schließlich auch Bedeutung für die **Anerkennung und**   179
Vollstreckung des Schiedsspruchs. Bei der Anerkennung und Vollstreckung
eines Schiedsspruchs kommt es nicht auf die Nationalität der beteiligten
Parteien und/oder der Schiedsrichter oder das materielle Recht an. Wie bereits dargelegt, handelt es sich bei dem Schiedsspruch eines Schiedsgerichts
mit einem Schiedsort in Deutschland um einen deutschen Schiedsspruch,
der innerhalb Deutschlands als inländischer und außerhalb Deutschlands
als ausländischer Schiedsspruch vollstreckt werden muss. Für die Parteien
ist es wichtig, im Zeitpunkt des Abschlusses der Schiedsvereinbarung zu
überlegen, wo voraussichtlich etwaige Vollstreckungsmaßnahmen durchzuführen sind. Mit einem Schiedsort in London würde beispielsweise, trotz
einer Beteiligung deutscher Parteien, ein englischer Schiedsspruch pro-
duziert, der in England als inländischer Schiedsspruch vollstreckbar wäre. In
Deutschland müsste dieser Schiedsspruch als ausländischer Schiedsspruch
vollstreckt werden. Die Parteien sollten mithin prüfen, wie der von ihnen
angestrebte Schiedsort zu einem Schiedsspruch führt, der in der anvisierten
Jurisdiktion einer späteren Zwangsvollstreckung anerkannt werden kann.

d) Sprache des Schiedsverfahrens

Die Parteien sollten bei Abschluss der Schiedsvereinbarung auch festlegen,   180
in welcher Sprache das Schiedsverfahren geführt werden soll. Die Wirksamkeit der Schiedsvereinbarung hängt zwar nicht von der Festlegung einer Verfahrenssprache ab, allerdings sollten die Parteien Klarheit darüber haben, in
welcher Sprache ein Schiedsverfahren durchgeführt werden muss, da dies
nicht unerheblichen Einfluss auf die **Chancen der Rechtsdurchsetzung** und
die Verfahrenskosten haben kann. Außerdem kann bereits bei der Auswahl
der Schiedsrichter berücksichtigt werden, welche konkreten Sprachkenntnisse vorliegen müssen.

Fehlt eine Abrede über die Verfahrenssprache, sehen diverse Schiedsregeln   181
vor, dass das Schiedsgericht die Sprache bestimmt[1]. Typischerweise berücksichtigt das Schiedsgericht alle Umstände des individuellen Streits, beispielsweise in welcher Sprache Vertragsdokumente und Korrespondenz abgefasst sind und in welcher Sprache Beweismittel verfügbar sind. Gelegentlich
sehen die Schiedsregeln von Schiedsinstitutionen vor, dass im Fall einer fehlenden Parteivereinbarung das Schiedsverfahren in einer bestimmten Sprache zu führen ist[2].

Relevante Kriterien für die Auswahl der Sprache des Schiedsverfahrens kön-   182
nen neben der Sprache der Parteien die Sprache sein, die für die maßgeblichen Verträge oder Beweismittel, schriftliche Korrespondenz und Zeugen
gilt. Die Parteien sind nicht auf die Festlegung auf eine einzige Sprache be-

---

1 Beispielsweise sehen die Schiedsregeln der ICC vor, dass das Schiedsgericht die Sprache des Schiedsverfahrens bestimmt, wenn keine Parteivereinbarung vorliegt. Dabei
  sind alle relevanten Umstände zu berücksichtigen, einschließlich die Sprache des Vertrages (Art. 20).
2 § 23 der Schiedsregeln des MKAS.

schränkt, sondern können auch ein zweisprachiges Schiedsverfahren vorsehen. Zweisprachige Schiedsverfahren sind einerseits für die Parteien in internationalen Konstellationen bequem, da sie jeweils in der eigenen Muttersprache vortragen können. Andererseits führen sie zu sehr hohem Übersetzungsaufwand, der oftmals auch zu einer deutlichen Vergrößerung des Arbeitsaufwands führt.

183 Falls **Beweismittel in unterschiedlichen Sprachen** vorliegen, kann das Schiedsgericht tendenziell flexibler als die staatlichen Gerichte mit unterschiedlichen Sprachen umgehen. Sofern die Schiedsrichter über die erforderlichen Sprachkenntnisse verfügen, können beispielsweise Dokumente in verschiedenen Sprachen eingereicht werden, ohne dass es stets beglaubigter Übersetzungen bedarf. Möglicherweise kommt auch die Vernehmung von Zeugen in unterschiedlichen Sprachen in Betracht.

e) Bestimmung des anwendbaren Rechts

184 In der Schiedsvereinbarung sollte ferner auch eine Regelung aufgenommen werden, welches materielle Recht vom Schiedsgericht bei der Entscheidung der Streitigkeit angewendet werden soll. Nach dem deutschen Schiedsverfahrensrecht ist das Schiedsgericht an die Rechtswahl der Parteien gebunden. Die Rechtswahl bezieht sich auf die Sachvorschriften, nicht auf das Kollisionsrecht (§ 1051 Abs. 1 ZPO). Sofern die Parteien das anzuwendende materielle Recht nicht bestimmt haben, muss das Schiedsgericht das Recht des Staates anwenden, mit dem der Streitgegenstand die engste Verbindung aufweist (§ 1051 Abs. 2 ZPO).

185 Es ist zweifelsfrei empfehlenswert, das anwendbare Recht zu spezifizieren, um spätere Streitigkeiten und Unsicherheiten zu vermeiden. Wenn das anwendbare materielle Recht zweifelsfrei feststeht, kann bei der Auswahl der Schiedsrichter darauf geachtet werden, dass sie über entsprechende Kenntnisse verfügen. Gleichzeitig ist zu berücksichtigen, dass gerade im Bereich von IT-Streitigkeiten die Rechtswahl der Parteien möglicherweise eine begrenzte Bedeutung haben kann, weil zwingende Vorschriften eines anderen Staates gelten. Beispielsweise kommt es für die Wirksamkeit von Schutzrechten auf die Vorschriften des Staates an, in dem die Schutzrechte existieren. Gerade bei internationalen Rechtsstreitigkeiten ist es nicht ungewöhnlich, dass Patente in mehreren Jurisdiktionen betroffen sind. Je nach Zuschnitt des Streitfalls kann die Rechtswahl in Bezug auf vertragliche Vorschriften in den Hintergrund rücken.

f) Berücksichtigung von Formvorschriften

186 Bei der Abfassung der Schiedsvereinbarung sollten die Parteien schließlich etwaig anwendbare Formvorschriften beachten. Nach Art. II.1 des New Yorker Übereinkommens soll jeder Mitgliedsstaat **schriftliche Schiedsvereinbarungen** anerkennen. Gleichermaßen umfasst werden Schiedsklauseln in einem Vertrag oder separate Schiedsvereinbarungen, die von den Parteien

unterschrieben sind oder sich aus einem Austausch von Schreiben oder Telegrammen ergeben[1]. Erforderlich ist ein Schriftwechsel, so dass es nicht ausreicht, eine mündliche Schiedsvereinbarung schriftlich zu bestätigen. Sofern das nationale Recht eines Mitgliedsstaates liberalere Formvorschriften vorsieht, haben diese Vorrang vor den Regelungen des New Yorker Übereinkommens[2]. Das deutsche Schiedsverfahrensrecht gestattet neben schriftlichen Schiedsvereinbarungen auch Schiedsvereinbarungen durch Schweigen auf kaufmännische Bestätigungsschreiben (§ 1031 Abs. 2 ZPO).

Besonderheiten gelten nach dem deutschen Schiedsverfahrensrecht bei der **Beteiligung von Verbrauchern.** Schiedsvereinbarungen, an denen ein Verbraucher beteiligt ist, müssen in einer separaten Urkunde abgefasst werden, die die Parteien eigenhändig unterzeichnen. Die Urkunde darf nur Vereinbarungen enthalten, die sich auf das schiedsrichterliche Verfahren beziehen (§ 1031 Abs. 5 ZPO). De facto wird es dadurch im Regelfall nicht möglich sein, Schiedsvereinbarungen mit Verbrauchern in AGB zu schließen[3]. Werden die Formvorschriften des § 1031 ZPO nicht beachtet, ist die Schiedsvereinbarung unwirksam. Ein Schiedsspruch könnte aufgehoben werden (§ 1059 Abs. 2 Nr. 1a ZPO), es sei denn, Formmängel werden durch rügelose Einlassung geheilt (§ 1031 Abs. 6 ZPO).

187

4. Besondere Formen der Schiedsgerichtsbarkeit und Kombination mit anderen Streitbeilegungsmechanismen

In den letzten Jahren ist eine deutliche Tendenz dahingehend zu erkennen, dass Alternativen zu den „klassischen" Schiedsverfahren entwickelt werden. Die Schiedsinstitutionen reagieren auf wachsende Kritik an einer zu langen Dauer und zu hohen Kosten von Schiedsverfahren, indem sie separate Verfahrensordnungen für beschleunigte Schiedsverfahren anbieten. Daneben gibt es insbesondere im amerikanischen Raum besondere Formen von Schiedsverfahren, wie beispielsweise Baseball-Arbitration (vgl. Rz. 197 ff.) oder die Kombination von Mediation und Schiedsverfahren in sog. Med-Arb-Verfahren (vgl. Rz. 199 ff.). Der Umfang, zu dem diese besonderen Verfahrensformen derzeit in der Praxis tatsächlich genutzt werden, lässt sich schwerlich abschätzen. Es besteht gegenwärtig noch der Eindruck, dass ungeachtet einer recht intensiven akademischen Diskussion nicht von einer großen Anzahl von Fällen berichtet werden kann[4].

188

---

1 Art. II.2 des New Yorker Übereinkommens.
2 Art. VII.1 des New Yorker Übereinkommens.
3 Zöller/*Geimer*, ZPO, 29. Aufl. 2012, § 1031 Rz. 30.
4 Nach der DIS-Statistik 2010 wurden im Jahr 2010 von 156 Schiedsverfahren zwei nach den Ergänzenden Regeln für Beschleunigte Schiedsverfahren durchgeführt (SchiedsVZ, 2011, Heft 3, V).

a) Beschleunigte Schiedsverfahren

189 Eine Antwort auf die zunehmende Kritik an zu langen und zu teuren Schiedsverfahren sind die beschleunigten Schiedsverfahren, auch **Fast-Track-Arbitration** genannt[1].

190 **Typische Bestandteile** von beschleunigten Schiedsverfahren sind die Beschränkung auf meist zwei Schriftsatzrunden, die Vereinbarung von kurzen und häufig nicht verlängerbaren Schriftsatzfristen. Es findet zumeist nur eine kurze, mitunter eintägige, oder gar keine mündliche Verhandlung statt. Nach der mündlichen Verhandlung folgen in der Regel keine weiteren Schriftsätze. Für die Fertigstellung des Schiedsspruchs wird ebenfalls eine Frist bestimmt. In vielen Fällen ist vorgesehen, dass das beschleunigte Schiedsverfahren vor einem Einzelschiedsrichter stattfindet[2].

191 Beschleunigte Schiedsverfahren können wie „klassische" Schiedsverfahren entweder vor oder nach der Entstehung des Streits vereinbart werden. Auch hier gibt es die Option, ein Ad-hoc-Schiedsverfahren oder institutionelle Schiedsverfahren zu wählen.

192 Die **Ad-hoc-beschleunigten-Schiedsverfahren** bieten die größtmögliche Flexibilität für die Parteien, da sie das komplette Schiedsverfahren nach ihren Bedürfnissen, insbesondere in zeitlicher Hinsicht, gestalten können. Allerdings sollten die Parteien über eine gewisse Erfahrung mit Schiedsverfahren verfügen, um ein beschleunigtes Schiedsverfahren auf Ad-hoc-Basis so durchzuführen, damit die Verfahrensgrundrechte der Parteien gewährleistet werden. Anderenfalls wird der zeitliche Vorteil durch die Beschleunigung des Schiedsverfahrens sehr leicht dadurch zunichte gemacht, dass ein späterer Schiedsspruch vor den staatlichen Gerichten angegriffen wird, beispielsweise gestützt auf die Behauptung der Verletzung rechtlichen Gehörs oder unzureichender Möglichkeit, den Fall zu präsentieren.

193 Bei **institutionellen beschleunigten Schiedsverfahren** verweisen die Parteien wie bei den „klassischen" Schiedsverfahren auf das bereits vorhandene Regelwerk einer Schiedsinstitution. Vorsicht ist insoweit geboten als verschiedene Schiedsinstitutionen, die Regeln für beschleunigte Schiedsverfahren anbieten, diese unabhängig von einer Parteivereinbarung automatisch bei Unterschreiten bestimmter Streitwertgrenzen anwenden[3]. Außerdem ist zu

---

1 Angesichts der Kritik an der Dauer und den Kosten von Schiedsgerichtsverfahren hat beispielsweise das College of Commercial Arbitrators in den USA Schiedsrichter, Schiedsinstitutionen und die Nutzer von Schiedsverfahren an einen Tisch gebracht und die „Protocols for expeditious, costs-effective commercial arbitration" entwickelt, die Empfehlungen geben, wie Schiedsverfahren effektiver und kostengünstiger gestaltet werden können.

2 Eine Ausnahme stellen die Ergänzenden Regeln für beschleunigte Schiedsverfahren der DIS dar, bei denen die Parteien die Wahl zwischen einem Einzelschiedsrichter und einem Dreierschiedsgericht haben. Abhängig von ihrer Wahl gelten unterschiedliche Vorgaben für die Gesamtdauer des Verfahrens.

3 Siehe beispielsweise § 42 der Internationalen Schiedsregeln der Schweizerischen Handelskammern für Streitwerte unter 1 000 000 CHF.

berücksichtigen, dass häufig zeitliche Vorgaben in den Schiedsregeln als Soll-Vorschriften ausgestaltet sind[1], so dass das beschleunigte Schiedsverfahren tatsächlich länger dauern kann als ursprünglich erwartet.

Bevor die Parteien ein beschleunigtes Schiedsverfahren vereinbaren, sollten   194
sie hinterfragen, ob diese Verfahrensform für den konkreten Streitfall tatsächlich geeignet ist. Beschleunigte Schiedsverfahren scheiden in der Regel aus, wenn es sich um **komplexe Streitigkeiten** handelt, die umfangreiche Beweisaufnahmen, vor allem mit Sachverständigen- und Zeugenbeweis erfordern. Ebenso wird es schwierig sein, beschleunigte Schiedsverfahren bei einer Mehrheit von Parteien auf Kläger- oder Beklagtenseite durchzuführen, da alleine die Koordination der Vielzahl von Beteiligten zusätzlichen Aufwand erfordert. Generell ist zu hinterfragen, ob die beteiligten Parteien eher kooperationsbereit oder sehr konfrontativ sind. Gibt es bereits vor Einleitung des Schiedsverfahrens Anzeichen dafür, dass eine Seite daran interessiert ist, den Verfahrenslauf zu verzögern und zu behindern, scheiden beschleunigte Schiedsverfahren in der Regel aus.

In den beschleunigten Schiedsverfahren muss eine **Balance zwischen effekti-**   195
vem rechtlichen Gehör und der Beschleunigung gefunden werden. Gibt es Angriffsmöglichkeiten gegen den Schiedsspruch, zerstören die damit verbundenen Verfahren vor den staatlichen Gerichten sehr leicht den erzielten zeitlichen Vorteil. Somit sollten die Parteien und das Schiedsgericht insbesondere Fristen realistisch gestalten.

Die beschleunigten Schiedsverfahren bieten die Chance auf eine sehr kurze,   196
vor allem aber vorhersehbare Zeit bis zum Erlass des Schiedsspruchs. Die **Verfahrenskosten** können im Vergleich zu „klassischen" Schiedsverfahren durch den verstärkten Einsatz von Einzelschiedsrichtern reduziert werden. Teilweise bieten die Schiedsinstitutionen auch besondere Vergütungsmodelle an. Die Qualität von Schiedssprüchen in beschleunigten Schiedsverfahren hängt erfahrungsgemäß von zwei wesentlichen Faktoren ab. Zum einen die Fähigkeit der Parteien, den Fall trotz der zeitlichen Beschränkungen in einer verständlichen Weise zu präsentieren. Zum anderen kommt es sehr auf die Fähigkeiten des Schiedsrichters an, das Verfahren zu managen und eine Entscheidung innerhalb kurzer Zeit zu treffen.

b) Baseball-Arbitration

Mit der sog. Baseball-Arbitration hat sich in den USA eine andere besondere   197
Form von Schiedsverfahren entwickelt, die insbesondere in **Vergütungsstreitigkeiten** zur Anwendung kommt. Das Verfahren hat seinen Ursprung in der Schiedsverfahrenspraxis bei Streitigkeiten über die Vergütung von Baseball-Spielern. Die Parteien des Schiedsverfahrens übermitteln dem Schiedsge-

---

1 Nach § 1.2 der Ergänzenden Regeln für Beschleunigte Verfahren der DIS „sollen" Schiedsverfahren, die nach diesen Regeln durchgeführt werden, bei der Bestellung eines Einzelschiedsrichters nicht länger als sechs Monate und bei der Bestellung eines Dreierschiedsgerichts nicht länger als neun Monate ab Klageeingang dauern.

richt jeweils ihren eigenen Vorschlag für eine angemessene Vergütung. Das Schiedsgericht entscheidet ausschließlich darüber, welches der beiden Angebote zum Zuge kommt. Es ist kein Schiedsspruch möglich, der eine andere Zahl als eine von den Parteien bezeichnete vorsieht.

198　Der Anwendungsbereich der Baseball-Arbitration ist offensichtlich begrenzt. Das Verfahren scheidet aus, wenn es in komplexen Streitigkeiten um vielschichtige Ansprüche und Gegenansprüche geht. Demgegenüber erscheint es als nicht abwegig, Baseball-Arbitration in reinen Vergütungsstreitigkeiten anzuwenden, wie sie möglicherweise in Lizenzverträgen über die **Höhe der Lizenzgebühr** entstehen können. Aufgrund der Verbreitung von Baseball-Arbitration in den USA sollten sich europäische Parteien jedenfalls darauf einstellen, dass amerikanische Vertragspartner diese besondere Form von Schiedsverfahren anregen. Baseball-Arbitration wird gelegentlich auch als Final-Offer-Arbitration bezeichnet, da die beteiligten Parteien stets ihr „best and final offer" an das Schiedsgericht geben würden.

c) Med-Arb-Verfahren

199　Bei Med-Arb-Verfahren handelt es sich streng genommen nicht um eine besondere Form von Schiedsverfahren, sondern um die **Kombination von Schiedsverfahren mit Mediation**. Streitbeilegungsklauseln, die eine Abfolge verschiedener Streitbeilegungsmechanismen vorsehen, sind immer häufiger anzutreffen. Typischerweise sollen die Parteien zunächst selbst über eine gütliche Streitbeilegung verhandeln. Kommt keine Einigung zustande, folgt ein Mediationsverfahren. Scheitert auch dieses, folgt ein Schiedsverfahren. Gelegentlich wird eine derartige Abfolge von Mediation und Schiedsverfahren als Med-Arb bezeichnet.

200　Allerdings wird die Terminologie Med-Arb ursprünglich für die Kombination eines Mediations- und eines Schiedsverfahrens in einem einzigen Verfahren verwendet. Die Streitbeilegung beginnt als Mediation. Soweit sich die Parteien nicht einigen können, geht das Verfahren automatisch in ein Schiedsverfahren über. Kritik erntet Med-Arb insbesondere dadurch, dass dieselbe Person als Mediator und später als Schiedsrichter tätig wird. Dies provoziere, so die Kritiker, ein strategisches Verhalten der Parteien in der Mediation, weil vor dem Mediator nur die Informationen präsentiert werden, die in einem späteren Schiedsverfahren nicht als schädlich angesehen werden. Dies störe die Offenheit und Dynamik der Mediation.

201　Med-Arb wird viel in der wissenschaftlichen Literatur diskutiert, scheint in der Praxis jedoch einen begrenzten Anwendungsbereich zu haben. Sofern nicht besondere Gründe für diese Mischform zwischen Mediation und Schiedsverfahren sprechen, erscheint es vorzugswürdig, zunächst eine Mediation durchzuführen und dann ein separates Schiedsverfahren anzuschließen, in dem andere Personen als der Mediator als Schiedsrichter tätig werden.

VII. Alternative Streitbeilegung und sonstige außergerichtliche Maßnahmen bei Domainstreitigkeiten

1. Rechtsverletzende Second-Level-Domains

Bei einer Rechtsverletzung durch die Second-Level-Domain (vgl. Teil A I 1
Rz. 52), bieten bestimmte Vergabestellen für die von ihnen verwalteten Top-Level-Domains eigene Schiedsverfahren an, die alternativ oder zusätzlich (vgl. Rz. 7) zu einem gerichtlichen Verfahren durchgeführt werden können. Die am häufigsten genutzten Schiedsverfahren sind

– Das ICANN Schiedsverfahren UDRP für generische Top-Level-Domains (z.B. „.com")

– Das EuRid Schiedsverfahren ADR für Top-Level-Domains „.eu".

Domain-Schiedsverfahren können gegenüber einem gerichtlichen Verfahren 2
Vorteile bringen, da sie häufig schneller zu einem Ergebnis führen, kostengünstiger sein können und ggf. sogar weitergehende Ansprüche, wie beispielsweise die Übertragung der angegriffenen Domain, gewähren als das anwendbare Recht (vgl. Rz. 19). Kein Schiedsverfahren ist die Möglichkeit eines Dispute-Eintrages bei der DENIC bei Top-Level-Domains „.de" (vgl. Rz. 57 ff.). Mit der Einführung neuer generischer, frei wählbarer Top-Level-Domains durch die ICANN (vgl. Rz. 63 ff.) werden zudem neue Domainschiedsverfahren angeboten, die den spezifischen Gefahren dieser neuen generischen Top-Level-Domains begegnen sollen und mit denen unter bestimmten Voraussetzungen auch eine Rechtsverletzung durch eine Second-Level-Domain, die unter einer diesen neuen generischen Top-Level-Domains angemeldet wurde, unterbunden werden kann (vgl. Rz. 115 ff., 121 und 157).

a) Das ICANN Schiedsverfahren UDRP

aa) Schiedsgegenstand und Übersicht des Verfahrens

Mit der am 1.1.2000 in Kraft getretenen **Uniform Domain Name Dispute** 3
Resolution Policy (UDRP) stellt die ICANN ein außergerichtliches Schlichtungsverfahren für Streitigkeiten wegen der Second-Level-Domain bei generischen Top-Level-Domains zur Verfügung. Sie reagierte damit auf das Bedürfnis der Inhaber von Kennzeichenrechten nach einem schnellen, kostengünstigen und international einheitlichem Streitschlichtungsmechanismus.

Streitigkeiten bzgl. der Second-Level-Domain resultieren vor allem daraus, 4
dass unter jeder Top-Level-Domain nur eine identische Second-Level-Domain vergeben werden kann und bei der Vergabe grundsätzlich das „first come, first served" Prinzip gilt, ohne dass die Vergabestellen prüfen, ob der Anmel-

der Second-Level-Domain zur Verwendung berechtigt ist[1]. Gerade in der Anfangszeit kam es daher häufig vor, dass Dritte mit bekannten Marken identische Second-Level-Domains anmeldeten und spätere Domainanmeldungen des Berechtigten daher ins Leere liefen. Für sog. „Domainsquatter" ergab sich daraus ein lukratives Geschäftsmodell, indem sie bösgläubig und in großem Umfang mit bekannten Marken oder ihren Abwandlungen identische Second-Level-Domains anmeldeten und diese den Berechtigten mit hohem Gewinn zum Verkauf oder zur Lizenzierung anboten. Gegen diese Praxis des „Domainsquatting" konnten die Berechtigten zwar schon von jeher nach der jeweiligen nationalen Rechtsordnung gerichtlich vorgehen; dies erwies sich aber häufig als problematisch, da die betrügerischen Domainanmelder oftmals vom Ausland aus operierten und sich die zivilrechtliche Belangung und vor allem die Vollstreckung etwaiger Urteile daher schwierig gestaltete[2].

5   In Anbetracht dieser Probleme entwickelte die ICANN ihre Uniform Domain Name Dispute Resolution Policy (UDRP). Als privates Unternehmen kann die ICANN zwar keine gesetzliche Regelung erlassen, eine umfassende Geltung des UDRP-Verfahrens für Domainstreitigkeiten bei generischen Top-Level-Domains wird jedoch dadurch erreicht, dass die ICANN die Vergabestellen als **Voraussetzung ihrer Akkreditierung** dazu verpflichtet, dass diese eine Klausel in die allgemeinen Bedingungen ihrer Verträge mit Domainanmeldern aufnehmen, nach der sich alle Domainanmelder im Falle von Domainstreitigkeiten dem UDRP-Verfahren unterwerfen. Die ICANN erreicht somit im Wege einer schuldrechtlichen Verpflichtung in den Verträgen sämtlicher Domainanmelder letztlich eine internationale Geltung ihres UDRP-Verfahrens, das dessen Bezeichnung als „internationales Regelwerk sui generis"[3] rechtfertigt.

6   Dieses „**Regelwerk**" besteht

– aus der „Uniform Domain Dispute Resolution Policy (UDRP)"[4], die als „quasi-materiellrechtliche" Grundlage des Schiedsverfahrens betrachtet werden kann

---

1 Vgl. Punkt 2 der Uniform Domain Name Dispute Resolution Policy, nach der der Domainanmelder gegenüber dem Registrar eine Erklärung abgeben muss, dass Anmeldung und geplante Nutzung des gewünschten Domainnamens nach seinem besten Wissen und Gewissen keine Rechtsverletzung darstellen; die Prüfung der Rechtmäßigkeit der Domainanmeldung und -verwendung liegt somit im Verantwortungsbereich des Anmelders.

2 Vgl. zu den Gründen für die Einführung des UDRP-Verfahrens und dessen Grundlagen *Bettinger*, WRP 2000, 1109; *Luckey*, NJW 2001, 2527; *Pfeiffer*, GRUR 2001, 92; *Renck*, MMR 2000, 586.

3 Vgl. *Bücking/Angster*, Domainrecht, 2. Aufl. 2010, Rz. 525.

4 Abrufbar unter http://www.icann.org/en/udrp/udrp-policy-24oct99.htm.

- ergänzt durch die „Rules for Uniform Domain Name Dispute Resolution Policy (RUDRP)"[1], die konkrete Verfahrensregeln für das URDP-Verfahren festlegt[2] sowie

- der Verfahrensregeln der jeweils gewählten Schiedsorganisation[3].

Neben dem UDRP-Verfahren oder nach seinem Abschluss bleibt es aber   7 stets möglich, ein **zuständiges nationales Gericht** in der Domainstreitigkeit anzurufen[4]. Ist bereits vor Einleitung oder während der Durchführung des Schiedsverfahrens ein gerichtliches Verfahren in derselben Sache anhängig geworden, so liegt es im Ermessen des mit der Streitigkeit betrauten Panels, das Verfahren einzustellen, zu suspendieren oder fortzusetzen[5]. Wird hingegen ein gerichtliches Verfahren nach Abschluss des URDP-Verfahrens angestrengt, so wird der Vollzug des dort ergangenen Schiedsspruchs für die Dauer des Gerichtsverfahrens zunächst suspendiert[6]. Ergeht dann ein rechtskräftiges, gegenteiliges Gerichtsurteil, so ist der Schiedsspruch dauerhaft einredebehaftet und ist somit nicht durchsetzbar[7]. Auch während des UDRP-Verfahrens sind die Parteien zudem nicht daran gehindert, ihre Domainstreitigkeit einvernehmlich beizulegen. In diesem Falle wird das Schiedsverfahren eingestellt[8].

Die **verpflichtende Durchführung** des UDRP-Verfahrens ist ausschließlich   8 in den Verträgen der ICANN mit den Vergabestellen für generische Top-Level-Domains (gTLDs), wie etwa .com oder .org, vorgesehen. In den Verträgen mit Vergabestellen für länderspezifische Top-Level-Domains (sog. Country Code Top-Level-Domains, kurz „ccTLDs") sind keine entsprechenden Regelungen enthalten. Es steht den Vergabestellen für ccTLDs jedoch frei, die verpflichtende Durchführung des UDRP-Verfahrens oder selbständig entwickelter Verfahren für Domainstreitigkeiten in ihre Allgemeinen Vertragsbedingungen aufzunehmen[9].

Die **DENIC** als Vergabestelle für die deutsche ccTLD „.de" hat sich dagegen   9 entschieden, Domainanmelder für Domainstreitigkeiten bezüglich der angemeldeten Domain auf das UDRP-Verfahren der ICANN zu verpflichten und hat auch kein eigenes Schlichtungsverfahren entwickelt, sondern hält für

---

1 Abrufbar unter http://www.icann.org/en/dndr/udrp/uniform-rules.htm in der ab dem 1.3.2010 geltenden Fassung; für die ältere Fassung siehe http://www.icann.org/en/dndr/udrp/uniform-rules-24oct99-en.htm.
2 Vgl. *Bücking/Angster*, Domainrecht, Rz. 537.
3 Die Verfahrensregeln der Provider sind auf ihrer jeweiligen Website abrufbar, siehe nachfolgend Rz. 10.
4 Vgl. § 4 (k) der Uniform Domain Name Dispute Resolution Policy (UDRP).
5 Vgl. § 18 RUDRP.
6 Siehe zur Aussetzung des Vollzugs des Schiedsspruchs nachfolgend Rz. 43.
7 Vgl. *Bücking/Angster*, Domainrecht, Rz. 544.
8 Vgl. § 17 RUDRP.
9 Vgl. *Bücking/Angster*, Domainrecht, Rz. 540. Für die Übernahme des UDRP-Verfahrens haben sich Registrars in über 50 Ländern entschieden, vgl. die aktuelle Liste unter http://www.wipo.int/amc/en/domains/rules/cctld/index.html.

„„.de-Streitigkeiten" das herkömmliche gerichtliche Verfahren grundsätzlich für ausreichend[1].

bb) Schiedsorganisationen

10   Für die Durchführung des UDRP-Verfahrens haben Rechtsinhaber, die sich durch eine Second-Level-Domain in ihren Rechten verletzt fühlen, die freie Auswahl zwischen den von der ICANN formell autorisierten und von ihr unabhängigen Dispute Resolution Service Providern (nachfolgend kurz „UDRP-Provider" genannt)[2].

11   Derzeit können Rechtsinhaber wählen zwischen der World Intellectual Property Organization (WIPO) als dem in der Praxis wichtigste UDRP-Provider mit Sitz in Genf[3], dem National Arbitration Forum (NAF) mit Sitz in Minneapolis[4], dem Czech Arbitration Court Arbitration Center for Internet Disputes mit Sitz in Prag[5] sowie dem Asian Domain Name Dispute Resolution Center (ADNDRC) mit verschiedenen Niederlassungen in Asien[6]. Nicht mehr als UDRP-Provider zur Verfügung steht hingegen das CPR Institute für Dispute Resolution mit Sitz in New York.

cc) Verfahrensgang

12   Das UDRP-Verfahren wird eingeleitet, indem der Beschwerdeführer („Complainant") seine **Beschwerde** bei einem von ihm grundsätzlich frei gewählten UDRP-Provider in elektronischer Form einreicht[7].

13   Schon durch Einreichung der Beschwerde wird die angegriffene Domain „**on hold**" gesetzt[8], d.h. während der Durchführung des UDRP-Verfahrens kann die Domain nicht an Dritte übertragen oder die Vergabestelle gewechselt werden, wodurch verhindert werden soll, dass im UDRP-Verfahren festgestellte Ansprüche gegenstandslos werden.

14   Nach Eingang der Beschwerde prüft der UDRP-Provider die Beschwerde auf die Einhaltung der **formellen Voraussetzungen** (vgl. Rz. 23). Sofern die Beschwerde die Voraussetzungen nicht erfüllt, wird der Beschwerdeführer hiervon unverzüglich benachrichtigt und erhält die Gelegenheit, innerhalb von fünf Kalendertagen Nachbesserungen an der Beschwerde vorzunehmen. Tut

---

1 Siehe genauer hierzu nachfolgend Rz. 57.
2 Vgl. § 4 (d) der UDRP. Für eine aktuelle Liste autorisierter UDRP-Provider siehe http://www.icann.org/en/dndr/udrp/approved-providers.htm.
3 Einzelheiten unter http://www.wipo.int.
4 Einzelheiten unter http://domains.adrforum.com.
5 Einzelheiten unter http://www.adr.eu.
6 Einzelheiten unter https://www.adndrc.org.
7 Vgl. § 4 (d) und (e) UDRP i.V.m. § 3 (a) der Rules for Uniform Domain Name Dispute Resolution Policy (RUDRP). Ist die Kapazität des gewählten Providers vorübergehend ausgelastet, so kann er die Beschwerde abweisen, woraufhin der Beschwerdeführer sie bei einem anderen Provider einreichen kann.
8 *Bücking/Angster*, Domainrecht, Rz. 547.

er dies nicht, so gilt die Beschwerde als zurückgenommen. Der Beschwerdeführer hat jedoch die Möglichkeit, eine erneute Beschwerde in derselben Sache einzureichen[1]. Kommt der UDRP-Provider hingegen zu dem Ergebnis, dass alle formellen Voraussetzungen eingehalten sind, leitet er die Beschwerde innerhalb von drei Tagen nach Eingang der Beschwerdegebühr in elektronischer Form an den Beschwerdegegner („Respondent") weiter. Zahlt der Beschwerdeführer die Beschwerdegebühr jedoch nicht innerhalb von zehn Tagen nach Eingang der Beschwerde beim UDRP-Provider, so wird das Verfahren eingestellt. Auch in diesem Fall hat der Beschwerdeführer die Möglichkeit, eine erneute Beschwerde in derselben Sache einzureichen[2].

Der Beschwerdegegner hat nach Übermittlung der Beschwerde durch den 15
UDRP-Provider 20 Tage Zeit, um eine **Antwort auf die Beschwerde** einzureichen[3]. Diese Frist kann unter besonderen Umständen auf Antrag des Beschwerdegegners bzw. auch durch eine vom UDRP-Provider gebilligte Parteivereinbarung verlängert werden[4]. Reicht der Beschwerdegegner keine Antwort ein, entscheidet das Panel regelmäßig allein auf der Grundlage der durch den Beschwerdeführer mit seiner Beschwerde eingereichten Unterlagen[5].

Die **materiell-rechtliche Prüfung** (vgl. Rz. 26) der Beschwerde erfolgt durch 16
ein sog. **Panel**. Dieses besteht, sofern die Parteien nichts anderes beantragen, aus einem Experten mit Erfahrung im einschlägigen Rechtsgebiet[6]. Der Beschwerdeführer kann jedoch in seiner Beschwerde angeben, dass seine Beschwerde stattdessen von einem dreiköpfigen Panel entschieden werden soll; in diesem Fall muss er eine Liste mit drei möglichen Experten einreichen[7]. Hat der Beschwerdeführer sich in seiner Beschwerde nicht für ein dreiköpfiges Panel entschieden, so kann der Beschwerdegegner in seiner Antwort ein solches dreiköpfiges Panel wählen[8]. Unabhängig davon, welche Partei das Verfahren durch ein dreiköpfiges Panel entscheiden lassen will, muss auch der Beschwerdegegner einer Liste von drei potenziellen Experten einreichen[9]. Wenn weder der Beschwerdeführer noch der Beschwerdegegner ein dreiköpfiges Panel wünschen, so bestimmt der UDRP-Provider innerhalb von fünf Kalendertagen nach Erhalt der Antwort (bzw. nachdem die Antwort fällig gewesen wäre) einen Experten für das einköpfige Panel von seiner eige-

---

1 Vgl. § 4 (b) RUDRP.
2 Vgl. § 19 (c) RUDRP.
3 Vgl. zu den formellen Voraussetzungen der Antwort § 5 (b) RUDRP.
4 Vgl. § 5 (d) RUDRP.
5 Vgl. § 5 (e) RUDRP.
6 Jeder URDP-Provider unterhält und veröffentlicht eine Liste verfügbarer Experten, vgl. § 6 (a) RUDRP.
7 Vgl. § 3 (b) (iv) RUDRP. Zur Auswahl stehen dem Beschwerdeführer alle Experten, die auf den zu diesem Zweck unterhaltenen Listen der UDRP-Provider aufgeführt sind.
8 Vgl. § 5 (b) (iv) RUDRP.
9 Vgl. § 5 (b) (v) RUDRP. Der Beschwerdeführer erhält in diesem Fall die Gelegenheit, innerhalb von fünf Tagen nach Erhalt der Antwort eine eigene Liste mit drei potenziellen Experten für das Panel einzureichen, vgl. § 6 (d) RUDRP.

nen Expertenliste. Hat hingegen eine der Parteien sich für ein dreiköpfiges Panel entschieden, so wählt der UDRP-Provider jeweils einen Experten von den Listen der Parteien sowie einen Experten von einer eigenen Liste von fünf Experten, die er zuvor den Parteien vorgelegt hat[1].

17 Sobald das Panel eingerichtet ist, legt der UDRP-Provider einen **Termin** fest, bis zu dem das Panel spätestens eine schriftliche Entscheidung im vorliegen Beschwerdeverfahren erlassen haben soll[2]. Außer unter besonderen Umständen soll dies innerhalb von 14 Tagen nach Ernennung des Panels geschehen, wobei Beschlüsse im Falle eines dreiköpfigen Panels per Mehrheitsentscheidung ergehen[3]. Zum Zwecke der Entscheidungsfindung kann das Panel nach seinem Ermessen weitere Stellungnahmen und Dokumente von den Parteien anfordern[4]. Anhörungen sollen allenfalls unter besonderen Umständen stattfinden und stehen im Ermessen des Panels[5].

18 Der **schriftliche und mit Entscheidungsgründen versehene Beschluss** des Panels soll vom UDRP-Provider innerhalb von drei Tagen, nachdem das Panel ihm die Entscheidung übermittelt hat, an die beteiligten Parteien, an die betroffene Vergabestelle sowie an die ICANN weitergeleitet werden. Der UDRP-Provider veröffentlicht daraufhin die Entscheidung, sofern das Panel nichts anderweitiges beschlossen hat, und die Vergabestelle teilt den beteiligten Parteien, dem UDRP-Provider sowie der ICANN unverzüglich mit, zu welchem Zeitpunkt sie etwaige in der Entscheidung des Panels festgesetzte Rechtsfolgen umsetzen wird[6].

19 Kommt das Panel zu dem Ergebnis, dass die **Beschwerde begründet** ist, kann es – je nach dem vom Beschwerdeführer in seiner Beschwerde gestellten Antrag – die Löschung der Domain oder ihre Übertragung auf den Beschwerdeführer anordnen[7].

20 Hält das Panel die Beschwerde hingegen für **unbegründet**, so stellt es das Verfahren ein. Kommt es darüber hinaus zu der Einschätzung, dass die Beschwerde in bösem Glauben eingereicht ist, etwa um dem Beschwerdegegner dessen legitime Domain ohne eigene Berechtigung abzuringen (sogenanntes „Reverse Domain Name Hijacking") oder um den Beschwerdegegner generell zu behindern, so stellt das Panel dies in seiner Entscheidung ausdrücklich fest[8]. Weitere Sanktionsmöglichkeiten bestehen im UDRP-Verfahren nicht. Weitergehende Rechtsfolgen, wie etwa eine Erstattung entstandener

---

1 Vgl. zu den Einzelheiten der Expertenwahl § 6(e) RUDRP. Zu den Regeln zur Sicherstellung der Unabhängigkeit und Neutralität der Experten sowie zum Austausch eines Experten bei Zweifeln hieran § 7 RUDRP.
2 Vgl. § 6 (f) RUDRP. Siehe zu den Aufgaben, Pflichten und Befugnissen des Panels bei der Durchführung des UDRP-Verfahrens im Einzelnen § 10 RUDRP.
3 Vgl. § 15 (b) und (c) RUDRP.
4 Vgl. § 12 RUDRP.
5 Vgl. § 13 RUDRP.
6 Vgl. § 4 (j) UDRP i.V.m. § 16 RUDRP.
7 Vgl. § 4 (i) UDRP.
8 Vgl. § 15 (e) RUDRP.

Verfahrenskosten, kann allenfalls vor nationalen Gerichten geltend gemacht werden[1].

dd) Kosten des Verfahrens

Die Höhe der Kosten für die Durchführung des UDRP-Verfahrens sind vom 21 jeweiligen UDRP-Provider abhängig. Die konkrete Höhe ist abhängig davon, wie viele Domains im konkreten Verfahren streitbefangen sind und ob die Untersuchung von einem ein- oder dreiköpfigen Panel vorgenommen wird[2].

Die Kosten des UDRP-Verfahrens sind grundsätzlich allein durch den Be- 22 schwerdeführer zu tragen. Anders als in gerichtlichen Verfahren erlässt das Panel keinen Kostenausspruch zulasten der unterliegenden Partei. Der Beschwerdeführer ist daher darauf angewiesen, seine Verfahrenskosten gerichtlich als Schaden einzuklagen, sofern dies nach dem jeweils einschlägigen nationalen Recht möglich ist[3]. Lediglich dann, wenn der Beschwerdegegner in seiner Antwort bestimmt, dass das Verfahren vor einem dreiköpfigen Panel stattfinden soll, muss er die Hälfte der festgesetzten Gebühr tragen und zeitgleich mit Einreichung seiner Antwort beim UDRP-Provider begleichen; andernfalls wird das Verfahren entgegen seiner Wahl durch ein einköpfiges Panel durchgeführt[4].

ee) Formelle Voraussetzungen

Die Übermittlung sämtlicher Dokumente und anderweitiger Kommunikati- 23 on im UDRP-Verfahren finden in **elektronischer Form** statt[5]. Dabei übernimmt ein vom UDRP-Provider ernannter „Case Administrator" die Übermittlung der verschiedenen Schriftsätze zwischen den Parteien und dem Panel entsprechend den Regeln der jeweiligen Schiedsorganisation. Es darf keinerlei einseitige Kommunikation zwischen einer Partei und dem Panel stattfinden, ohne dass die andere Partei hiervon in Kenntnis gesetzt wird[6].

Die **Sprache des UDRP-Verfahrens** ist grundsätzlich diejenige, in der das 24 „Registration Agreement", d.h. der bei Anmeldung der Domain zwischen Beschwerdegegner und Vergabestelle (auch Registrar genannt) abgeschlosse-

---

1 Vgl. *Bücking/Angster*, Domainrecht, Rz. 558.
2 Vgl. *Bücking/Angster*, Domainrecht, Rz. 552. So werden etwa bei der WIPO für ein URDRP-Verfahren, in dem eine Domain angegriffen wird, bei einem einköpfigen Panel 1500 USD fällig, bei einem dreiköpfigen hingegen 4000 USD. Siehe für weitere Einzelheiten zur aktuellen Gebührenhöhe die Website der WIPO (www.wipo.int) bzw. des NAF (www.adrforum.com), des Arbitration Center for Internet Disputes (www.adr.eu) oder des ADNDRC (www.adndrc.org).
3 *Bücking/Angster*, Domainrecht, Rz. 553; so etwa für Österreich: öOGH, MMR 2004, 747.
4 Vgl. §§ 5 (c), 6 (c), 19 (a) RUDRP.
5 Vgl. §§ 2 (b), 3 (b), 5 (b) RUDRP. Siehe außerdem zur Fristenberechnung im UDRP-Verfahren § 2 (f) und (g) RUDRP.
6 Vgl. §§ 2 (h) – (j), 8 RUDRP.

ne Vertrag, abgefasst ist. Hiervon kann jedoch durch anderweitige Regelungen im „Registration Agreement", durch Parteivereinbarung oder durch eine Ermessensentscheidung des Panels abgewichen werden[1].

25 Abgesehen von diesen allgemeinen Regeln stellt die ICANN auch **spezifische Anforderungen** an die formellen Voraussetzungen der Beschwerde sowie die Antwort des Beschwerdegegners[2]. Ergänzend sind die Vorgaben des jeweiligen UDRP-Providers (sog. „Supplemental Rules") einzuhalten. Die Einhaltung dieser Vorgaben wird dadurch erheblich erleichtert, dass die verschiedenen UDRP-Provider auf ihren Websites Musterbeschwerden (sog. „Model Complaints") veröffentlichen, an denen sich die Parteien beim Verfassen ihrer Schriftsätze orientieren können[3]. Eine einzige Beschwerde kann sich gegen mehrere Domainanmeldungen gleichzeitig wenden, sofern sie durch denselben Beschwerdegegner angemeldet wurden[4]. Darüber hinaus kann das Panel auf Antrag einer Partei mehrere verschiedene Beschwerden in einem Verfahren konsolidieren[5].

ff) Materielle Voraussetzungen

26 Bei der Entscheidung des UDRP-Verfahrens in der Sache zieht das Panel vorrangig die Regelungen des **UDRP, RUDRP und der „Supplemental Rules"** des jeweiligen UDRP-Providers heran. Dabei haben frühere Entscheidungen im UDRP-Verfahren grundsätzlich keine präjudizielle Wirkung, so dass sich die beteiligten Parteien nicht auf die Beurteilung in ähnlich gelagerten Fallkonstellationen berufen können[6]. Allerdings orientieren sich die Panels durchaus an bereits entschiedenen, vergleichbaren Fällen, so dass sich im Zuge der Herausbildung eines (wenn auch unverbindlichen) UDRP-„Case Laws" eine gewisse Einheitlichkeit in der Spruchpraxis einstellt[7].

27 Auch die **Rechtsprechung der nationalen Gerichte** zu vergleichbaren Fragen hat keine Bindungswirkung für die Entscheidung des Panels im UDRP-Verfahren, da dessen einschlägige Regelungen autonom auszulegen sind[8]. Allerdings steht es gemäß § 15 (a) RUDRP dem Panel frei, neben den genannten Regelwerken des UDRP-Verfahrens auch andere Regeln und Prinzipien bei seiner Entscheidung heranzuziehen, die es im konkreten Fall für anwendbar hält. Diese Ermächtigung eröffnet dem Panel die Möglichkeit, sich im Rahmen einer „ergänzenden" Auslegung auch auf kennzeichenrechtliche Prinzipien nationaler Rechtsordnungen zu stützen. Dies soll nach der herr-

---

1 Vgl. § 2 (d) i.V.m. § 11 RUDRP.
2 Siehe hierzu im Einzelnen § 3 RUDRP für die Beschwerde bzw. § 5 RUDRP für die Antwort sowie detailliert *Bücking/Angster*, Domainrecht, Rz. 548 ff.
3 Vgl. *Bücking/Angster*, Domainrecht, Rz. 550. Für die Websites der verschiedenen UDRP-Provider siehe oben unter Rz. 10.
4 Vgl. § 2 (c) RUDRP.
5 Vgl. § 10 (e) RUDRP.
6 Vgl. WIPO Case No. D2004-0014 und D2001-0913.
7 Vgl. *Bücking/Angster*, Domainrecht, Rz. 566.
8 Vgl. *Bücking/Angster*, Domainrecht, Rz. 570.

schenden Praxis im UDRP-Verfahren aber nur dann geschehen, wenn die nationalen Rechtsgrundsätze einen vergleichbaren Sachverhalt regeln und die Parteien im konkreten Verfahren enge Berührungspunkte mit der herangezogenen Rechtsordnung besitzen. Ein solcher „enger Berührungspunkt" kann sich einerseits aus dem Sitz einer Partei innerhalb der relevanten Rechtsordnung ergeben, aber auch aus einem „gemeinsamen Gerichtsstand" („Mutual Jurisdiction")[1].

Für das UDRP-Verfahren **aktivlegitimiert** ist der Inhaber eines Markenrechts   28
oder der Inhaber einer ausschließlichen Lizenz zur Nutzung einer Marke[2].
Das UDRP-Verfahren kennt nur einen einzigen Tatbestand, nämlich den der
bösgläubigen Anmeldung und Nutzung einer Domain, die mit der Marke
des Beschwerdeführers identisch oder verwechslungsfähig ähnlich ist[3].

Zur **Erfüllung dieses Tatbestandes** müssen kumulativ die folgenden drei Vo-   29
raussetzungen vorliegen, für deren Vorliegen der Beschwerdeführer die Beweislast trägt:

– Der streitgegenständliche Domainname des Beschwerdegegners muss mit
  der Marke des Beschwerdeführers identisch oder ihr verwechslungsfähig
  ähnlich sein (§ 4 (a) (i) UDRP)

– Der Beschwerdegegner als Domaininhaber hat kein eigenes Recht oder berechtigtes Interesse an dem streitigen Domainnamen (§ 4 (a) (ii) UDRP)

– Der streitige Domainname muss bösgläubig angemeldet und genutzt worden sein (§ 4 (a) (iii) UDRP)

(1) Identität oder Verwechslungsgefahr

Der Begriff der „Marke" ist weit auszulegen und umfasst Wortmarken sowie   30
Wort-/Bildmarken mit prägendem Wortbestandteil[4], eingetragene Marken
und Benutzungsmarken[5]. Hingegen können Rechte an Werktiteln, geschäftlichen Bezeichnungen, geografische Angaben[6] oder Namen[7] nicht im Rah-

---

1 Vgl. *Bücking/Angster*, Domainrecht, Rz. 567 ff. Die „Mutual Jurisdiction" ergibt sich
  aus der Beschwerde des Beschwerdeführers, in der er gemäß § 3 (b) (xiii) RUDRP angeben muss, unter welche „Mutual Jurisdiction" er sich bei einer gerichtlichen Anfechtung der Entscheidung des UDRP-Panels unterwirft. Eine Definition der „Mutual Jurisdiction" findet sich in § 1 RUDRP, wonach es sich hierbei entweder um einen
  Gerichtsstand am Ort des Hauptsitzes des jeweiligen Registrars handelt, sofern sich
  der Beschwerdegegner als Domainanmelder im „Registration Agreement" diesem Gerichtsstand unterworfen hat, oder aber ein Gerichtsstand am Wohnort des Beschwerdegegners, wie er sich zum Zeitpunkt der Einreichung der Beschwerde aus den WhoIs-
  Daten des Registrars ergibt.
2 Vgl. etwa WIPO Case No. D2004-0939; WIPO Case No. D2002-0802; WIPO Case No.
  D2001-0175; WIPO Case No. D2000-0013.
3 Vgl. § 4 (a) UDRP.
4 Vgl. *Bücking/Angster*, Domainrecht, Rz. 575.
5 Vgl. NAF Case No. FA0808001220825.
6 Vgl. WIPO Case No. D2002-0856; WIPO Case No. D2003-0660.
7 Vgl. WIPO Case No. D2008-1645.

men des UDRP-Verfahrens geltend gemacht werden, sofern sie nicht zumindest als Benutzungsmarke geschützt sind[1].

31   Für die Voraussetzung des § 4 (a) (i) UDRP ist es grundsätzlich unerheblich, ob das Markenrecht schon vor der Registrierung der Domain bestand[2] und ob die Marke auch in der Rechtsordnung des Beschwerdegegners geschützt ist[3]. Ist dies jedoch nicht der Fall, so kann die gemäß § 4 (a) (iii) UDRP erforderliche Bösgläubigkeit des Beschwerdegegners in Frage stehen.

32   Die angegriffene Domain muss mit der Marke des Beschwerdeführers identisch oder verwechslungsfähig ähnlich sein, wofür es auf die Umstände des Einzelfalles ankommt[4]. Bei der Beurteilung der Verwechslungsgefahr bleiben die Top-Level-Domain sowie andere generische Zusätze grundsätzlich unberücksichtigt[5]. Keine Einigkeit besteht hingegen darüber, ob kritische Zusätze innerhalb des angegriffenen Domainnamens (wie z.B. „ihate") die Verwechslungsgefahr ausschließen können[6].

(2) Kein eigenes Recht oder berechtigtes Interesse

33   Hierfür enthält § 4 (c) UDRP zunächst eine nicht abschließende Liste an Umständen, die vom Beschwerdegegner in seiner Antwort als Nachweis eines eigenen Rechts oder berechtigten Interesses an der Nutzung der streitigen Domain ins Feld geführt werden können. Der Beschwerdegegner trägt insofern die Beweislast.

34   Im Übrigen kommt als Verteidigung des Beschwerdegegners gemäß § 4 (c) (i) UDRP der Nachweis in Betracht, dass er den Domainnamen oder eine dem Domainnamen entsprechende Bezeichnung bereits im Zusammenhang mit einem gutgläubigen Angebot von Waren oder Dienstleistungen verwendet oder bereits nachweislich Vorbereitungen für eine solche Verwendung getroffen hat, bevor ihm die vorliegende UDRP-Streitigkeit bekannt war.

35   Als weiterer rechtfertigender Umstand kann gemäß § 4 (c) (ii) UDRP vorgebracht werden, dass der Beschwerdegegner als Einzelperson, Unternehmen oder anderweitige Organisation unter dem Domainnamen gemeinhin bekannt ist, auch wenn er kein entsprechendes Markenrecht erworben hat. Eine eigene Berechtigung zur Verwendung des Domainnamens aufgrund eines Marken- oder anderweitigen Kennzeichenrechts, einschließlich geschäftli-

---

1 Siehe hierzu und für weitere Einzelheiten zu den vom UDRP-Verfahren erfassten Markenrechten die umfassende Darstellung bei *Bücking/Angster*, Domainrecht, Rz. 574–605.

2 Vgl. WIPO Case No. D2005-0309; WIPO Case No. D2000-0270.

3 Vgl. WIPO Case No. D2005-0692.

4 Siehe für Einzelheiten zur Einzelfallabwägung durch die Panels *Bücking/Angster*, Domainrecht, Rz. 606–614.

5 Vgl. WIPO Case No. D2004-0871.

6 Vgl. WIPO Case No. D2002-1115 (für eine Verwechslungsgefahr durch die Domain „Bayersucks.org"); WIPO Case No. D2000-0918 (gegen eine Verwechslungsgefahr durch die Domain „fucknetscape.com").

cher Bezeichnungen, besteht jedoch nur dann, wenn ein solches Recht nicht
bösgläubig erworben wurde[1].

Darüber hinaus nennt § 4 (c) (iii) UDRP als Rechtfertigungsgrund die berech-   36
tigte, nichtgewerbliche Nutzung der Domain ohne Gewinnerzielungsabsicht
und ohne den Willen, Verbraucher durch Irreführung abzuwerben oder die
Marke des Beschwerdeführers zu verunglimpfen. Unter diesen Ausnahme-
tatbestand kann z.B. der Betrieb einer Fan-Website[2] oder Websites, die sich
kritisch mit bestimmten Produkten oder Unternehmen auseinandersetzen[3],
fallen. Die Bewertung solcher Domainnutzungen ist aber im Einzelnen zwischen den verschiedenen Panels umstritten[4].

(3) Bösgläubige Anmeldung und Nutzung

Für den Erfolg der URDP-Beschwerde muss der Beschwerdeführer darüber   37
hinaus nachweisen, dass die Domain nicht nur bösgläubig angemeldet, sondern auch bösgläubig benutzt wird. § 4 (b) UDRP enthält eine nicht abschließende Liste an Verhaltensweisen des Beschwerdegegners, deren Nachweis
für eine solche Bösgläubigkeit bei der Anmeldung und Nutzung eines Domainnamens sprechen soll[5].

So soll gem. § 4 (b) (i) UDRP Bösgläubigkeit anzunehmen sein, wenn Um-   38
stände vorliegen, die darauf hindeuten, dass der Beschwerdegegner die Domain vorrangig zu dem Zweck angemeldet oder erworben hat, sie gegen ein
Entgelt, das die mit der Registrierung der Domain verbundenen Kosten übersteigt, an den Beschwerdeführer oder einen seiner Wettbewerber zu verkau-
fen, zu vermieten oder zu lizenzieren. Dieses Regelbeispiel erfasst somit den
klassischen Fall des „Domainsquatting".

§ 4 (b) (ii) UDRP enthält den Tatbestand der Domainblockierung, wonach ei-   39
ne bösgläubige Anmeldung und Verwendung einer Domain indiziert ist,
wenn der Beschwerdegegner die Domain angemeldet hat, um den Beschwerdeführer als Markeninhaber daran zu hindern, seine Marke selbst als Domain zu nutzen. Dieses Verhalten führt jedoch nur dann zur Annahme der
Bösgläubigkeit des Beschwerdegegners, wenn es nachweislich Teil eines entsprechenden wiederholten Verhaltensmusters ist, d.h. der Beschwerdegegner
muss nachweislich in der Absicht handeln, systematisch Domainregistrierung zur Behinderung von Markenrechtsinhabern einzusetzen.

Des Weiteren führt gemäß § 4 (b) (iii) UDRP eine nachweisliche Behin-   40
derungsabsicht zur Annahme der Bösgläubigkeit. Dies ist der Fall, wenn der
Beschwerdegegner die Domain zu dem vorrangigen Zweck angemeldet hat,

---

1 Vgl. *Bücking/Angster*, Domainrecht, Rz. 620.
2 Vgl. WIPO Case 2004-0001.
3 Vgl. WIPO Case D2002-1019.
4 Vgl. für Einzelheiten hierzu die umfassende Darstellung bei *Bücking/Angster*, Domainrecht, Rz. 615–641.
5 Vgl. für Einzelheiten zur Beurteilung der Bösgläubigkeit wiederum *Bücking/Angster*,
   Domainrecht, Rz. 642–666.

um die Geschäftstätigkeit eines Wettbewerbers zu behindern. Hierunter kann etwa die Registrierung von Domainnamen fallen, die eine geringfügige Abwandlung eines bekannten Markennamens beinhalten, um von Tippfehlern durch Verbraucher zu profitieren (sog. „Typosquatting")[1].

41   In eine ähnliche Richtung geht auch das Regelbeispiel des § 4 (b) (iv) UDRP, nach dem es für die Bösgläubigkeit des Beschwerdegegners spricht, wenn er die fragliche Domain in der Absicht angemeldet hat, Internetnutzer mit Gewinnabsicht auf die eigene Website umzulenken, indem er eine konkrete Verwechslungsgefahr zwischen der Marke des Beschwerdeführers und der Domain in dem Sinne hervorruft, dass die Verbraucher im Hinblick auf die Identität des Websitebetreibers oder auf die betriebliche Herkunft der auf der Website angebotenen Waren und Dienstleistungen getäuscht werden.

42   Letztlich kommt es für die Beurteilung der Bösgläubigkeit jedoch stets auf die Umstände des Einzelfalles an, so dass auch ohne das Vorliegen eines der Regelbeispiele des § 4 (b) UDRP eine bösgläubige Anmeldung und Verwendung der Domain vorliegen kann. Umgekehrt ist es auch möglich, dass trotz des Vorliegens eines der Regelbeispiele weitere Umstände gegeben sind, die gegen die Bösgläubigkeit des Beschwerdegegners sprechen[2].

gg) Rechtsmittel und Vollstreckung

43   Da gemäß §§ 3 (c), 4 (k) UDRP die Vergabestelle verpflichtet ist, Entscheidungen des Panels binnen zehn Werktagen nach Erhalt der Entscheidung im URDP-Verfahren umzusetzen, d.h. bei Erfolg der Beschwerde die Domain zu löschen oder auf den Beschwerdeführer zu übertragen, ist eine „Vollstreckung" des Schiedsspruchs nicht erforderlich[3]. Jedoch kann der unterlegene Beschwerdegegner einen Aufschub der Umsetzung des Schiedsspruchs erreichen, indem er der Vergabestelle nachweist, dass er ein ordentliches Gerichtsverfahren gegen den Beschwerdeführer bei dem Gerichtsstand angestrengt hat, dem sich der Beschwerdeführer gemäß § 3(b) (iii) RUDRP in seiner Beschwerde unterworfen hat[4]. In diesem Fall setzt die Vergabestelle den Vollzug des Schiedsspruches so lange aus, bis sie einen Nachweis darüber erhält, dass das zivilgerichtliche Verfahren abgeschlossen ist[5]. Der Schiedsspruch hat dabei keinerlei präjudizielle Wirkung für das Gerichtsverfahren. Ergeht ein Gerichtsurteil zugunsten des Beschwerdegegners, indem sein eigenes Recht an der streitumfangenen Domain festgestellt wird, so ist der Schiedsspruch des UDRP-Panels vielmehr dauerhaft einredebehaftet und wird von der Vergabestelle nicht umgesetzt[6].

---

1 Vgl. *Bücking/Angster*, Domainrecht, Rz. 663.
2 Vgl. *Bücking/Angster*, Domainrecht, Rz. 645 f.
3 Vgl. *Bücking/Angster*, Domainrecht, Rz. 559.
4 Vgl. § 4 (k) UDRP.
5 Vgl. § 4 (k) UDRP.
6 Vgl. *Bücking/Angster*, Domainrecht, Rz. 544.

Abgesehen von der Möglichkeit eines anschließenden gerichtlichen Verfah-   44
rens sind Rechtsmittel gegen den Schiedsspruch innerhalb des UDRP-Verfahrens nicht vorgesehen. Der Beschwerdeführer ist zwar grundsätzlich
nicht daran gehindert, auch nach erfolgter Abweisung erneut Beschwerde in
derselben Sache einzulegen. Eine erneute Prüfung der Beschwerde durch den
UDRP-Provider findet dann aber in der Regel nur statt, wenn der Beschwerdeführer glaubhaft machen kann, dass erst nach der erstmaligen Abweisung
Umstände ans Licht gekommen sind, die er ohne eigenes Verschulden nicht
in das erste Verfahren einbringen konnte und die prima facie zu einer anderen Entscheidung führen können[1].

b) Das EURid-Schiedsverfahren ADR

Aufgrund eines ICANN-Beschlusses aus dem Jahre 2000 startete am   45
7.12.2005 die landesspezifische Top-Level-Domain „.eu", die durch die ge-
meinnützige Organisation EURid mit Sitz in Belgien verwaltet wird[2]. Die
Europäische Kommission erließ hierzu im Jahre 2004 die „Verordnung (EG)
874/2004 zur Festlegung von allgemeinen Regeln für die Durchführung und
Funktionen der Domäne oberster Stufe „'eu' und der allgemeinen Grundregeln für die Registrierung", nach deren Art. 21 ff. ein eigenes Schlichtungsverfahren für die „.eu"-Domain eingeführt werden sollte. Mit der Durchführung dieses Schlichtungsverfahrens ist ausschließlich der Tschechische
Schiedsgerichtshof (Czech Arbitration Court Arbitration Center for Internet
Disputes[3]) betraut. Nach Art. 22 (2) VO (EG) 874/2004 sind der Domainanmelder sowie die Vergabestelle (auch Registrar genannt) zur Teilnahme
am Schiedsverfahren verpflichtet.

Die **formellen Voraussetzungen einer Beschwerde** nach dem ADR-Verfahren   46
richten sich gemäß Art. 22 (5) VO (EG) 874/2004 nach den Regelungen der
Verordnung sowie den ergänzenden Verfahrensregeln des Tschechischen
Schiedsgerichtshofs[4]. Sie sind den formellen Voraussetzungen des UDRP-
Verfahrens weitgehend nachgebildet[5]. Insbesondere muss auch im ADR-Ver-
fahren der Beschwerdeführer die Kosten des Verfahrens tragen (Art. 22 (3)
VO (EG) 874/2004).

Als **Rechtsfolgen** kann der Beschwerdeführer die Übertragung oder die Lö-   47
schung der Domain erreichen.

---

1 Vgl. WIPO Case No. D2000-1490 und D2000-0703 sowie *Bücking/Angster*, Domainrecht, Rz. 563.
2 Vgl. http://www.eurid.be.
3 Vgl. www.adr.eu.
4 Abrufbar unter http://eu.adr.eu/adr/adr_rules/index.php.
5 Siehe oben Rz. 23 sowie *Schafft*, GRUR 2004, 986, der generell eine Orientierung an
  den bisher zum UDRP-Verfahren ergangen Schiedsentscheidungen befürwortet.

48   Die materiellen Anforderungen für die **Löschung** der Domain sind in Art. 21 VO (EG) 874/2004 festgelegt[1]. Gestützt werden kann die Beschwerde gemäß Art. 21 (1) i.V.m. 10 (1) VO (EG) 874/2004 auf Marken und andere Kennzeichenrechte, die nach nationalem Recht oder Gemeinschaftsrecht geschützt sind, einschließlich nicht eingetragener Marken, geografischer Angaben, geschäftlicher Bezeichnungen, Werktiteln und Familiennamen. Der Schutzumfang ist insoweit also weiter als der des UDRP-Verfahrens, in dem nur die Inhaber von Markenrechten aktivlegitimiert sind.

49   Der Inhaber des Kennzeichenrechts muss gem. Art. 22 (1) (a) VO (EG) 874/2004 für eine Löschung der angegriffenen Domain geltend machen, dass sie **„spekulativ oder missbräuchlich im Sinne von Art. 21 ist"**. Auch die Beschwerdegründe des ADR-Verfahrens gemäß Art. 21 O (EG) 874/2004 sind weitgehender als die im UDRP-Verfahren. Gemäß Art. 21 (1) ist die Beschwerde begründet, wenn die Domain des Beschwerdegegners mit dem Kennzeichenrecht des Beschwerdeführers identisch oder verwechslungsfähig ähnlich ist und wenn der Domaininhaber selbst keinerlei Rechte oder ein berechtigtes Interesse an dem Domainnamen besitzt (Art. 21 (1) (a)) oder die Domain in böser Absicht registriert oder benutzt wird (Art. 21 (1) (b)). Die materiellen Voraussetzungen des ADR-Verfahrens unterscheiden sich somit in doppelter Hinsicht den denen des UDRP-Verfahrens: Erstens muss die fehlende eigene Berechtigung des Beschwerdegegners und seine Bösgläubigkeit nur alternativ und nicht kumulativ vorliegen; zweitens genügt es auch innerhalb des Bösgläubigkeitstatbestandes, dass die Domain entweder bösgläubig angemeldet oder verwendet wird.

50   Art. 21 (2) VO (EG) 874/2004 führt Umstände an, die für ein **berechtigtes Interesse** des Beschwerdegegners an der Verwendung des angegriffenen Domainnamens sprechen. Da diese Regelungen mit denen des UDRP-Verfahrens inhaltlich übereinstimmen, kann auf die obigen Ausführungen verwiesen werden (vgl. Rz. 33 ff.).

51   Art. 21 (3) VO (EG) 874/2004 enthält eine nicht abschließende[2] Liste an Umständen, die die **Bösgläubigkeit des Beschwerdegegners** indizieren. Auch diese Tatbestände stimmen zum Großteil mit den Regelbeispielen zur Bösgläubigkeit im UDRP-Verfahren überein. Allerdings enthält die Aufzählung im ADR-Verfahren auch einige zusätzliche Regelbeispiele. So genügt es zum Nachweis der Bösgläubigkeit bereits, wenn eine „.eu"-Domain mindestens zwei Jahre ab ihrer Registrierung nicht in einschlägiger Weise genutzt wurde (Art. 21 (3) (b) (ii)) oder wenn der Inhaber einer „.eu"-Domain zu Beginn des Schlichtungsverfahrens seine Absicht erklärt hat, die Domain in einschlägiger Weise zu nutzen, dies aber innerhalb von sechs Monaten nach Beginn des Schlichtungsverfahrens nicht getan hat (Art. 21 (3) (b) (iii)). Man kann in-

---

1 Siehe ausführlich zu Ablauf und Entscheidungspraxis im ADR-Verfahren *Bettinger*, WRP 2006, 548; *Mietzel/Orth*, MMR 2007, 757; *Müller*, GRUR Int. 2007, 990; *Schafft*, GRUR 2004, 986.
2 Vgl. EuGH v. 3.6.2010 – C-569/08, MMR 2010, 538 – reifen.eu.

soweit von einem Benutzungszwang für eu-Domains sprechen[1]. Zudem wird die Bösgläubigkeit des Beschwerdegegners auch dann angenommen, wenn der angegriffene Domainname der Name einer Person ist und keine Verbindung zwischen dem Domaininhaber und dem Domainnamen nachweisbar ist (Art. 21 (4) (e)).

Möchte der Beschwerdeführer eine **Übertragung** der angegriffenen Domain   52
erreichen, so muss er gemäß Art. 22 (11) Satz 1 VO (EG) 874/2004 die Registrierung des entsprechenden Domainnamens beantragen und zusätzlich die allgemeinen Anforderungen des Art. 4 (2) (b) der VO (EG) 733/2002 erfüllen.

Neben dem ADR-Verfahren oder im Anschluss daran (vgl. Art. 22 (13) VO   53
(EG) 874/2004) bleibt stets auch ein **gerichtliches Verfahren** vor einem zuständigen Gericht möglich. Das Gericht soll sich gemäß Art. 21 (1) VO (EG) 874/2004 bei Entscheidung über eine Löschung der Domain neben dem nationalen Kennzeichenrecht auch auf die Regelungen der VO (EG) 874/2004 stützen, wobei die Bestimmungen des Art. 21 (1) bis (3) gemäß Art. 21 (4) jedoch nicht zur Behinderung der Geltendmachung von Ansprüchen nach nationalem Recht führen dürfen[2].

c) Vor- und Nachteile von Domain-Schiedsverfahren

Bei der Entscheidung, ob bei einer Rechtsverletzung durch eine Second-Le-   54
vel-Domain ausschließlich ein außergerichtliches Domain-Schiedsverfahren oder (alternativ oder kumulativ hierzu) ein herkömmliches Gerichtsverfahren angestrengt werden soll, sollten verschiedene Faktoren in die Überlegungen einbezogen werden.

Für ein außergerichtliches Domain-Schiedsverfahren spricht die schnelle   55
Durchführung mit vergleichsweise geringen Kosten. Im Vergleich zu meist langwierigen gerichtlichen Verfahren sind Domain-Schiedsverfahren mangels aufwändiger Schriftsätze und Anhörungen schnell abgeschlossen und der finanzielle Aufwand ist angesichts der bestehenden Fixkosten überschaubar. Zudem muss der Beschwerdeführer im Falle des Unterliegens dcm Beschwerdegegner keine Kosten erstatten (er bekommt allerdings im Falle des Obsiegens ebenfalls keine erstattet). Darüber hinaus ist die Vergabestelle zur direkten Umsetzung der entsprechenden Entscheidung der Domain-Schiedsstelle verpflichtet, so dass die üblichen Schwierigkeiten bei der Vollstreckung gerichtlicher Entscheidungen bei Beteiligung internationaler Parteien umgangen werden und keine weiteren Vollstreckungskosten anfallen. Ferner dürfte Markenrechtsinhabern entgegen kommen, dass vor allem die UDRP-Schiedsstelle der WIPO als sehr „beschwerdeführerfreundlich" gilt[3]

---

1 Vgl. *Schafft*, GRUR 2004, 986, 988.
2 Vgl. hierzu ausführlich *Müller*, GRUR Int. 2007, 990, 998 ff.; *Schafft*, GRUR 2004, 986, 989 ff.
3 So werden durchschnittlich mehr als 80 % der bei der WIPO eingegangenen Beschwerden zugunsten des Beschwerdeführers entschieden, vgl. *Voegeli-Wenzl*, GRUR Int. 2007, 807, 813 f.

und für die Annahme der Bösgläubigkeit keine allzu hohen Maßstäbe anlegt, was teilweise angesichts der Gefahr des „Reverse Domain Hijacking" auch kritisch beurteilt wird[1].

56   Die Anrufung einer Domain-Schiedsstelle muss jedoch nicht in allen Fällen die beste Lösung darstellen, sondern es kann unter Umständen **ein gerichtliches Verfahren zu bevorzugen sein.** So sind die dargestellten Domain-Schiedsverfahren allein auf marken- bzw. kennzeichenrechtliche Streitigkeiten konzentriert und erfassen keine anderweitigen Rechtsverletzungen. Jedenfalls im UDRP-Schiedsverfahren haben Beschwerden zudem nur dann Erfolg, wenn die Bösgläubigkeit des Beschwerdegegners in Bezug auf die Kennzeichenverletzung nachgewiesen werden kann. Ferner stehen den Domain-Schiedsstellen nur die Sanktionen der Löschung bzw. Übertragung der Domain zur Verfügung. Sie können der unterlegenen Partei nicht die Verfahrenskosten auferlegen, die in vollem Umfang vom Beschwerdeführer zu tragen sind. Beabsichtigt der Beschwerdeführer daher für die Geltendmachung seiner Verfahrenskosten ohnehin ein zuständiges Gericht anrufen, so kann es unter Umständen ökonomischer sein, die Entscheidung in der Domainstreitigkeit allein dem Gericht zu überlassen[2]. Ferner hat ein Schiedsspruch keine präjudizielle Wirkung für ein sich anschließendes Gerichtsverfahren in derselben Sache. Ist daher absehbar, dass der Beschwerdegegner im Falle seines Unterliegens ohnehin ein Gerichtsverfahren anstrengen wird oder die Domainstreitigkeit komplizierte tatsächliche oder rechtliche Fragen aufwerfen wird, könnten wiederum ökonomische Gründe dafür sprechen, unmittelbar ein gerichtliches Verfahren zu beginnen.

d) Der Dispute-Eintrag der DENIC

57   Die für die Vergabe von „de"-Domains zuständige DENIC hat sich bewusst dagegen entschieden, eine Verpflichtung zur Unterwerfung unter das UDRP-Verfahren in ihre Verträge mit den Anmeldern aufzunehmen und bietet auch sonst kein eigenes Schlichtungsverfahren für de-Domains an. Abgesehen davon, dass eine zwingende Unterwerfung des Vertragspartners mittels Allgemeiner Geschäftsbedingungen im Lichte der §§ 305 ff. BGB möglicherweise unwirksame wäre, begründet die DENIC ihre Ablehnung damit, dass die Verfahrensbeteiligten bei „de"-Streitigkeiten meistens nicht auf mehrere Länder verteilt, sondern in Deutschland ansässig seien. Dementsprechend ergäben sich auch nicht die prozessualen und vollstreckungsrechtlichen Pro-

---

1 Siehe etwa die Kritik bei *Froomkin*, Brooklyn L.Rev. 67 (2002), 608 ff., *Mueller*, Information Society 17 (2001), 151 ff.; *Voegeli-Wenzl*, GRUR Int. 2007, 807, 813 f.; *Woodard*, Fordham Intell. Prop. Media & Ent. L.J. 19 (2009), 1168 ff. (jeweils mit statistischen Nachweisen); hingegen kommt die Studie von *Kur*, UDRP-Study, Max-Planck-Institut für Geistiges Eigentum, Wettbewerbs- und Steuerrecht, München 2002, S. 72 zu dem Ergebnis, dass keine Bevorzugung von Markeninhabern in UDRP-Verfahren festzustellen sei.

2 Vgl. auch die entsprechende Begründung der DENIC, sich nicht am UDRP-Verfahren zu beteiligen und auch kein eigenes anderweitiges Schlichtungsverfahren anzubieten (http://www.denic.de/de/faq-single).

bleme, die letztlich den Anlass für die Einführung des UDRP-Verfahrens gegeben hätten. Die DENIC hält daher bei „de"-Streitigkeiten die Möglichkeit der Anrufung der nationalen Gerichte in Verbindung mit einem sogenannten „Dispute-Eintrag" für ausreichend[1].

Begehrt der Inhaber eines Kennzeichenrechts, der sich durch eine „de"-Domain in seinen Rechten verletzt fühlt, die Löschung der Domain, muss er somit ein Verfahren vor dem zuständigen Gericht anstrengen. Damit die Durchsetzung des gerichtlich festgestellten Anspruchs später nicht leerläuft, indem der Domaininhaber die Domain auf einen Dritten überträgt oder ein Dritter die Domain nach ihrer Löschung für sich registrieren lässt, bevor der klagende Rechtsinhaber sie sich sichern kann, sieht § 2 Abs. 3 der Registrierungsbedingungen der DENIC die Möglichkeit eines kostenlosen **„Dispute-Eintrags"** vor[2].   58

Danach kann die DENIC eine Domain mit einem Dispute-Eintrag versehen, wenn ein Dritter Tatsachen glaubhaft macht, die dafür sprechen, dass ihm ein **Recht an der Domain** zukommt bzw. dass die **Domain seine Rechte verletzt**. Zudem muss erklärt werden, dass daraus folgende Ansprüche gegenüber dem Domaininhaber geltend gemacht werden. Angesichts der häufig langen Verfahrensdauer bei Gerichtsverfahren gilt der Dispute-Eintrag zunächst für ein Jahr. Er wird von der DENIC verlängert, wenn der „Inhaber" des Dispute-Eintrags die Verlängerung beantragt und nachweist, dass die Auseinandersetzung um die Domain mit dem Domaininhaber noch fortdauert.   59

Der Dispute-Eintrag wirkt sich dahingehend aus, dass die mit ihm belegte Domain **nicht auf einen Dritten übertragen** werden kann. Sie kann aber im Übrigen von dem Domaininhaber weiterhin voll genutzt werden.   60

Sobald die Domain schließlich infolge ihrer Löschung freigegeben wird, wird der Inhaber des Dispute-Eintrags **automatisch Domaininhaber**. Es findet zwar keine „unmittelbare" Übertragung der Domain vom ursprünglichen Domaininhaber auf den Inhaber des Dispute-Eintrags statt, der Dispute-Eintrag verhindert aber, dass die Domain vor Erwerb durch den Berechtigten auf einen Dritten übergeht[3].   61

Endet die Streitigkeit um die Domain zugunsten des Domaininhabers, muss der Inhaber des Dispute-Eintrags die DENIC umgehend informieren und die **Aufhebung des Dispute-Eintrags** beantragen. Ob der Domaininhaber einen Anspruch auf Löschung des Dispute-Eintrags aufgrund eines Eingriffs in sei-   62

---

1 Vgl. die Erklärung der DENIC „Warum gibt es kein Streitschlichtungsverfahren (UDRP) für .de-Domains?, abrufbar unter http://www.denic.de/de/faq-single.
2 Abrufbar unter http://www.denic.de/domainbedingungen.html.
3 Siehe für weitere Einzelheiten zum Dispute-Eintrag die FAQ der DENIC unter http://www.denic.de/faqs-fuer-interessenten-an-einer-bereits-registrierten-domain.html.

nen eingerichteten und ausgeübten Gewerbebetrieb gemäß § 823 Abs. 1 BGB hat, wurde von den Instanzgerichten bislang unterschiedlich beurteilt[1].

2. Rechtsverletzende Top-Level-Domains

a) Übersicht

aa) Die neuen generischen Top-Level-Domains

63   Von der breiten Öffentlichkeit weitgehend unbemerkt läutete die ICANN Anfang 2012 einen Prozess ein, der ihrer Ansicht nach das Internet und die Art und Weise seiner Nutzung grundlegend verändern wird und nach der Einschätzung zahlreicher Kritiker zu einer exponentiellen Zunahme von Kennzeichenrechtsverletzungen im Internet führen wird.

64   Allen kritischen Stimmen zum Trotz[2] hatte die ICANN nach jahrelangen Beratungen und Vorarbeiten[3] am 20. Juni 2011 beschlossen, ab dem Jahr 2012 neue, weitgehend frei wählbare generische Top-Level-Domains (gTLDs) in die „Root Zone" des Internets einzutragen. In zunächst zwei geplanten Bewerbungsrunden sollen die bereits existierenden länderspezifischen oder Country Code Top-Level-Domains (sog. ccTLDs) sowie die 22 bisher zugelassenen generischen Top-Level-Domains (wie z.B. .com oder .edu) um eine potenziell unbegrenzte Anzahl weiterer gTLDs ergänzt werden. Insbesondere ist es nun möglich

– geographische Angaben (z.B. „.koeln", „.berlin")

– Marken (z.B. „.canon", „.volkswagen")

– Gattungsbegriffe (z.B. „.fashion", „.versicherung")

als gTLDs zu registrieren.

65   Die Kritiker wenden ein, dass die Zulassung solcher gTLDs erhebliche neue Risiken insbesondere für die Inhaber von Kennzeichenrechten mit sich bringt. **Markenrechtsverletzungen** sind dabei auf zwei Ebenen denkbar. Einerseits kann die Rechtsverletzung durch die Top-Level-Domain selbst erfolgen, z.B. durch die unberechtigte Anmeldung geschützter Marken als gTLD zum Zweck des „Domainsquattings". Dieses Risiko erscheint jedoch angesichts der hohen Kosten für die Anmeldung einer neuen gTLD (185 000 USD) eher theoretischer Natur zu sein. Zum anderen können sich Rechtsverletzungen hinsichtlich der Second-Level-Domains ergeben, die von dem

---

1 Für einen solchen Anspruch OLG Köln v. 17.3.2006 – 6 U 163/05, GRUR-RR 2006, 267; dagegen OLG Brandenburg v. 15.9.2010 – 3 U 164/09, GRUR-RR 2010, 485.

2 Siehe zu den Argumenten der Kritiker gegen die Erweiterung der gTLDs etwa *Haug*, ITRB 2012, 20; *Little*, World Trademark Review 2011, 91; *Maaßen/Hühner*, MMR 2011, 148; *Rickert*, MMR-Aktuell 2011, 321179; *Weiden*, GRUR 2009, 474, 475; sowie als ein Beispiel für zahlreiche kritische Markenrechtsblogs *Smith*, ICANN and the trademark community – a broken relationship?, vom 23.6.2011, verfügbar unter http://www.worldtrademarkreview.com.

3 Zu den Vorarbeiten und Beratungen, die dem Beschluss vom 20.6.2011 vorangingen, siehe auch http://gnso.icann.org/issues/new-gtlds/ (Stand Januar 2012).

Inhaber der neuen gTLD vergeben werden (z.B. „deutsche.bank"). In Anbetracht der zahllosen neuen Kombinationsmöglichkeiten, die sich aufgrund der Zulassung neuer gTLDs ergeben, ist anzunehmen, dass sich der Großteil der Domainstreitigkeiten auf dieser Ebene abspielen wird.

Um diesem neuen Verletzungspotenzial entgegenzutreten, sieht die ICANN   66
verschiedene **Schutzmechanismen und streitige Verfahren** im Zusammenhang mit den neuen gTLDs vor, die im Folgenden näher dargestellt werden. Da zum jetzigen Zeitpunkt[1] jedoch noch keines der Schutzinstrumente und streitigen Verfahren tatsächlich durchgeführt worden ist und teilweise noch nicht einmal feststeht, welche konkreten Domain-Schlichtungsstellen die Durchführung übernehmen werden, stehen noch zahlreiche Fragen offen. Die folgenden Ausführungen, die sich vornehmlich auf die Vorgaben des Applicant Guidebook der ICANN in der Version vom 11. Januar 2012[2] (im Folgenden kurz „AGB" genannt) sowie auf ergänzende Veröffentlichungen stützen, sollten daher hinsichtlich Aktualisierungen des Applicant Guidebooks und der Einführung detaillierter Regelwerke durch die zuständigen Schlichtungsstellen, die in den nächsten Monaten erfolgen soll, überprüft werden.

bb) Grundzüge des Vergabeverfahrens

Nach dem Zeitplan der ICANN[3] sollen zunächst **zwei Bewerbungsrunden**   67
stattfinden, in denen potentielle Domainbetreiber (sog. „Registries") sich um von ihnen selbst gewählte neue gTLDs (sog. „Strings") bewerben können. Die erste Bewerbungsrunde läuft vom 12. Januar 2012 bis zum 12. April 2012. Die nächste Bewerbungsrunde soll nach den derzeitigen Plänen der ICANN möglichst ein Jahr nach Bewerbungsschluss für die erste Bewerbungsrunde starten[4]. Je nach Komplexität der jeweiligen Bewerbung soll es nach den Erwartungen der ICANN insgesamt zwischen neun und 20 Monaten dauern, bis eine neue gTLD ihren Betrieb aufnehmen kann[5].

Nach Ende der Bewerbungsfrist für die erste Runde veröffentlicht die   68
ICANN alle vollständigen Bewerbungen[6]. Hieran schließt sich eine 60-tägige „**Comment Period**" an, während der in einem öffentlichen Forum Kommentare und Einwände zu konkreten gTLD-Bewerbungen eingebracht werden können. Diese Kommentare werden später bei der sog. „Initial Evaluation" der Bewerbungen berücksichtigt. Von dieser für jedermann bestehenden Möglichkeit, Kommentare zu gTLD-Bewerbungen abzugeben, ist das formelle Widerspruchsverfahren (sog. „Formal Objection") zu unterschei-

---

1 Stand: Januar 2012.
2 Abrufbar unter http://newgtlds.icann.org/applicants/agb (abgerufen Januar 2012).
3 Vgl. im Einzelnen zum Zeitplan: Applicant Guidebook in der Version vom 11.1.2012 (im Folgenden: AGB), Modul 1.
4 Vgl. AGB 1.1.6.
5 Vgl. AGB 1.1.3.
6 Die ICANN erwartet, dass der administrative Prozess der Prüfung auf Vollständigkeit etwa acht Wochen in Anspruch nehmen wird, vgl. AGB 1.1.2.2.

den, in dem nur bestimmte Berechtigte gegen einzelne gTLDs vorgehen können[1].

69   Unmittelbar nach der Comment Period beginnt die Phase der **Initial Evalua-
     tion**, während der alle vollständigen Bewerbungen überprüft werden. Neben
     technischen und organisatorischen Fragen wird dabei auch untersucht, ob
     der jeweilige gTLD-String mit bestehenden gTLD-Strings oder anderen
     gTLD-Bewerbungen identisch oder verwechslungsfähig ist (sog. „String Re-
     view")[2]. Kommt es bei Streitigkeiten um identische oder verwechslungsfähi-
     ge gTLD-Bewerbungen nicht zu einer einvernehmlichen Lösung, wird der
     umstrittene gTLD-String meistbietend versteigert. Diese Phase soll inner-
     halb von zweieinhalb bis sechs Monaten abgeschlossen sein[3].

70   Mit der Veröffentlichung der vollständigen Bewerbungen beginnt zeitgleich
     die sog. „**Objection Filing Period**", die ca. zwei Wochen nach Ende der Initial
     Evaluation-Phase enden und somit etwa sieben Monate dauern soll. Wäh-
     rend der Objection Filing Period können bestimmte Berechtigte aufgrund
     von vier verschiedenen Tatbeständen Widerspruch gegen einzelne gTLD-
     Strings einlegen. Diese Widersprüche werden im Anschluss an die Initial
     Evaluation in der sog. „Dispute Resolution"-Phase behandelt[4], welche nach
     etwa fünf Monaten abgeschlossen sein soll[5].

71   Hat ein Bewerber alle Stadien des Bewerbungsprozesses erfolgreich durchlau-
     fen, schließt die ICANN mit ihm einen Betreibervertrag (sog. „**Registry
     Agreement**"), in dem er sich zur Einhaltung technischer und organisatori-
     scher Vorgaben verpflichtet sowie zur Implementierung bestimmter, von der
     ICANN vorgegebenen Mechanismen zum Schutz von Markeninhabern[6].
     Schließlich wird die neue gTLD in die „Root Zone" des Internet eingetragen
     und auf den neuen Betreiber übertragen, so dass dieser mit der Vergabe von
     Second-Level-Domains unter der neuen gTLD beginnen kann. Dieser letzte
     Schritt soll ca. zwei Monate dauern[7].

cc) Vorgesehene Schutzmechanismen und Schlichtungsverfahren

72   An dieser Stelle soll ein kurzer Überblick über die Maßnahmen erfolgen, die
     von der ICANN als Mindestschutz für Rechtsinhaber entwickelt worden
     sind. Vor der Übertragung der neuen gTLD ist das sog. „String Conten-
     tion"-Verfahren[8] sowie das Widerspruchsverfahren (Formal Objection-Ver-
     fahren)[9] vorgesehen. Nach der Übertragung steht das „Trademark Post-

---

1 Vgl. AGB 1.1.2.3; siehe nachfolgend Rz. 84 ff.
2 Die ICANN erwartet, dass diese Phase der „initial evaluation" etwa fünf Monate in
   Anspruch nehmen wird, vgl. AGB 1.1.2.5.
3 Vgl. AGB 1.1.2.10; siehe nachfolgend unter Rz. 74 ff.
4 Vgl. AGB 1.1.2.6.; siehe zum Widerspruchsverfahren nachfolgend Rz. 84 ff.
5 Vgl. AGB 1.1.2.9.
6 Vgl. AGB 1.1.2.11 sowie zum Inhalt der registry agreements AGB Modul 5.
7 Vgl. AGB 1.1.2.11.
8 Siehe nachfolgend unter Rz. 79 ff.
9 Siehe nachfolgend unter Rz. 84 ff.

Delegation Dispute Resolution"-Verfahren (Trademark PDDRP)" gegen Missbräuche durch den Betreiber einer neuen gTLD zur Verfügung, und zwar sowohl bei einer Rechtsverletzung durch die Top-Level-Domain, d.h. die gTLD selbst, als auch bei einer Rechtsverletzung durch die durch den Betreiber vergebene Second-Level-Domain[1]. Der Betreiber der neuen gTLD verpflichtet sich außerdem, zur Vorbeugung gegen rechtsverletzende Second-Level-Domains das sog. „Trademark Clearinghouse" zu implementieren, über das u.a. ein „Trademark Claims Service" angeboten werden soll[2]. Darüber hinaus können durch das sog. „Uniform Rapid Suspension"-Verfahren Rechtsverletzungen vorläufig schnell unterbunden werden[3].

Neben diesen speziellen Schlichtungsverfahren für neue gTLDs besteht auch   73
weiterhin die Möglichkeit, mittels **herkömmlicher Verfahren**, wie dem UDRP oder einer Klage vor einem zuständigen Gericht, gegen Rechtsverletzungen durch die neue gTLD vorzugehen[4]. Insbesondere können solche „traditionellen" Verfahren auch noch nach Durchführung der vorgesehenen Schlichtungsverfahren für die neuen gTLDs angestrengt werden.

b) Schutzmechanismen und Schlichtungsverfahren vor Übertragung

aa) String Similarity Review-Verfahren

Im Rahmen der Initial Evaluation wird eine Bewerbung für einen neuen   74
gTLD-String insbesondere auf Identität bzw. Ähnlichkeit mit einer bereits existierenden gTLD oder anderen gTLD-Bewerbungen geprüft[5]. Diese sog. „String Similarity Review" soll das mögliche Widerspruchsverfahren ergänzen, nicht jedoch ersetzen oder beeinflussen. Dennoch empfiehlt es sich aus ökonomischen Gründen, vor Einlegung eines Widerspruchs zunächst das Ergebnis der String Similarity Review abzuwarten, da dieses einen Widerspruch möglicherweise gegenstandslos macht[6].

Die **Prüfung der Bewerbung** wird von einem von der ICANN unabhängigen   75
„String Similarity Panel" vorgenommen[7], welches jeden neuen gTLD-String auf seine visuelle Identität oder Ähnlichkeit mit anderen gTLD-Strings (bereits existierende oder Bewerbungen) sowie mit sog. „Reserved Names"[8], die von einer Registrierung als gTLD ausgeschlossen sind, untersucht. Eine **Ähnlichkeit** im Sinne des Applicant Guidebook liegt dabei vor, wenn ein gTLD-String einem anderen visuell so stark ähnelt, dass eine tatsächliche

---

1 Siehe nachfolgend unter Rz. 115 ff.
2 Siehe nachfolgend unter Rz. 140 ff.
3 Siehe nachfolgend unter Rz. 157 ff.
4 Siehe hierzu im Einzelnen nachfolgend Rz. 139 und 165.
5 Siehe im Einzelnen AGB Modul 2.
6 Siehe hierzu im Einzelnen AGB 2.2.1.1.3. sowie nachfolgend unter Rz. 86.
7 Mit dem „Similarity Review" beauftragt ist derzeit die Firma InterConnect Communications in Zusammenarbeit mit dem University College London, vgl. http://new gtlds.icann.org/en/blog/preparing-evaluators-22nov11-en. Zu Auswahl und Verhaltensregeln des String Similarity Panel siehe AGB 2.4.
8 Die Reserved Names-Liste enthält reservierte Bezeichnungen, die nicht als gTLDs zur Verfügung stehen (z.B. „.example" oder „.whois"), aufgeführt in AGB 2.2.1.2.1.

Wahrscheinlichkeit besteht, dass ein durchschnittlicher, verständiger Internetnutzer den fraglichen gTLD-String mit einem anderen verwechselt. Nicht ausreichend ist die bloße Möglichkeit einer solchen Verwechslung oder die bloße Assoziation mit einem anderen gTLD-String[1].

76   Ausgangspunkt der Prüfung ist die Bewertung des jeweiligen gTLD-Strings durch einen **Algorithmus**, der eine objektive Beurteilung der visuellen Ähnlichkeit zwischen den verschiedenen Strings liefern soll. Zwar ist die Bewertung aufgrund dieses Algorithmus nicht allein entscheidend für die Ähnlichkeitsprüfung, dennoch liefert sie wichtige Anhaltspunkte für die endgültige Bewertung durch das String Similarity Panel, so dass es sich für potenzielle Bewerber empfiehlt, den gewünschten gTLD-String bereits vor der Bewerbung einer Prüfung durch den Algorithmus zu unterziehen[2]. Ausgehend von dem durch den Algorithmus erzielten Ergebnis nimmt das String Similarity Panel dann eine „manuelle" Ähnlichkeitsprüfung nach den oben dargestellten Kriterien vor. Darüber hinaus bezieht es auch mögliche Varianten des gTLD-Strings in seine Bewertung ein, die in sog. „IDN tables"[3] oder als Varianten in der Bewerbung um eine gTLD (sog. „declared variants")[4] aufgeführt sind.

77   Die Folgen für die gTLD-Bewerbung sind abhängig davon, ob die Identität oder Ähnlichkeit mit einer bereits existierenden gTLD/einem Reserved Name oder mit einer anderen gTLD-Bewerbung besteht. Ist ein gewünschter gTLD-String mit einer bereits existierenden gTLD oder einem Reserved Name **identisch**, scheitert die Bewerbung schon daran, dass das TLD Application System (TAS) die Identität erkennt und die Bewerbung nicht zulässt[5]. Eine Bewerbung wird ebenfalls endgültig abgelehnt, wenn auch nicht automatisch, soweit das String Similarity Panel in der Initial Evaluation Phase befindet, dass bei dem gewünschten gTLD-String Verwechslungsgefahr mit einer bereits existierenden gTLD oder einem Reserved Name besteht, ohne dass die Möglichkeit einer erneuten Prüfung durch eine „Extended Evaluation" besteht[6].

78   Stellt das String Similarity Panel hingegen die Identität oder **Ähnlichkeit mehrerer gTLD-Bewerbungen** fest, werden die entsprechenden gTLD-Strings

---

1 Vgl. AGB 2.2.1.1.2.
2 Vgl. AGB 2.2.1.1.2. Der Algorithmus ist abrufbar unter http://icann.sword-group. com/algorithm/, wo auch eine Vorprüfung des gewünschten gTLD-strings durchgeführt werden kann.
3 Solche „IDN tables" werden im Zuge der Öffnung der gTLDs für „Internationalized Domain Names (IDNs)" aufgestellt und führen Schriftzeichen auf, die im Hinblick auf eine konkrete gTLD als austauschbar angesehen werden (sog. „variant characters"), vgl. AGB 1.3.2.
4 In der Bewerbung um eine gTLD können „declared variants" angegeben werden, die der Bewerber als mit seiner gewünschten gTLD identisch ansieht. Die declared variants sind für die Ähnlichkeitsanalyse relevant, verleihen einem Bewerber aber keine darüber hinausgehenden Rechte an den einzelnen Varianten, vgl. AGB 1.3.3. und 2.2.1.2.2.
5 Vgl. AGB 2.2.1.1.1.
6 Vgl. AGB 2.2.1.1.3. und 2.2.1.2.1.

in sog. Contention Sets zusammengefasst, d.h. in Gruppen, die mindestens zwei identische oder ähnliche gTLD-Bewerbungen enthalten. Nach Abschluss des String Similarity Review-Verfahrens werden diese Contention Sets veröffentlicht und die betroffenen Bewerber informiert und aufgefordert, sich untereinander um eine einvernehmliche Einigung über den jeweiligen gTLD-String zu bemühen. Kommt es zu keiner Einigung, wird das nachfolgend dargestellte String Contention-Verfahren durchgeführt[1].

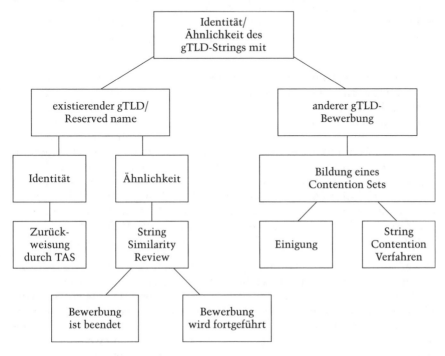

bb) String Contention-Verfahren

Zum sog. String Contention-Verfahren kommt es, wenn zwei oder mehrere   79 identische oder ähnliche Bewerbungen um gTLD-Strings vorliegen, die alle vorhergehenden Bewerbungsschritte erfolgreich durchlaufen haben[2]. Dazu zählt insbesondere auch die nachfolgend dargestellte Dispute Resolution-Phase, so dass das String Contention-Verfahren erst nach Abschluss sämtlicher Widerspruchsverfahren, deren Ausgang die konkrete Zusammensetzung der „Contention Sets" noch erheblich verändern kann, stattfindet[3].

---

1 Siehe AGB 2.2.1.1.1. für eine detaillierte Darstellung weiterer, voraussichtlich praktisch wenig relevanter Kollisionskonstellationen (z.B. mit IDN-ccTLDs) und deren Auflösung.
2 Vgl. AGB Modul 4.
3 AGB 4.1.

80 Die **Contention Sets** werden aus zwei oder mehreren gTLD-Strings gebildet, die im Verlauf des String Similarity Review-Verfahrens durch das String Similarity Panel als identisch oder verwechslungsfähig ähnlich eingeordnet werden. Dabei können unter Umständen sehr große Gruppen entstehen da ein Contention Set sowohl gTLD-Strings in direkter Konkurrenz („Direct Contention") als auch in indirekter Konkurrenz („Indirect Contention") enthält. Eine direkte Konkurrenz besteht, wenn zwei gTLD-Strings identisch oder verwechslungsfähig ähnlich sind. Indirekte Konkurrenz besteht, wenn zwei gTLD-Strings zwar nicht in direkter Konkurrenz zueinander stehen, aber beide mit einem gemeinsamen, dritten gTLD-String in direkter Konkurrenz stehen[1].

81 Die **Zusammensetzung** der Contention Sets kann sich während des weiteren Bewerbungsverfahrens noch erheblich ändern, insbesondere im Laufe der Dispute Resolution-Phase. Soweit eine Bewerbung z.B. aufgrund der Ähnlichkeit mit einem bereits existierenden gTLD-String im Rahmen des Widerspruchsverfahrens ausscheidet und diese das Bindeglied zwischen zwei gTLD-Strings in indirekter Konkurrenz darstellte, kann sich das Contention Set dadurch in mehrere Contention Sets aufspalten oder gänzlich auflösen[2]. Darüber hinaus kann ein Contention Set sich durch einen erfolgreichen Widerspruch eines Bewerbers gegen den gTLD-String eines anderen Bewerbers erweitern, da dieser nicht automatisch zum Ausscheiden der Bewerbung führt, sondern lediglich dazu, dass die betreffenden gTLD-Bewerbungen in einem Contention Set in direkte Konkurrenz zueinander gesetzt werden[3].

82 Bewerber, deren gTLD-Bewerbungen wegen Identität oder Verwechslungsgefahr mit anderen gTLD-Bewerbungen in Contention Sets zusammengefasst werden, werden von der ICANN benachrichtigt und **aufgefordert, eine einvernehmliche Lösung** zu finden. Die Konsequenz einer solchen einvernehmlichen Lösung wird wohl sein, dass ein Bewerber, etwa im Zuge eines Vergleichs, seine Bewerbung zurücknimmt und aus dem weiteren Bewerbungsverfahren ausscheidet. Seine bis zu diesem Zeitpunkt gezahlten Bewerbungsgebühren können unter bestimmten Voraussetzungen teilweise erstattet werden[4]. Hingegen ist es nicht möglich, den gewünschten gTLD-String während der laufenden Bewerbungsrunde zu ändern. Der Bewerber muss sich mit dem abgeänderten gTLD-String in einer neuen Bewerbungsrunde erneut bewerben.

83 Kommt es zu keiner Einigung zwischen den betroffenen Bewerbern, kann in bestimmten Fällen eine sog. „**Community Priority Evaluation**" durchgeführt werden[5]. In den übrigen Fällen bzw. wenn auch die Community Priority

---

1 Vgl. AGB 4.1.1. mit konkreten Beispielen.
2 Vgl. AGB 4.1.1. mit konkreten Beispielen.
3 AGB 4.1.2.
4 Siehe zu Voraussetzungen und Höhe der Rückerstattung AGB 1.5.1.
5 Diese Möglichkeit besteht für sog. „community based applications", die sich auf eine bestimmte „Community" (d.h. auf eine bestimmte, abgrenzbare Gemeinschaft oder Gruppierung innerhalb der Gesellschaft) beziehen. Siehe für Einzelheiten zu dieser voraussichtlich eher seltenen Konstellation AGB 4.2.

Evaluation nicht zum Erfolg führt, wird als Ultima Ratio die gewünschte gTLD meistbietend unter den betroffenen Bewerbern versteigert[1]. Der Bewerber, der sich im Rahmen eines String Contention-Verfahrens, sei es mittels einvernehmlicher Einigung, Community Priority Evaluation oder Auktion, durchgesetzt hat, hat anschließend 90 Kalendertage Zeit, um ein sog. Registry Agreement mit der ICANN abzuschließen. Geschieht dies nicht, steht es im Ermessen der ICANN, dem Bewerber die Übertragung der gTLD zu verweigern und diese einem unterlegenen Bewerber anzubieten. Hieraus ergibt sich jedoch kein Rechtsanspruch des unterlegenen Bewerbers auf die gTLD im Falle von Verzögerungen durch den erfolgreichen Bewerber[2].

cc) Widerspruchsverfahren

Mit der Veröffentlichung der Bewerbungen für die neuen gTLDs durch die   84
ICANN besteht die Möglichkeit, in einem formalisierten Verfahren Widerspruch gegen eine konkrete gTLD-Bewerbung einzureichen (Formal Objection-Verfahren). Der Zeitraum, innerhalb dessen Widerspruch eingelegt werden kann, endet etwa zwei Wochen nach Ende der Initial Evaluation-Phase[3] und dauert mithin circa sieben Monate. Mit Abgabe der Bewerbung erkennt ein Bewerber für eine neue gTLD die Geltung der im Applicant Guidebook aufgestellten Regeln für solche Widerspruchsverfahren (sog. „Dispute Resolution Process") rechtsverbindlich an. Gleiches gilt für den Widersprechenden mit Einlegung seines Widerspruchs[4].

(1) Materielle Voraussetzungen

Der Widerspruch kann ausschließlich auf vier Widerspruchstatbeständen   85
mit jeweils unterschiedlicher Aktivlegitimation gestützt werden:

– Identität oder Verwechslungsgefahr mit anderen gTLD-Strings („String Confusion Objection")

– Verletzung bestehender Rechte („Legal Rights Objection")

– Entgegenstehendes öffentliches Interesse („Limited Public Interest Objection")

– Entgegenstehendes Interesse einer Community („Community Objection")

---

1 Siehe zu Durchführung und Ablauf der Auktion die ausführliche Darstellung in AGB 4.3.
2 AGB 4.4.
3 Zum jetzigen Zeitpunkt steht das Ende der Widerspruchsfrist noch nicht fest (Stand: Januar 2012). Aus AGB 1.1.2.6. und Art. 7 (a) der „New gTLD Dispute Resolution Procedure" ergibt sich jedoch, dass die ICANN ein Fristende bekanntgeben wird, das innerhalb eines Zeitfensters von zwei Wochen nach der Veröffentlichung der Ergebnisse der „Initial Evaluation" liegen wird.
4 AGB 3.2.

(a) Identität oder Verwechslungsgefahr mit anderen gTLD-Strings (String Confusion Objection)

86 Widerspruch aufgrund des String Confusion-Tatbestandes kann durch den Inhaber einer bereits existierenden gTLD oder durch einen anderen Bewerber für eine neue gTLD mit der Begründung eingelegt werden, dass die angegriffene gTLD-Bewerbung des Widerspruchsgegners mit seiner gTLD bzw. gTLD-Bewerbung identisch oder verwechslungsfähig ähnlich ist.

87 Eine **Ähnlichkeit** liegt dabei vor, wenn ein gTLD-String einem anderen visuell so stark ähnelt, dass eine tatsächliche Wahrscheinlichkeit besteht, dass ein durchschnittlicher, verständiger Internetnutzer den fraglichen gTLD-String mit einem anderen verwechselt. Nicht ausreichend ist die bloße Möglichkeit einer solchen Verwechslung oder die bloße Assoziation mit einem anderen gTLD-String.

88 Die **Folgen eines erfolgreichen Widerspruchs** sind, wie im String Similarity Review-Verfahren wieder abhängig davon, ob der Widerspruch auf die Identität bzw. Ähnlichkeit mit einer bereits existierenden gTLD oder mit einer anderen gTLD-Bewerbung gestützt wird.

89 Ein erfolgreicher Widerspruch durch den **Inhaber einer bereits existierenden gTLD** führt zum Ausschluss der angegriffenen gTLD-Bewerbung vom weiteren Bewerbungsverfahren[1]. Hat hingegen ein **anderer Bewerber** für eine gTLD widersprochen, führt ein erfolgreicher Widerspruch lediglich dazu, dass das oben dargestellte String Contention-Verfahren eingeleitet wird und die betreffenden gTLD-Bewerbungen in einem Contention Set in direkte Konkurrenz zueinander gesetzt werden. Wird der Widerspruch eines anderen Bewerbers für eine gTLD abgelehnt, können beide Bewerbungen weiterverfolgt werden, ohne in einem „Contention Set" zusammengefasst zu werden.

90 Hieraus ergibt sich, dass einem Mitbewerber für eine gTLD nur dann der Widerspruchsgrund der **String Confusion** zur Verfügung steht, wenn die Identität oder Ähnlichkeit der betroffenen gTLD-Strings nicht bereits im Rahmen der Initial Evaluation durch das String Similarity Panel festgestellt wurde. Denn in diesem Fall stehen die betroffenen gTLDs bereits in direkter Konkurrenz innerhalb des Contention Set, so dass der Widerspruch dem Widerspruchführer keine Vorteile mehr gewähren kann.

(b) Verletzung bestehender Rechte (Legal Rights Objection)

91 Der Legal Rights-Tatbestand ist vorgesehen für den Fall, dass ein Rechtsinhaber seine Rechte durch die gTLD-Bewerbung des Widerspruchsgegners als verletzt ansieht. **Aktivlegitimiert** sind hierbei Inhaber von im Markenregister eingetragenen sowie nicht eingetragenen Marken[2]. Den Bestand des behaupteten Markenrechts sowie seine Rechtsinhaberschaft muss der Wi-

---

1 AGB 3.2.2.1.
2 AGB 3.5.2.

dersprechende durch Dokumente nachweisen, die zusammen mit dem Widerspruch einzureichen sind[1].

Im Falle eines auf bestehende Markenrechte des Widersprechenden gestütz-   92
ten Legal Rights-Widerspruchs wird dem Widerspruch **stattgegeben**, wenn
einer der folgenden Tatbestände vorliegt[2]:

– Die Nutzung der widersprochenen gTLD würde die Unterscheidungskraft
  oder den guten Ruf der Marke des Widersprechenden in unlauterer Weise
  ausnutzen.

– Die Nutzung der widersprochenen gTLD würde die Unterscheidungskraft
  oder den guten Ruf der Marke des Widersprechenden in ungerechtfertigter
  Weise beeinträchtigen.

– Die Nutzung der widersprochenen gTLD würde auf sonstige Weise eine
  unzulässige Verwechslungsgefahr zwischen der gTLD und der Marke des
  Widersprechenden hervorrufen.

Bei der Beurteilung dieser Tatbestände wird auf international anerkannte   93
markenrechtliche Grundsätze zurückgegriffen. Das Applicant Guidebook
der ICANN enthält eine – ausdrücklich nicht abschließende – **Liste an Umständen**, die bei der Entscheidung des Legal Rights-Widerspruchs zu berücksichtigen sind[3]:

– Ist die widersprochene gTLD mit der Marke des Widersprechenden identisch oder ihr ähnlich? Hierbei ist nicht nur auf das schriftliche Erscheinungsbild abzustellen, sondern auch auf Klang und Bedeutung der beteiligten Zeichen.

– Erfolgten der Erwerb und die Nutzung der Marke durch den Widersprechenden gutgläubig?

– Wird das der gTLD entsprechende Zeichen von den relevanten Verkehrs-
  kreisen als Marke des Widersprechenden erkannt, oder als Marke des Bewerbers oder eines Dritten?

– Welche Absichten verfolgt der Widerspruchsgegner mit seiner Bewerbung
  um die widersprochene gTLD? Insbesondere: Hatte er zum Zeitpunkt der
  Bewerbung Kenntnis von der Marke des Widersprechenden bzw. musste
  er diese den Umständen nach kennen? Liegt ein missbräuchliches Verhaltensmuster seitens des Widerspruchgegners vor, d.h. hat er sich um weitere mit anderen Marken identische oder verwechslungsfähige gTLDs be-
  worben oder betreibt er solche bereits, oder hat er mit der betroffenen
  Marke oder mit anderen Marken identische oder verwechslungsfähige
  Second-Level-Domains bei anderen Registries angemeldet?

– Benutzt der Widerspruchsgegner das der gTLD entsprechende Kennzeichen tatsächlich im Verkehr im Zuge des Angebots von Waren oder

---

1 Siehe für Einzelheiten zu diesem Widerspruchsgrund AGB 3.2.2.2.
2 AGB 3.5.2.
3 AGB 3.5.2.

Dienstleistungen oder der Bereitstellung von Informationsdiensten auf eine Art und Weise, die die Ausübung der legitimen Markenrechte des Widersprechenden nicht behindert oder seine Rechte verletzt? In welchem Umfang erfolgt die Verwendung durch den Widerspruchsgegner im Verkehr? Falls er das Zeichen bisher noch nicht im Verkehr verwendet hat, hat er bisher nennenswerte Vorbereitung für eine solche Verwendung getroffen?

– Besitzt der Widerspruchsgegner selbst Markenrechte oder andere geistige Eigentumsrechte an dem der gTLD entsprechenden Zeichen? Wenn ja, erfolgten der Erwerb und die Verwendung dieser Rechte gutgläubig und entspricht die geplante oder voraussichtliche Verwendung der gTLD diesem Erwerb oder dieser bisherigen Verwendung des Zeichens?

– War der Widerspruchsgegner dem Verkehr unter dem der gTLD entsprechenden Zeichen bereits zum Zeitpunkt der Bewerbung um die gTLD bekannt, und wenn ja in welchem Umfang? Entspricht die geplante oder voraussichtliche Verwendung der gTLD der bisherigen Verwendung, und erfolgt sie in gutem Glauben?

– Ruft die geplante Verwendung der gTLD durch den Widerspruchsgegner eine Verwechslungsgefahr mit der Marke des Widersprechenden hervor? Insbesondere: Nehmen die angesprochenen Verkehrskreise an, dass die gTLD vom Widersprechenden betrieben oder von diesem gefördert oder gebilligt wird oder dass sie sonst mit ihm in Verbindung steht?

94 Wie stets im Rahmen der markenrechtlichen Bewertung ist hier eine Gesamtbewertung nach den Umständen des Einzelfalles vorzunehmen, die die oben genannten Kriterien sowie mögliche weitere Umstände einbezieht.

(c) Entgegenstehendes öffentliches Interesse (Limited Public Interest Objection)

95 Dieser Widerspruchsgrund greift ein, wenn eine gTLD-Bewerbung gegen nach internationalem Recht anerkannte Moralvorstellungen oder Prinzipien der öffentlichen Ordnung verstößt[1]. Eine Beschränkung der Aktivlegitimation findet bei diesem Widerspruchsgrund nicht statt; jedoch können im Rahmen eines summarischen Verfahrens (sog. „Quick Look"-Verfahren) offensichtlich unbegründete oder missbräuchliche Widersprüche ausgeschlossen werden[2].

(d) Entgegenstehende Interessen einer Community (Community Objection)

96 Der Community Objection-Tatbestand gilt für den Fall, dass innerhalb einer Community, auf die sich eine gTLD-Bewerbung explizit oder implizit be-

---

1 Zu solchen Grundprinzipien gehören etwa die Uniform Declaration of Human Rights (UDHR) oder die UN-Rassendiskriminierungskonvention. Für eine Liste weiterer Beispiele siehe AGB 3.5.3.
2 Siehe für Einzelheiten zu diesem Widerspruchsgrund AGB 3.2.2.3.

zieht, Widerstand gegen die Bewerbung besteht. Aktivlegitimiert sind hierbei nur anerkannte Institutionen als Vertreter einer klar abgrenzbaren Community[1]. Der Widerstand innerhalb der Community muss erheblich sein und es muss eine Gefahr wesentlicher Nachteile für die Interessen oder Rechte eines erheblichen Teils der Community bestehen, sofern die gTLD dem Widerspruchsgegner zugewiesen wird[2].

(2) Zuständige Widerspruchsstellen

Der Widerspruch muss unmittelbar bei dem jeweils zuständigen Dispute 97 Resolution Service Provider (DRSP) eingelegt werden. Je nach Widerspruchsgrund sind unterschiedliche DRSPs zuständig, die von der ICANN unabhängig sind und aufgrund ihrer Expertise im jeweiligen Bereich durch die ICANN mit der Durchführung des Widerspruchsverfahrens betraut wurden[3]:

– Für String Confusion-Widersprüche ist das International Center for Dispute Resolution (ICDR) mit der Durchführung des Widerspruchsverfahrens betraut.

– Für Legal Rights-Widerspruchsverfahren ist das Arbitration and Mediation Center der World Intellectual Property Organization (WIPO) zuständig.

– Die Durchführung von Limited Public Interest- und Community Objection-Widerspruchsverfahren übernimmt das International Center for Expertise of the International Chamber of Commerce (ICC).

(3) Formelle Voraussetzungen

Die Regelungen zum Ablauf der verschiedenen Widerspruchsverfahren sind 98 im Einzelnen in der „New gTLD Dispute Resolution Procedure" der ICANN[4] sowie in den Regelwerken der jeweils zuständigen DRSPs[5] enthalten.

Der Widerspruch muss innerhalb der Widerspruchsfrist in englischer Sprache 99 unmittelbar beim jeweils zuständigen DRSP mittels eines von diesem zur Verfügung gestellten elektronischen Formulars eingereicht werden[6]. Wird er beim falschen DRSP eingereicht, muss der Widersprechende sieben Tage nach entsprechender Mitteilung den Fehler korrigieren. Endet die 7-Ta-

---

1 Für Einzelheiten und Definitionen zu diesem Widerspruchsgrund siehe AGB 3.2.2.4.
2 Siehe zu weiteren Einzelheiten und Definitionen AGB 3.5.4.
3 AGB 3.2.3.
4 Siehe die „New gTLD Dispute Resolution Procedure" in der Version vom 11.1.2012 im Anhang zu Modul 3 des AGB sowie zum Folgenden auch AGB 3.3.
5 Siehe zu den Entwürfen von ICDR und WIPO zum Dispute Resolution Process den Anhang zu Modul 3 des AGB. Die Regelungen decken sich weitgehend mit dem AGB der ICANN und der „New gTLD Dispute Resolution Procedure".
6 Siehe zu den formellen und inhaltlichen Anforderung des Widerspruchs im Einzelnen AGB 3.3 sowie Art. 7 und 8 der „New gTLD Dispute Resolution Procedure".

gesfrist nach Ablauf der Widerspruchsfrist, gilt der Widerspruch dennoch als fristgerecht eingelegt, wenn er innerhalb der 7-Tagesfrist beim zuständigen DRSP eingeht. Der Widersprechende muss Kopien aller beim DRSP eingereichten Unterlagen dem betroffenen Bewerber als Widerspruchsgegner sowie der ICANN zusenden.

100 Ein Widerspruch kann stets nur **gegen eine konkrete Bewerbung aus einem bestimmten Widerspruchsgrund** eingelegt werden. Soll gegen mehrere Bewerbungen Widerspruch eingelegt werden oder eine konkrete Bewerbung aufgrund verschiedener Widerspruchsgründe angegriffen werden, muss jeweils ein gesonderter Widerspruch pro Bewerbung und Widerspruchsgrund eingelegt werden, wobei die Widerspruchgebühr für jeden Widerspruch gesondert anfällt. Die Zahlung der Widerspruchsgebühr muss zeitgleich mit der Einreichung des Widerspruchs direkt an den zuständigen DRSP erfolgen. Geschieht dies nicht, wird der Widerspruch durch den jeweiligen DRSP zurückgewiesen. Dem Widersprechenden bleibt es jedoch unbenommen, zu einem späteren Zeitpunkt erneut aus demselben Grund Widerspruch gegen dieselbe gTLD-Bewerbung einzureichen.

101 Innerhalb von 14 Tagen nach Eingang des Widerspruchs **prüft der jeweilige DRSP** in einem administrativen Verfahren, ob alle formellen Voraussetzungen eingehalten wurden. Ist dies der Fall, wird das Widerspruchsverfahren offiziell eingeleitet. Sind die Voraussetzungen nicht erfüllt, weist der DRSP den Widerspruch zurück, was einen erneuten, form- und fristgerechten Widerspruch desselben Widersprechenden zu einem späteren Zeitpunkt allerdings nicht ausschließt. Der Ablauf der Widerspruchsfrist wird durch die administrative Prüfung des Widerspruchs jedoch nicht gehemmt, so dass ein erneuter Widerspruch ggf. verfristet ist[1].

102 Es steht im Ermessen des DRSP, einzelne Widersprüche zu einem **konsolidierten Widerspruchsverfahren** zusammenzufassen, etwa bei mehreren Widersprüchen gegen dieselbe gTLD-Bewerbung aufgrund desselben Widerspruchtatbestandes. Die DRSPs sind von der ICANN ausdrücklich dazu angehalten worden, solche Konsolidierungen vorzunehmen, wo dies der Effizienz des Verfahrens dienlich ist, und zwar im Idealfall bereits vor Benachrichtigung des betroffenen gTLD-Bewerbers, so dass dieser nur eine Erwiderung auf die konsolidierten Widersprüche einreichen muss. Die Parteien des Widerspruchsverfahrens können bei dem DRSP auch von sich aus eine Konsolidierung anregen. Es steht jedoch im freien Ermessen des DRSP, dieser Anregung zu folgen[2].

103 Ist gegen eine gTLD-Bewerbung form- und fristgerecht Widerspruch eingelegt worden, hat der betroffene Bewerber verschiedene **Reaktionsmöglichkeiten**[3]:

---

1 AGB 3.4.1.
2 AGB 3.4.2.
3 Vgl. AGB 3.2.4. und 3.3. sowie Art. 11 der „New gTLD Dispute Resolution Procedure".

Möchte der Bewerber seine gTLD-Bewerbung **nicht mehr weiter verfolgen**, 104
kann er diese einfach zurückziehen und unter bestimmten Voraussetzungen
eine (teilweise) Rückerstattung seiner Bewerbungsgebühren fordern[1]. Das
gleiche gilt, wenn der Bewerber seine gTLD-Bewerbung infolge eines Vergleichs mit dem Widersprechenden zurückzieht. Die Parteien des Widerspruchsverfahrens werden in jeder Phase dazu ermutigt, sich auf eine einvernehmliche Lösung zu verständigen.

Kommt es nicht zu einer einvernehmlichen Lösung zwischen den Parteien 105
und möchte der Bewerber seine gTLD-Bewerbung **gegen den Widerspruch
verteidigen**, muss er innerhalb einer Frist von 30 Tagen ab Erhalt einer entsprechenden Mitteilung durch den DRSP eine Erwiderung beim zuständigen
DRSP einreichen[2]. Zeitgleich mit der Erwiderung muss der Bewerber an den
zuständigen DRSP eine von diesem festgelegte Gebühr entrichten. Versäumt
der Bewerber, innerhalb dieser Frist die Erwiderung einzureichen oder die
Gebühr zu entrichten, obsiegt der Widersprechende automatisch und die
gTLD-Bewerbung wird vom weiteren Bewerbungsverfahren ausgeschlossen,
ohne dass der Bewerber die bereits bezahlten Bewerbungsgebühren ganz oder
teilweise zurückfordern kann.

(4) Verfahrensgang und Entscheidung

Der zuständige DRSP ernennt für jedes Widerspruchsverfahren ein **Dispute** 106
Resolution Panel, das sich aus unabhängigen Experten mit Erfahrung im relevanten Rechtsgebiet zusammensetzt. Die Verfahrensregeln der einzelnen
DRSPs enthalten Vorschriften, die die Unabhängigkeit der Experten sicherstellen sollen und den Ausschluss eines Experten bei Zweifeln an seiner Unabhängigkeit ermöglichen. Die Zusammensetzung der Dispute Resolution
Panels unterscheidet sich je nach Widerspruchsgrund[3]:

– Für String Confusion-Widersprüche besteht das Panel aus einem Experten.

– Für Legal Rights-Widersprüche besteht das Panel grundsätzlich aus einem
   Experten, außer die Parteien einigen sich auf ein Panel mit drei Experten.

– Für Limited Public Interest-Widersprüche besteht das Panel aus drei Experten.

– Für Community Interest-Widersprüche besteht das Panel aus einem Experten.

Es steht grundsätzlich im **Ermessen** des Dispute Resolution Panels, zusätz- 107
lich zu Widerspruch und Erwiderung weitere schriftliche Stellungnahmen
von den Parteien anzufordern oder eine persönliche Anhörung abzuhalten.

---

1 Vgl. zu den Voraussetzungen AGB 1.5.1.
2 Siehe zu den formellen und inhaltlichen Anforderung der Antwort, die sich mit denen
   des Widerspruchs weitgehend decken, im Einzelnen AGB 3.3.3. sowie Art. 11 der
   „New gTLD Dispute Resolution Procedure".
3 AGB 3.4.4.

Im Interesse eines beschleunigten und kostengünstigen Verfahrens soll dies jedoch nur unter außergewöhnlichen Umständen geschehen[1]. Das Dispute Resolution Panel verfasst innerhalb von 45 Tagen nach seiner Einrichtung eine schriftliche Entscheidung zum Widerspruchsverfahren, welche an die ICANN weitergeleitet und von dieser veröffentlicht wird, soweit das Panel nichts anderes bestimmt[2].

108   Kommt das Dispute Resolution Panel zu dem Ergebnis, dass der **Widerspruch begründet** ist, gibt es diesem statt. Die ICANN erkennt diesen Beschluss als Expertenentscheidung an und schließt die Bewerbung für den betroffenen gTLD-String vom weiteren Bewerbungsverfahren aus. Dies gilt jedoch nicht im Falle des String Confusion-Widerspruchs durch einen anderen Bewerber für eine gTLD. Hier führt ein erfolgreicher Widerspruch lediglich dazu, dass das String Contention-Verfahren eingeleitet wird und die betreffenden gTLD-Bewerbungen in einem Contention Set in direkte Konkurrenz zueinander gesetzt werden[3]. Ist der Widerspruch **unbegründet**, so wird das Widerspruchsverfahren eingestellt und die gTLD-Bewerbung kann das weitere Bewerbungsverfahren fortsetzen. Liegen gegen eine gTLD-Bewerbung mehrere Widersprüche vor, muss sie sich zunächst in allen Widerspruchsverfahren durchsetzen, bevor sie das weitere Bewerbungsverfahren durchlaufen kann[4].

109   Das Dispute Resolution Panel lässt sich bei seiner Entscheidung von allgemeinen Grundsätzen (sog. „**Standards**")[5] für die verschiedenen Widerspruchsarten leiten, kann sich aber zusätzlich auf die für das jeweilige Widerspruchsverfahren relevanten, anerkannten Regeln des internationalen Rechts stützen. Die Grundsätze, die die ICANN in ihrem Applicant Guidebook aufstellt, unterliegen ausdrücklich der weiteren Entwicklung und Verfeinerung unter Einbeziehung der DRSPs, von Experten auf dem jeweiligen Rechtsgebiet sowie der Öffentlichkeit[6]. Auch wird sich im Laufe der Zeit mit zunehmender Anzahl an Widerspruchsverfahren ein eigenes Case Law entwickeln, aus dem sich weitere Leitsätze ergeben.

110   Die **Beweislast** im jeweiligen Widerspruchsverfahren trägt der Widersprechende. Das Panel bezieht in seine Entscheidung dessen Widerspruchsbegründung sowie die Erwiderung des Widerspruchsgegners ein. Darüber hinaus kann es auch öffentliche Kommentare in seinen Überlegungen einbeziehen, die im Rahmen der Comment Period zu den verschiedenen gTLD-Bewerbungen abgegeben werden. Solche öffentlichen Kommentare werden nach der Erwartung der ICANN im Widerspruchsverfahren allerdings keine allzu große Rolle spielen[7].

---

1 AGB 3.4.5.
2 AGB 3.4.6.
3 Vgl. hierzu oben Rz. 89.
4 AGB 1.1.2.9.
5 AGB 3.5., siehe hierzu auch Rz. 92, 93.
6 AGB 3.5.
7 AGB 1.1.2.3.

(5) Kosten des Verfahrens[1]

Noch vor Beginn der „Objection Period" sollen die DRSPs eine **grobe Über-** 111
sicht über die voraussichtlich anfallenden Gebühren für das jeweils von ihnen übernommene Widerspruchsverfahren veröffentlichen, die die Kosten
für die Arbeit des Dispute Resolution Panels sowie für den administrativen
Aufwand des DRSP abdecken sollen. Die ICANN geht davon aus, dass für
die String Confusion- und Legal Rights-Widerspruchsverfahren zukünftig
Pauschalbeträge gefordert werden, während die Limited Public Interest- und
Community Interest-Widerspruchsverfahren voraussichtlich stundenweise
abgerechnet werden[2].

Für das einzelne Widerspruchsverfahren wird der zuständige DRSP inner- 112
halb von 10 Kalendertagen nach Einrichtung des Dispute Resolution Panels
einen **Kostenvoranschlag** für das konkrete Verfahren übermitteln. Dieser Ge-
samtbetrag muss in voller Höhe sowohl vom Widersprechenden als auch
vom Widerspruchsgegner innerhalb von zehn Kalendertagen ab Erhalt der
Zahlungsaufforderung an den DRSP gezahlt und die Zahlung gegenüber dem
DRSP nachgewiesen werden. Bereits gezahlte Widerspruchs- und Erwide-
rungsgebühren werden auf diesen Betrag angerechnet. Der DRSP kann seinen Kostenvoranschlag während des Dispute Resolution-Verfahrens anpas-
sen und von den Parteien die Vorauszahlung weiterer Kosten verlangen,
etwa wenn das Panel weitere Schriftsätze bearbeiten muss oder eine persönliche Anhörung abhält.

Versäumt der Widersprechende die **Vorauszahlung**, so wird das Wider- 113
spruchsverfahren eingestellt; versäumt es der Widerspruchsgegner, hat der
Widerspruch automatisch Erfolg. In beiden Fällen erfolgt keine Rückerstattung bereits gezahlter Gebühren an die säumige Partei. Nach Durchführung
des Widerspruchsverfahrens und Erlass einer Entscheidung erhält die obsiegende Partei ihre Vorauszahlung zurückerstattet; die unterliegende Partei
trägt somit letztlich die Kosten des Verfahrens.

c) Schutzmechanismen und Streitverfahren nach Übertragung:

Hat ein Bewerber für eine neue gTLD alle Bewerbungsphasen erfolgreich 114
durchlaufen, schließt die ICANN mit ihm vor der Übertragung der gTLD einen Vertrag (sog. Registry Agreement), der seine Pflichten als künftiger Betreiber der Top-Level-Domain detailliert beschreibt[3]. Kommt der Betreiber
der neuen gTLD seinen vertraglichen Pflichten nicht ordnungsgemäß nach,

---

1 AGB 3.4.7.
2 AGB 3.4.7. Dabei geht die ICANN laut AGB 1.5.2. davon aus, dass die Pauschalbeträge
  etwa 2000–8000 USD oder mehr betragen werden und sich die Verfahrenskosten bei
  Stundensätzen für 1-Personen-Panels auf 32 000–56 000 USD und für 3-Personen-Pa-
  nels auf 70 000–122 000 USD oder mehr belaufen werden.
3 Siehe zum Inhalt des „Registry Agreements" im Einzelnen AGB Modul 5 sowie den
  Mustervertrag im Anhang zu Modul 5 („New gTLD Agreement").

kann die ICANN Sanktionen gegen ihn erlassen bis hin zur Kündigung des Registry Agreements[1].

aa) Trademark Post-Delegation Dispute Resolution Procedure

115   Der künftige gTLD-Betreiber unterwirft sich im Registry Agreement unter anderem der sog. „Trademark Post-Delegation Dispute Resolution Procedure („Trademark PDDRP" oder kurz „PDDRP")" und verpflichtet sich, im Rahmen des PDDRP ergangene Entscheidungen als verbindlich anzuerkennen und umzusetzen[2]. Bei der Trademark Post-Delegation Dispute Resolution Procedure handelt es sich um ein Domainschiedsverfahren, bei dem Markeninhaber gegen systematische, bösgläubige Rechtsverletzungen durch den Betreiber einer gTLD vorgehen können[3]. Das PDDRP-Verfahren soll allerdings nicht die Überwachung der Einhaltung der Vertragspflichten aus dem Registry Agreement durch die ICANN ersetzen, sondern diese lediglich ergänzen[4].

(1) Parteien

116   Die Parteien des PDDRP-Verfahrens sind ausschließlich der Betreiber der gTLD sowie der betroffenen Markeninhaber, nicht hingegen die ICANN oder die Betreiber von Second-Level-Domains, die unter der gTLD vergeben wurden[5]. Für das Verfahren aktivlegitimiert ist, wer Inhaber einer eingetragenen oder nicht eingetragenen Marke ist und geltend macht, dass infolge des Betriebs oder der konkreten Nutzung der gTLD durch ihren Betreiber eine oder mehrere seiner Marken verletzt sind und dass ihm dadurch ein Schaden entstanden ist[6].

117   Von **welcher Schiedsstelle** das PDDRP-Verfahren durchgeführt wird, steht zum jetzigen Zeitpunkt noch nicht fest. Allerdings sieht die Trademark Post-Delegation Dispute Resolution Procedure vom 11. Januar 2012 die Möglichkeit vor, dass die Durchführung des Verfahrens auf mehrere verschiedene Schiedsstellen übertragen wird, deren Verfahrensregeln dann jeweils zusätzlich zu den allgemeinen Regeln der Trademark Post-Delegation Dispute Resolution Procedure einzuhalten sind[7].

(2) Beschwerdegründe

118   Das PDDRP-Verfahren richtet sich ausdrücklich nur gegen das **bösgläubige Fehlverhalten** des gTLD-Betreibers, sei es bei der Nutzung der gTLD selbst

---

1 AGB 5.4.1. und New gTLD Agreement 4.3.
2 New gTLD Agreement 2.8. i.V.m. Specification 7, Punkt 2.a.
3 Siehe im Einzelnen zum Verfahren: Anhang zu AGB Modul 5, Trademark Post-Delegation Dispute Resolution Procedure (Trademark PDDRP) vom 11.1.2012.
4 Vgl. Trademark PDDRP vom 11.1.2012, Punkt 21.5.
5 Trademark PDDRP vom 11.1.2012, Punkt 1.
6 Trademark PDDRP vom 11.1.2012, Punkt 5.1.
7 Trademark PDDRP vom 11.1.2012, Punkt 2.1.

oder bei der Vergabe bzw. dem Betrieb von Second-Level-Domains unter der gTLD. Der gTLD-Betreiber ist allerdings nicht ohne weiteres verantwortlich für ein markenrechtsverletzendes Verhalten des Betreibers einer Second-Level-Domain, die unter seiner gTLD vergeben wurde. Schließlich stehen dem Markeninhaber gegen den Betreiber rechtsverletzender Second-Level-Domains andere Domainschiedsverfahren zu Verfügung[1]. Daher genügt für ein Obsiegen des Markeninhabers im PDDRP-Verfahren nicht der bloße Nachweis, dass der gTLD-Betreiber von einer möglicherweise markenrechtsverletzenden Second-Level-Domain unter seiner gTLD Kenntnis hat oder dass er bei der Vergabe die Second-Level-Domain nicht in ausreichendem Maße auf mögliche Rechtsverletzungen überprüft hat[2]. Der Markeninhaber als Beschwerdeführer muss vielmehr in seiner Beschwerde nachweisen, dass einer der beiden folgenden Beschwerdegründe vorliegt:

(a) Markenrechtsverletzung durch die Top Level Domain

Zunächst kann die Beschwerde darauf gestützt werden, dass das konkrete   119
Vorgehen des gTLD-Betreibers bei dem Betrieb oder der Nutzung seiner gTLD, die mit der Marke des Beschwerdeführers identisch oder verwechslungsfähig ähnlich ist, unmittelbar dazu führt oder jedenfalls wesentlich dazu beiträgt, dass die angegriffene gTLD

– die Unterscheidungskraft oder den guten Ruf der Marke des Beschwerdeführers in unlauterer Weise ausnutzt, oder

– die Unterscheidungskraft oder den guten Ruf der Marke des Beschwerdeführers beeinträchtigt, oder

– eine Verwechslungsgefahr mit der Marke des Beschwerdeführers hervorruft[3].

Die ICANN nennt als konkretes Beispiel für die Markenrechtsverletzung   120
auf der Ebene der Top-Level-Domain selbst den Fall, dass der Betreiber einer gTLD, die mit der Marke des Beschwerdeführers identisch ist, sich als Inhaber der entsprechenden Marke ausgibt.

(b) Markenrechtsverletzung durch Second Level Domains

Daneben kann sich der Markeninhaber im Rahmen der Beschwerde darauf   121
berufen, dass der gTLD-Betreiber schon zuvor nachweislich als Domainsquatter in Erscheinung getreten ist und das konkret in der Beschwerde angegriffene Verhalten des gTLD-Betreibers seine Absicht nahe legt, auch im vorliegenden Fall von der systematischen Registrierung von Second-Level-Domains unter seiner gTLD zu profitieren, die mit der Marke des Beschwerdeführers identisch oder verwechslungsfähig ähnlich sind und dadurch

---

1 Siehe oben Rz. 3 ff. (UDRP) sowie nachfolgend Rz. 157 ff. (URS).
2 Zu weiteren Beispielen für Umstände, die nicht für ausreichend erachtet werden, um im PDDRP-Verfahren Sanktionen gegen den gTL-Betreiber zu verhängen siehe Trademark PDDRP vom 11.1.2012, Punkt 6.2.
3 Trademark PDDRP vom 11.1.2012, Punkt 6.1.

- die Unterscheidungskraft oder den guten Ruf der Marke des Beschwerdeführers in unlauterer Weise ausnutzen, oder

- die Unterscheidungskraft oder den guten Ruf der Marke des Beschwerdeführers beeinträchtigen, oder

- eine Verwechslungsgefahr mit der Marke des Beschwerdeführers hervorrufen[1].

122   Die ICANN nennt als konkretes Beispiel für die Markenrechtsverletzung auf der Ebene der Second-Level-Domain den Fall, dass der gTLD-Betreiber ein Verhaltensmuster bzw. eine Praxis an den Tag legt, aktiv und systematisch Dritte dazu anzuregen, bestimmte Second-Level-Domains unter seiner gTLD zu registrieren und die entsprechenden Marken auf unlautere Weise auszunutzen, soweit dies in offensichtlich bösgläubiger Absicht geschieht. Einen weiteren Fall stellt die systematische Anmeldung von rechtsverletzenden Second-Level-Domains durch den gTLD-Betreiber selbst dar, um diese in bösgläubiger Absicht weiterzuveräußern.

(3) Verfahrensgang

123   Der Beschwerdeführer muss seine **Beschwerde** auf elektronischem Wege und in englischer Sprache direkt bei der zuständigen PDDRP-Schiedsstelle (sog. PDDRP-Provider) einreichen[2]. Zeitgleich mit der Einreichung der Beschwerde muss der Beschwerdeführer eine von dem jeweiligen PDDRP-Provider festgelegte Beschwerdegebühr zahlen. Versäumt es der Beschwerdeführer, diese Gebühr innerhalb von 10 Tagen nach Eingang der Beschwerde beim PDDRP-Provider zu zahlen[3], wird das Verfahren eingestellt. Der Beschwerdeführer behält allerdings die Möglichkeit, eine erneute Beschwerde aus denselben Gründen gegen denselben gTLD-Betreiber einzureichen[4].

124   Innerhalb von fünf Tagen nach ihrem Eingang prüft der PDDRP-Provider die Beschwerde darauf, ob sie alle erforderlichen Informationen enthält und den formellen Voraussetzungen entspricht (sog. **Administrative Review**). Befindet der PDDRP-Provider, dass die Beschwerde die formellen Voraussetzungen nicht erfüllt, benachrichtigt er den Beschwerdeführer hiervon in elektronischer Form und gibt ihm Gelegenheit, innerhalb von fünf Werktagen eine ergänzte Beschwerde einzureichen. Nimmt der Beschwerdeführer diese Gelegenheit nicht wahr, stellt der PDDRP-Provider das Verfahren ein, wobei wiederum die Möglichkeit des Beschwerdeführers besteht, eine erneute Beschwerde aus denselben Gründen gegen denselben gTLD-Betreiber einzureichen. Bereits gezahlte Gebühren werden jedoch nicht zurückerstattet[5]. Führt die Administrative Review zu dem Ergebnis, dass die Beschwerde alle for-

---

1 Trademark PDDRP vom 11.1.2012, Punkt 6.2.
2 Siehe zu den formellen und inhaltlichen Anforderungen an die Beschwerde im Einzelnen Trademark PDDRP vom 11.1.2012, Punkt 7.2. und 7.3.
3 Siehe zu den Regeln der Fristenberechnung im PDDRP-Verfahren Trademark PDDRP vom 11.1.2012, Punkt 4.
4 Trademark PDDRP v. 11.1.2012, Punkt 7.4.
5 Trademark PDDRP v. 11.1.2012, Punkt 8.2.

mellen Voraussetzungen erfüllt, leitet der PDDRP-Provider sie an den betroffen gTLD-Betreiber weiter[1].

Noch bevor das eigentliche Verfahren beginnt, ernennt der PDDRP-Provider   125
innerhalb von fünf Tagen nach dem erfolgreichen Abschluss der Administrative Review ein mit nur einem Experten besetztes **„Threshold Review Panel"**, das eine **Vorprüfung** („Threshold Review") der Beschwerde vornimmt[2].
Das Threshold Review Panel überprüft, ob der Beschwerdeführer folgende Kriterien erfüllt[3]:

– Ist der Beschwerdeführer Inhaber einer registrierten und tatsächlich benutzten Wortmarke oder einer Wortmarke, die durch ein gerichtliches Verfahren bestätigt wurde oder durch ein spezielles Gesetz oder Abkommen geschützt ist, das zum Zeitpunkt der Beschwerdeeinreichung in Kraft ist?

– Behauptet der Beschwerdeführer, dass er durch die Markenrechtsverletzung einen erheblichen Schaden erlitten hat?

– Behauptet der Beschwerdeführer mit hinreichender Bestimmtheit Tatsachen, die bei Unterstellung ihrer Wahrheit einen der beiden oben dargestellten Beschwerdegründe erfüllen würden?

– Hat der Beschwerdeführer versichert, dass er innerhalb von 30 Tagen vor Beschwerdeeinreichung den gTLD-Betreiber schriftlich mitgeteilt hat, welche Einwände er gegen sein Verhalten hat und dass er bereit ist, sich zum Zwecke einer einvernehmlichen Lösung zu treffen? Hat er zudem angegeben, ob der gTLD-Betreiber auf diese Mitteilung reagiert hat und wenn ja, dass der Beschwerdeführer den ernsthaften Versuch unternommen hat, vor Einleitung des PDDRP-Verfahrens zu einer einvernehmlichen Lösung mit dem gTLD-Betreiber zu gelangen?

Der Beschwerdegegner hat innerhalb von zehn Tagen nach Zustellung der   126
Benachrichtigung über die Beschwerde durch den PDDRP-Provider die Möglichkeit, Unterlagen zu der Frage, ob der Beschwerdeführer die in der Threshold Review geprüften Kriterien erfüllt, einzureichen. Reicht er entsprechende Unterlagen ein, muss er hierfür eine Gebühr entrichten[4]. Der Beschwerdeführer hat dann wiederum zehn Tage Zeit für eine Erwiderung[5]. Das Threshold Review Panel hat nach Ablauf der Erwiderungsfrist des Beschwerdeführers (bzw. bereits nach Ablauf der Stellungnahmefrist des Beschwerdegegners, wenn dieser von der Möglichkeit der Stellungnahme keinen Gebrauch gemacht hat) zehn Tage Zeit, um eine Entscheidung in der „Threshold Review-Phase zu erlassen, die es dann in elektronischer Form an die Parteien verschickt[6]. Kommt das Threshold Review Panel zu dem Ergebnis, dass die Kriterien der Threshold Review nicht erfüllt sind, stellt es das

---

1 Trademark PDDRP v. 11.1.2012, Punkt 7.1.
2 Trademark PDDRP v. 11.1.2012, Punkte 5.2. und 9.
3 Trademark PDDRP v. 11.1.2012, Punkt 9.2.
4 Trademark PDDRP v. 11.1.2012, Punkt 9.3.
5 Trademark PDDRP v. 11.1.2012, Punkt 9.4.
6 Trademark PDDRP v. 11.1.2012, Punkt 9.5 und 9.6.

PDDRP-Verfahren ein und erklärt den Beschwerdegegner zur obsiegenden Partei. Kommt es hingegen zu dem Ergebnis, dass die Kriterien erfüllt sind, leitet der PDDRP-Provider das eigentliche PDDRP-Verfahren ein[1].

127   Bei **Einleitung des eigentlichen PDDRP-Verfahrens** muss der Beschwerdegegner innerhalb von 45 Tagen nach Bekanntgabe der Entscheidung des Threshold Review Panels eine **Erwiderung auf die Beschwerde** einreichen. Die Erwiderung muss denselben formellen Anforderungen wie die Beschwerde genügen sowie eine Stellungnahme enthalten, die Punkt für Punkt auf die in der Beschwerde gemachten Behauptungen eingeht[2]. Die Erwiderung des Beschwerdegegners muss bei dem PDDRP-Provider eingereicht werden, der sie wiederum in elektronischer Form dem Beschwerdeführer zusammen mit einer Zustellungsmitteilung zustellt[3]. Unterlässt es der Beschwerdegegner, innerhalb der 45-Tages-Frist auf die Beschwerde zu erwidern, so gilt er als säumig und das Verfahren wird unmittelbar mit der Errichtung des sog. Expert Panels fortgesetzt. Der PDDRP-Provider benachrichtigt die Parteien per E-Mail über die Säumnis. Er kann jedoch eine Ausnahme von diesem Vorgehen machen, sofern der Beschwerdegegner gewichtige Gründe für die Verzögerung seiner Erwiderung darlegen kann[4].

128   Wird eine Erwiderung eingereicht, so hat der Beschwerdeführer die Gelegenheit, innerhalb von zehn Tagen nach Mitteilung der Zustellung der Erwiderung eine **Replik** einzureichen[5]. In der Replik muss er sich darauf beschränken, auf die Ausführungen in der Erwiderung des Beschwerdegegners einzugehen und darzustellen, warum seine Beschwerde nicht unbegründet ist, ohne jedoch neue Tatsachen oder Beweisstücke in das PDDRP-Verfahren einzuführen. Entsprechende Versuche werden in der Entscheidung außer Acht gelassen[6].

129   Innerhalb von 21 Tagen nach Eingang der Erwiderung des Beschwerdegegners bzw., sofern keine Erwiderung eingereicht wurde, 21 Tage nachdem die Erwiderung fällig gewesen wäre, richtet der PDDRP-Provider ein **Expert Panel** ein[7]. Dieses Expert Panel besteht grundsätzlich nur aus einem Experten, jedoch kann jede Partei beantragen, dass das Panel auf drei Experten erweitert wird. In diesem Falle wählen beide Parteien (bzw. beide Seiten, sofern mehrere Streitverfahren konsolidiert worden sind) jeweils einen Experten für das Panel aus. Die beiden ernannten Experten bestimmen wiederum den dritten Experten. Die Auswahl der Experten richtet sich nach den Regeln des jeweiligen PDDRP-Providers.

130   Im PDDRP-Verfahren trägt der Beschwerdeführer die **Beweislast**, die er durch eindeutigen und überzeugenden Beweis („clear and convincing evi-

---

1 Trademark PDDRP v. 11.1.2012, Punkte 9.7. und 9.8.
2 Trademark PDDRP v. 11.1.2012, Punkte 10.1. und 10.2.
3 Trademark PDDRP v. 11.1.2012, Punkte 10.3.
4 Trademark PDDRP v. 11.1.2012, Punkt 12.
5 Trademark PDDRP v. 11.1.2012, Punkte 10.4 und 11.1.
6 Trademark PDDRP v. 11.1.2012, Punkt 11.
7 Trademark PDDRP v. 11.1.2012, Punkt 13.

dence") des geltend gemachten Beschwerdegrundes erfüllen muss[1]. Es liegt im Ermessen des Expert Panels, ob und in welchem Umfang zusätzlich zu den bereits eingereichten Schriftsätzen ein Beweiserhebungsverfahren durchgeführt wird. Dabei kann das Expert Panel das Beweiserhebungsverfahren auf eigene Initiative oder auf Antrag einer Partei einleiten. Sofern ein Beweiserhebungsverfahren durchgeführt wird, soll es auf die wesentlichen Streitpunkte des Verfahrens begrenzt werden. Nur unter außerordentlichen Umständen kann der PDDRP-Provider von den Parteien zu zahlende Sachverständigengutachten einholen oder mündliche oder schriftliche Zeugenaussagen oder den Austausch weiterer Dokumente zulassen[2]. Zudem soll das PDDRP-Verfahren grundsätzlich ohne Anhörung entschieden werden, außer wenn eine der Parteien eine Anhörung beantragt oder das Expert Panel selbst eine Anhörung für notwendig hält. Findet eine Anhörung statt, so soll diese möglichst mittels Video- oder Telefonkonferenz abgehalten werden. Andernfalls bestimmt das Expert Panel einen Ort für die Anhörung, sofern die Parteien sich nicht auf einen Ort einigen können. Anhörungen sollen, außer unter ganz außergewöhnlichen Umständen, nicht länger als einen Tag andauern und sind auf Englisch abzuhalten[3].

Der PDDRP-Provider und das Expert Panel müssen sich im Rahmen des Zumutbaren darum bemühen, dass die **Entscheidung des Expert Panels** innerhalb von 45 Tagen nach Errichtung des Expert Panels erlassen wird. Keinesfalls soll die Entscheidung später als 60 Tage nach der Errichtung des Expert Panels erlassen werden, soweit nicht triftige Gründe für eine Verzögerung vorliegen[4]. Die Entscheidung des Expert Panels erfolgt in Schriftform und enthält die Feststellung der obsiegenden Partei sowie eine Begründung. Der PDDRP-Provider kann jedoch selbst keine Sanktionen gegen den Beschwerdegegner verhängen, sondern nur eine Empfehlung in seiner Entscheidung abgeben, welche Sanktionen von der ICANN erlassen werden sollten[5]. Je nach Schwere des Vergehens kommen unterschiedlich scharfe Sanktionen in Betracht, die von der Verpflichtung des gTLD-Betreibers zu geeigneten Abhilfemaßnahmen über die Aussetzung der Vergabe neuer Second-Level-Domains unter der gTLD bis hin zur Kündigung des Registry Agreements durch die ICANN reichen[6]. Da die Betreiber der Second-Level-Domains unter der betroffenen gTLD nicht am PDDRP-Verfahren beteiligt sind, sind bestimmte Sanktionen, die diese betreffen würden, für das PDDRP-Verfahren ausgeschlossen, wie z.B. die Löschung, Übertragung oder Sperrung von Second-Level-Domains. Etwas anderes gilt nur, wenn nachgewiesen wurde, dass der Betreiber einer Second-Level-Domain im Auftrag des Beschwerdegegners gehandelt hat (etwa als dessen Angestellter oder Vertreter). Auch können keine Schadensersatzansprüche oder andere Geldzahlungsansprüche

131

---

1 Trademark PDDRP v. 11.1.2012, Punkt 17.
2 Trademark PDDRP v. 11.1.2012, Punkt 15.
3 Trademark PDDRP v. 11.1.2012, Punkt 16.
4 Trademark PDDRP v. 11.1.2012, Punkt 19.1.
5 Trademark PDDRP v. 11.1.2012, Punkt 19.2., 19.3. und 19.5.
6 Siehe hierzu im Einzelnen Trademark PDDRP v. 11.1.2012, Punkt 18.3.

gewährt werden, die über die Übernahme der Verfahrenskosten durch die unterliegende Partei hinausgehen[1].

132 Gelangt das Expert Panel zu der Einschätzung, dass die Beschwerde nicht nur unbegründet, sondern darüber hinaus völlig haltlos und willkürlich ist, ist es autorisiert, selbst angemessene, abgestufte **Sanktionen** gegen den Beschwerdeführer zu verhängen, wie z.B. die Auferlegung der Verfahrenskosten des Beschwerdegegners oder den vorübergehenden oder auch dauerhaften Ausschluss von der Möglichkeit, Beschwerden einzureichen[2].

(4) Rechtsbehelfe[3]

133 Beide Parteien haben die Möglichkeit, gegen die Entscheidung des Expert Panels hinsichtlich der Begründetheit der Beschwerde oder in Bezug auf die empfohlenen Sanktionen **Berufung** einzulegen. Dabei ist die Berufungsinstanz nicht an die Tatsachenfeststellungen des Expert Panels gebunden und kann seine eigene Einschätzung der Tatsachen an die Stelle der Entscheidung des Expert Panels setzen (sog. „de novo Review"). Die Berufung ist innerhalb von 20 Tagen nach der Entscheidung des Expert Panels beim PDDRP-Provider einzulegen und an alle beteiligten Parteien zuzustellen. Innerhalb von 20 Tagen nach Einlegung der Berufung muss der Berufungsgegner eine Berufungserwiderung einreichen. Der PDDRP-Provider richtet daraufhin ein Berufungspanel („Appeal Panel") ein, das aus drei Experten besteht, die nicht schon als Experten des Expert Panels gedient haben dürfen.

134 Gegen Zahlung einer zusätzlichen Gebühr können in begrenztem Umfang **neue Beweismittel** in der Berufungsinstanz ins Verfahren eingeführt werden, sofern sie für die Berufungsentscheidung von wesentlicher Bedeutung sind und eindeutig schon vor Einlegung der ursprünglichen Beschwerde existierten. Darüber hinaus kann das Appeal Panel nach seinem eigenen Ermessen auch weitere Stellungnahme und Beweismittel von den Parteien anfordern, und zwar unabhängig davon, ob die Beweismittel bereits vor Einlegung der Beschwerde existierten, sofern das Appeal Panel solche Beweismittel für seine Entscheidung als relevant ansieht.

(5) Verhängung von Sanktionen

135 Eine Entscheidung über die Verhängung der Sanktionen durch die ICANN erfolgt nicht vor Ablauf der 20-tägigen Frist, innerhalb derer Berufung gegen die Entscheidung des Expert Panels eingelegt werden kann. Wird Berufung eingelegt, wartet die ICANN zunächst den Ausgang des Berufungsverfahrens

---

1 Trademark PDDRP v. 11.1.2012, Punkt 18.1. und 18.2.
2 Trademark PDDRP v. 11.1.2012, Punkt 18.5.
3 Trademark PDDRP v. 11.1.2012, Punkt 20.; zusätzlich zu diesen Regeln gelten die Verfahrensregeln des jeweiligen PDDRP-Providers für das Berufungsverfahren, vgl. Punkt 20.8. des Trademark PDDRP v. 11.1.2012.

ab[1]. Hat die ICANN schließlich beschlossen, eine Sanktion gegen den gTLD-Betreiber zu verhängen, wartet sie zunächst zehn Werktage ab, nachdem sie ihn über ihre Entscheidung informiert hat. Im Anschluss daran setzt sie ihre Entscheidung um, es sei denn, dass der gTLD-Betreiber innerhalb der zehntägigen Frist offizielle Dokumente vorlegt, durch die nachgewiesen wird, dass er ein Verfahren vor einem zuständigen Gericht gegen den Beschwerdeführer angestrengt hat, in dem er die Entscheidung Expert Panels hinsichtlich der Begründetheit anficht, oder dass er die durch die ICANN verhängten Sanktionen angefochten hat, indem er entsprechend den Regelungen seines Registry Agreements ein Streitschlichtungsverfahren eingeleitet hat[2]. In einem solchen Fall setzt die ICANN die Umsetzung der beschlossenen Sanktionen bis zum Ende des jeweils angestrengten Verfahrens aus und fährt erst dann mit ihnen fort, wenn der gTLD-Betreiber im jeweils angestrengten Verfahren erfolglos geblieben ist[3].

(6) Kosten des Verfahrens

Der jeweilige PDDRP-Provider muss eine **Schätzung der Kosten** für das von ihm durchgeführte PDDRP-Verfahren abgeben, die den Verwaltungsaufwand des Providers sowie die Kosten für das Threshold Review Panel und das Expert Panel abdecken muss[4].   136

Der Beschwerdeführer muss die Beschwerdegebühr bei Einreichung seiner Beschwerde bezahlen und darüber hinaus die vom PDDRP-Provider geschätzten Kosten des gesamten PDDRP-Verfahrens in voller Höhe **im Voraus entrichten**[5]. Obsiegt der Beschwerdeführer durch die Entscheidung des Expert Panels, so muss der Beschwerdegegner ihm sämtliche an den PDDRP-Provider im Rahmen des Verfahrens geleistete Zahlungen ersetzen. Kommt der Beschwerdegegner dieser Pflicht nicht nach, gilt die Verletzung des Trademark PDDRP als Vertragsverletzung des Registry Agreements mit der ICANN, so dass diese Sanktionen gegen den Beschwerdegegner erlassen kann, die sogar die Kündigung des Registry Agreements beinhalten können[6].   137

Im Falle einer Berufung gegen die Entscheidung des Expert Panels muss die Partei, die die Berufung einlegt, eine angemessene **Berufungsgebühr** entrichten. Die in der Berufungsinstanz obsiegende Partei hat einen Anspruch auf Ersatz der im Rahmen des Berufungsverfahrens anfallenden Kosten[7].   138

---

1 Trademark PDDRP v. 11.1.2012, Punkt 21.1. und 21.2.
2 Siehe zur Möglichkeit, die Verhängung von Sanktionen durch die ICANN anzufechten im Einzelnen Trademark PDDRP v. 11.1.2012, Punkt 21.4.
3 Vgl. zum Folgenden Trademark PDDRP v. 11.1.2012, Punkt 21.3.
4 Trademark PDDRP v. 11.1.2012, Punkt 14.1.
5 Trademark PDDRP v. 11.1.2012, Punkt 19.3.
6 Trademark PDDRP v. 11.1.2012, Punkt 14.
7 Trademark PDDRP v. 11.1.2012, Punkt 20.1., 20.4. und 20.7.

(7) Kein Ausschluss sonstiger Verfahren

139 Wie die übrigen Schlichtungsverfahren zu den neuen gTLDs ist auch das PDDRP-Verfahren kein ausschließliches Verfahren bei Streitigkeiten zwischen dem gTLD-Betreiber und verletzten Rechtsinhabern. Insbesondere schließt es Verfahren vor den zuständigen ordentlichen Gerichten nicht aus, einschließlich der Anfechtung der Entscheidung des PDDRP-Panels im Hinblick auf die Begründetheit der Beschwerde gegen den gTLD-Betreiber. Reicht eine Partei beim PDDRP-Provider Dokumente ein, durch die nachgewiesen wird, dass bereits vor der Einreichung der Beschwerde beim PDDRP-Provider ein Gerichtsverfahren zwischen denselben Parteien wegen derselben Tatsachen anhängig war, so setzt der PDDRP-Provider das Beschwerdeverfahren aus bzw. stellt es gänzlich ein[1].

bb) Trademark Clearing House

140 Bei Rechtsverletzungen durch Second-Level-Domains, die unter einer neuen gTLD vergeben wurden, kann der möglicherweise Verletzte nur dann unmittelbar rechtlich gegen den Betreiber der gTLD vorgehen, wenn diesem selbst ein Fehlverhalten vorzuwerfen ist[2].

141 Vor diesem Hintergrund sieht das Registry Agreement zwischen dem Betreiber einer gTLD und der ICANN vor, dass der Betreiber der gTLD bestimmte Mindestmaßnahmen zum Schutz von Rechtsinhabern gegen rechtsverletzende Second-Level-Domains unter der neuen gTLD implementieren muss (sog. „**Minimum Rights Protection Mechanisms**", kurz „RPMs"). Die ICANN behält sich zudem vor, diese Mindestanforderungen von Zeit zu Zeit zu modifizieren.

142 Nach den derzeitigen ICANN-Mindestanforderungen muss der Betreiber einer gTLD in der Vorbereitungsphase bei der Vergabe von Second-Level-Domains unter seiner gTLD eine sog. **Sunrise Period** anbieten und am Anfang der Anmeldephase einen sog. **Trademark Claims Service** implementieren. Beide Services werden mithilfe eines von der ICANN bestimmten **Trademark Clearinghouse** durchgeführt. Zudem muss der Betreiber einer neuen gTLD die Anmelder von Second-Level-Domains vertraglich dazu verpflichten, auch nach der Anfangsphase bei Domainstreitigkeiten an außergerichtlichen Schlichtungsverfahren teilzunehmen, u.a. auch dem sog. Uniform Rapid Suspension System (URS). Darüber hinaus steht es dem Betreiber einer gTLD frei, in seine Vereinbarungen mit Anmeldern von Second-Level-Domains zum Schutz von Rechtsinhabern weitere Schutzmechanismen aufzunehmen, die über die von der ICANN vorgegebenen Mindestanforderungen hinausgehen und an die jeweiligen Besonderheiten seiner gTLD angepasst sind[3].

---

1 Trademark PDDRP v. 11.1.2012, Punkt 22.
2 Vgl. hierzu oben Rz. 118.
3 AGB 5.4.1. sowie New gTLD Agreement 2.8. i.V.m. Specification 7.

(1) Übersicht

Das von der ICANN bestimmte Trademark Clearinghouse soll als **zentrale** 143
Sammelstelle für Informationen über bestehende Markenrechte dienen, die
von Rechtsinhabern an den Betreiber des Trademark Clearinghouse übermittelt und von diesem authentifiziert, gespeichert und weitergegeben werden[1].
Damit das Trademark Clearinghouse diesen Zweck erfüllen kann, dürfen die
gTLD-Betreiber von Markenrechtsinhabern nicht verlangen, zusätzlich zu
oder anstelle des Trademark Clearinghouse Informationen über ihre Markenrechte bei einer anderen Datenbank zu hinterlegen[2].

Die ICANN wählt einen oder mehrere **Dienstleister** aus, die sie mit der 144
Durchführung des Trademark Clearinghouse beauftragt[3]. Es steht dabei im
Ermessen der ICANN, die beiden Hauptaufgaben des Trademark Clearinghouse, Authentifizierung und Speicherung/Weitergabe von Daten, an einen
einzigen Dienstleister zu übertragen oder auf zwei Dienstleister aufzuteilen[4]. Die für das Trademark Clearinghouse verantwortlichen Dienstleister
sind unabhängig von ICANN und erheben Gebühren für die Nutzung ihrer
Leistungen. Die ICANN verfügt nur insoweit über Kontrollbefugnisse über
die Dienstleister, wie dies zur Gewährleistung eines zuverlässigen Schutzes
der Rechtsinhaber erforderlich ist[5].

Für Rechtsinhaber besteht die Möglichkeit, zum Zwecke eines vorbeugen- 145
den Schutzes vor Rechtsverletzungen ihre Kennzeichen beim zentralen
Trademark Clearinghouse **anzumelden**, woraufhin der mit der Authentifizierung betraute Dienstleister prüft, ob die vom Rechtsinhaber übermittelten
Informationen die Voraussetzungen für die Eintragung in die Trademark
Clearinghouse-Datenbank erfüllen. Nach den Vorgaben der ICANN können
folgende Kennzeichen in das Trademark Clearinghouse eingetragen werden[6]:

– registrierte Wortmarken aller Rechtsordnungen, für die ein Bestandsnach-
  weis erbracht worden ist,

– Wortmarken, deren Bestand durch ein gerichtliches Verfahren bestätigt
  worden ist,

---

1 Anhang zu AGB Modul 5, Trademark Clearinghouse v. 11.1.2012, Punkt 1.1.
2 New gTLD Agreement 2.8. i.V.m. Specification 7.
3 Trademark Clearinghouse v. 11.1.2012, Punkt 1.1.; für Einzelheiten zu den Kriterien
  und Anforderungen, nach denen die ICANN den/die Dienstleister auswählt, die sie
  mit der Durchführung des Trademark Clearinghouse beauftragt siehe Trademark
  Clearinghouse v. 11.1.2012, Punkt 2.1., 2.4. und 2.5. http://www.worldtrademarkre
  view.com/daily/detail.aspx?g=72c68dda-d0bf-4394-ac75-29395fe6da4d.
4 Trademark Clearinghouse v. 11.1.2012, Punkt 1.2. und 2.2.-2.3.
5 Trademark Clearinghouse v. 11.1.2012, Punkt 2.4.1.
6 Siehe zu den Anforderungen im Einzelnen Trademark Clearinghouse v. 11.1.2012,
  Punkt 3.3. – 3.5. sowie zu den weiteren Anforderungen an den Markenrechtsinhaber,
  um die einmal erfolgte Hinterlegung seiner Marke im Trademark Clearinghouse aufrecht zu erhalten, Trademark Clearinghouse v. 11.1.2012, Punkt 3.8. und 3.9.

- Wortmarken, die durch Gesetze oder Abkommen geschützt sind, die zum Zeitpunkt des Antrags auf Eintragung in das Trademark Clearinghouse in Kraft sind,

- andere Marken, an denen geistiges Eigentum besteht[1].

➲ **Praxistipp:**

> Da derzeit nicht absehbar ist, ob auch nicht eingetragene Marken oder Wort-/Bildmarken bzw. Bildmarken eingetragen werden können, sollte das bestehende Trademark Portfolio frühzeitig auf eine ausreichende Anmeldung von Wortmarken überprüft werden.

146   **Nicht zur Eintragung berechtigt** sind jedenfalls Marken, die sich noch in der Anmeldungs- oder Widerspruchsphase befinden sowie Marken, die für unwirksam erklärt oder gelöscht wurden.

147   Die Eintragung einer Marke im Trademark Clearinghouse stellt für sich genommen weder eine konstitutive Begründung eines Markenrechts[2] noch einen Beweis dafür dar, dass die jeweilige Marke tatsächlich zugunsten des Anmelders besteht. Dies beurteilt sich vielmehr allein nach der jeweils anwendbaren Rechtsordnung. Das Trademark Clearinghouse funktioniert insofern nur als Sammelbecken behaupteter Markenrechte, durch das die beteiligten Parteien frühzeitig über möglicherweise bestehende markenrechtliche Konflikte bei der Anmeldung von Second-Level-Domains informiert werden sollen. Die Eintragung der eigenen Markenrechte im Trademark Clearinghouse stellt auch keine Obliegenheit des Rechtsinhabers dar, so dass sich für ihn **keine Nachteile** im Sinne eines Rechtsverzichts ergeben, wenn er eine solche Eintragung unterlässt[3].

(2) Beabsichtigter Einsatz

148   Die in der zentralen Datenbank des Trademark Clearinghouse gespeicherten Informationen werden während der Vorbereitungs- und Anfangsphase der Anmeldung von Second-Level-Domains unter den neuen gTLDs herangezogen, um die zwei von der ICANN vorgesehenen Mindestschutzmaßnahmen effektiv durchführen zu können: Die „Sunrise Period" und den Trademark Claims Service[4].

---

1 Welche anderweitigen Marken im Einzelnen für die Aufnahme ins Trademark Clearinghouse in Frage kommen, soll durch den Betreiber des Trademark Clearinghouse in seinem Regelwerk festgelegt werden, vgl. Trademark Clearinghouse v. 11.1.2012, Punkt 3.6.
2 Wie dies etwa bei der Eintragung einer Marke im Register des DPMA der Fall wäre.
3 Trademark Clearinghouse v. 11.1.2012, Punkt 1.6.
4 AGB 5.4.1. sowie New gTLD Agreement 2.8. i.V.m. Specification 7 sowie Trademark Clearinghouse v. 11.1.2012, Punkt 6.

(a) Sunrise Period

Der gTLD-Betreiber muss während der Vorbereitungsphase für einen Zeit-   149
raum von mindestens 30 Tagen vor Beginn der Vergabe von Second-Level-
Domains unter seiner gTLD eine „Sunrise Period" anbieten, während der
Markeninhaber sich frühzeitig Second-Level-Domains sichern können, die
mit ihren Marken in Zusammenhang stehen[1].

Um sicherzustellen, dass tatsächlich nur berechtigte Markeninhaber in den   150
Genuss dieser frühzeitigen Domainanmeldung kommen, müssen bestimmte
Kriterien erfüllt sein (sog. Sunrise Eligibility Requirements, kurz „SERs"),
die vom jeweiligen gTLD-Betreiber im Einzelnen festgelegt werden. Die Erfüllung der Kriterien wird durch den Betreiber des Trademark Clearinghouse
anhand der darin hinterlegten Informationen überprüft, wobei nur nachweislich benutzte Wortmarken zu einer vorrangigen Domainanmeldung während
der „Sunrise Period" berechtigen sollen[2].

Ist eine während der „Sunrise Period" angemeldete Second-Level-Domain   151
mit einer im Trademark Clearinghouse eingetragenen Marke eines Dritten
identisch[3], so wird der Inhaber dieser Marke über die Anmeldung der
Second-Level-Domain informiert[4]. Solche Markeninhaber, aber auch andere
Personen, die ihre Markenrechte durch eine Domainanmeldung während der
„Sunrise Period" als verletzt ansehen, können gegen die Anmeldung Widerspruch einlegen. Dazu ist erforderlich, dass die Sunrise Eligibility Requirements des gTLD-Betreibers eine Verpflichtung zur sog. „Sunrise Dispute
Resolution Policy (SDRP)" für ein Widerspruchsverfahren enthalten, das
vom Betreiber des Trademark Clearinghouse durchgeführt wird[5]. Nach
ICANN-Vorgaben soll die SDRP mindestens vier Tatbestände vorsehen, auf
die ein Widerspruch gegen die Registrierung einer Second Level Domain
während der „Sunrise Period" gestützt werden kann[6]:

– Zu dem Zeitpunkt, zu dem die angegriffene Second-Level-Domain registriert wurde, war ihr Anmelder nicht Inhaber einer entsprechenden Marke, die entweder national oder regional angemeldet oder durch gerichtliches Verfahren bestätigt oder durch Gesetz oder Abkommen geschützt
  war.

– Der Domainname ist nicht identisch mit der Marke, auf welche der Anmelder die Anmeldung der angegriffenen Second-Level-Domain während
  der „Sunrise Period" gestützt hat.

– Die Markenanmeldung, auf die der Anmelder die Anmeldung der angegriffenen Second-Level-Domain während der „Sunrise Period" gestützt

---

1 AGB 5.4.1. i.V.m. Trademark Clearinghouse v. 11.1.2012, Punkt 6.2.1.
2 Siehe zu den von ICANN vorgeschlagenen Anforderungen im Einzelnen Trademark
  Clearinghouse v. 11.1.2012, Punkt 6.2.
3 Siehe zu den Kriterien für solche „identical matches" nachfolgend Rz. 153.
4 Trademark Clearinghouse v. 11.1.2012, Punkt 6.2.1.
5 Trademark Clearinghouse v. 11.1.2012, Punkt 6.2.2.
6 Vgl. Trademark Clearinghouse v. 11.1.2012, Punkt 6.2.4.

hatte, ist unwirksam oder wurde nicht durch ein gerichtliches Verfahren bestätigt oder durch Gesetz oder Abkommen geschützt.

– Die Registereintragung der Marke, auf welche der Anmelder die Anmeldung der angegriffenen Second-Level-Domain während der „Sunrise Period" gestützt hatte, erfolgte erst nach Inkrafttreten des Registry Agreements zwischen der ICANN und dem gTLD-Betreiber und die Anmeldung der Marke beim Register erfolgte erst nach der Bekanntgabe der Bewerbungen um neue gTLDs durch die ICANN[1].

(b) Trademark Claims Service

152 Der Trademark Claims Service, der vom gTLD-Betreiber während der Anfangsphase der Anmeldung von Second-Level-Domains angeboten werden muss, dient dazu, potenzielle Domainstreitigkeiten zu identifizieren und so früh wie möglich durch eine einvernehmliche Lösungen auszuräumen. Der gTLD-Betreiber ist verpflichtet, den Trademark Claims Service während einer Anfangsphase der Vergabe von Second-Level-Domains anzubieten, die mindestens 60 Tage ab Öffnung der gTLD für die Vergabe von Second-Level-Domains andauern muss[2]. Er kann diesen Service aber auch freiwillig nach diesem Zeitraum anbieten[3].

153 Beim Trademark Claims Service werden Anmeldungen für Second-Level-Domains unter den verschiedenen gTLDs **automatisch** mit den im zentralen Trademark Clearinghouse hinterlegten Marken **abgeglichen**, wobei anders als während der Sunrise Period auch Wortmarken ohne Benutzungsnachweis berücksichtigt werden[4]. Nur dann, wenn die angemeldete Second-Level-Domain mit einer hinterlegten Marke identisch im Sinne des Trademark Claims Service ist (sog. identical match)[5], werden weitere Schritte eingeleitet[6].

154 Hat das System die Second-Level-Domain als mit einer im Trademark Clearinghouse eingetragenen Marke identisch erkannt, führt dies jedoch nicht dazu, dass die Anmeldung der Second-Level-Domain zurückgewiesen wird, sondern der Anmelder wird lediglich umgehend über die Übereinstimmung mit der hinterlegten Marke **informiert**. Dazu wird eine sog. Trademark

---

1 Durch diesen Widerspruchsgrund soll offenbar missbräuchlichen Markenregistrierungen vorgebeugt werden, die gerade im Hinblick auf eine bestimmte neue gTLD angemeldet wurden und die im Zusammenhang mit dieser neue gTLD rechtsverletzend wären oder Domainsquatting ermöglichen würden.
2 Trademark Clearinghouse v. 11.1.2012, Punkt 6.1.1.
3 AGB 5.4.1.
4 Siehe zu den Anforderungen an die im Rahmen des Trademark Claims Service berücksichtigten Wortmarken im Einzelnen Trademark Clearinghouse v. 11.1.2012, Punkt 7.
5 Geringfügige Abwandlungen oder Tippfehler, wie sie etwa im Zuge des sog. „Typosquatting" bewusst verwendet werden, um Internetnutzer auf die eigene Website zu lotsen, finden dabei keine Beachtung.
6 Siehe zu weiteren Details der Identitätsprüfung Trademark Clearinghouse v. 11.1.2012, Punkt 6.1.5.

Claims Notice an ihn verschickt[1], die ihm eine möglichst exakte Kenntnis über den Schutzumfang der im Trademark Clearinghouse eingetragenen Marke vermitteln soll[2]. Der Anmelder wird in dieser Benachrichtigung ausdrücklich darauf hingewiesen, dass die Trademark Claims Notice nicht bedeutet, dass ihm kein Recht zur Anmeldung seiner Second-Level-Domain zusteht, sondern dass dies von dem tatsächlichen Bestand und Schutzumfang der im Trademark Clearinghouse eingetragenen Marke sowie von seiner beabsichtigten Verwendung der Second-Level-Domain abhänge[3].

Möchte der Anmelder das Verfahren zur **Registrierung** seiner Second-Level-Domain auch nach dem Erhalt der Trademark Claims Notice **fortsetzen**, muss er eine Erklärung abgeben, dass er die Trademark Claims Notice erhalten und verstanden hat und in der er versichert, dass er nach bestem Wissen und Gewissen durch die Registrierung und geplanten Verwendung der angemeldeten Second-Level-Domain die genannten Markenrechte nicht verletzen wird[4]. Um ihm die entsprechende Prüfung bzw. Erklärung zu ermöglichen, werden dem Anmelder die in der Datenbank des Trademark Clearinghouse enthaltenen Informationen über die mit seiner Anmeldung identische(n) Marke(n) kostenlos zugänglich gemacht[5]. Zudem wird ihm in der Trademark Claims Notice empfohlen, sich zur Klärung der markenrechtlichen Fragen an einen Markenrechtsspezialisten zu wenden.   155

Gibt der Domainanmelder eine solche Erklärung ab, so wird seine Second-Level-Domain unter der gTLD registriert. Zugleich wird zu diesem Zeitpunkt aber auch der **Inhaber** der im Trademark Clearinghouse eingetragenen Marke über die Domainregistrierung **informiert**, so dass er sich ggf. mit dem Anmelder in Verbindung setzen oder rechtliche Schritte einleiten kann[6].   156

cc) Uniform Rapid Suspension-Verfahren

(1) Voraussetzungen und Verfahrensgang

Schließlich verpflichtet das Registry Agreement den gTLD-Betreiber auch, das sog. Uniform Rapid Suspension-Verfahren (kurz „URS") zu implementieren und dessen Ergebnisse anzuerkennen, mit dem Rechtsinhaber u.a. eine vorläufige „**Sperrung**" der angegriffener Second-Level-Domain erreichen können[7]. Das URS-Verfahren dient vorrangig dazu, Rechtsinhabern schnelle Lösungen für klare Missbrauchsfälle zu bieten, insbesondere gegen die missbräuchliche Anmeldung und Benutzung von Second-Level-Domains, die unter den neuen gTLDs registriert wurden[8].   157

---

1 Siehe das Muster im Anhang zum Trademark Clearinghouse v. 11.1.2012.
2 Trademark Clearinghouse v. 11.1.2012, Punkt 6.1.2.
3 Vgl. die Trademark Notice im Anhang des Trademark Clearinghouse v. 11.1.2012.
4 Vgl. die Trademark Notice im Anhang des Trademark Clearinghouse v. 11.1.2012.
5 Trademark Clearinghouse v. 11.1.2012, Punkt 6.1.3.
6 Trademark Clearinghouse v. 11.1.2012, Punkt 6.1.4. sowie den Entwurf zum Uniform Rapid Suspension System v. 11.1.2012 im Anhang zu Modul 5.
7 AGB 5.4.1. i.V.m. Specification 7.
8 Entwurf zum Uniform Rapid Suspension System v. 11.1.2012, Punkt 8.5.

158   Das URS-Verfahren wird durch die Einreichung einer **Beschwerde** in elektronischer Form bei der zuständigen URS-Schiedsstelle (sog. URS-Provider)[1] eingeleitet[2]. Zeitgleich mit der Beschwerde muss die Beschwerdegebühr beglichen werden, die nicht zurückerstattet wird[3]. Alle Beschwerden werden nach ihrem Eingang einer administrativen Vorprüfung unterzogen (sog. Administrative Review), die sich darauf beschränkt, ob die formellen Voraussetzungen erfüllt und die notwendigen Informationen bereitgestellt worden sind[4]. Eine inhaltliche Vorprüfung findet dabei nicht statt. Da das URS-Verfahren insgesamt möglichst schnell abgewickelt werden soll, soll die Administrative Review innerhalb von zwei Tagen nach Einreichung der Beschwerde beim URS-Provider abgeschlossen sein. Auch gibt es keine Möglichkeit, fehlende Informationen in der Beschwerde nachzureichen oder Angaben zu korrigieren. Sind nicht alle formellen Voraussetzungen erfüllt, so wird das Beschwerdeverfahren eingestellt und bereits gezahlte Gebühren werden nicht zurückgezahlt. Dies hindert den Beschwerdeführer jedoch nicht daran, eine erneute Beschwerde in derselben Sache beim URS-Provider einzureichen.

159   Liegen hingegen alle formellen Voraussetzungen vor, so muss der URS-Provider nach Abschluss der **Administrative Review** unverzüglich den gTLD-Betreiber per Email über die Beschwerde benachrichtigten (sog. **Notice of Complaint**)[5]. Dieser muss dann innerhalb von 24 Stunden nach Erhalt der Notice of Complaint die angegriffene Second-Level-Domain „sperren", was allerdings lediglich bedeutet, dass die Änderung der für die Domain hinterlegten Daten verhindert wird (einschließlich Übertragungen und Löschungen). Die Domain bleibt weiterhin für Internetnutzer erreichbar. Der gTLD-Betreiber muss wiederum den URS-Provider unverzüglich von der Sperrung der Domain in Kenntnis setzen (sog. Notice of Lock). Innerhalb von 24 Stunden nach Erhalt der Notice of Lock muss der URS-Provider den Domaininhaber über die Beschwerde in Kenntnis setzen und ihm eine Kopie der Notice of Complaint zukommen lassen. Außerdem muss er den Domaininhaber auf die Sperrung der Domain hinweisen sowie auf die möglichen Konsequenzen, wenn der Domaininhaber es versäumen sollte, auf die Beschwerde zu reagieren.

160   Nach Erhalt der Notice of Complaint hat der Domaininhaber 14 Tage Zeit, um eine **Erwiderung** in elektronischer Form beim URS-Provider einzurei-

---

1 Welche Provider jeweils zuständig sind, steht zum jetzigen Zeitpunkt noch nicht fest; es ist aber mit großer Sicherheit davon auszugehen, dass mehr als ein Provider URS-Verfahren anbieten werden.

2 Siehe zu den formellen und inhaltlichen Anforderungen an die Beschwerde im Einzelnen den Entwurf zum Uniform Rapid Suspension System v. 11.1.2012, Punkt 1.

3 Entwurf zum Uniform Rapid Suspension System v. 11.1.2012, Punkt 1.1. b) Die exakte Höhe der Gebühr wird vom URS-Provider festgelegt, soll aber nach Vorstellung der ICANN etwa bei 300 USD pro Verfahren liegen, vgl. Entwurf zum Uniform Rapid Suspension System v. 11.1.2012, Punkt 2.1.

4 Entwurf zum Uniform Rapid Suspension System v. 11.1.2012, Punkt 3.

5 Entwurf zum Uniform Rapid Suspension System v. 11.1.2012, Punkt 4.

chen[1]. Der URS-Provider kann auf Antrag des Domaininhabers eine Fristver-
längerung von maximal sieben Kalendertagen gewähren, sofern hierfür ein
triftiger Grund vorliegt[2].

Angesichts der Natur des URS-Verfahrens als schnelles Mittel zur Beseiti-   161
gung von offensichtlichen Rechtsverletzungen bleibt es dem Domaininhaber
versagt, in seiner Erwiderung **Gegenansprüche** gegen den Beschwerdeführer
geltend zu machen. Ausgenommen hiervon ist lediglich die Behauptung,
dass die Beschwerde rechtsmissbräuchlich eingereicht wurde[3]. Im Übrigen
ist der Beschwerdegegner darauf beschränkt, sich Punkt für Punkt zu den
Vorwürfen in der Beschwerde zu erklären und dabei entweder Zugeständnisse zu machen oder sich gegen die Vorwürfe im Einzelnen zu verteidigen. Die
ICANN nennt in ihrem Entwurf zum Uniform Rapid Suspension System
Umstände, die zur Widerlegung der Annahme einer bösgläubigen Anmeldung oder Verwendung von Domains angeführt werden können[4].

Nach Einreichung der Erwiderung prüft der URS-Provider noch am selben   162
Tag, ob die formellen Voraussetzungen der Erwiderung erfüllt sind. Ist dies
der Fall, so leitet er die Beschwerde, die Erwiderung und alle zugehörigen
Dokumente zur Prüfung und Entscheidung weiter an einen vom ihm bestimmten, **unabhängigen und qualifizierten Experten**[5]. Das jeweilige URS-
Verfahren soll durch einen einzelnen Experten geleitet werden, der nachweislich einen beruflichen Hintergrund in dem relevanten Rechtsgebiet, wie
etwa im Markenrecht, besitzt, und der im URS-Verfahren geschult und zerti-
fiziert ist[6].

Da das Uniform Rapid Suspension-Verfahren ausdrücklich dazu dienen soll,   163
schnelle Abhilfe bei offensichtlichen Rechtsverletzungen zu ermöglichen,
sollen Sanktionen in diesem Verfahren nur in Fällen eindeutiger **Missbräuche
und Rechtsverletzungen** verhängt werden. Dahingegen sollen Fälle, in denen
die Beweislage nicht eindeutig ist und in denen sich komplexere Rechtsfragen
ergeben, anderen, ausführlicheren Domainschiedsverfahren vorbehalten bleiben, wie etwa dem herkömmlichen UDRP-Verfahren oder einem Verfahren
vor einem zuständigen Gericht[7].

Der Beschwerdeführer trägt im URS-Verfahren die **Beweislast** und muss für   164
die von ihm in der Beschwerde vorgebrachten Behauptungen eindeutige und
überzeugende Beweise („clear and convincing evidence") erbringen[8]. Der

---

1 Siehe zu den formellen und inhaltlichen Anforderungen an die Antwort im Einzelnen
  den Entwurf zum Uniform Rapid Suspension System v. 11.1.2012, Punkt 5.
2 Entwurf zum Uniform Rapid Suspension System v. 11.1.2012, Punkt 5.3.
3 Entwurf zum Uniform Rapid Suspension System v. 11.1.2012, Punkt 5.5.
4 Siehe zu diesen möglichen Rechtfertigungsgründen im Einzelnen den Entwurf zum
  Uniform Rapid Suspension System v. 11.1.2012, Punkte 5.7.-5.9.
5 Entwurf zum Uniform Rapid Suspension System v. 11.1.2012, Punkt 5.6.
6 Entwurf zum Uniform Rapid Suspension System v. 11.1.2012, Punkt 7.
7 Entwurf zum Uniform Rapid Suspension System v. 11.1.2012, Punkt 8.6.
8 Entwurf zum Uniform Rapid Suspension System v. 11.1.2012, Punkt 8.2.

URS-Experte prüft, ob dem Beschwerdeführer dies im Hinblick auf die im URS-Verfahren maßgeblichen drei Tatbestandsmerkmale gelungen ist[1]:

– Der registrierte Domainname ist identisch oder verwechslungsfähig ähnlich mit einer Wortmarke, (a) für die der Beschwerdeführer eine wirksame Registeranmeldung besitzt und die er tatsächlich benutzt, (b) die durch ein Gerichtsverfahren bestätigt wurde oder (c) die speziell durch ein Gesetz oder ein Abkommen geschützt wird, das zum Zeitpunkt der Einreichung der URS-Beschwerde in Kraft war.

– Der Domaininhaber hat kein Recht oder berechtigtes Interesse am Domainnamen und

– die Domain wurde bösgläubig registriert und verwendet.

165   Nur wenn der URS-Experte zu dem Ergebnis kommt, dass für das Vorliegen aller drei Tatbestandsmerkmale **eindeutige und überzeugende Beweise** durch den Beschwerdeführer vorgelegt wurden und dass auch im Übrigen kein wesentlicher Streit über materielle Tatsachenfragen besteht, entscheidet er zugunsten des Beschwerdeführers. Hierbei kommt es darauf an, dass der URS-Experte aufgrund der vom Beschwerdeführer vorgelegten Beweise überzeugt ist (z.B. aufgrund der Vorlage entsprechender Markenregisterauszüge), dass der Beschwerdeführer Rechte an dem streitigen Domainnamen besitzt und dass der Domaininhaber kein Recht oder legitimes Interesse an dem streitigen Domainnamen hat (z.B. durch den Nachweis einer bösgläubigen Domainanmeldung und -verwendung)[2]. Kommt der URS-Experte hingegen zu dem Ergebnis, dass der Beschwerdeführer seine **Beweislast nicht hinreichend erfüllt** hat oder dass bei einem der drei Tatbestandsmerkmale wesentliche Tatsachenfragen streitig sind, so weist er die Beschwerde ab und stellt das URS-Verfahren ein. Dies geschieht insbesondere dann, wenn nach Ansicht des URS-Experten Beweise vorliegen, die darauf hindeuten, dass die Verwendung des fraglichen Domainnamens keine Verletzung der Marke des Beschwerdeführers darstellt[3]. Die Einstellung des URS-Verfahrens hat jedoch keinerlei Auswirkung auf die Möglichkeit, im Anschluss hieran ein herkömmliches UDRP-Verfahren oder ein Verfahren vor einem zuständigen Gericht einzuleiten. Vielmehr ist das URS-Verfahren gerade darauf angelegt, Fällen von eindeutigen Rechtsverletzungen schnell abzuhelfen und komplizierte Fälle auf solche anderweitigen Domainschiedsverfahren zu verweisen[4].

166   Reicht der Beschwerdegegner innerhalb der 14-tägigen Frist (oder ggf. der verlängerten Frist) keine Erwiderung ein, so ergeht eine **Säumnisentscheidung**[5]. In diesem Falle versendet der URS-Provider eine Benachrichtigung (sog. Notice of Default) per E-Mail an den Beschwerdeführer sowie per E-Mail und Fax an den Beschwerdegegner. Während der sog. Default Period ist der Be-

---

1 Entwurf zum Uniform Rapid Suspension System v. 11.1.2012, Punkt 8.1.
2 Entwurf zum Uniform Rapid Suspension System v. 11.1.2012, Punkt 8.3.
3 Entwurf zum Uniform Rapid Suspension System v. 11.1.2012, Punkt 8.4.
4 Entwurf zum Uniform Rapid Suspension System v. 11.1.2012, Punkt 8.5.
5 Entwurf zum Uniform Rapid Suspension System v. 11.1.2012, Punkt 6.

schwerdegegner daran gehindert, Veränderungen am Inhalt der Website vorzunehmen, die die Verwendung der Domain legitim machen würden, sowie daran, die WhoIs-Informationen zu ändern.

Alle Säumnisfälle werden dem URS-Experten zur **Entscheidung in der Sache** 167
zugeleitet. Entscheidet dieser nach der Prüfung der Beschwerde zugunsten des Beschwerdeführers, so wird die Entscheidung dem gTLD-Betreiber zugeleitet und dieser „suspendiert" die Domain, so dass sie für Internetnutzer nicht mehr erreichbar ist. Der Beschwerdegegner behält jedoch die Möglichkeit, sich durch eine erneute Prüfung des Sachverhaltes gegen die Säumnisentscheidung zu wenden, indem er innerhalb von sechs Monaten nach Erhalt der „Notice of Default" eine Erwiderung beim URS-Provider einreicht. Der Beschwerdegegner hat zudem Anspruch auf eine Verlängerung der Erwiderungsfrist um weitere sechs Monate, sofern er die Verlängerung vor Ablauf der ursprünglichen Sechs-Monats-Frist beantragt. Reicht der Beschwerdeführer die Erwiderung ein, nachdem bereits eine „Notice of Default" und eine Säumnisentscheidung ergangen war, so wird die Suspendierung der Website so schnell wie möglich aufgehoben und die Verbindung mit der ursprünglichen IP-Adresse wiederhergestellt, die oben dargestellte „Sperre" („Lock") im Hinblick auf die hinterlegten Domaindaten bleibt jedoch bestehen. Die verspätete Einreichung der Erwiderung wird somit nicht als Berufung gegen die Säumnisentscheidung behandelt, sondern letztlich genauso, als wäre die Erwiderung fristgerecht eingereicht worden. Konsequenzen ergeben sich lediglich im Hinblick auf die vom Beschwerdegegner zu entrichtenden Gebühren[1].

Entscheidet der URS-Experte bei seiner Säumnisentscheidung zugunsten des 168
Beschwerdegegners, so fordert der URS-Provider den gTLD-Betreiber auf, die „**Sperrung**" des Domainnamens **aufzuheben** und die volle Kontrolle über den Domainnamen wieder an den Domaininhaber zu übertragen.

Auch ohne Säumnis des Beschwerdegegners ergeht die Entscheidung im 169
URS-Verfahren **ohne Erkenntnisverfahren oder Anhörung**. Die Beweismittel sind beschränkt auf diejenigen Dokumente, die mit der Beschwerde und der Erwiderung eingereicht wurden[2]. Der URS-Experte entscheidet allein auf Grundlage dieser eingereichten Materialien. Um das URS-Verfahren zu einem schnellen Abschluss zu bringen, soll der URS-Experte mit seiner Prüfung der eingereichten Materialen beginnen, sobald eine Erwiderung beim URS-Provider eingereicht wurde oder sobald die 14-tägige Erwiderungsfrist verstrichen ist, je nachdem, was früher eintritt. Die Prüfung durch den URS-Experten soll üblicherweise innerhalb von drei Werktagen mit einer Entscheidung abgeschlossen werden. Außer unter außergewöhnlichen Umständen soll die Prüfung keinesfalls länger als fünf Werktage andauern.

Kommt der URS-Experte zu dem Ergebnis, dass der Beschwerdeführer die Be- 170
weislast erfüllt hat, so erlässt er eine Entscheidung zu dessen Gunsten. Ist

---

1 Siehe hierzu nachfolgend Rz. 174.
2 Entwurf zum Uniform Rapid Suspension System v. 11.1.2012, Punkt 9.

die Beweislast nach Ansicht des URS-Experten hingegen nicht erfüllt, so stellt er das URS-Verfahren ein und der Beschwerdegegner erhält die volle Kontrolle über seine Domain zurück. Die jeweilige Entscheidung wird auf der **Website des URS-Providers veröffentlicht** und den beteiligten Parteien per E-Mail zugeschickt, hat aber keinerlei Auswirkungen auf andere Verfahren außerhalb des konkreten URS-Verfahrens[1].

171   Ergeht eine **Entscheidung zugunsten des Beschwerdeführers**, so soll die Entscheidung dem gTLD-Betreiber unverzüglich mitgeteilt werden. Dieser muss dann unmittelbar nach Erhalt der Benachrichtigung die betroffene Domain „suspendieren", d.h. für die restliche Zeitspanne, für die der Domainname registriert war, kann die mit der Domain ursprünglich verbundene Website nicht mehr erreicht werden. Stattdessen werden Internetnutzer bei Eingabe des Domainnamens auf eine Website weitergeleitet, die Informationen über das URS-Verfahren enthält. Diese Website darf vom jeweiligen URS-Provider ausschließlich zu Informationszwecken, nicht hingegen zu Werbezwecken verwendet werden. Die WhoIs-Information zur betroffenen Domain soll auch weiterhin die Daten des ursprünglichen Domaininhabers wiedergeben, darüber hinaus aber auch die Information, dass die Domain während der restlichen Zeitspanne der Registrierung nicht übertragen, gelöscht oder verändert werden kann[2]. Der obsiegende Beschwerdeführer hat zudem die Möglichkeit, die „Suspendierung" der Domain auch nach Ablauf der Zeitspanne, für die die Domain für den Domaininhaber registriert war, gegen Zahlung eines Entgelts um ein weiteres Jahr zu verlängern[3]. Andere Abhilfemöglichkeiten, wie etwa die Übertragung oder Löschung der Domain, stehen dem Beschwerdeführer mittels des URS-Verfahrens selbst bei Obsiegen nicht zur Verfügung[4].

172   Um **missbräuchlichen URS-Beschwerden** vorzubeugen, sollen die Regelungen der jeweiligen URS-Providers Sanktionen für Missbräuche vorsehen[5]. Nach den Vorgaben des ICANN-Entwurfs zum Uniform Rapid Suspension System können Beschwerdeführer für ein Jahr von der Möglichkeit ausgeschlossen werden, weitere URS-Beschwerden einzureichen, wenn sie entweder zwei missbräuchliche Beschwerden oder wissentlich eine in wesentlichen Punkten unwahre Beschwerde eingereicht haben. Die Jahresfrist läuft ab dem Zeitpunkt der Entscheidung des URS-Experten, dass der Beschwerdeführer seine zweite missbräuchliche Beschwerde oder wissentlich eine in wesentlichen Punkten unwahre Beschwerde eingereicht hat. Wird festgestellt, dass ein Beschwerdeführer zum zweiten Mal wissentlich eine in wesentlichen Punkten unwahre Beschwerde eingereicht hat, so kann er dauerhaft vom URS-Verfahren ausgeschlossen werden und somit keine weiteren Beschwerden mehr einreichen.

---

1 Entwurf zum Uniform Rapid Suspension System v. 11.1.2012, Punkt 10.
2 Entwurf zum Uniform Rapid Suspension System v. 11.1.2012, Punkt 10.2.
3 Entwurf zum Uniform Rapid Suspension System v. 11.1.2012, Punkt 10.3.
4 Entwurf zum Uniform Rapid Suspension System v. 11.1.2012, Punkt 10.4.
5 Entwurf zum Uniform Rapid Suspension System v. 11.1.2012, Punkt 11.

Eine Beschwerde gilt insbesondere dann als missbräuchlich, wenn der URS-   173
Experte feststellt, dass sie ausschließlich **zu missbilligenswerten Zwecken**
vorgelegt wurde, wie etwa zur Schikane oder um Verzögerungen und Kosten
für einen Wettbewerber hervorzurufen, oder auch wenn die geltend gemachten Ansprüche und Vorwürfe keinerlei Stütze in geltendem Recht oder dem
URS-Regelwerk finden oder wenn die Tatsachenbehauptungen jeglicher Be-
weisgrundlage entbehren. Eine wissentlich in wesentlichen Punkten unwahre Beschwerde ist hingegen anzunehmen, wenn sie Tatsachenbehauptungen
enthält, deren Unwahrheit dem Beschwerdeführer bei Einreichung der Beschwerde bekannt war und die, wenn sie wahr gewesen wären, den Ausgang
des URS-Verfahrens beeinflusst hätten. Nicht als per se missbräuchlich gelten Beschwerden, die aufgrund von formellen Mängeln oder wegen Unbe-
gründetheit abgewiesen werden. Ein Beschwerdeführer, dessen Beschwerde
als missbräuchlich oder wissentlich falsch eingeordnet wurde, kann Einspruch gegen diese Entscheidung nur mit der Begründung einlegen, dass der
URS-Experte sein Ermessen missbraucht oder willkürlich entschieden hat.

(2) Kosten des Verfahrens

Der Beschwerdeführer muss zeitgleich mit Einreichung seiner Beschwerde   174
eine **Beschwerdegebühr** entrichten, deren konkrete Höhe vom URS-Provider
festgelegt wird und nach Vorstellung der ICANN etwa bei 300 USD pro Verfahren liegen soll[1]. Nur wenn die Beschwerde 15 oder mehr Domainnamen
angreift, die alle vom selben Domaininhaber registriert wurden, muss zudem eine Erwiderungsgebühr von den Parteien entrichtet werden, die jedoch
den Betrag der Beschwerdegebühr nicht übersteigen darf und die der obsiegenden Partei zurückerstattet wird[2].

Im Übrigen muss der Beschwerdegegner für die Einreichung seiner **Erwide-**   175
rung grundsätzlich keine Gebühr entrichten, sofern er seine Erwiderung innerhalb der 14-tägigen Erwiderungsfrist einreicht bzw. nicht später als 30 Tage, nachdem eine Säumnisentscheidung gegen ihn ergangen ist. Reicht er
seine Erwiderung später als 30 Tage nach einer Säumnisentscheidung ein, so
muss er eine angemessene Gebühr für die erneute Prüfung der Beschwerde
entrichten[3].

(3) Rechtsbehelfe[4]

Beide Parteien haben gegen Zahlung einer Gebühr Anspruch auf eine **erneu-**   176
te Überprüfung der Entscheidung des URS-Experten auf der Grundlage der
bisher eingereichten Dokumente. Der Einspruch muss die konkreten Gründe darlegen, auf die er gestützt wird, einschließlich einer Begründung, weshalb die Entscheidung des URS-Experten für falsch gehalten wird. Der Einspruch muss spätestens 14 Tage nach Erlass der Entscheidung des Experten

---

1 Entwurf zum Uniform Rapid Suspension System v. 11.1.2012, Punkt 2.1.
2 Entwurf zum Uniform Rapid Suspension System v. 11.1.2012, Punkt 2.2.
3 Entwurf zum Uniform Rapid Suspension System v. 11.1.2012, Punkt 5.2.
4 Entwurf zum Uniform Rapid Suspension System v. 11.1.2012, Punkt 12.

im URS-Verfahren eingelegt werden. Eine Erwiderung auf den Einspruch muss bis spätestens 14 Tage nach dessen Einlegung eingereicht werden.

177   Die **Einspruchsgebühr** ist von der Partei zu tragen, die den Einspruch einlegt. Ein beschränktes Recht, neue Beweismittel einzureichen, die für die Entscheidung des Einspruchs wesentlich sind, besteht gegen Zahlung einer zusätzlichen Gebühr und nur insoweit, wie diese Beweismittel eindeutig schon vor Einlegung der ursprünglichen URS-Beschwerde vorlagen. Der URS-Provider bestimmt ein Einspruchspanel (sog. Appeal Panel), das nach seinem eigenen Ermessen weitere Stellungnahmen oder Dokumente von den Parteien einfordern kann. Die Einlegung des Einspruchs hat jedoch keinerlei aufschiebende Wirkung im Hinblick auf die ursprüngliche Entscheidung des URS-Experten, d.h. wenn er zugunsten des Beschwerdeführers entschieden hatte, bleibt die Suspendierung der Domain auch während des Einspruchsverfahrens erhalten. Hatte er hingegen zugunsten des Beschwerdegegners entschieden, bleibt die Domain auch während des Einspruchsverfahrens erreichbar.

VIII. Prozesse vor staatlichen Gerichten: Einstweiliges Verfügungsverfahren

1. Überblick über den einstweiligen Rechtsschutz

Mit dem einstweiligen Rechtsschutz soll dem Gläubiger durch ein summarisches Verfahren die Möglichkeit gegeben werden, subjektive Rechte bereits vor einer Entscheidung im Hauptsacheverfahren wirksam zu schützen[1]. Er ist daher eine Ausprägung der Garantie des effektiven Rechtsschutzes.

Im Wege des einstweiligen Rechtsschutzes wird keine endgültige Entscheidung getroffen, sondern er dient nur der **Sicherung** des grundsätzlich im Hauptsacheverfahren durchzusetzenden Anspruchs. Da eine Entscheidung im Hauptsacheverfahren in der Regel mehrere Monate dauert, schützt der einstweilige Rechtsschutz den Gläubiger insbesondere vor Nachteilen durch Zeitablauf oder durch Vereitelungshandlungen des Schuldners.

Es herrscht eine latente **Akzessorietät zum Hauptsacheverfahren**, d.h. der einstweilige Rechtsschutz kann nur solange geltend gemacht werden, wie das Recht in der Hauptsache geltend gemacht wird oder noch geltend gemacht werden kann. Das einstweilige Rechtsschutzverfahren und das Hauptsacheverfahren können grundsätzlich nebeneinander angestrengt werden[2].

Der einstweilige Rechtsschutz ist im **8. Buch der ZPO** geregelt. Wie beim Hauptsacheverfahren wird beim gewerblichen Rechtsschutzverfahren zwischen dem Erkenntnisverfahren (Erlass eines Arrestes oder einer einstweiligen Verfügung) und dem Vollstreckungsverfahren (Durchsetzung der getroffenen Anordnung) unterschieden. Die §§ 916–945 ZPO enthalten allerdings keine allumfassende Regelung, sondern nur eine Reihe besonderer Vorschriften sowohl für das Erkenntnisverfahren als auch für die Vollstreckung. Soweit dort keine besondere Regelung getroffen wurde, sind ergänzend die allgemeinen Vorschriften der ZPO über das Klageverfahren entsprechend anzuwenden, wobei sich aus der Eilbedürftigkeit und dem summarischen Charakter des einstweiligen Rechtsschutzverfahrens Abweichungen ergeben[3].

Die in §§ 916 ff. ZPO geregelten Verfahren des einstweiligen Rechtsschutzes sind der **Arrest** und die **einstweilige Verfügung**[4]. Der Arrest dient der Sicherung der Zwangsvollstreckung wegen einer Geldforderung in das bewegliche und unbewegliche Vermögen, während die einstweilige Verfügung der Siche-

---

1 Vgl. *Musielak*, ZPO, 8. Aufl. 2011, § 916 Rz. 3.
2 Es ist jedoch zu prüfen, ob im Einzelfall das Rechtsschutzbedürfnis fehlt, z.B. wenn bereits eine rechtskräftige Entscheidung im Hauptsacheprozess vorliegt, vgl. *Musielak*, ZPO, § 916 Rz. 3.
3 Es ergibt sich beispielsweise aus der Natur der Sache, dass die geltenden Fristen zur Klageerwiderung und Replik in §§ 276, 277 ZPO nicht gelten können.
4 Daneben bestehen noch andere vorläufige Verfahren, die in der ZPO (z.B. die einstweilige Anordnung in Familiensachen) oder im FGG geregelt sind.

rung sonstiger Ansprüche oder der einstweiligen Regelung eines streitigen Rechtsverhältnisses dient[1]:

Einstweiliger Rechtsschutz	
Arrest (§§ 916 ff. ZPO)	**Einstweilige Verfügung** (§§ 935 ff. ZPO)
bei Geldforderungen und Ansprüchen, die in eine Geldforderung übergehen können	bei allen Ansprüchen außer Geldforderungen

6   In der Praxis, insbesondere im Bereich IT, spielt der **Arrest** jedoch nur eine untergeordnete Rolle, so dass hier ausschließlich auf die einstweilige Verfügung eingegangen wird.

2. Arten der einstweiligen Verfügung

7   Bei der einstweiligen Verfügung wird in der Theorie zwischen **Sicherungsverfügung** und **Regelungsverfügung** unterschieden[2]:

Einstweilige Verfügung	
Sicherungsverfügung (§ 935 ZPO)	**Regelungsverfügung** (§§ 940 ff. ZPO)
dient Sicherung eines Individualanspruchs	dient der Regelung eines Zustands in Bezug auf ein streitiges Rechtsverhältnis

8   Die Unterscheidung hat jedoch in der Praxis keine Bedeutung, auch wenn bei einer Regelungsverfügung dem Gericht ein weitergehender Beurteilungsspielraum zukommt als bei der Sicherungsverfügung.

9   Eine Untergruppe der Regelungsverfügung ist die sog. **Leistungsverfügung**[3]. Bei der Leistungsverfügung wird dem Gläubiger eine Befriedigung des Anspruchs bewilligt, weshalb auch häufig von Befriedigungsverfügung gesprochen wird. Dies widerspricht eigentlich dem vorläufigen Charakter des einstweiligen Verfügungsverfahrens, bei dem die Entscheidung zur Hauptsache grundsätzlich nicht vorweg genommen und keine sofortige Befriedigung des Gläubigers erfolgen soll. Vor diesem Hintergrund ist eine auf Erfüllung gerichtete Leistungs- oder Befriedigungsverfügung nur in engen Ausnahmefällen zulässig, wie z.B. bei Ansprüchen auf Zahlung von Unterhalt oder solchen, die ihrem Zweck nach nur während einer bestimmten Zeit erfüllt werden können[4]. Erforderlich ist neben einem allgemeinen Ver-

---

1 Vgl. Zöller/*Vollkommer*, ZPO, 29. Aufl. 2012, vor § 916 Rz. 1.
2 Vgl. Zöller/*Vollkommer*, ZPO, § 935 Rz. 6, § 940 Rz. 2.
3 Z.T. wird die Leistungsverfügung auch als eigenständige, durch Rechtsfortbildung entwickelte Art begriffen, vgl. Zöller/*Vollkommer*, ZPO, § 940 Rz. 1 m.w.N.
4 Vgl. *Enders* in Enders/Börstinghaus, Einstweiliger Rechtsschutz, Rz. 16 m.w.N.

fügungsgrund gemäß §§ 935, 940 ZPO (vgl. Rz. 29), dass der Gläubiger auf die sofortige Erfüllung dringend angewiesen ist, das heißt eine Notlage bzw. Existenzgefährdung des Gläubigers konkret besteht oder droht[1].

3. Maßnahmen vor Einreichung des Antrags

Es ist grundsätzlich keine Zulässigkeitsvoraussetzung, dass der Antragsteller   10
den Antragsgegner vor Einreichung eines Antrags auf Erlass einer einstweiligen Verfügung vorher erfolglos **abgemahnt** hat[2]. Sofern jedoch auf eine Abmahnung verzichtet wird, und der Antragsgegner nach Erlass und Zustellung der einstweiligen Verfügung diese gem. § 93 ZPO sofort anerkennt, trägt der Antragsteller grundsätzlich die Verfahrenskosten, sofern die Abmahnung nicht unzumutbar war oder von vornherein aussichtslos erschien[3].

Darüber hinaus sind einige Gerichte zurückhaltend, eine einstweilige Ver-   11
fügung im Beschlusswege (vgl. Rz. 47 ff.) **ohne vorherige Anhörung** des Gegners im Rahmen einer mündlichen Verhandlung zu erlassen, wenn vorher keine Abmahnung erfolgt ist. Vereinzelt wird sogar vertreten, dass ohne vorherige Abmahnung der Erlass einer einstweiligen Verfügung ohne mündliche Verhandlung unzulässig ist[4].

➲ **Praxistipp:**

Sofern durch eine vorherige Abmahnung keine Nachteile durch Zeitablauf oder Vereitelungshandlungen des Schuldners[5] drohen, sollte vor Einreichung des Verfügungsantrags abgemahnt werden.

Eine **Abmahnung** sollte mindestens die Tatsachen angeben, auf die der An-   12
spruch gestützt wird, und den Verletzer unter Fristsetzung und Androhung gerichtlicher Schritte zur Abgabe einer strafbewehrten Unterlassungserklärung auffordern[6]. Beweismittel brauchen hingegen nicht angegeben werden[7]. Auch die Beifügung einer vorformulierten strafbewehrten Unterlassungserklärung ist freiwillig. Idealerweise stellt sich der Inhalt einer Abmahnung wie folgt dar:

– Tatbestand

– Rechtliche Würdigung und Ansprüche

---

1 Vgl. Zöller/*Vollkommer*, ZPO, § 940 Rz. 6 m.w.N.
2 Vgl. *Köhler/Bornkamm*, UWG, 30. Aufl. 2012, § 12 Rz. 1.7 m.w.N.
3 Vgl. *Köhler/Bornkamm*, UWG, § 12 Rz. 1.8 m.w.N.
4 So z.B. *Teplitzky*, Wettbewerbsrechtliche Ansprüche und Verfahren, Kap. 55 Rz. 3.
5 Z.B. wird bei der Geltendmachung von Sequestrationsansprüchen (Herausgabe an Gerichtsvollzieher) grundsätzlich von einer vorherigen Abmahnung abgesehen, um zu verhindern, dass die Gegenstände beiseite geschafft werden. In diesen Fällen ist auch anerkannt, dass eine vorherige Abmahnung unzumutbar ist.
6 Vgl. BGH v. 1.6.2006 – I ZR 167/03, CR 2007, 88 = GRUR 2007, 164 – Telefaxwerbung II.
7 Vgl. KG v. 4.1.1983 – 5 W 5541/82, GRUR 1983, 673, 674 – Falscher Inserent.

- Aufforderung zur Abgabe einer strafbewehrten Unterlassungserklärung unter Fristsetzung

- Androhung gerichtlicher Schritte

- Vorformulierte strafbewehrte Unterlassungserklärung als Anlage

13 Soweit die **vorformulierte Unterlassungserklärung** zu weitgehend ist, ist die Abmahnung nicht unwirksam, sondern der Verletzer hat dann von sich aus eine eingeschränkte Unterlassungserklärung abzugeben[1]. In der vorformulierten Verpflichtungs- und Unterlassungserklärung kann entweder eine feste Vertragsstrafe vereinbart werden[2] oder es wird dem Gläubiger gemäß § 315 Abs. 1 BGB überlassen, gegebenenfalls innerhalb eines festgelegten Rahmens, die für die konkrete Zuwiderhandlung angemessene Strafe zu bestimmen, allerdings vorbehaltlich der Überprüfung der Angemessenheit gem. § 315 Abs. 3 BGB durch das Gericht (sog. Hamburger Brauch).

Formulierungsvorschlag

Verpflichtungs- und Unterlassungserklärung

[Name und Anschrift Gegner], verpflichtet sich gegenüber [Name und Anschrift Abmahnender],

1. es zu unterlassen. [...]

2. für jeden einzelnen Fall der Zuwiderhandlung an [Name Abmahnender] eine Vertragsstrafe in Höhe von 5100 Euro zu zahlen/eine durch den Gläubiger nach billigem Ermessen festzusetzende Vertragsstrafe zu zahlen, deren Höhe im Streitfall durch das für den Anspruch zuständige Gericht auf ihre Billigkeit zu überpfüfen ist.

14 Die **Frist zur Abgabe der Unterlassungserklärung** ist abhängig von den Umständen des Einzelfalles. Auch wenn vereinzelt von einer Regelfrist von einer Woche ausgegangen wird[3], kann bei besonderer Eilbedürftigkeit auch eine Frist von wenigen Stunden noch angemessen sein[4].

15 Umstritten war, ob bei einer anwaltlichen Abmahnung in Hinblick auf § 174 BGB eine **Vollmacht im Original** beigefügt werden muss[5]. Dies hält der BGH jedenfalls dann für nicht erforderlich, wenn zugleich ein vorformuliertes Angebot zum Abschluss eines Unterlassungsvertrages übersandt wird, da hier kein einseitiges Rechtsgeschäft im Sinne des § 174 BGB vorliegt[6].

---

1 Vgl. *Köhler/Bornkamm*, UWG, § 12 Rz. 1.17 m.w.N.
2 Hier wird regelmäßig ein Betrag über 5000 Euro gewählt, um bei Streitigkeiten die Zuständigkeit des Landgerichts zu erreichen.
3 So z.B. OLG Stuttgart WRP 2004, 1395.
4 Vgl. OLG München v. 18.5.1987 – 29 W 1085/87, WRP 1988, 62.
5 Vgl. Streitstand bei *Köhler/Bornkamm*, UWG, § 12 Rz. 1.25 m.w.N.
6 Vgl. BGH GRUR 2010, 1120 – Vollmachtsnachweis.

⊃ **Praxistipp:**

Insbesondere wenn keine Vollmacht im Original beigefügt wird, sollte der Abmahnung eine vorformulierte strafbewehrte Unterlassungserklärung beigefügt werden.

Sofern die Einschaltung eines Anwalts notwendig und die Abmahnung berechtigt war, kann Ersatz der auf Basis des Rechtsanwaltsvergütungsgesetzes (RVG) entstandenen **Rechtsanwaltskosten** entweder aufgrund Gesetz[1] oder unter dem Gesichtspunkt des Schadensersatzes bzw. nach den Grundsätzen der Geschäftsführung ohne Auftrag vom Verletzer verlangt werden.   16

4. Das zuständige Gericht

Für den Erlass einer einstweiligen Verfügung ist grundsätzlich das **Gericht**   17
der Hauptsache zuständig (§ 937 Abs. 1 ZPO). Die Zuständigkeit ist ausschließlich (§ 802 ZPO). Das bedeutet, dass dasselbe Gericht über den Antrag auf Erlass einer einstweiligen Verfügung und über die Hauptsacheklage entscheidet. Hintergrund dieser Regelung ist, dass divergierende Entscheidungen vermieden werden sollen.

Die Zuständigkeit des Hauptsachegerichts richtet sich nach den **allgemei-**   18
nen Zuständigkeitsvorschriften der §§ 12 ff. ZPO (vgl. Teil A IX Rz. 4 ff.).
Die Regelung über die Zuständigkeit des Gerichts der Hauptsache betrifft nicht nur die sachliche, sondern auch die funktionelle Zuständigkeit sowie etwaige Sonderzuständigkeiten in Spezialrechtsgebieten (z.B. Marken- und Urheberrecht) infolge Ermächtigung des Landesgesetzgebers (vgl. Teil A IX Rz. 11 ff.). Sofern für das Gericht der Hauptsache ein Wahlrecht besteht, besteht dies auch im einstweiligen Verfügungsverfahren. Ist die Hauptsache allerdings bereits bei einem Gericht anhängig, ist dieses Gericht auch für das Verfügungsverfahren zuständig.

Das Gericht der Hauptsache ist gemäß § 943 Abs. 1 ZPO das **Gericht des ers-**   19
ten Rechtszuges. Nur für den Fall und solange die Hauptsache in der Berufungsinstanz anhängig ist, besteht eine Sonderzuständigkeit des Berufungsgerichts. Sofern sich die sachliche Zuständigkeit des Hauptsachegerichts nach dem Streitwert richtet[2], ist der Streitwert des Hauptsacheverfahrens maßgeblich.

Abweichend von dem Grundsatz, dass im einstweiligen Verfügungsverfah-   20
ren das Gericht der Hauptsache zuständig ist, kann zudem gemäß § 942 Abs. 1 ZPO das Amtsgericht, in dessen Bezirk sich der Streitgegenstand befindet, als sog. **Gericht der belegenen Sache** in besonders dringenden Fällen zuständig sein.

---

1 Z.B. § 97a Abs. 1 Satz 2 UrhG, § 12 Abs. 1 Satz 2 UWG.
2 So z.B. nicht bei Kennzeichenstreitsachen, vgl. § 140 MarkenG.

5. Der Verfügungsantrag

21 Der Antrag auf Erlass einer einstweiligen Verfügung entspricht in den Grundzügen einem Klageantrag, mit der Besonderheit, dass die Parteien als Antragsteller und Antragsgegner (anstelle von Kläger und Beklagter) bezeichnet werden und keine Beweise angeboten werden, sondern eine **Glaubhaftmachung** (vgl. Rz. 39) erfolgt.

22 Der Antrag ist **schriftlich** zu stellen oder kann zu Protokoll vor der Geschäftsstelle erklärt werden (vgl. §§ 920 Abs. 3, 936 ZPO). Die Antragstellung unterliegt nicht dem Anwaltszwang, so dass der Verfügungsantrag auch durch einen bei diesem Gericht nicht zugelassenen Rechtanwalt oder durch die Partei selbst erklärt werden kann (vgl. §§ 78, 79 ZPO).

23 Im Gegensatz zur Klageschrift, muss der Antragsteller nicht nur den Anspruch, dessen Sicherung er durch die einstweilige Verfügung begehrt (sog. **Verfügungsanspruch**), sondern auch die Dringlichkeit (sog. **Verfügungsgrund**) darlegen und glaubhaft machen (vgl. §§ 920 Abs. 2, 936 ZPO).

Verfügungsanspruch		**Verfügungsgrund**
Da nur vorläufige Regelung bezweckt wird, keine Ansprüche, die zur endgültigen Befriedigung führen (z.B. Vernichtungsanspruch)	**+**	Dringlichkeit
	=	
		Einstweilige Verfügung nach §§ 935, 940 ZPO
		§ 938 ZPO: Inhalt der e.V. wird von dem Gericht nach freiem Ermessen bestimmt, je nachdem, was zur Erreichung des angestrebten Zwecks erforderlich ist.

24 Im Hinblick auf den vorläufigen Charakter des einstweiligen Verfügungsverfahrens können als Verfügungsanspruch nur solche Ansprüche geltend gemacht werden, die **nicht zur endgültigen Befriedigung** des Anspruchstellers führen. Dies bedeutet, dass Schadensersatzansprüche, Beseitigungsansprüche, Vernichtungsansprüche, allgemeine Auskunftsansprüche[1] und Löschungsansprüche regelmäßig nicht im Wege der einstweiligen Verfügung geltend gemacht werden können. Eine einstweilige Verfügung kommt daher in erster Linie bei Unterlassungsansprüchen in Betracht.

25 Sofern der Antragsteller eine Entscheidung im **Beschlusswege ohne mündliche Verhandlung** (§ 937 Abs. 2 ZPO), eine Entscheidung durch den Vor-

---

1 Besondere Auskunftsansprüche, wie z.B. gem. § 101 UrhG oder § 19 MarkenG, können im Falle offensichtlicher Rechtsverletzung ausnahmsweise im Wege der einstweiligen Verfügung durchgesetzt werden (vgl. § 101 Abs. 7 UrhG, § 19 Abs. 7 MarkenG).

sitzenden allein (§ 944 ZPO) oder eine Entscheidung des Gerichts der belegenen Sache (§ 942 Abs. 1 ZPO) begehrt, muss er zudem neben dem (allgemeinen) Verfügungsgrund (vgl. Rz. 29 ff.) die besondere Dringlichkeit im Sinne dieser Vorschriften darlegen und glaubhaft machen.

Hinsichtlich der konkreten **Formulierung der Anträge** wird zum Teil vertre-   26
ten, dass dies bei einer einstweiligen Verfügung grundsätzlich entbehrlich ist, da das Gericht gem. § 938 ZPO nach freiem Ermessen bestimmt, welche Anordnungen in der einstweiligen Verfügung zur Erreichung des Zwecks erforderlich sind[1]. Schon allein um dem Gericht eine Richtlinie dahingehend zu geben, in welchem Umfang eine Sicherung benötigt wird, empfiehlt es sich allerdings dringend, einen konkreten Antrag zu formulieren, der wie bei einem Klageantrag ausreichend bestimmt und vollstreckungsfähig sein muss.

Durch die Einreichung des Antrags auf Erlass einer einstweiligen Verfügung   27
wird das Verfügungsverfahren **rechtshängig**. Die Verjährung des Verfügungsanspruchs wird gem. § 204 BGB durch die Zustellung des Antrags auf Erlass einer einstweiligen Verfügung bzw. dessen Einreichung, wenn die einstweilige Verfügung innerhalb eines Monats seit Verkündung oder Zustellung an den Antragsteller dem Antragsgegner zugestellt wird, gehemmt. Die Hemmung endet gemäß § 204 Abs. 2 Satz 1 BGB innerhalb von sechs Monaten nach rechtskräftiger Entscheidung.

Sofern die einstweilige Verfügung nicht durch eine sog. Abschlusserklärung   28
(vgl. Rz. 81 ff.) anerkannt wird oder die Verjährung durch Einreichung einer Klage im Hauptsacheverfahren erneut gehemmt wird, droht daher nach Ende der Hemmung die **Verjährung des Verfügungsanspruchs**. Nach Eintritt der Verjährung kann die Aufhebung der einstweiligen Verfügung wegen veränderter Umstände gem. § 927 ZPO (vgl. Rz. 71) bewirkt werden.

6. Dringlichkeit

Neben dem Verfügungsanspruch muss der sog. **Verfügungsgrund** (§ 935) dar-   29
gelegt und glaubhaft gemacht werden, anderenfalls wird der Verfügungsantrag bereits mangels Verfügungsgrund abgewiesen. Eine Darlegung und Glaubhaftmachung ist nur entbehrlich, wenn eine gesetzliche Dringlichkeitsvermutung vorliegt[2].

Unter dem Verfügungsgrund wird die **objektive Dringlichkeit** (Eilbedürftig-   30
keit) der Sache für den Antragsteller verstanden[3]. Dies ist streng genommen ungenau, da über den Verfügungsgrund nach einer Abwägung der sich gegenüberstehenden Interessen von Antragsteller und Antragsgegner zu ent-

---

1 So zum Beispiel MüKoZPO/*Heinze*, § 938 Rz. 7.
2 So für das Wettbewerbsrecht § 12 Abs. 2 UWG; überwiegend wird § 12 Abs. 2 UWG analog auch für Ansprüche aus dem MarkenG angewendet, vgl. *Köhler/Bornkamm*, UWG, § 12 Rz. 3.14 m.w.N.
3 Vgl. *Köhler/Bornkamm*, UWG, § 12 Rz. 3.13.

scheiden ist. Dabei steht insbesondere das Interesse des Antragstellers, dass der Verfügungsanspruch durch Zeitablauf bis zu einer Entscheidung in der Hauptsache nicht vereitelt wird, dem Interesse des Antragsgegners, nicht durch eine Entscheidung in einem summarischen Verfahren verurteilt zu werden, die sich später eventuell als unrichtig erweist, gegenüber.

31 Unabhängig davon, ob eine (widerlegbare) gesetzliche Dringlichkeitsvermutung eingreift oder der Verfügungsgrund dargelegt und glaubhaft gemacht werden muss, besteht die Dringlichkeit nicht (mehr), wenn der Antrag auf Erlass einer einstweiligen Verfügung erst nach Ablauf der sog. **Dringlichkeitsfrist** eingereicht wird.

32 Die Dringlichkeitsfristen wurden insbesondere durch die wettbewerbsrechtliche Rechtsprechung im Hinblick auf die (widerlegbare) **Dringlichkeitsvermutung** gemäß § 12 Abs. 2 UWG entwickelt. Sie werden jedoch von den Gerichten bei sämtlichen einstweiligen Verfügungen angewandt, unabhängig davon, ob der Verfügungsanspruch wettbewerbsrechtlicher Natur ist oder nicht.

33 Die Dringlichkeitsvermutung gilt als **widerlegt**, wenn der Verletzte durch sein eigenes Verhalten nach Kenntniserlangung der für den Verfügungsanspruch relevanten Tatsachen zu erkennen gibt, dass es ihm nicht so eilig war (sog. Selbstwiderlegung). Zwar sollte hier stets eine Einzelfallwürdigung durch das Gericht erfolgen. In den verschiedenen Bezirken der Oberlandesgerichte haben sich jedoch bestimmte Regelfristen herauskristallisiert, nach deren Ablauf im Regelfall davon ausgegangen wird, dass keine Dringlichkeit mehr besteht. Einige Gerichte[1] wenden sogar starre Fristen an. Die Regelfristen sind wie folgt[2]:

- Kammergericht Berlin: Bis zu zwei Monaten

- OLG Brandenburg: Bis zu einem Monat

- OLG Bremen: Bis zu einem Monat

- OLG Celle: Bis sechs Wochen

- OLG Dresden: In der Regel ein Monat

- OLG Düsseldorf: In der Regel zwei Monate

- OLG Frankfurt: In der Regel sechs Wochen

- OLG Hamburg: Sechs Wochen bis zu sechs Monaten

- OLG Hamm: In der Regel ein Monat

- OLG Jena: Jedenfalls drei Monate zu lang

- OLG Karlsruhe: In der Regel ein Monat

- OLG Koblenz: In der Regel ein Monat

- OLG Köln: In der Regel ein Monat

---

1 Z.B. Gerichte in den OLG-Bezirken München und Köln.
2 Nach *Köhler/Bornkamm*, UWG, § 12 Rz. 3.15b m.w.N.

- OLG München: Ein Monat

- OLG Nürnberg: Ein Monat

- OLG Oldenburg: Bis zu einem Monat

- OLG Rostock: In der Regel zwei bis drei Monate

- OLG Saarbrücken: Sieben Wochen

- OLG Schleswig: In der Regel zwei Monate

- OLG Stuttgart: Sieben Wochen

Im Einzelfall kann allerdings aufgrund besonderer Umstände die Vermutung   34
auch schon vor Ablauf der oben genannten Regelfristen widerlegt sein.

○ **Praxistipp:**

  Selbst bei längerer Regelfrist empfiehlt es sich, jedenfalls nicht länger
  als einen Monat mit Einreichung des einstweiligen Verfügungsantrags
  zu warten.

Die Dringlichkeitsfrist beginnt grundsätzlich mit **Kenntnis der für den Ver-**   35
fügungsanspruch relevanten Tatsachen zu laufen[1]. Dabei ist umstritten, ob
die grob fahrlässige Unkenntnis der positiven Kenntnis gleichzustellen ist[2].
Eine grob fahrlässige Unkenntnis wird angenommen, wenn sich der Antragsteller der Kenntnis bewusst verschließt oder ihm nach Lage der Dinge die
anspruchsbegründenden Tatsachen nicht verborgen geblieben sein können[3].
Nach einhelliger Ansicht ist allerdings eine bloß fahrlässige Unkenntnis
nicht ausreichend, da es keine allgemeine Marktbeobachtungspflicht gibt[4].
Für die Zurechnung der Kenntnis von dritten Personen gelten die allgemeinen Grundsätze der Wissenszurechnung (§ 166 BGB)[5]. Bei Unternehmen ist
das Wissen der vertretungsberechtigten Personen bzw. der Personen, die im
Unternehmen für die Ermittlung oder Geltendmachung von Ansprüchen zuständig sind, (so genannter Wissensvertreter) maßgeblich[6].

Nicht nur das **Verhalten des Antragstellers** vor Einreichung des Antrags auf   36
Erlass einer einstweiligen Verfügung, sondern auch noch während des Verfügungsverfahrens kann die Dringlichkeit entfallen lassen[7]. So entfällt eine
ursprünglich einmal gegebene Dringlichkeit, wenn der Antragsteller ein Versäumnisurteil gegen sich ergehen lässt[8], einen Antrag auf Terminsverlegung

---

1 Vgl. *Köhler/Bornkamm*, UWG, § 12 Rz. 3.15a m.w.N.
2 Dafür z.B. OLG Köln WRP 2011, 362; OLG Karlsruhe v. 14.4.2010 – 6 U 5/10, MDR
  2010, 1013 = WRP 2010, 793; OLG München MD 2007, 973; dagegen z.B. OLG Hamburg v. 20.9.2007 – 3 U 30/07, WRP 2008, 149.
3 Vgl. *Köhler/Bornkamm*, UWG, § 12 Rz. 3.15a m.w.N.
4 Vgl. *Köhler/Bornkamm*, UWG, § 12 Rz. 3.15b m.w.N.
5 Vgl. *Köhler/Bornkamm*, UWG, § 12 Rz. 3.15b m.w.N.
6 Vgl. OLG Köln GRUR-RR 2010, 493.
7 Vgl. *Enders* in Enders/Börstinghaus, Einstweiliger Rechtsschutz, S. 27, Rz. 77.
8 Vgl. OLG Hamm v. 31.8.2006 – 4 U 124/06, GRUR 2007, 173 – interoptik.de.

stellt oder seine Zustimmung zum Terminsverlegungsantrag des Antrags-gegners gibt[1] oder die Frist zur Berufungsbegründung verlängern lässt[2].

37 Die Dringlichkeit kann sogar durch das Verhalten des Antragstellers **nach Erlass der einstweiligen Verfügung** entfallen, so z.B. wenn er diese nicht in-nerhalb eines angemessenen Zeitraums dem Antragsgegner zustellt[3].

38 Zwar nicht die Dringlichkeit, aber das **Rechtschutzinteresse** wird vereinzelt für den Fall verneint, dass der Antragsteller, der mit seinem vor einem Ge-richt gestellten Verfügungsantrag nicht durchdringt und diesen – regelmäßig nach vorherigem telefonischen Hinweis des Gerichts – wieder zurück-nimmt, ihn anschließend bei einem anderen Gericht neu stellt (sog. **Forum-Shopping**)[4]. Diese Rechtsprechung hat jedoch dem Forum-Shopping keinen Einhalt geboten, da in der Regel das zweite Gericht nichts von dem erfolg-losen Versuch beim ersten Gericht erfährt.

7. Glaubhaftmachung

39 Während im Hauptsacheverfahren entscheidungserhebliche Tatsachen des vollen Beweises bedürfen und erst bewiesen sind, wenn das Gericht von ih-rer Wahrheit überzeugt ist (§ 286 Abs. 1 ZPO), reicht im einstweiligen Ver-fügungsverfahren Glaubhaftmachung aus (§§ 920 Abs. 2, 936 ZPO).

40 Die Glaubhaftmachung ist ein **geringerer Grad der Erkenntnis**. Eine Tatsa-che ist schon dann glaubhaft gemacht, wenn das Gericht sie für überwiegend wahrscheinlich hält[5]. Zulässige Mittel der Glaubhaftmachung sind alle nach der ZPO zulässigen Beweismittel (vgl. Teil A IX Rz. 52 ff., 60 ff.), sofern sie präsent sind (vgl. § 294 Abs. 2 ZPO).

41 Im Gegensatz zum Hauptsacheverfahren kann im Verfügungsverfahren die Richtigkeit der entscheidungserheblichen Tatsachen **auch an Eides statt ver-sichert** werden (§ 294 Abs. 1 ZPO). Die eidesstattliche Versicherung ist das häufigste Mittel der Glaubhaftmachung im einstweiligen Verfügungsverfah-ren neben Urkunden. Sie kann in schriftlicher Form zusammen mit dem Antrag auf Erlass einer einstweiligen Verfügung oder zu Protokoll erklärt werden. Eine eidesstattliche Versicherung in Schriftform kann dem Ver-fügungsantrag auch als Fax-Kopie beigefügt werden[6], wobei die Gerichte bei einer anschließenden mündlichen Verhandlung häufig die Nachreichung des Originals verlangen. Die eidesstattliche Versicherung kann auch durch die

---

1 Vgl. OLG Hamm WettbR 1996, 164.
2 Vgl. OLG Düsseldorf GRUR-RR 2003, 31; OLG Frankfurt MD 2001, 1380; OLG Frank-furt GRUR 1993, 855.
3 Vgl. OLG Düsseldorf WRP 1999, 865; *Köhler/Bornkamm*, UWG, § 12 Rz. 3.16a m.w.N.
4 So z.B. OLG Frankfurt v. 14.7.2005 – 16 U 23/05, GRUR 2005, 972; OLG Hamburg v. 6.12.2006 – 5 U 67/06, CR 2007, 818 = ITRB 2007, 231 = GRUR 2007, 614; OLG Mün-chen WRP 2011, 364.
5 Vgl. BGH v. 20.3.1996 – VIII ZB 7/96, MDR 1996, 639 = NJW 1996, 1682.
6 Vgl. BGH GRUR 2002, 915 – Wettbewerbsverbot.

Partei selbst abgegeben werden, obwohl deren Aussage im Hauptsacheverfahren lediglich als Parteivortrag zu werten wäre. Sie muss eine eigene Darstellung der glaubhaft zu machenden Tatsachen enthalten und darf nicht nur auf den Schriftsatz Bezug nehmen[1]. Aufgrund der Strafbarkeit einer (auch fahrlässig) abgegeben falschen eidesstattlichen Versicherung (vgl. § 156 StGB) ist bei einer schriftlich vorgelegten eidesstattlichen Versicherung besonders darauf zu achten, dass versehentlich nichts Falsches erklärt wird.

Tatsachen, die ein anwaltlicher Vertreter in dieser Eigenschaft selbst wahrgenommen hat, können zudem **anwaltlich versichert** werden[2].

  42

Da gemäß § 294 Abs. 2 ZPO eine Glaubhaftmachung nur mit **präsenten Beweismitteln** erfolgen kann, kommt die Einholung eines **gerichtlichen Sachverständigengutachtens** hingegen nicht in Betracht. Es empfiehlt sich daher, ein Privatgutachten einzuholen, gegebenenfalls von einem bei Gericht anerkannten Sachverständigen, das dann allerdings nur einen Urkundsbeweis darstellt.

  43

Eine Vernehmung von **Zeugen** ist nur möglich, wenn eine mündliche Verhandlung anberaumt wird und der Zeuge dort präsent ist. Eine Ladung erfolgt in der Regel nicht.

  44

⮑ Praxistipp:

    Soweit eine Beschlussverfügung ohne mündliche Verhandlung begehrt wird, sollten die Aussagen von Zeugen als eidesstattliche Versicherungen beigefügt werden.

Zulässige **Mittel der Glaubhaftmachung** sind damit:

  45

– Urkunden

– Bescheinigung von Privatpersonen oder Behörden

– präsente Augenscheinsobjekte

– schriftliche Sachverständigengutachten (Parteigutachten)

– eidesstattliche Versicherung

– gegebenenfalls präsente Zeugen

– anwaltliche Versicherung

Im Verfügungsantrag sind alle entscheidungsrelevanten Tatsachen für den Verfügungsanspruch und den Verfügungsgrund glaubhaft zu machen. Strittig ist, ob der Antragsteller auch das **Fehlen von Einwendungen und Einreden** darlegen und glaubhaft machen muss, für die nach seinem eigenen Vortrag Anhaltspunkte bestehen[3]. Sofern eine mündliche Verhandlung stattfindet,

  46

---

1 Vgl. Zöller/*Greger*, ZPO, § 294 Rz. 4 m.w.N.
2 Vgl. Zöller/*Greger*, ZPO, § 295 Rz. 5.
3 Vgl. Zöller/*Vollkommer*, ZPO, vor § 916 Rz. 6a m.w.N.

gilt die im Hauptsacheverfahren geltende allgemeine Beweislastregelung (vgl. Teil A IX Rz. 52).

8. Verfahren und Rechtsmittel

47   Das angerufene Gericht kann über den Antrag auf Erlass einer einstweiligen Verfügung entweder ohne mündliche Verhandlung durch Beschluss (sog. **Beschlussverfügung**) oder nach mündlicher Verhandlung durch Urteil (sog. **Urteilsverfügung**) entscheiden.

48   Bei Vorliegen der besonderen Dringlichkeit gemäß § 937 Abs. 2 ZPO oder bei einer Abweisung des Verfügungsantrages kann das Gericht durch Beschluss entscheiden. Die Entscheidung, ob im Wege der Beschluss- oder der Urteilsverfügung entschieden wird, steht dabei im **pflichtgebundenen Ermessen** des Gerichts. Insoweit ist das Gericht an das Ersuchen in der Antragsschrift, ohne mündliche Verhandlung im Beschlusswege zu entscheiden, nicht gebunden. Ebenso wenig ist das Gericht verpflichtet, selbst bei ausdrücklicher Bitte im Verfügungsantrag, dem Antragssteller einen vorherigen richterlichen Hinweis für den Fall zu geben, dass die einstweilige Verfügung nicht oder nicht ohne mündliche Verhandlung erlassen wird, damit der Antragsteller die einstweilige Verfügung gegebenenfalls zurücknehmen kann. In der Regel kommt das Gericht einer solchen Bitte jedoch nach.

49   Der **gesetzliche Regelfall** ist damit bei Stattgabe, dass über den Antrag auf Erlass einer einstweiligen Verfügung aufgrund mündlicher Verhandlung durch Urteil entschieden wird. In der Praxis entscheiden die Landgerichte in Großstädten jedoch regelmäßig ohne mündliche Verhandlung im Beschlusswege, wenn sie den Antrag für zulässig und begründet halten und der Antragsgegner vorher erfolglos abgemahnt wurde.

50   Das angerufene Gericht beraumt dann eine **mündliche Verhandlung** an und lädt die Parteien zum Verhandlungstermin. Die Ladungsfrist gemäß § 217 ZPO ist grundsätzlich einzuhalten, wobei sie auf Antrag abgekürzt werden kann (§ 226 ZPO).

➲ **Praxistipp:**

Ein Antrag auf Abkürzung der Ladungsfrist kann bereits im Verfügungsantrag gestellt werden.

51   Für das **Urteil** nach mündlicher Verhandlung gelten die allgemeinen Vorschriften der §§ 300 ff. ZPO. Das Urteil ist zu begründen und das Gericht muss über die Kosten des Verfahrens entscheiden.

52   Die **Rechtsbehelfe** von Antragsteller und Antragsgegner unterscheiden sich danach, ob dem Verfügungsantrag durch Beschluss oder nach mündlicher Verhandlung durch Urteil stattgegeben bzw. ob er abgewiesen wurde. Sowohl im Beschluss- als auch im Urteilsverfahren besteht nur ein zweistufi-

ger Instanzenzug, d.h. dass eine Revision ausgeschlossen ist[1]. Der Bundesgerichtshof ist mit einstweiligen Verfügungsverfahren daher nicht befasst.

a) Rechtsbehelfe des Antragstellers bei Abweisung

Eine Abweisung des Antrages auf Erlass einer einstweiligen Verfügung kann　53
durch Beschluss oder nach mündlicher Verhandlung durch Urteil geschehen.

Einen **zurückweisenden Beschluss** kann der Antragsteller mit der sofortigen　54
Beschwerde angreifen (§ 567 Abs. 1 ZPO). Sie unterliegt dem Anwaltszwang
(§ 571 Abs. 4 ZPO)[2] und ist nur zulässig, wenn der Wert des Beschwerde-
gegenstandes die (äußerst geringe) Berufungssumme von 200 Euro übersteigt
(§ 567 Abs. 2 ZPO). Die sofortige Beschwerde ist innerhalb einer Notfrist
von zwei Wochen einzulegen (§ 569 Abs. 1 ZPO). Sie kann sowohl bei dem
Gericht, dessen Entscheidung angefochten wird, als auch beim Beschwerde-
gericht eingelegt werden (§ 569 Abs. 1 Satz 1 ZPO).

Die **Notfrist** beginnt mit Zustellung des Beschlusses (§ 569 Abs. 1 Satz 2　55
ZPO). Soweit das erstinstanzliche Gericht die sofortige Beschwerde für begründet hält, erlässt es die einstweilige Verfügung durch Beschluss im sog.
Abhilfeverfahren (§ 572 Abs. 1 ZPO). Anderenfalls legt es die Sache dem Be-
schwerdegericht vor, welches die Beschwerde durch Beschluss zurückweist
oder die einstweilige Verfügung durch Beschluss oder Urteil erlassen kann.

Übersicht bei **abweisender Beschlussverfügung**:　　　　　　　　　　　　56

```
                    ┌──────────────────────────────────────┐
                    │     Antrag auf Erlass einer e.V.       │
                    └──────────────────────────────────────┘
                                      │
                                      ▼
┌──────────────┐    ┌──────────────────────────────────────┐
│  Sofortige   │───▶│      Abweisungsbeschluss des LG        │
│  Beschwerde  │    └──────────────────────────────────────┘
└──────────────┘          ◀──────────────────▶
                ┌──────────────────┐      ┌──────────────────┐
                │    mündliche     │      │   Erlass bzw.    │
                │  Verhandlung vor │      │ Abweisung durch  │
                │     dem OLG      │      │ Beschluss des OLG│
                └──────────────────┘      └──────────────────┘
                          │
                          ▼
                ┌──────────────────┐
                │   Urteil durch   │
                │     OLG/KG       │
                └──────────────────┘
```

Gegen ein **abweisendes Urteil erster Instanz** kann der Antragsteller Berufung　57
einlegen (§ 511 Abs. 1 ZPO). Bei Abweisung des Antrags auf Erlass einer
einstweiligen Verfügung durch das Beschwerde- bzw. Berufungsgericht, unabhängig davon ob sie durch Beschluss oder nach mündlicher Verhandlung

---

1　Vgl. Zöller/*Vollkommer*, ZPO, vor § 916 Rz. 11 m.w.N.
2　Vgl. KG v. 15.8.1991 – 25 W 4372/91, GRUR 1991, 944; OLG Karlsruhe v. 5.5.1993 –
　6 W 23/93, MDR 1993, 902 = WRP 1994, 49.

durch Urteil geschieht, ist kein weiteres Rechtsmittel mehr gegeben (§ 542 Abs. 2 ZPO).

b) Rechtsbehelfe des Antragsgegners bei Erlass

58   Sofern das Gericht eine Beschlussverfügung ohne mündliche Verhandlung erlässt und der Antragsgegner der Ansicht ist, die einstweilige Verfügung wurde zu Unrecht erlassen, kann er **Widerspruch** bei dem Gericht erheben, das die Beschlussverfügung erlassen hat (§§ 924 Abs. 1, 936 ZPO).

59   Der Antragsgegner erreicht mit dem Widerspruch, dass die **mündliche Verhandlung**, die das Gericht aufgrund der besonderen Dringlichkeit der Angelegenheit vor Erlass der einstweiligen Verfügung nicht anberaumt hat, **nachgeholt** wird. Durch den Widerspruch wird die Vollstreckung aus der einstweiligen Verfügung nicht gehemmt (§§ 924 Abs. 3 Satz 1, 936 ZPO), d.h. der Antragsgegner muss die einstweilige Verfügung auch nach Einlegung des Widerspruchs bis zu einer für ihn günstigen Entscheidung befolgen[1].

60   Der Widerspruch ist sowohl gegen Beschlussverfügungen des erstinstanzlichen Gerichts als auch der des Beschwerdegerichts **statthaft**. In beiden Fällen ist der Widerspruch jedoch beim Gericht erster Instanz einzulegen[2].

61   Der Widerspruch ist **schriftlich** einzulegen. Lediglich bei Erlass einer Beschlussverfügung durch das Amtsgericht kann er auch zu Protokoll der Geschäftsstelle erklärt werden (§§ 924 Abs. 2 Satz 3, 936 ZPO). Beim Landgericht besteht Anwaltszwang.

62   Der Widerspruch ist **nicht fristgebunden**. Er kann mithin auch noch nach Monaten eingelegt werden. Allerdings ist bei sehr langem Zuwarten eine Verwirkung des Widerspruchs denkbar[3]. Nach Einlegung des Widerspruchs wird eine mündliche Verhandlung terminiert, in der das Gericht durch Urteil entscheidet.

➲ **Praxistipp:**

Da das Gericht in der Regel sehr kurzfristig terminiert, empfiehlt es sich, mit der Einlegung des Widerspruchs zu warten, bis die Widerspruchsbegründung fertiggestellt und alles ausreichend vorbereitet ist.

63   Der Widerspruch kann bis zur Rechtskraft des Urteils **zurückgenommen** werden, auch ohne Zustimmung des Antragstellers[4].

64   Sofern der Antragsgegner die Beschlussverfügung für begründet hält, es aber für das Verfügungsverfahren keinen Anlass gegeben hat, z.B. weil ihm durch

---

1 Der Antragsgegner kann jedoch zeitgleich oder nach dem Widerspruch beantragen, dass die Vollstreckung ohne oder gegen Sicherheitsleistung eingestellt wird.
2 Vgl. Zöller/*Vollkommer*, ZPO, § 924 Rz. 6 m.w.N.
3 Vgl. Zöller/*Vollkommer*, ZPO, § 924 Rz. 10.
4 Vgl. Zöller/*Vollkommer*, ZPO, § 924 Rz. 8.

eine vorherige Abmahnung nicht die Möglichkeit einer außergerichtlichen Beilegung gegeben wurde, kann er den Verfügungsanspruch auch **sofort anerkennen** und mit einem Kostenwiderspruch zugleich gegen die Auferlegung der Kosten vorgehen. In diesem Fall sind dem Antragsteller dann die Kosten des Verfahrens gemäß § 93 ZPO aufzuerlegen.

Gegen das im Widerspruchsverfahren nach mündlicher Verhandlung erlasse-   65
ne Endurteil ist wieder die **Berufung** statthaft (§ 511 ZPO). Gegen das Berufungsurteil ist dann kein weiteres Rechtsmittel mehr zugelassen.

Übersicht bei **stattgebender Beschlussverfügung**:   66

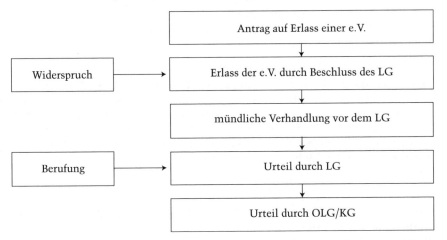

Soweit das Gericht die einstweilige Verfügung nach mündlicher Verhand-   67
lung als Urteilsverfügung erlässt, ist hiergegen nur die Berufung statthaft (§ 511 ZPO).

Übersicht bei **stattgebender Urteilsverfügung**:   68

69 Da eine einstweilige Verfügung, unabhängig davon, ob es sich um eine Be-schluss- oder Urteilsverfügung handelt, nur eine vorläufige Regelung dar-stellt, kann der Antragsgegner die einstweilige Verfügung auch durch eine für ihn günstige Entscheidung **im Hauptsacheverfahren entkräften**. Dies kommt dann in Betracht, wenn der Antragsgegner nicht dringend darauf angewiesen ist, dass die einstweilige Verfügung sofort aufgehoben wird und die Erfolgsaussichten im Hauptsacheverfahren größer sind als im Ver-fügungsverfahren, z.B. wenn der Sachverhalt streitig ist. Denn im Gegensatz zum Verfügungsverfahren muss im Hauptsacheverfahren der Kläger die an-spruchsbegründenden Tatsachen beweisen und nicht nur glaubhaft machen und kann sich daher zum Beweis streitiger Tatsachen nicht einer von ihm selbst abgegebenen eidesstattlichen Versicherung bedienen. Darüber hinaus besteht im Hauptsacheverfahren die Möglichkeit, eine Entscheidung des Bundesgerichtshofs herbeizuführen.

70 Eine Entscheidung im Hauptsacheverfahren kann der Antragsgegner zum ei-nen durch die Einlegung einer **negativen Feststellungsklage** herbeiführen. Zum anderen kann er aber auch das Gericht auf Antrag dazu veranlassen, dem Antragsteller eine **Frist zur Erhebung der Hauptsacheklage** zu setzen (§ 926 Abs. 1 ZPO). Kommt der Antragsteller dieser gerichtlichen Aufforde-rung nicht nach, so wird die einstweilige Verfügung auf Antrag des Antrags-gegners wegen Nichteinhaltung der Klagefrist aufgehoben (§ 926 Abs. 2 ZPO).

71 Ferner kann der Antragsgegner, insbesondere wenn sich die maßgebenden Umstände nach Erlass der einstweiligen Verfügung verändert haben, **eine Aufhebung wegen veränderter Umstände** gemäß § 927 ZPO beantragen. Sol-che Umstände sind z.B. die Verjährung des Verfügungsanspruchs, die Nicht-einhaltung der Vollziehungsfrist[1] oder die Versäumung der Klagefrist.

72 Im Hinblick auf das **Rechtsschutzbedürfnis** ist der Antrag auf Aufhebung wegen veränderter Umstände nur zulässig, soweit weitere Auswirkungen der einstweiligen Verfügung noch drohen, die einstweilige Verfügung ins-besondere noch besteht und vollstreckungsfähig ist.

73 Die Aufhebung wegen veränderter Umstände gem. § 927 ZPO erfolgt nur auf **Antrag**. Über den Antrag wird nach mündlicher Verhandlung durch End-urteil entschieden. Bei Aufhebung muss der Antragsteller die Kosten des Aufhebungsverfahrens tragen und – soweit die einstweilige Verfügung wegen Umständen aufgehoben wurde, die bereits bei Erlass der einstweiligen Ver-fügung vorlagen – auch die Kosten des vorherigen Verfügungsverfahrens[2].

⮌ **Praxistipp:**

　Um bei einem sofortigen Anerkenntnis des Antragstellers die Auferle-gung der Kosten gemäß § 93 ZPO zu vermeiden, sollte der Antragsteller

---

1 Vgl. OLG Düsseldorf v. 4.3.1982 – 2 U 142/81, WRP 1982, 531; zur Vollziehung siehe nachfolgend Rz. 74 ff.
2 Vgl. Zöller/*Vollkommer*, ZPO, § 927 Rz. 12.

vor Einleitung des Aufhebungsverfahrens unter Fristsetzung aufgefordert werden, auf die einstweilige Verfügung zu verzichten, den Titel entwertet herauszugeben und gegebenenfalls die Kosten des vorherigen Verfügungsverfahrens zu erstatten.

9. Vollziehung und sonstige Maßnahmen nach Erlass

Mit dem Erlass der einstweiligen Verfügung ist das Verfügungsverfahren   74
noch nicht beendet. Denn einstweilige Verfügungen müssen **binnen Monatsfrist** vollzogen werden (§§ 929 Abs. 2, 936 ZPO).

Die Monatsfrist beginnt   75

– bei Beschlussverfügungen mit der Zustellung an den Antragsteller[1],

– bei Urteilsverfügung bereits mit Verkündung des Urteils[2].

Zu beachten ist, dass die **Vollziehungsfrist** bei Urteilsverfügungen selbst   76
dann mit der Verkündung des Urteils zu laufen beginnt, wenn dem Antragsteller noch kein Urteil zugestellt wurde. Selbst eine schuldlose Versäumung der Vollziehungsfrist ist nicht nach § 295 ZPO heilbar und begründet keine Wiedereinsetzung in den vorherigen Stand.

➲ **Praxistipp:**

> Sofern Anhaltspunkte dafür vorliegen, dass die Zustellung des Urteils nicht innerhalb der Vollziehungsfrist erfolgen wird, muss die Übersendung einer sogenannten abgekürzten Ausfertigung des Urteils (ohne Tatbestand und Entscheidungsgründe) erbeten werden.

Die Vollziehung der einstweiligen Verfügung muss regelmäßig durch **Zustel-   77
lung im Parteibetrieb** erfolgen[3]. Zustellungsadressat ist der Antragsgegner bzw., wenn sich für den Antragsgegner bei Gericht (z.B. in einer Schutzschrift) ein Anwalt bestellt hat, sein Prozessbevollmächtigter (§ 172 ZPO)[4].

➲ **Praxistipp:**

> Bei Zweifeln darüber, wer der richtige Zustellungsadressat ist, sollte die einstweilige Verfügung an den Antragsgegner und den Anwalt zugestellt werden.

Soweit an den Antragsgegner selbst zuzustellen ist, erfolgt die Parteizustel-   78
lung durch den **Gerichtsvollzieher** (§ 192 ZPO); ansonsten von **Anwalt zu Anwalt** (§ 195 ZPO). Zuzustellen ist eine Ausfertigung der einstweiligen Verfügung oder eine beglaubigte Abschrift der Ausfertigung. Die Zustellung

---

1 Vgl. Zöller/*Vollkommer*, ZPO, § 929 Rz. 5 m.w.N. Achtung: Ggf. genügt auch die formlose Aushändigung der Beschlussverfügung, da von diesem Zeitpunkt an eine Vollziehung möglich ist.
2 Vgl. Zöller/*Vollkommer*, ZPO, § 929 Rz. 6.
3 Vgl. Zöller/*Vollkommer*, ZPO, § 929 Rz. 12 m.w.N.
4 Vgl. Zöller, ZPO, 29. Aufl., § 929, Rz. 13.

einer einfachen Abschrift reicht nicht aus[1]. Soweit der Tenor der einstweiligen Verfügung auf Anlagen Bezug nimmt, sind diese mit zuzustellen[2]. Ist die Vollziehung der einstweiligen Verfügung von einer Sicherheitsleistung abhängig, ist auch diese innerhalb der Vollziehungsfrist zu erbringen und der Nachweis darüber zuzustellen (§ 751 Abs. 2 ZPO).

79   Etwaige **Zustellungsmängel** können gemäß § 189 ZPO geheilt werden. Eine Versäumung der ordnungsgemäßen Vollziehung innerhalb der Monatsfrist führt zur Unwirksamkeit der einstweiligen Verfügung[3]. Der Antragsgegner kann in diesem Fall Aufhebung der einstweiligen Verfügung wegen veränderter Umstände (§ 927 ZPO) beantragen (vgl. Rz. 71). Bei erfolgreicher Aufhebung muss der Antragsteller dem Antragsgegner dann auch die Kosten des vorherigen Verfügungsverfahrens erstatten. Diese bekommt er selbst bei Obsiegen in der Hauptsache nicht erstattet[4]. Die Erwirkung einer neuen einstweiligen Verfügung scheitert regelmäßig daran, dass nach Ablauf der einmonatigen Vollziehungsfrist die Dringlichkeit nicht mehr besteht. Die Versäumung der Vollziehungsfrist ist daher in der Regel ein nicht wieder gutzumachender Fehler.

80   Da die einstweilige Verfügung nur eine vorläufige Regelung trifft und insbesondere die Verjährung nicht dauerhaft hemmt, muss grundsätzlich nach Abschluss des Verfügungsverfahrens noch eine **Hauptsacheklage** eingereicht werden.

81   Vor Erhebung der Hauptsacheklage ist dem Gegner jedoch durch ein sog. **Abschlussschreiben** die Möglichkeit zu geben, die einstweilige Verfügung durch eine sog. Abschlusserklärung als endgültige Regelung anzuerkennen.

82   Wird ein Hauptsacheverfahren **ohne vorheriges Abschlussschreiben** eingeleitet, riskiert der Kläger die Auferlegung der Kosten gemäß § 93 ZPO, wenn der Beklagte den Anspruch sofort anerkennt.

83   Durch die **Abschlusserklärung** soll die einstweilige Verfügung einem endgültigen Titel gleichgestellt werden. Sie muss daher die Erklärung des Antragsgegners beinhalten, dass er umfassend auf mögliche Rechtsbehelfe verzichtet, d.h. auf den Widerspruch (§ 924 ZPO) bei der Beschlussverfügung bzw. der Berufung (§ 511 ZPO) bei der Urteilsverfügung, auf die Möglichkeit der Anordnung der Klageerhebung (§ 926 ZPO) sowie auf die Möglichkeit der Aufhebung der Verfügung wegen veränderter Umstände (§ 927 ZPO), jedenfalls soweit auch ein Vorgehen gegen einen rechtskräftigen Hauptsachetitel ausgeschlossen wäre, sowie auf die Einrede der Verjährung.

---

1 Vgl. OLG Koblenz NJW-RR 1987, 509; OLG Köln v. 9.1.1980 – 6 U 188/79, WRP 1980, 226.
2 Vgl. OLG Köln v. 19.12.1986 – 6 U 141/86, NJW-RR 1987, 575.
3 Vgl. BGH v. 10.6.1999 – VII ZR 157/98, MDR 1999, 1083 = GRUR 1999, 1038.
4 Vgl. BGH v. 19.10.1994 – I ZR 187/92, MDR 1995, 641 = GRUR 1995, 169.

Mit dem Abschlussschreiben wird der Antragsgegner unter Fristsetzung[1] 84
aufgefordert, eine solche Abschlusserklärung abzugeben. Der notwendige **Inhalt eines Abschlussschreibens** stellt sich wie folgt dar:

– Bezeichnung des Inhalts der erwirkten einstweiligen Verfügung (Tenor und Aktenzeichen)

– Aufforderung zum Verzicht auf sämtliche Rechtsbehelfe/-mittel sowie der Einrede der Verjährung

– Klageandrohung

– Frist

Die **Kosten** eines anwaltlichen Abschlussschreibens sind auf der Basis des 85
Rechtsanwaltsvergütungsgesetzes erstattungsfähig, wenn dem Antragsgegner nach Zustellung der einstweiligen Verfügung eine ausreichende Wartefrist gewährt wurde, die Abschlusserklärung von selbst abzugeben. Die Wartefrist beträgt nach überwiegender Auffassung grundsätzlich zwei Wochen ab Zustellung der einstweiligen Verfügung[2].

Übersicht Gang des Verfügungsverfahrens: 86

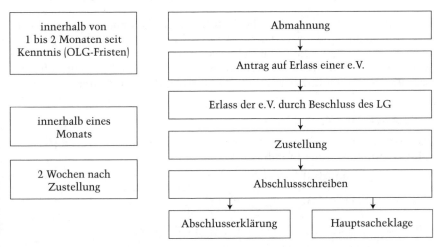

10. Dauer und Kosten

Entsprechend der Natur der einstweiligen Verfügung hat das Verfügungsver- 87
fahren nur eine kurze **Dauer**. Je nach Dringlichkeit der Sache entscheiden Gerichte noch am gleichen Tag oder zumindest im Regelfall innerhalb einer Woche über einen eingereichten Antrag auf Erlass einer einstweiligen Verfügung.

---

1 Frist zur Abgabe: zwei Wochen.
2 Vgl. OLG Frankfurt GRUR-RR 2003, 294; OLG München NJWE-WettbR 1998, 255; OLG Celle WRP 1996, 757; andere Ansicht: OLG Stuttgart WRP 2007, 688: ein Monat.

⮑ **Praxistipp:**

> Soweit die Sache nicht so dringlich ist, dass noch am gleichen Tag eine
> Entscheidung erfolgen muss, sollte jedenfalls nach zwei Tagen bei der
> zuständigen Geschäftsstelle nachgefragt werden, wie der Stand des Ver-
> fahrens ist.

88   Bei Anberaumung einer mündlichen Verhandlung und insbesondere nach
Einlegung eines Rechtsbehelfs kann sich das Verfügungsverfahren jedoch
auch einige Wochen oder sogar Monate hinziehen.

89   Die **Kosten** (Gerichtskosten und Anwaltsgebühren) richten sich auch im
Verfügungsverfahren nach den allgemeinen Grundsätzen des Zivilprozesses.
In der Regel beträgt der Streitwert wegen des bloßen Sicherungsinteresses lediglich ein Drittel bis zwei Drittel des Streitwertes der Hauptsache[1]. Im Einzelfall, insbesondere bei einer Leistungsverfügung, kann der Streitwert des
einstweiligen Verfügungsverfahrens allerdings sogar mit dem Hauptsache-
streitwert identisch sein.

11. Schutzschrift

90   In der Praxis hat sich zudem die Schutzschrift als vorbeugendes Verteidigungsmittel auf einen erwarteten Antrag auf Erlass einer einstweiligen Verfügung fest etabliert. Die Schutzschrift ist gesetzlich nicht geregelt, sondern
wurde im Rahmen des Wettbewerbsrechts entwickelt und ist heute auch außerhalb des Wettbewerbsrechts gewohnheitsrechtlich anerkannt.

a) Sinn und Zweck

91   Da in dringenden Fällen das Gericht eine einstweilige Verfügung als Beschlussverfügung ohne mündliche Verhandlung erlassen kann und der Antragsgegner in diesem Fall erst nach Erlass im Rahmen eines Widerspruchs
seine Sicht der Dinge schildern kann[2], ist die Schutzschrift häufig die einzige Möglichkeit des Antragsgegners, sich noch vor Erlass rechtliches Gehör
zu verschaffen (Art. 103 Abs. 3 Satz 1 GG). Sie hat den Zweck, die volle oder
teilweise Zurückweisung eines Antrags auf Erlass einer einstweiligen Verfügung oder zumindest die Anberaumung einer mündlichen Verhandlung
vor Erlass zu erreichen[3].

92   Die Einreichung einer Schutzschrift ist immer dann sinnvoll, wenn der Erlass einer einstweiligen Verfügung ohne mündliche Verhandlung befürchtet
wird. Eine Schutzschrift wird daher häufig nach einer förmlichen Abmahnung eingereicht. Eine formelle Abmahnung ist jedoch keine Zulässigkeitsvoraussetzung für die Hinterlegung einer Schutzschrift. Die Hinterlegung einer Schutzschrift ist vielmehr auch dann zulässig und sinnvoll, wenn der

---

1 Vgl. Zöller/*Herget*, ZPO, § 3 Rz. 16, Stichwort: Einstweilige Verfügung.
2 Vgl. hierzu oben Rz. 47, 58 ff.
3 Vgl. *Köhler/Bornkamm*, UWG, 30. Aufl. 2012, § 12 Rz. 3.40 m.w.N.

Gegner lediglich eine sog. Berechtigungsanfrage stellt[1] oder aus sonstigen Gründen der Verdacht besteht, dass der Gegner eine einstweilige Verfügung einreichen könnte.

b) Rechtzeitigkeit und Adressat

Der Sinn und Zweck einer Schutzschrift, dass sich der Antragsgegner vor Erlass einer Beschlussverfügung rechtliches Gehör verschaffen kann, kann jedoch nur erfüllt werden, wenn die Schutzschrift rechtzeitig und bei dem Gericht, bei dem der Verfügungsantrag dann auch tatsächlich eingereicht wird, hinterlegt wird.   93

Sofern Anlass für die Schutzschrift eine **vorherige Abmahnung** ist, ist daher darauf zu achten, dass die Schutzschrift vor Ablauf der in der Abmahnung gestellten Frist bei den in Frage kommenden Gerichten hinterlegt wird bzw. bevor der Anspruch der Gegenseite in einem Antwortschreiben zurückgewiesen wird.   94

Selbst wenn die Schutzschrift jedoch vor Ablauf der Abmahnfrist bei Gericht eingereicht wird, ist dies keine Garantie, dass die Schutzschrift noch rechtzeitig wahrgenommen werden kann. Denn eine formelle Abmahnung ist keine Zulässigkeitsvoraussetzung für den Antrag auf Erlass einer einstweiligen Verfügung[2]. Es kommt daher in der Praxis manchmal vor, dass der Gegner – **ohne vorherige Abmahnung** – eine einstweilige Verfügung ohne mündliche Verhandlung erwirkt, anschließend abmahnt und – sofern keine Unterlassungs- und Verpflichtungserklärung abgegeben wird – die bereits vorrätige Beschlussverfügung (deshalb auch sog. **Vorrats- oder Schubladenverfügung** genannt) dem Gegner zustellt. In einem solchen Fall kommt eine Schutzschrift nach Erhalt der Abmahnung zu spät, da die Beschlussverfügung bereits erlassen wurde. Dem Antragsgegner bleibt dann nur noch die Möglichkeit, Widerspruch einzulegen[3].   95

⮂ **Praxistipp:**

> Soweit die Befürchtung besteht, dass der Gegner bereits eine Vorratsverfügung erwirkt hat, sollte bei der Registratur bei den in Frage kommenden Gerichten nachgefragt werden, ob ein einstweiliges Verfügungsverfahren anhängig ist und anschließend anstelle einer Schutzschrift der Widerspruch vorbereitet werden.

Neben der Rechtzeitigkeit der Einreichung ist für die Effektivität einer Schutzschrift außerdem maßgeblich, dass die Schutzschrift bei dem **richtigen Gericht** eingereicht wird. In Fällen, in denen der Gerichtsstand der unerlaubten Handlung gegeben ist, kann die erwartete einstweilige Verfügung re-   96

---

1 Im Gegensatz zu einer formellen Abmahnung werden in einer sog. Berechtigungsanfrage keine Unterlassungsansprüche geltend gemacht, sondern nur nach der Berechtigung zur Nutzung einer Kennzeichnung gefragt.
2 Vgl. hierzu oben Rz. 10.
3 Vgl. hierzu oben Rz. 58.

gelmäßig bei mehreren Gerichten oder sogar, wie z.b. bei bundesweiten Kennzeichenverletzungen, bei allen Landgerichten in Deutschland eingereicht werden. Da eine flächendeckende Hinterlegung in der Regel jedoch zeit- und kostenintensiv ist, wird in der Praxis die Schutzschrift häufig lediglich an den vorrangig in Betracht kommenden Landgerichten, wie z.b. die Landgerichte am Sitz des Abmahnenden (bzw. dessen Anwalt) und am Sitz des Abgemahnten, sowie bei allen größeren Landgerichten (München, Berlin, Köln, Düsseldorf, Hamburg, Frankfurt) hinterlegt.

97 In dieser Hinsicht stellt es eine gewisse Erleichterung dar, dass seit dem Jahr 2007 die Möglichkeit besteht, bei den teilnehmenden Gerichten[1] eine Schutzschrift über das **zentrale Schutzschriftenregister** (ZSR) einzureichen. Das ZSR ist ein Dienst der Europäischen EDV-Akademie des Rechts, einer gemeinnützigen GmbH, bei der Schutzschriften nebst Anlagen elektronisch über die Homepage www.schutzschriftenregister.de hinterlegt werden können, um den Aufwand bei der Einreichung einer Schutzschrift bei mehreren Gerichten zu verringern. Die Hinterlegung über das ZSR erfordert eine vorherige Registrierung[2]. Anschließend kann nach Ausfüllung einer vorgegebenen Maske die (an kein bestimmtes Gericht adressierte) Schutzschrift hochgeladen werden. Für die Hinterlegung einer Schutzschrift durch das ZSR wird eine Gebühr von 45,00 Euro zzgl. Mehrwertsteuer fällig. Die Schutzschrift wird 90 Tage nach Hinterlegung automatisch gelöscht. Der Hinterlegungszeitraum kann für weitere 90 Tage verlängert werden, wobei in diesem Fall die Hinterlegungsgebühr erneut anfällt. Da einige große Landgerichte nicht von den Diensten des ZSR Gebrauch machen (z.B. die Landgerichte Berlin, Köln, München) wird eine Schutzschrift häufig sowohl über das ZSR als auch bei den nicht teilnehmenden Gerichten manuell eingereicht.

c) Wesentlicher Inhalt

98 Die Schutzschrift ist als Schriftsatz konzipiert und entspricht im Wesentlichen einer Antragserwiderung. Adressat ist das Gericht, bei dem die Schutzschrift eingereicht wird. Bei einer Einreichung über das ZSR kann die Angabe eines konkreten Gerichts unterbleiben, da bei einer Vielzahl von Gerichten eingereicht wird. Es empfiehlt sich dann allerdings wenigstens anzugeben, ob sich die Schutzschrift an die Landgerichte oder an die Amts-

---

1 Stand 18.4.2012: **Landgerichte:** Arnsberg, Baden-Baden, Bielefeld, Bochum, Bremen, Cottbus, Darmstadt, Detmold, Dortmund, Duisburg, Düsseldorf, Ellwangen, Essen, Frankenthal, Frankfurt am Main, Frankfurt/Oder, Freiburg, Fulda, Gießen, Hagen, Hamburg, Hanau, Heidelberg, Kassel, Kleve, Krefeld, Leipzig, Limburg, Mainz, Mannheim, Marburg, Mönchengladbach, Moosbach, Münster, Nürnberg-Fürth, Paderborn, Ravensburg, Saarbrücken, Siegen, Stuttgart, Tübingen, Ulm, Waldshut-Tiengen, Wiesbaden, Wuppertal. **Amtsgerichte:** Adelsheim, Bad Liebenwerda, Brakel, Brandenburg an der Havel, Bühl, Frankfurt-Oder, Kehl, Künzelsau, Lemgo, Lübbecke, Mönchengladbach, Nürtingen, Saarbrücken und zentrales Bereitschaftsgericht des Saarlands, Senftenberg, Siegen, Stuttgart-Bad Cannstatt, Wuppertal. Aktuelle Liste unter https://www.schutzschriftenregister.de/Informationen/Aktuelles.aspx.

2 Vgl. https://www.schutzschriftenregister.de/Informationen/Register.aspx.

gerichte richtet. Sofern die Schutzschrift sowohl an die Zivilkammern als auch an die Kammern für Handelssachen gerichtet ist, sollte dies ebenfalls kenntlich gemacht werden. Die Parteien sind im Rubrum konkret zu benennen und werden als „mutmaßlicher Antragsteller" und „mutmaßlicher Antragsgegner" bezeichnet. Sofern die Schutzschrift nicht aufgrund einer konkreten vorherigen Abmahnung eingereicht wird, sondern nur auf Verdacht, ist der mutmaßliche Antragsteller eventuell noch nicht bekannt. In diesem Fall werden in der Praxis häufig verschiedene mögliche Antragsteller alternativ genannt.

Formulierungsvorschlag Rubrum

Eilt! Bitte sofort vorlegen!
Schutzschrift

In einem einstweiligen Verfügungsverfahren

des [Name Antragsteller]

– mutmaßliche Antragstellerin –

gegen

den [Name Antragsgegner]

– mutmaßliche Antragsgegnerin –

wegen [...]

zeigen wir an, dass wir die Vertretung der Antragsgegnerin übernommen haben.

Anschließend sollte der Streitgegenstand angegeben werden und die Anträge gestellt werden. Der Streitgegenstand ergibt sich in der Regel aus einer vorherigen Abmahnung. Bei der Formulierung der Anträge ist darauf zu achten, dass mit der Schutzschrift die Zurückweisung eines Antrags auf Erlass einer einstweiligen Verfügung begehrt wird, mindestens jedoch, dass über den Antrag nicht ohne eine vorherige mündliche Verhandlung entschieden wird. In der Regel wird daher die Zurückweisung des erwarteten Antrags auf Erlass einer einstweiligen Verfügung und hilfsweise die Anberaumung einer mündlichen Verhandlung beantragt.   99

Formulierungsvorschlag

Für den Fall, dass die Antragstellerin wegen des nachstehend wiedergegebenen Sachverhalts einen Antrag auf Erlass einer einstweiligen Verfügung mit dem Inhalt stellen sollte, wörtlich oder sinngemäß,

die Antragsgegnerin zu verpflichten, es bei Vermeidung eines ins Ermessen des Gerichts gestellten Ordnungsgeldes, ersatzweise Ordnungshaft oder Ordnungshaft bis zu sechs Monaten, zu unterlassen [...]

beantragen wir,

1. den Antrag auf Erlass einer einstweiligen Verfügung kostenpflichtig zurückzuweisen;

2. hilfsweise: Über den Antrag auf Erlass einer einstweiligen Verfügung nicht ohne vorherige mündliche Verhandlung zu entscheiden;

3. die Anordnung oder Vollziehung einer angeordneten einstweiligen Verfügung davon abhängig zu machen, dass die Antragstellerin eine angemessene Sicherheitsleistung erbringt;

4. höchstvorsorglich: Der Antragsgegnerin nachzulassen, ihrerseits die Vollziehung einer einstweiligen Verfügung gegen Sicherheitsleistung abzuwenden, die durch eine selbstschuldnerische Bankbürgschaft einer deutschen Großbank erbracht werden kann.

100   Im Anschluss sollte in der Schutzschrift der Tatbestand und die Rechtslage ausreichend geschildert werden, wobei die Schutzschrift, soweit möglich, bereits sämtliche Glaubhaftmachungsmittel enthalten sollte, damit das Gericht den Antrag auf Erlass einer einstweiligen Verfügung idealerweise aufgrund der Schutzschrift gleich zurückweisen kann. Die Beifügung einer beglaubigten und einfachen Abschrift ist nicht notwendig.

d) Ablauf des Verfahrens

101   Soweit die Schutzschrift rechtzeitig, d.h. vor dem Eingang eines entsprechenden Antrags auf Erlass einer einstweiligen Verfügung, bei Gericht eingeht, kann sie noch keinem konkreten Verfügungsverfahren zugeordnet werden. Sie wird daher bei den größeren Gerichten in der Regel EDV-mäßig erfasst und in das allgemeine Register eingetragen[1]. Bei kleineren Gerichten erfolgt angesichts der geringen Anzahl an Schutzschriften die Erfassung häufig in einer entsprechenden Liste[2]. Sofern anschließend ein Antrag auf Erlass einer einstweiligen Verfügung bei Gericht eingeht, kann die EDV-mäßig erfasste Schutzschrift namensmäßig den Parteien zugeordnet werden und wird zeitgleich mit dem Antrag auf Erlass einer einstweiligen Verfügung der zuständigen Kammer vorgelegt.

102   Bei der Entscheidung über den eingegangenen Antrag auf Erlass einer einstweiligen Verfügung muss das Gericht dann den Inhalt der Schutzschrift berücksichtigen[3]. Das Gericht ist allerdings nicht gezwungen, allein wegen des Umstandes, dass eine Schutzschrift eingereicht wurde, eine mündliche Verhandlung anzuberaumen[4]. Vielmehr kann das Gericht, wenn es der Auffassung ist, dass der Inhalt der Schutzschrift den Verfügungsanspruch oder Verfügungsgrund nicht berührt, dennoch eine Beschlussverfügung ohne

---

1 Vgl. *Harte-Bavendamm/Henning-Bodewig*, UWG, 2. Aufl. 2009, § 12 Rz. 614.
2 Vgl. *Harte-Bavendamm/Henning-Bodewig*, UWG, § 12 Rz. 614 m.w.N.
3 Vgl. *Harte-Bavendamm/Henning-Bodewig*, UWG, § 12 Rz. 617 m.w.N.
4 Vgl. MüKoZPO, 3. Aufl. 2007, § 937 Rz. 10.

mündliche Verhandlung erlassen. Eine Schutzschrift ist daher keine Garantie dafür, dass das Gericht keine Beschlussverfügung erlässt.

Ist das Gericht der Auffassung, dass nach dem Inhalt der Schutzschrift Zweifel am Verfügungsanspruch oder Verfügungsgrund bestehen, beraumt das Gericht eine mündliche Verhandlung an, wie es vom Gesetz bei Verfügungsverfahren als Regelfall vorgesehen ist und übermittelt dem Antragsteller die Schutzschrift gemeinsam mit der Ladung zur mündlichen Verhandlung. Ist das Gericht hingegen der Auffassung, dass nach dem Inhalt der Schutzschrift der Antrag auf Erlass einer einstweiligen Verfügung mangels Verfügungsanspruchs oder Verfügungsgrund zurückgewiesen werden muss, kann das Gericht den Verfügungsantrag auch per Beschluss zurückweisen. Nach überwiegender Ansicht muss dem Antragsteller jedoch dann vor Zurückweisung noch einmal rechtliches Gehör gewährt werden, z.B. durch Übersendung der Schutzschrift unter Setzung einer Frist zur Stellungnahme[1]. Die Gewährung rechtlichen Gehörs ist allerdings nicht erforderlich, wenn das Gericht den Antrag auf Erlass einer einstweiligen Verfügung unabhängig vom Inhalt der Schutzschrift zurückweist[2].

103

Bei Ablehnung des Antrages auf Erlass einer einstweiligen Verfügung durch Beschluss unterbleibt eine **Mitteilung** an den Antragsgegner (§§ 936, 922 ZPO). Der Antragsgegner wir regelmäßig auch nicht informiert, wenn ein eingereichter Antrag auf Erlass einer einstweiligen Verfügung – nach vorherigem Hinweis des Gerichts, dass der Antrag voraussichtlich zurückgewiesen wird – zurückgenommen wird. Da die Anwaltskosten für die Erstellung einer Schutzschrift bei Zurückweisung des Verfügungsantrags oder Rücknahme grundsätzlich erstattungsfähig sind[3], ist es für den Antragsgegner allerdings wichtig zu wissen, ob ein Antrag auf Erlass einer einstweiligen Verfügung eingereicht und zurückgewiesen oder zurückgenommen wurde. Es empfiehlt sich daher, in der Schutzschrift ausdrücklich um Mitteilung zu bitten, wenn ein eingereichter Antrag auf Erlass einer einstweiligen Verfügung zurückgewiesen oder auf Anraten des Gerichts zurückgenommen wird, bzw. nach einer gewissen Zeit bei Gericht von sich aus nachzufragen.

104

Wenn kein Antrag auf Erlass einer einstweiligen Verfügung eingereicht wird, bleibt die Schutzschrift ohne Bedeutung. Der potentielle Antragsteller wird weder über das Vorliegen einer Schutzschrift informiert[4], noch kann er vor Beantragung einer einstweiligen Verfügung vom Gericht Auskunft fordern, ob eine Schutzschrift eingereicht wurde, oder gar Einsicht verlangen[5].

105

---

1 Vgl. *Harte-Bavendamm/Henning-Bodewig*, UWG, § 12 Rz. 622, 623 m.w.N.
2 Vgl. *Harte-Bavendamm/Henning-Bodewig*, UWG, § 12 Rz. 621 m.w.N.
3 Vgl. im Einzelnen *Harte-Bavendamm/Henning-Bodewig*, UWG, § 12 Rz. 626 ff.; *Köhler/Bornkamm*, UWG, § 12 Rz. 3.41.
4 Vgl. *Harte-Bavendamm/Henning-Bodewig*, UWG, § 12 Rz. 616 m.w.N.
5 Vgl. *Musielak*, ZPO, 9. Aufl. 2012, § 937 Rz. 7.

IX. Prozesse vor staatlichen Gerichten: Hauptsacheverfahren

1. Strategien

a) Auftritt vor Gericht/Verhandlungstechniken

1 Nach ständiger Rechtsprechung des BGH hat der Anwalt im Zivilprozess die Interessen seines Auftraggebers in den Grenzen des erteilten Mandats in jede Richtung wahrzunehmen[1]. Er hat, wenn mehrere Maßnahmen in Betracht kommen, die gefahrloseste zu treffen und von mehreren Wegen denjenigen zu wählen, mit dem der erstrebte Erfolg am sichersten zu erreichen ist[2]. Der Anwalt kann sich bei einer mündlichen Verhandlung vor Gericht ebenso wie bei einer außergerichtlichen Verhandlung die allgemeinen Verhandlungstechniken (vgl. A III Rz. 1 ff.) zunutze machen. Darüber hinaus gilt es bei einer gerichtlichen Verhandlung besondere Verhandlungsmethoden zu beachten.

2 Der Anwalt ist verpflichtet, den Versuch zu unternehmen, das **Gericht davon zu überzeugen**, dass und warum seine Ansicht richtig ist, insbesondere wenn absehbar ist, dass das Gericht eine andere Meinung vertritt[3]. Dabei muss er alles vorbringen, was die Entscheidung in einer für seinen Mandanten günstigen Weise beeinflussen kann[4]. Neben Rechtsausführungen, die möglichst auf obergerichtliche Entscheidungen oder Meinungen gebräuchlicher Kommentare gestützt sein sollten, ist der Anwalt gehalten, die tatsächlichen Besonderheiten des Falles möglichst verständlich darzustellen und den gegnerischen Vortrag soweit möglich zu bestreiten[5]. Weiß der Anwalt, oder muss er davon ausgehen, dass das Gericht seine Rechtsauffassung nicht teilt, ist er zudem verpflichtete, durch hilfsweise Vornahmen von Prozesshandlungen der Rechtsansicht des Gerichts Rechnung zu tragen, um für seinen Mandanten größtmögliche Vorteile zu erzielen[6].

3 Darüber hinaus darf der Mandant natürlich von seinem Anwalt erwarten, dass ihn dieser stets über seine **Erfolgsaussichten** in dem jeweiligen Rechtsstreit objektiv informiert und ihn – gerade im Hinblick darauf, ob der Abschluss eines Vergleiches möglicherweise sinnvoller ist als die weitere Fortsetzung des Verfahrens – umfassend berät. Über mögliche Risiken der Rechtsposition hat der Anwalt seinen Mandanten umfassend aufzuklären, um diesem – unter Beratung des Anwalts – Entscheidungen über den Streitgegenstand zu ermöglichen.

---

1 BGH v. 29.4.1993 – IX ZR 101/02, NJW 1993, 2045.
2 BGH v. 25.6.1974 – VI ZR 18/73, NJW 1974, 1865.
3 *Prechtel*, MDR 2010, 549.
4 *Prechtel*, MDR 2010, 549.
5 *Prechtel*, MDR 2010, 550.
6 *Prechtel*, MDR 2010, 549.

b) Formelle Fragen

aa) Zuständigkeit

Haben die Streitparteien eine **Gerichtsstandsvereinbarung** nach § 38 ZPO ge- 4 troffen, richtet sich die **örtliche Zuständigkeit** des Gerichts ausschließlich nach dem dort dokumentierten Willen der Parteien. Eine Gerichtsstandsvereinbarung ist gem. § 40 ZPO nur wirksam, wenn sie sich auf ein bestimmtes Rechtsverhältnis und eine daraus entsprungene rechtliche Streitigkeit bezieht. Zu beachten ist dabei, dass durch die Vereinbarung eines Gerichtsstands dieser nur dann zum ausschließlichen Gerichtsstand wird, wenn dies ausdrücklich vereinbart wird[1]. Der Abschluss einer Gerichtsstandsvereinbarung ist nach der Regelung des § 38 ZPO Kaufleuten, Körperschaften des öffentlichen Rechts und öffentlich-rechtlichen Sondervermögen vorbehalten. Ist kein Gerichtsstand vereinbart, ergibt sich die örtliche Zuständigkeit gem. §§ 13, 17 ZPO aus dem Wohn- oder Geschäftssitz der beklagten Partei bzw. bei juristischen Personen auch aus deren Niederlassung nach § 21 ZPO[2].

Bei Rückabwicklungsprozessen, etwa bei einem Rücktritt von einem IT-Pro- 5 jektvertrag kann auch der **Gerichtsstand des Erfüllungsorts** nach § 29 ZPO relevant sein. Nach herrschender Meinung haben Zug-um-Zug-Verpflichtungen nämlich einen einheitlichen Erfüllungsort dort, wo die prägende Leistung erbracht wird[3]. Dies ist in der Regel nicht die Zahlungs-, sondern die Rückgabepflicht, die dort zu erfüllen ist, wo sich die Sache befindet, da der Abnehmer nicht zur Rücksendung sondern nur dazu verpflichtet ist, den Lieferanten in die Lage zu versetzen, über die Sache verfügen zu können[4].

Für Streitigkeiten aus einem Vertragsverhältnis, welches die **Erbringung ei-** 6 **ner Leistung** zum Gegenstand hat, begründet § 29 ZPO generell eine Zuständigkeit des Gerichts des Ortes, an dem die streitige Verpflichtung zu erfüllen ist. Dies kann z.B. bei Streitigkeiten über eine nicht erbrachte Leistung relevant sein.

Bei einem Rechtsstreit zwischen eingetragenen Kaufleuten ist nach § 95 7 Abs. 1 Nr. 1 GVG die **Kammer für Handelssachen** zuständig, wenn das dem Rechtstreit zugrundeliegende Geschäft für beide Seiten ein Handelsgeschäft ist, vgl. §§ 343, 344 HGB. Es kann darüber hinaus sinnvoll sein, nach § 96 Abs. 1 GVG zu beantragen, die Sache vor der Kammer für Handelssachen zu verhandeln. Die Kammer für Handelssachen ist kein Sondergericht, sondern ein besonders besetzter Spruchkörper des Landgerichts[5]. Die Kammern entscheiden nach § 105 Abs. 1 GVG üblicherweise in der Besetzung mit einem Berufsrichter als Vorsitzenden und zwei ehrenamtlichen Richtern. Die eh-

---

1 Zöller/*Vollkommer*, ZPO, § 38 Rz. 14.
2 Zu den internationalen Aspekten einer Gerichtsstandsvereinbarung siehe näher unten unter B I Rz. 4 ff.
3 *Redeker*, IT-Recht, Rz. 707.
4 BGH v. 9.3.1983 – VIII ZR 11/82, BGHZ 87, 104 (109 f.).
5 Zöller/*Vollkommer*, ZPO, Vor § 93 GVG Rz. 1.

renamtlichen Richter werden auf gutachtlichen Vorschlag der Industrie- und Handelskammer ernannt, § 108 GVG. Eine Voraussetzung der Ernennung als Handelsrichter ist gem. § 109 Abs. 1 Nr. 3 GVG die (ehemalige) Tätigkeit als Kaufmann, Vorstandsmitglied oder Geschäftsführer einer juristischen Person. Demnach ist bei einer Verhandlung vor der Kammer für Handelssachen die Chance größer, dass die beisitzenden Handelsrichter in ihrem Berufsleben selbst mit komplexen IT-Projekten zu tun hatten. Ein Antrag auf Verhandlung der Sache vor der Kammer für Handelssachen ist also vor allem dann zu empfehlen, wenn die Streitigkeit spezielle Praxis-Aspekte der IT betrifft. Ein solcher Verweisungsantrag braucht nicht ausdrücklich gestellt zu werden. Es reicht vielmehr aus, wenn der Kläger diesen Wunsch in sonstiger Weise unmissverständlich und eindeutig zum Ausdruck bringt, beispielsweise durch Adressierung der Klageschrift an die Kammer für Handelssachen[1]. Zu beachten gilt es hierbei, dass der Antrag auf Verhandlung vor der Kammer für Handelssachen weder nachgeholt noch zurückgenommen werden kann. Es obliegt daher dem Anwalt, seinen Mandanten schon vor Klageerhebung darüber zu beraten, ob die Sache vor die Kammer für Handelssachen gebracht werden soll und gegebenenfalls die notwendigen Schritte zu ergreifen[2].

8   In der Praxis haben die bei einem Landgericht zugelassenen Anwälte, denen die entscheidenden Richter (oft auch persönlich) bekannt sein werden **abzuwägen**, ob sie in einzelnen Fällen eher beim regulären Zivilrichter oder eher bei der Kammer für Handelssachen die größere Sachkunde für gegeben erachten. Entsprechend seiner – auch mit den Mandanten abgestimmten – Entscheidung erhebt der zuständige Rechtsanwalt seine Klage entweder zur Kammer für Handelssachen oder zum regulären Zivilkammer.

9   Bei manchen Gerichten gibt es außerdem spezielle Kammern oder Senate für **Computersachen**; die genaue Zuständigkeit bestimmt sich hier nach dem Geschäftsverteilungsplan des jeweiligen Gerichts[3]. Üblicherweise wird eine Zuständigkeit nur für vertragliche Streitigkeiten vorgesehen, nicht hingegen für Auseinandersetzungen aus Urheberrecht oder gewerblichen Schutzrechten.

10   Nach dem **Geschäftsverteilungsplans des LG Bonn** ist beispielsweise die 10. Zivilkammer für die bürgerlichen Rechtsstreitigkeiten des ersten Rechtszuges über Ansprüche aus Herstellung, Verwertung, Wartung oder Gebrauchsüberlassung von Computern (Hardware und Software), auch soweit sie Teile von Maschinen und Anlagen sind, und über die Nutzung des Internets (insbesondere Internetverträge, Zugang zum Internet, Namensrechte im Zusammenhang mit der Benutzung des Internets) einschließlich eventueller Ansprüche aus Amtspflichtverletzungen aus diesem Bereich zuständig. Beim **OLG Köln** ist die 19. Zivilkammer für Berufungen und Beschwerden in Strei-

---

1 OLG Brandenburg v. 21.6.2000 – 1 AR 37/00, NJW-RR 2001, 429; Zöller/*Vollkommer*, ZPO, § 96 GVG Rz. 1.
2 *Luckey*, ProzRB 2003, 55 (56).
3 *Redeker* in Kilian/Heussen (Hrsg.), Computerrecht, Teil 16 Rz. 33.

tigkeiten über Ansprüche aus der Herstellung, Veräußerung, Wartung, Reparatur oder Gebrauchsüberlassung von Hardware und Software, insbesondere von Computern, auch soweit es sich um Teile von Maschinen und Anlagen handelt, und aus Internet-Verträgen zuständig.

⮑ **Praxistipp:**

Schon in der Klageschrift sollte bei Angabe des Streitgegenstands ausdrücklich darauf hingewiesen werden, dass es sich um eine Computersache handelt.

Weist die Streitigkeit urheberrechtliche Bezüge auf, kommt eventuell eine Spezialzuständigkeit nach § 105 UrhG in Betracht. Diese Vorschrift ermächtigt die Länder, **Urheberrechtsstreitsachen** durch Verordnung bestimmten Gerichten zuzuordnen. Aufgrund dieser Ermächtigung haben die Bundesländer folgende Gerichte mit Spezialzuständigkeiten ausgestattet[1]: 11

– Baden-Württemberg: LG Mannheim für den OLG-Bezirk Karlsruhe, LG Stuttgart für den OLG-Bezirk Stuttgart.

– Bayern: LG München I für den OLG-Bezirk München, LG Nürnberg-Fürth für die OLG-Bezirke Nürnberg und Bamberg, AG München für die Landgerichtsbezirke des LG München I und II, im Übrigen sind die Amtsgerichte an dem funktionell zuständigen Landgericht für den gesamten jeweils zugehörigen Bereich zuständig.

– Berlin: AG Charlottenburg.

– Brandenburg: AG/LG Potsdam.

– Hamburg: AG Hamburg-Mitte.

– Hessen: AG und LG Frankfurt a.M. für den Bereich der LG-Bezirke Darmstadt, Frankfurt a.M., Gießen, Hanau, Limburg a.d. Lahn, Wiesbaden; AG und LG Kassel für den Bereich der LG-Bezirke Fulda, Kassel, Marburg a.d. Lahn.

– Mecklenburg-Vorpommern: AG und LG Rostock.

– Niedersachsen: AG und LG Hannover für den OLG-Bezirk Celle; AG und LG Braunschweig für den OLG-Bezirk Braunschweig; AG und LG Oldenburg für den OLG-Bezirk Oldenburg.

– Nordrhein-Westfalen: AG und LG Düsseldorf für den OLG-Bezirk Düsseldorf; AG und LG Bielefeld für die LG-Bezirke Bielefeld, Detmold, Münster, Paderborn; AG und LG Bochum für die LG-Bezirke Arnsberg, Bochum, Dortmund, Essen, Hagen, Siegen; AG und LG Köln für den OLG-Bezirk Köln.

– Rheinland-Pfalz: LG Frankenthal (Pfalz) für den gesamten Bereich des Landes; AG Frankenthal für den OLG-Bezirk Zweibrücken; AG Koblenz für den OLG-Bezirk Koblenz.

– Sachsen: AG und LG Leipzig.

---

1 Nach *Wandtke/Bullinger*/Kefferpütz, § 105 Rz. 5.

– Sachsen-Anhalt: AG und LG Magdeburg für die LG-Bezirke Magdeburg und Stendal; AG und LG Halle für die LG-Bezirke Halle und Dessau.

– Thüringen: AG und LG Erfurt.

12   Eine weitere Spezialzuständigkeit besteht gemäß § 140 MarkenG bei **Kennzeichenstreitsachen**. Kennzeichenstreitsachen sind alle Klagen, durch die ein Anspruch aus einem im Markengesetz geregelten Rechtsverhältnis geltend gemacht wird (§ 140 Abs. 1 MarkenG). Entsprechend des Normzweckes wird der Begriff der Kennzeichenstreitsache weit ausgelegt[1]. Sofern mithin bei einer Domainstreitigkeit kennzeichenrechtliche Ansprüche in Betracht kommen, ist die Spezialzuständigkeit nach § 140 MarkenG zu beachten.

13   Nach § 140 Abs. 1 MarkenG ist bei Kennzeichenstreitsachen zunächst ohne Rücksicht auf den Streitwert das Landgericht ausschließlich zuständig. Darüber hinaus ermächtigt § 140 Abs. 2 MarkenG die Länder, Kennzeichenstreitsachen per Verordnung einem bestimmten Landgericht zuzuweisen. Hiervon haben bislang folgende Bundesländer Gebrauch gemacht[2]:

– Baden-Württemberg: LG Stuttgart für Bezirk des OLG Stuttgart; LG Mannheim für Bezirk des OLG Karlsruhe.

– Bayern: LG München I für den Bezirk des OLG München; LG Nürnberg-Fürth für die Bezirke der OLG Nürnberg und Bamberg.

– Berlin: LG Berlin (keine Konzentration).

– Brandenburg: LG Berlin für ganz Brandenburg[3].

– Bremen: LG Bremen (keine Konzentration).

– Hamburg: LG Hamburg (keine Konzentration).

– Hessen: LG Frankfurt a.M. für ganz Hessen.

– Mecklenburg-Vorpommern: LG Rostock für ganz Mecklenburg-Vorpommern.

– Niedersachsen: LG Braunschweig für ganz Niedersachsen.

– Nordrhein-Westfalen: LG Düsseldorf für den Bezirk des OLG Düsseldorf; LG Köln für den Bezirk des OLG Köln; LG Bielefeld für die LG-Bezirke Bielefeld, Detmold, Münster und Paderborn; LG Bochum für die LG-Bezirke Arnsberg, Bochum, Dortmund, Essen, Hagen und Siegen.

– Rheinland-Pfalz: LG Koblenz für den Bezirk des OLG Koblenz; LG Frankenthal (Pfalz) für den Bezirk des OLG Zweibrücken.

– Saarland: LG Saarbrücken (keine Konzentration).

– Sachsen: LG Leipzig für ganz Sachsen.

---

1 Vgl. statt vieler BGH GRUR 2004, 622-ritter.de.
2 Nach *Ingerl/Rohnke*, Markengesetz, 3. Aufl. 2010, § 140 Rz. 18; aktuelle Änderung auf der Website der GRUR-Vereinigung unter www.grur.de.
3 Aufgrund staatsvertraglicher Vereinbarung.

– Sachsen-Anhalt: LG Magdeburg für ganz Sachsen-Anhalt.

– Schleswig-Holstein: LG Kiel für ganz Schleswig-Holstein.

– Thüringen: LG Erfurt für ganz Thüringen.

Die ausschließliche Zuständigkeit der Landgerichte sowie die landesrecht- 14
lichen Zuständigkeitskonzentrationen bei Kennzeichenstreitsachen sind **ausschließlich**, so dass Gerichtsstandsvereinbarungen bzw. rügeloses Einlassen
nur dann wirksam sind, wenn sie zur Zuständigkeit eines Kennzeichen-
streitgerichtes gemäß § 140 MarkenG führen[1]. Bei einer **Gemeinschaftsmar-
kenstreitsache** ist die Spezialzuständigkeit der Gemeinschaftsmarkengerich-
te gemäß § 125e MarkenG zu beachten[2].

bb) Klagearten

Für die prozessuale Durchsetzung der materiellen Ansprüche, die sich aus 15
IT-Streitigkeiten ergeben können (vgl. A II Rz. 12 ff., 33 ff., 41 ff., 49 ff., 79 ff.,
jeweils Unterpunkt c), stehen dem Kläger die allgemeinen Klageformen der
ZPO zur Verfügung. In der Praxis ist häufig entweder eine **Zahlungsklage**
des EDV-Lieferanten oder eine **Mängelklage** des Abnehmers einschlägig, wobei die Mängelklage auf Rückabwicklung, Minderung oder Schadensersatz
gerichtet sein kann[3].

Grundsätzlich hat der Auftraggeber gegen den Auftragnehmer einen An- 16
spruch auf **Mängelbeseitigung**, wenn Kaufrecht oder Werkvertragsrecht auf
das Vertragsverhältnis zwischen den Parteien Anwendung finden (§ 439 bzw.
§ 635 BGB). Die Mängelrechte des Bestellers greifen grundsätzlich ab Abnahme des Werkes ein[4]. Vor diesem Zeitpunkt beschränkt sich der Anspruch
des Bestellers auf Erfüllung der Primärleistungspflicht, also Herstellung des
Werkes. Allerdings ist die Durchsetzung des Mängelbeseitigungsanspruchs
aus mehreren Gesichtspunkten problematisch. Zunächst spricht die Tatsache, dass der Auftragnehmer vor Prozessbeginn nicht bereit war, den Mangel
zu beheben dafür, dass er dies auch später nicht tun wird. Ist das zugrunde
liegende Vertragsverhältnis dem Werkvertragsrecht zuzuordnen, obliegt die
Wahl der Art der Mängelbeseitigung gem. § 635 Abs. 1 BGB dem Auftragnehmer, so dass sich in dieser Hinsicht Unstimmigkeiten über eine ordnungsgemäße Ausführung ergeben können[5].

Schließlich ergeben sich aus der Tatsache, dass die Klage auf **Vornahme ei- 17
ner Handlung** gerichtet ist erhebliche prozessuale Probleme[6]. Erfüllt der
Schuldner die Verpflichtung nicht, eine vertretbare Handlung vorzunehmen,
so ist der Gläubiger nach § 887 Abs. 1 ZPO von dem Gericht auf Antrag zu
ermächtigen, auf Kosten des Schuldners die Handlung vornehmen zu lassen.

---

1 Vgl. *Ingerl/Rohnke*, Markengesetz, § 140 Rz. 35.
2 Vgl. Übersicht bei *Ingerl/Rohnke*, Markengesetz, § 125e Rz. 8 ff.
3 *Redeker*, IT-Recht, Rz. 699.
4 Palandt/*Sprau*, BGB, Vor § 633 Rz. 6.
5 *Müller* in Auer-Reinsdorff/Conrad (Hrsg.), § 34 Rz. 10.
6 *Müller* in Auer-Reinsdorff/Conrad (Hrsg.), § 34 Rz. 10.

Nach § 887 Abs. 2 ZPO kann der Gläubiger zugleich beantragen, den Schuldner zur Vorauszahlung der Kosten zu verurteilen, die durch die Vornahme der Handlung entstehen werden, unbeschadet des Rechts auf eine Nachforderung, wenn die Vornahme der Handlung einen größeren Kostenaufwand verursacht. Solche vertretbare Handlungen sind Handlungen, deren Vornahme durch einen Dritten erfolgen kann.

18   Ist die vertragliche Leistungspflicht eine **nicht vertretbare Handlung** und hängt ihre Erfüllung ausschließlich von dem Willen des Schuldners ab, ist nach § 888 Abs. 1 Satz 1 ZPO auf Antrag von dem Prozessgericht zu erkennen, dass der Schuldner zur Vornahme der Handlung durch Zwangsgeld oder durch Zwangshaft anzuhalten sei. Nicht vertretbare Handlungen kommen im IT-Bereich vor allem dann in Betracht, wenn die Verpflichtung in einer Programmierleistung liegt, für die man beispielsweise den Quellcode benötigt und die damit ein Dritter, dem der Quellcode nicht vorliegt, nicht vornehmen kann. Die Abnahme des Werkes sowie jegliche Abgabe einer Willenserklärung sind ebenfalls nicht vertretbare Handlungen. Aufgrund der Probleme, die sich insbesondere bei der Vollstreckung nicht vertretbarer Handlungen ergeben können, ist eine Mängelbeseitigungsklage nur dann sinnvoll, wenn es sich bei dem Auftragnehmer um ein Unternehmen handelt, das branchenspezifische oder Spezialsoftware erstellt, deren Erstellung nicht in zeitlich vertretbarem Rahmen von Drittunternehmen übernommen werden kann[1]. Man stelle sich die Motivationslage bei einem Softwareprogrammierer vor, den man durch eine gerichtliche Androhung von Zwangsgeld zur Leistung anhalten muss. In solchen Fällen ist dann der nächste Streit über Mängel an der Software häufig schon vorprogrammiert. In vielen Fällen hat eine Mängelklage auf Rückabwicklung, Minderung oder Schadensersatz mehr Aussicht darauf, den beim Mandanten gewünschten Erfolg herbeizuführen. Die praktischen Folgeprobleme bei der Vollstreckung sind von dem beratenden Rechtsanwalt vor Erhebung einer Leistungsklage mit seinem Mandanten zu diskutieren. Dabei hat der Anwalt auch die Abwägung des Mandanten zu unterstützen, ob es Sinn macht, Ansprüche auf Primärleistung zu verfolgen oder doch auf die Geltendmachung von Sekundäransprüchen überzugehen.

19   Zudem kann der Auftraggeber gem. § 637 Abs. 3 BGB von dem Auftragnehmer einen Vorschuss für die Aufwendungen verlangen, die zur Beseitigung des Mangels erforderlich sind. Die Höhe des Anspruchs im Rahmen einer solchen **Vorschussklage** bestimmt sich durch die Kosten, die ein Drittunternehmer für die Beseitigung der Mängel angemessener Weise verlangen kann. Der Auftragnehmer kann insbesondere nicht einwenden, dass eine Mängelbeseitigung durch ihn preiswerter wäre, da er ja die Möglichkeit hatte, selbst nachzubessern[2]. Der Vorschussanspruch geht nach ständiger Rechtsprechung des BGH auch nicht dadurch verloren, dass der Auftragnehmer nach Fristablauf doch noch die Mängelbeseitigung anbietet[3].

---

1 *Müller* in Auer-Reinsdorff/Conrad (Hrsg.), § 34 Rz. 10.
2 *Müller* in Auer-Reinsdorff/Conrad (Hrsg.), IT-Recht, § 34 Rz. 14.
3 BGH v. 27.11.2003 – VII ZR 93/01, NJW-RR 2004, 303 (305) m.w.N.

cc) Ordnungsgemäßer Antrag

Die inhaltlichen Voraussetzungen des Klageantrags sowie der sonstigen vor- 20
bereitenden Schriftsätze ergeben sich aus § 130 ZPO. Im Detail sind dies die
Bezeichnung der Parteien und ihrer gesetzlichen Vertreter nach Namen,
Stand oder Gewerbe, Wohnort und Parteistellung; die Bezeichnung des Gerichts und des Streitgegenstandes; die Zahl der Anlagen; die Anträge, welche
die Partei in der Gerichtssitzung zu stellen beabsichtigt; die Angabe der zur
Begründung der Anträge dienenden tatsächlichen Verhältnisse; die Erklärung
über die tatsächlichen Behauptungen des Gegners; die Bezeichnung der eigenen Beweismittel, sowie die Erklärung über die von dem Gegner bezeichne-
ten Beweismittel und die Unterschrift der Person, die den Schriftsatz verant-
wortet, bei Übermittlung durch einen Telefaxdienst die Wiedergabe der
Unterschrift in der Kopie.

Sowohl bezüglich einer Zahlungsklage als auch einer Mängelklage in Form 21
einer Minderungs- oder Schadensersatzklage ergeben sich keine Besonderheiten. Bei einer **Rückabwicklungsklage** ist jedoch zu beachten, dass Zahlung nur Zug-um-Zug gegen Herausgabe der EDV-Anlage, Hardware oder
Software verlangt werden kann[1]. Damit der Zahlungstitel aus einem solchen
Anspruch auch vollstreckbar ist, muss der Antrag präzise formuliert sein,
insbesondere sind die herauszugebenden Gegenstände genau zu bezeichnen[2].
Wird beispielsweise Herausgabe einer EDV-Anlage verlangt, sind sämtliche
Hardware-Komponenten unter Angabe von Herstellername und Typ oder
technischer Angaben aufzuführen sowie sämtliche Softwarepakete zu benennen[3]. Allerdings führt ein nicht präzise genug gestellter Antrag nicht automatisch zur Klageabweisung, wenn im Prinzip feststeht, dass der Rück-
abwicklungsanspruch besteht[4]. In diesem Fall genügt es, die Gegenleistung
in einer Weise zu kennzeichnen, die es dem Gericht ermöglicht, sie identifi-
zierbar in die Urteilsformel aufzunehmen[5].

Grundsätzlich muss bei dem Antrag die **Schriftform** gewahrt sein. Ein 22
Schriftsatz ist auch dann in schriftlicher Form eingereicht, wenn dem Berufungsgericht ein Ausdruck der als Anhang einer elektronischen Nachricht
übermittelten, die vollständige Berufungsbegründung enthaltenden Bilddatei
(beispielsweise eine PDF-Datei) vorliegt. Ist die Datei durch Einscannen eines
vom Prozessbevollmächtigten unterzeichneten Schriftsatzes hergestellt, ist
auch dem Unterschriftserfordernis des § 130 Nr. 6 ZPO genügt[6].

Davon zu unterscheiden ist der Fall, dass eine **elektronische Übermittlung** 23
nach den Voraussetzungen des § 130a ZPO ausreicht. Danach muss das Dokument in der elektronischen Form für die Bearbeitung durch das Gericht
geeignet und mit einer qualifizierten elektronischen Signatur nach dem Sig-

---

1 *Redeker*, IT-Recht, Rz. 700.
2 *Redeker*, IT-Recht, Rz. 700.
3 *Redeker* in Kilian/Heussen (Hrsg.), Computerrecht, Teil 16 Rz. 38.
4 *Redeker*, IT-Recht, Rz. 701.
5 OLG Nürnberg v. 22.9.1988 – 12 U 2067/88, CR 1989, 694.
6 BGH v. 15.7.2008 – X ZB 8/08, NJW 2008, 2649.

naturgesetz versehen sein. Nach § 130a Abs. 2 ZPO wird der Zeitpunkt, von dem an elektronische Dokumente bei den Gerichten eingereicht werden können, sowie die für die Bearbeitung der Dokumente geeignete Form von der Bundesregierung und den Landesregierungen für ihren jeweiligen Zuständigkeitsbereich bestimmt. Einige Bundesländer haben Pilotprojekte im Hinblick auf das Handelsregister, die Grundbücher und das Mahnsystem gestartet, eine vollständige Umstellung ist aber noch nicht absehbar[1].

dd) Beteiligung Dritter

24   An einem IT-Projekt sind aufgrund seiner Komplexität regelmäßig eine Vielzahl von Personen beteiligt. Tritt beispielsweise beim Customizing von Software ein Mangel auf, ist es für den Auftraggeber regelmäßig schwer oder gar unmöglich zu erkennen, auf welcher Leistung der Mangel beruht[2]. Oftmals kann die Frage der Verantwortlichkeit erst im Rahmen eines Sachverständigengutachtens geklärt werden (dazu A X). In diesen Fällen kann eine **Streitverkündung** nach §§ 72 ff. ZPO sinnvoll sein. Dadurch wird verhindert, dass der Auftraggeber, wenn er den Falschen in Anspruch nimmt und infolgedessen im Prozess unterliegt, in einem Folgeprozess gegen einen haftenden Dritten mit einer dem ersten Urteil widersprechenden Begründung erneut unterliegt[3].

25   Für die **Zulässigkeit** der Streitverkündung ist es nach § 72 Abs. 1 ZPO erforderlich, dass die streitverkündende Partei glaubt, im Falle des Unterliegens einen Anspruch gegen einen Dritten zu haben. Dieser Anspruch muss nach herrschender Meinung allerdings nicht einer der in § 72 ZPO explizit angesprochenen auf Gewährleistung oder Schadloshaltung sein; es kommt vielmehr darauf an, dass die Ansprüche in einem Alternativverhältnis stehen, d.h. der Anspruch gegen den Dritten darf nur im Falle des Nichtbestehens des ursprünglichen Anspruchs bestehen[4]. Nach § 72 Abs. 2 ZPO sind weder das Gericht selbst, noch ein vom Gericht ernannter Sachverständiger Dritte im Sinne der Vorschrift.

26   Die Streitverkündung erfolgt gem. § 73 ZPO durch Einreichung eines Schriftsatzes bei Gericht. Dieser muss den Grund der Streitverkündung und die derzeitige Lage des Rechtsstreits beinhalten. Die entsprechenden Ansprüche müssen hinreichend genau bezeichnet werden[5]. Die Zustellung des Schriftsatzes erfolgt von Amts wegen, §§ 73, 270 ZPO.

27   Die **prozessuale Rechtsfolge** der Streitverkündung ist nach §§ 74, 68 ZPO, dass das Ergebnis des Prozesses für und gegen den Dritten wirkt, unabhängig davon ob er dem Streit tatsächlich beitritt oder nicht, sog. **Interventionswirkung**. So kann er in einem späteren Prozess den Einwand der unrichtigen

---

1 *Müller* in Auer-Reinsdorff/Conrad (Hrsg.), § 34 Rz. 7.
2 *Müller* in Auer-Reinsdorff/Conrad (Hrsg.), § 34 Rz. 48.
3 *Prechtel*, MDR 2010, 549 (551).
4 Zöller/*Vollkommer*, ZPO, § 72 Rz. 5, 8.
5 *Müller* in Auer-Reinsdorff/Conrad (Hrsg.), § 34 Rz. 56.

Entscheidung durch das Gericht nicht mehr geltend machen. Die Interventionswirkung umfasst alle tatsächlichen und rechtlichen Grundlagen des Urteils, soweit sie für die Entscheidung des Gerichts maßgeblich waren[1].

Die **materiell-rechtliche Folge** ist die Hemmung der Verjährung gem. § 204   28
Abs. 1 Nr. 6 BGB. Die Hemmungswirkung tritt nur bei zulässiger Streitverkündung ein und erstreckt sich nur auf die Ansprüche, die sich aus den Angaben in der Streitverkündungsschrift ergeben[2]. Sie endet gem. § 204 Abs. 2 BGB sechs Monate nach Ende des Verfahrens.

Eine **Streitverkündung** kann der Rechtsanwalt etwa wie folgt beantragen:

In der Sache ...

wird der Firma ...

der Streit verkündet mit der Aufforderung, dem Rechtsstreit auf Seiten des Klägers beizutreten.

Das Gericht wird gebeten,

diesen Schriftsatz nebst anliegender Kopie der Klageschrift und der Klageerwiderung dem Streitverkündeten alsbald zuzustellen.

Begründung:

[Darstellung des Streitstands] Für den Fall, dass der Kläger im Prozess gegen die Beklagte unterliegt, hätte er einen Anspruch gegen die Streitverkündete.

Der Stand des Prozesses ergibt sich aus der anliegenden beglaubigten Ablichtung der Klageschrift und der Klageerwiderung.

Eine weitere Form der Drittbeteiligung ist die **Hauptintervention** nach § 64   29
ZPO. Danach kann derjenige, der die Sache oder das Recht, das Gegenstand eines anhängigen Rechtsstreits zwischen anderen Personen ist, ganz oder teilweise für sich in Anspruch nimmt, bis zur rechtskräftigen Entscheidung dieses Rechtsstreits seinen Anspruch durch eine gegen beide Parteien gerichtete Klage geltend machen. Zuständig ist das Gericht, vor dem der Rechtsstreit im ersten Rechtszug anhängig wurde. Der Interventionskläger muss die strittige Sache als ausschließliches (z.B. Eigentum) oder stärkeres Recht für sich in Anspruch nehmen. Im IT-Bereich kommt dieses prozessuale Mittel damit vor allem im Bereich des Urheberrechts in Betracht, etwa der Hauptintervenient das Urheberrecht an einer Software geltend macht, deren Rechte bereits zwischen den Parteien des Hauptprozesses in Streit stehen. Außerdem ist eine Identität der Klageforderung erforderlich, nicht jedoch der Rechtsschutzform der Interventionsklagen. So kann der Intervenient die Hauptintervention beispielsweise durch Leistungsklage gegen die eine Partei des Hauptprozesses und Feststellungsklage gegen die andere Partei erheben, solange beide Klagen dasselbe Ziel verfolgen[3]. Durch den Interventionsprozess werden die beklagten Parteien Streitgenossen. Das Urteil entfaltet seine

---

1 *Müller* in Auer-Reinsdorff/Conrad (Hrsg.), § 34 Rz. 62.
2 BGH v. 6.12.2007 – IX ZR 143/06, NJW 2008, 519.
3 Zöller/*Vollkommer*, ZPO, § 64 Rz. 3.

Wirkung jeweils nur zwischen dem Hauptintervenienten und den Parteien des Hauptprozesses, nicht hingegen zwischen den Parteien des Hauptprozesses selbst[1]. Nach § 65 ZPO kann das Gericht den Hauptprozess auf Antrag einer Partei bis zur rechtskräftigen Entscheidung über die Hauptintervention aussetzen.

30   Wer ein rechtliches Interesse daran hat, dass in einem zwischen anderen Personen anhängigen Rechtsstreit die eine Partei obsiege, kann dieser Partei gem. § 66 Abs. 1 ZPO zum Zwecke ihrer Unterstützung beitreten, sog. **Nebenintervention**. Ein rechtliches Interesse am Obsiegen einer Partei hat jemand dann, wenn sich die Entscheidung des Rechtsstreits mittelbar oder unmittelbar auf seine privat- oder öffentlich-rechtlichen Verhältnisse auswirkt[2]. Ein rein ideelles oder wirtschaftliches Interesse reicht nicht aus[3]. Die Nebenintervention kann in jeder Lage des Rechtsstreits bis zur rechtskräftigen Entscheidung, auch in Verbindung mit der Einlegung eines Rechtsmittels, erfolgen, § 66 Abs. 2 ZPO. Der Beitritt erfolgt gem. § 70 Abs. 1 ZPO durch Einreichung eines Schriftsatzes bei dem Prozessgericht und, wenn er mit der Einlegung eines Rechtsmittels verbunden wird, durch Einreichung eines Schriftsatzes bei dem Rechtsmittelgericht. Der Schriftsatz ist beiden Parteien zuzustellen und muss die Bezeichnung der Parteien und des Rechtsstreits, die bestimmte Angabe des Interesses, das der Nebenintervenient hat, und die Erklärung des Beitritts enthalten.

31   Der Nebenintervenient muss den Rechtsstreit in der Lage annehmen, in der er sich zur Zeit seines Beitritts befindet; er ist berechtigt, Angriffs- und Verteidigungsmittel geltend zu machen und alle Prozesshandlungen wirksam vorzunehmen, insoweit nicht seine Erklärungen und Handlungen mit Erklärungen und Handlungen der Hauptpartei in Widerspruch stehen, § 67 ZPO. Er kann beispielsweise Tatsachen behaupten und bestreiten, alle Beweismittel geltend machen, einem Dritten den Streit verkünden, den Richter oder Sachverständigen ablehnen und für die Hauptpartei sämtliche Rechtsmittel einlegen[4].

32   Nach § 68 ZPO wird der Nebenintervenient im Verhältnis zu der Hauptpartei mit der Behauptung nicht gehört, dass der Rechtsstreit, wie er dem Richter vorgelegen habe, unrichtig entschieden sei; er wird mit der Behauptung, dass die Hauptpartei den Rechtsstreit mangelhaft geführt habe, nur insoweit gehört, als er durch die Lage des Rechtsstreits zur Zeit seines Beitritts oder durch Erklärungen und Handlungen der Hauptpartei verhindert worden ist, Angriffs- oder Verteidigungsmittel geltend zu machen, oder als Angriffs- oder Verteidigungsmittel, die ihm unbekannt waren, von der Hauptpartei absichtlich oder durch grobes Verschulden nicht geltend gemacht sind. Die Bindungswirkung des rechtskräftigen Urteils des Vorprozesses ist nicht auf den Tenor der Entscheidung beschränkt, sondern erstreckt sich auch auf deren

---

1 Zöller/*Vollkommer*, ZPO, § 64 Rz. 5 f.
2 BGH v. 24.4.2006 – II ZB 16/05, WM 2006, 1252.
3 Zöller/*Vollkommer*, ZPO, § 66 Rz. 9.
4 Zöller/*Vollkommer*, ZPO, § 67 Rz. 3, 5.

tatsächliche und rechtliche Grundlagen[1]. Das gilt jedoch nicht für Feststellungen des Erstgerichts, auf denen das Urteil nicht beruht (sog. überschießende Feststellungen)[2]. Vielmehr umfasst die Bindungswirkung nur diejenigen Feststellungen, die für das Urteil entscheidungserheblich waren. Nicht bindend sind daher bloße Rechtsansichten, letztendlich unmaßgebliche Hilfserwägungen, *obiter dicta* und ähnliches[3].

c) Darlegungslast/Substantiierter Tatsachenvortrag

aa) Allgemeine Regeln

Zunächst gilt für einen IT-Prozess wie für jeden Zivilprozess die Grundregel, dass der Sachvortrag des Klägers schlüssig und der Gegenvortrag des Beklagten erheblich sein muss. Ein Sachvortrag ist **schlüssig**, wenn der Kläger Tatsachen vorträgt, die in Verbindung mit einem Rechtssatz geeignet und erforderlich sind, das geltend gemachte Recht als in der Person des Klägers entstanden erscheinen zu lassen[4]. Der Umfang der jeweils erforderlichen Substantiierung des Sachvortrags bestimmt sich aus dem Wechselspiel von Vortrag und Gegenvortrag, wobei primär die darlegungs- und beweispflichtige Partei für die Darstellung des Sachverhalts zuständig ist[5]. Der Vortrag muss demnach bezüglich der inhaltlichen (z.B. örtlichen oder zeitlichen) Tatsachen bestimmt genug sein, um eine Überprüfung der Beanstandung und dem Gegner ein konkretes erhebliches Bestreiten zu ermöglichen[6]. Für die unterschiedlichen Klagearten ergeben sich hierbei keine größeren Unterschiede[7].

33

Gerade in **Softwareprozessen** kommt dem Tatsachenvortrag eine erhebliche Bedeutung zu. Viele Klagen scheitern nämlich bereits daran, dass es den Anwälten nicht gelingt, dem Gericht deutlich zu machen, was genau die Parteien vereinbart hatten und was letztendlich geleistet wurde[8]. Diese Gefahr besteht insbesondere dann, wenn sich die Parteien aufgrund unterschiedlicher Vorstellungen oder vieler nachträglicher, im Nachhinein nicht mehr nachvollziehbarer Änderungen des Vertragsgegenstands selbst nicht im Klaren sind, was eigentlich vereinbart ist. Ein gut verständlicher und auf die wesentlichen Punkte konzentrierter Sachvortrag bildet demnach die Grundlage für einen erfolgreichen Prozessverlauf.

34

Aufgrund der oftmals hohen technischen Komplexität von IT-Prozessen ergibt sich für den Anwalt die Schwierigkeit, einen von Spezialisten geprägten Sachverhalt auf eine **allgemein verständliche Ebene** zu reduzieren, ohne dabei die wesentlichen technischen Eigenschaften zu verwässern oder zu ver-

35

---

1 Zöller/*Vollkommer*, ZPO, § 68 Rz. 9.
2 BGH v. 27.11.2003 – V ZB 43/03, BGHZ 157, 97 (99).
3 Zöller/*Vollkommer*, ZPO, § 68 Rz. 9.
4 BGH v. 1.6.2005 – XII ZR 275/02, NJW 2005, 2710 (2711).
5 BGH v. 1.6.2005 – XII ZR 275/02, NJW 2005, 2710 (2711).
6 OLG Köln v. 28.10.1996 – 19 U 88/96, CR 1997, 213.
7 *Redeker*, IT-Recht, Rz. 709.
8 *Müller* in Auer-Reinsdorff/Conrad (Hrsg.), § 34 Rz. 68.

fälschen[1]. Dabei ist vor allem zu beachten, dass der Richter, im Gegensatz zu den im IT-Recht tätigen Rechtsanwälten, oftmals kein Spezialwissen in diesem Bereich besitzt. Der Sachvortrag muss also für einen technischen Laien verständlich sein. Gleichzeitig darf der Anwalt aber nicht den Fehler begehen, eine allzu vereinfachte Darstellung des Sachverhalts vorzutragen. Dies kann nämlich dazu führen, dass der Richter lediglich eine oberflächliche Prüfung vornimmt, ohne sich in ausreichendem Umfang mit den relevanten technischen Fragestellungen zu beschäftigen. Es obliegt also dem Anwalt, eine Balance zwischen der verständlichen Darstellung eines komplexen technisch-geprägten Sachverhalts und der Berücksichtigung aller wesentlicher Spezialprobleme zu finden.

36 Eine weitere Schwierigkeit besteht in der Auswahl des **Streitstoffes**. Es besteht nur dann eine hohe Wahrscheinlichkeit, dass die vorgetragenen Fehler als Tatsachen angesehen werden, wenn sie auch beweisbar sind. Ist der Fehler reproduzierbar, spricht viel für seine Beweisbarkeit. Liegt eine Mehrzahl an Fehlern vor, kann die Prozessökonomie dadurch gewahrt werden, dass nur auf die Fehler mit den folgenschwersten Folgen und der einfachsten Beweisbarkeit abgestellt wird.

37 Im Rahmen des anwaltlichen Vortrags sind auch die **konkreten Rechte** zu benennen, die der Anspruchssteller geltend machen will. Gerade im Bereich der Mängelrechte sind oftmals mehrere Alternativen denkbar; für die Schlüssigkeit des Vortrags ist eine Konkretisierung daher unbedingt erforderlich. Nicht nur die Anspruchsgrundlagen, sondern auch die streitgegenständlichen Gegenstände, wie z.B. Hardware, Software, Datenträger und Dokumente, müssen ausreichend spezifiziert werden[2]. Bei Hardware kann hier auf das Modell, die Seriennummer und die Ausstattung, bei Software auf die Version und bei Dokumenten auf die Versions- oder Datumsbezeichnung Bezug genommen werden.

38 Zu beachten ist auch die Regel aus § 184 GVG, wonach die **Gerichtssprache deutsch** ist. Dies mag offensichtlich und unproblematisch erscheinen, im IT-Bereich kann diese Voraussetzung jedoch zu Schwierigkeiten führen. Die „EDV-Sprache" ist von Fachbegriffen geprägt, in der Regel sind diese in englischer Sprache[3]. Begriffe, die für einen im IT-Recht tätigen Rechtsanwalt alltäglich sind, können für einen Richter ohne besondere IT-Kenntnisse miss- bzw. unverständlich sein. Um einen schlüssigen Sachvortrag zu erhalten, müssen fremdsprachige Fachbegriffe daher auf ihre Verständlichkeit für einen Laien überprüft und gegebenenfalls übersetzt oder anderweitig erläutert werden.

---

1 *Müller* in Auer-Reinsdorff/Conrad (Hrsg.), § 34 Rz. 69.
2 *Müller/Streitz*, Fachanwalt IT-Recht, S. 100.
3 *Schneider* in Schneider (Hrsg.), EDV-Recht, P Rz. 84.

bb) Vorliegen eines Mangels

Ist der Anspruch des Kunden auf das Vorliegen eines Mangels gestützt und 39
hat er die Sache abgenommen, trifft ihn nach § 636 BGB die **Darlegungs- und
Beweislast** für das Vorliegen des Mangels. Da ein Mangel eine Abweichung
der Ist- von der Soll-Beschaffenheit darstellt, muss zunächst die geschuldete
Leistung dargestellt werden[1]. § 636 BGB enthält nach h.M. eine grundsätzliche Regel, die nicht nur auf Werk-, sondern auch auf Kaufverträge und sonstige Verträge Anwendung findet[2]. Handelt es sich um ein Verbrauchs-
gütergeschäft, findet § 476 BGB Anwendung, der eine **Beweislastumkehr**
zugunsten des Käufers enthält. Diese Begünstigung betrifft jedoch nicht die
Frage, ob überhaupt ein Mangel vorliegt, sondern enthält lediglich die Vermutung, dass ein binnen sechs Monaten nach Gefahrübergang aufgetretener
Mangel schon im Zeitpunkt des Gefahrübergangs vorlag[3]. Die Vorschrift
setzt demnach voraus, dass das Vorliegen des Mangels bereits feststeht. Ist
jedoch erwiesen, dass ein Softwarefehler vorliegt, spricht prinzipiell eine
Vermutung dafür, dass er schon bei Gefahrübergang vorhanden war[4]. Dies ergibt sich schon daraus, dass bei Software keine Abnutzungserscheinungen
auftreten[5].

Bei den Anforderungen an die Genauigkeit der Substantiierung gibt es zum 40
Teil erhebliche Divergenzen zwischen den Gerichten. So entschied das OLG
Düsseldorf, dass der Beklagte mit der Behauptung, die gelieferte EDV-Anlage
funktioniere nicht, seiner Substantiierungspflicht nicht in ausreichendem
Umfang genüge[6]. Das OLG Hamm dagegen hielt die Meldung von „unkon-
trollierten Programmausfällen" und „temporärere Betriebsunfähigkeit" für
die Annahme eines Fehlers ausreichen[7]. Da im Regelfall nicht von einer so
großzügigen Auslegung ausgegangen werden kann, sollte der Tatsachenvortrag eine **möglichst genaue Beschreibung des Fehlers** enthalten. Der Kläger
bzw. sein anwaltlicher Vertreter sollte also die Erscheinungsform der Mängel
darlegen und darüber hinaus im Einzelnen vortragen, in welcher Weise die
Mängel dem vertraglich vereinbarten oder vorausgesetzten Zweck widersprechen[8].

Auch wenn der Beweislastpflichtige nur laienhafte EDV-Kenntnisse hat, be- 41
schränkt dies seine Pflicht zu einem substantiierten Tatsachenvortrag nicht
auf die bloße Behauptung eines generellen Nichtfunktionierens der Anlage.
Es kann von ihm zwar nicht verlangt werden, die Ursachen des Nichtfunktionierens im Detail darzulegen. Er muss jedoch den Mangel und seine **Erscheinungsform** so genau beschreiben, dass eine Überprüfung seiner Anga-

---

1 *Redeker* in Kilian/Heussen, Computerrecht, Teil 16 Rz. 96.
2 BGH v. 2.6.2004, VIII ZR 329/03, NJW 2004, 2299 (2300); Palandt/*Weidenkaff*, BGB,
  § 434 Rz. 59.
3 BGH v. 2.6.2004 – VIII ZR 329/03, NJW 2004, 2299 (2300).
4 LG Mannheim v. 10.4.1987 – 21 O 2/87, CR 1988, 1004.
5 *Redeker* in Kilian/Heussen, Computerrecht, Teil 16 Rz. 105.
6 OLG Düsseldorf v. 25.9.1998 – 22 U 62/98, NJW-RR 1999, 563 (564).
7 OLG Hamm v. 11.12.1989 – 31 U 37/89, CR 1990, 715.
8 *Redeker*, IT-Recht, Rz. 713.

ben, insbesondere im Hinblick auf nicht auszuschließende Bedienungsfehler, möglich ist[1]. Derjenige, der sich auf Fehler bei der Erstellung von Computerprogrammen beruft, ist auch dann in vollem Umfang darlegungspflichtig und beweispflichtig, wenn es schwierig ist, derartige Fehler nachzuweisen[2]. Machen die Darlegungsschwierigkeiten die Hinzuziehung eines **Privatgutachters** erforderlich, sind die hierdurch entstandenen Kosten nach § 91 ZPO zu erstatten[3]. Dadurch wird der Anwender auch nicht überfordert, da er grundsätzlich nur das vortragen muss, was ihm durch sorgfältige Beobachtung als Mangelerscheinung zugänglich ist[4]. Der Vortrag sollte die genaue Aufgabe, die mittels der EDV-Anlage nicht ausgeführt werden konnte benennen sowie sämtliche Arbeitschritte, die von dem Nutzer vorgenommen wurden und die dabei aufgetretenen Störungen und Fehlermeldungen beschreiben[5]. Diese Informationen sind auch für ein eventuelles späteres Sachverständigengutachten hilfreich[6]. Es ist dabei grundsätzlich ausreichend, die Fehlerhaftigkeit der Funktion auf der Benutzerebene zu beschreiben[7].

42   In Streitfällen ist es häufig so, dass das Vorliegen eines Mangels für den Erfolg des Rechtsstreits die entscheidende Frage darstellt. Eine tiefgreifende Analyse dieser Frage ist vor Einreichung einer Klage daher empfehlenswert. Kenntnisse über die Wahrscheinlichkeit, mit der ein Mangel bei Gericht nachgewiesen werden kann, helfen dem beratenden Rechtsanwalt bei der Einschätzung der Prozessrisiken. Oft macht es daher Sinn, bereits im Vorfeld eines Prozesses auf die Unterstützung durch **Sachverständige** zurückzugreifen.

43   Wird im Rahmen der Mangelbehauptung eine **Abweichung vom gewöhnlichen Gebrauch** bzw. vom **Stand der Technik** behauptet, muss nicht nur die Abweichung, sondern auch der gewöhnliche Gebrauch bzw. der Stand der Technik als solches dargelegt werden[8]. Wichtig ist, dass die Tragweite des Mangels verdeutlicht wird, damit er nicht als **unerheblich** gesehen wird[9]. Dies ist für die Abnahme relevant, die gem. § 640 Abs. 1 Satz 2 BGB wegen eines nur unwesentlichen Mangels nicht verweigert werden darf. Ein unerheblicher Mangel schließt außerdem gem. § 323 Abs. 5 Satz 2 BGB den Rücktritt und gem. § 281 Abs. 1 Satz 3 BGB Schadensersatz statt der Leistung aus. Lässt sich mangels konkreter Vereinbarung die vereinbarte Beschaffenheit der Software nicht feststellen, begründet dies an sich schon einen Mangel, es sei denn der Lieferant kann darlegen, dass der bestehende Zustand keinen Mangel darstellt[10].

---

1 OLG Düsseldorf v. 25.9.1998 – 22 U 62/98, NJW-RR 1999, 563 (564).
2 LG Köln v. 30.12.1985 – 16 O 231/82, CR 1987, 234.
3 *Bergmann/Streitz*, NJW 1992, 1726 (1728 f.).
4 *Redeker*, IT-Recht, Rz. 718.
5 OLG Düsseldorf v. 25.9.1998 – 22 U 62/98, NJW-RR 1999, 563 (564).
6 *Bergmann/Streitz*, NJW 1992, 1726 (1727).
7 *Redeker* in Kilian/Heussen, Computerrecht, Teil 16 Rz. 98.
8 *Redeker*, IT-Recht, Rz. 714.
9 *Redeker*, IT-Recht, Rz. 715.
10 *Redeker*, IT-Recht, Rz. 714.

Es ist nicht zwingend erforderlich, die **Ursachen** der Mängel im Rahmen des 44
Tatsachenvortrags darzulegen; dies ist zu einem späteren Zeitpunkt Aufgabe
des Sachverständigen[1]. Etwas anderes gilt nur, wenn mehrere Lieferanten an
dem streitrelevanten Geschäft beteiligt sind. In diesem Fall muss der Kläger
darlegen, dass gerade der verklagte Lieferant für den Fehler verantwortlich
ist. Er muss also neben dem Erscheinungsbild des Fehlers auch dessen Ursachen so umfänglich wie möglich darstellen[2].

Die Darlegung eines Mangels durch die isolierte Wiedergabe von **Fehlermel-** 45
dungen ist problematisch. Gängige Fehlermeldungen sind oftmals mehrdeu-
tig und es liegt nahe, dass sie nicht nur durch einen Fehler in der Anlage,
sondern auch durch Bedienungsfehler hervorgerufen sein können[3]. Die reine
Auflistung solcher Fehlermeldungen reicht daher nicht aus, um das Vorliegen eines Mangels schlüssig darzulegen. Vielmehr sollten für jede Fehlermeldung Angaben zum Benutzungszusammenhang wie Uhrzeit des Auftre-
tens, Bedienungsperson, im Moment des Fehlerauftretens genutzte Funktion
usw. mitgeteilt werden[4]. Treten hingegen immer wieder dieselben Fehlermeldungen auf und hat der Hersteller über einen längeren Zeitraum erfolglos versucht, diese zu beheben, ist die Annahme eines Bedienungsfehlers
nicht naheliegend und die bloße Wiedergabe der Fehlermeldung reicht zur
Behauptung eines Mangels aus[5]. Es ist dann an dem Lieferanten, darzulegen,
dass es sich nicht um einen Mangel handelt.

Die hier dargestellten Regeln gelten nicht nur für denjenigen, der das Beste- 46
hen eines Mangels darlegt, sondern auch für die Gegenseite. Rügt der Anwender konkrete Mängel, muss der Lieferant diese daher auch **konkret be-**
streiten; ein pauschaliertes Abstreiten reicht nicht aus[6]. Er muss also
beispielsweise darlegen, dass die aufgetretenen Probleme auf konkrete Bedienungsfehler zurückzuführen sind.

cc) Spezielle Probleme

Bei einer Zahlungsklage des EDV-Lieferanten muss dieser Vertragsschluss 47
und Zahlungshöhe sowie **Fälligkeit** beweisen; dabei umfasst die Fälligkeit
im Bereich des Werkvertrages die Abnahme[7]. Verweigert der Kunde die Abnahme, muss der Lieferant vortragen, dass eine grundlose Abnahmeverwei-
gerung vorliegt, d.h. insbesondere dass sein Produkt im Wesentlichen fehler-
frei gem. § 640 Abs. 1 Satz 2 BGB ist. Die Beweislast für abnahmehindernde
Fehler trifft dann den Kunden. Ist der streitgegenständliche Vertrag dem
Kaufrecht zuzuordnen, entfällt die Abnahme und an deren Stelle tritt die
Annahme als Erfüllung.

---

1 *Bergmann/Streitz*, NJW 1992, 1726 (1727).
2 *Redeker*, IT-Recht, Rz. 721.
3 *Redeker*, IT-Recht, Rz. 716.
4 *Schneider* in Schneider (Hrsg.), EDV-Recht, P Rz. 30.
5 *Redeker*, IT-Recht, Rz. 716.
6 LG München I v. 12.12.1991 – 7 O 2551/91, BB Beilage 1992 Nr. 14, 8.
7 *Redeker*, IT-Recht, Rz. 709.

48   Probleme können sich daraus ergeben, dass der Lieferant **Zusatzvergütungen für Mehraufwand** verlangt, über die die Parteien zuvor keine Einigung erzielt haben. Ein Anspruch auf Vergütung kommt in Betracht, wenn der Unternehmer darlegen kann, dass es sich um einen vom Kunden zu vertretenden Mehraufwand handelt, z.B. wegen einer grundlosen Mängelrüge[1]. Eine Zusatzvergütung kann der Lieferant auch verlangen, wenn der Kunde aufgrund der Umstände davon ausgehen musste, dass die Leistung nur gegen eine zusätzliche Vergütung zu erbringen ist, beispielsweise wegen eines entsprechenden Hinweises des Herstellers[2]. Bei offensichtlichen Zusatzleistungen, wie beispielsweise Funktionserweiterungen, wird man in der Regel ebenfalls davon ausgehen können, dass hierfür eine Zusatzvergütung zu zahlen ist[3].

49   Ist Streitgegenstand eine **Vergütung nach Aufwand**, sollte der Lieferant den Aufwand möglichst nach Tagen und Stunden projektbezogen darstellen[4]. Der Sinn und Zweck einer solchen Darstellung liegt darin, eine nachvollziehbare Beschreibung der Leistung zu fertigen. Der Auftraggeber soll die Ausführung der geschuldeten Leistung im Detail überprüfen können. Für eine projektbezogene Darstellung des Aufwands ist üblicherweise eine genaue Beschreibung der Tätigkeit und der darauf verwendeten Zeit erforderlich. Wenn feststeht, dass der Aufwand tatsächlich entstanden ist, genügt unter Umständen auch eine pauschalierte Darstellung, insbesondere wenn die Gegenseite dagegen keine Einwendungen erhebt und die Angaben eine Schätzung des Gerichts nach §§ 286, 287 ZPO ermöglichen[5].

➲   **Praxistipp:**

Für eine projektbezogene Darstellung sollte beispielsweise statt der Angabe „Telefonat mit Kunde" die Beschreibung „Telefonat mit Kunde XY über Thema YZ von A-B Uhr" gewählt werden.

50   Will der Anwender vom Vertrag über eine komplette EDV-Anlage **zurücktreten**, obwohl nur entweder Soft- oder Hardware mangelhaft sind, muss er gem. § 323 Abs. 5 BGB vortragen, dass er an dem mangelfreien Teil kein Interesse hat.

51   Ist ein Anspruch auf **Schadensersatz** gerichtet, ergibt sich die objektive Pflichtverletzung in der Regel aus der Mangelhaftigkeit der Soft- oder Hardware[6]. Der Kunde muss den Schaden sowie die Kausalität des Mangels für diesen Schaden nachweisen. Das Verschulden des Herstellers wird nach § 280 Abs. 1 BGB vermutet. Der Hersteller kann sich gem. § 280 Abs. 1 Satz 2 BGB exkulpieren, indem er z.B. darlegt, dass seine Qualitätssicherungsmaßnahmen den ordnungsgemäßen Regeln entsprechen. In bestimmten Fällen hat der BGH die Beweislastumkehr sogar auf die Schadensverursa-

---

1 *Redeker*, IT-Recht, Rz. 710.
2 *Redeker* in Kilian/Heussen, Computerrecht, Teil 16 Rz. 85.
3 *Redeker*, IT-Recht, Rz. 710.
4 *Redeker*, IT-Recht, Rz. 711.
5 BGH v. 24.6.1999 – X ZR 195–97, NJW-RR 1999, 1586.
6 *Redeker*, IT-Recht, Rz. 727.

chung ausgedehnt, nämlich in dem Fall, dass der Hersteller die gebotene Überprüfung des Datensicherungsprogramms unterlässt[1]. Diese Ausnahme von der gesetzlich vorgesehenen Beschränkung der Beweislastumkehr auf den Zeitraum bis zur Abnahme sei wegen der allgemein anerkannten Notwendig- und Selbstverständlichkeit einer periodischen Datensicherung gerechtfertigt. Besteht der Schaden in einem Umsatz- oder Gewinnausfall, muss nicht die Sicherheit der Gewinnerwartung dargelegt werden. Vielmehr reicht die Darlegung von Tatsachen, die die Erzielung des Gewinns wahrscheinlich machen[2].

d) Beweisrecht

aa) Beweislast

Vor der eigentlichen Beweisaufnahme ist die Frage der Beweislast zu klären. Diese kann sich zunächst einmal aus **gesetzlichen Regelungen**, wie z.B. §§ 284 oder 932 BGB ergeben. Sind keine solcher Normen einschlägig, gilt nach ständiger Rechtsprechung die **allgemeine Beweislastregel**, nach der jede Partei die Voraussetzungen des ihr günstigen Rechtssatzes zu beweisen hat, d.h. den Anspruchsteller trifft die Beweislast für die rechtsbegründenden Tatsachen, den Gegner die für rechtshemmende, rechtshindernde oder rechtsvernichtende Tatsachen[3].   52

Einige Vorschriften enthalten **prozessuale Erleichterungen** der Beweislast. So bedürfen nach § 291 ZPO offenkundige Tatsachen vor Gericht keines Beweises. Der gewöhnliche Gebrauch einer Sache beispielsweise ist häufig offensichtlich[4]. Des Weiteren bedürfen unstreitige Tatsachen nach § 138 Abs. 3 ZPO keines Beweises. Eine Verkürzung der Beweislast des Klägers hat zur Folge, dass die Beweislast der Gegenpartei verstärkt wird[5].   53

bb) Beweisbeschluss

Den meisten Beweisaufnahmen geht ein Beweisbeschluss gem. § 358 ZPO voraus. Unter bestimmten Umständen, insbesondere bei präsenten Zeugen ist ein solcher Beschluss entbehrlich[6]. Es empfiehlt sich allerdings auch in diesen Fällen, einen **förmlichen Beweisbeschluss** zu fassen, da er zu einer genauen Formulierung der Beweisfragen und damit einem eingehenden Befassen mit dem Prozessstoff zwingt[7].   54

Der Beweisbeschluss muss die Beweisthemen präzise benennen. Bei der Formulierung ist das **Verbot des Ausforschungsbeweises** zu beachten. Ein Ausforschungsbeweis liegt vor, wenn ein Beweisantrag nicht unmittelbar dem   55

---

1 BGH v. 2.7.1996 – X ZR 64/94, NJW 1996, 2924 (2927).
2 *Redeker* in Kilian/Heussen, Computerrecht, Teil 16 Rz. 115.
3 BGH v. 14.1.1991 – II ZR 190/89, NJW 1991, 1052 (1053).
4 *Bergmann/Streitz*, NJW 1992, 1726 (1728).
5 *Bergmann/Streitz*, NJW 1992, 1726 (1728).
6 *Redeker*, IT-Recht, Rz. 736.
7 *Redeker*, IT-Recht, Rz. 736.

Beweis vom Beweisführer vorgetragener Tatsachen dient, sondern der Ausforschung von Tatsachen oder der Erschließung von Erkenntnisquellen, die
es eventuell erst ermöglichen, bestimmte Tatsachen zu behaupten und sodann zu belegen[1]. Allerdings bleibt dem Beweispflichtigen oftmals keine andere Möglichkeit, als Tatsachen zu behaupten, von denen er keine genaue
Kenntnis haben kann, die er nach Lage der Dinge aber für wahrscheinlich
hält. Daher soll ein solches Verhalten erst dann unzulässig werden, wenn
die Partei ohne greifbare Anhaltspunkte für das Vorliegen eines bestimmten
Sachverhalts willkürlich Behauptungen „auf Geratewohl" oder „ins Blaue
hinein" aufstellt[2]. Willkür soll in diesem Zusammenhang nur gegeben sein,
wenn überhaupt keine tatsächlichen Anhaltspunkte vorliegen[3].

➲ **Praxistipp:**

> Soll im Rahmen einer Mängelrüge Beweis erhoben werden, bietet es
> sich an, die einzelnen Mängel in dem Antrag auf Beweisbeschluss in
> Fehlerkategorien einzuteilen und tabellarisch aufzulisten.

56   Eine Besonderheit besteht beim **Urkundenbeweis**, wenn sich die Urkunde
(nach Behauptung des Beweisführers) beim Gegner befindet. In diesem Fall
wird der Beweis nach § 421 ZPO durch den Antrag angetreten, den Gegner
zur Vorlegung der Urkunde zu verpflichten. Der Gegner ist zur Vorlegung
der Urkunde verpflichtet, wenn der Beweisführer nach den Vorschriften des
bürgerlichen Rechts die Herausgabe oder die Vorlegung der Urkunde verlangen kann, § 422 ZPO. Ein solcher Anspruch kann sich beispielsweise aus
§ 402 BGB ergeben, wonach der bisherige Gläubiger verpflichtet ist, dem
neuen Gläubiger die zum Beweis der Forderung dienenden Urkunden aus-
zuliefern, aus §§ 666, 667 (ggf. i.V.m. §§ 675 oder 681) BGB bei Geschäftsführung oder bei einem rechtlichem Interesse aus § 810 BGB. Nach § 423 ZPO
ist der Gegner auch dann zur Vorlegung der in seinen Händen befindlichen
Urkunden verpflichtet, wenn im Prozess zur Beweisführung Bezug auf sie
genommen hat, selbst wenn dies nur in einem vorbereitenden Schriftsatz geschehen ist. Bestreitet der Gegner, dass die Urkunde sich in seinem Besitz
befinde, ist er gem. § 426 ZPO über ihren Verbleib zu vernehmen.

57   Stellt die **Gegenseite** einen Antrag auf Beweiserhebung, kann der Anwalt
mit einem eigenen Schriftsatz antworten. Durch Richtig- bzw. Klarstellung
kann er Einfluss auf den Umfang des Beweisbeschlusses nehmen. So kann
beispielsweise beanstandet werden, dass die Mängelrügen der Gegenseite zu
pauschal oder aus anderen Gründen nicht nachvollziehbar sind. Verweigert
die Gegenseite ihre Mitwirkung indem sie erforderliche Dokumente ein-
behält oder den Zugang zu dem streitgegenständlichen EDV-System ver-
wehrt, sollte dies ebenfalls reklamiert werden.

58   Oft ist es sinnvoll, den **Sachverständigen** schon an der Formulierung des Beweisbeschlusses und gegebenenfalls auch an der Formulierung von Hinwei-

---

1 Zöller/*Greger*, ZPO, Vor § 284 Rz. 5.
2 BGH v. 25.4.1995 – VI ZR 178/94, NJW 1995, 2111 (2112).
3 BGH v. 25.4.1995 – VI ZR 178/94, NJW 1995, 2111 (2112).

sen nach § 139 ZPO zu beteiligen[1]. Dies kann in Einzelfällen im Rahmen eines Erörterungstermins erfolgen, meist wird es aber in der Weise geschehen, dass der Sachverständige den Richter gem. § 404a Abs. 2 ZPO berät[2].

Bei geringen Streitwerten ist die **Verhältnismäßigkeit** des Untersuchungs-   59
aufwands zu berücksichtigen; z.b. können die Kosten einer detaillierten Aufklärung von Mangelursachen in einem Personalcomputer den Anschaffungswert eines derartigen Systems übersteigen[3]. Wird vorgetragen, dass mehrere Systemabstürze pro Woche auftreten, ist eine langfristige Überprüfung durch einen Sachverständigen erforderlich, die entsprechende Kosten mit sich bringt[4].

cc) Augenscheinsbeweis

Das erste in der ZPO vorgesehene Beweismittel ist der Beweis durch Augen-   60
schein nach § 371 ZPO. In der Praxis des IT-Rechts kommt dieses Beweismittel wohl nur selten vor, in Betracht kommt eine Augenscheinseinnahme z.B. bei äußeren Schäden an der Hardware oder Fehlern in einfachen Programmen[5]. Die Gerichte sind hierbei jedoch zurückhaltend und greifen vorwiegend auf den Sachverständigenbeweis zurück[6]. In Betracht kommt nach § 372 ZPO schließlich die Hinzuziehung eines Sachverständigen zum Augenscheinsbeweis. Dies kann insbesondere bei fehlenden Funktionalitäten sinnvoll sein, da das Gericht dadurch eher einen Eindruck von den Fehlern erhält und z.B. Minderungsquoten besser bewerten kann[7].

dd) Zeugenbeweis

Der Zeugenbeweis nach §§ 373 ff. ZPO kommt im EDV-Prozess zunächst   61
dann in Betracht, wenn es um die Details der vertraglichen Vereinbarung zwischen den Parteien oder sonstige Umstände, die den Umfang der geschuldeten Leistung betreffen, geht[8]. Ein Zeugenbeweis kann auch dann in Frage kommen, wenn es um relativ einfache Mangelerscheinungen geht, insbesondere wenn Teile der Software überhaupt nicht geliefert wurden bzw. nicht funktionsfähig sind oder wenn Mängel auf der Benutzerebene auftreten[9]. Bei komplexeren Mängeln können sich unter Umstände sachverständige Zeugen, wie beispielsweise Mitarbeiter der EDV-Abteilung eines Unternehmens oder private Sachverständige als Zeugen eignen[10]. Schließlich kann ein Zeugenbeweis erforderlich sein, wenn es um die Zustand der EDV-Anlage zu einem bestimmten zurückliegenden Zeitpunkt geht, da dies durch einen Sach-

---

1 *Redeker* in Kilian/Heussen, Computerrecht, Teil 16 Rz. 177.
2 *Redeker* in Kilian/Heussen, Computerrecht, Teil 16 Rz. 177.
3 *Bergmann/Streitz*, NJW 1992, 1726 (1730).
4 *Bergmann/Streitz*, NJW 1992, 1726 (1730).
5 *Redeker*, IT-Recht, Rz. 739.
6 *Redeker*, IT-Recht, Rz. 739.
7 *Redeker*, IT-Recht, Rz. 740.
8 *Redeker* in Kilian/Heussen, Computerrecht, Teil 16 Rz. 187.
9 *Redeker*, IT-Recht, Rz. 741.
10 *Redeker* in Kilian/Heussen, Computerrecht, Teil 16 Rz. 190.

verständigen meist nicht mehr zu klären ist[1]. Zu beachten ist, dass eine Zeugenvernehmung durch einen Sachverständigen nicht zulässig ist. Hierfür ist allein der Richter zuständig[2]. Allerdings kann der Sachverständige bei sachkundigen Zeugen als eine Art Übersetzer für das Gericht fungieren, indem er die Aussagen der Zeugen interpretiert[3].

ee) Sachverständigenbeweis

62   Reicht die **Sachkunde der Richter** (inklusive der eventuell beteiligten Handelsrichter) zur Durchdringung des Sachverhalts nicht aus, beauftragt das Gericht einen Sachverständigen[4]. Gerade im Bereich der IT ist dies sehr häufig der Fall, da die Streitigkeiten oftmals komplexe technische Einzelheiten beinhalten. Das Gericht entscheidet selbst über die eigene Sachkunde, d.h. wenn es sich nicht für ausreichend sachkundig hält, muss es auch ohne einen entsprechenden Antrag der Parteien einen Sachverständigen beauftragen, hält es sich dagegen für sachkundig, kann es sich über eventuelle Beweisantritte der Parteien hinwegsetzen[5]. Mit der Annahme der eigenen Sachkunde sollte das Gericht jedoch vorsichtig sein. Es ist zwar grundsätzlich dem Tatrichter überlassen, ob er seine eigene Sachkunde für ausreichend erachtet und deshalb von der Einholung eines Sachverständigengutachtens absieht, die Würdigung eines komplexen technischen Sachverhalts setzt jedoch besondere computertechnische Kenntnisse voraus und wird nicht schon durch die Kenntnis allgemeiner Erfahrungssätze ermöglicht[6]. Die Sachkunde der Richter, auch der Handelsrichter, besteht oftmals in einer lediglich teilweisen Kenntnis aus ihrer eigenen beruflichen Praxis und ist mit der Kompetenz eines besonders ausgebildeten und geprüften Sachverständigen meist nicht vergleichbar[7]. Hat ein Richter seine Sachkunde zu Unrecht angenommen, ist ein auf dieser Grundlage ergangenes, unrichtiges Urteil natürlich in der Berufung angreifbar. Aufgrund der hohen Bedeutung des Sachverständigen im IT-Prozess sind die Einzelheiten in einem eigenen Kapitel zu erläutern (vgl. A X).

ff) Selbständiges Beweisverfahren

63   Während oder außerhalb eines Prozesses kann gem. § 485 Abs. 1 ZPO durch eine Partei die Einnahme des Augenscheins, die Vernehmung von Zeugen oder die Begutachtung durch einen Sachverständigen beantragt werden, sog. selbständiges Beweisverfahren (auch Beweissicherungsverfahren). Nach § 485 Abs. 2 ZPO kann bei Vorliegen eines rechtlichen Interesses vor Klageerhebung auch die Feststellung des Zustands oder Werts einer Sache, die Klärung der Ursache eines Mangels und die Ermittlung des Aufwands einer

---

1 *Bergmann/Streitz*, NJW 1992, 1726 (1729).
2 *Redeker*, IT-Recht, Rz. 742.
3 *Redeker* in Kilian/Heussen, Computerrecht, Teil 16 Rz. 192.
4 *Redeker*, IT-Recht, Rz. 743.
5 *Redeker*, IT-Recht, Rz. 743.
6 BGH v. 23.11.2006 – III ZR 65/06, NJW-RR 2007, 357.
7 *Redeker*, IT-Recht, Rz. 743.

Mangelbeseitigung beantragt werden. Dabei sind sowohl die Mangelursache als auch ein Sachschaden nicht juristisch, sondern technisch zu beurteilen[1]. Ein **rechtliches Interesse** ist in aller Regel gegeben, wenn vertragliche bzw. vorvertragliche Beziehungen zwischen den Parteien bestehen und der Antragsteller daraus im Hinblick auf den Zustand der Sache vertragliche Ansprüche herleiten will[2]. Darüber hinaus kann sich ein solches Interesse aufgrund drohender Verjährung ergeben[3]. Schließlich ist ein rechtliches Interesse gem. § 485 Abs. 2 Satz 2 ZPO immer dann anzunehmen, wenn die Feststellung der Vermeidung eines Rechtsstreits dient. Sind von einem Streitverhältnis mehr als zwei Parteien betroffen und ist unklar, auf wessen Leistung der streitgegenständliche Mangel beruht, empfiehlt es sich vor Klageerhebung ein selbständiges Beweisverfahren anzustreben, um die Mangelursache zu klären und nicht Gefahr zu laufen, den falschen Klagegegner zu wählen[4].

Wird das selbständige Beweisverfahren im Rahmen eines bereits anhängigen Rechtsstreits eröffnet, ist nach § 486 Abs. 1 ZPO auch für das Beweisverfahren das **Gericht der Hauptsache** zuständig. Ist noch kein Rechtsstreit anhängig, ist der Antrag auf Durchführung eines selbständigen Beweisverfahrens gem. § 486 Abs. 2 Satz 1 ZPO gleichwohl bei dem Gericht zu stellen, das nach den Angaben des Antragstellers für eine Entscheidung in der Hauptsache zuständig wäre. Dies ist gem. § 486 Abs. 2 Satz 2 ZPO auch für ein eventuell folgendes Hauptsacheverfahren bindend. Eine Ausnahme von der Zuständigkeit des Gerichts der Hauptsache gilt nur in Fällen dringender Gefahr gem. § 486 Abs. 3 ZPO, wonach der Antrag in diesen Fällen auch bei dem örtlich relevanten Amtsgericht gestellt werden kann. Besteht zwischen den Parteien eine Gerichtsstandsvereinbarung für das Hauptsacheverfahren, gilt diese auch hinsichtlich der Zuständigkeit für ein selbständiges Beweisverfahren[5]. 64

Neben dem Antrag der Partei ist für die Zulässigkeit eines selbständigen Beweisverfahrens gem. § 285 Abs. 1 Halbs. 2 ZPO erforderlich, dass entweder der Gegner zustimmt oder zu befürchten ist, dass das Beweismittel verloren geht oder seine Benutzung erschwert wird. Eine Zustimmung des Gegners ist in der Praxis selten zu erlangen. Ein **drohender Verlust des Beweismittels** ist hingegen im IT-Recht oft gegeben, da EDV-Systeme in der Regel nicht über Jahre hinweg unverändert benutzt werden, sondern regelmäßig Updates und sonstigen Systemveränderungen unterzogen sind und dadurch die Beweismittel möglicherweise vernichtet werden[6]. Gleiches gilt für Fälle, in denen es auf einen bestimmten Entwicklungsstand eines Softwaresystems in einem bestimmten Zeitpunkt (z.B. im Zeitpunkt des Wirksamwerdens einer außerordentlichen Kündigung des Vertrages) ankommt. 65

---

1 *Müller* in Auer-Reinsdorff/Conrad (Hrsg.), § 33 Rz. 53.
2 Zöller/*Herget*, ZPO, § 485 Rz. 7a.
3 *Müller* in Auer-Reinsdorff/Conrad (Hrsg.), § 33 Rz. 49.
4 *Bergmann/Streitz*, NJW 1992, 1726.
5 *Müller* in Auer-Reinsdorff/Conrad (Hrsg.), § 33 Rz. 58.
6 *Redeker*, IT-Recht, Rz. 764.

66 Der **Antrag** muss gem. § 487 Nr. 1 ZPO zunächst den Gegner benennen. Eine Ausnahme hiervon gilt nach § 494 Abs. 1 ZPO nur, wenn der Beweisführer glaubhaft machen kann, den Gegner ohne eigenes Verschulden nicht bezeichnen zu können. Diese Situation kommt im IT-Recht allenfalls bei urheberrechtlichen Verletzungsprozessen in Betracht[1]. Des Weiteren ist genau zu bezeichnen, über welche Beweisfragen durch welche Beweismittel Beweis zu erheben ist, § 487 Nr. 2, 3 ZPO. Eine pauschale Frage nach der Feststellung von Mängeln ist unzulässig, da dies einen Ausforschungsbeweis darstellt[2]. Allerdings ist es anerkannt, dass eine Frage nach den Kosten der Mängelbeseitigung insgesamt oder hinsichtlich einzelner Mängel zulässig ist[3]. Schließlich sind nach § 487 Nr. 4 ZPO die Tatsachen, die die Zulässigkeit des selbständigen Beweisverfahrens und die Zuständigkeit des Gerichts begründen sollen, glaubhaft zu machen. Da Ziel des selbständigen Beweisverfahrens ist, die Ursache des Streits zu klären und langwierige Prozesse zu vermeiden, sind an die Darlegung allerdings keine übertriebenen Anforderungen zu stellen[4].

67 Der Antragsgegner muss alle ihm zumutbaren relevanten **Einwendungen** gegen die Ausführungen des Antragstellers im selbständigen Beweisverfahren vortragen, andernfalls trifft ihn die volle Beweislast dafür, dass das im selbständigen Beweisverfahren erzielte Ergebnis unzutreffend ist[5]. Das Ergebnis des selbständigen Beweisverfahrens ist nach § 493 ZPO auch für einen folgenden Hauptsacheprozess bindend. Der Antragsgegner hat demnach ein eigenes Interesse daran, bereits im Rahmen des selbständigen Beweisverfahrens sämtliche Gesichtspunkte, die ein für ihn vorteilhaftes Ergebnis unterstützen, einzubringen. Einwendungen können beispielsweise die Zuständigkeit des Gerichts, das Rechtsschutzbedürfnis oder die Wertangaben des Antragstellers betreffen oder ein Befangenheitsanspruch bezüglich des Sachverständigen oder die Einrede der Verjährung sein[6].

68 Über die **formellen Anforderungen** an den Vortrag von Einwendungen im selbständigen Beweisverfahren gibt es keine rechtlichen Vorgaben. Grundsätzlich wird es zweckmäßig sein, komplizierte, vom Sachverständigen nicht unmittelbar überprüfbare Einwände schriftlich vorzutragen. Weniger komplexe Einwände kann die Partei dagegen auch mündlich im Rahmen eines Ortstermins vorbringen[7].

69 Der Antragsgegner kann nicht nur gegen den Sachvortrag des Antragstellers vorgehen, sondern nach herrschender Meinung den Beweisantrag auch durch eigene Anträge ausweiten und ergänzen oder ein eigenes Beweisverfahren einleiten[8]. Zweck des selbständigen Beweisverfahrens ist nicht mehr nur die

---

1 *Redeker*, IT-Recht, Rz. 768.
2 OLG Köln v. 29.10.1999 – 19 W 36/99, OLGR Köln 2000, 234.
3 *Müller* in Auer-Reinsdorff/Conrad (Hrsg.), § 33 Rz. 65.
4 *Bergmann/Streitz*, NJW 1992, 1726.
5 *Redeker*, IT-Recht, Rz. 769.
6 *Ulrich*, AnwBl 2003, 78 (84).
7 *Redeker*, IT-Recht, Rz. 772.
8 Zöller/*Herget*, § 485 Rz. 3 m.w.N.

bloße Beweissicherung, sondern gerade auch das Schaffen klarer Verhältnisse mit dem Ziel, einen drohenden Rechtsstreit nach Möglichkeit zu vermeiden[1]. Daraus ergibt sich, dass **Gegenanträge** jedenfalls dann zulässig sein sollen, wenn sie diesem Zweck dienen. Das ist in der Regel der Fall, wenn der Antrag in einem unmittelbaren sachlichen Zusammenhang zum bisherigen Beweisthema des Verfahrens steht (jedoch nicht deckungsgleich ist), vom gleichen Sachverständigen beurteilt werden kann und die Einbeziehung in die Beweisaufnahme zu keinen wesentlichen Verzögerungen führt[2]. Die Prüfung des unmittelbaren sachlichen Zusammenhangs beschränkt sich dabei auf einen tatsächlichen Zusammenhang; zudem ist im Hinblick auf die angestrebte Vermeidung von Rechtsstreiten eine großzügige, prozesswirtschaftliche Betrachtungsweise geboten[3]. Die erforderliche Divergenz von dem ursprünglichen Beweisantrag ergibt sich aus §§ 485 Abs. 3, 412 ZPO, wonach eine erneute Beweiserhebung über dasselbe Beweisthema nur in Betracht kommt, wenn das erste Gutachten ungenügend war.

Auch im selbständigen Beweisverfahren ist die **Streitverkündung** zulässig. 70
Das Verfahren soll der Prozessökonomie dienen und mehrfache Beweisaufnahmen wegen des gleichen Gegenstands mit möglicherweise unterschiedlichen Ergebnissen verhindern; das legt es nahe, eine Streitverkündung zuzulassen[4]. Auch das von der Gegenmeinung oft herbeigezogene Argument, das selbständige Beweisverfahren sei kein Rechtsstreit i.S.d. § 72 Abs. 1 ZPO, steht einer Streitverkündung nicht entgegen. Abgesehen davon, dass das selbständige Beweisverfahren in der Regel durchaus ein kontradiktorisches Verfahren ist, entspricht die analoge Anwendung der Vorschrift dem Willen des Gesetzgebers[5]. Im Bericht des Rechtsausschusses des Deutschen Bundestages ist ausgeführt, der Ausschuss habe die ausdrückliche Regelung der Streitverkündung im selbständigen Beweisverfahren nicht für notwendig gehalten, weil er davon ausging die Rechtsprechung werde die §§ 66 ff. ZPO in diesen Fällen analog anwenden[6]. Die Streitverkündung ist in IT-Streitigkeiten aufgrund der bereits angesprochenen Personenvielfalt und der sich daraus ergebenden Schwierigkeiten bei der Bestimmung der Verantwortlichkeit für Mängel in vielen Fällen zu empfehlen.

Nach § 204 Abs. 1 Nr. 7 BGB wird durch die Zustellung des Antrags auf 71
Durchführung eines selbständigen Beweisverfahrens die **Verjährung der Mängelansprüche gehemmt**. Diese Hemmung bezieht sich nur auf die Mängel, wegen derer das Verfahren eingeleitete wurde, dabei jedoch auf sämtliche Ansprüche, die in irgendeiner Weise auf diese Mängel gestützt werden[7].

---

1 OLG Nürnberg v. 25.7.2000 – 4 W 2323/00, NJW-RR 2001, 859 (860).
2 OLG Nürnberg v. 25.7.2000 – 4 W 2323/00, NJW-RR 2001, 859 (860).
3 LG Konstanz v. 27.5.2003 – 12 T 109/03, NJW-RR 2003, 1379 (1380).
4 BGH v. 5.12.1996 – VII ZR 108/95, NJW 1997, 859.
5 BGH v. 5.12.1996 – VII ZR 108/95, NJW 1997, 859.
6 BT-Drucksache 11/8283, S. 48.
7 *Redeker*, IT-Recht, Rz. 774.

Bei der Zustellung ist zu beachten, dass diese nicht von Amts wegen geschieht, sondern explizit beantragt werden muss[1].

72   Wird das Ergebnis des selbständigen Beweisverfahrens in einem folgenden Hauptsacheprozess zwischen den Parteien verwendet, sind die **Kosten** des Beweisverfahrens Teil der Kosten des Hauptsacheprozesses und werden von der darin zu treffenden Kostenentscheidung umfasst[2]. Gibt es im selbständigen Beweisverfahren mehrere Antragsgegner, wird aber nur einer verklagt und verurteilt, so hat dieser sämtliche Kosten des Beweisverfahrens zu tragen[3].

73   Folgt auf das Beweisverfahren kein Hauptsacheprozess, setzt das Gericht dem ursprünglichen Antragsteller auf Antrag der Gegenseite gem. § 494a Abs. 1 ZPO eine Frist zur Klageerhebung. Wird diese Frist nicht eingehalten, hat der Antragsteller die Kosten des selbständigen Beweisverfahrens zu tragen, § 494a Abs. 2 ZPO. Dieser Weg ist beispielsweise dann einschlägig, wenn das selbständige Beweisverfahren zu dem Ergebnis kam, dass die geltend gemachten Mängel nicht vorliegen und deshalb keine Klage erhoben wird[4]. Die Fristsetzung wirkt dabei nur zugunsten desjenigen, der sie beantragt[5].

74   Der **Streitwert** des selbständigen Beweisverfahrens richtet sich nach der Höhe des Hauptsacheverfahrens, das mit dem selbständigen Beweisverfahren angestrebt wird, unabhängig davon, ob es tatsächlich zu einem Verfahren in der Hauptsache kommt oder nicht[6].

e) Prozesshandlungen

aa) Prozessaufrechnung

75   Eine Prozesshandlung, die dem Beklagten zur Verfügung steht, ist die Prozessaufrechnung. Von einer echten Prozessaufrechnung zu unterscheiden ist die **vorprozessuale Aufrechnung**, d.h. die Berufung auf eine bereits außerhalb des Rechtsstreits erklärte Aufrechnung. In diesem Fall gibt es keine prozessualen Besonderheiten, der Einwand wird wie jedes andere Verteidigungsvorbringen behandelt[7].

76   Erklärt der Beklagte die Aufrechnung hingegen erstmals im laufenden Prozess, handelt es sich um eine Prozessaufrechnung. Diese enthält zugleich eine materiell-rechtlichen Willenserklärung gem. § 388 BGB gegenüber dem Gegner und eine prozessuale Handlung[8]. Es gibt zwei Erscheinungsformen

---

1 *Müller* in Auer-Reinsdorff/Conrad (Hrsg.), § 33 Rz. 82.
2 BGH v. 24.6.2004 – VII ZB 11/03, NJW 2004, 3121.
3 BGH v. 22.7.2004 – VII ZB 9/03, NJW-RR 2004, 1651.
4 *Redeker*, IT-Recht, Rz. 776.
5 OLG Stuttgart v. 19.6.2000 – 13 W 28/00, NJW-RR 2001, 863.
6 OLG Köln v. 25.1.1999 – 7 W 20/97, NJW-RR 2000, 802.
7 Zöller/*Greger*, ZPO, § 145 Rz. 11.
8 Zöller/*Greger*, ZPO, § 145 Rz. 11.

der Prozessaufrechnung. Bei der sog. **Primäraufrechnung** wird die Klageforderung als solche nicht bestritten, sondern die Aufrechnung isoliert erklärt. Bei der **Eventualaufrechnung** (auch Hilfsaufrechnung) gilt die Erklärung der Aufrechnung lediglich hilfsweise für den Fall, dass das vorrangige Bestreiten der Klageforderung ohne Erfolg bleibt[1]. Die Eventualaufrechnung verstößt dabei nicht gegen das Bedingungsverbot aus § 388 Satz 2 BGB und die Bedingungsfeindlichkeit von Prozesshandlungen, da das Bestehen der Klageforderung kein zukünftiges ungewisses Ereignis ist[2]. Es handelt sich um eine sog. Prozessbedingung. Die Aufrechnung ist unzulässig, wenn die Parteien vertraglich vereinbart hatten, sie im Prozess nicht geltend zu machen oder wenn ihr materiell-rechtliche Gründe entgegenstehen[3].

Bezüglich der **Wirksamkeit** der Prozessaufrechnung ist zu beachten, dass die materiell-rechtliche Willenserklärung als einseitige empfangsbedürftige Willenserklärung gem. § 388 Satz 1 BGB mit Zugang bei dem Gegner ihre Wirkung entfaltet. Die prozessuale Komponente der Aufrechnung wird hingegen erst durch ordnungsgemäße Geltendmachung in der mündlichen Verhandlung wirksam, nicht schon durch ihre mündliche oder schriftliche Ankündigung[4]. Weist das Gericht die Aufrechnung aus prozessualen Gründen zurück, bleibt die materiell-rechtliche Willenserklärung eigentlich wirksam. Um das unbillige Ergebnis zu vermeiden, dass der Beklagte seine erfolglos zur Aufrechnung gestellte Forderung aufgrund der Erlöschungswirkung aus § 389 BGB nicht mehr anderweitig geltend machen kann, erstreckt die herrschende Meinung die Unwirksamkeit der prozessualen Handlung in entsprechender Anwendung des § 139 BGB auf die materiell-rechtliche Komponente[5]. Damit gilt die Aufrechnung auch in materieller Hinsicht als nicht erfolgt und die Forderung bleibt bestehen.

77

Nach ständiger Rechtsprechung des BGH wird die Gegenforderung durch eine Prozessaufrechnung nicht rechtshängig[6]. Die Geltendmachung der Aufrechnung ist nämlich keine Klage, sondern ein reines Verteidigungsmittel und begründet daher keinen eigenen Streitgegenstand, auf den sich die Rechtshängigkeit jeweils bezieht[7].

78

bb) Widerklage

Eine weitere Prozesshandlung, auf die der Beklagte zurückgreifen kann, ist die Widerklage. Im Gegensatz zu der Prozessaufrechnung handelt es sich dabei nicht um ein Angriffs- oder Verteidigungsmittel i.S.d. §§ 282, 296, 530, 531 ZPO, sondern um einen **Gegenangriff**[8]. Die Widerklage ist eine echte

79

---

1 Zöller/*Greger*, ZPO, § 145 Rz. 11.
2 Zöller/*Greger*, ZPO, § 145 Rz. 13.
3 Zöller/*Greger*, ZPO, § 145 Rz. 14 m.w.N.
4 Zöller/*Greger*, ZPO, § 145 Rz. 11.
5 Zöller/*Greger*, ZPO, § 145 Rz. 15.
6 BGH v. 8.1.2004 – III ZR 401/02, NJW-RR 2004, 1000 m.w.N.
7 Zöller/*Greger*, ZPO, § 145 Rz. 18.
8 Zöller/*Vollkommer*, ZPO, § 33 Rz. 8.

Klage besonderer Art und erfordert als solche einen eigenen Streitgegenstand sowie das Vorliegen der allgemeinen Prozessvoraussetzungen[1]. Eine Partei kann diese bis zum Schluss der mündlichen Verhandlung in der erleichterten Form nach § 261 Abs. 2 ZPO mit einer der Möglichkeiten des § 297 ZPO (also schriftsätzlich oder in der mündlichen Verhandlung durch eine dem Protokoll beizufügende Schrift) erheben[2].

80   Die Widerklage setzt schon begrifflich eine rechtshängige Klage der Gegenpartei voraus. Zwischen der Widerklage und dem in der ursprünglichen Klage geltend gemachten Anspruch muss gem. § 33 Abs. 1 ZPO ein **Zusammenhang** bestehen. Ein solcher ist vorhanden, wenn die geltend gemachten Forderungen auf ein gemeinsames Rechtsverhältnis zurückzuführen sind, ohne dass die völlige Identität des Rechtsgrundes gegeben sein muss[3]. Von einem solchen Zusammenhang kann man bei Vorliegen eines innerlich zusammenhängenden, einheitlichen Lebenssachverhalts in der Regel ausgehen, beispielsweise zwischen einem Kaufpreisanspruch des Verkäufers für ein IT-System, und dem Anspruch des Käufers auf Erstattung des Mangelbeseitigungsaufwands[4].

81   Ist die Widerklage rechtswirksam erhoben, bleiben deren Rechtshängigkeit und Gerichtsstand unabhängig von der Hauptsache bestehen; es schadet weder die Zurücknahme der ursprünglichen Klage (vgl. § 261 Abs. 3 Nr. 2 ZPO) noch die Erledigung in sonstiger Weise oder die Abweisung wegen Unzuständigkeit[5]. Im Rahmen der **sachlichen Zuständigkeit** ist bei der Berechnung des Streitwerts zu beachten, dass die Ansprüche aus Klage und Widerklage gem. § 5 Halbs. 2 ZPO nicht zusammengerechnet werden. Damit bleibt beispielsweise das Amtsgericht auch dann zuständig, wenn die Summe der Ansprüche 5000 Euro übersteigt, die einzelnen Ansprüche aber unterhalb dieser Grenze bleiben.

82   Das Gericht der ursprünglichen Klage ist nach § 33 Abs. 1 ZPO auch für die Widerklage örtlich zuständig, wenn der Gegenanspruch mit dem in der Klage geltend gemachten Anspruch oder mit den gegen ihn vorgebrachten Verteidigungsmitteln in Zusammenhang steht. Dieser Zusammenhang (sog. **Konnexität**) von Widerklage und Klagegegenstand ist nach mittlerweile allgemein herrschender Meinung keine besondere Prozessvoraussetzung, sondern lediglich ein zusätzlicher besonderer Gerichtsstand[6]. Dies ergebe sich aus der systematischen Stellung des § 33 ZPO im Abschnitt über den Gerichtsstand, der amtlichen Überschrift der Norm und dem Wortlaut der Vorschrift selbst[7]. Ist zwischen Klage und Widerklage keine Konnexität gegeben, bestimmt sich der Gerichtsstand der Widerklage demzufolge nach den allgemeinen Regeln, z.B. §§ 12, 13 ZPO.

---

1 Zöller/*Vollkommer*, ZPO, § 33 Rz. 7.
2 OLG Köln v. 3.2.2004 – 3 U 111/03, MDR 2004, 962.
3 Zöller/*Vollkommer*, ZPO, § 33 Rz. 15.
4 Zöller/*Vollkommer*, ZPO, § 33 Rz. 15 mit weiteren Beispielen.
5 Zöller/*Vollkommer*, ZPO, § 33 Rz. 17.
6 MüKoZPO/*Patzina*, § 33 Rz. 2; Zöller/*Vollkommer*, ZPO, § 33 Rz. 1, jeweils m.w.N.
7 Zöller/*Vollkommer*, ZPO, § 33 Rz. 1.

f) Rechtsmittel

aa) Berufung

Gegen ein erstinstanzliches Urteil kann Berufung eingelegt werden. Die Be-   83
rufung ist gem. § 511 Abs. 2 Nr. 1 ZPO **zulässig**, wenn der Wert des Be-
schwerdegegenstandes 600 Euro übersteigt und gem. § 511 Abs. 2 Nr. 2,
Abs. 4 ZPO wenn das Gericht des ersten Rechtszuges die Berufung im Urteil
zugelassen hat. Eine Berufung kommt nach § 514 Abs. 2 ZPO außerdem gegen ein Versäumnisurteil in Betracht, wenn keine schuldhafte Säumnis vorliegt.

Die **Berufungsfrist** beträgt gem. § 517 ZPO einen Monat ab Zustellung des   84
Urteils und kann nicht verlängert werden. Die **Berufungsbegründungsfrist**
beträgt nach § 520 Abs. 2 Satz 1 ZPO zwei Monate und beginnt ebenfalls mit
Zustellung des Urteils zu laufen. Sie kann gem. § 520 Abs. 2 Satz 2, 3 ZPO
auf Antrag verlängert werden, wenn der Gegner einwilligt oder wenn nach
freier Überzeugung des Gerichts die Verlängerung den Rechtsstreit nicht verzögert oder wenn der Berufungskläger erhebliche Gründe darlegt. Wird das
Urteil nicht ordnungsgemäß zugestellt, beginnen Berufungs- und Berufungsbegründungsfrist fünf Monate nach Urteilsverkündung zu laufen, §§ 517,
520 Abs. 2 Satz 1 ZPO.

Die **Berufungsbegründung** ist gem. § 520 Abs. 3 Satz 1 ZPO entweder schon   85
im Rahmen der Berufungsschrift oder in einem separaten Schriftsatz beim
Gericht einzureichen. Sie muss die Erklärung, inwieweit die Partei das Urteil anficht und welche Abänderungen des Urteils sie beantragt (so genannte
Berufungsanträge), die Bezeichnung der Umstände, aus denen sich die
Rechtsverletzung und deren Erheblichkeit für die angefochtene Entscheidung ergibt, die Bezeichnung konkreter Anhaltspunkte, die Zweifel an der
Richtigkeit der Tatsachenfeststellungen im angefochtenen Urteil begründen
sowie die Bezeichnung und Begründung der neuen Angriffs- und Verteidigungsmittel enthalten, § 520 Abs. 3 Satz 2 Nr. 1–4 ZPO. Nach § 520 Abs. 4
ZPO soll die Berufungsbegründung ferner die Angabe des Wertes eines Be-
schwerdegegenstandes, der nicht in einer bestimmten Geldsumme besteht,
und eventuelle Gründe, die der Entscheidung durch einen Einzelrichter entgegenstehen, enthalten.

Nach § 513 Abs. 1 ZPO kann die Berufungsklägerin die Berufung nur darauf   86
stützen, dass die Entscheidung auf einer Rechtsverletzung i.S.d. § 546 ZPO
beruht oder nach § 529 ZPO zugrunde zu legende Tatsachen eine andere Entscheidung rechtfertigen. Eine Rechtsverletzung ist nach § 546 ZPO gegeben,
wenn das Gericht der ersten Instanz eine Rechtsnorm nicht oder nicht richtig angewendet hat. Das kann z.B. der Fall sein, wenn das Gericht seiner Beurteilung nicht das richtige Gesetz zugrunde gelegt hat, die Bedeutung der
relevanten Norm verkannt hat oder schlichtweg falsch subsumiert hat[1].

---

1 *Müller* in Auer-Reinsdorff/Conrad (Hrsg.), § 34 Rz. 128.

87 Tatsachen rechtfertigen gem. § 529 Abs. 1 Nr. 1 ZPO dann eine andere Entscheidung, wenn konkrete Anhaltspunkte Zweifel an ihrer Richtigkeit oder Vollständigkeit bestehen. Solche Anhaltspunkte können sich beispielsweise aus Fehlern der Beweiswürdigung, aus Verfahrensfehlern oder aus Zweifeln an einem der Entscheidung zugrunde liegenden Sachverständigengutachten ergeben[1]. Eine neue Entscheidung kann gem. § 529 Abs. 1 Nr. 2 ZPO zudem dadurch gerechtfertigt sein, dass neue Tatsachen zu berücksichtigen sind. Der Begriff der Tatsache meint dabei sowohl Tatsachenbehauptungen im engeren Sinn sowie sonstige Angriffs- und Verteidigungsmittel. Neu sind diese, wenn sie erstmals im zweiten Rechtszug geltend gemacht werden[2]. Bei der Zulässigkeit neuer Tatsachen sind §§ 530, 531 ZPO zu beachten, wonach unter anderem solche Angriffs- und Verteidigungsmittel ausgeschlossen sind, die das Gericht der ersten Instanz zu Recht zurückgewiesen hat.

88 **Verfahrensfehler**, die nicht schon von Amts wegen zu berücksichtigen sind, prüft das Berufungsgericht gem. § 529 Abs. 2 ZPO nur, wenn die Berufungsklägerin sie nach § 520 Abs. 3 ZPO geltend gemacht hat. § 520 Abs. 3 ZPO regelt den Inhalt der Berufungsbegründung. Diese muss neben den Berufungsanträgen die Bezeichnung der Umstände enthalten, aus denen sich die Rechtsverletzung und deren Entscheidungserheblichkeit ergibt, außerdem die Bezeichnung konkreter Anhaltspunkte, die Zweifel an der Richtigkeit oder Vollständigkeit der Tatsachenfeststellungen im angefochtenen Urteil begründen und schließlich die Bezeichnung der neuen Angriffs- und Verteidigungsmittel sowie der Tatsachen, auf Grund derer diese zuzulassen sind. Nach Ansicht des BGH enthalten Verfahrensfehler jedoch regelmäßig auch konkrete Anhaltspunkte für Zweifel an der Richtigkeit der Tatsachenfeststellung. Die Berufungsklägerin muss diese daher *contra lege* nicht ausdrücklich rügen[3]. Der Anwendungsbereich des § 529 Abs. 2 ZPO beschränkt sich demnach auf die Überprüfung des Urteils in rechtlicher Hinsicht[4].

89 Das Berufungsgericht kann die Berufung nach § 522 Abs. 1 ZPO durch einstimmigen Beschluss **zurückweisen**, wenn es davon überzeugt ist, dass die Berufung keine Aussicht auf Erfolg hat, die Rechtssache keine grundsätzliche Bedeutung hat und die Fortbildung des Rechts oder die Sicherung einer einheitlichen Rechtsprechung eine Entscheidung des Berufungsgerichts nicht erfordert. Zuvor sind die Parteien auf die beabsichtigte Zurückweisung und die Gründe hierfür hinzuweisen und dem Berufungsführer ist Gelegenheit zur Stellungnahme zu geben.

bb) Revision

90 Gegen ein Urteil des Berufungsgerichts kann nach Maßgabe der §§ 542 ff. ZPO Revision eingelegt werden. Die Revision ist gem. § 543 Abs. 2 ZPO **statthaft**, wenn die Rechtssache grundsätzliche Bedeutung hat oder die Fort-

---

1 *Müller* in Auer-Reinsdorff/Conrad (Hrsg.), § 34 Rz. 129.
2 MüKoZPO/*Rimmelspacher*, § 529 Rz. 32 f.
3 BGH v. 12.3.2004 – V ZR 257/03, NJW 2004, 1876.
4 *Müller* in Auer-Reinsdorff/Conrad (Hrsg.), § 34 Rz. 138.

bildung des Rechts oder die Sicherung einer einheitlichen Rechtsprechung eine Entscheidung des Revisionsgerichts erfordert. Eine Sache hat grundsätzliche Bedeutung, wenn sie eine entscheidungserhebliche, klärungsbedürftige und klärungsfähige Rechtsfrage aufwirft, deren Auftreten in einer unbestimmten Vielzahl von Fällen zu erwarten ist und deshalb das abstrakte Interesse der Allgemeinheit an einheitlicher Entwicklung und Handhabung des Rechts berührt[1]. Typischerweise ist dies etwa bei Musterprozessen zu in der Rechtspraxis üblichen Vereinbarungen der Fall. Eine Revision kommt gem. § 565 i.V.m. § 514 Abs. 2 ZPO außerdem gegen ein Versäumnisurteil in Betracht, wenn keine schuldhafte Säumnis vorliegt.

Die **Revisionseinlegungsfrist** beträgt gem. § 548 ZPO einen Monat ab Zustel-   91
lung des vollständigen Berufungsurteils. Bei nicht ordnungsgemäßer Zustellung beträgt die Frist fünf Monate ab Urteilsverkündung. Wurde eine Nichtzulassungsbeschwerde nach § 544 ZPO erfolgreich durchgeführt, gilt die form- und fristgerechte Einlegung der Nichtzulassungsbeschwerde als Einlegung der Revision (§ 544 Abs. 6 Satz 2 ZPO). Mit der Zustellung der Entscheidung beginnt nach § 544 Abs. 6 Satz 3 ZPO die Revisionsbegründungsfrist.

Die **Revisionsbegründungsfrist** beträgt gem. § 551 Abs. 2 Satz 2 ZPO zwei   92
Monate. Sie beginnt gem. § 551 Abs. 2 Satz 3 ZPO ab Zustellung des Urteils; bei nicht ordnungsgemäßer Zustellung beträgt die Frist fünf Monate ab Verkündung. Die Frist kann auf Antrag von dem Vorsitzenden um bis zu zwei Monate verlängert werden wenn der Rechtsstreit nach freier Überzeugung des Vorsitzenden durch die Verlängerung nicht verzögert wird oder wenn der Revisionskläger erhebliche Gründe darlegt, § 511 Abs. 2 Satz 6 Halbs. 1 ZPO. Kann dem Revisionskläger innerhalb dieser Frist Einsicht in die Prozessakten nicht für einen angemessenen Zeitraum gewährt werden, kann der Vorsitzende gem. § 511 Abs. 2 Satz 6 Halbs. 2 ZPO auf Antrag die Frist um bis zu zwei Monate nach Übersendung der Prozessakten verlängern. Willigt der Gegner ein, ist eine Verlängerung nach § 551 Abs. 2 Satz 5 ZPO möglich.

Die Revision wird durch Einreichung der Revisionsschrift bei dem Revisi-   93
onsgericht **eingelegt** und muss die Bezeichnung des Urteils, gegen das die Revision gerichtet wird und die Erklärung, dass gegen dieses Urteil Revision eingelegt werde, enthalten, § 549 Abs. 1 ZPO. Revisionsgericht ist gem. § 133 GVG der Bundesgerichtshof (BGH). In diesem Zusammenhang ist zu beachten, dass nur ein beim BGH zugelassener Rechtsanwalt (sog. **BGH-Anwalt**) die Revision bei dem BGH vertreten kann. Rechtsanwälte ohne BGH-Zulassung sind beim BGH nicht postulationsfähig. Üblicherweise hat also der Instanzanwalt, der das Verfahren im ersten und zweiten Rechtszug vertreten hat, eine der beim BGH ansässigen Kanzleien mit der Durchführung und Vertretung der Revision zu beauftragen.

---

1 BGH v. 27.3.2003 – V ZR 291/02, NJW 2003, 1943.

94 Nach § 551 Abs. 2 Satz 1 ZPO ist die **Revisionsbegründung**, sofern sie nicht bereits in der Revisionsschrift enthalten ist, in einem Schriftsatz beim BGH einzureichen. Die Revisionsbegründung muss nach § 551 Abs. 3 Satz 1 ZPO die Erklärung, inwieweit das Urteil angefochten und dessen Aufhebung beantragt werde (sog. Revisionsanträge) und die Angabe der Revisionsgründe enthalten. Im Rahmen der Gründe müssen die konkreten Umstände, aus denen sich die Rechtsverletzung ergibt bezeichnet werden. Soweit die Revisionsklägerin die Revision darauf stützt, dass das Gesetz in Bezug auf das Verfahren verletzt sei, sind die Tatsachen, die den Mangel ergeben, zu nennen. Hat der BGH die Revision auf Grund einer Nichtzulassungsbeschwerde zugelassen, kann die Revisionsklägerin gem. § 551 Abs. 3 Satz 2 ZPO zur Begründung der Revision auf die Begründung der Nichtzulassungsbeschwerde Bezug nehmen.

95 Die Revision kann die Revisionsklägerin nach § 545 Abs. 1 ZPO nur darauf stützen, dass die Entscheidung auf einer **Verletzung des Rechts** beruht. Gem. § 546 ZPO ist das Recht verletzt, wenn das Berufungsgericht eine Rechtsnorm nicht oder nicht richtig angewendet hat. Bis zum 1.9.2009 beschränkt § 545 Abs. 1 ZPO a.F. die einschlägigen Rechtsnormen auf das Bundesrecht und solche Vorschriften, deren Geltungsbereich sich über den Bezirk eines Oberlandesgerichts hinaus erstreckte. Nach den Gesetzesmaterialien soll die Neufassung dazu dienen, die Revision zu einer Instanz umzugestalten, bei der die Klärung grundsätzlicher Rechtsfragen, die Aufgaben der Rechtsfortbildung und die Wahrung der Rechtseinheit im Vordergrund stehen; dem Revisionsgericht soll eine maximale Wirkungsbreite gesichert werden[1]. Eine erneute Beweiserhebung bei dem Revisionsgericht findet nicht statt.

96 Die Erweiterung des Anwendungsbereichs für die revisionsgerichtliche Überprüfung von Rechtsnormen trägt dem Umstand Rechnung, dass die Unterscheidung danach, ob eine Vorschrift in mehreren Oberlandesgerichten Anwendung findet, vor dem Hintergrund der Neustrukturierung des Rechtsmittelrechts in Zivilsachen zu nicht mehr hinreichend sachlich gerechtfertigten Unterscheidungen hinsichtlich der Überprüfung landesrechtlicher oder anderer regional begrenzter Vorschriften führt[2]. Künftig unterliegen der revisionsrechtlichen Prüfung daher einheitlich alle Rechtsnormen, unabhängig davon, ob sie in mehreren Oberlandesgerichtsbezirken Anwendung finden. Die Neuregelung knüpft auch an die Rechtsprechung des Bundesgerichtshofs an, nach der die revisionsgerichtliche Überprüfung der Berufungsurteile seit Inkrafttreten des Gesetzes zur Reform des Zivilprozesses vom 27. Juli 2001 betreffend Allgemeine Geschäftsbedingungen nicht auf solche Bedingungen beschränkt ist, die über den räumlichen Bezirk des Berufungsgerichts hinaus Verwendung finden, sondern gegen alle Berufungsurteile stattfindet[3].

---

1 BT-Drucksache 16/9733, S. 301.
2 BT-Drucksache 16/9733, S. 301.
3 BGH v. 5.7.2005 – X ZR 60/04, NJW 2005, 2919; BGH v. 12.10.2007 – V ZR 283/06, NJW-RR 2008, 251.

Darüber hinaus ist eine Entscheidung stets als auf einer Verletzung des   97
Rechts beruhend anzusehen, wenn einer der **absoluten Revisionsgründe** aus
§ 547 ZPO vorliegt. Diese sind im Einzelnen eine nicht vorschriftsmäßige
Besetzung des erkennenden Gerichts, die Mitwirkung eines Richters, der
von der Ausübung des Richteramts kraft Gesetzes ausgeschlossen, die Mitwirkung eines Richters, der wegen Besorgnis der Befangenheit abgelehnt
war, die nicht ordnungsgemäße Vertretung einer Partei, eine Verletzung der
Vorschriften über die Öffentlichkeit des Verfahrens und das Fehlen von Entscheidungsgründen.

Im Falle der Aufhebung des Urteils ist die Sache nach § 563 Abs. 1 Satz 1   98
ZPO zur neuen Verhandlung und Entscheidung an das Berufungsgericht zu-
rückzuverweisen. Das Revisionsgericht hat jedoch in der Sache selbst zu
entscheiden, wenn die Aufhebung des Urteils nur wegen Rechtsverletzung
bei Anwendung des Gesetzes auf das festgestellte Sachverhältnis erfolgt und
nach letzterem die Sache zur Endentscheidung reif ist, § 563 Abs. 3 ZPO. Eine Entscheidung durch den BGH kommt also nur dann in Betracht, wenn
der Sachverhalt unstreitig oder geklärt ist, das Berufungsgericht die erforderlichen Feststellungen getroffen hat, weitere Feststellungen nicht mehr notwendig oder nicht mehr zu erwarten sind und deshalb bei einer Zurückver-
weisung der Sache ein anderes Ergebnis nicht möglich erscheint[1].

Eine Besonderheit im Verfahrensrecht ist die **Sprungrevision**. Nach § 566   99
Abs. 1 Satz 1 ZPO findet auf Antrag gegen die im ersten Rechtszug erlasse-
nen Endurteile, die ohne Zulassung der Berufung unterliegen, unter Übergehung der Berufungsinstanz unmittelbar die Revision statt, wenn der Gegner
in die Übergehung der Berufungsinstanz einwilligt und das Revisionsgericht
die Sprungrevision zulässt.

g) Dauer

Die Dauer eines Hauptsacheverfahrens wird vor allem durch die Komplexi-   100
tät der Materie bestimmt. Der IT-Prozess ist hier insoweit mit dem Baupro-
zess vergleichbar, als dass beide häufig eine hohe Komplexität aufweisen.
Insbesondere die oftmals erforderliche Hinzuziehung eines Sachverständigen
verlängert IT-Prozesse erheblich. Wird ein Sachverständigengutachten benötigt, ist in der Regel nicht mit einer Verfahrensdauer von unter einem Jahr
für die erste Instanz zu rechnen. Oftmals ziehen sich IT-Verfahren allerdings
schon in der ersten Instanz über mehrere Jahre.

h) Kosten

Die Kostenerstattung richtet sich im IT-Prozess nach den allgemeinen   101
Grundsätzen des Zivilprozesses. Die Kosten trägt gem. § 91 ZPO die unterliegende Partei. Auch im Bereich des Kostenrechts ist der Einfluss des Sach-

---

1 MüKoZPO/*Wenzel*, § 563 Rz. 21.

verständigen im IT-Prozess offensichtlich, da die Einholung eines Sachverständigengutachtens oft hohe Kosten verursacht.

2. Vorzüge und Nachteile[1]

a) Vorzüge

102   Ein Vorteil eines gerichtlichen Hauptsacheverfahrens gegenüber den gängigen alternativen Streitbelegungsformen besteht darin, dass eine **Einigung** der
Parteien **nicht erforderlich** ist, sondern das Urteil einseitig durch das Gericht
ausgesprochen wird. Zudem kann der Prozess größtenteils ohne aktive Mitwirkung der Gegenpartei durchgeführt werden. Der Zivilprozess bietet sich
demnach in Fallkonstellationen an, wo keine realistische Chance für eine
autonome Einigung der Parteien besteht.

103   Das Urteil eines staatlichen Gerichts ist **bindend**. Dadurch kann ein Präze-
denzfall geschaffen werden, was erwünscht sein kann, wenn durch die Entscheidung nicht nur der aktuelle Konflikt gelöst werden, sondern auch eine
Abschreckungswirkung für ähnliches Verhalten für die Zukunft geschaffen
werden soll.

104   Ist die **Machtposition** einer Partei deutlich stärker als die der Gegenseite,
spricht dies eventuell für die Durchführung eines Hauptsacheverfahrens.
Vor Gericht besteht eine Art „Waffengleichheit" bezüglich der Handlungsmöglichkeiten der Parteien, so dass deren Machtverhältnisse angeglichen
werden.

105   In der **Vollstreckbarkeit** des Urteils ist ein weiterer Vorteil des gerichtlichen
Verfahrens zu sehen. Die meisten außergerichtlichen Streitbeilegungsmethoden sehen keinen Vollstreckungsmechanismus vor, oder jedenfalls
keinen so starken wie dies bei einem Zivilprozess der Fall ist. Wenn absehbar ist, dass es bei der Vollstreckung Probleme geben könnte, ist daher ein
Zivilprozess unter Umständen von Vorteil.

106   Sind an dem Verfahren mehr als zwei Parteien beteiligt, wie es bei einem IT-
Projekt oftmals der Fall ist, ist die Durchführung eines Zivilprozesses unter
Umständen von Vorteil. Anders als im Rahmen eines freiwilligen Streitbeilegungsverfahrens kann das Gericht **Dritte** verpflichten, an dem Prozess teilzunehmen.

b) Nachteile

107   Ein Zivilprozess hat gegenüber vielen Formen der außergerichtlichen Streitbeilegung den Nachteil, dass die betroffenen Parteien keinen Einfluss auf die
Auswahl des Entscheidungsträgers, also im Fall des Hauptsacheverfahrens
des Richters, haben. Die Richter haben darüber hinaus regelmäßig keine spe-

---

1 WIPO Dispute Avoidance Best Practices and Resolution Guidelines for the ASP-Industry, http://www.wipo.int/amc/en/asp/report/index.html.

zifischen Kenntnisse oder Erfahrungen im IT-Recht. Insbesondere bei technisch komplizierten Sachverhalten ist demnach eine andere Form der Streitbeilegung einem Hauptsacheverfahren in vielen Fällen vorzuziehen.

Im Vergleich zu einer außergerichtlichen Streitbeilegung nimmt ein Zivilprozess grundsätzlich mehr **Zeit** in Anspruch und bringt höhere **Kosten** mit sich. Das Verfahren ist außerdem bis ins Detail reguliert und bietet kaum Möglichkeiten, es flexibel an die besonderen Gegebenheiten des Einzelfalls anzupassen.   108

Die Verhandlung im Zivilprozess ist nach § 169 GVG grundsätzlich öffentlich. Bei Streitigkeiten im Bereich der IT geht es jedoch häufig um vertrauliche Informationen, die nicht an eine breite **Öffentlichkeit** gelangen sollen. In diesem Fall haben außergerichtliche Streitbeilegungsmethoden gegenüber einem Hauptsacheverfahren den Vorteil, dass die Verhandlungen auf einen bestimmten Personenkreis begrenzt werden können.   109

Aufgrund der konfrontativen Natur eines Hauptsacheverfahrens besteht die Gefahr, dass in seinem Verlauf **persönliche und geschäftliche Beziehungen** der Beteiligten stark beschädigt oder gar zerstört werden. Die Durchführung eines IT-Projekts erfordert aber häufig eine längerfristige Zusammenarbeit, so dass die Wahrung der Beziehungen für den Erfolg des Projekts unumgänglich ist. Dies kann durch eine außergerichtliche Streitbeilegung, die weniger auf Konfrontation sondern vielmehr auf Zusammenarbeit bedacht ist, eher erreicht werden als durch ein gerichtliches Verfahren.   110

Hat der Sachverhalt, der dem Rechtsstreit zugrunde liegt, eine **internationale Dimension**, können sich im Verlauf eines Zivilprozesses verschiedene Probleme ergeben. Wenn die Parteien keine Gerichtsstandsvereinbarung getroffen haben, bestimmt sich die örtliche Zuständigkeit des Gerichts nach den allgemeinen Vorschriften. Dies kann dazu führen, dass eine der Parteien ihre Ansprüche vor einem ausländischen Gericht geltend machen muss, was für sie schwerwiegende Nachteile innehaben kann. So können sich Probleme aus dem Umgang mit fremdem Recht, unbekannten Verfahrensregeln und durch grundsätzliche Sprachschwierigkeiten ergeben. Zudem kann es Probleme bei der Vollstreckung eines ausländischen Urteils geben. Bei den meisten Formen der außergerichtlichen Streitbeilegung können die Parteien diese Probleme aufgrund der hohen Flexibilität der jeweiligen Verfahren und der Regelungsmöglichkeiten durch die Parteien selbst ohne Weiteres umgehen.   111

X. Die Rolle des sachverständigen Gutachters im IT-Verfahren

1. Vorbemerkungen

a) Generelle Anmerkungen zur Frage von (Rechts-)Streitigkeiten im IT-Umfeld und zum Bedarf an sachverständigen Gutachtern

1 Im vergangenen Jahrzehnt hat die IT-Welt eine sehr dynamische Entwicklung erlebt, die insbesondere die vollständige Durchdringung des privaten wie professionellen Lebensraums zur Folge hatte. Technische Entwicklungen wie die mobile Verfügbarkeit breitbandiger Internetzugänge und leistungsfähige, neue Endgerätetypen (insbesondere Smartphones und Tablets) sorgen dafür, dass neue Anwendungen und Anwendungstypen prosperieren. Anbieter Sozialer Netzwerke, Location Based Services, Social Games etc. transformieren in hoher Geschwindigkeit ganze Branchen. Frühere Giganten der IT wie IBM, Microsoft, HP und Oracle sind in der Defensive und laufen Gefahr, von Herausforderern verdrängt zu werden, die sie heute noch gar nicht kennen. Apple, vor rund zehn Jahren noch an der Grenze zur Insolvenz, gehört heute zu den wertvollsten Unternehmen der Welt und kontrolliert mit dem mobilen Betriebssystem iOS und dem App Store die Softwarewelt auf einer Reihe der erfolgreichsten Endgeräte. Facebook und Twitter sind im Bereich der Sozialen Netzwerke das Maß aller Dinge und so gut mit Wagniskapital versorgt, dass für einen Börsengang keine Eile besteht[1].

2 Bergen diese Entwicklungen einerseits große Chancen, so häufen sich andererseits in einschlägigen Medien und in den Zirkeln der IT-Verantwortlichen von Unternehmen und Behörden signifikant die Meldungen über IT-Projekte, die durch massive Verfehlung von Qualitäts-, Zeit- und/oder Budgetzielen Not leiden oder vollständig gescheitert sind. In gleichem Maße steigt die Zahl der Streitfälle, in denen sich einerseits ordentliche Gerichte oder Schiedsgerichte mit den aus derart in kritische Lagen geratenen Projekten resultierenden Rechtsstreitigkeiten auseinandersetzen müssen oder andererseits die Parteien in Verfahren der außergerichtlichen Streitschlichtung versuchen, derartige Auseinandersetzungen zu klären und beizulegen.

3 Was sind die wesentlichen Gründe für diese Häufung an IT-Projekten, die „auf die schiefe Bahn" geraten und in Auseinandersetzungen münden?

– **Wachsende Komplexität:** Verschiedene Entwicklungen der jüngeren Zeit führen zu einer massiven Zunahme der Komplexität von IT-Projekten. Zielte man früher in der Regel auf einen recht gut abgrenzbaren funktionalen, technischen und organisatorischen Anforderungs- und Handlungsrahmen, so

---

1 *Uhrig/Krzyzak,* „Ecosystem Resource Engineering: Das ERP der Zukunft" in Becker/Gora/Uhrig (Hrsg.), Informationsmanagement 2.0 – Neue Geschäftsmodelle und Strategien für die Herausforderungen der digitalen Zukunft, S. 55 ff.

- bestimmen heute über die Unternehmensgrenzen hinaus zu integrierende Geschäftsprozesse die Anforderungen,

- ist eine enorme Vielfalt von zu integrierenden Systemen (insbesondere auch Altsysteme auf unterschiedlicher technischer Basis) zu beherrschen und

- muss oft eine Vielzahl von Partnern (Soft- und Hardwareanbieter, Outsourcingbetreiber, Systemintegratoren, Berater, etc.) – z.T. agierend aus unterschiedlichen Ländern – konzertiert werden, um die Zielergebnisse eines Projekts herbeizuführen.

In einem solchen Kontext – auch vertraglich – die Leistungen zu definieren und abzugrenzen, die kommerziellen Rahmenbedingungen zu definieren sowie die Fragen der Projekt-Governance zu klären, ist eine große Herausforderung. Besonders schwer wiegt, dass IT-Projekte heute zumeist über die Unternehmensgrenzen hinaus wirken und gemanagt werden müssen. Es sind nicht nur Kunden, Lieferanten und „nahe" Geschäftspartner (z.B. die Hausbank) einzubinden. Angesichts der wachsenden Durchdringung aller Lebensbereiche mit IT und Telekommunikationsmedien und der von den meisten Unternehmen stark vorangetriebenen Digitalisierung von Geschäftsprozessen erstreckt sich der Gestaltungsraum heute auch auf nicht direkt beherrschbare Drittsysteme: Marketingprozesse müssen Facebook integrieren; die Einkaufsabteilung möchte Beschaffungsprozesse über amazon einbinden; die Buchung von Dienstreisen erfordert eine digitale Kopplung mit den Apps von Lufthansa oder mit einem Reiseportal. Die Beispiele zeigen den massiven Anstieg der potenziellen Risiken und Angriffspunkte für IT-Auseinandersetzungen.

- **Kritische Entwicklungen auf der IT-Anbieterseite:** Auf Seiten der Anbieter von IT-Services spielen verschiedene Entwicklungen eine wichtige Rolle. Zum einen wächst der Druck auf diese Anbieter massiv. Der ständige Ruf der Anwenderseite nach Innovation und höherer Leistungsfähigkeit von IT-Systemen erzwingt immer kürzere Produktlebenszyklen und hohe Investitionen in Forschung und Entwicklung. Gleichzeitig entsteht durch das Internet und einen hier zunehmenden kooperativen Austausch von Anwenderunternehmen über die Preisgestaltung der Anbieter und die Verfügbarkeit immer präziserer Benchmarkdaten hohe Transparenz über Preise und Leistungen und damit entsprechender Preisdruck auf die Anbieter. Häufig ist mangelhafte Leistungserbringung bei den Anbietern das Ventil, um diesem Druck zu begegnen: Schon in Angeboten und Ausschreibungsunterlagen erfolgt ein „Overpromising" – Leistungen werden versprochen, die nicht eingehalten werden können, Erfahrungen ins Feld geführt, die Nachprüfungen nicht standhalten. Vereinbarte Service Levels werden nicht erfüllt. Mitarbeiter mit nicht ausreichenden Kompetenzen und Erfahrungen werden in Rollen (häufig zum Beispiel Projektleitungsverantwortung) gezwungen, deren Anforderungen sie nicht erfüllen können. Diese und andere Umstände führen zielsicher zu Projektkrisen, Eskalationen, schließlich zum Scheitern von IT-Projekten und in der Folge langwierigen Rechtsstreitigkeiten.

– **Unklarheit der Anforderungsspezifikation:** IT-Projekte scheitern zumeist nicht daran, dass schlicht Technik (Hardware, Software) nicht funktioniert. Viel häufiger sind die Fälle, in denen durch mangelnde fachliche oder technische Kompetenz von Anwendern und/oder Systementwicklern es nicht möglich ist, Anforderungsdefinitionen (in der Regel niedergelegt in Konzepten, Lasten- oder Pflichtenheften oder so genannten Business Blueprints) so präzise und im Kontext der Businessziele zu erstellen, dass die darauf aufbauende Systemlösung dem entspricht, was der Geschäftsprozess an IT-Unterstützung tatsächlich benötigt. Dies wird verstärkt durch sprachliche und kulturelle Barrieren zwischen Anfordernden und Realisierenden z.B. durch Entwicklung im Near- oder Offshoring).

– **Mangelhafte Projekt-Governance:** Noch immer werden zu viele IT-Projekte mit zu hohem Fokus rein auf fachliche Fragen zu Lasten der angemessenen Berücksichtigung von Fragen der Projektstruktur und der Projekt-Governance durchgeführt. Projektprozesse, -methodik, -regelwerke, -tools, Aspekte des Risiko- und Change-Managements, explizite und mit eigenen Ressourcen versehene Projektqualitätssicherung werden oft mangelhaft geplant und implementiert, was ebenfalls ein maßgeblicher Grund für das Scheitern vieler Projekt ist.

4   Die vorstehend beschriebenen Aspekte und Beispiele machen deutlich, welch schwierige und komplexe Materie eine Auseinandersetzung oder gar ein Rechtsstreit im IT-Umfeld darstellt. Schon IT-Fachleuten ist es kaum möglich, all diese Themen umfänglich zu beherrschen. Es erschließt sich unmittelbar, dass dies für einen „typischen" deutschen Amts- oder Landrichter entsprechend nahezu unmöglich ist. Er benötigt fach- und sachkundige Unterstützung zur Aufklärung tatsächlicher Sachverhalte, um diese im Nachgang rechtlich würdigen und einordnen zu können. Diese Unterstützung bietet ihm im Regelfall ein „Sachverständiger" oder „sachverständiger Gutachter"[1].

5   Im deutschen Sprachgebrauch versteht man typischerweise unter einem „Sachverständigen" eine Person, die zu bestimmten Themen oder Sachgebieten überdurchschnittliche Kompetenz und in der Regel langjährige Erfahrung besitzt. Nach allgemeiner Auffassung kommen Eigenschaften wie „persönliche Integrität", „Objektivität" oder „Unabhängigkeit" hinzu wenn es darum geht Personen zu charakterisieren bei denen davon auszugehen ist, dass sie geeignet sind, ein Gericht bei der Aufklärung streitiger Sachverhalte angemessen kompetent und neutral zu unterstützen.

---

1 Anmerkung: Zur Klärung der Begrifflichkeit „sachverständiger Gutachter" sei angemerkt: Im üblichen rechtlichen Sprachgebrauch werden Personen, die die erforderlichen Eigenschaften aufweisen, Gerichte oder andere Institutionen bei der Aufklärung von Sachverhalten zu unterstützen, als „Sachverständige" bezeichnet. Dass diese auch „Gutachter" sein können versteht sich von selbst. Wir werden diese beiden Begriffe hier nachfolgend synonym verwenden. Zur Klärung der unterschiedlichen Formen von „Sachverständigen" siehe nachfolgend Rz. 6 ff.

b) Verschiedene Arten von Sachverständigen

So bedeutend die Rolle des Sachverständigen in Streitfällen sein kann, so   6
verwunderlich mag es sein, dass der Begriff des Sachverständigen – wie auch
des Gutachters – nicht gesetzlich geschützt ist. Jedermann kann sich „Sachverständiger" oder „Gutachter" nennen und die Erstellung von Gutachten
oder sachverständiger Beratung am Markt anbieten. Derart „selbsternannte"
freie Sachverständige unterliegen keiner gesetzlich vorgeschriebenen Qualitätssicherung oder Kontrolle. Weder ihre fachliche Kompetenz und Sachkunde, noch ihre persönliche Eignung werden behördlich überprüft und damit
objektiviert.

Anders ist dies bei einer Reihe anderer Arten von Sachverständigen, die auf   7
dem deutschen Markt präsent sind[1]. Hierzu gehören u.a.

– **Staatlich anerkannte Sachverständige (saSV), gelegentlich auch „amtlich
  anerkannte Sachverständige" (aaSV):** Dieser gesetzlich geschützte Begriff
  bezeichnet Sachverständige welche staatshoheitliche Aufgaben wahrneh-
  men, die in früheren Zeiten speziell in Behörden und in der Regel von
  Beamten abgedeckt wurden. Sie sollen damit zur Beschleunigung von
  Verfahren und zur Entlastung von Behörden beitragen, ohne dass der Anspruch staatlicher Aufsicht und Qualitätssicherung der Verfahren auf-
  gegeben werden muss. Entsprechend sind auch ihre Ausbildungs- und
  Erfahrungsnachweise sowie die erforderlichen Prüfungen, welche Voraussetzung zum Führen der Bezeichnung „Staatlich anerkannter Sachverständiger" erforderlich sind, staatlich geregelt. Häufig sind saSV in technischen Fachbereichen tätig – wie z.B. der technischen Überwachung von
  Fahrzeugen, des Brandschutzes oder der Standsicherheit von Anlagen.

– **EU-Zertifizierte Sachverständige gemäß ISO 17024:** Im Zuge der Interna-
  tionalisierung und Europäisierung entstehen neben den rein nationalen
  Qualifizierungen zunehmend länderübergreifende Ausbildungs-, Quali-
  tätssicherungs- und Akkreditierungssysteme. Im Sachverständigenumfeld
  regelt die DIN EN ISO/IEC 17024 einen solchen Zertifizierungsprozess
  für Sachverständige. Die Norm selbst spezifiziert die inhaltlichen und
  strukturellen Anforderungen an solche Stellen, die Sachverständige zertifizieren. Die oberste Hierarchiestufe der Zertifizierungsstellen in Deutschland ist die Deutsche Akkreditierungsstelle (DAkkS)[2].

c) Öffentlich bestellte und vereidigte Sachverständige (öbuvSV)

Mit dem Ziel, für Gerichte, Rechtsbeistände, Unternehmen und Privatper-   8
sonen, welche die Unterstützung durch einen sachverständigen Gutachter

---

1 Vgl. hierzu ausführlich Informationen auf den Websites des Deutschen Industrie-
  und Handelskammertags (www.dihk.de), der Website zum Sachverständigenwesen
  der Industrie- und Handelskammern (http://svv.ihk.de/), des Instituts für Sachverständigenwesen (www.ifsforum.de) sowie unter dem Suchbegriff „Sachverständiger" bei
  Wikipedia (http://de.wikipedia.org).
2 Vgl. hierzu Informationen auf der Website der Deutschen Akkreditierungsstelle; vgl.
  http://www.dakks.de/.

benötigen, präzise und transparente Qualitäts- und Kontrollnormen zu etablieren, hat der Gesetzgeber die Rolle des „öffentlich bestellten und vereidigten Sachverständigen" (öbuvSV) verankert. Die Verwendung dieses Begriffs ist gesetzlich geschützt. § 132a StGB stellt seine missbräuchliche Verwendung unter Strafe[1]. Weitere für öbuvSV gültige Rechtsnormen sind z.B. die **Gewerbeordnung** (GewO), die **Zivilprozessordnung** (ZPO) und das **Justizvergütungs- und -entschädigungsgesetz** (JVEG), darüber hinaus die Sachverständigenordnungen der Industrie- und Handelskammern (vgl. unten Rz. 14 ff.).

9   Jeder öbuvSV wird in einem konkreten **thematischen Fachbereich** bestellt. Hier besteht eine große Vielfalt – wie z.B. „Bewertung von Bauschäden", „Digitale Fotografie" oder „Sportplatzbau". Beispiele für Fachbereiche im IT-Umfeld sind „Datenverarbeitung" oder „Informationsverarbeitung".

10   Der sog. **Bestellungstenor** gibt Auskunft über die bestellende Behörde und den Fach- bzw. Tätigkeitsbereich, z.B. „Von der Industrie- und Handelskammer Offenbach öffentlich bestellter und vereidigter Sachverständiger für Informationsverarbeitung in Wirtschaft und öffentlicher Verwaltung".

11   Neben den verschiedenen gesetzlichen Regelungen spielen eine Reihe weiterer Aspekte eine wichtige Rolle im Hinblick auf die spezifischen Qualitätsanforderungen an den öbuvSV:

1. **Öffentliche Bestellung**: Die öffentliche Bestellung erfolgt im Regelfall durch die Industrie- und Handelskammer, in deren Bezirk der Sachverständige tätig ist. Voraussetzung ist der Nachweis besonderer Sachkunde, im Wesentlichen mittels einer qualifizierten Ausbildung (z.B. eines Hochschulstudiums), langjähriger (Berufs-)Erfahrung, kontinuierlicher Weiterbildung und einer umfassenden Prüfung. Der Aspekt der kontinuierlichen Weiterbildung ist besonders im schnelllebigen IT-Umfeld von hoher Bedeutung. Nur auf Basis eines stets aktuellen Wissensstands zum „state of the art" können die oftmals komplexen Sachverhalte von (z.T. langjährigen) Auseinandersetzungen angemessen beurteilt werden.

2. **Vereidigung**: Der öbuvSV leistet seinen Eid darauf, jede Gutachtenerstattung und jede sonstige sachverständige Tätigkeit (z.B. Beweissicherungen, Beratung des Gerichts im Verfahren) uneingeschränkt gewissenhaft, höchstpersönlich, objektiv, unabhängig, unparteiisch, vorurteils- und weisungsfrei durchzuführen. Verstößt er gegen diese Pflichten, stellt dies einen Straftatbestand dar. Die Vereidigung als solche ist eine wesentliche Grundlage dafür, dass vor allem öbuvSV von Gerichten herangezogen werden.

3. **Laufende Qualitäts- und Pflichtenüberwachung**: Während der Zeit der (im Regelfall alle fünf Jahre zu erneuernden) öffentlichen Bestellung unterliegt der öbuvSV einem strengen Katalog von Pflichten, die, im Regelfall durch die bestellende Industrie- und Handelskammer, laufend überprüft werden, im Falle von Verfehlungen aber auch durch die Gerichte verfolgt werden. Dazu gehören u.a. regelmäßige Qualitätsprüfungen von erstatte-

---

1 § 132a StGB: Wer unbefugt [...] die Bezeichnung öffentlich bestellter Sachverständiger führt [...] wird mit Freiheitsstrafe bis zu einem Jahr oder mit Geldstrafe bestraft.

ten Gutachten, die Prüfung von Referenzen, die Prüfung auf Einhaltung der Schweigepflicht u.a.m. Verstößt der öbuvSV gegen die ihm auferlegten Pflichten, kann die öffentliche Bestellung widerrufen werden. Da die Bestellung in den meisten Fällen zeitlich auf fünf Jahre befristet ist, muss der öbuvSV vor Ablauf der Frist einen Verlängerungsantrag stellen und dazu seine besondere Befähigung und persönliche Eignung jeweils erneut nachweisen.

2. Der öbuvSV als Gerichtsgutachter

a) Die grundsätzliche Rolle als „Helfer des Gerichts"

Aufgaben und Arbeitsweise des öbuvSV als Gerichtsgutachter sind präzise geklärt und durch einschlägige Rechtsnormen (siehe unten) flankiert. Die Vorgaben wirken im Regelfall und aus gutem Grunde eher begrenzend und einschränkend denn „befreiend". Ein weitreichender, nicht zuletzt durch Medien und Kinofilme, in denen Gutachter ausschweifende und gelegentlich selbstherrliche „Auftritte" vor Gericht haben, verstärkter Irrtum ist, dass sachverständige Gutachter quasi aus eigenem Antrieb und aus eigener Sicht dessen, was „richtig" und angemessen ist, arbeiten, Sachverhalte analysieren, Zeugen befragen, ihre Gutachten strukturieren und ausfertigen können. Dies ist nicht der Fall. 12

Der sachverständige Gutachter wird häufig auch als „Helfer des Gerichts" bezeichnet. Wenngleich in deutschen Gerichten zunehmend eine Spezialisierung der Kammern auf bestimmte Themengebiete zu beobachten und auch wünschenswert ist, so lassen es die einschlägigen gesetzlichen Grundsätze dennoch zu, dass Richter bzw. Kammern mit völlig unterschiedlichen Themen und Sachverhalten befasst werden können. So mag es beispielsweise vorkommen, dass ein Richter an einem Tag einen schweren Verkehrsunfall, eine umfangreiche Bausache und einen komplexen Rechtsstreit in einem großen IT-Projekt zu verhandeln hat. Selbstverständlich kann er nicht auf jedem Gebiet gleich versiert und erfahren sein – und muss sich entsprechend zur Aufklärung der Sachfragen, zur Feststellung von Tatsachen und deren Beurteilung sachverständigen Rat holen. Details hierzu regeln die §§ 402 ff. der ZPO (siehe auch unten). 13

b) Rechts- und Vorgehensnormen für den öbuvSV

Ohne hier in tiefere Details einsteigen zu wollen, seien einige der wichtigsten Rechts- und Vorgehensnormen für die Arbeit des öbuvSV hier noch einmal im Kontext dargestellt: 14

- **Gewerbeordnung (GewO):** § 36 GewO regelt im Detail Voraussetzungen und Verfahren zur öffentlichen Bestellung und Vereidigung von Sachverständigen[1]. Von besonderer Bedeutung sind hier die Verpflichtungen

---

1 Zu Details der Gewerbeordnung in diesem Kontext vgl. http://www.gesetze-im-inter net.de/gewo/__36.html.

- zur unabhängigen, weisungsfreien, persönlichen, gewissenhaften und unparteiischen Leistungserbringung,

- zum Abschluss einer Berufshaftpflichtversicherung und zum Umfang der Haftung,

- zur Fortbildung und zum Erfahrungsaustausch,

- zur Einhaltung von Mindestanforderungen bei der Erstellung von Gutachten,

- zur Aufzeichnung von Daten über einzelne Geschäftsvorgänge sowie über die Auftraggeber.

- **Zivilprozessordnung (ZPO):** Die ZPO regelt, speziell im Teil „Beweis durch Sachverständige" in den §§ 402 ff., die für die Zusammenarbeit zwischen Gericht und Sachverständigen erforderlichen Prozeduren[1]. Besonders wichtig sind:

  - Der Sachverständige bzw. sein Gutachten sind Beweismittel im gerichtlichen Verfahren und somit anderen Beweismitteln wie Zeugenaussagen oder Urkunden gleichzusetzen.

  - Die Sachverständigenauswahl erfolgt durch das Gericht – wobei die Gerichte üblicherweise die Industrie- und Handelskammern nach Vorschlägen zu thematisch passenden Sachverständigen befragen. Die Parteien ihrerseits können Vorschläge hinsichtlich geeigneter Kandidaten unterbreiten.

  - Nach § 407 ZPO sind öbuvSV gesetzlich verpflichtet, Gutachten zu erstatten. Eine Ablehnung kann im Regelfall nur erfolgen, wenn die fachliche Eignung nicht gegeben ist oder eine Befangenheit vorliegt, z.B. weil der Sachverständige mit der Sache vorbefasst ist oder mit den Parteien bereits andere Geschäftsbeziehungen pflegt.

- **Justizvergütungs- und -entschädigungsgesetz (JVEG):** Während Sachverständige, auch öbuvSV, für Tätigkeiten im Privatauftrag ihre Honorarsätze frei bestimmen können, regelt seit 2004 das Justizvergütungs- und -entschädigungsgesetz (JVEG) neben der Vergütung z.B. von Zeugen, Dolmetschern und ähnlichen Personen, die im Auftrag von Gericht oder Staatsanwaltschaft tätig werden, auch die Vergütung von derart bestellten Sachverständigen[2]. Neben Stundensätzen für den geleisteten Zeitaufwand werden hier auch z.B. Reisekostenregelungen oder Ersatz für Aufwendungen wie die Anfertigung von Kopien oder Fotografien, geregelt. § 9 des JVEG regelt die Stundensätze für Sachverständige nach (insgesamt zehn) unterschiedlichen Honorargruppen. Gerichtsgutachten im IT-Umfeld werden im Regelfall im Sachgebiet „Datenverarbeitung" und damit in der Honorargruppe 8 eingeordnet. Der gesetzliche Stundensatz in dieser Honorargruppe beträgt zum Erscheinungszeitpunkt dieses Buches 85 Euro.

---

1 Vgl. ZPO unter http://www.gesetze-im-internet.de/zpo/.
2 Vgl. JVEG unter http://www.gesetze-im-internet.de/jveg/.

– **Sachverständigenordnung der bestellenden Industrie- und Handelskammern:** Jede deutsche Industrie- und Handelskammer, die Sachverständige öffentlich bestellt und vereidigt, muss hierfür eine Sachverständigenordnung erlassen. Diese lehnt sich an die Vorgaben des § 36 GewO an und regelt im Wesentlichen

– die jeweiligen Bestellungsvoraussetzungen,

– das Verfahren der öffentlichen Bestellung und Vereidigung inklusive der Vereidigungsformel,

– die umfangreichen Pflichten der Sachverständigen (vgl. auch § 36 GewO) sowie

– die Bedingungen des Erlöschens der Bestellung[1].

c) Gerichtlicher Auftrag und Beweisbeschluss

Ein klar abgefasster gerichtlicher Auftrag gibt dem sachverständigen Gutachter vor, welche Sachverhalte er aufzuklären und welche Fragen er zu beantworten hat. An diesen Auftrag ist der Gutachter streng gebunden. Im Wesentlichen sind es vier Aufgabenfelder, die einem Gutachter vom Gericht übertragen werden 15

– **Feststellung von Tatsachen:** Hier wird der Sachverständige vom Gericht beauftragt, Tatsachen festzustellen und diese zu dokumentieren. Tatsachen können in den Akten enthalten sein oder z.B. in einem Ortstermin (siehe unten Rz. 30 ff. festgestellt werden. Im IT-Umfeld können solche Tatsachen z.B. die technische Ausstattung eines Computers, die installierte Version einer Standardsoftware oder die getroffenen Vorkehrungen der Zugangsbeschränkung zu einem Rechenzentrum zu einem bestimmten Zeitpunkt sein.

– **Beurteilung von Tatsachen:** Infolge einer Tatsachenfeststellung kann der Sachverständige vom Gericht zur Beurteilung derselben beauftragt werden. Er hat dabei auf Basis seiner Sachkenntnis und Erfahrungen einen Beurteilungsrahmen zu definieren, Rückschlüsse zu ziehen, Alternativen zu diskutieren und Abwägungen zu treffen, gegebenenfalls eine wissenschaftliche Würdigung vorzunehmen, Wahrscheinlichkeits- und Unsicherheitskorridore anzugeben und mögliche Fehlerquellen und -grade offenzulegen. All diese Erkenntnisse sind dem Gericht im Kontext nicht nur darzulegen sondern auch differenziert zu erläutern. Im Kontext der vorstehend beschriebenen Beispiele zur Feststellung von Tatsachen können Beurteilungen von Tatsachen z.B. die Frage sein, ob die technische Ausstattung eines Computers zeitgemäß ist, ob die installierte Version einer Software geeignet ist, bestimmte betriebliche Funktionsanforderungen zu erfüllen oder ob eine Zugangsbeschränkung zu einem Rechenzentrum im Verhältnis zum bestehenden Risiko des unerlaubten Eindringens nicht befugter Personen angemessen ist.

---

1 Beispiele für Sachverständigenordnungen finden sich jeweils auf den Internetseiten der IHKs.

– **Beweissicherung:** Gelegentlich beauftragen Gerichte den Sachverständigen, Beweise zu sichern oder bei der Beweissicherung zu unterstützen. Besteht z.b. im Zuge einer Tatsachenfeststellung hinsichtlich der Frage „befinden sich auf einem bestimmten Computer bestimmte Daten" anschließend die Notwendigkeit, diese Daten zuverlässig auf einem Datenträger zu speichern und diese angemessen zu dokumentieren, so wird das Gericht hierzu im Regelfall den Sachverständigen beauftragen.

– **Einbringen von Erfahrungswissen:** Häufig benötigen Gerichte von Sachverständigen kein umfassendes Gutachten bzw. keine ausführliche fachliche Bewertung eines Sachverhalts, sondern es genügt ihnen, wenn der Sachverständige im Rahmen der Verhandlung zu konkreten Einzelfragen mündlich Stellung nehmen kann. Beispiele im IT-Umfeld können sein: in welcher Spanne bewegen sich im Rhein-Main-Gebiet die ortsüblichen Stundensätze eines Webentwicklers? reicht eine Anzahl von x Tagen Schulung eines Anwenders aus, um ein Softwaremodul y adäquat anwenden zu können? War die Projektmanagementmethode z der Komplexität des Softwareprojekts angemessen?

16   Die vorstehend genannten Beispiele aus dem IT-Umfeld mögen die Aufgabenfelder des öbuvSV anschaulich verdeutlichen. Es ist aber klar zu stellen, dass sich die Sachverhalte in Rechtstreits selten so einfach darstellen wie in diesen Beispielen gezeigt. In großen IT-Reorganisations-, -Software- oder -Outsourcingprojekten sind die Sachverhalte im Regelfall hochgradig komplex, die Wechselwirkungen zahlreich und die finanziellen und personellen Aufwendungen erheblich. Dies führt dazu, dass sich Gerichtsverhandlungen über regelmäßig mindestens zwei Instanzen und oft über Jahre hinziehen.

17   Bestellt das Gericht – zumeist auf Vorschlag der örtlichen Industrie- und Handelskammer – einen Sachverständigen zur Erstellung eines Gutachtens, so werden der Inhalt, die konkret durch den Sachverständigen zu beantwortenden Fragen sowie die vom Gericht vorgegebenen Randbedingungen in einem **Beweisbeschluss** spezifiziert.

18   Der Beweisbeschluss nimmt in der Regel Bezug auf die Inhalte der jeweiligen (dem Sachverständigen vorzulegenden) Gerichtsakte und die darin enthaltenen Schriftsätze der Parteien bzw. ihrer Rechtsvertreter sowie alle sonstigen in der Streitsache relevanten aktenkundigen Dokumente und Korrespondenz (ggf. auch solche des Gerichts). Im IT-Umfeld können dies z.B. Dokumentationen von Hard- und Software, Fehlerprotokolle oder Unterlagen aus dem Projektmanagement von IT-Projekten (Verträge, Sitzungsprotokolle, Risikobewertungen, etc.) sein.

19   Der Beweisbeschluss spezifiziert inhaltlich den Auftrag des Gerichts, den der Sachverständige zu erfüllen hat. Er hat ausschließlich auf Basis dieses Beweisbeschlusses zu agieren, es ist ihm grundsätzlich nicht gestattet, nach eigenem Ermessen andere und/oder zusätzliche Fragen zu stellen und zu beantworten.

Aufgrund des bereits vorstehend beschriebenen Umstands selbstverständlich   20
nicht vorhandener detaillierter Sachkenntnis der Gerichte in allen Sachfragen, z.B. im IT-Umfeld, kommt es in der Sachverständigenpraxis häufig vor,
dass von den Gerichten erlassene Beweisbeschlüsse aus objektiver Sicht „an
der Sache vorbeigehen", unvollständig, schwer oder gar nicht zu beantworten sind oder andere Schwächen aufweisen. Im Regelfall hilft hier ein ver-
trauensvolles Beratungsgespräch zwischen Gericht und Sachverständigem,
um derartige Mängel auszuräumen. Zunehmend binden Richter Sachverständige bereits in die Erstellung des Beweisbeschlusses ein.

Aus dem Gutachteralltag im IT-Umfeld kristallisieren sich im Wesentlichen   21
folgende Typen von Fragestellungen im Rahmen von Beweisbeschlüssen heraus:

– **Beweisbeschlüsse mit Bezug auf technische Sachverhalte:**

  – Messung und Beurteilung von Performanzmerkmalen (Verfügbarkeit
    bzw. Ausfallhäufigkeit, Antwortzeitverhalten),

  – Feststellen von Ist-Anlagenkonfigurationen im Verhältnis von vertrag-
    lich geschuldeten oder nach Leistungsmerkmalen objektiv erforderli-
    chen Soll-Anlagenkonfigurationen.

– **Beweisbeschlüsse mit Bezug auf Softwarequalität:**

  – Ermittlung und Beurteilung von verfügbaren Funktionen im Verhältnis
    zu vertraglich geschuldeten und/oder objektiv zur Abdeckung von Ge-
    schäftsprozessen erforderlichen Funktionen,

  – Qualität des Softwareengineering insbesondere bei Individualsoftware,

  – Qualität von Softwaredokumentation (Entwicklungsdokumentation,
    Anwenderdokumentation, Schnittstellendokumentation),

  – Sachverhalte im Umfeld der Integration unterschiedlicher Software-
    pakete (z.B.: „aus welchem Bereich resultieren Fehlerquellen in der An-
    wendung?"),

  – Durchsatz/Geschwindigkeit von Datenbanktransaktionen.

– **Beweisbeschlüsse mit Bezug auf Projektmanagementsachverhalte**

  – Beurteilung der Angemessenheit und Qualität der Nutzung von Metho-
    den und Werkzeuge zum Projektmanagement in Projekten,

  – Qualität von Projektmitarbeitern (z.B. anhand von gegebenen Ausbil-
    dungs- und Erfahrungsprofilen im Verhältnis zu objektiv notwendigen
    Qualifikations- und Erfahrungsprofilen),

  – Beurteilung der Qualität der Erfüllung vertraglich geschuldeter Leis-
    tungen.

– **Aufträge zur Beweissicherung**

  – Sicherung von Datenbeständen aus bestimmten Anwendungskonstel-
    lationen,

  – Sicherung von Softwareständen zu einem bestimmten Zeitpunkt,

– Sicherung von Infrastrukturkomponenten (Rechner, mobile Endgeräte, aktive und passive Netzwerkkomponenten).

22 Anhand einiger **Beispiele** von realen gerichtlichen Beweisbeschlüssen aus dem IT-Umfeld sollen diese Überlegungen verdeutlicht werden:

Es soll Beweis erhoben werden:

1. Handelt es sich bei den von der Beklagten gerügten Mängeln am [...] System um Abweichungen der Ist-Beschaffenheit von der vertraglichen voraus-gesetzten Soll-Beschaffenheit? Ist die vertragliche Pflicht der Klägerin über-haupt genügend im Protokoll des Workshops vom 21.12.xx in Verbindung mit der 144-seitigen Aufgabenliste vom 17.4.xx definiert worden?

2. Wenn Ziff. 1. zu bejahen ist, treffen die von der Beklagten behaupteten Män-gel (Schriftsatz vom 10.4.xx) zu und stehen diese einer Abnahme entgegen? Inwieweit handelt es sich um – wie von der Klägerin behauptet – Produkt-erweiterungswünsche, die keine Mängelrüge begründen?"

3. Ist aus Sicht des Sachverständigen der Projektfestpreis von 2,5 Millionen Euro für den von der Klägerin gelieferten Systemumfang (Hardware und Soft-ware) gerechtfertigt?

23 Häufig betreffen IT-Rechtsstreitigkeiten – wie auch die vorstehende – die Frage nach Divergenzen zwischen dem was die Anwenderseite an IT-Leis-tungsmerkmalen und -Funktionalität benötigt und dem, was die Anbieter-seite an technischer Infrastruktur und Performanz sowie Funktionsumfang geliefert hat. Als kritisch erweist sich dabei die Tatsache, dass zwischen der Frage was (objektiv) z.B. aufgrund der betrieblichen Prozesse eines Unterneh-mens „benötigt" wird und dem, was tatsächlich vertraglich geschuldet ist, häufig massive Unterschiede bestehen. Hier liegen die Fehler bereits im An-forderungsdesign und auch in der Klarheit der vertraglichen Vereinbarungen.

24 Während im vorstehenden Fall die Fragen 1. und 2. des Beweisbeschlusses seitens des Sachverständigen recht einfach zu bearbeiten sind, da sie sich an konkreten Vorgaben orientieren (Protokoll, Aufgabenliste, schriftlichen Mängelrügen) ist die Frage 3. ein gutes Beispiel für eine im Prinzip nicht oder nur mit erheblichem Aufwand an Ermittlungen und Abwägungen seriös zu beantwortende Aufgabenstellung. Was ist ein „gerechtfertigter Projektfest-preis"? Soll er an den tatsächlich geleisteten zeitlichen Aufwänden des Sys-temanbieters bemessen werden oder an dem vermeintlichen Wert, den eine Standardsoftware aufgrund der Entwicklung, abgebildeter „Best Practice" oder Erfahrungen aus anderen Einführungsprojekten in sich birgt? Relati-viert man ihn am Aufwand der Erstellung oder am Nutzen (z.B. Effizienz-steigerung, Kostenersparnis) den das IT-System dem Anwenderunternehmen künftig bringt? Diese und andere Fragen sind seitens des Sachverständigen mit dem Gericht zu klären, bevor das Gutachten auf Basis eines solchen Be-weisbeschlusses erstellt werden kann.

Beweisbeschluss aus dem Januar 2008:

Es soll Beweis erhoben werden über die Behauptung der Beklagten,

1. nach dem Aufspielen der weiteren Software „Jahr 2000 Update", die auf das xx-System Zugriff nimmt, hätte die Klägerin einen Probelauf durchführen müssen,

2. der Kläger hätte aus fachlicher Sicht wissen müssen, dass bei Anwendung der Software xx es zu Veränderungen in dem Betriebssystem xx kommt,

3. der Kläger hätte aus der von ihm mit Schriftsatz vom 20.8.xx vorgelegten Dokumentation (Blatt 228–361 der Akte) erkennen können, dass es Änderungen an dem Betriebssystem nach Aufspielen der Software xx durch ihn gegeben hat.

Darüber hinaus soll der Sachverständige klären:

4. Unterstellt, dass das System im Dezember xx heruntergefahren wurde, hätten Veränderungen deswegen nicht bemerkt werden können, weil zu wenige Personen auf die Software xx Zugriff genommen haben?

5. Hätte die Streitverkündete darauf hinweisen müssen, dass die von ihr gelieferte Software xx in unzulässiger Weise auf das Betriebssystem Zugriff nimmt und bei Aufspielen eines Datensicherungs-Updates von xx Standardleistungen verändert?

Auch dieser Beweisbeschluss stellt den Sachverständigen vor einige spannende Herausforderungen. Zunächst betraf er in dem Jahr, in dem er erlassen wurde (2008) einen Sachverhalt aus den Jahren 1999/2000. Die Parteien hatten sich zu diesem Zeitpunkt also bereits nahezu 10 Jahre und über zwei Instanzen gestritten. Eine rückwirkende Tatsachenfeststellung über einen derart langen Zeitraum ist enorm schwierig wenn nicht gar unmöglich. Weder sind die streitgegenständlichen Systeme noch vorhanden, geschweige denn in Betrieb, noch sind typischerweise die wesentlichen handelnden Personen noch verfügbar, die man in einem Ortstermin befragen könnte. Ein weiteres Problem stellen in Beweisbeschlüssen in der Regel umfassende Konjunktiv-Fragestellungen dar wie im hier vorliegenden Fall. Dies führt zu einer großen Zahl von Annahmen (die zu prüfen sind) und hypothetischen Überlegungen.   25

Es soll Beweis erhoben werden über die Frage:

Weist die der Beklagten von der Klägerin zur Verfügung gestellte Software folgende Mängel auf (Schreiben der Beklagten vom 7.8.xx = Bl. 64–67 der Akte):

1. Die Umsatzstatistik ist unzuverlässig

2. Es treten Unstimmigkeiten zwischen Stammdaten und Abrechnungsdaten auf

3. Beim Schreiben von Aufträgen werden nicht alle Auftragszeilen gespeichert

4. Datenbank-Abfragen benötigen sehr viel Zeit

5. Die Bereitstellung bzw. die Übernahme von Buchungssätzen aus der Auftragsbearbeitung in die Buchführung bereitet Schwierigkeiten

26 Auch dieser dritte Fall ist ein gutes Beispiel für einen schwierigen Beweis-beschluss: Es werden weitgehend unklare Bewertungsmaßstäbe vorgegeben („unzuverlässig", „nicht alle Auftragszeilen", „sehr viel Zeit"). Hier ist der Sachverständige gefordert, mit eigenen Erfahrungen und Relationen zu ana-lysieren, zu relativieren und zu argumentieren. Auch sind die Fragen bezüg-lich des Prüfbereichs zunächst unklar. Was ist die „Umsatzstatistik" und in welchen Fällen und wie konkret ist sie „unzuverlässig"? Bedeutet „unzuver-lässig", dass sie manchmal funktioniert und manchmal nicht; oder dass sie immer gänzlich falsche oder immer zum Teil falsche Ergebnisse liefert? Wie soll „sehr viel Zeit" bewertet werden? Im Vergleich zu Datenbankabfragen in anderen vergleichbaren Systemen? oder Bezug nehmend auf die Effizienz der Arbeitsprozesse?

27 Die drei Beispiele zeigen typische Beweisbeschlüsse und wo in deren An-wendung Probleme liegen können. Was ist daraus insbesondere für Rechts-streitigkeiten im IT-Umfeld zu lernen – auch und insbesondere für die Par-teien und ihre Anwälte?

1. Beweisbeschlüsse sollten grundsätzlich vor Erlass mit dem Sachverständi-gen abgestimmt werden. Dies vermeidet Unklarheiten und speziell auch den unangenehmen Fall notwendiger nachträglicher Anpassung – denn in solchen Fällen fühlt sich zumeist mindestens eine der Parteien benachtei-ligt.

2. Klare, am besten quantifizierbare Fragen stellen und den Kontext herstel-len, in dem die Begutachtung stattfinden soll (z.B. bezogen auf objektive Erkenntnisse im Marktvergleich („Benchmarking", „Best Practices") oder bezogen auf die individuelle interne betriebswirtschaftliche Sicht eines Unternehmens.

3. Im Idealfall Tatsachenfeststellungen nur anfragen, wenn eine reelle Chan-ce besteht, dass Systeme, Dokumentationen und handelnde Personen noch soweit verfügbar sind, dass diese Fragen auch beantwortet werden können.

d) Weitere relevante Vorgaben und Prozeduren

28 Neben den gezeigten Vorschriften bestehen weitere wichtige Vorgaben, an denen sich öbuvSV bei ihrer Arbeit im Gerichtsauftrag halten müssen:

– **Vorprüfung des Auftrags:** Bevor ein öbuvSV einen Gerichtsauftrag anneh-men kann (dies gilt im Übrigen für privatgutachterliche Aufträge analog) ist er verpflichtet, diesen insbesondere dahingehend zu prüfen,

– ob er in sein Sachgebiet passt und ohne Hinzuziehung weiterer Sach-verständiger zu bearbeiten ist,

– ob Befangenheit vorliegt, z.B. durch Tätigkeit als Privatgutachter für ei-ne der Parteien,

– ob der Beweisbeschluss klar und sachgerecht ist (siehe oben)

- ob bei der Erstellung des Gutachtens Kosten entstehen, die erkennbar nicht im Verhältnis zum Streitwert des Rechtsstreits stehen

Sofern jeweils Zweifel hieran bestehen, sind diese unverzüglich mit dem Gericht zu klären.

- **Keine rechtliche Würdigung:** Der öbuvSV hat sich in seinen Betrachtungen und den Ergebnissen seines Gutachtens ausschließlich auf Sachfragen zu beschränken. „Ausflüge" in rechtliche Fragen sind ihm grundsätzlich untersagt.

- **Höchstpersönlichkeit:** Der öbuvSV muss sein Gutachten höchstpersönlich erstatten und die volle Verantwortung dafür übernehmen. Nur für untergeordnete Aufgaben (z.B. bestimmte Rechercheaufgaben), kann er Hilfskräfte hinzuziehen.

- **Pflicht zur Haftung:** Rechtsverhältnisse zwischen Gericht und öbuvSV sind keine Vertragsverhältnisse nach dem Zivilrecht, vielmehr liegt bei der Beauftragung des Sachverständigen durch das Gericht ein öffentlich-rechtliches Vertragsverhältnis vor. Entsprechend können gegen Sachverständige die im Gerichtsauftrag handeln keine Ansprüche aus Vertrag geltend gemacht werden. Allerdings bestehen Ansprüche der Prozessparteien gegen den SV nach § 823 Abs. 1 BGB, wenn er schuldhaft ein fehlerhaftes Gutachten erstellt hat, das erlassene Gerichtsurteil wesentlich auf diesem Gutachten beruht und dadurch ein absolutes Rechtsgut verletzt wird. Hierzu zählen jedoch nicht Vermögensschäden – um die es jedoch z.B. im IT-Umfeld fast ausschließlich geht.

e) Ablehnung des Sachverständigen durch eine Prozesspartei

Existieren gewichtige Gründe, die gegen die angemessene fachliche und/oder   29
persönliche Qualifikation des Sachverständigen sprechen, besteht für die Prozessparteien grundsätzlich die Möglichkeit, den vom Gericht zu berufenden Sachverständigen vor der Beauftragung abzulehnen oder auch ihn aus einem laufenden Verfahren ausschließen zu lassen. Solche Gründe können z.B. sein

- **Offensichtliche nicht ausreichende und/oder nicht aktuelle fachliche Qualifikation:** Lässt der Sachverständige bereits zu einem frühen Zeitpunkt fachliche Schwächen erkennen (im IT-Umfeld betrifft dies z.B. häufig mangelnden aktuellen Kenntnisstand bestimmter Technologien, Verfahren oder Methoden), kann dies ein Ablehnungs- oder Ausschlussgrund sein.

- **Befangenheit/Misstrauen gegen die Unparteilichkeit des Sachverständigen:** Es bestehen zahlreiche mögliche Gründe, bei einem Sachverständigen eine Befangenheit zu vermuten bzw. ein Misstrauen gegen seine Unparteilichkeit zu hegen. Dies sind zunächst ganz „einfache" Sachverhalte wie Verwandtschaftsbeziehungen zu einer Prozesspartei, sonstige private oder geschäftliche Beziehungen (von der Mitgliedschaft im gleichen Tennisclub bis hin zur Ehefrau des Sachverständigen, die bei einer der Prozessparteien angestellt ist) aber auch gegenteilige Beziehungen (Konkurrenz zu oder persönliche Feindschaften gegen eine Partei).

Gründe für eine anzunehmende Befangenheit entstehen gelegentlich auch durch das Verhalten des Sachverständigen im Verfahren selbst. Wendet er sich einseitig an Parteien ohne die andere Partei einzubeziehen? Lädt er (gegen die Vorschriften) zu einem Ortstermin (siehe unten) nicht alle Parteien? Ist ihm Einseitigkeit in seinen gutachterlichen Analysen oder gar einseitige Polemik in seinen Ausarbeitungen nachzuweisen? All dies sind Gründe, die typischerweise zu einem Ablehnungsantrag gegen einen Sachverständigen führen.

f) Der Ortstermin im gerichtlichen Sachverständigenverfahren

30 Zur Ermittlung von tatsächlichen Sachverhalten, zur Klärung von Fragen, die sich aus dem Aktenstudium ergeben oder – speziell im IT-Umfeld – zur Prüfung von Systemverhalten an Hard- und Softwarekomponenten, kann sich der Sachverständige dem Instrument des „Ortstermins" bedienen. Er kann im Beisein des Gerichts erfolgen oder auch nur durch den Sachverständigen initiiert werden.

31 In IT-bezogenen Rechtstreits dienen Ortstermine häufig der persönlichen **Inaugenscheinnahme** von Hard- und Softwarekomponenten, der Prüfung von streitgegenständlichen Funktionen, technischen Leistungsparametern oder baulichen Gegebenheiten.

32 Ortstermine sind keine „Gerichtstermine", wenngleich sie (im IT-Umfeld nur in äußerst seltenen Fällen) auch in **Anwesenheit des Gerichts** stattfinden können. Ortstermine dienen dem Sachverständigen als Vorbereitung seiner Gutachtenerstellung.

33 Jeder durch den Sachverständigen einberufene Ortstermin steht grundsätzlich allen beteiligten Prozessparteien und ihren Rechtsvertretern offen, es gilt der Grundsatz der **Parteiöffentlichkeit**. Versäumt es der Sachverständige, mit der Einberufung eines Ortstermins *alle* Parteien ordnungsgemäß und fristgerecht zu laden, ist dies ein schwerer Verfahrensfehler, der z.B. zur Unverwertbarkeit des Gutachtens und zur Ablehnung des Sachverständigen durch die benachteiligte Prozesspartei führen kann.

34 Gelegentlich geschieht es, dass trotz ordnungsgemäßer Einladung aller Prozessbeteiligten durch den Sachverständigen Parteien nicht zum Termin erscheinen. Sofern die Einladung nachweislich formgerecht erfolgt ist, kann der Ortstermin dann auch ohne die fehlende(n) Partei(en) stattfinden.

35 Häufig nehmen Ortstermine einen problematischen Verlauf, weil die Parteien direkt aufeinandertreffen ohne dass das (zumindest theoretisch) respekterzeugende Umfeld eines Gerichts ihr Verhalten „zügelt". Dem Sachverständigen stehen nur **limitierte verfahrensrechtliche Befugnisse** zu, er verfügt über keine Zwangsmittel, mit denen er auf die Beteiligten einwirken kann. Dies erfordert insbesondere ein hohes Maß an Souveränität, Verfahrenssicherheit und Erfahrung in der Durchführung von Ortsterminen.

3. Einige Spezifika der Arbeit des öbuvSV im Themenumfeld IT

a) Einführung

In jedem thematischen Umfeld und Kontext haben Auseinandersetzungen   36
und daraus folgend Rechtsstreitigkeiten ihre individuellen Eigenarten und
Rahmenbedingungen. Dies gilt auch und besonders für Auseinandersetzungen im Themenumfeld „IT".

Die Gründe hierfür sind vielfältig. Sie liegen vor allem darin, dass IT eine   37
immer bedeutendere Rolle im unternehmerischen Alltag spielt und aus den
Abläufen und Organisationen nicht mehr wegzudenken ist. Funktioniert IT
nicht, funktionieren komplette Geschäftsprozesse nicht – gelegentlich sogar
kommen ganze Unternehmen zum Stillstand wenn IT-Systeme nicht oder
fehlerhaft arbeiten, nämlich dann, wenn das Geschäftsmodell (wie etwa bei
einem Webshop) vollständig von IT abhängig ist. Das hat unmittelbare,
massive kommerzielle Auswirkungen und diese führen fast zwingend zu
Auseinandersetzungen mit den „Schuldigen", seien es Softwareanbieter,
Systemintegratoren oder Anbieter von Betriebsdienstleistungen im Outsourcing.

Ein weiterer wichtiger Grund liegt in der enormen Geschwindigkeit, in der   38
technischer Fortschritt stattfindet, neue Technologien und Produkte auf den
Markt kommen und alte ersetzen – oder (häufig ein Grund für krisenbehafte-
te IT-Projekte) über Generationen mit älteren Systemen integriert werden
müssen. Hieraus entstehen Anforderungen in einer Komplexität, die manche Mitarbeiter ebenso wie manche Projektsituation überfordert.

Als weitere Ursache speziell für scheiternde IT-Projekte ist das zunehmend   39
kritische, zum Teil unseriöse Verhalten der Anbieterseite auszumachen.
„Overpromising" im Vertriebsprozess, also das Abgeben von Leistungsver-
sprechen, die nicht eingehalten werden können, das Propagieren von Qualifikationen und Erfahrungen, die nicht wirklich vorhanden sind und das
Verwenden von Referenzen, die nicht belastbar sind, gehören zum Erfah-
rungsalltag von Sachverständigen im IT-Umfeld, die gescheiterte Systemein-
führungen und Outsourcingtransaktionen begutachten sollen. Speziell im
Markt für Standardsoftwareimplementierungen und Internetentwicklungs-
projekte ist dies zunehmend zu beobachten.

b) Normen, Standards und Referenzmodelle für die gutachterliche Arbeit im IT-Umfeld[1]

Der Einbezug erprobter, anerkannter Normen, Standards, Referenzmodelle   40
und Methoden in die gutachterliche Arbeit ist für den Sachverständigen ein
wichtiger Bestandteil der Qualitätssicherung und Objektivierung seiner Arbeit, der Relativierung seiner Hypothesen und Arbeitsergebnisse sowie zur

---

1 Zu allen hier angeführten Normen, Standards und Referenzmodellen finden sich ausführliche Darstellungen im Internet, z.B. unter http://de.wikipedia.org/wiki/.

Einbringung von Erfahrungswerten und Best Practices in die gutachterlichen Resultate.

41 Es würde den Rahmen dieses Buches sprengen, wenn man hier detailliert auf diese IT-bezogenen Standards und Normen einginge. Dennoch sei ein kurzer Überblick über die wichtigsten gegeben:

- **Bundes- und Landesdatenschutzgesetze (BDSG, LDSG):** Das Bundesdatenschutzgesetz (BDSG) in Verbindung mit den Datenschutzgesetzen der Länder (LDSG) regelt den Umgang mit personenbezogenen Daten, die in IT-Systemen oder manuell verarbeitet werden[1]. Häufig werden Sachverständige in IT-Streitigkeiten vom Gericht damit beauftragt, systemseitige, technische und organisatorische Vorkehrungen zum Datenschutz und zur Datensicherheit zu begutachten.

- **ISO/IEC 27000 ff.:** Die Standards der ISO 27000 ff. sind Teil der aktuell durch die ISO (International Organization for Standartization) gemeinsam mit der IEC (International Electronical Commission) erarbeiteten Gruppe von IT-Sicherheitsstandards (sogenannte 27000 ff.-Serie)[2]. Die ISO 27000 ff. geben verschiedene Guidelines für das IT-Riskomanagement vor, deren Einhaltung z.B. durch eine Zertifizierung des Unternehmens im Anschluss an ein erfolgreiches Auditing im Auftrag der Unternehmensführung nachgewiesen werden kann. Aus rechtlicher Perspektive ist die Nichtbeachtung nationaler oder internationaler technischer Standards, wie beispielsweise der ISO 27000 ff.-Familie als Indiz für eine haftungsrechtlich relevante Pflichtverletzung des Unternehmens gegenüber Dritten (sogenannte „Haftung im Außenverhältnis") zu werten. Sachverständigengutachten in diesem Kontext nehmen z.B. in arbeitsrechtlichen Streitfällen zu wenn es beispielsweise um die Frage geht, ob eine Geschäftsführung ihren entsprechenden Verpflichtungen angemessen nachgekommen ist.

- **BSI 100-1–100-4:** Das Bundesamt für Sicherheit in der Informationstechnik (BSI) hat eine Reihe von Normen und Best Practices erlassen, in denen es Vorgaben u.a. für die Erstellung von betrieblichen IT-Risikoanalysen, den Aufbau und Betrieb von IT-Sicherheitsmanagementsystemen oder die Erstellung und Exekution von Notfallplänen im IT-Umfeld macht. Auch diese Normen sind für Sachverständige eine wichtige Orientierung in Streitfällen, in denen es um IT- und Informationssicherheitsthemen geht.

- **ITIL (IT Infrastructure Library):** Die IT Infrastructure Library repräsentiert eine Zusammenfassung von Richtlinien und Referenzpraktiken für den Aufbau und Betrieb eines IT-Service-Managements, d.h. die für die Leistungserbringung einer IT-Organisation. Sie beschreibt Prozesse, Rollen, Organisationsstrukturen und Tools für die wichtigsten IT-Dienstleis-

---

1 Näheres u.a. in *Jurisch/Weber/Menzemer/Rau*, „Leitfaden Datenschutz", Dreieich 2010, http://www.intargia.com/pdf/leitfaden-datenschutz_final.pdf.

2 Näheres u.a. in *Jurisch/Weber/Menzemer/Caesar*, „Leitfaden IT-Sicherheitsmanagement", Dreieich 2011, http://www.intargia.com/pdf/leitfaden_it-sicherheitsmanagement_2011.pdf.

tungen im Unternehmen. Eine Orientierung an ITIL durch den Sachverständigen ergibt sich z.B. häufig, wenn es in Auseinandersetzungen um die Leistungsfähigkeit von externen Serviceprovidern geht, an die Unternehmen einzelne IT-Leistungen ausgelagert haben.

– **Weitere relevante Normen:** Neben den vorstehend genannten besonders wichtigen sind eine Reihe weiterer Normen von Bedeutung für die gutachterliche Tätigkeit im IT-Umfeld. Auf sie wird hier nicht weiter eingegangen und entsprechend auf die zahlreich verfügbare Literatur und Informationen im Internet verwiesen:

  – **COBIT** (Control Objectives for Information and Related Technology): International anerkanntes IT-Governance Framework.

  – **MaRisk (Mindestanforderungen an das Risikomanagement von Finanzdienstleistern), KWG (Kreditwesengesetz):** Gesetzliche Vorgaben zum Risikomanagement und zur Beherrschung operationeller Risiken im Umfeld von Banken, Versicherungen und sonstigen Finanzdienstleistern.

  – **DIN 66230 ff.:** Einschlägige Normen zur Dokumentation von Software und Softwareentwicklungsprozessen.

4. Der öbuvSV als Schiedsgutachter oder Schiedsrichter

Schiedsrichter sind aus dem Sport wohlbekannt. Sie haben die Aufgabe, unparteiisch, objektiv und mit hohem Sachverstand bei der Aufklärung und Beilegung von Meinungsverschiedenheiten zwischen Parteien mitzuwirken und hier eine verbindliche Entscheidung zu treffen: War es ein Elfmeter oder nicht? Stand der gegnerische Stürmer im Abseits? Tor: ja oder nein? Dies sind typische Meinungsverschiedenheiten, in denen die „Unparteiischen", wie sie im Sport ja auch genannt werden, zügig und ohne weitere Formalitäten eine Entscheidung zu treffen haben.   42

Auch bei Meinungsverschiedenheiten im täglichen wirtschaftlichen Alltag und, wie hier vorstehend schon aufgezeigt, insbesondere im Umfeld von IT-Projekten, ist es erforderlich, sachverständige Personen heranzuziehen, die bestimmte Sachfragen klären und hier, je nach Rolle, an Entscheidungen zur Beilegung von Meinungsverschiedenheiten mitwirken – oder solche Entscheidungen gar selbst treffen.   43

Die beteiligten Parteien einigen sich (in der Regel schon bei vertraglicher Regelung ihrer Leistungsbeziehungen, wobei eine solche Einigung aber – wenngleich dann zumeist deutlich schwieriger herzustellen – auch noch bei Eintritt der Meinungsverschiedenheiten möglich ist) darauf, das fachliche Urteil eines sachverständigen Fachmannes anzuerkennen und zu befolgen.   44

Ziel des Einbezugs solcher Schiedsgutachter oder Schiedsrichter ist es vor allem, Entscheidungen oder die Lösung von Streitigkeiten herbeizuführen oh-   45 ne dass ein langwieriges, kostspieliges und hochformalisiertes staatliches Gerichtsverfahren erforderlich ist.

46 Zwei wesentliche Rollen, die aufgrund der sprachlichen Nähe häufig verwechselt werden und doch in ihrer Ausgestaltung grundverschieden sind, müssen hier unterschieden werden:

– der Schieds*gutachter* und

– der Schieds*richter*

47 Zusammenfassend ist zu sagen: während der vom Gericht beauftragte Sachverständige auf Grundlage der geschilderten prozessualen Normen (vor allem der ZPO) das Gericht *berät*, haben Schiedsgutachter und Schiedsrichter die Aufgabe, auf vertraglicher Grundlage verbindlich zu *entscheiden*.

48 Für beide Rollen sind öbuvSV aufgrund ihrer hier schon geschilderten Sachkenntnisse, Berufserfahrungen und einer Reihe weiterer Bestellungsvoraussetzungen als besonders geeignet anzusehen.

a) Der öbuvSV als Schiedsgutachter

aa) Aufgaben

49 Die Aufgabe des Schiedsgutachters ist es, streitige oder unklare Sachverhalte aufzuklären und **rechtsverbindlich** festzustellen. Dies können im IT-Umfeld z.B. sein

– Schadensereignisse (z.B. ein gescheitertes Softwareprojekt, der Ausfall eines Internetshops oder die nicht ausreichende Sicherung eines Datenbestands) sowie ihre Ursachen und Auswirkungen (Umfang, Dauer, Höhe, finanzielle Bewertung),

– Feststellung ortsüblicher Tarife (z.B. Stundensätze für IT-Fachkräfte),

– Einhaltung vereinbarter Normen, Standards und Methoden (z.B. Einhaltung von ITIL als Methode des IT Service Managements oder Einhaltung getroffener Datensicherheitsvereinbarungen),

– Feststellung der Beschaffenheit einer Sache zu einem gegebenen Zeitpunkt (z.B. Defekte an einem Server, Zustand einer Datenbank oder Abnutzungsgrad eines mobilen Endgeräts),

– Auslegung unklarer, gegebenenfalls zweideutiger vertraglicher Vereinbarungen oder Ergänzung einer vertraglichen Lücke „nach bestem Wissen und Gewissen" oder etwa nach dem aus der Präambel eines Vertrages sich ergebenden „gemeinsamen Wunsch der Parteien"[1],

---

1 Eine Besonderheit sei in diesem Zusammenhang erwähnt: Während es – wie hier schon dargelegt – für den öbuvSV im Gerichtsverfahren als eine „Todsünde" gilt, rechtliche Fragen zu behandeln, so ist dies im geschilderten Kontext für den Schiedsgutachter durchaus möglich bzw. sogar erwünscht.

– die Mitwirkung an einem Vergleich, sofern die Parteien Vergleichsbereit-
schaft zeigen.

Für all diese Tätigkeiten gelten grundsätzlich die gleichen Qualitätsanforde-   50
rungen wie beim gerichtlichen Auftrag. Auch der Schiedsgutachter soll erprobte, anerkannte Normen, Standards, Referenzmodelle und Methoden in
seine Arbeit einbeziehen, darf keiner Befangenheit unterliegen und muss unparteiisch und unter Anwendung seiner besonderen Sachkenntnisse und Erfahrungen agieren.

bb) Relevante rechtliche Normen

Wenngleich die zur Sicherung der Qualität schiedsgutachterlicher Arbeit he-   51
ranzuziehenden Anforderungen sehr ähnlich denen des gerichtlichen Verfah-
rens sind, gibt es doch einen wesentlichen Unterschied zum gerichtlichen
Sachverständigen: Der Schiedsgutachter wird nicht vom Gericht oder einer
Staatsanwaltschaft bestellt. Er arbeitet auf rein privater Basis im direkten
Auftrag der Parteien.

Auch unterliegt das Schiedsgutachtenverfahren keinen speziellen gesetzli-   52
chen Verfahrensregelungen, es ist kein prozessrechtliches Verfahren (wodurch es umso wichtiger wird, auf ihre fachliche *und* persönliche Eignung
hin überprüfte und qualitätsgesicherte Personen – wie etwa öbuvSV – als
neutrale Schiedsgutachter auszuwählen).

Die wesentliche gesetzliche Grundlage für den Schiedsgutachter ist das ma-   53
terielle Recht des BGB und hier die §§ 317–319. Im Bereich der „Schuldver-
hältnisse aus Verträgen" und hier der „einseitigen Leistungsbestimmungs-
rechte" regelt § 317 BGB die „Bestimmung der Leistung durch einen
Dritten" (hier also den Schiedsgutachter), die §§ 318 und 319 BGB die Möglichkeiten der Anfechtung sowie die Fälle der Unwirksamkeit dieser Leistungsbestimmung.

Schiedsgutachten sind, wie bereits dargelegt, rechtsverbindlich, entfalten al-   54
so für die beteiligten Parteien eine zwingende Wirkung. Herrscht allerdings
Einvernehmen zwischen den Sreitparteien dahingehend, dass sie mit dem
Ergebnis des Schiedsgutachtens nicht einverstanden sind, etwa weil der Gutachter völlig abwegige Ansätze verfolgt, gesetzes- oder treuewidrig arbeitet,
besteht die Möglichkeit, sich einvernehmlich auf die Unwirksamkeit des
Schiedsgutachtens zu verständigen. Ansonsten kann ein Schiedsgutachten
nur wegen solcher Gesetzes- oder Treuewidrigkeit (nach §§ 134, 138, 242
BGB), wegen Irrtums, Drohung oder Täuschung (§§ 117 f., 142, 318 BGB) sowie bei offenbarer Unrichtigkeit und offenbarer Unbilligkeit angegriffen werden.

Wichtig ist schließlich, dass der Schiedsgutachter sich mit seiner Arbeit   55
nicht über andere relevante Gesetze hinwegsetzt, etwa das Arbeitsrecht, das
Datenschutzrecht und andere.

cc) Vertragliche Vereinbarungen

56 Ein Schiedsgutachterverfahren basiert auf in der Regel zwei vertraglichen Vereinbarungen:

– Einer vertraglichen Vereinbarung zwischen den Parteien untereinander (wobei dies zwei oder auch mehrere Parteien sein können), der „Schiedsgutachtenabrede" oder „Schiedsgutachterklausel" sowie

– einer vertraglichen Vereinbarung zwischen den Parteien und dem Schiedsgutachter, dem „Schiedsgutachtervertrag" (auch: „Schiedsgutachterauftrag").

57 Eine gültige **Schiedsgutachtenabrede** im Innenverhältnis der Parteien ist Voraussetzung für die bindende Wirkung eines Schiedsgutachtens. Mit ihr unterwerfen sich die Parteien dem Schiedsgutachtenverfahren und der Entscheidung des Schiedsgutachters verbindlich. Zu klären sind u.a.

– die **Einigung auf einen Schiedsgutachter** oder zumindest auf ein Verfahren, nach dem der Schiedsgutachter identifiziert (z.B. anhand vorbestimmter Qualitätskriterien wie etwa die öffentliche Bestellung und Vereidigung) und nominiert wird (z.B. über die örtlich zuständige IHK),

– **kommerzielle Fragen** (insbesondere, wer trägt welche Kosten des Verfahrens),

– **inhaltliche Vorgaben** (im IT-Umfeld z.B. die Orientierung an einem bestimmten Verfahren oder einer gängigen Norm zur Beurteilung bestimmter ggf. streitiger Sachverhalte).

58 Ist ein Schiedsgutachter (z.B. ein öbuvSV) ausgewählt und seine zeitliche Verfügbarkeit sichergestellt und soll dieser nominiert werden, so ist mit ihm ein schriftlicher **Schiedsgutachtervertrag** zu schließen. In ihm sind vor allem

– die zu klärenden Sachverhalte und Beweisfragen zu spezifizieren,

– das Honorar (Pauschale oder Stundensätze, die frei vereinbart werden können und sich nicht an den Vorgaben des JEVG orientieren müssen) zu klären und in der Regel eine gesamtschuldnerische Verpflichtung aller Parteien zur Vergütung zu vereinbaren,

– die Mitwirkungspflichten der Parteien zu definieren und

– Haftungsfragen zu klären.

59 Für öbuvSV gilt auch im privaten Schiedsgutachterverfahren die Verpflichtung zur Gutachtenerstattung.

dd) Verfahren

60 Unter der Maßgabe, dass ein Schiedsgutachten den gleichen Qualitätsmaßstäben genügen soll wie ein im Gerichtsauftrag erstelltes Gutachten sind auch hier wichtige Aspekte im Verfahren zu berücksichtigen:

– Vor Annahme des Gutachtenauftrags hat der Schiedsgutachter zu prüfen, ob der Auftrag und die Beweisfragen klar und widerspruchsfrei geklärt sind, ob seine fachliche Qualifikation zur Erteilung des Gutachtens ausreicht, ob eine Befangenheit vorliegt, ob er über die erforderlichen Einrichtungen verfügt (z.B. technische Messgeräte) und ob er das Gutachten im vereinbarten Zeitrahmen erstellen kann. Liegen diesbezügliche Unklarheiten oder Zweifel vor, sollten diese mit den Parteien geklärt werden.

– Das Gutachten ist im Einklang mit der Schiedsgutachtenabrede zu erstellen. Das heißt, dass der Gutachter entsprechende Vorgaben der Parteien (z.B. Vorgaben von Beurteilungsmaßstäben) berücksichtigen muss.

– Analog der Regelungen im gerichtlichen Verfahren sind

– Ortstermine festzulegen,

– Unterlagen und Auskünfte von den Parteien anzufordern,

– Klärungen der Beweisfragen (analog dem gerichtlichen Beweisbeschluss) transparent für alle Beteiligten vorzunehmen und

– das Gutachten formell schriftlich zu erstellen.

b) Der öbuvSV als Schiedsrichter

Die Lösung von Konflikten und (Rechts-)Streitigkeiten außerhalb staatlicher Gerichte ist in Zeiten notorisch überlasteter Kammern, daraus resultierend zum Teil jahrelanger Verfahrensdauern, immer komplexerer Verfahrensanforderungen und – speziell im IT-Bereich – in spezifischen Sachfragen nicht ausreichend qualifizierter Richter eines der herausragenden Themen im rechtlichen Kontext geworden. Unternehmer, Wirtschaftsführer, auch IT-Verantwortliche in Unternehmen sehen Streitentscheidungen durch Schiedsgerichte zunehmend als den effizientesten, schnellsten und auch nervenschonendsten Weg. CIOs und IT-Leiter dringen immer häufiger darauf, Schiedsvereinbarungen in die Verträge mit ihren Lieferanten einzubauen – nicht zuletzt im Wissen darum, dass es immer wieder zu (gerichtlichen) Streitigkeiten mit Partnern kommen kann, mit denen dennoch eine weitere Zusammenarbeit zwingend erforderlich ist. In diesem Kontext bieten Schiedsgerichtsverfahren auch die Möglichkeit, für alle Parteien gesichtswahrend, effizient und zügig durch derartige Verfahren zu gehen. **61**

Das Schiedsgerichtsverfahren ist ein prozessrechtliches Verfahren, das den grundsätzlichen Strukturen und Maßstäben des staatlichen Gerichtsverfahrens entspricht, allerdings auf die privatrechtliche Ebene transferiert. Dies eröffnet den Parteien gewisse Vorteile und Freiheiten, die an staatlichen Gerichten nicht gelten. Die wichtigsten sind: **62**

– sie können selbst Richter (nämlich Schiedsrichter) bestimmen, die speziell im streitrelevanten Thema sachverständig und nicht auf die Zuordnungsverfahren im staatlichen Gerichtsalltag angewiesen sind;

- sie können selbst Termine und Fristen jenseits des üblichen Gerichtskalenders der Kammern vereinbaren und damit das Verfahren deutlich beschleunigen;

- sie können vor diesem Hintergrund in erheblichem Umfang Anwalts, Gerichts- und Sachverständigenkosten sparen;

- während staatliche Gerichtsverfahren, speziell in Wirtschaftsverfahren, grundsätzlich öffentlich sind, kann das Schiedsgerichtsverfahren vertraulich und ohne Veröffentlichung von Sachverhalten oder gar Urteilen abgewickelt werden.

63   Eine ausführliche Darstellung des schiedsrichterlichen Verfahrens und der relevanten rechtlichen Normen (insbesondere Buch 10 der ZPO, die in den §§ 1042 ff. das „Schiedsrichterliche Verfahren" regelt), findet sich an anderer Stelle dieses Buches Teil A VI, weshalb hier ausschließlich auf die spezielle Rolle des öbuvSV in diesem Kontext eingegangen werden soll.

aa) Aufgaben

64   Wird ein öbuvSV als Schiedsrichter in ein Schiedsgericht bestellt, so obliegen ihm die unter Teil A VI dargestellten Aufgaben. Anders als im gerichtlichen Sachverständigenverfahren oder im Schiedsgutachterverfahren muss der öbuvSV als Schiedsrichter nicht nur seine Sachkompetenz einbringen, er muss hier auch juristische und verfahrensrechtliche Aspekte beherrschen und einbringen. Analog des Schiedsgutachterverfahrens entscheidet der Schiedsrichter verbindlich.

65   Selbstverständlich können auch Schiedsgerichte – so wie staatliche Gerichte – einen öbuvSV als sachverständigen Gutachter bestellen. Aufgaben, Anforderungen und Vorgehen sind dann in der Regel sehr ähnlich denen des staatlichen Gerichtsverfahrens.

bb) Bestellung

66   Die Bestellung des öbuvSV als Schiedsrichter erfolgt in der Regel durch die Parteien. Werden in einem IT-Verfahren öbuvSV als Schiedsrichter bestellt so sollte darauf geachtet werden, dass mindestens der Vorsitzende Schiedsrichter ein Jurist mit ausreichender Erfahrung in der Verfahrensführung ist.

67   Wird ein öbuvSV vom Schiedsgericht als Sachverständiger bestellt, so kann dies das Schiedsgericht entscheiden. Es wird in der Regel – wie im staatlichen Verfahren – Empfehlungen der Industrie- und Handelskammern, gegebenenfalls auch der Parteien, berücksichtigen.

cc) Auftrag

68   Der mit dem öbuvSV zu schließende Vertrag ist von der Rechtsnatur her ein Werkvertrag. Auftraggeber können sein: Die Parteien gemeinsam (und ge-

samtschuldnerisch), nur die Partei, die den Sachverständigenbeweis beantragt hat oder das Schiedsgericht als Gremium.

dd) Vergütung

Schiedsrichter und Sachverständige in Schiedsgerichtsverfahren sind nicht   69
an das JVEG gebunden; sie können mit den Parteien frei Honorarvereinbarungen treffen.

5. Der öbuvSV als Privatgutachter/Parteigutachter

Wird ein öbuvSV von einer Privatperson oder einem privatwirtschaftlichen   70
Unternehmen beauftragt, so gilt er als „**Privatgutachter**", ist diese Privatperson oder Unternehmung Partei in einer rechtlichen Auseinandersetzung, so
spricht man analog auch von einem „**Parteigutachter**".

Während im Gerichtsverfahren das vom Gericht (mit einem Beweis-   71
beschluss) beauftragte Sachverständigengutachten ein Beweismittel ist, wird
das Privatgutachten als „Parteivortrag" gewertet und ist damit z.B. den Aussagen der Partei oder den Schriftsätzen der Anwälte gleichgestellt.

Häufig werden Privatgutachten beauftragt, um Streitigkeiten zwischen Par-   72
teien außergerichtlich beizulegen. Dies setzt voraus, dass auch im Privatgutachten und gegenüber jedem privaten Auftraggeber der öbuvSV uneingeschränkt an seinen geleisteten Eid und damit an alle hier bereits dargelegten
Normen und Verfahrensvorgaben gebunden ist. Es gelten insbesondere auch
hier:

– Kompromisslose Neutralität und Objektivität,

– Ablehnung des Gutachtenauftrags bei Befangenheit,

– Prüfung und Sicherstellung der fachlichen und persönlichen Eignung.

Arbeitet der öbuvSV im privaten Bereich ohne diese Vorgaben und Normen   73
zu berücksichtigen, so kann seine öffentliche Bestellung widerrufen werden.

Dies gilt ganz besonders für den Fall der Erstellung sog. „**Gefälligkeitsgutach-**   74
ten": Während der gerichtliche Auftrag unmittelbar mit einem gerichtlichen
Beweisbeschluss (vgl. Rz. 17 ff.) verbunden ist und seine Vergütung nach dem
JVEG (vgl. Rz. 14) erfolgt, werden Privatgutachten häufig beauftragt, um Beweisfragen zu beantworten, welche die Parteien bzw. ihre Anwälte vorgeben.
Die Vergütung des öbuvSV für ein Privatgutachten ist frei verhandelbar. So
entsteht die Gefahr, dass, um den Auftraggeber „wohlzustimmen" und ggf.
eine vergleichsweise hohe Vergütung zu rechtfertigen, der öbuvSV die notwendige Objektivität vermissen lässt und sowohl mit Bezug auf einen gerichtlichen Beweisbeschluss, aber auch mit Bezug auf Beweisfragen seiner
Partei Beurteilungen abgibt, die den bestehenden Anforderungen an Qualität,
Ausgewogenheit und Neutralität nicht genügen. Auch dies muss gemeinhin
als eine „Todsünde" des öbuvSV angesehen werden.

XI. Anspruchsspezifische Strategien

1. Urheberrechtliche Ansprüche

a) Anspruch auf Unterlassung und Schadensersatz, § 97 UrhG

1   Streitigkeiten im Bereich der IT haben häufig urheberrechtliche Bezüge, insbesondere im Zusammenhang mit Softwarelizenzen. Bei einer Verletzung urheberrechtlich geschützter Rechte ergeben sich die einzelnen Ansprüche des Rechtsinhabers aus §§ 97 ff. UrhG.

2   Nach § 97 Abs. 1 UrhG kann der Urheber von demjenigen, der das Urheberrecht oder ein verwandtes Recht widerrechtlich verletzt, Beseitigung der Beeinträchtigung und – bei Wiederholungsgefahr – Unterlassung verlangen. Grundsätzlich stehen die Ansprüche also dem Urheber als Rechtsinhaber zu. Bei Miturhebern entsteht ein gemeinschaftliches Urheberrecht mit der Folge, dass jeder Miturheber berechtigt ist, Ansprüche aus der Verletzung des gemeinsamen Urheberrechts geltend zu machen, er Leistung jedoch nur an alle Miturheber verlangen kann, vgl. § 8 Abs. 2 Satz 3 UrhG. Aktivlegitimiert ist weiterhin, wer Inhaber eines ausschließlichen Nutzungsrechts am verletzten Werk ist, sei es aufgrund Einräumung durch den Urheber selbst, sei es im Wege der Übertragung eines Nutzungsrechts, das der Urheber zuvor einem Dritten eingeräumt hat. Mit der Übertragung ausschließlicher Nutzungsrechte erlischt die Aktivlegitimation des vorherigen Inhabers und wird die Aktivlegitimation des neuen Inhabers begründet. Die Aktivlegitimation reicht so weit, wie die räumlichen, sachlichen und zeitlichen ausschließlichen Nutzungsbefugnisse reichen[1]. Der Inhaber eines einfachen Nutzungsrechts hat dagegen keine Klageberechtigung aus eigenem Recht. Er kann nur kraft gewillkürter Prozessstandschaft Klage erheben, sofern der Rechtsinhaber sein Einverständnis zur Klageerhebung erklärt und der Nutzungsberechtigte ein eigenes schutzwürdiges – auch wirtschaftliches – Interesse an der Rechtsverfolgung hat. Dieses Interesse ist regelmäßig gegeben, wenn die Rechtsverletzung die ihm eingeräumten Nutzungsrechte berührt[2].

3   Ein Verschulden des Verletzers ist nicht erforderlich (**Störerhaftung**). Der genaue Inhalt und Umfang des Unterlassungsanspruchs ergibt sich aus der konkreten Rechtsverletzung. Der Rechtsinhaber muss die Verletzungsform daher in seinem prozessualen Antrag konkret beschreiben[3]. Die Wiederholungsgefahr entfällt nur dann, wenn der Verletzer gegenüber dem Verletzten oder dem ausschließlich Nutzungsberechtigten eine unbefristete und unbedingte strafbewehrte Erklärung abgibt, durch die er sich zur Unterlassung verpflichtet (sog. Unterwerfungserklärung)[4].

4   Wird die verletzende Handlung vorsätzlich oder fahrlässig vorgenommen, hat der Urheber darüber hinaus gem. § 97 Abs. 2 UrhG einen Anspruch auf

---

1 Dreier/Schulze/*Dreier*, UrhG, § 97 Rz. 19.
2 Spindler/Schuster/*Spindler*, § 97 UrhG Rz. 7.
3 Spindler/Schuster/*Spindler*, § 97 UrhG Rz. 36.
4 BGH v. 7.10.1982 – I ZR 120/80 – Vertragsstrafeversprechen, GRUR 1983, 127 (128).

Schadensersatz. Im gewerblichen Rechtsschutz und Urheberrecht sind an die Beachtung der erforderlichen Sorgfalt strenge Anforderungen zu stellen. Der Verwerter muss seine Berechtigung umfassend und lückenlos entlang der gesamten Verwertungskette überprüfen. Zusicherungen von Personen, die das Recht an den Verwerter übertragen, reichen dazu regelmäßig nicht aus[1]. Nach ständiger Rechtsprechung ist ein Rechtsirrtum nur dann entschuldigt, wenn der Irrende bei Anwendung der im Verkehr erforderlichen Sorgfalt mit einer anderen Beurteilung durch die Gerichte nicht zu rechnen brauchte. Fahrlässig handelt demnach, wer sich erkennbar in einem Grenzbereich des rechtlich Zulässigen bewegt, in dem er eine von der eigenen Einschätzung abweichende Beurteilung der rechtlichen Zulässigkeit des fraglichen Verhaltens in Betracht ziehen muss[2].

Praktisch bedeutsam ist die Haftung für **Auswahl- und Organisationsverschulden** nach § 831 BGB. Dieser Vorschrift zufolge wird die Haftung des Geschäftsinhabers für seine Verrichtungsgehilfen vermutet. Der Entlastungsbeweis ist nur möglich, wenn der Geschäftsherr sowohl die sorgfältige Auswahl als auch die Überwachung der Verrichtungsgehilfen nachweist. Für Organisationsmängel haftet der Geschäftsherr. Die Rechtsprechung stellt dabei für Unternehmen wie Presseverlage, Rundfunkanstalten und Buchverlage hohe Anforderungen[3]. 5

§ 97 Abs. 2 UrhG normiert die Schadensersatzansprüche des Verletzten gegenüber dem Verletzer, für deren Eingreifen allerdings – anders als bei § 97 Abs. 1 UrhG – ein Verschulden des Verletzers erforderlich ist. Im Rahmen des Schadensersatzes selbst ist Naturalrestitution gem. § 249 Satz 1 BGB grundsätzlich nicht möglich, da die einmal erfolgte Urheberrechtsverletzung nicht rückgängig gemacht werden kann[4]. Meist kommt ein Anspruch auf Entschädigung in Geld in Betracht. Der Umfang dieses Anspruchs richtet sich grundsätzlich nach den §§ 249 ff. BGB. Aufgrund oft auftretender Beweisschwierigkeiten enthält das Gesetz in § 97 Abs. 2 UrhG darüber hinaus alternative Anknüpfungspunkte für die Schadensberechnung. § 97 Abs. 2 Satz 1 bis 3 UrhG normieren die von der Rechtsprechung schon seit langem praktizierte dreifache Berechnungsmethode (konkreter Schaden, Verletzergewinn, Lizenzanalogie) ausdrücklich[5]. Der Verletzte hat bezüglich der unterschiedlichen Arten der Schadensberechnung ein Wahlrecht. Dieses erlischt erst dann, wenn der nach einer bestimmten Berechnungsweise geltend gemachte Anspruch entweder erfüllt oder rechtskräftig zuerkannt worden ist[6]. 6

---

1 Spindler/Schuster/*Spindler*, § 97 UrhG Rz. 41.
2 BGH v. 23.4.1998 – I ZR 205/95 – Bruce Springsteen and his Band, GRUR 1999, 49 (51) m.w.N.
3 Spindler/Schuster/*Spindler*, § 97 UrhG Rz. 43.
4 Dreier/Schulze/*Dreier*, UrhG, § 97 Rz. 58.
5 Spindler/Schuster/*Spindler*, § 97 UrhG Rz. 45.
6 BGH v. 22.9.1999 – I ZR 48/97 – Planungsmappe, GRUR 2000, 226 (227).

⊃ **Praxistipp:**

> Das Wahlrecht bezüglich der Art des Schadensersatzes besteht regelmäßig bis zum Ende des Verfahrens. Lassen neue Anhaltspunkte eine andere als die ursprünglich gewählte Art vorzugswürdig erscheinen, kann (und sollte) der Antrag dahingehend abgeändert werden.

7   Für die Geltendmachung eines **konkreten Schadens** müssen konkret entstandene Umsatzeinbußen oder nachprüfbare Feststellungen des entgangenen Gewinns sowie die Kausalität gerade der betreffenden Verletzung nachgewiesen werden[1]. Die Berechnung des konkreten Schadens stößt jedoch häufig auf erhebliche praktische Schwierigkeiten. Dem Verletzten ist es regelmäßig kaum möglich, den Nachweis zu führen, welche Schäden ihm gerade durch die Urheberrechtsverletzung entstanden sind, insbesondere dass er die vom Verletzer vorgenommene Verwertung des Urheberrechts selbst in gleicher Weise hätte vornehmen können. Auch lassen sich Umsatzeinbußen oder Gewinnminderungen nur selten ausschließlich auf die Urheberrechtsverletzung zurückführen[2].

⊃ **Praxistipp:**

> Aufgrund der dargestellten Beweisprobleme in der Praxis eignet sich die konkrete Schadensberechnung vor allem in Fallgestaltungen, wo normalerweise feste Tarife gezahlt werden[3].

8   Nach § 97 Abs. 2 Satz 3 UrhG kann der Schadensersatzanspruch auch auf Grundlage des Betrages berechnet werden, den der Verletzer als angemessene Vergütung hätte entrichten müssen, wenn ihm ein Nutzungsrecht eingeräumt worden wäre (sog. **Lizenzanalogie**). Bei der Berechnung der angemessenen Lizenzgebühr ist rein objektiv darauf abzustellen, was bei vertraglicher Einräumung ein vernünftiger Lizenzgeber gefordert und ein vernünftiger Lizenznehmer gewährt hätte, wenn beide die im Zeitpunkt der Entscheidung gegebene Sachlage gekannt hätten[4]. Ein Verletzerzuschlag wird von der Rechtsprechung grundsätzlich nicht gewährt. Eine Ausnahme gilt nur für die GEMA, die wegen ihrer Verpflichtung, einen aufwendigen Überwachungsapparat aufrecht zu erhalten, regelmäßig die doppelte Lizenzgebühr fordern darf[5].

9   Über den Bereich der Geltendmachung von Urheberrechtsverletzungen durch Verwertungsgesellschaften hinaus hat die Rechtsprechung die **Ausweitung der GEMA-Rechtsprechung** bisher wiederholt abgelehnt. Das gilt insbesondere auch für den Software-Bereich, obgleich auch hier umfangreiche und aufwendige Überwachungsapparate eingerichtet worden sind und eine Kontrolle durch den Rechtsinhaber im Wege der Marktbeobachtung

---

1 Dreier/Schulze/*Dreier*, UrhG, § 97 Rz. 60.
2 Spindler/Schuster/*Spindler*, § 97 UrhG Rz. 46.
3 Dreier/Schulze/*Dreier*, UrhG, § 97 Rz. 60.
4 BGH v. 22.3.1990 – I ZR 59/88 – Lizenzanalogie, GRUR 1990, 1008 (1009).
5 BGH v. 5.12.1985 – I ZR 137/83 – GEMA-Vermutung III, NJW 1986, 1249.

weitgehend ausgeschlossen ist[1]. In der Literatur wird teilweise argumentiert, eine Erweiterung der GEMA-Rechtsprechung im Softwarebereich sei angebracht, da auch hier die nachgewiesenen Schutzrechtsverletzungen nur einen Bruchteil der tatsächlichen Verletzungen darstellen und der Verwaltungsaufwand bei der Aufdeckung von Rechtsverletzungen den eines normalen Verkaufs einer Lizenz bei weitem übersteigt. Außerdem würde hierdurch zur Berechenbarkeit und Vereinfachung von Schutzrechtsprozessen beigetragen[2].

Schließlich kann bei der Bemessung des Schadensersatzes nach § 97 Abs. 2   **10** Satz 2 UrhG auch der Gewinn, den der Verletzer durch die Verletzung des Rechts erzielt hat, berücksichtigt werden. Man spricht dann von einer **Herausgabe des Verletzergewinns**. Unerheblich ist, ob der Verletzte seinerseits in der Lage gewesen wäre, den Gewinn zu erzielen oder ob er überhaupt einen nachweisbaren Verlust erlitten hat[3]. Nach der früheren Rechtsprechung konnte der Verletzer in großem Umfang Herstellungs-, Verwaltungs-, Personal- und Werbekosten vom Gewinn abziehen. Nunmehr dürfen solche Gemeinkosten nur noch abgezogen werden, wenn und soweit sie ausnahmsweise den schutzrechtsverletzenden Gegenständen unmittelbar zugerechnet werden können. Hierfür trägt der Verletzer die Beweislast. Abzugsfähig sind demnach Kosten, die durch Herstellung und Vertrieb der schutzrechtsverletzenden Gegenstände herbeigeführt worden sind. Nicht abziehen kann der Verletzer hingegen Kosten, welche auch dann entstanden wären, wenn die Gegenstände nicht hergestellt worden wären[4].

➲ **Praxistipp:**

Bei der Berechnung des herauszugebenden Verletzergewinns ist zu berücksichtigen, welche Kosten der Verletzer vom Gewinn abziehen kann. Sind hohe Abzüge ersichtlich, ist Herausgabe des Verletzergewinns zur Berechnung des Schadensersatzes nicht zu empfehlen.

b) Abmahnung, § 97a UrhG

Nach § 97a Abs. 1 Satz 1 UrhG soll der Verletzte den Verletzer vor Einlei-   **11** tung eines gerichtlichen Verfahrens auf Unterlassung abmahnen und ihm Gelegenheit geben, den Streit durch Abgabe einer mit einer angemessenen Vertragsstrafe bewehrten Unterlassungsverpflichtung beizulegen. Soweit die Abmahnung berechtigt ist, kann nach § 97a Abs. 1 Satz 2 UrhG Ersatz der erforderlichen Aufwendungen verlangt werden. § 97a UrhG ist über seinen Wortlaut hinaus auch auf Abmahnungen wegen anderer Ansprüche, insbesondere Auskunftsansprüche, anzuwenden[5]. Durch die Regelung sollen nach Möglichkeit ein Prozess vermieden und stattdessen eine außergerichtliche Einigung erzielt werden. Unterlässt der Verletzte eine Abmahnung

---

1 Spindler/Schuster/*Spindler*, § 97 UrhG Rz. 52.
2 Möhring/Nicolini/*Lütje*, UrhG, § 97 Rz. 224.
3 Spindler/Schuster/*Spindler*, § 97 UrhG Rz. 54.
4 BGH v. 2.11.2000 – I ZR 246/98, GRUR 2001, 329 (331).
5 Spindler/Schuster/*Spindler*, § 97a UrhG Rz. 1.

gem. § 97 UrhG und erhebt sofort Klage, läuft er Gefahr, die Prozesskosten nach § 93 ZPO auferlegt zu bekommen, wenn der Verletzer den Anspruch sofort anerkennt.

➲ **Praxistipp:**

> Die Abmahnung muss die genaue Bezeichnung der gerügten Verletzungshandlung und die Darstellung der relevanten Tatsachen enthalten, allerdings keine Beweismittel. Außerdem muss sie die Aufforderung zur Abgabe einer strafbewehrten Unterlassungserklärung sowie bei fruchtloser Aufforderung die Androhung der Einleitung gerichtlicher Schritte enthalten[1].

12   Entbehrlich ist die Abmahnung nur in Ausnahmefällen. Das ist zunächst dann der Fall, wenn sie von vorneherein erfolglos erscheint, beispielsweise wenn der Verletzer sich seiner Handlung berühmt oder sonst zu erkennen gibt, dass er auf jeden Fall an ihr festhalten will. Auf eine Abmahnung kann der Verletzte auch dann verzichten, wenn sie ihm unzumutbar ist, insbesondere wenn die Abmahnung dem Verletzer die Gelegenheit geben würde, den Unterlassungsanspruch durch Vernichtung von Beweismitteln zu vereiteln oder wenn die Rechtsverletzung nur durch sofortige Inanspruchnahme gerichtlichen Rechtsschutzes verhindert werden kann[2].

13   Der Abgemahnte muss nur auf eine objektiv berechtigte Abmahnung reagieren, um negative Konsequenzen für sich selbst zu vermeiden. In diesem Fall muss er die strafbewehrte Unterlassungserklärung abgeben, um damit die Wiederholungsgefahr zu beseitigen. Auf eine unberechtigte Abmahnung braucht der Abgemahnte grundsätzlich nicht zu reagieren. Allerdings kann er sich durch die Hinterlegung von Schutzschriften[3] bei Gericht gegen Anträge des Abmahnenden auf einstweiligen Rechtsschutz schützen, ebenso durch eine negative Feststellungsklage[4].

c) Anspruch auf Vernichtung, Rückruf und Überlassung, § 98 UrhG

14   Wer das Urheberrecht widerrechtlich verletzt, kann gem. § 98 Abs. 1 Satz 1 UrhG von dem Verletzten auf Vernichtung der im Besitz oder Eigentum des Verletzers befindlichen, rechtswidrig hergestellten, verbreiteten oder zur rechtswidrigen Verbreitung bestimmten Vervielfältigungsstücke in Anspruch genommen werden. Nach § 98 Abs. 2 UrhG hat der Verletzte außerdem einen Anspruch auf Rückruf der Vervielfältigungsstücke oder deren sonstiges endgültiges Entfernen aus den Vertriebswegen. Schließlich kann der Verletzte gem. § 98 Abs. 3 UrhG statt der Vernichtung auch verlangen, dass ihm die Vervielfältigungsstücke gegen eine angemessene Vergütung überlassen werden. Die Ansprüche aus § 98 UrhG sind – wie der Unterlassungsanspruch – verschuldensunabhängig.

---

1 Spindler/Schuster/*Spindler*, § 97a UrhG Rz. 3.
2 Dreier/Schulze/*Dreier*, UrhG, § 97a Rz. 4.
3 Siehe hierzu A VIII Rz. 90.
4 Spindler/Schuster/*Spindler*, § 97a UrhG Rz. 8 f.

Im Bereich der Computerprogramme geht § 69f UrhG dem § 98 UrhG als *lex*   15
specialis vor. Nach § 69f Abs. 1 Satz 1 UrhG kann der Rechtsinhaber von
dem Eigentümer oder Besitzer die Vernichtung aller rechtswidrig hergestellten, verbreiteten oder zur rechtswidrigen Verbreitung bestimmten Vervielfältigungsstücke verlangen. § 98 Abs. 3, 4 UrhG sind dabei gem. § 69f
Abs. 1 Satz 2 UrhG entsprechend anzuwenden. Der Vernichtungsanspruch
ist aufgrund des Verhältnismäßigkeitsgrundsatzes aus § 98 Abs. 4 UrhG
grundsätzlich nur auf Löschung des Programms gerichtet. Etwas anderes gilt
nur, wenn das Programm nicht vom Datenträger zu trennen ist (z.B. bei CD-
ROMs) und bei in Hardware implementierten Programmen. Hier umfasst
der Anspruch auch die Vernichtung des Datenträgers[1].

d) Anspruch auf Auskunft, § 101 UrhG

Gem. § 101 Abs. 1 Satz 1 UrhG hat der Verletzte gegen den Verletzer einen   16
Anspruch auf unverzügliche Auskunft über die Herkunft und den Vertriebsweg der rechtsverletzenden Vervielfältigungsstücke, wenn die Verletzung in
gewerblichem Ausmaß stattfand. Das gewerbliche Ausmaß kann sich dabei
nach § 101 Abs. 1 Satz 2 UrhG sowohl aus der Anzahl der Rechtsverletzungen als auch aus der Schwere der Rechtsverletzung ergeben. Ist die Rechtsverletzung offensichtlich, besteht ein solcher Anspruch gem. § 101 Abs. 2
UrhG auch gegenüber dem Besitzer rechtsverletzender Vervielfältigungsstücke, dem Dienstleistungsempfänger oder -erbringer rechtswidriger Handlungen und Personen, die in sonstiger Weise an der Herstellung, Erzeugung oder
dem Vertrieb rechtsverletzender Vervielfältigungsstücke beteiligt waren.

Inhaltlich erstreckt sich der Anspruch gem. § 101 Abs. 3 UrhG auf Angaben   17
zu Name und Anschrift der Hersteller, Lieferanten und anderer Vorbesitzer
der Vervielfältigungsstücke, der Nutzer der Dienstleistungen sowie der gewerblichen Abnehmer und der Menge der hergestellten, ausgelieferten, er-
haltenen oder bestellten Vervielfältigungsstücke sowie über die Preise, die
für die streitgegenständlichen Vervielfältigungsstücke gezahlt wurden. Der
Anspruch besteht nach § 101 Abs. 4 UrhG nicht, wenn die Inanspruchnahme im Einzelfall unverhältnismäßig ist. Eine solche Unverhältnismäßigkeit
besteht beispielsweise, wenn der Verletzte nur ein geringes Interesse an der
Erlangung der Auskünfte hat und der Auskunftsverpflichtete ein berechtigtes Interesse daran hat, seine Betriebsinterna geheim zu halten[2].

e) Anspruch auf Vorlage und Besichtigung, § 101a UrhG

Wer mit hinreichender Wahrscheinlichkeit das Urheberrecht oder exklusive   18
Nutzungsrecht eines Dritten widerrechtlich verletzt, kann gem. § 101a
Abs. 1 Satz 1 UrhG von dem Verletzten auf Vorlage einer Urkunde oder Be-
sichtigung einer Sache in Anspruch genommen werden, die sich in seiner
Verfügungsgewalt befindet, wenn dies zur Begründung von dessen Ansprü-

---

1 Dreier/Schulze/*Dreier*, UrhG, § 98 Rz. 7.
2 Spindler/Schuster/*Spindler*, § 101 UrhG Rz. 15.

chen erforderlich ist. Das Merkmal der hinreichenden Wahrscheinlichkeit entspricht nach der Gesetzesbegründung der Rechtsprechung des BGH aus der „Faxkarte-Entscheidung". Der Rechtsinhaber muss demnach glaubhaft machen, dass eine hinreichende Wahrscheinlichkeit für eine Verletzung seiner Rechte durch den Gegner besteht[1]. Aus der Voraussetzung der Erforderlichkeit ergibt sich, dass der Rechtsinhaber zunächst alle ihm bereits verfügbaren Beweismittel zur Begründung der Ansprüche vorlegen muss. Zudem ist dadurch gewährleistet, dass eine Partei den Anspruch nicht zur allgemeinen Ausforschung der Gegenseite missbraucht. Vielmehr greift er nur dann ein, wenn der Verletzte die Informationen zur Durchsetzung seiner Ansprüche tatsächlich benötigt. Dies ist insbesondere dann der Fall, wenn es darum geht, eine bestrittene anspruchsbegründende Tatsache nachzuweisen. Schließlich ist die Urkunde oder Sache genau zu bezeichnen und diese muss sich in der Verfügungsgewalt der gegnerischen Partei befinden[2].

⮌ **Praxistipp:**

Eine hinreichende Verletzungswahrscheinlichkeit lässt sich am besten durch eine umfassende und vielfältige Darstellung von Verdachtsmomenten erreichen[3].

19 Besteht die hinreichende Wahrscheinlichkeit einer in **gewerblichem Ausmaß** begangenen Rechtsverletzung, erstreckt sich der Anspruch gem. § 101a Abs. 1 Satz 2 UrhG auch auf die Vorlage von Bank-, Finanz- oder Handelsunterlagen. Der Anspruch ist auf die Besichtigung konkreter Sachen oder Sachgesamtheiten gerichtet und begründet daher kein Durchsuchungsrecht an Geschäftsräumen des Schuldners[4]. Ein solch genereller Durchsuchungsanspruch kann sich nur aus vertraglichen Vereinbarungen ergeben, insbesondere aus einer Audit-Klausel.

20 Nach § 101a Abs. 1 Satz 3 UrhG sind berechtigte **Geheimhaltungsinteressen** des Verletzers auf dessen Verlangen im Rahmen einer Abwägung der Interessen beider Parteien zu berücksichtigen. Dies geschieht in der Regel durch einen neutralen Sachverständigen, welchen der Verletzte mit der Besichtigung beauftragen kann[5].

21 Allein durch den Erlass eines Besichtigungsbeschlusses durch das Gericht ist der Erfolg der Untersuchung noch nicht garantiert. Hierfür ist erforderlich, dass dem Sachverständigen durch den Beschluss die notwendigen **Handlungsmöglichkeiten** eröffnet werden und er alle bekannten Informationen erhält. Eine Verletzungshandlung im Software-Bereich lässt sich üblicherweise anhand von Quellcodes oder struktureller Eigenschaften anderer, zu der Anwendung gehörender Dateien nachweisen[6].

---

1 BT-Drucks. 16/5048, S. 40.
2 Dreier/Schulze/*Dreier*, UrhG, § 101a Rz. 4.
3 *Hoppen*, CR 2009, 407 (408).
4 Spindler/Schuster/*Spindler*, § 101a UrhG Rz. 3.
5 Spindler/Schuster/*Spindler*, § 101a UrhG Rz. 5.
6 *Hoppen*, CR 2009, 407 (408).

○ **Praxistipp:**

Die Formulierung des Antrags sollte berücksichtigen, wonach konkret gesucht werden soll, wo diese Daten liegen könnten und wie man an sie gelangen kann.

2. Zahlungsansprüche aus IT-Projekten

a) Mahnverfahren

Ist ein unerfüllter Zahlungsanspruch aus einem IT-Projekt durchzusetzen, 22 ist unter bestimmten Umständen die Durchführung eines Mahnverfahrens nach §§ 688 ff. ZPO zu empfehlen. Insbesondere kommt dies in Betracht, wenn der Schuldner zwar einerseits die Forderung nicht freiwillig erfüllen will oder dies nicht kann, andererseits aber nicht mit einem ernstlichen Widerspruch seinerseits zu rechnen ist. In diesem Fall würde ein regulärer Zivilprozess das Verfahren unnötig in die Länge ziehen. Zugleich bietet eine außergerichtliche Einigung keine große Aussicht auf Erfolg, da hierfür regelmäßig ein Zusammenwirken der Parteien erforderlich ist.

Das Mahnverfahren ist gem. § 688 Abs. 1 ZPO grundsätzlich bei jedem An- 23 spruch **zulässig**, der die Zahlung einer bestimmten Geldsumme in Euro zum Gegenstand hat. In § 688 Abs. 2 ZPO ist das Mahnverfahren für bestimmte Fallkonstellationen ausgeschlossen; bei bestimmten Verbraucherdarlehensverträgen, bei noch nicht erbrachter Gegenleistung und wenn eine öffentliche Bekanntmachung erforderlich wäre. Für eine Mahnbescheidszustellung im Ausland gilt schließlich § 688 Abs. 3 ZPO.

Für die Durchführung des Mahnverfahrens ist nach § 689 Abs. 1 Satz 1 ZPO 24 i.V.m. § 20 Nr. 1 RPflG der Rechtspfleger am Amtsgericht **zuständig**. Gem. § 689 Abs. 2 ZPO ist grundsätzlich das Amtsgericht zuständig, bei dem der Antragsteller seinen allgemeinen Gerichtsstand hat. Allerdings sind die Landesregierungen nach § 689 Abs. 3 ZPO ermächtigt, im Sinne der Effektivität einem Amtsgericht die Zuständigkeit für die Bezirke mehrerer Amtsgerichte zuzuweisen. Solche zentralen Mahngerichte sind z.B. das Amtsgericht Coburg für Bayern, das Amtsgericht Stuttgart für Baden-Württemberg und das Amtsgericht Wedding für Berlin und Brandenburg[1].

Das **Verfahren** beginnt mit dem Antrag auf Erlass eines Mahnbescheids gem. 25 § 690 ZPO. Der Gegner wird davon gem. § 702 Abs. 2 ZPO nicht benachrichtigt. In dem Antrag ist nach § 690 Abs. 1 Nr. 3 ZPO der Anspruch zu bezeichnen. Im Gegensatz zu einer Klageschrift nach § 253 Abs. 2 Nr. 2 ZPO bedarf es hierbei keiner Darlegung der Anspruchsgründe oder -voraussetzungen. Außerdem ist nach § 690 Abs. 1 Nr. 5 ZPO das Gericht zu bezeichnen, das im Falle eines streitigen Verfahrens zuständig ist. Gibt es mehrere mögliche Gerichtsstände, muss der Antragsteller daher schon im Mahnverfahren von seinem Wahlrecht Gebrauch machen. Nach Zustellung des Mahnbe-

---

1 Vollständige Liste unter www.mahngerichte.de.

scheids kann er dieses nicht mehr ausüben[1]. Es sind also schon zu diesem Zeitpunkt Überlegungen anzustellen, ob unter mehreren möglichen Gerichten eines vorzugswürdig ist. Ein solcher Vorteil könnte sich beispielweise aus spezialisierten Kammern oder Senaten für Computersachen ergeben.

⮐ **Praxistipp:**

> Im Rahmen eines Antrags auf Erlass eines Mahnbescheids kann man auch gleichzeitig einen Antrag auf Entscheidung durch die Kammer für Handelssachen des Landgerichts stellen. Ein solcher Antrag ist spätestens in der Anspruchsbegründung nachholbar[2].

26 Der Antrag bedarf gem. § 690 Abs. 2 ZPO der handschriftlichen Unterschrift. Nach § 690 Abs. 3 Satz 1 ZPO ist eine elektronische Übermittlung möglich. Für Mahnanträge, die ein Rechtsanwalt stellt, ist diese Form gem. § 690 Abs. 3 Satz 2 ZPO gar die einzig zulässige.

27 Gem. § 691 Abs. 1 ZPO überprüft der Rechtspfleger den Antrag auf die Einhaltung der **Formvorschriften** der §§ 688–690, 703c Abs. 2 ZPO. Eine umfangreiche inhaltliche Überprüfung findet nicht statt, allerdings ist auch der Rechtspfleger als unabhängiges Organ der Rechtspflege der materiellen Gerechtigkeit verpflichtet und darf daher nicht sehenden Auges einen unrichtigen Titel schaffen. Daher steht ihm ein – allerdings eng begrenztes – Prüfungsrecht bzw. eine diesbezügliche Pflicht zu[3]. Soll der Antrag zurückgewiesen werden, ist nach § 691 Abs. 1 Satz 2 ZPO zuvor der Antragsteller anzuhören. Die Zurückweisung ist grundsätzlich unanfechtbar, § 691 Abs. 3 Satz 2 ZPO, gegen sie gibt es jedoch die Möglichkeit der Rechtspflegererinnerung gem. § 11 Abs. 2 RPflG.

28 Liegen die Voraussetzungen des § 691 Abs. 1 ZPO nicht vor, wird der **Mahnbescheid** gem. § 692 ZPO erlassen. Dieser wird dem Antragsgegner zugestellt, § 693 ZPO. Mit Zustellung des Mahnbescheids gilt die Streitsache nach § 696 Abs. 3 ZPO als rechtsanhängig geworden, wenn sie alsbald nach der Erhebung des Widerspruchs abgegeben wird. Durch die Zustellung tritt gem. § 286 Abs. 1 Satz 2 Alt. 2 BGB Verzug ein. Zudem wird die Verjährung nach § 204 Abs. 1 Nr. 3 BGB gehemmt, sofern der geltend gemachte Anspruch hinreichend bestimmt ist[4].

29 Der Antragsgegner kann gem. § 694 ZPO gegen den Anspruch oder einen Teil des Anspruchs **Widerspruch** erheben, solange noch kein Vollstreckungsbescheid verfügt ist. § 692 Abs. 1 Nr. 3 ZPO bestimmt für den Widerspruch eine Frist von zwei Wochen nach Zustellung des Mahnbescheids. § 699 Abs. 1 Satz 2 ZPO bestimmt hingegen, dass ein Vollstreckungsbescheid auf Antrag erlassen wird, wobei dieser Antrag erst nach Ablauf der Widerspruchsfrist gestellt werden kann. Die Zweiwochenfrist ist demnach keine

---

1 Zöller/*Vollkommer*, ZPO, § 690 Rz. 16.
2 Zöller/*Vollkommer*, ZPO, § 690 Rz. 18.
3 Zöller/*Vollkommer*, ZPO, § 691 Rz. 1.
4 BGH v. 12.4.2007 – VII ZR 236/05, NJW 2007, 1952 (1956).

Ausschlussfrist, auch nach ihrem Ablauf kann noch Widerspruch eingelegt werden, solange der Vollstreckungsbescheid vom Rechtspfleger noch nicht verfügt ist[1]. Sechs Monaten nach Zustellung des Mahnbescheids ist der Widerspruch nicht mehr möglich bzw. nicht mehr erforderlich, da nach Ablauf dieser Frist die Wirkung des Mahnbescheids gem. § 701 ZPO von sich aus wegfällt.

Ein rechtzeitiger Widerspruch hindert den Erlass eines Vollstreckungs-   30
bescheids. Ein Hauptsacheverfahren schließt sich jedoch nur dann an, wenn mindestens eine der Parteien dessen Durchführung beantragt, § 696 Abs. 1 Satz 1 ZPO. Bleibt der Antragsgegner dagegen untätig, erlässt der Rechtspfleger nach § 699 Abs. 1 ZPO auf Antrag einen **Vollstreckungsbescheid** auf Grundlage des Mahnbescheids. Dieser wird dem Antragsgegner von Amts wegen zugestellt, § 699 Abs. 4 Satz 1 ZPO. Der Antragsteller kann dann ohne Sicherheitsleistung gegen den Antragsgegner vollstrecken, da der Vollstreckungsbescheid gem. § 700 Abs. 1 ZPO einem für vorläufig vollstreckbar erklärten Versäumnisurteil gleichsteht.

Der Antragsgegner kann gegen den Vollstreckungsbescheid auch erstmalig   31
reagieren und nach § 700 i.V.m. § 338 ZPO **Einspruch** einlegen. Eine Begründung ist hierbei gem. § 700 Abs. 3 Satz 3 ZPO nicht erforderlich. Nach § 339 Abs. 1 ZPO besteht für die Einlegung des Widerspruchs eine Notfrist von zwei Wochen. Ein verspäteter Widerspruch wird gem. § 694 Abs. 2 Satz 1 ZPO als Einspruch behandelt. Der Einspruch führt nach § 700 Abs. 3 ZPO dazu, dass das Mahnverfahren beendet wird und der Rechtsstreit automatisch in ein ordentliches Klageverfahren übergeht.

b) Zurückbehaltungsanspruch des Auftraggebers, § 320 BGB

Nach § 320 Abs. 1 Satz 1 BGB kann derjenige, der aus einem gegenseitigen   32
Vertrag verpflichtet ist, die ihm obliegende Leistung bis zur Bewirkung der Gegenleistung verweigern, es sei denn, dass er zur Vorleistung verpflichtet ist. Zwischen der vom Schuldner geforderten Leistung und der ihm gegenüber zu erbringenden Gegenleistung muss eine synallagmatische Abhängigkeit bestchen. Ein derartiger Zusammenhang besteht in der Regel nur zwischen Hauptleistungspflichten, nicht dagegen zwischen diesen und Nebenleistungs- und Schutzpflichten gem. § 241 Abs. 2 BGB. Hauptleistungspflichten sind neben der Zahlungspflicht unter anderem die Pflicht zur vertragsgemäßen Herstellung des Werks, die Abnahmepflicht des Bestellers, die Pflicht zur Aushändigung des Benutzerhandbuchs für Hard- und Software und der Anspruch auf Nacherfüllung[2]. Hat der Auftraggeber eines IT-Projekts einen wirksamen und fälligen Anspruch gegen den Auftragnehmer, kann er demnach die Erfüllung seiner vertraglichen Leistungspflicht verweigern, wenn der andere Teil seinerseits nicht leistet. Dabei ist unerheblich,

---

1 Zöller/*Vollkommer*, ZPO, § 696 Rz. 6.
2 Jauernig/*Stadler*, BGB, § 320 Rz. 7.

warum die Leistung verweigert wird, insbesondere ist kein Verschulden des anderen Teils erforderlich[1].

3. Kündigungsszenarien (Exit-Strategien)

33 IT-Projekte sind in der überwiegenden Zahl der Fälle auf einen längeren Zeitraum ausgelegt. Dies gilt besonders für Outsourcing-Projekte, bei denen eine Gewinnerzielung bei gleichzeitiger Amortisierung der Anfangskosten aufgrund der oftmals extrem hohen Anfangsinvestitionen seitens der Auftragnehmer erst ab einer gewissen Laufzeit erfolgen kann. Eine lange Laufzeit entspricht regelmäßig auch dem Interesse der Auftraggeber, die die Funktionalität ihrer IT-Struktur langfristig sichergestellt haben wollen[2]. Allerdings kann es auch bei diesen Projekten Szenarien geben, die dazu führen, dass sich eine der Parteien von dem Vertrag lösen will.

34 Während der festen Laufzeit von fünf oder zehn Jahren ist eine Beendigung des Vertrages durch ordentliche Kündigung ausgeschlossen, was regelmäßig auch dem Parteiinteresse nach Planungssicherheit entspricht[3]. Allerdings kann nach § 314 BGB jeder Vertragsteil aus **wichtigem Grund** ohne Einhaltung einer Kündigungsfrist kündigen. Ein wichtiger Grund liegt dabei vor, wenn dem kündigenden Teil unter Berücksichtigung aller Umstände des Einzelfalls und unter Abwägung der beiderseitigen Interessen die Fortsetzung des Vertragsverhältnisses bis zur vereinbarten Beendigung oder bis zum Ablauf einer Kündigungsfrist nicht zugemutet werden kann, § 314 Abs. 1 Satz 2 BGB. Konkret kommen im Bereich des Outsourcings als außerordentlicher Kündigungsgrund beispielsweise Change-Of-Control-Klauseln in Betracht, welche die Kündigung zulassen, wenn ein Konkurrent Mehrheitsgesellschafter des Auftragnehmers wird. In diesem Fall ist eine Kündigung aufgrund der Abhängigkeit des Auftraggebers von der ständigen und reibungslosen Verfügbarkeit seiner IT gerechtfertigt. Kündigungsrechte können sich außerdem aus gravierenden Verstößen gegen die Service Levels oder der drohenden Insolvenz des Auftragnehmers ergeben[4].

35 Um zu verhindern, dass der Kunde im Fall der Vertragsbeendigung völlig von der Dienstleistung des Outsourcing-Anbieters abhängig ist, wird dieser üblicherweise schon im Vertrag dazu verpflichtet, nach einer Kündigung Unterstützungsleistungen dergestalt zu erbringen, den betroffenen Bereich wieder in das Ursprungsunternehmen einzugliedern oder auf einen anderen Outsourcing-Anbieter zu übertragen (sog. **Re-Insourcing** bzw. **Backsourcing**)[5]. Im Rahmen dieses sog. Exit-Managements ist zu beachten, welche Leistungen der Auftragnehmer kostenfrei zu erbringen hat und welche er separat in Rechnung stellen kann. Ist die vertragliche Regelung in dieser Hinsicht nicht eindeutig oder detailliert genug, kann sich schon aus dieser Diffe-

---

1 Jauernig/*Stadler*, BGB, § 320 Rz. 12.
2 *Thalhofer* in Auer-Reinsdorff/Conrad (Hrsg.), IT-Recht, § 17 Rz. 144.
3 *Bräutigam* in Bräutigam (Hrsg.), IT-Outsourcing, 13 Rz. 268.
4 *Thalhofer* in Auer-Reinsdorff/Conrad (Hrsg.), IT-Recht, § 17 Rz. 147.
5 *Thalhofer* in Auer-Reinsdorff/Conrad (Hrsg.), IT-Recht, § 17 Rz. 149.

renzierung ein Rechtsstreit ergeben. Dies gilt insbesondere, da die Einigungsbereitschaft der Parteien nach Beendigung des Vertrages erfahrungsgemäß deutlich geringer ist als während einer noch bestehenden Partnerschaft.

Haben die Parteien bei Vertragsschluss keine Regelungen zum Exit-Manage- 36
ment getroffen, sind eventuelle Ansprüche auf Unterstützungsleistungen im Wege der **ergänzenden Vertragsauslegung** nach den Grundsätzen von **Treu und Glauben** zu ermitteln. Dabei ist insbesondere der hypothetische Wille der Vertragsparteien hinzuzuziehen.

⊃ **Praxistipp:**

> In einer solchen Situation besteht ein hohes Konfliktpotential, so dass eine möglichst frühzeitige, deeskalierende Vorgehensweise zu empfehlen ist[1]. In Betracht kommen also beispielsweise eine außergerichtliche Verhandlung oder Mediation.

4. Ansprüche des Auftragnehmers bei Schlechtleistung im IT-Projekt

Leistet der andere Teil im Rahmen eines IT-Projekts nicht oder nicht wie 37
vereinbart, stehen dem Auftragnehmer regelmäßig gesetzliche Schadensersatzansprüche nach §§ 280 ff. BGB zu. Dabei gilt nach § 280 Abs. 1 Satz 2 BGB grundsätzlich eine Beweislastumkehr zu Lasten des Auftragnehmers bezüglich seines Vertretenmüssens. Zudem ergibt sich bei dem Nachweis des Schadenseintritts regelmäßig das Problem, dass die Kosten des normalen Einsatzes der eigenen Mitarbeiter ohnehin anfallen würden und daher nicht liquidiert werden dürfen[2].

⊃ **Praxistipp:**

> Aufgrund der Schwierigkeiten bei der Geltendmachung gesetzlicher Ansprüche werden bei Verstößen gegen Standard Level Agreements (SLAs) üblicherweise vertragliche Sanktionen vorgesehen. Diese können im Einzelnen unterschiedlich ausgestaltet werden.

Eine **Vertragsstrafe** beruht auf dem besonderen Versprechen des Schuldners, 38
in dem Fall, dass er seine Verbindlichkeit nicht wie vereinbart erfüllt, als Strafe eine bestimmte Geldsummer zu zahlen, § 341 Abs. 1 BGB. Im Gegensatz zur Minderung wird die geschuldete Zahlung also nicht verringert, sondern es besteht die gesonderte Pflicht zur Zahlung einer vertraglich festgelegten Summe. Der Vorteil einer Vertragsstrafe gegenüber der ebenfalls bestehenden Möglichkeit des pauschalierten Schadensersatzes besteht darin, dass der Anspruch auf Zahlung der Vertragsstrafe auch dann besteht, wenn gar kein Schaden entstanden ist[3]. Nach § 341 Abs. 2 i.V.m. § 340 Abs. 2 Satz 2 BGB bleibt das Recht des Auftragnehmers, einen über den Betrag der

---

1 *Bräutigam* in Bräutigam (Hrsg.), IT-Outsourcing, 13 Rz. 314.
2 *Bräutigam* in Bräutigam (Hrsg.), IT-Outsourcing, 13 Rz. 550.
3 Palandt/*Grüneberg*, BGB, § 340 Rz. 7.

Vertragsstrafe hinausgehenden Schadensersatz geltend zu machen, auch nach Zahlung der Vertragsstrafe bestehen.

39   § 343 Abs. 1 BGB sieht die Möglichkeit vor, eine **unverhältnismäßig hohe Vertragsstrafe** auf Antrag des Schuldners im Wege einer richterlichen Billigkeitskontrolle auf einen angemessenen Betrag **herabzusetzen**. Diese Vorschrift findet gem. § 348 HGB allerdings keine Anwendung, wenn der Schuldner Kaufmann ist und die Vertragsstrafe im Rahmen eines Handelgeschäfts vereinbart wurde. Dies ist bei größeren IT-Projekten regelmäßig der Fall. Allerdings ist auch bei Kaufleuten eine Herabsetzung der Strafe nach § 242 BGB, bei Wegfall der Geschäftsgrundlage nach § 313 BGB und bei formularmäßigen Klauseln nach § 307 BGB möglich[1]. Nach der Rechtsprechung des BGH sind beispielsweise Regelungen über 0,2 bis 0,3 %, nicht aber 1,5 % der Auftragssumme pro Arbeitstag zulässig[2].

40   Als Alternative zur Vertragsstrafe kann auch ein **pauschalierter Schadensersatz** vorgesehen werden. Eine solche Regelung dient vor allem der Beweiserleichterung, da sie den Nachweis der konkreten Schadenshöhe überflüssig macht. Aufgrund dieser Zweckrichtung ist die Geltendmachung eines tatsächlich die Pauschale übersteigenden Schadens nicht möglich[3]. Bei Pauschalisierungsklauseln in AGB sind § 309 Nr. 5 Buchst. a und b zu beachten, wonach derartige Regelungen unwirksam sind, wenn die Pauschale den nach dem gewöhnlichen Lauf der Dinge zu erwartenden Schaden übersteigt oder dem anderen Vertragsteil nicht ausdrücklich der Nachweis gestattet wird, ein Schaden sei überhaupt nicht entstanden oder wesentlich niedriger als die Pauschale.

41   In den Service Level Agreements kann auch die Möglichkeit einer **pauschalierten Minderung** vorgesehen werden. Probleme können sich hier aber bei der Regelung einer pauschalierten Minderung in den AGB eines Dienstvertrags ergeben, da dieser kein gesetzliches Minderungsrecht vorsieht. In diesen Fällen könnte es sich um eine Bestimmung gem. § 307 Abs. 2 Nr. 1 BGB handeln, die mit den wesentlichen Grundgedanken der gesetzlichen Regelung unvereinbar ist. Höchstrichterliche Rechtsprechung zu dieser Problematik steht noch aus. Allerdings ist die individualvertragliche Regelung eines pauschalierten Minderungsrechts auch im Rahmen eines Dienstvertrags unproblematisch zulässig. Die pauschalierte Minderung hat gegenüber einem pauschalierten Schadensersatz den Vorteil, dass dadurch die Geltendmachung weiterer Schadensersatzansprüche nicht ausgeschlossen ist[4]. Ist die pauschalierte Minderung in AGB geregelt, sind § 309 Nr. 5 Buchst. a und b BGB zu beachten, wonach solche Regelungen unwirksam sind, wenn die Pauschale die gewöhnlich eintretende Wertminderung übersteigt oder dem anderen Vertragsteil nicht ausdrücklich der Nachweis gestattet wird, eine

---

1 Palandt *Grüneberg*, BGB, § 343 Rz. 8.
2 BGH v. 12.3.1981 – VII ZR 293/79, NJW 1981, 1509.
3 *Bräutigam* in Bräutigam (Hrsg.), IT-Outsourcing, 13 Rz. 553.
4 *Bräutigam* in Bräutigam (Hrsg.), IT-Outsourcing, 13 Rz. 554.

Wertminderung sei überhaupt nicht entstanden oder wesentlich niedriger als die Pauschale.

Die Ansprüche bei Schlechtleistung können auch durch eine vertragliche 42 **Bonus-Malus-Regelung** ergänzt werden. Dabei wird eine Reduzierung der Vergütung (Malus) bei Schlechterfüllung mit einer Gebührenerhöhung (Bonus) bei Übererfüllung der vertraglich festgelegten Standards kombiniert. Eine solche Regelung empfiehlt sich, wenn der Kunde durch die Übererfüllung tatsächlich einen Mehrwert für sein Geschäft erhält[1].

Bei eklatanten oder wiederholten Verstößen gegen SLAs kann als ultima ra- 43 tio auch eine **außerordentliche Kündigung** in Betracht kommen. Bei IT-Projekten besteht zwar grundsätzlich ein beiderseitiges Interesse an einer langfristigen Leistungsbeziehung, bei schwerwiegenden oder andauernden Pflichtverletzungen des anderen Teils kann in Einzelfällen dennoch eine Kündigung vorzuziehen sein[2].

5. Beispielsfall aus der aktuellen Rechtsprechung: Oracle ./. Usedsoft

a) Sachverhalt

Oracle entwickelt und vertreibt Computersoftware, insbesondere Daten- 44 banksoftware. Der Ersterwerb der streitgegenständlichen Software durch die Kunden von Oracle geschieht in 85 % der Fälle durch Herunterladen über das Internet, in 15 % der Fälle durch den Erwerb einer CD-ROM. Mit dem Erwerb wird den Kunden regelmäßig ein zeitlich unbegrenztes Nutzungsrecht eingeräumt. Dieses beinhaltet das Recht, die Software auf einen Server zu kopieren und entweder einer bestimmten Anzahl von Nutzern Zugriff auf den Server einzuräumen oder die Software mit einer bestimmten Anzahl von Prozessoren zu nutzen. Die Lizenzverträge enthalten eine Beschränkung der erlaubten Nutzung auf „interne Geschäftszwecke" der Kunden.

Usedsoft handelt mit „gebrauchten" Softwarelizenzen, auch von Produkten 45 von Oracle. Dabei veranlasst Usedsoft seine Kunden, die aktuelle Version der Software von der Oracle-Homepage herunterzuladen bzw. in den Arbeitsspeicher der Rechner der Anwender zu laden. Oracle verlangt wegen behaupteter Urheberrechts- und Markenverletzung sowie wettbewerbswidriger Werbeaussagen zunächst im Rahmen einer einstweiligen Verfügung, danach im Hauptsacheverfahren, Unterlassung.

---

1 *Bräutigam* in Bräutigam (Hrsg.), IT-Outsourcing, 13 Rz. 555.
2 *Bräutigam* in Bräutigam (Hrsg.), IT-Outsourcing, 13 Rz. 557.

b) Einstweiliges Verfügungsverfahren

aa) Erste Instanz: LG München I v. 19.1.2006[1]

Tenor:

46   Das Gericht gibt dem Antrag auf Erlass einer einstweiligen Verfügung statt. Oracle kann aus § 97 Abs. 1 Satz 1 UrhG Unterlassung dahingehend verlangen, dass Usedsoft Dritte veranlasst, Software zu vervielfältigen, indem diesen durch den vermeintlichen Erwerb von Lizenzen der Eindruck vermittelt werde, sie seien zur Nutzung und korrespondierenden Vervielfältigungen berechtigt.

47   Das Gericht stellt außerdem fest, dass Oracle zudem einen Anspruch auf Unterlassung der Benutzung des Zeichens aus § 14 Abs. 5, Abs. 2 Nr. 1 MarkenG, Art. 9 Abs. 1 Satz 2 Buchst. A GMVO und auf Unterlassung der Werbeaussagen aus §§ 8 Abs. 1, 3, 5 Abs. 1 UWG hat.

Entscheidungsgründe:

48   Die ausschließlichen urheberrechtlichen Nutzungsrechte an der fraglichen Software, die Oracle unstreitig zustehen, werden durch den Verkauf gebrauchter Lizenzen seitens Usedsoft verletzt. Die Vervielfältigung eines Computerprogramms ist nach § 69c Nr. 1 UrhG dem Rechtsinhaber vorbehalten. Soweit die Software von der Homepage von Oracle heruntergeladen wird, entsteht auf dem Server des Kunden eine Vervielfältigung gem. § 16 Abs. 1 UrhG. Auch das Laden der Software in die Arbeitsspeicher der Rechner der einzelnen Anwender stellt eine Vervielfältigung nach §§ 16 Abs. 1, 69c Nr. 1 UrhG dar. Letzteres ergibt sich aus einer wertenden Auslegung des Gesetzeswortlauts. Die Auslegung muss das legitime Interesse des Rechtsinhabers berücksichtigen, an den wirtschaftlichen Vorteilen der Nutzung seines Programms zu partizipieren. Demnach liegt eine Vervielfältigung im Rechtssinne immer dann vor, wenn der technische Vorgang zu einer gesteigerten Programmnutzung führt. Eine solche gesteigerte Nutzung liegt immer dann vor, wenn einem zusätzlichen Anwender die Nutzung der Software ermöglicht wird.

49   Die Kunden von Oracle, d.h. die Ersterwerber der Software, können Usedsoft keine Nutzungsrechte an dieser Software mit dinglicher Wirkung übertragen. Durch die Bestimmungen des Lizenzvertrages werden den Erwerbern nur einfache, nicht weiter abtretbare Nutzungsrechte an der Software eingeräumt. Damit ist die Abtretung der erworbenen Nutzungsrechte an Usedsoft wirkungslos. Die Einschränkung der Verfügungsbefugnis des Erwerbers über das eingeräumte Nutzungsrecht ist mit dinglicher Wirkung möglich. Daran würde auch die (zu Unrecht geltend gemachte) Unwirksamkeit der relevanten AGB-Klausel nichts ändern, da dies nur die schuldrechtliche Unwirksamkeit zur Folge hat.

---

1 LG München v. 19.1.2006 – 7 O 23237/05, CR 2006, 159.

Schließlich kann Usedsoft sich auch nicht auf den Grundsatz der Erschöp- 50
fung aus §§ 69c Nr. 3, 17 Abs. 2 UrhG berufen. Erschöpfung tritt nur bezüglich solcher Vervielfältigungsstücke ein, die mit Zustimmung des Berechtigten in Verkehr gebracht wurden. Die streitgegenständliche Software wird
hier aber gerade nicht mit Zustimmung von Oracle in Verkehr gebracht.
Vielmehr veranlasst Usedsoft seine Kunden, neue Vervielfältigungen herzustellen, indem diese die Software von der Oracle Homepage herunterladen
oder die auf dem Server gespeicherte Software in den Arbeitsspeicher weiterer Rechner laden. Eine Ausdehnung des Erschöpfungsgrundsatzes über
seinen eigentlichen Anwendungsbereich beim Vertrieb körperlicher Vervielfältigungsstücke hinaus auf Handlungen, mit denen eine Vervielfältigung
verbunden ist, ist nicht zu rechtfertigen. Dafür spricht insbesondere die Gefahr der Aufspaltung der Lizenzrechte, durch die auch Teile einer als einheitliche Lizenz veräußerten Nutzungsberechtigung verkehrsfähig würden. Das
Vergütungsinteresse von Oracle wäre angesichts der unstreitig degressiven
Gebührenstruktur von Usedsoft in diesem Fall nicht hinreichend berücksichtigt.

bb) Zweite Instanz: OLG München v. 3.8.2006[1]

Tenor:

Die einstweilige Verfügung ist zu Recht ergangen, da Usedsoft mit der Wei- 51
tergabe von Nutzungsrechten an Softwareprogrammen von Oracle gegen
dessen urheberrechtliche Befugnisse verstößt.

Entscheidungsgründe:

Das OLG München schließt sich in seiner Entscheidung vollumfänglich den 52
Ausführungen des LG München I an. Insbesondere ist durch den Verkauf
von Softwarelizenzrechten keine Erschöpfung eingetreten. Der Grundsatz
der Erschöpfung ist auf diese Konstellation auch nicht analog anwendbar, da
sich sowohl das deutsche Urheberrechtsgesetz als auch die Richtlinie
2001/29/EG ausdrücklich auf in einem körperlichen Gegenstand verkörperten Werke beziehen. Schließlich bestehen auch an der Wirksamkeit von
AGB-Klauseln, wonach die Abtretbarkeit der Nutzungsrechte ausgeschlossen ist, keine durchgreifenden Zweifel.

c) Hauptsacheverfahren

aa) Erste Instanz: LG München I v. 15.3.2007[2]

Tenor:

Die zulässige Klage ist begründet. Oracle kann aus § 97 Abs. 1 Satz 1 UrhG 53
Unterlassung dahingehend verlangen, dass Usedsoft Dritte veranlasst, Soft-

---

1 OLG München v. 3.8.2006 – 1818/06, CR 2006, 655.
2 LG München I v. 15.3.2007 – 7 O 7061/06, CR 2007, 356.

ware zu vervielfältigen, indem diesen durch den vermeintlichen Erwerb von Lizenzen der Eindruck vermittelt werde, sie seien zur Nutzung und korrespondierenden Vervielfältigungen berechtigt.

54 Oracle hat zudem einen Anspruch auf Unterlassung der Benutzung des Zeichens aus § 14 Abs. 5, Abs. 2 Nr. 1 MarkenG, Art. 9 Abs. 1 Satz 2 Buchst. A GMVO und auf Unterlassung der Werbeaussagen aus §§ 8 Abs. 1, 3, 5 Abs. 1 UWG.

Entscheidungsgründe:

55 Bezüglich des Bestehens der Nutzungsrechte und dem Begriff der Vervielfältigung wiederholt das Gericht die Ausführungen aus dem Urteil im Verfügungsverfahren vom 19.1.2006.

56 Die Vervielfältigungen durch die Kunden von Usedsoft sind nicht nach § 44a UrhG gerechtfertigt. Danach sind vorübergehende Vervielfältigungshandlungen zulässig, die flüchtig oder begleitend sind und einen integralen und wesentlichen Teil eines technischen Verfahrens darstellen und deren alleiniger Zweck es ist, entweder eine Übertragung in einem Netz zwischen Dritten durch einen Vermittler oder eine rechtmäßige Nutzung eines Werkes oder sonstigen Schutzgegenstands zu ermöglichen, und die keine eigenständige wirtschaftliche Bedeutung haben. Vorliegend ist aber schon das Merkmal „keine eigenständige wirtschaftliche Bedeutung" nicht erfüllt, da die Kunden von Usedsoft gerade zu dem Zweck Lizenzen erwerben, die Software von Oracle zu laden.

57 Die Ersterwerber der Software von Oracle konnten ihre Nutzungsrechte nicht mit dinglicher Wirkung an Usedsoft übertragen. Zur Begründung werden die Ausführungen aus dem Verfügungsverfahren wiederholt.

58 Usedsoft kann sich auch nicht auf den Grundsatz der Erschöpfung berufen. Eine direkte Anwendung ist aufgrund der bereits im Rahmen des Verfügungsverfahrens vorgebrachten Argumente abzulehnen. Auch eine analoge Anwendung des Erschöpfungsgrundsatzes scheidet aus. Es bestehen schon deshalb grundsätzliche Bedenken gegen eine Analogie, da der Erschöpfungsgrundsatz eine Ausnahme von dem grundsätzlichen Recht des Urhebers darstellt, die Verbreitung seines Werkes durch andere zu verbieten. Eine Analogie solcher Ausnahmevorschriften ist, wenn man sie nicht für grundsätzlich unzulässig hält, jedenfalls nur in engen Grenzen statthaft. Im Bereich des Urheberrechts ist zudem zu beachten, dass sämtliche Vorschriften, die Rechte des Urhebers beschneiden, restriktiv auszulegen sind, da der Urheber an der wirtschaftlichen Nutzung seiner Werke angemessen zu beteiligen ist.

59 Außerdem liegt keine für eine Analogie erforderliche planwidrige Regelungslücke vor. Es ist nicht davon auszugehen, dass der Gesetzgeber bei der Schaffung des § 69 Nr. 3 Satz 2 UrhG den Fall der Online-Übermittlung von Software übersehen hat. Die Möglichkeit des Downloads von Software ist

bereits seit längerer Zeit weithin bekannt. Aus der Tatsache, dass das Gesetz diesbezüglich keine Regelung enthält, kann nicht geschlossen werden, dass dieser Fall dem Gesetzgeber nicht bewusst war, sondern vielmehr dass er diese Fallkonstellation dem Erschöpfungsgrundsatz bewusst nicht unterworfen hat. Diese Einschätzung wird auch durch die Richtlinie 2011/29/EG bestätigt, die ebenfalls nur eine Erschöpfung des Verbreitungsrechts für körperliche Vervielfältigungsstücke vorsieht. In Erwägungsgrund 29 heißt es „Die Frage der Erschöpfung stellt sich weder bei Dienstleistungen allgemein noch bei Online-Diensten im Besonderen. Dies gilt auch für materielle Vervielfältigungsstücke eines Werkes ..., die durch den Nutzer eines solchen Dienstes mit Zustimmung des Rechtsinhabers hergestellt worden sind. ... [J]ede Bereitstellung eines Online-Dienstes [ist] im Grunde eine Handlung, die zustimmungsbedürftig ist, wenn das Urheberrecht oder ein verwandtes Schutzrecht das vorsieht." Folglich ist davon auszugehen, dass dem europäischen Gesetzgeber die Problematik der Online-Übertragung bei Erlass der Richtlinie bewusst war und er diese bewusst nicht dem Erschöpfungsgrundsatz unterwarf.

Zudem sei auch die Interessenslage im Falle der Online-Übertragung im   **60** Rahmen eines Lizenzvertrages mit der Übergabe eines körperlichen Vervielfältigungsstücks nicht vergleichbar. Die Befürworter einer Analogie stellen bei dem Vergleich der Interessenslage einseitig auf die Interessen der Erwerber ab. Der Softwarehersteller erhält vom Ersterwerber zwar die gleiche Vergütung wie bei einer Offline-Übertragung, bei einer analogen Anwendung des Erschöpfungsgrundsatzes erhält er vom Zweiterwerber, der ansonsten ein weiterer zahlender Ersterwerber wäre, jedoch keine Vergütung. Damit ist das Vergütungsinteresse des Urhebers nicht bereits durch die erste Verbreitung ausreichend berücksichtigt.

Auch mit dem Argument des Gläubigerschutzes könne keine Analogie be-   **61** gründet werden. Zwar bedarf auch die Weiterübertragung von Nutzungsrechten durch den Insolvenzverwalter nach § 34 UrhG der Zustimmung des Urhebers, diese darf jedoch nicht wider Treu und Glauben verweigert werden. Damit sind die Interessen der Gläubiger gewahrt.

Schließlich ist eine analoge Anwendung des Erschöpfungsgrundsatzes abzu-   **62** lehnen, weil eine solche Ausdehnung seines Anwendungsbereichs nicht vom Regelungszweck des Erschöpfungsgrundsatzes gedeckt ist. Zweck des Erschöpfungsgrundsatzes ist es, die Verkehrsfähigkeit von mit Zustimmung des Urhebers in Verkehr gebrachten Waren sicherzustellen. Bei vom Nutzer selbst hergestellten Vervielfältigungsstücken besteht kein vergleichbares Bedürfnis nach einer „Erhaltung" der Verkehrsfähigkeit, da es bis zu dem Zeitpunkt der Veräußerung ja gar nicht in den Verkehr gelangt ist.

bb) Zweite Instanz: OLG München v. 3.7.2008[1]

Tenor:

63   Die Berufung ist zulässig, sachlich jedoch nicht begründet. Die Klage ist daher in vollem Umfang begründet.

Entscheidungsgründe:

64   Das Gericht schließt sich den Gründen des angefochtenen Urteils in vollem Umfang an.

cc) Dritte Instanz: BGH v. 3.2.2011[2]

Tenor:

65   Der Erfolg der Revision hängt davon ab, wie Art. 5 Abs. 1 und 4 Abs. 2 Halbs. 1 RL 2009/24/EG auszulegen sind. Das Verfahren wird daher ausgesetzt und der Fall wird gem. Art. 267 Abs. 1 Buchst. b, Abs. 3 AUEV dem EuGH zur Vorabentscheidung vorgelegt[3].

Entscheidungsgründe:

66   Dass die fraglichen Handlungen als Vervielfältigungen anzusehen sind, ist nach Ansicht des Senats derart offenkundig, dass es insoweit keiner Vorabentscheidung des EuGH bedarf. Insbesondere ist auch in dem Hochladen der Software in den Arbeitsspeicher weiterer Computer eine nur mit Zustimmung des Rechtsinhabers zulässige Vervielfältigung zu sehen.

67   Es kommt nicht darauf an, ob die Schrankenregelung des § 44a UrhG überhaupt anwendbar ist, da die relevante Vervielfältigung – das Laden der Software in den Arbeitsspeicher weiterer Rechner – jedenfalls eine eigenständige wirtschaftliche Bedeutung hat. Dies ergibt sich bereits daraus, dass Usedsoft für die Erteilung einer Lizenz zu dieser Nutzung eine Vergütung verlangt.

68   Für die Entscheidung des Rechtsstreits kommt es darauf an, ob sich die Kunden von Usedsoft erfolgreich auf § 69d Abs. 1 UrhG berufen können, der Art. 5 Abs. 1 RL 2009/24/EG umsetzt und daher richtlinienkonform auszulegen ist. Nach diesen Regelungen bedarf die Vervielfältigung eines Computerprogramms in Ermangelung spezifischer vertraglicher Bedingungen nicht der Zustimmung des Rechtsinhabers, wenn sie für eine bestimmungsgemäße Benutzung des Computerprogramms durch den rechtmäßigen Erwerber notwendig ist.

69   Die erste Vorlagefrage betrifft demnach die Frage, ob derjenige, der zwar nicht über ein vom Rechtsinhaber abgeleitetes Nutzungsrecht am Compu-

---

1 OLG München v. 3.7.2008 – 6 U 2759/07, CR 2008, 551.
2 BGH v. 3.2.2011 – I ZR 129/08, MMR 2011, 305.
3 Ausführlich zu den Vorlagefragen *Bräutigam*, CRi 2012, 1.

terprogramm verfügt, sich aber auf eine Erschöpfung des Rechts zur Verbreitung berufen kann, „rechtmäßiger Erwerber" i.S.d. Art. 5 Abs. 1 RL 2009/24/EG ist.

Nach einer Ansicht ist allein derjenige „rechtmäßiger Erwerber", der über   70
ein vom Berechtigten abgeleitetes Nutzungsrecht verfügt. Nach anderer Ansicht, der auch der Senat zuneigt ist darüber hinaus auch derjenige „rechtmäßiger Erwerber", der sich auf eine Erschöpfung des Rechts zur Verbreitung der Programmkopie berufen kann. Die durch den Eintritt der Erschöpfung bewirkte Verkehrsfähigkeit des Vervielfältigungsstücks eines Computerprogramms wäre weitgehend sinnlos, wenn der Erwerber eines solchen Vervielfältigungsstücks nicht das Recht zur Vervielfältigung des Programms hätte; denn die Nutzung eines Computerprogramms erfordert – im Gegensatz zur Nutzung anderer urheberrechtlich geschützter Werke – regelmäßig dessen Vervielfältigung.

Falls die erste Frage zu bejahen ist, stellt sich die weitere Frage, ob sich das   71
Recht zur Verbreitung der Kopie eines Computerprogramms nach Art. 4 Abs. 2 Halbs. 1 RL 2009/24/EG auch dann erschöpft, wenn der Erwerber diese Kopie mit Zustimmung des Rechtsinhabers durch Herunterladen des Programms aus dem Internet auf einen Datenträger anfertigt.

Mit dem Erstverkauf einer Programmkopie in der Union durch den Rechts-   72
inhaber oder mit dessen Zustimmung erschöpft sich nach Art. 4 Abs. 2 Halbs. 1 RL 2009/24/EG das Recht auf Verbreitung dieser Kopie; ausgenommen hiervon ist jedoch nach Art. 4 Abs. 2 Halbs. 2 RL 2009/24/EG das Recht auf Kontrolle der Weitervermietung des Programms oder einer Kopie davon. Dem entspricht § 69c Nr. 3 Satz 2 UrhG.

Nach einer Ansicht ist Art. 4 Abs. 2 Halbs. 1 RL 2009/24/EG unmittelbar an-   73
wendbar, wenn der Rechtsinhaber es einem Dritten gestattet, dadurch ein Vervielfältigungsstück herzustellen, dass er das Computerprogramm aus dem Internet herunterlädt und auf einem Datenträger abspeichert. Nach anderer Auffassung ist Art. 4 Abs. 2 Halbs. 1 RL 2009/24/EG im Falle der unkörperlichen Veräußerung eines Computerprogramms im Wege der Onlineübermittlung entsprechend anwendbar. Nach einer weiteren Ansicht ist Art. 4 Abs. 2 Halbs. 1 RL 2009/24/EG in dieser Konstellation weder direkt noch analog anwendbar, da eine Erschöpfung des Verbreitungsrechts stets das Inverkehrbringen eines körperlichen Vervielfältigungsstücks des Computerprogramms durch den Rechtsinhaber oder mit seiner Zustimmung voraussetzt und weder eine planwidrige Regelungslücke noch eine vergleichbare Interessenslage besteht.

Falls auch die zweite Frage zu bejahen sei, stellt sich schließlich die Frage,   74
ob sich auch derjenige, der eine „gebrauchte" Softwarelizenz erworben hat, für das Erstellen einer Programmkopie als „rechtmäßiger Erwerber" nach Art. 5 Abs. 1 und 4 Abs. 2 Halbs. 1 RL 2009/24/EG auf eine Erschöpfung des Verbreitungsrechts berufen kann, wenn der Ersterwerber seine Programmkopie gelöscht hat oder nicht mehr verwendet.

75 Teilweise wird bei einer solchen Fallkonstellation eine entsprechende Anwendung von Art. 5 Abs. 1 und 4 Abs. 2 Halbs. 1 RL 2009/24/EG befürwortet. Nach der Gegenauffassung, die der Senat teilt, kommt bei einer solchen Fallgestaltung eine entsprechende Anwendung von Art. 5 Abs. 1 und 4 Abs. 2 Halbs. 1 RL 2009/24/EG nicht in Betracht. Die Wirkung der Erschöpfung soll allein die Verkehrsfähigkeit einer vom Rechtsinhaber oder mit dessen Zustimmung veräußerten, auf einem bestimmten Datenträger verkörperten Programmkopie gewährleisten und daher nicht auf den online übermittelten unkörperlichen Datenbestand ausgeweitet werden.

dd) Entscheidung des EuGH v. 3.7.2012[1]

Tenor:

76 Der Grundsatz der Erschöpfung des Verbreitungsrechts i.S.v. Art. 4 Abs. 2 der RL 2009/24/EG gilt nicht nur, wenn der Urheberrechtsinhaber die Kopien seiner Computerprogramme auf einem Datenträger veräußert, sondern auch dann, wenn er sie durch Herunterladen auf seiner Internetseite verbreitet.

77 Gebrauchte Softwarelizenzen dürfen daher sowohl bei körperlichen als auch bei unkörperlichen Kopien der Computerprogramme weiterverkauft werden. Dies ist jedoch nur dann zulässig, wenn der Ersterwerber seine Programmkopie zum Zeitpunkt der Weiterveräußerung unbrauchbar macht.

78 Nun ist es Aufgabe des Bundesgerichtshofs, über den Rechtsstreit „Oracle ./. UsedSoft" im Einklang mit dem Urteil des Europäischen Gerichtshofs zu entscheiden.

Entscheidungsgründe:

Frage 2: Erschöpfung des Rechts zur Verbreitung i.S.v. Art. 4 Abs. 2 der RL 2009/24/EG

79 Art. 4 Abs. 2 der RL 2009/24/EG ist dahingehend auszulegen, dass das Recht auf die Verbreitung der Kopie eines Computerprogramms erschöpft ist, wenn der Inhaber des Urheberrechts, der dem möglicherweise auch gebührenfreien Herunterladen dieser Kopie aus dem Internet auf einen Datenträger zugestimmt hat, gegen Zahlung eines Entgelts, das es ihm ermöglichen soll, eine dem wirtschaftlichen Wert der Kopie des ihm gehörenden Werkes entsprechende Vergütung zu erzielen, auch ein Recht, diese Kopie ohne zeitliche Begrenzung zu nutzen, eingeräumt hat.

(1) „Erstverkauf einer Programmkopie"

80 Für die Anwendbarkeit des Art. 4 Abs. 2 RL 2009/24/EG war zunächst zu prüfen, ob es sich bei der Vertragsbeziehung zwischen dem Urheberrechtsinhaber und seinem Kunden hinsichtlich des Herunterladens der Kopie des

---

1 Az.: C-128/11.

entsprechenden Computerprogramms um einen „Erstverkauf einer Programmkopie" im Sinne von Art. 4 Abs. 2 der RL 2009/24/EG handelt. Dies bejahte der EuGH mit folgender Begründung:

Oracle macht eine Kopie eines Computerprogramms auf seiner Internetseite   81
zugänglich, zu dessen Nutzung ein zusätzlicher Lizenzvertrag abgeschlossen wird. Die Kopie des Computerprogramms soll für Oracle-Kunden gegen Zahlung eines Entgelts dauerhaft nutzbar gemacht werden, wobei das vom Kunden bezahlte Entgelt dem Urheberrechtsinhaber eine dem wirtschaftlichen Wert der Kopie entsprechende Vergütung darstellt. Das Herunterladen der Kopie eines Computerprogramms und der Abschluss eines Lizenzvertrags über die Nutzung dieser Kopie sind daher als unteilbares Ganzes zu betrachten, sodass dem Kunden das Eigentum an der Kopie des betreffenden Computerprogramms übertragen wird.

Auch dann, wenn der Kunde die Kopie des Programms auf einem materiel-   82
len Datenträger erhält, handelt es sich beim Lizenzvertrag und der entsprechenden Programmkopie um ein unteilbares Ganzes, da auch dann der Erwerber das Recht erhält, die Kopie gegen Zahlung eines Entgelts unbefristet zu nutzen. Für den Begriff des Verkaufs i.S.v. Art. 4 Abs. 2 der RL 2009/24/EG spielt es daher keine Rolle, ob dem Kunden die Kopie des Computerprogramms vom Rechtsinhaber über das Herunterladen von dessen Internetseite oder über einen materiellen Datenträger wie eine CD-Rom oder DVD zur Verfügung gestellt wird.

Außerdem wäre die praktische Wirksamkeit des Art. 4 Abs. 2 der RL   83
2009/24/EG beeinträchtigt, wenn die Softwareanbieter den Vertrag lediglich als Lizenzvertrag statt als Kaufvertrag einstufen müssten, um die Erschöpfungsregel des Art. 4 Abs. 2 der RL 2009/24/EG zu umgehen.

Art. 4 Abs. 2 der RL 2009/24/EG ist somit sowohl auf körperliche als auch   84
unkörperliche Kopien von Computerprogrammen anwendbar.

(2) Verhinderung der Erschöpfung, da „öffentliche Zugänglichmachung" i.S.v. Art. 3 Abs. 1 der RL 2001/29/EG

Auch handelt es sich beim Zugänglichmachen einer Programmkopie auf der   85
Internetseite des Urheberrechtsinhabers nicht um eine „öffentliche Zugänglichmachung" i.S.v. Art. 3 Abs. 1 der RL 2001/29/EG, welche nicht zur Erschöpfung des Rechts auf Verbreitung der Kopie führen würde.

Die Bestimmungen der RL 2009/24/EG sind im Verhältnis zu den Bestim-   86
mungen der RL 2001/29/EG leges speciales (dies ergibt sich aus Art. 1 Abs. 1 Buchst. a RL 2001/29/EG), weshalb der Erstverkauf einer Programmkopie auch dann zur Erschöpfung des Rechts auf Verbreitung dieser Kopie führt, wenn die Vertragsbeziehung auch unter den Begriff „öffentliche Zugänglichmachung" i.S.v. Art. 3 Abs. 1 der RL 2001/29/EG fallen sollte).

87 Außerdem ergibt sich aus Art. 6 Abs. 1 des Urheberrechtsvertrags, in dessen Licht die Artikel 3 und 4 auszulegen sind[1], dass eine Handlung der öffentlichen Wiedergabe i.S.v. Art. 3 der RL 2001/29/EG durch eine Eigentumsübertragung zu einer Handlung der Verbreitung i.S.v. Art. 4 der RL 2009/24/EG wird, welche wiederum zu einer Erschöpfung des Verbreitungsrechts führen kann.

(3) Verhinderung der Erschöpfung, da sich Art. 4 Abs. 2 der RL 2009/24/EG nur auf körperliche Kopien bezieht

88 Die Erschöpfung des Verbreitungsrechts i.S.v. Art. 4 Abs. 2 der RL 2009/24/EG bezieht sich nicht nur auf materielle Güter, sondern auch auf unkörperliche Kopien von aus dem Internet heruntergeladenen Computerprogrammen.

89 Aus Art. 4 Abs. 2 der RL 2009/24/EG geht nicht hervor, dass sich die Erschöpfung des Rechts auf Verbreitung der Kopien auf Kopien beschränkt, die sich auf einem materiellen Datenträger befinden. Es ist vielmehr davon auszugehen, dass gerade nicht danach unterschieden wird, ob die Kopie in körperlicher oder nicht körperlicher Form vorliegt, da die Richtlinie ohne weitere Erläuterung auf den „[Verkauf] einer Programmkopie" Bezug nimmt. Es entspricht folglich dem Willen des Unionsgesetzgebers, körperliche und nicht körperliche Kopien einander gleichzustellen.

90 Außerdem ist die Veräußerung eines Computerprogramms auf einem materiellen Datenträger mit der Veräußerung eines Computerprogramms durch Herunterladen aus dem Internet wirtschaftlich gesehen vergleichbar, da die Online-Übertragung funktionell der Übergabe des materiellen Datenträgers entspricht. Es besteht daher auch insoweit kein Bedürfnis zur Unterscheidung zwischen körperlichen und nicht körperlichen Kopien.

Art. 4 Abs. 2 der RL 2009/24/EG bezieht sich folglich nicht nur auf körperliche Kopien eines Computerprogramms.

(4) Verhinderung der Erschöpfung aufgrund des vom Ersterwerber geschlossenen Wartungsvertrags

91 Auch der vom Ersterwerber geschlossene Wartungsvertrag verhindert nicht die Erschöpfung nach Art. 4 Abs. 2 der RL 2009/24/EG.

92 Wenn bei der Veräußerung der Programmkopie der Ersterwerber für diese Kopie einen Wartungsvertrag mit Oracle abgeschlossen hat, sind auch die gebrauchten Lizenzen für die aufgrund der Wartung verbesserten und aktualisierten Programmkopien gültig, da es sich dann nicht um eine neue Programmkopie, sondern vielmehr nur um eine aktualisierte Programmkopie handelt, auf die sich die Erschöpfung des Verbreitungsrechts nach Art. 4

---

1 Vgl. Urt. v. 17.4.2008, Peek & Cloppenburg, C-456/06, Slg. 2008, I-2731, Rz. 30.

Abs. 2 der RL 2009/24/EG erstreckt. Eine Übertragung des Wartungsvertrags auf den Zweiterwerber postuliert der EuGH indes nicht.

Frage 1 und Frage 3: „Rechtmäßiger Erwerber" i.S.d. Art. 5 Abs. 1 RL 2009/24/EG

Die Art. 4 Abs. 2 und 5 Abs. 1 der RL 2009/24/EG sind dahin auszulegen,   93
dass sich der zweite und jeder weitere Erwerber einer Nutzungslizenz auf die Erschöpfung des Verbreitungsrechts nach Art. 4 Abs. 2 der Richtlinie berufen können und somit i.S.v. Art. 5 Abs. 1 der Richtlinie als rechtmäßige Erwerber einer Programmkopie anzusehen sind, die vom Vervielfältigungsrecht nach dieser Vorschrift Gebrauch machen dürfen, wenn der Weiterverkauf dieser Lizenz mit dem Weiterverkauf einer von der Internetseite des Urheberrechtsinhabers heruntergeladenen Programmkopie verbunden ist und die Lizenz dem Ersterwerber ursprünglich vom Rechtsinhaber ohne zeitliche Begrenzung und gegen Zahlung eines Entgelts überlassen wurde, welches es diesem ermöglichen soll, eine dem wirtschaftlichen Wert der Kopie seines Werkes entsprechende Vergütung zu erzielen.

Nach Art. 5 Abs. 1 der RL 2009/24/EG bedarf die Vervielfältigung eines   94
Computerprogramms in Ermangelung spezifischer vertraglicher Bestimmungen nicht der Zustimmung des Rechtsinhabers, wenn sie für eine bestimmungsgemäße Benutzung des Computerprogramms einschließlich der Fehlerberichtigung durch den rechtmäßigen Erwerber notwendig ist. Der Kunde, der vom Urheberrechtsinhaber eine Programmkopie erhält, die auf dessen Internetseite heruntergeladen werden muss, erstellt demnach eine zulässige Vervielfältigung dieser Kopie.

Das Verbreitungsrecht des Urheberrechtsinhabers nach Art. 4 Abs. 2 der RL   95
2009/24/EG ist – wie oben ausgeführt – mit dem Erstverkauf einer körperlichen oder nichtkörperlichen Kopie seines Computerprogramms in der Union durch den Urheberrechtsinhaber selbst oder mit dessen Zustimmung erschöpft. Ungeachtet anders lautender vertraglicher Bestimmungen kann der Urheberrechtsinhaber daher dem Weiterverkauf dieser Kopie nicht mehr widersprechen.

„Rechtmäßiger Erwerber" i.S.v. Art. 5 Abs. 1 der RL 2009/24/EG ist auch   96
nicht nur derjenige, der aufgrund eines unmittelbar mit dem Urheberrechtsinhaber geschlossenen Vertrags zur Nutzung befugt ist. Der Urheberrechtsinhaber hätte sonst die Möglichkeit, die tatsächliche Nutzung einer gebrauchten Kopie, an der sein Verbreitungsrecht ja bereits nach Art. 4 Abs. 2 der RL 2009/24/EG erloschen ist, zu verhindern, indem er sich auf sein ausschließliches Vervielfältigungsrecht nach Art. 4 Abs. 1 Buchst. a der RL 2009/24/EG beruft. Wäre dies möglich, so hätte der Erschöpfungsgrundsatz keinerlei praktische Wirksamkeit mehr.

Will der Ersterwerber der Programmkopie seine Nutzungslizenz weiterver-   97
äußern, so muss er zum Zeitpunkt des Weiterverkaufs jedoch seine eigene Programmkopie unbrauchbar machen, da sonst das ausschließliche Recht

des Urhebers auf Vervielfältigung des Computerprogramms nach Art. 4 Abs. 1 Buchst. a der RL 2009/24/EG verletzt wird.

d) Kommentar

98 Der Fall „Oracle ./. Usedsoft", welcher in der deutschen IT-rechtlichen Literatur für großes Aufsehen gesorgt hat und dessen Ausgang für die gesamte Softwarebranche erhebliche wirtschaftlicher Bedeutung hat, ist eines der besten Beispiele für die Vielschichtigkeit eines IT-Litigation-Falles. Die Klägerseite hat ihren Unterlassungsanspruch auf verschiedene materielle Rechtsgrundlagen aus dem Marken-, Urheber- und Wettbewerbsrecht gestützt. Prozessual bediente sich die Klägerseite zunächst des Instruments des einstweiligen Rechtsschutzes, wie bei Unterlassungsverlangen üblich.

99 Die EuGH-Entscheidung hat Rechtssicherheit im lange höchst umstrittenen Bereich des Weiterverkaufs von Gebrauchsoftware herbeigeführt – mit weitreichenden Folgen für die Softwareindustrie.

100 Im Bereich der Wartungsverträge besteht allerdings (vorbehaltlich kartellrechtlicher Fragen) aufgrund der Vertragsfreiheit möglicherweise Spielraum für eine Ungleichbehandlung zwischen „gebrauchter" und direkt vom Urheberrechtsinhaber erworbener Software.

101 Der Streitfall zeigt eindrucksvoll, dass für den beratenden Rechtsanwalts die Kenntnisse des materiellen IT-Rechts und angrenzender Rechtsgebiete wie des Marken- und Wettbewerbsrechtes ineinander greifen müssen, um einen Fall in der Komplexität des vorliegenden für den Mandanten Erfolg versprechend beraten zu können.

B. Internationale Aspekte von IT-Streitigkeiten

I. Einleitung

1. Internationale Zuständigkeit

Bei internationalen Streitigkeiten stellt sich sowohl die Frage, in welchem   1
Land die Gerichte generell zur Entscheidung berufen sind, als auch welches
nationale Gericht konkret örtlich und sachlich zuständig ist. Nur ersteres
wird vom Begriff der **internationalen Zuständigkeit** erfasst. Allerdings
indiziert die örtliche Zuständigkeit die internationale Zuständigkeit, sog.
Grundsatz der Doppelfunktionalität der örtlichen Zuständigkeitsnormen[1].
Daher kann zur Bestimmung der internationalen Zuständigkeit grundsätzlich auf die geltenden Bestimmungen zur örtlichen Zuständigkeit zurückgegriffen werden.

Der Grundsatz *actor sequitur forum rei*, also dass der Angreifer den Ange-   2
griffenen an dessen Ort aufzusuchen hat, gilt auch für internationale Streitigkeiten. Zur Bestimmung der anwendbaren Normen muss differenziert
werden, ob der Beklagte seinen **Sitz in der EU** hat oder nicht. Im ersten Fall
findet die EuGVVO[2] Anwendung, während im zweiten keine unions- oder
völkerrechtliche Regelung greift, so dass auf die jeweiligen nationalen Vorschriften abzustellen ist, vgl. Art. 4 Abs. 1 EuGVVO.

Findet die EuGVVO gem. Art. 2 Abs. 1, 60 EuGVVO Anwendung, darf nicht   3
mehr auf nationales Recht zurückgegriffen werden[3]. Die internationale
Zuständigkeit liegt in diesen Fällen grundsätzlich bei den Gerichten des
Mitgliedstaates der EuGVVO, in dem der Beklagte seinen Wohnsitz hat.
Ausnahmen davon gelten nur, wenn die Voraussetzungen der Art. 5–24
EuGVVO vorliegen. Nach Art. 5 Nr. 1 EuGVVO beispielsweise besteht eine
besondere internationale Zuständigkeit an dem Erfüllungsort, nach Art. 5
Nr. 3 EuGVVO an dem Ort des Schadenseintritts. Die Art. 8–14 EuGVVO
enthalten Zuständigkeitsregelungen für Versicherungssachen, die Art. 15–17
für Verbrauchersachen und die Art. 18–21 für Individualarbeitsverträge. In
diesen Fällen konkurrieren die dort geregelten besonderen Zuständigkeiten
eines Staates mit der des Wohnsitzstaates. Der Kläger kann also regelmäßig
aus beiden den Ort der Klageerhebung wählen[4].

---

1 St.Rspr. BGHZ 44, 46; 59, 23 (29); 115, 90 (92); 134, 116 (117); Zöller/*Vollkommer*,
  ZPO, § 1 Rz. 62.
2 Verordnung über die gerichtliche Zuständigkeit und die Anerkennung und Vollstreckung von Entscheidungen in Zivil- und Handelssachen, Verordnung Nr. 44/2001
  des Rates vom 22.12.2000.
3 EuGH v. 1.3.2005 – C-281/02, EuZW 2005, 345; Thomas/Putzo/*Hüßtege*, ZPO, Vor-
  bem. EuGVVO Rz. 4.
4 Zöller/*Geimer*, ZPO, Art. 3 EuGVVO Rz. 4.

2. Gerichtsstandsvereinbarungen

4 Nach deutschem Recht sind Gerichtsstandsvereinbarungen nur unter den Voraussetzungen des § 38 ZPO zulässig. Zu differenzieren ist zwischen der sog. **Prorogation** und der **Derogation**. Prorogation meint die Begründung einer gesetzlich nicht gegebenen Zuständigkeit, die Derogation den Ausschluss einer gesetzlich gegebenen Zuständigkeit. Besteht eine wirksame Gerichtsstandsvereinbarung, geht diese den oben ausgeführten Grundsätzen vor.

5 In Gerichtstandsvereinbarungen lassen sich die internationale, die örtliche oder beide Zuständigkeiten im ersten Rechtszug regeln. Ist nur die örtliche Zuständigkeit vereinbart, ergibt sich daraus nach dem vorstehend beschriebenen Grundsatz der Doppelfunktionalität auch die internationale Zuständigkeit[1].

6 Die **Derogation** der nach §§ 12 ff. ZPO gegebenen internationalen deutschen Zuständigkeit ist generell zulässig. Die Derogation kann durch isolierten Derogationsvertrag oder durch die Vereinbarung der ausschließlichen internationalen Zuständigkeit eines anderen Staates bzw. eines konkreten ausländischen Gerichts geschehen. Sie kann auch unter der Bedingung, dass das ausländische Gericht die Prorogation annimmt vereinbart werden. Ist die ausschließliche Zuständigkeit eines ausländischen Gerichts vereinbart, ist die Abrede in der Regel dahingehend auszulegen, dass auch die internationale Zuständigkeit Deutschlands für den einstweiligen Rechtsschutz abbedungen ist[2]. Die funktionale Zuständigkeit, die Geschäftsverteilung oder ein durch Rechtsnorm bestimmter zwingender Gerichtsstand kann hingegen nicht abweichend geregelt werden.

7 Wenn die EuGVVO einschlägig ist, geht sie den nationalen Regelungen zu Gerichtsstandsvereinbarungen vor. Damit sie Anwendung findet, muss mindestens eine Partei der Vereinbarung ihren Wohnsitz in einem Mitgliedstaat haben und die Vereinbarung ein Gericht oder die Gerichte eines Mitgliedstaats als zuständig erklären, Art. 23 Abs. 1 EuGVVO. Mit anderen Worten sind für diesen Fall die Regelungen des Art. 23 Abs. 1 EuGVVO vorrangig vor § 38 ZPO zu prüfen. Ob darüber hinaus noch ein inhaltlicher **Bezug zu einem weiteren Mitgliedsstaat** bestehen muss, ist umstritten. Der BGH bejaht dies[3], während der EuGH und die herrschende Lehre nicht davon ausgehen[4].

8 Die Gerichtsstandsvereinbarung muss schriftlich geschlossen oder, wenn sie ursprünglich nur mündlich geschossen wurde, jedenfalls schriftlich bestätigt werden, § 38 Abs. 2 Satz 2 ZPO, Art. 23 Abs. 1 Satz 3 EuGVVO.

---

1 Zöller/*Geimer*, ZPO, IZPR Rz. 37.
2 Zöller/*Geimer*, ZPO, IZPR Rz. 62 ff.
3 St.Rspr. BGHZ 116, 77 m.w.N.
4 EuGH v. 13.7.2000 – C-412/98, NJW 2000, 3121, Tz. 42; *Piltz*, NJW 2002, 789; Thomas/Putzo/*Hüßtege*, ZPO, Art. 23 EuGVVO Rz. 2 m.w.N.

II. Forum Shopping und Discovery

1. Möglichkeiten des Klägers im Hinblick auf Wahl des Gerichtsstands

In vielen internationalen Fallkonstellationen hat der Kläger die Wahl zwi- 1
schen mehreren in Betracht kommenden Gerichtsständen. Unterschiedliche
Gründe können für oder gegen einen bestimmten Gerichtsstand sprechen.
Neben der Qualität der Rechtsprechung, Verfahrensdauer und -kosten ist
insbesondere das **Beweisrecht** ein entscheidendes Kriterium.

Voraussetzung für die Nutzung eines ausländischen Gerichtsstands ist 2
grundsätzlich ein gewisser Bezug zu dem jeweiligen Staat (sog. **minimum
contact**). Ein solcher Inlandsbezug kann sich beispielsweise aus der Staats-
angehörigkeit oder dem Wohnsitz bzw. gewöhnlichen Inlandsaufenthalt
mindestens eines der Beteiligten ergeben. Ein erforderlicher minimum contact kann auch bei inländischem Sitz eines beteiligten Unternehmens oder
sonstigen regelmäßigen geschäftlichen Kontakten bestehen.

a) Unterschiede Beweisrecht am Beispiel USA/Deutschland

Die Ausgestaltung des Beweisrechts unterscheidet sich im internationalen 3
Vergleich zum Teil erheblich. Die deutsche Vorstellung, dass der Kläger die
für seine Anspruchsbegründung erforderlichen Beweise selbst verfügbar haben muss und nur in Ausnahmen auf Beweismittel von Gegenseite und Dritten zurückgreifen kann, wird vor allem im angloamerikanischen Rechtskreis nicht geteilt. Im Folgenden sollen die teils großen Unterschiede
anhand einer Gegenüberstellung des jeweiligen Beweisrechts in den USA
und Deutschland beispielhaft dargestellt werden.

Das **US-amerikanische Beweisrecht** (vgl. C II Rz. 6 ff.) sieht weitreichende 4
Möglichkeiten vor, Zugang zu den bei der Gegenseite oder Dritten befindlichen Beweismitteln zu erhalten. Insbesondere im Rahmen der sog. **pre-trial
discovery**[1] kann auf Dokumente, Zeugen und Sachverständige zugegriffen
werden. Die wichtigsten Formen der discovery sind interrogatories (Fragen-
kataloge), depositions (Befragung von Zeugen und Sachverständigen) und requests for documents (Dokumentenvorlage). In Zivilverfahren vor einem
US-Gericht können die Anwälte beider Parteien mit Hilfe der pre-trial discovery in einer frühen Phase des Prozesses insbesondere Dokumente, ein-

---

1 Nach den Federal Rules of Civil Procedure (FRCP) wird die Discovery wie folgt beschrieben: „Parties may obtain discovery regarding any matter, not privileged, that is
relevant to the claim or defense of any party, including the existence, description, nature, custody, condition, and location of any books, documents, or other tangible
things and the identity and location of persons having knowledge of any discoverable
matter. For good cause, the court may order discovery of any matter relevant to the
subject matter involved in the action. Relevant information need not be admissible
at the trial if the discovery appears reasonably calculated to lead to the discovery of admissible evidence. (...)." (FRCP Rule 26(b)(1)).

schließlich elektronischer Daten, einholen, die den Anspruch ihrer Mandanten unterstützen oder ihm entgegenstehen können. Dies können beispielsweise Verträge, E-Mails, jeglicher Schriftverkehr, handschriftliche Notizen oder Teile der Buchhaltung sein.

5 In den **interrogatories** stellen die Anwälte der Gegenseite Fragen, die innerhalb einer bestimmten Frist schriftlich zu beantworten sind. Beispielsweise kann danach gefragt werden, welche Personen im Unternehmen mit den streitgegenständlichen Themen befasst waren, wer bestimmte Produkte entwickelt hat.

6 Die zentralen Zeugen und ggf. Sachverständige jeder Partei werden in den **depositions** unter Eid durch die Anwälte der Gegenseite vernommen. Die depositions werden protokolliert und oftmals auch auf Video aufgezeichnet. Dadurch gewinnen die Anwälte bereits vor Verhandlungsbeginn einen Eindruck darüber, was die Zeugen aussagen werden und wie glaubhaft sie erscheinen. Macht ein Zeuge vor Gericht eine von seiner deposition abweichende Aussage, kann der Anwalt die Mitschrift oder Aufzeichnung heranziehen und diese dem Zeugen vorhalten, wodurch die Glaubwürdigkeit des Zeugen sinkt.

7 Die wichtigste und weitreichendste Form der discovery sind hingegen die **request for documents**, die sich auf Dokumente und sämtliche elektronisch gespeicherten Daten[1] bezieht. Davon eingeschlossen sind Tondateien und Bilddateien ebenso wie Daten, die auf Smartphones, Fax-/Kopiergeräten, USB-Sticks, CDs/DVDs gespeichert sind. Beispielsweise könnte nach der kompletten Korrespondenz über ein streitgegenständliches Produkt in einem bestimmten Zeitraum gefragt werden. Dies führt zu einem **erheblichen Aufwand**, die relevanten Dokumente zu lokalisieren, zu sichten und zu übergeben.

8 Dabei ist zu beachten, dass im Rahmen der pre-trial discovery auch Informationen verlangt werden können, die als solche **im Prozess nicht zugelassen** wären, wenn die Wahrscheinlichkeit besteht, dass diese wiederum zu relevanten zulässigen Informationen führen werden. So können beispielsweise Fragen in interrogatories oder depositions Informationen betreffen, zu denen nur Angaben aus zweiter Hand bzw. vom Hörensagen gemacht werden können. Solche Angaben aufgrund „hearsay" kann eine Partei grundsätzlich nicht in einen Prozess einbringen. Wenn die Fragen Anlass zu der Annahme geben, dass durch ihre Beantwortung letztendlich verwertbare Beweise erlangt werden können, sind sie im Rahmen einer pre-trial discovery dennoch zulässig.

---

1 FRCP Rule 34(a)(1)(A) sieht in Bezug auf die elektronisch gespeicherten Informationen vor: „A party may serve on any other party a request (…) to produce (…) any designated documents or electronically stored information-including writings, drawings, graphs, charts, photographs, sound recordings, images, and other data or data compilations-stored in any medium from which information can be obtained either directly or, if necessary, after translation by the responding party into a reasonably usable form; (…)".

Erhebliche Sanktionen beim Vorliegen von **spoiliation** (Beweisvereitelung)   9
oder bei mangelnder Kooperation mit den Anordnungen des US-Gerichts
(**contempt of court**) haben dazu geführt, dass viele US-Unternehmen ein System eingerichtet haben, das automatisch alle Dokumente elektronisch sam-
melt, sofern diese in einem absehbaren oder anhängigen Rechtsstreit von Bedeutung sein können[1].

Bei einem Zivilverfahren in den USA haben die Beteiligten daher aufgrund   10
dieses umfassenden Informationsaustausches üblicherweise schon zu Beginn des Prozesses ein relativ umfassendes Bild der Beweislage. Aus nicht-
amerikanischer Sicht ist die pre-trial discovery eine weitreichende „fishing
expedition"[2], die Klägern dazu verhilft, ihren Anspruch überhaupt **schlüssig**
dazulegen.

Allerdings unterliegt auch die US-amerikanische pre-trial discovery gewis-   11
sen **Einschränkungen**. So kann die Gegenseite einen Antrag auf Untersagung
oder Begrenzung der discovery stellen (**motion for protective order**). Zudem
sind bestimmte Informationen privilegiert. Über die vertrauliche Korrespondenz zwischen Anwalt und Mandanten kann die Gegenseite auch im Rahmen der discovery keine Angaben verlangen, soweit die Kommunikation die
Ersuchung, Erlangung oder Erteilung von Rechtsrat betrifft (**attorney-client
privilege**)[3]. Ebenso sind Dokumente, die eine Partei oder deren Anwalt in
Vorbereitung des Prozesses erstellt hat, nicht vorlagepflichtig (work product
protection). Von der discovery ausgeschlossen sind (je nach US-Bundesstaat
in unterschiedlichem Umfang) außerdem Informationen, die der ärztlichen
Schweigepflicht unterliegen, sowie die vertrauliche Kommunikation zwischen Eheleuten und Geschäftsgeheimnisse, die bei Offenlegung die betrieblichen Aktivitäten oder die wettbewerbliche Position des Betroffenen gefährden können. Schließlich müssen sich nach dem Fifth Amendment der
US-amerikanischen Verfassung natürliche Personen nicht selbst belasten[4].

Das **deutsche Beweisrecht** (A IX Rz. 52 ff.) ist demgegenüber deutlich restrik-   12
tiver. Hier sind in dem Beweisantrag, und folglich in dem auf den Antrag folgenden Beweisbeschluss, der der Beweiserhebung üblicherweise vorangeht,
alle Beweisthemen präzise zu benennen. Ein Beschluss, der nicht unmittelbar dem Beweis vom Beweisführer vorgetragener Tatsachen dient, sondern
der Ausforschung von weitergehenden Tatsachen oder der Erschließung von
Erkenntnisquellen (sog. Ausforschungsbeweis) ist verboten[5]. Zwar kann
man beispielsweise im Rahmen des Urkundenbeweises von der gegnerischen Partei die Herausgabe einer Urkunde verlangen; dies gilt allerdings
nur, wenn der Antragsteller auch nach bürgerlichem Recht einen Anspruch
auf Herausgabe hat. Für die Beweiserhebung stehen verschiedene Mittel zur

---

1 *Spies*, MMR 2007, VI.
2 *Klinger*, RIW 2007, 108, spricht von „ausforschenden Zügen" der pre-trial discovery.
3 *Spies*, MMR 2007, V; *Klinger*, RIW 2007, 108.
4 *Kurtz*, DAJV Newsletter 1/2012, 6 (7 f.).
5 Zöller/*Greger*, ZPO, Vor § 284 Rz. 5.

Verfügung. In Betracht kommen je nach Art der zu beweisenden Tatsache und Sachlage der Augenscheins-, Zeugen- oder Sachverständigenbeweis.

13 Der beispielhafte Vergleich der US-amerikanischen und deutschen Beweisregeln zeigt, dass es international große Unterschiede gibt. So wird die US-amerikanische discovery zwar zum Teil als „Wurzel allen Übels"[1] angesehen, doch werden ihr auch nahezu „grenzenlose" Möglichkeiten beigemessen[2]. Schon aus diesem Grund lohnt sich die Überlegung des „Forum Shopping" für den Kläger[3] – zumal er gerade für den Fall, dass er sich in Beweisnot befindet, in anderen Jurisdiktionen ein ihm eher entgegenkommendes Beweisrecht vorfinden wird als in Deutschland.

b) Weitere Auswahlkriterien für den Gerichtsstand

14 Neben den Unterschieden im Beweisrecht können auch weitere Kriterien für oder gegen die Wahl eines bestimmten Gerichtsstands sprechen. Negativ können sich mangelnde Gewähr einer qualitativen unbestechlichen Judikatur und vergleichsweise hohe **Kosten** auswirken. Ist beispielsweise bekannt, dass ein bestimmter Standort typischerweise extrem hohe Gerichtskosten oder hohe Kosten anwaltlicher Vertretung mit sich bringt, ist nach Möglichkeit ein anderer Gerichtsstand zu wählen. Beispielsweise bringt das englische Prozessrecht mit seiner Aufgabenteilung zwischen Solicitor und Barrister durchweg hohe Kosten mit sich, da für einen Rechtsstreit zusätzlich zum Solicitor ein Barrister instruiert werden muss.

15 Essentiell ist schließlich auch die Möglichkeit einer effektiven **Vollstreckung**. Ist die Vollstreckung bei einem bestimmten Gerichtsstand nicht gesichert, sollte dieser wenn möglich vermieden werden. Schließlich ist auch die **Verfahrensdauer** ein wichtiger Aspekt gerade für den rechtsuchenden Kläger. Eine Klage in Ländern zu erheben, welche für ihre überlange Verfahrensdauer (insbesondere in den Fällen, in denen eine Klage durch mehrere Instanzen geht) bekannt sind, will wohlüberlegt sein. Als Beispiele von Ländern, in denen Verfahren tendenziell sehr lange dauern, kann man etwa Belgien oder Italien nennen.

16 Stehen mehrere Gerichtsstände zur Wahl, sollten vor der Entscheidung grundsätzlich die Argumente für und gegen die jeweiligen Gerichtsstände abgewogen und der im konkreten Fall günstigere gewählt werden.

---

1 *Schütze*, RIW 2005, 579, 587, bezeichnet die Prozessführung in den USA u.a. als risikoreich, aufwendig, kostspielig, mit unseren Ideen von einem Verfahren unvereinbar und gefährlich.
2 *Eschenfelder*, RIW 2006, 443.
3 So auch *Schütze*, Prozessführung und -risiken im deutsch-amerikanischen Rechtsverkehr, 2004, S. 169.

c) Verwendung von US-Beweisen in deutschen Gerichtsverfahren

Aufgrund der Unterschiede bezüglich Umfang und Reichweite im Beweis-   17
recht kann es bei der Verwendung ausländischer Beweise in deutschen Gerichtsverfahren zu Interessenskonflikten kommen. Dies gilt insbesondere
für Beweise, die im Rahmen einer US-amerikanischen pre-trial discovery erhoben wurden. In dieser Hinsicht ist zu berücksichtigen, dass ausländische
Parteien unter den Voraussetzungen von 28 USC 1782 auch ohne anhängigen Rechtsstreit in den USA auf die im Gerichtsbezirk belegenen Beweismittel zugreifen können[1].

Nach deutschem Recht hat das Gericht eine **grundsätzliche Pflicht zur Erhe-**   18
bung der angetretenen Beweise, die sich aus dem Gebot zur möglichst vollständigen Aufklärung des Sachverhalts (§ 286 Abs. 1 Satz 1 ZPO) und dem
Anspruch auf rechtliches Gehör vor Gericht (Art. 103 Abs. 1 GG) ergibt[2].
Das Gericht kann demnach nur bei Vorliegen eines Ablehnungsgrundes von
der Beweiserhebung absehen. Ein solcher Grund ist nicht schon dadurch ver-
wirklicht, dass die Beweise im Rahmen einer pre-trial discovery in den USA
erhoben wurden[3]. Erst solche Handlungen, die Eingriffe in den Wesensgehalt
eines Grundrechts darstellen, führen zur **Unverwertbarkeit** der dadurch
erlangten Beweise. Solch schwere Grundrechtseingriffe, die zur Unverwertbarkeit der Beweismittel führen, können beispielsweise mitgehörte Telefon-
gespräche oder heimliche Videoüberwachungen sein[4]. Die Beweisbeschaffung durch ein ordnungsgemäß durchgeführtes rechtsstaatliches Verfahren –
wie die US-amerikanische discovery – stellt regelmäßig keinen solchen
Grundrechtseingriff dar[5].

d) Datenschutz in der Discovery

Für europäische Parteien ist die US-discovery regelmäßig mit datenschutz-   19
rechtlichen Problemen verbunden. Die USA werden von der EU als Land mit
nicht vergleichbarem Datenschutzniveau angesehen, so dass der Export von
Daten in die USA einer besonderen Ausgestaltung bedarf. Aufgrund des unterschiedlichen Schutzniveaus kann eine discovery doppelt-negative Konsequenzen haben. Mit der Zurückbehaltung der geforderten Daten riskiert
der Betroffene empfindliche Sanktionen und negative Beweiswürdigungen
nach US-amerikanischem Recht. Nach der sog. doctrine of spoliation soll
durch die Verhängung von Sanktionen neben Bestrafung und Abschreckung
auch die Waffengleichheit wiederhergestellt werden[6]. Den Gerichten stehen
dabei verschiedene **Sanktionsmöglichkeiten** zur Verfügung[7]. Das Gericht

---

1 28 U.S.C. § 1782: „The district court of the district in which a person resides or is
  found may order him to give his testimony or statement or to produce a document or
  other thing for use in a proceeding in a foreign or international tribunal (...)".
2 BGH v. 19.6.2002 – IV ZR 147/01, NJOZ 2002, 2019 (2020 f.).
3 *Schönknecht,* GRUR Int. 2011, 1000 (1007).
4 OLG Karlsruhe v. 8.11.2001 – 12 U 180/01, NJW 2002, 2799.
5 *Schönknecht,* GRUR Int. 2011, 1000 (1007).
6 *Klinger,* RIW 2007, 110; *Spies,* MMR 2010, 277.
7 *Imberg/Geissl,* CCZ 2009, 192; *Klinger,* RIW 2007, 110.

kann die Jury anweisen, aus der Nichtvorlage bestimmter Unterlagen negative Rückschlüsse zu ziehen. Außerdem kann das Gericht selbst aus der Nichtvorlage von Unterlagen entsprechende Rückschlüsse ziehen oder Geldbußen wegen der Missachtung von discovery orders verhängen[1]. Demgegenüber läuft der Betroffene mit der unvorsichtigen Übergabe Gefahr, deutschem Datenschutzrecht zuwiderzuhandeln und riskiert auch dadurch Sanktionen[2].

20   Nach § 1 BDSG werden alle personenbezogenen Daten einer bestimmten oder bestimmbaren natürlichen Person geschützt. In einem Unternehmen zählen dazu beispielsweise kundenbezogene Daten, Arbeitspapiere und (soweit gestattet) private E-Mails auf Geschäftsrechnern. Sowohl die Speicherung als auch die Übermittlung solcher Daten muss nach dem BDSG gerechtfertigt werden. Eine Rechtfertigung kann entweder durch die Einwilligung der Betroffenen geschehen, was in der Praxis allerdings oft schwer durchzuführen ist. Eine Datenverarbeitung kann nach § 28 Abs. 1 Satz 1 Nr. 2 BDSG auch zur Wahrung berechtigter Interessen gerechtfertigt sein. Die Verteidigung in einem Rechtsstreit, sowohl im In- als auch im Ausland, ist regelmäßig ein solch berechtigtes Interesse. Allerdings muss die Speicherung im Ausland deutschen Datenschutzrechtsbestimmungen genügen. Dies ist gerade in den USA nach Auffassung der Europäischen Kommission in der Regel nicht der Fall[3].

21   Für diesen Interessenskonflikt kommen verschiedene **Lösungsstrategien** in Betracht. Zunächst können bei der pre-trial discovery die „Sedona Principles Addressing Electronic Document Production" herangezogen werden. Diese sind zwar nicht rechtlich bindend, in den USA aber generell akzeptiert[4]. Sie beschreiben die konkrete Vorgehensweise sowie Rechte und Pflichten der Parteien im Rahmen einer pre-trial discovery. In jedem Fall ist zu empfehlen, dass die Streitparteien frühzeitig kooperieren, um zu verhindern, dass der Konflikt eskaliert. Eine solche Kooperation bietet sich insbesondere im Rahmen einer „Discovery Conference" oder „Pre-Trial Conference" an. Schließlich kann die Partei, von der die Vorlegung von Daten gefordert wird, eine „protective order" gem. Rule 26 (c) der Federal Rules of Procedure (FRCP) beantragen. Danach kann das Gericht die Vorlagepflicht bei Vorlie-

---

1 *Klinger*, RIW 2007, 110.
2 *Spies*, MMR 2010, 277; so z.B. § 44 Abs. 1 BDSG sieht bei einem Verstoß gegen § 43 Abs. 2 BDSG eine Freiheitsstrafe bis zu zwei Jahren oder Geldstrafe vor.
3 Für den Datenexport bedarf es der Schaffung eines angemessenen Datenschutzniveaus in dem „unsicheren" Drittland, § 4b BDSG. Möglichkeiten hierfür bieten der Abschluss der sog. „EU Standardvertragsklauseln" mit dem Datenempfänger im Ausland (Commission Decision C(2004)5271 und Commission Decision C(2010) 593). Alternativ gibt es für Datenempfänger in den USA auch die Möglichkeit, sich nach dem Safe-Harbor-Abkommen (http://export.gov/safeharbor/) selbst zu zertifizieren. Für konzerninterne Weitergaben besteht noch die Möglichkeit der Einführung von „Binding Corporate Rules" für die gesamte Konzerngruppe. Alle diese Möglichkeiten führen zu einer Verpflichtung des Datenempfängers auf gewisse Grundprinzipien des europäischen Datenschutzrechts.
4 *Spies*, ZD-Aktuell 2012, 02701.

gen wichtiger Gründe (good cause) einschränken, um die Partei vor unangemessenen Belastungen (undue burden) zu schützen. In Betracht kommt z.B. das Verbot, die vorgelegten Daten zu veröffentlichen oder die Übergabe der Daten in einem versiegelten Umschlag an das Gericht. Auch eine „Attorneys-Eyes-Only"-Privilegierung wäre möglich. Diese Maßnahmen liegen jedoch im Ermessen des Gerichts[1]. Eine möglichst frühzeitige Kommunikation und Kooperation hinsichtlich der Behandlung der relevanten Daten ist demnach im Interesse aller Beteiligten ratsam.

2. Strategien des Beklagten zur Verteidigung gegen Forum Shopping

a) Unzuständigkeit des Gerichts

Wie oben erläutert, kann sich ein bestimmter Gerichtsstand für eine Streit-   22
partei als vorteilhaft erweisen. Die Wahl eines bestimmten Gerichtsstands kann für die Gegenseite dementsprechend nachteilig sein. Allerdings stehen der Beklagtenseite wiederum Verteidigungsstrategien zur Seite.

Welche konkreten Maßnahmen zur Verfügung stehen, bestimmt sich selbst-   23
verständlich nach dem am Forum geltenden Prozessrecht. In Betracht kommt grundsätzlich die Rüge der Unzuständigkeit des gewählten Gerichtsstands, beispielsweise weil der erforderliche minimum contact nicht besteht. Je nach Forum kann der Einwand des „forum non conveniens" in Betracht kommen.

b) Forum non conveniens

Nach der Lehre des forum non conveniens steht die gesetzliche Zuständig-   24
keit unter dem Vorbehalt, dass der Sachverhalt eine ausreichende Inlandsbeziehung aufweist[2]. Dies ermöglicht die Abweisung durch ein „weniger adäquates" Gericht nach dessen Ermessen zugunsten eines anderen, vermeintlich besser geeigneten. Der Grundsatz des forum non conveniens ist u.a. in den USA, in UK und Kanada anerkannt[3].

In Europa ist der Grundsatz nach herrschender Meinung nicht anwendbar.   25
Dazu entschied der EuGH, dass die EuGVVO die internationale Zuständigkeit auch im Verhältnis der Mitgliedstaaten zu Drittländern abschließend regelt. Ein Unterlaufen dieser Zuständigkeitsordnung durch die Anwendung der forum non conveniens-Doktrin sei nicht zulässig, unabhängig davon, ob das andere Forum in einem Mitglied- oder Drittstaat liege[4].

---

1 *Rath/Klug*, K&R 2008, 596 (600).
2 *Nagel/Gottwald*, Internationales Zivilprozessrecht, 6. Aufl. 2007, § 3 Rz. 558.
3 *Nagel/Gottwald*, Internationales Zivilprozessrecht, 6. Aufl. 2007, § 3 Rz. 559, 560.
4 EuGH v. 1.3.2005 – C-281/02, EuZW 2005, 345.

c) Torpedos

26 In Bezug auf Rechtsstreitigkeiten mit IP/IT-Bezug haben in den vergangenen Jahren vor allem die sog. Torpedos von sich Reden gemacht. Diese machen sich vor allem Parteien zunutze, die eine alsbaldige gerichtliche Inanspruchnahme durch die Gegenseite fürchten.

27 Werden bei Gerichten verschiedener Mitgliedstaaten der Europäischen Union Klagen wegen desselben Anspruchs zwischen denselben Parteien anhängig gemacht, so setzt das später angerufene Gericht nach Art. 27 Abs. 1 EuGVVO das Verfahren von Amts wegen aus, bis die Zuständigkeit des zuerst angerufenen Gerichts feststeht. Diese **Sperrwirkung** greift unabhängig von der Zuständigkeit des zuerst angerufenen Gerichts.

28 Diese Regelung machen sich Kläger zunutze, indem sie sog. Torpedo-Klagen erheben. Das sind **negative Feststellungsklagen** bei einem Gericht, das eindeutig unzuständig ist und zugleich möglichst langsam arbeitet[1]. Besonders beliebt sind hierbei traditionell Gerichte in Italien und Belgien[2]. Das später von der Gegenseite angerufene (z.B. deutsche) Gericht muss das Verfahren von Amts wegen aussetzen, bis über die Zuständigkeit des ausländischen Gerichts entschieden wurde. Art. 27 Abs. 1 EuGVVO wird dabei großzügig angewendet; auch bei offensichtlicher Unzuständigkeit des zuerst angerufenen Gerichts haben Gerichte dem **Einwand des Rechtsmissbrauchs** im Zusammenhang mit einem „Torpedo" nur in Ausnahmefällen stattgegeben[3].

---

1 *Fähndrich/Ibbeken*, GRUR Int 2003, 622; Musielak/*Stadler*, ZPO, 9. Aufl. 2012, VO (EG) 44/2001 Art. 27 Rz. 5.

2 *Veron*, IIC 2004, 639 f.: Zur Begründung: „As it may well happen that the final rendering of a decision regarding the jurisdiction of a Belgian or Italian court takes two or three years, this means, from a pragmatic stand point, that a defendant to a possible patent infringement action may buy a two-to-three-year freeze in these proceedings just by starting a torpedo action in a Belgian or Italian court, even though it has no reasonable hope that this court will eventually accept jurisdiction for this action."

3 Bspw. OLG Düsseldorf v. 30.9.1999 – 2 W 60/98 – Impfstoff III, GRUR Int 2000, 776.

III. Schiedsinstitutionen

1. International Chamber of Commerce

Die International Chamber of Commerce („ICC") bietet nach eigenen Anga- 1
ben mit ihrem internationalen Schiedsgerichtshof die **weltweit führende Institution** zur Beilegung internationaler Handels- und Wirtschaftsstreitigkeiten[1]. Die ICC wurde im Jahr 1919 gegründet mit der Zielsetzung, den internationalen Wirtschaftsverkehr zu vereinfachen und technische Standards zu vereinheitlichen. Die ICC verstand sich als „Merchants of Peace"; verbesserte internationale Handelsbeziehungen sollen zur Reduzierung von Kriegen dienen[2]. Bekannt geworden ist die ICC unter anderem durch die Veröffentlichung der Incoterms. Heute widmet sich die ICC einem großen Spektrum, welches diverse Themen umfasst, angefangen vom freien Handel über wirtschaftliche Selbstregulierung sowie der Bekämpfung von Korruption und Wirtschaftskriminalität.

Eine besonders wichtige Säule in der vielfältigen Arbeit der ICC liegt im Be- 2
reich der Konfliktlösung. Hierzu gehört die Verwaltung von Schiedsgerichtsverfahren ebenso wie die Unterstützung bei anderen Verfahren der alternativen Streitbeilegung. Neben den Regeln für Schiedsverfahren bietet die ICC sog. **ADR-Regeln** an, die eine konsensuale Streitbeilegung vor einem neutralen Dritten ermöglichen[3]. Bei der Auswahl des konkreten ADR-Verfahrens sind die Parteien flexibel. Zu Beginn des ADR-Verfahrens verhandeln die Parteien mit dem Neutralen über die anwendbare Streitbeilegungsmethode. Wenn sich die Parteien auf keine Methode einigen können, kommt es zu einer Mediation[4].

Des Weiteren bietet die ICC Unterstützung bei der Einrichtung sog. **Dispute** 3
Boards an, die als unabhängige Stellen projektbegleitend zur Unterstützung bei der Streitbeilegung tätig werden. Sie sind häufig im Bereich des Anlagenbaus oder anderer großer Projekte, beispielsweise Infrastrukturprojekte, anzutreffen[5]. Ein weiteres Angebot der ICC betrifft den Bereich von Sachverständigengutachten. Die ICC unterstützt die Parteien bei der Auswahl von möglichen Sachverständigen und bietet Regeln für Gutachterverfahren[6] so-

---

1 Vgl. http://www.iccwbo.org/court/arbitration/id4584/index.html.
2 Vgl. http://www.icc-deutschland.de/ueber-die-iccdeutschland/geschichte.html?PHPSES
SID=8v3hri90fbgn0ph2beuh58ff56.
3 Eine deutsche Version der Schiedsgerichtsordnung und ADR-Regeln ist unter http://
www.iccwbo.org/uploadedFiles/Court/Arbitration/other/2012_Arbitration%20and%
20ADR%20Rules%20GERMAN.pdf verfügbar.
4 Art. 5.2 der ADR-Regeln der ICC.
5 Zur Übersicht des Angebots der ICC im Bereich der Dispute Boards siehe http://
www.iccwbo.org/court/dispute_boards/id4527/index.html.
6 Eine deutsche Version der ICC-Regeln für Gutachterverfahren ist verfügbar unter
http://www.iccwbo.org/uploadedFiles/Court/Arbitration/other/rules_expert_german.
pdf.

wie sog. Pre-Arbitral-Referee-Verfahren an[1]. Schließlich gibt es spezielle Sachverständigenverfahren zur Beilegung von Streitigkeiten im Zusammenhang mit Warenakkreditiven, und bestimmten Garantien nach dem sog. DOCDEX-Verfahren[2].

4   Der **Internationale Schiedsgerichtshof** der ICC („Schiedsgerichtshof") ist das zentrale Organ der ICC für den schiedsrechtlichen Bereich und zugleich eine Besonderheit im Vergleich zu anderen internationalen Schiedsinstitutionen. Er besteht aus Mitgliedern aus verschiedenen Ländern, die für eine dreijährige Amtszeit bestellt werden. Der Schiedsgerichtshof ist kein Schiedsgericht, das die bei der ICC anhängigen Schiedsverfahren entscheiden würde. Er unterstützt und überwacht die Durchführung der Schiedsverfahren nach der ICC-Schiedsgerichtsordnung, ohne selbst Entscheidungskompetenzen in Bezug auf die anhängigen Schiedsverfahren zu haben. Entscheidungskompetenzen haben allein die jeweils bestellten Schiedsrichter. Der Schiedsgerichtshof bestätigt die von den Parteien benannten Schiedsrichter, bestellt Schiedsrichter, entscheidet über Befangenheitsanträge gegen Schiedsrichter, prüft die Schiedssprüche in formeller Hinsicht und setzt das Honorar der Schiedsrichter fest.

5   Der Schiedsgerichtshof wird von dem **Sekretariat** unterstützt, das für die tägliche Verwaltung der Schiedsverfahren zuständig ist. Insbesondere die Case-Management-Teams sind mit der Betreuung der Schiedsverfahren befasst. Mit diesen Einrichtungen will die ICC sicherstellen, dass Schiedsverfahren, die nach der ICC-Schiedsgerichtsordnung durchgeführt werden, von Beginn bis zum Ende betreut werden. Auf diese Weise sollen die Verfahren zügig durchgeführt werden und zu Schiedssprüchen führen, deren Vollstreckbarkeit vor den staatlichen Gerichten sichergestellt ist.

6   Nach Angaben der ICC hat der Schiedsgerichtshof seit seiner Gründung im Jahr 1923 über **14 000 Fälle** bearbeitet; im Jahr 2010 wurden fast 800 Schiedsverfahren neu eingeleitet, an denen Parteien aus über 140 Ländern beteiligt waren[3]. Mit diesen Fallzahlen wurde seit mehreren Jahren erstmals kein neuer Rekord an neu eingeleiteten Schiedsverfahren erreicht. Im Vorjahr 2009 lag die Zahl der neu eingeleiteten Schiedsverfahren noch bei 814. Bis dahin konnten kontinuierlich jährliche Steigerungen verzeichnet werden. Demgegenüber lag die Zahl der neu eingereichten Schiedsverfahren im Jahr 2005 noch bei 521, und pendelte in den Jahren vor 2005 zwischen 500 und 600[4].

---

1 Eine deutsche Version der ICC-Verfahrensordnung für das Pre-Arbitral-Referee-Verfahren ist unter http://www.iccwbo.org/uploadedFiles/Court/Arbitration/other/rules_pre _arbitral_german.pdf verfügbar.
2 Eine englische Version der DOCDEX-Rules der ICC ist unter http://www.iccw bo.org/uploadedFiles/Court/Arbitration/other/rules_docdex_english(2).pdf verfügbar.
3 Vgl. http://www.iccwbo.org/court/arbitration/id4584/index.html.
4 Statistical Reports der ICC sind unter http://www.iccwbo.org/court/arbitration/ id5531/index.html verfügbar.

Als international tätige Schiedsinstitution bietet die ICC Unterstützung bei   7
der Verwaltung von Schiedsverfahren weltweit an. Im Jahr 2010 gab es
Schiedsorte in 53 Ländern. Auch wenn die ICC ihren Sitz in Paris hat, ist es
für die Parteien nicht zwingend, dort Schiedsverfahren durchzuführen.

a) Die ICC-Schiedsregeln 2012

Zum 1.1.2012 sind die neuen Schiedsregeln der ICC in Kraft getreten („ICC-   8
Schiedsgerichtsordnung"). Die neue ICC-Schiedsgerichtsordnung ist ohne
abweichende Parteivereinbarung auf Schiedsverfahren anwendbar, die nach
dem 1.1.2012 eingeleitet werden, auch wenn die zugrundeliegende Schiedsvereinbarung aus einer Zeit vor 2012 stammt.

Die ICC hat bei der Überarbeitung ihrer aus 1998 stammenden Schieds-   9
regeln das Bemühen um eine **verbesserte Effizienz** von Schiedsverfahren in
den Vordergrund gestellt. Die Revision stand unter dem Zeichen, die in den
vergangenen Jahren gewachsene Kritik an der Dauer und den Kosten von
Schiedsverfahren, aufzunehmen. Im Ergebnis hat dies dazu geführt, dass
stellenweise grundlegende Neuerungen eingeführt wurden, ohne an anderen
Stellen Altbewährtes zu ändern.

aa) Case-Management-Konferenz und Terms of Reference

Zur Steigerung der Effizienz der Schiedsverfahren soll in einer frühen Phase   10
des Verfahrens eine sog. **Case-Management-Konferenz** durchgeführt werden.
Darin berät das Schiedsgericht mit den Parteien darüber, welche konkreten
prozessualen Maßnahmen erforderlich sind, um das Verfahren effizient und
entsprechend der individuellen Bedürfnisse der Parteien und der Streitigkeit
durchzuführen. In einem Anhang zur ICC-Schiedsgerichtsordnung werden
mögliche prozessuale Maßnahmen aufgeführt. Die Auflistung beinhaltet
beispielsweise eine Gliederung/Abschichtung des Streitstoffes und eine Aus-
sonderung von unstreitigen Themen sowie Themen, die allein auf der Basis
von schriftlichen Unterlagen entschieden werden können. Die Vorlage von
Dokumenten soll frühzeitig geklärt werden. Des Weiteren kann der Umfang
von Schriftsätzen begrenzt und besprochen werden, ob Telefon- und Videokonferenzen zur Zeit- und Kostenbegrenzung eingesetzt werden sollen[1]. Mit
der Aufzählung in Appendix IV sollen den Parteien und dem Schiedsgericht
konkrete Vorschläge an die Hand gegeben werden, damit es zukünftig weniger von den individuellen Erfahrungen und Präferenzen eines Schiedsrichters
abhängt, wie ein Verfahren geführt wird. Die Case-Management-Konferenz
selbst soll keinesfalls dazu führen, dass ein zusätzlicher Termin vor dem
Schiedsgericht stattfindet. Es wird vielmehr ausdrücklich darauf hingewiesen, dass sie per Video- oder Telefonkonferenz oder vergleichbaren Kom-
munikationsmitteln durchgeführt werden kann[2].

---

1 Art. 24 der ICC-Schiedsgerichtsordnung i.V.m. Appendix IV.
2 Art. 24.4 der ICC-Schiedsgerichtsordnung.

11   Das Schiedsgericht soll während oder nach der Case-Management-Konferenz zudem einen vorläufigen Verfahrensplan, den sog. **Procedual Timetable**, aufstellen[1]. Im Verfahrensplan wird die Abfolge der einzureichenden Schriftsätze einschließlich der jeweiligen Fristen festgelegt, die typischerweise auf den Termin zu einer mündlichen Verhandlung zulaufen. Das Verfahren vor dem Schiedsgericht richtet sich primär nach den Vorgaben der ICC-Schiedsgerichtsordnung. Soweit diese keine Regelung enthält, sind etwaige Parteivereinbarungen maßgeblich. Wenn die Parteien keine Vereinbarung über das Verfahren getroffen haben, bestimmt das Schiedsgericht die Verfahrensregeln[2]. Das Schiedsgericht wendet dabei das materielle Recht an, auf das sich die Parteien verständigt haben. Gibt es keine Parteivereinbarung in Bezug auf das anwendbare materielle Recht, wendet das Schiedsgericht das Recht an, das es als angemessen erachtet. Dabei sollen insbesondere die Bestimmungen eines etwaigen Vertrages und maßgebliche Handelsbräuche berücksichtigt werden[3].

12   Eine weitere Besonderheit von ICC-Schiedsverfahren sind die sog. **Terms of Reference**. Dabei handelt es sich um ein Dokument, das das Schiedsgericht zu Beginn des Schiedsverfahrens, sobald es die Akten vom Sekretariat erhalten hat, erstellen soll[4]. Anhand der bis dahin eingereichten Schriftsätze sollen die jeweiligen Positionen der Parteien zusammengefasst werden. Hieraus soll abgeleitet werden, welche Themen vom Schiedsgericht zu entscheiden sind. Die Terms of Reference dienen des Weiteren dazu, die zentralen Angaben zu den Parteien und dem Schiedsverfahren festzuhalten. Sie werden von den Parteien und dem Schiedsgericht unterschrieben und müssen dem Schiedsgerichtshof innerhalb von zwei Monaten nach Übergabe der Akten an das Schiedsgericht vorgelegt werden, wobei diese Frist auf einen begründeten Antrag hin verlängerbar ist[5].

bb) Konstituierung des Schiedsgerichts

13   Schiedsverfahren nach den ICC-Schiedsregeln werden entweder durch einen Einzelschiedsrichter oder von einem aus drei Schiedsrichtern bestehenden Schiedsgericht entschieden[6]. Falls die Parteien keine Vereinbarung in Bezug auf die Anzahl der Schiedsrichter getroffen haben, benennt der Schiedsgerichtshof grundsätzlich einen **Einzelschiedsrichter**, es sei denn, die Bestellung eines Dreierschiedsgerichts ist aufgrund der Umstände der Streitigkeit angezeigt[7]. Der Schiedsgerichtshof orientiert sich bei dieser Entscheidung

---

1 Art. 24.2 der ICC-Schiedsgerichtsordnung.
2 Art. 19 der ICC-Schiedsgerichtsordnung.
3 Art. 21.1 und Art. 21.2 der ICC-Schiedsgerichtsordnung.
4 Art. 23.1 der ICC-Schiedsgerichtsordnung.
5 Art. 23.2 der ICC-Schiedsgerichtsordnung.
6 Art. 12.1 der ICC-Schiedsgerichtsordnung.
7 Art. 12.2 der ICC-Schiedsgerichtsordnung.

maßgeblich an dem Streitwert. In etwa 40 % der Fälle kommt ein Einzelschiedsrichter zum Einsatz[1].

Wenn ein Einzelschiedsrichter zum Einsatz kommt, können die Parteien ge-   14
meinsam eine Person bestimmen. Ist eine einvernehmliche Benennung
nicht innerhalb von 30 Tagen nach Zustellung der Schiedsklage bei dem
Schiedsbeklagten möglich, bestimmt der Schiedsgerichtshof den Einzelschiedsrichter[2]. Im Fall eines Dreierschiedsgerichts benennen die Schiedsklägerin und die Schiedsbeklagte jeweils einen Schiedsrichter. Nimmt eine
Seite keine Benennung vor, bestellt der Schiedsgerichtshof den entsprechenden Schiedsrichter[3]. Der dritte Schiedsrichter, der als Vorsitzender des
Schiedsgerichts tätig wird, wird vom Schiedsgerichtshof bestellt, es sei denn,
die Parteien haben sich auf ein anderes Bestellungsverfahren geeinigt[4]. Beispielsweise können sich die Parteien darauf verständigen, dass die beiden
parteiernannten Schiedsrichter innerhalb einer gewissen Frist den dritten
Schiedsrichter auswählen. Können sie sich nicht auf einen Vorsitzenden einigen, erfolgt die Benennung wiederum durch den Schiedsgerichthof. Besonderheiten gelten bei der Benennung von Schiedsrichtern, wenn mehrere Beteiligte auf Schiedskläger- oder Schiedsbeklagtenseite[5] vorhanden sind oder
dritte Parteien dem Streit beitreten[6].

cc) „Scrutiny of Award"

Eine weitere Besonderheit von ICC-Schiedsverfahren besteht darin, dass der   15
Schiedsgerichtshof nach Beendigung des Schiedsverfahrens eine **Qualitätskontrolle** in Bezug auf den vom Schiedsgericht entworfenen Schiedsspruch
vornimmt. Bevor die Schiedsrichter den Schiedsspruch unterschreiben, sen-
den sie ihn als Entwurf zum Schiedsgerichtshof. Der Schiedsgerichtshof
greift allerdings keinesfalls in die Entscheidung des Schiedsgerichts ein. Er
überprüft vielmehr die Form und darf das Schiedsgericht auf inhaltliche
Punkte hinweisen[7]. Dabei berücksichtigt der Schiedsgerichtshof insbesondere die Vorgaben des am Schiedsort geltenden zwingenden Rechts. Damit soll
sichergestellt werden, dass der Schiedsspruch vollstreckbar ist und in formeller Hinsicht alle erforderlichen Bestandteile enthält, beispielsweise die Kostenentscheidung. Nach der ICC-Schiedsgerichtsordnung wird kein Schiedsspruch erlassen, der nicht vom Schiedsgerichtshof genehmigt worden ist[8].

---

1 Resolving Business Disputes Worldwide, ICC-Schiedsgerichtshof, April 2010, S. 14.
2 Art. 12.3 der ICC-Schiedsgerichtsordnung.
3 Art. 12.4 der ICC-Schiedsgerichtsordnung.
4 Art. 12.5 der ICC-Schiedsgerichtsordnung.
5 Art. 12.6 der ICC-Schiedsgerichtsordnung.
6 Art. 12.7 der ICC-Schiedsgerichtsordnung. In der überarbeiteten ICC-Schiedsgerichtsordnung 2012 finden sich erstmals Regelungen in Bezug auf die Beteiligung dritter Parteien an Schiedsverfahren (Art. 7 ff. der ICC-Schiedsgerichtsordnung).
7 Art. 33 der ICC-Schiedsgerichtsordnung.
8 Art. 33 der ICC-Schiedsgerichtsordnung.

b) Einstweiliger Rechtsschutz

16   Im Anwendungsbereich der seit dem 1.1.1998 geltenden ICC-Schiedsgerichtsordnung („ICC-Schiedsgerichtsordnung 1998") kann ein Schiedsgericht auf Antrag einer Partei sichernde oder vorläufige Maßnahmen anordnen. Die nach der Beurteilung des Schiedsgerichts angemessenen Anordnungen können in der Form eines begründeten Beschlusses oder eines Schiedsspruchs ergehen[1]. Die Möglichkeit, vor dem Schiedsgericht einstweiligen Rechtsschutz zu erhalten, setzte demgemäß voraus, dass bereits ein Schiedsgericht konstituiert ist und die Akten an das Schiedsgericht übergeben worden sind. Vor Übergabe der Akten an das Schiedsgericht konnten die Parteien lediglich bei den zuständigen staatlichen Gerichten sichernde und vorläufige Maßnahmen beantragen[2]. Auch nach der Übergabe der Akten an das Schiedsgericht steht den Parteien der Gang zu den zuständigen staatlichen Gerichten offen. Die Parteien haben ab diesem Zeitpunkt eine Wahlmöglichkeit, ob sie sich zur Erlangung einstweiligen Rechtsschutzes nach Übergabe der Akten an das Schiedsgericht entweder an das Schiedsgericht oder die zuständigen staatlichen Gerichte wenden. Während einstweiliger Rechtsschutz vor den zuständigen staatlichen Gerichten jederzeit verfügbar ist, können vorläufige und sichernde Maßnahmen nur dann im Rahmen eines Schiedsverfahrens geltend gemacht werden, wenn die Akten bereits an das Schiedsgericht übergeben worden sind.

17   Die ICC hat auf diese Einschränkung reagiert und mit der zum 1.1.2012 in Kraft getretenen Schiedsgerichtsordnung einen sog. **Emergency Arbitrator** eingeführt. Soweit eine Partei dringend auf vorläufige oder sichernde Maßnahmen angewiesen ist, die nicht erst nach Konstituierung des Schiedsgerichts angeordnet werden können, ist bereits vor Übergabe der Akten an das Schiedsgericht ein Antrag an das Sekretariat der ICC möglich. Hierfür gelten eigene Vorschriften über das Verfahren vor dem Emergency Arbitrator, die in einem separaten Appendix V geregelt sind[3]. Der Antrag ist bis zu dem Zeitpunkt möglich, an dem die Akten an das Schiedsgericht übergeben werden. Demgegenüber ist nicht erforderlich, dass bereits ein Schiedsantrag, der sog. Request for Arbitration, eingereicht wurde.

18   Der Emergency Arbitrator wird von dem Präsidenten des Schiedsgerichtshofs so schnell wie möglich bestimmt, typischerweise innerhalb von zwei Tagen nach Erhalt des Antrags[4]. Der Emergency Arbitrator führt das weitere Verfahren so schnell wie möglich durch[5]. Seine Entscheidung ergeht in der Form eines Beschlusses, der Entscheidungsgründe enthält[6]. Im Regelfall soll der Beschluss nicht später als **15 Tage** nach Übergabe der Akten an den Emergency Arbitrator ergehen. Diese Frist ist allerdings durch den Präsiden-

---

1 Art. 23.1 der ICC-Schiedsgerichtsordnung 1998.
2 Art. 23.2 der ICC-Schiedsgerichtsordnung 1998.
3 Art. 29.1 der ICC-Schiedsgerichtsordnung.
4 Appendix V, Art. 2.1 der ICC-Schiedsgerichtsordnung.
5 Appendix V, Art. 5 der ICC-Schiedsgerichtsordnung.
6 Appendix V, Art. 6 der ICC-Schiedsgerichtsordnung.

ten des Schiedsgerichtshofs verlängerbar[1]. Die Parteien verpflichten sich, den Beschluss des Emergency Arbitrators zu befolgen. Gleichwohl ist ausdrücklich klargestellt, dass der Beschluss das spätere Schiedsgericht nicht bindet. Das Schiedsgericht kann den Beschluss verändern oder aufheben[2].

Das Verfahren vor dem Emergency Arbitrator bietet den Parteien eine   19
zusätzliche Möglichkeit, einstweiligen Rechtsschutz im Rahmen eines Schiedsverfahrens auch schon vor der Konstituierung des Schiedsgerichts zu erhalten. Die zuständigen staatlichen Gerichte können alternativ für Maßnahmen des einstweiligen Rechtsschutzes angerufen werden. Wie bereits nach der ICC-Schiedsgerichtsordnung 1998, versteht sich ein Antrag an die zuständigen staatlichen Gerichte nicht als eine Verletzung oder ein Verzicht auf die Schiedsvereinbarung[3].

Die Vorschriften über den Emergency Arbitrator sind nur anwendbar, wenn   20
eine Schiedsvereinbarung nach Inkrafttreten der neuen ICC-Schiedsgerichtsordnung am 1.1.2012 geschlossen wurde. Zudem haben die Parteien die Möglichkeit, einen **Opt-Out** in Bezug auf die Vorschriften über den Emergency Arbitrator zu erklären. Auch wenn die Parteien ein anderes Verfahren für die Entscheidung über vorläufige und sichernde Maßnahmen vor dem Beginn des Schiedsverfahrens vereinbart haben, finden die Vorschriften über den Emergency Arbitrator keine Anwendung[4]. Die ICC lässt den Parteien somit bewusst die Wahl, ob sie das Verfahren über den Emergency Arbitrator vereinbaren möchten. Die ICC bietet Empfehlungen für eine Schiedsklausel ohne Einbeziehung der Regeln über den Emergency Arbitrator an[5]. Da sich die Vorschriften über den Emergency Arbitrator allerdings lediglich als zusätzliche Option für die Parteien verstehen, ohne den Rechtsweg zu den zuständigen staatlichen Gerichten abzuschneiden, wird in vielen Fällen allerdings kein Anlass für ein Opt-Out bestehen.

c) Kostenstruktur der ICC

Die Kosten eines Schiedsverfahrens nach der ICC-Schiedsgerichtsordnung   21
bestehen aus den **Gebühren und Auslagen der Schiedsrichter** einerseits und den **Verwaltungskosten der ICC** andererseits. Für Schiedsverfahren, die nach dem 1.1.2012 begonnen werden, richten sich die Honorare der Schiedsrichter und die Verwaltungskosten nach dem zu diesem Zeitpunkt in Kraft getretenen Appendix III zur ICC-Schiedsgerichtsordnung[6]. Die Gebühren der Schiedsrichter und die Verwaltungskosten werden abhängig von dem Streitwert berechnet. Anhand der von der ICC veröffentlichten Kostentabelle kön-

---

1 Appendix V, Art. 6.4 der ICC-Schiedsgerichtsordnung.
2 Art. 29.2 und Art. 29.3 der ICC-Schiedsgerichtsordnung.
3 Art. 29.7 der ICC-Schiedsgerichtsordnung.
4 Art. 29.6 der ICC-Schiedsgerichtsordnung.
5 Die von der ICC empfohlenen Standardklauseln sind in mehreren Sprachen, unter anderem in deutsch unter http://www.iccwbo.org/court/arbitration/id4114/index.html verfügbar.
6 Appendix III, Art. 4.1 der ICC-Schiedsgerichtsordnung.

nen für jeden Streitwert die Verwaltungskosten exakt bestimmt werden. Die Gebühren der Schiedsrichter bewegen sich demgegenüber in einer Bandbreite zwischen möglichen Minimum- und Maximumgebühren, wobei der Schiedsgerichtshof letztlich die Höhe der Gebühren festsetzt. Dabei berücksichtigt der Schiedsgerichtshof insbesondere die aufgewandte Zeit, die Schnelligkeit des Verfahrens und die Komplexität der Streitigkeit[1]. Durch diese Ermessensspielräume ist es nicht möglich, in ICC-Schiedsverfahren von vornherein das letztlich zu zahlende Schiedsrichterhonorar genau zu bestimmen.

22 Zu Beginn des Schiedsverfahrens muss die Schiedsklägerin eine nicht erstattungsfähige Registrierungsgebühr in Höhe von 3000 USD zahlen, die auf die späteren Kostenvorschüsse zu Gunsten der Schiedsklägerin angerechnet wird[2]. Basierend auf den zu erwartenden Schiedsrichtergebühren und Verwaltungskosten bestimmt der Schiedsgerichtshof die Höhe des Kostenvorschusses, den die Parteien in gleichen Teilen zu zahlen haben[3].

23 Während der Schiedsgerichtshof ausschließlich die Höhe der Gebühren und Kosten festsetzt, entscheiden die Schiedsrichter im Schiedsspruch über die Kostenaufteilung zwischen den Parteien[4]. Typischerweise orientiert sich das Schiedsgericht am jeweiligen Anteil des Obsiegens bzw. Unterliegens und quotelt die Kosten entsprechend. Das Schiedsgericht kann aber auch weitere Umstände berücksichtigen, die es für relevant erachtet. Insbesondere kann berücksichtigt werden, inwieweit eine Partei dazu beigetragen hat, das Schiedsverfahren zügig durchzuführen[5]. Erstattungsfähig sind im Rahmen der Kostenentscheidung des Schiedsgerichts nicht nur die Gebühren der Schiedsrichter, deren Auslagen und die Verwaltungskosten der ICC, sondern auch Kosten von vom Schiedsgericht eingesetzte Sachverständige und angemessene Rechtsanwaltskosten[6].

2. Deutsche Institution für Schiedsgerichtsbarkeit e.V.

24 Die Deutsche Institution für Schiedsgerichtsbarkeit e.V. („DIS") ist die bedeutendste Schiedsinstitution in Deutschland. Sie administriert **nationale wie internationale Schiedsverfahren**, branchenunabhängig in allen Wirtschaftszweigen. Damit unterscheidet sie sich von vielen anderen deutschen Schiedsinstitutionen, die einen regionalen oder branchenabhängigen Schwerpunkt haben[7].

---

1 Appendix III, Art. 2 der ICC-Schiedsgerichtsordnung.
2 Appendix III, Art. 1.1 der ICC-Schiedsgerichtsordnung.
3 Appendix III, Art. 1 der ICC-Schiedsgerichtsordnung.
4 Art. 37.4 der ICC-Schiedsgerichtsordnung.
5 Art. 37.5 der ICC-Schiedsgerichtsordnung.
6 Art. 37. 1 der ICC-Schiedsgerichtsordnung.
7 Beispielhaft sei auf die anerkannte German Maritime Arbitration Association („GMMA") hingewiesen, die für die maritime Wirtschaft Schiedsverfahren zur Beilegung von Streitigkeiten aus dem Bereich der Schifffahrt anbietet, vgl. http://www. gmaa.de/.

Die Stellung der DIS wird dadurch unterstrichen, dass viele **Industrie- und**   25
Handelskammern zu den Mitgliedern der DIS zählen und deren Schiedsvereinbarungen auf die Schiedsregeln der DIS verweisen. Verweist beispielsweise eine Schiedsvereinbarung auf ein Schiedsverfahren nach den Regeln der
IHK München, so handelt es sich hierbei um ein Schiedsverfahren, das von
der DIS nach der DIS-Schiedsgerichtsordnung verwaltet wird.

Die DIS wurde im Jahr 1992 durch den Zusammenschluss des Deutschen   26
Ausschusses für Schiedsgerichtswesen und dem Deutschen Institut für
Schiedsgerichtswesen gegründet. Die Hauptgeschäftsstelle der DIS befindet
sich in Köln. Daneben unterhält die DIS zwei weitere Geschäftsstellen in
München und Berlin. Die DIS wird von einem Vorstand geführt, der von einem Beirat beraten wird. Daneben gibt es verschiedene Ausschüsse, die sich
mit speziellen Themen befassen. Die DIS-Geschäftsstelle hat eine zentrale
Rolle bei der Verwaltung der Schiedsverfahren. Der **DIS-Ernennungsaus-**
schuss hat nach der DIS-Schiedsgerichtsordnung verschiedene Funktionen
im Zusammenhang mit der Konstituierung des Schiedsgerichts[1].

Mit der grundlegenden Überarbeitung des deutschen Schiedsverfahrens-   27
rechts im 10. Buch der ZPO, das zum 1.1.1998 in Kraft getreten ist, wurde
das Schiedsgerichtswesen in Deutschland deutlich gefördert. Seit 1998 hat
die DIS einen **kontinuierlichen Anstieg von Schiedsverfahren** verzeichnet.
Während im Jahr 1998 die Zahl der neu eingeleiteten Schiedsverfahren noch
bei 42 lag, wurden im Jahr 2009 176 Verfahren neu eingeleitet. Im Jahr 2010
wurden insgesamt 155 neue Schiedsverfahren bei der DIS eingeleitet. An
knapp 30 % dieser Verfahren waren ausländische Parteien aus 28 Ländern
beteiligt[2].

a) Umfassendes Angebot der DIS

Das zentrale Angebot der DIS besteht in der Verwaltung von Schieds-   28
gerichtsverfahren, die nach der DIS-Schiedsgerichtsordnung durchgeführt
werden. Die DIS-Schiedsgerichtsordnung ist seit dem 1.7.1998 gültig und
bildet insbesondere das zum 1.1.1998 reformierte deutsche Schiedsverfahrensrecht ab. Die DIS lässt den Parteien eine weitreichende Autonomie bei
der Ausgestaltung des Schiedsverfahrens, steht andererseits in jedem Verfah-
rensstadium als Ansprechpartner zur Verfügung.

Die DIS bietet neben den Schiedsregeln für „klassische" Schiedsverfahren   29
Ergänzende Regeln für beschleunigte Verfahren („DIS-ERBV") an, die auf
eine besonders schnelle Durchführung von Schiedsverfahren abzielen. Beschleunigte Schiedsverfahren finden vor einem Einzelschiedsrichter oder einem Dreierschiedsgericht statt und die Zahl der Schriftsatzrunden ist be-

---

1 Vgl. Satzung der DIS unter http://www.dis-arb.de/de/13/content/satzung-id9.
2 Die DIS-Statistik 2010 ist unter http://www.dis-arb.de/de/39/content/statistik-id51
  verfügbar.

grenzt. Wenngleich keine starren Fristen existieren, wird angestrebt, das Verfahren innerhalb von sechs bzw. neun Monaten abzuschließen[1].

30   Daneben stellt die DIS **Ergänzende Regeln für Gesellschaftsrechtliche Streitigkeiten** („DIS-ERGeS") zur Verfügung. Diese seit dem 15.9.2009 geltenden Regeln sind speziell zugeschnitten auf die Entscheidung von gesellschaftsrechtlichen Beschlussmängelstreitigkeiten, nachdem der Bundesgerichtshof in seiner sog. Schiedsfähigkeit II-Entscheidung festgelegt hat, unter welchen Voraussetzungen Beschlussmängelstreitigkeiten im Recht der GmbH schiedsfähig sind[2].

31   Wenngleich sich das Angebot der DIS auf die Schiedsgerichtsbarkeit konzentriert, bietet die DIS auch umfangreiche Regelwerke im weiteren Bereich der alternativen Streitbeilegung an. Die **DIS-Mediationsordnung** ist am 1.5.2010 in Kraft getreten und bietet Regeln für die Durchführung von Mediationen an. Ebenfalls seit dem 1.5.2010 sind eine Schiedsgutachtensordnung und eine Gutachtensordnung in Kraft. Sie führen zu der Erstellung von Sachverständigengutachten. Die DIS-Schiedsgutachtensordnung mündet in ein Sachverständigengutachten, das vorläufige oder endgültige Bindungswirkung besitzt, während die DIS-Gutachtensordnung zu einem nicht bindenden Sachverständigengutachten führt, das sich als Empfehlung für die Parteien darstellt. Daneben gibt es seit dem 1.7.2010 die DIS-Verfahrensordnung für Adjudikation, die die projektbegleitende Einreichung von Dispute Boards bei Großprojekten regelt[3]. Bereits sei dem 1.1.2002 bietet die DIS mit der DIS-Schlichtungsordnung Unterstützung bei der Durchführung von Schlichtungsverfahren an.

32   Seit mehreren Jahren unterstützt die DIS auch Parteien bei der Entscheidung von Streitigkeiten im Bereich des Sports. Das seit dem 1.1.2008 bestehende **Deutsche Sportschiedsgericht** befasst sich mit Dopingvergehen, Streitigkeiten im Zusammenhang mit Sportveranstaltungen, Transferstreitigkeiten, Lizenzverträgen, Sponsoringverträgen und Vereinsstreitigkeiten[4].

33   Obwohl das Angebot der DIS sehr breit gefächert ist, nehmen Parteien gegenwärtig immer noch ganz überwiegend die „klassischen" Schiedsverfahren in Anspruch. Im Jahr 2010 wurden von den 155 neu eingeleiteten Schiedsgerichtsverfahren lediglich jeweils zwei nach den DIS-ERBV und den DIS-ERGeS durchgeführt.

---

1 Vgl. A VI Rz. 119; die DIS-ERBV sind unter http://www.dis-arb.de/de/16/regeln/dis-ergänzende-regeln-für-beschleunigte-verfahren-08-erbv-id3 verfügbar.
2 Vgl. BGH v. 6.4.2009 – II ZR 255/08, NJW 2009, 1962. Die DIS-ERGeS sind unter http://www.dis-arb.de/de/16/regeln/dis-ergänzende-regeln-für-gesellschaftsrechliche-streitigkeiten-09-erges-id5 abrufbar.
3 Die von DIS ADR-Bereich angebotenen Regelwerke sind unter http://www.dis-arb.de/de/16/regeln/uebersicht-id0 verfügbar. Für sämtliche Verfahrensordnungen bietet die DIS empfohlene Musterklauseln auf ihrer Webseite an.
4 Weitere Details zu dem deutschen Sportschiedsgericht und der DIS-Sportschiedsgerichtsordnung sind unter http://www.dis-sportschiedsgericht.de/ verfügbar.

b) DIS-Schiedsgerichtsordnung

Die DIS-Schiedsgerichtsordnung ist ein modernes Regelwerk, das vor dem 34
Hintergrund des zum 1.1.1998 in Kraft getretenen deutschen Schiedsverfahrensrecht steht. Die DIS-Schiedsgerichtsordnung ist sowohl für nationale
wie internationale Schiedsgerichtsverfahren anwendbar. Insbesondere wird
nicht vorausgesetzt, dass der Ort des schiedsrichterlichen Verfahrens innerhalb Deutschlands liegt. Haben sich die Parteien nicht über den Ort des
schiedsrichterlichen Verfahrens geeinigt, so wird dieser vom Schiedsgericht
bestimmt[1].

aa) Konstituierung des Schiedsgerichts

Soweit die Parteien nichts anderes vereinbart haben, besteht das Schieds- 35
gericht aus drei Schiedsrichtern[2]. Damit folgt die DIS-Schiedsgerichtsordnung der Regelung in § 1034 Abs. 1 Satz 2 ZPO.

Die Benennung des Dreier-Schiedsgerichts erfolgt dergestalt, dass die 36
Schiedsklägerin mit Einreichung der Schiedsklage einen Schiedsrichter und
die Schiedsbeklagte den zweiten Schiedsrichter innerhalb einer Frist von
30 Tagen nach Empfang der Schiedsklage benennt. Die beiden parteiernannten Schiedsrichter benennen den Vorsitzenden des Schiedsgerichts innerhalb
einer weiteren Frist von 30 Tagen nach Aufforderung durch die DIS-Geschäftsstelle. Sofern die Konstituierung ins Stocken gerät, weil die Schiedsbeklagte keine fristgerechte Benennung vornimmt oder sich die beiden parteiernannten Schiedsrichter nicht auf einen Vorsitzenden einigen können,
nimmt der DIS-Ernennungsausschuss die entsprechende Benennung auf Antrag einer Partei vor[3]. Besondere Regelungen gelten, wenn mehrere Parteien
auf Kläger- oder Beklagtenseite auftreten[4].

Soll das Schiedsverfahren vor einem Einzelschiedsrichter stattfinden, haben 37
die Parteien zunächst Gelegenheit, einvernehmlich die Person des Einzelschiedsrichters zu bestimmen. Können Sie sich nicht einigen, erfolgt die Benennung auf Antrag einer Partei durch den DIS-Ernennungsausschuss[5].

bb) Förderung einer vergleichsweisen Einigung

Die DIS-Schiedsgerichtsordnung gibt den Schiedsrichtern ausdrücklich das 38
Mandat, eine vergleichsweise Einigung zwischen den Parteien zu befördern.
Nach § 32.1 der DIS-Schiedsgerichtsordnung soll das Schiedsgericht „in jeder
Lage des Verfahrens auf eine **einvernehmliche Beilegung des Streits** oder ein-
zelner Streitpunkte bedacht sein".

---

1 Vgl. § 20.1 DIS-Schiedsgerichtsordnung.
2 Vgl. § 3 DIS-Schiedsgerichtsordnung.
3 Vgl. § 6.2 (5), § 12.1 und 12.2 der DIS-Schiedsgerichtsordnung.
4 Vgl. § 13 DIS-Schiedsgerichtsordnung.
5 Vgl. § 14 DIS-Schiedsgerichtsordnung.

39 Im Vergleich zu den Schiedsregeln anderer internationaler Schiedsinstitutionen ist diese Regelung ungewöhnlich. Schiedsgerichte können gemeinhin einen Vergleich der Parteien in einem Schiedsspruch mit vereinbartem Wortlaut festhalten. Zu einem entsprechenden Vergleich zu kommen, wird allerdings als Aufgabe der Parteien angesehen, die nicht vom Schiedsgericht aktiv gefördert wird.

40 Die Regelung in § 32.1 der DIS-Schiedsgerichtsordnung, die an das Mandat der deutschen staatlichen Gerichte erinnert, in jeder Lage des Verfahrens auf eine gütliche Beilegung des Rechtsstreits bedacht zu sein (§ 278 Abs. 1 ZPO), führt in der Praxis dazu, dass Schiedsgerichte in DIS-Verfahren durchaus proaktiv nach Möglichkeiten einer gütlichen Einigung fragen. Gerade deutsche Schiedsrichter, die auch mit der Praxis der deutschen staatlichen Gerichte vertraut sind, neigen viel eher dazu, selbst Vergleichsvorschläge zu unterbreiten als dies bei ausländischen Schiedsrichtern der Fall ist. Dies wirft gelegentlich die Frage auf, wie weit entsprechende Vergleichsvorschläge gehen dürfen. Gerade nicht deutsche Parteien mögen proaktive Vergleichsversuche des Schiedsgerichts als befremdlich finden und darin sogar Gründe für die Ablehnung von Schiedsrichtern sehen.

41 Ungeachtet dessen, dass die DIS-Schiedsgerichtsordnung den Schiedsrichtern die Möglichkeit gibt, auf einen Vergleich hinzuwirken, gibt es keine belastbaren Anhaltspunkte dafür, dass DIS-Schiedsverfahren überproportional häufig durch Vergleich beendet werden. Insoweit versteht sich die Regelung in § 32.1 DIS-Schiedsgerichtsordnung lediglich als zusätzliche Option für die Schiedsrichter, die Streitigkeit einer sachgerechten Lösung zuzuführen. Dies ändert in der Praxis nicht viel daran, dass die Schiedsgerichte dazu berufen sind, einen Rechtsstreit endgültig zu entscheiden[1].

c) Einstweiliger Rechtsschutz

42 Unter dem Regime der DIS-Schiedsgerichtsordnung hat das Schiedsgericht die Kompetenz, auf Antrag einer Partei **vorläufige oder sichernde Maßnahmen des einstweiligen Rechtsschutzes** anzuordnen. Nach § 20.1 der DIS-Schiedsgerichtsordnung kann das Schiedsgericht Maßnahmen anordnen, „die es in Bezug auf den Streitgegenstand für erforderlich hält". Damit folgt die DIS-Schiedsgerichtsordnung § 1041 Abs. 1 ZPO.

43 Die Parteien können von dieser Regelung abweichen. Umgekehrt ist klargestellt, dass die Schiedsvereinbarung es nicht ausschließt, dass die Parteien vor oder nach Beginn des schiedsrichterlichen Verfahrens vorläufige oder sichernde Maßnahmen in Bezug auf den Streitgegenstand des schiedsrichterlichen Verfahrens bei einem staatlichen Gericht beantragen[2]. Damit haben die Parteien nach Beginn des schiedsrichterlichen Verfahrens eine **Wahlmöglichkeit**, ob sie einstweiligen Rechtsschutz vor dem Schiedsgericht oder einem staatlichen Gericht ersuchen.

---

1 *Böckstiegel/Kröll/Nacimiento*, Arbitration in Germany, S. 767.
2 Vgl. § 20.2 der DIS-Schiedsgerichtsordnung.

Bis zum Beginn des schiedsrichterlichen Verfahrens, der mit Zugang der   44
Schiedsklage bei einer DIS-Geschäftsstelle eintritt, gibt es keine Möglichkeit, einstweiligen Rechtsschutz vor einem Schiedsrichter zu erlangen. In
dieser Phase sind ausschließlich die staatlichen Gerichte verfügbar.

d) Kostenstruktur der DIS

Die Kosten eines Schiedsverfahrens nach der DIS-Schiedsgerichtsordnung   45
bestehen aus der Bearbeitungsgebühr der DIS und dem Honorar der Schiedsrichter zzgl. Auslagen. Sowohl die DIS-Bearbeitungsgebühr als auch das Honorar der Schiedsrichter bestimmen sich nach dem **Streitwert**, der vom
Schiedsgericht nach pflichtgemäßem Ermessen festgesetzt wird[1].

Die Höhe der DIS-Bearbeitungsgebühr und des Honorars der Schiedsrichter   46
ergibt sich aus der Kostentabelle, die der DIS-Schiedsgerichtsordnung als Anlage beigefügt ist[2]. Anhand der Gebührentabelle können sowohl die DIS-Bearbeitungsgebühr als auch die Honorare der Schiedsrichter präzise berechnet
werden. Im Unterschied zu den Regelungen für deutsche staatliche Gerichte
gibt es kein Cap der Honorare bei einem Streitwert von mehr als 30 Mio. Euro. Daraus ergibt sich, dass Schiedsverfahren mit besonders hohen Streitwerten deutlich höhere Kosten für das Schiedsgericht verursachen als Streitigkeiten vor den deutschen staatlichen Gerichten.

Bei Einleitung des Schiedsverfahrens muss die Schiedsklägerin die DIS-Bear- 47
beitungsgebühr und einen vorläufigen Vorschuss für die Honorare der
Schiedsrichter zahlen[3]. Nach Konstituierung des Schiedsgerichts kann das
Schiedsgericht Vorschüsse auf die zu erwartenden Kosten anfordern, die jeweils hälftig von der Schiedsklägerin und der Schiedsbeklagten zu zahlen
sind. Dabei werden die bereits an die DIS gezahlten vorläufigen Vorschüsse
angerechnet[4].

Sofern die Parteien keine abweichende Vereinbarung getroffen haben, ent-   48
scheidet das Schiedsgericht in dem Schiedsspruch auch darüber, wie die Parteien die Kosten des Schiedsverfahrens zu tragen haben. Dies umfasst auch
eine Entscheidung über die Erstattung von den **„zur zweckentsprechenden
Rechtsverfolgung notwendigen Kosten"**[5]. Dabei soll sich das Schiedsgericht
grundsätzlich an den Anteil des jeweiligen Obsiegens bzw. Unterliegens halten[6].

Es ist unstreitig, dass Rechtsanwaltskosten im Rahmen des Schiedsverfah-   49
rens erstattungsfähig sind. Dabei gilt die Beschränkung auf die Rechtsanwaltsgebühren nach Rechtsanwaltsvergütungsgesetz („RVG") nicht zwin-

---

1 Vgl. § 40.2 der DIS Schiedsgerichtsordnung.
2 Vgl. § 40.5 der DIS-Schiedsgerichtsordnung.
3 Vgl. § 7 der DIS-Schiedsgerichtsordnung. Entsprechendes gilt bei Erhebung einer Widerklage gemäß § 11 der DIS-Schiedsgerichtsordnung.
4 § 25 der DIS-Schiedsgerichtsordnung.
5 § 35.1 der DIS-Schiedsgerichtsordnung.
6 § 25.2 der DIS-Schiedsgerichtsordnung.

gend für das Schiedsverfahren. Daher kann das Schiedsgericht die Erstattung von Rechtsanwaltsgebühren anordnen, die sich über den **RVG-Gebühren** bewegen oder aufgrund einer Vergütungsvereinbarung zwischen der Partei und dem Verfahrensbevollmächtigten ergeben. Insgesamt hat das Schiedsgericht einen weitreichenden Ermessensspielraum, welche Kosten es für die „zweckentsprechende Rechtsverfolgung" für notwendig hält[1].

3. WIPO Arbitration and Mediation Center

50   Die World Intellectual Property Organisation („WIPO"), ihrerseits eine im Jahr 1997 gegründete Einrichtung der Vereinten Nationen mit Sitz in Genf, hat mit dem WIPO Arbitration and Mediation Center eine führende Einrichtung im Bereich der internationalen Streitbeilegung geschaffen. Das WIPO Arbitration and Mediation Center ist spezialisiert auf die Beilegung von Streitigkeiten, die aus dem Bereich **Intellectual Property** stammen.

51   Das WIPO Arbitration and Mediation Center wurde im Jahr 1994 eingerichtet und bietet seitdem Unterstützung bei der Verwaltung von **Mediationen und Schiedsverfahren**. Neben den Schiedsregeln gibt es separate Schiedsregeln für beschleunigte Schiedsverfahren und Regeln für die Mediation[2].

52   Das WIPO Arbitration and Mediation Center hat mittlerweile über 270 Mediationen und Schiedsverfahren betreut. Über 2/3 der Fälle betreffen Patentstreitigkeiten. Zu nahezu gleichen Anteilen sind Streitigkeiten aus den Bereichen IT, Markenrecht und Copyright vertreten. Die Streitigkeiten aus IT-Verträgen umfassen insbesondere Softwarelizenzen[3]. Die Streitigkeiten betreffen überwiegend Parteien aus den Sektoren IT, Pharma, Maschinenbau und Entertainment[4]. Damit bietet das WIPO Mediation and Arbitration Center eine in dieser Form einzigartige Spezialisierung im Bereich des gewerblichen Rechtsschutzes, die **eine hoch spezialisierte Streitbeilegung** ermöglicht.

53   Das WIPO Arbitration and Mediation Center verwaltet, ebenso wie die anderen internationalen Schiedsinstitutionen, die nach Ihren Regeln durchgeführten Schiedsverfahren, ohne sie selbst zu entscheiden. Dementsprechend sind die Parteien auch bei Schiedsverfahren nach den WIPO-Schiedsregeln frei in der Auswahl der Schiedsrichter. Allerdings ist hervorzuheben, dass die WIPO **Listen mit Schiedsrichtern und Mediatoren** führt, die besondere Expertise in Bezug auf Streitigkeiten aus dem Bereich des geistigen Eigentums haben. Derzeit umfasst die WIPO-Liste von Schiedsrichtern, Mediatoren und Sachverständigen mehr als 1500 Personen aus über 70 Ländern[5].

---

1 *Böckstiegel/Kröll/Nacimiento*, Arbitration in Germany, S. 778.
2 Die Regelwerke des WIPO Arbitration and Mediation Centre sind unter http://www.wipo.int/amc/en/ verfügbar.
3 Eine Übersicht über die Fälle und Fallzahlen des WIPO Mediation and Arbitration Centre ist unter http://www.wipo.int/amc/en/center/caseload.html verfügbar.
4 Wie vor.
5 Vgl. http://www.wipo.int/amc/en/neutrals/.

a) WIPO-Schiedsregeln

Die derzeit aktuellen WIPO-Schiedsregeln sind am 1.10.2002 in Kraft getre- 54
ten[1]. Dementsprechend handelt es sich um ein modernes Regelwerk, das
den aktuellen Standards in der Beilegung internationaler Schiedsverfahren
voll entspricht.

aa) Konstituierung des Schiedsgerichts

Ob eine Streitigkeit von einem Einzelschiedsrichter oder einem aus drei 55
Schiedsrichtern bestehenden Schiedsgericht entschieden wird, ist abhängig
von der Parteivereinbarung. Sofern sich die Parteien nicht auf die Anzahl der
Schiedsrichter geeinigt haben, soll grundsätzlich ein **Einzelschiedsrichter**
zum Einsatz kommen. Das WIPO-Arbitration and Mediation Center hat allerdings einen Ermessensspielraum, abhängig von den Umständen der Streitigkeit ein Dreierschiedsgericht vorzusehen[2].

Sofern die Parteien kein abweichendes Verfahren für die Benennung der 56
Schiedsrichter vorgesehen haben, wird ein Einzelschiedsrichter von den Parteien bestimmt. Wenn sich die Parteien nicht in der dafür vorgesehenen Frist
auf einen Einzelschiedsrichter einigen können, nimmt das WIPO Arbitration
and Mediation Center die Benennung vor[3].

Ein Dreierschiedsgericht wird, soweit die Parteien nichts anderes vorgese- 57
hen haben, dadurch gebildet, dass die Schiedsklägerin und die Schiedsbeklagte jeweils einen Schiedsrichter benennen. Die beiden parteiernannten
Schiedsrichter sollen sich innerhalb von 20 Tagen nach der Benennung des
zweiten Schiedsrichters auf einen dritten Schiedsrichter verständigen, der
als Vorsitzender tätig wird[4]. Sofern eine Partei nicht fristgerecht einen
Schiedsrichter bestellt oder kein Vorsitzender bestellt wird, erfolgt die Benennung durch das WIPO Arbitration and Mediation Center[5]. Besonderheiten für die Bestellung der Schiedsrichter gelten bei Parteienmehrheit auf Klä-
ger- oder Beklagtenseite[6].

bb) Spezielle Vorschriften für Beweisaufnahme

Auch für die Durchführung von Schiedsverfahren nach den WIPO-Schieds- 58
regeln können die Parteien zulässige Parteivereinbarungen treffen. Bei der
Festlegung des Verfahrens ist das Schiedsgericht insbesondere dazu berufen,
über die Zulässigkeit, Relevanz und Gewichtung von Beweisen zu entscheiden[7]. Das Schiedsgericht kann Zeugen anhören und Experten einsetzen, die

---

1 Die WIPO-Schiedsregeln sind unter http://www.wipo.int/amc/en/arbitration/rules/
  verfügbar.
2 Art. 14 der WIPO-Schiedsregeln.
3 Art. 16 und Art. 19 der WIPO-Schiedsregeln.
4 Art. 17 (b) der WIPO-Schiedsregeln.
5 Art. 19 der WIPO-Schiedsregeln.
6 Art. 18 der WIPO-Schiedsregeln.
7 Art. 48 (a) der WIPO-Schiedsregeln.

bestimmte Fragen begutachten[1]. Es kann darüber hinaus insbesondere die **Vorlage von Dokumenten oder anderen Beweismitteln** anordnen, die es als notwendig oder angemessen ansieht. Eine entsprechende Anordnung kann auf Antrag einer Partei oder aber auch von Amts wegen vom Schiedsgericht erfolgen[2].

59 Die WIPO-Schiedsregeln unterscheiden sich von den Schiedsregeln anderer internationaler Schiedsinstitutionen dadurch, dass **besondere Möglichkeiten der Beweisaufnahme** vorgesehen sind, die in IP-Streitigkeiten eine besondere Rolle spielen können. Hierzu gehört zum einen die Durchführung von Experimenten und Testversuchen. Diese können von jeder Partei beantragt werden unter Angabe des Zwecks des Versuchs, einer Zusammenfassung des Versuchs, der Versuchsmethodik sowie der Schlussfolgerungen[3]. Eine weitere besondere Form der Beweisaufnahme sind Ortsbesichtigungen. Das Schiedsgericht kann, auf Antrag einer Partei oder von Amts wegen, Ortsbesichtigungen vornehmen. Beispielhaft wird die Besichtigung von Eigentum, Maschinen, Anlagen, Produktionslinien, Modellen, Filmen, Materialien, Produkten oder Prozessen genannt[4]. Ferner besteht die Möglichkeit technische Anleitungen, Modelle oder Zeichnungen beim Schiedsgericht vorzulegen[5]. Mit diesen speziellen Vorschriften für die Beweisaufnahme werden die Schiedsrichter ausdrücklich auf mögliche effektive Maßnahmen hingewiesen.

60 Die WIPO bietet ferner besondere Vorschriften zu dem **Schutz von Geschäftsgeheimnissen** und anderen vertraulichen Informationen an. Das Schiedsgericht kann bestimmte Informationen als vertraulich klassifizieren und besondere Schutzvorkehrungen vorsehen. Hierzu gehören der Abschluss von Vertraulichkeitsvereinbarungen oder, in Ausnahmefällen, der Einsatz eines sog. Confidentiality-Advisors, der den Umgang mit den vertraulichen Informationen regelt[6].

cc) Beschleunigte Schiedsverfahren

61 Das WIPO Arbitration and Mediation Center bietet separate Schiedsregeln für beschleunigte Schiedsverfahren an, die zur Anwendung gelangen, wenn sich die Parteien darauf einigen[7]. Im Unterschied zu den regulären Schiedsverfahren werden die beschleunigten Schiedsverfahren stets durch einen **Einzelschiedsrichter** entschieden werden. Der Einzelschiedsrichter wird von den Parteien benannt. Sofern keine Einigung innerhalb von 15 Tagen nach

---

1 Art. 54 und Art. 55 der WIPO-Schiedsregeln.
2 Art. 48 (b) der WIPO-Schiedsregeln.
3 Art. 49 der WIPO-Schiedsregeln.
4 Art. 50 der WIPO-Schiedsregeln.
5 Art. 51 der WIPO-Schiedsregeln.
6 Art. 52 der WIPO-Schiedsregeln.
7 Die WIPO-Schiedsregeln für beschleunigte Schiedsverfahren sind unter http://www.wipo.int/amc/en/arbitration/expedited-rules/ verfügbar.

Beginn des beschleunigten Schiedsverfahrens zustande kommt, erfolgt die
Benennung durch das WIPO Arbitration and Mediation Center[1].

Eine mündliche Verhandlung muss innerhalb von 30 Tagen nach dem Erhalt   62
der Schiedsklageerwiderung durchgeführt werden. Nur wenn es besondere
Umstände erfordern, soll die mündliche Verhandlung mehr als drei Tage
dauern[2]. Das Verfahren soll möglichst innerhalb von **drei Monaten** nach Zustellung der Klageerwiderung geschlossen werden. Soweit möglich, soll der
Schiedsspruch innerhalb eines Monats nach dem Schluss des Verfahrens ergehen[3].

b) Einstweiliger Rechtsschutz

Sowohl nach den WIPO-Schiedsregeln für reguläre Schiedsverfahren als auch   63
nach den WIPO-Schiedsregeln für beschleunigte Schiedsverfahren kann das
Schiedsgericht auf Antrag einer Partei vorläufige Sicherungsmaßnahmen anordnen. Das Schiedsgericht kann diejenigen Maßnahmen anordnen, die es
für erforderlich erachtet, einschließlich einstweiliger Verfügungen und Maßnahmen zur Erhaltung von Gütern, die Gegenstand des Streits sind. Beispielhaft wird auf die Hinterlegung bei Dritten oder den Verkauf von verderb-
lichen Gütern hingewiesen[4].

Durch die Vereinbarung eines Schiedsverfahrens nach den WIPO-Schieds-   64
regeln wird nicht ausgeschlossen, dass die Parteien einstweilige Rechtsschutzmaßnahmen vor den zuständigen staatlichen Gerichten beantragen.
Es wird ausdrücklich klargestellt, dass ein solcher Antrag an die zuständigen
staatlichen Gerichte nicht als Verzicht auf die Schiedsvereinbarung anzusehen ist[5]. Parteien können nur dann einstweilige Rechtsschutzmaßnahmen
vor dem Schiedsgericht beantragen, wenn bereits ein Schiedsverfahren anhängig ist. Im Vorfeld eines Schiedsverfahrens bleibt für die Erlangung einstweiliger Rechtsschutzmaßnahmen nur der Gang vor die zuständigen staatlichen Gerichte.

c) Kostenstruktur der WIPO

Die Kosten eines Schiedsverfahrens nach den WIPO-Schiedsregeln bestehen   65
aus einer nicht erstattungsfähigen **Registrierungsgebühr**, der **Verwaltungsgebühr** der WIPO sowie dem **Honorar der Schiedsrichter**[6]. Die Höhe der
Gebühren und Honorare ergeben sich aus dem Gebühren- und Kostenverzeichnis der WIPO[7]. Während die Registrierungsgebühr unabhängig vom

---

1 Art. 14 der WIPO-Schiedsregeln für beschleunigte Schiedsverfahren.
2 Art. 47 (b) der WIPO-Schiedsregeln für beschleunigte Schiedsverfahren.
3 Art. 56 (a) der WIPO-Schiedsregeln für beschleunigte Schiedsverfahren.
4 Art. 46 der WIPO-Schiedsregeln und Art. 40 der WIPO-Schiedsregeln für beschleunigte
  Schiedsverfahren.
5 Wie vor.
6 Art. 67, 68 und 69 der WIPO-Schiedsregeln.
7 Ein aktuelles Verzeichnis ist unter http://www.wipo.int/amc/en/arbitration/fees/ verfügbar.

Streitwert 2000 USD beträgt, richtet sich die Höhe der Verwaltungsgebühr nach dem Streitwert, wobei eine Staffelung bis zu Streitwerten zwischen 2,5 Mio. und 10 Mio. USD sowie über 10 Mio. USD besteht.

66 Die Honorare der Schiedsrichter werden von dem WIPO Arbitration and Mediation Center nach Konsultation der Schiedsrichter und der Parteien festgelegt. Nach dem aktuellen Gebühren- und Kostenverzeichnis bewegen sich die **Stundensätze** zwischen 300 und 600 USD. Das endgültige Honorar der Schiedsrichter hängt somit entscheidend von Umfang und Dauer des Schiedsverfahrens ab.

67 Für Schiedsverfahren, die nach den WIPO-Schiedsregeln für **beschleunigte Schiedsverfahren** durchgeführt werden, gilt eine andere Vergütungsstruktur. Zum einen sind die Registrierungs- und Verwaltungsgebühren der WIPO niedriger. Zum anderen besteht die Möglichkeit **pauschaler Schiedsrichterhonorare**. Für Streitigkeiten mit einem Streitwert von bis zu 2,5 Mio. USD betragen die Schiedsrichterhonorare pauschal 20 000 USD und für Streitigkeiten mit einem Streitwert zwischen 2,5 Mio. bis zu 10 Mio. USD pauschal 40 000 USD. Nur bei Streitigkeiten jenseits von 10 Mio. USD erfolgt eine individuelle Festsetzung der Honorare durch das Schiedsgericht[1].

68 Das Schiedsgericht entscheidet im Schiedsspruch über die Kosten des Schiedsverfahrens[2]. Soweit die Parteien nichts Anderweitiges vereinbart haben, entscheidet das Schiedsgericht im Schiedsspruch auch über die Erstattung von Kosten, die den Parteien entstanden sind, einschließlich der Kosten für rechtliche Vertretung und Zeugen. Dabei kann das Schiedsgericht alle Umstände des Einzelfalles und den Ausgang des Schiedsverfahrens berücksichtigen[3].

4. Weitere Schiedsinstitutionen in Europa

69 In Europa sind weitere zahlreiche Schiedsinstitutionen angesiedelt. Sie bieten durchweg hochqualitative Unterstützung bei der Durchführung von nationalen wie internationalen Schiedsverfahren. Aufgrund der Fallzahlen und des Umfangs der internationalen Tätigkeit sind besonders hervorzuheben der London Court of International Arbitration, der Court of Arbitration and Mediation der Schweizer Handelskammern, das Arbitration Institute der Stockholmer Handelskammer sowie das Internationale Schiedsgericht der Wirtschaftskammer Österreich.

a) London Court of International Arbitration

70 Der London Court of International Arbitration („LCIA") gilt als eine der weltweit führenden Schiedsinstitutionen. Das Angebot der LCIA umfasst Schiedsverfahren ebenso wie Mediation und andere Formen der alternativen

---

1 Vgl. Gebühren- und Kostenverzeichnis der WIPO, Fußnote 92.
2 Art. 71 der WIPO-Schiedsregeln.
3 Art. 72 der WIPO-Schiedsregeln.

Streitbeilegung[1]. Die Verwaltung von Schiedsverfahren stellt dabei eine der zentralen Aufgaben dar. Die LCIA hat einen **Schiedsgerichtshof** eingerichtet, der die ordnungsgemäße Anwendung der LCIA-Schiedsregeln überwacht und die Schiedsverfahren dadurch unterstützt, dass Schiedsgerichte ernannt, Befangenheitsanträge gegen Schiedsrichter entschieden und die Kosten der Schiedsverfahren kontrolliert werden. Unterstützt wird der Schiedsgerichtshof vom Sekretariat, das die Schiedsverfahren im Tagesgeschäft betreut. Das Sekretariat ist bei dem International Dispute Resolution Centre („IDRC") angesiedelt[2].

Im Jahr 2010 wurden 246 neue Schiedsverfahren beim LCIA eingeleitet. Wenngleich die Fallzahlen gegenüber dem Vorjahr leicht zurückgegangen sind, konnte während der vergangenen Jahre ein **kontinuierlicher Anstieg** verzeichnet werden[3]. Die Schiedsverfahren betreffen Parteien unterschiedlicher Nationalitäten. Deutsche Parteien waren im Jahr 2010 mit einem Anteil von 5 % vertreten[4]. 71

Die LCIA-Schiedsregeln sind seit 1.1.1998 in Kraft[5]. Es handelt sich insgesamt um ein modernes Regelwerk, das den Parteien und den Schiedsgerichten eine weitreichende Flexibilität bei der Verfahrensführung einräumt. Die Kosten des Schiedsverfahrens bestehen aus den Gebühren der LCIA und den Honoraren der Schiedsrichter. Beide werden nicht anhand der Streitwerte bemessen, sondern aufgrund der tatsächlich für die Betreuung des Verfahrens aufgewandten Zeit. Damit will die LCIA dem Umstand Rechnung tragen, dass die Komplexität einer Streitigkeit häufig nicht von dem Streitwert abhängig ist[6]. 72

b) Swiss Chambers' Arbitration Institution

Die Schweizer Handelskammern von Basel, Bern, Genf, Lausanne, Lugano, Neuchatel und Zürich haben sich vor einigen Jahren zusammengeschlossen, um internationale institutionelle Schiedsverfahren in der Schweiz zu fördern. Während für nationale Schweizer Schiedsverfahren die jeweiligen Regeln der vorgenannten Handelskammern gelten, wurden die unterschiedlichen Regeln für internationale Schiedsverfahren durch die Swiss Rules of International Arbitration („Swiss Rules") ersetzt[7]. Eine Neuauflage der Schiedsregeln ist zum 1.6.2012 in Kraft treten. 73

---

1 Ein Überblick über das Angebot der LCIA ist unter http://www.lcia.org/Dispute_Reso lution_Services/Dispute_Resolution_Services.aspx verfügbar.
2 Vgl. http://www.lcia.org/LCIA/Organisation.aspx.
3 Statistiken über die Fallzahlen der LCIA sind unter http://www.lcia.org/LCIA/ Casework_Report.aspx verfügbar.
4 Wie vor.
5 Die LCIA-Schiedsregeln sind unter http://www.lcia.org/Dispute_Resolution_Servi ces/LCIA_Arbitration_Rules.aspx verfügbar.
6 Das seit 8.7.2011 gültige Kostenverzeichnis ist unter http://www.lcia.org/Dispute_Re solution_Services/LCIA_Arbitration_Costs.aspx verfügbar.
7 Die Swiss-Rules sind unter https://www.sccam.org/sa/en/rules.php verfügbar.

74 Auch die Zahl der Schiedsverfahren unter den Swiss Rules ist in den vergangenen Jahren kontinuierlich gestiegen, wenngleich im Jahr 2010 ein leichter Rückgang gegenüber dem Vorjahr und in 2011 eine Stagnation auf diesem Niveau verzeichnet werden konnte. In 2011 wurden 87 Verfahren neu eingeleitet. Die Schiedsverfahren betreffen eine große Bandbreite von Streitigkeiten, wobei Streitigkeiten aus Kaufverträgen mit Abstand den größten Anteil ausmachen. Der Anteil von Intellectual Property und Lizenzstreitigkeiten ist mit 2 % im Jahr 2010 eher gering. Kumuliert mit den Vorjahren entfallen ca. 4 % der Fälle auf diesen Bereich[1].

75 Die Swiss Rules bieten für die Parteien ein modernes Regelwerk zur Durchführung von Schiedsverfahren, das weitgehend an den UNCITRAL Arbitration Rules angelehnt ist. In einem Großteil der Schiedsverfahren kommen **Einzelschiedsrichter** zum Einsatz. Soweit die Parteien keine Vereinbarung über die Anzahl der Schiedsrichter getroffen haben, bestimmen die Handelskammern die Zahl der Schiedsrichter. Regelmäßig soll ein Einzelschiedsrichter eingesetzt werden, es sei denn die Komplexität der Streitigkeit oder der Streitwert rechtfertigen den Einsatz eines aus drei Schiedsrichtern bestehenden Schiedsgerichts. Sofern der Streitwert 1 Mio. CHF nicht überschreitet, kommen die Regeln für beschleunigte Schiedsverfahren zur Anwendung[2]. Im Jahr 2011 wurden ca. ein Drittel der neu eingeleiteten Schiedsverfahren nach den beschleunigten Regeln entschieden.

76 Die Kosten von Schiedsverfahren nach den Swiss Rules bestehen aus einer Registrierungsgebühr, den Verwaltungskosten und den Honoraren der Schiedsrichter, zuzüglich Auslagen. Alle Kosten werden abhängig vom Streitwert bestimmt. Das Vergütungsverzeichnis enthält eine Gebührentabelle, die die Schiedsrichtervergütung mit Minimal- und Maximalwerten festsetzt. Diese Bandbreite soll nur in besonderen Umständen überschritten werden[3].

c) Arbitration Institute der Stockholm Chamber of Commerce

77 Das Arbitration Institute der Stockholm Chamber of Commerce („SCC") bietet Unterstützung bei Streitigkeiten vor nationalen wie internationalen Schiedsverfahren an. Der Anteil der internationalen Fälle liegt ungefähr bei 50 %. Die SCC nimmt einen bedeutenden Stellenwert unter den internationalen Schiedsinstitutionen ein, was teilweise auch darauf zurückzuführen sein mag, dass sie in den 70iger Jahren von den Vereinigten Staaten und der Sowjetunion als neutrales Zentrum für die Beilegung von West-Ost-Handelsstreitigkeiten anerkannt wurde[4].

78 Im Jahr 2010 wurden 197 neue Verfahren bei der SCC eingeleitet. Parteien aus Russland, Deutschland, den USA und Norwegen sind besonders stark

---

1 Die Statistik für das Jahr 2010 ist unter https://www.sccam.org/sa/download/statistics_2010.pdf verfügbar.
2 Art. 6 der Swiss-Rules.
3 Appendix B der Swiss-Rules.
4 Vgl. http://www.sccinstitute.com/hem-3/om-oss-3.aspx.

vertreten[1]. Auch bei der SCC gab es in den vergangenen Jahren einen kontinuierlichen Anstieg der Fallzahlen, wobei die Zahlen des Rekordjahres 2009 im Folgejahr nicht ganz erreicht werden konnten. Zwölf der im Jahr 2010 neu eingeleiteten Fälle entfielen nach Angaben der SCC auf Lizenzverträge und sonstige Intellectual Property Streitigkeiten[2].

Die SCC-Schiedsregeln sind am 1.1.2010 in Kraft getreten und bieten den   79
Parteien und den Schiedsgerichten einen modernen und flexiblen Rahmen für die Durchführung der Schiedsverfahren[3]. Separate Regeln stehen für beschleunigte Schiedsverfahren zur Verfügung[4]. Die Parteien können sich bereits bei Abschluss der Schiedsvereinbarung darauf verständigen, dass die beschleunigten Regeln zur Anwendung kommen. Alternativ ist es ebenfalls möglich, erst nach der Entstehung der Streitigkeit die beschleunigten Regeln zu vereinbaren. Streitigkeiten in beschleunigten Schiedsverfahren werden immer von einem Einzelschiedsrichter entschieden[5].

Im Bereich des einstweiligen Rechtschutzes bietet die SCC seit dem   80
1.1.2010 ein Verfahren vor einem **Emergency Arbitrator** an, der Maßnahmen des einstweiligen Rechtschutzes entscheiden kann, bevor ein Schiedsverfahren an ein Schiedsgericht übertragen wurde. Diese Neuerung geht zurück auf eine Befragung der Nutzer von SCC-Schiedsverfahren, die zu einem ganz überwiegenden Teil geäußert haben, dass einstweilige Rechtschutzmaßnahmen bereits vor Konstituierung des Schiedsgerichts verfügbar sein sollen[6]. Der Emergeny Arbitrator hat dieselben Kompetenzen, Maßnahmen des einstweiligen Rechtschutzes zu erlassen, wie das Schiedsgericht. Er soll innerhalb von 24 Stunden nach Eingang des Antrags einer Partei von dem Vorstand der SCC ernannt sein[7]. Die Entscheidung über die vorläufigen Maßnahmen soll innerhalb von fünf Tagen getroffen werden[8]. Die Kosten für ein Verfahren vor dem Emergency Arbitrator belaufen sich auf ein Honorar in Höhe von 12 000 Euro und eine Antragsgebühr in Höhe von 3000 Euro[9].

Die Kosten von Schiedsverfahren nach den SCC-Schiedsregeln bestehen aus   81
den Honoraren des Schiedsgerichts, den Verwaltungsgebühren und Auslagen. Der Vorstand der SCC setzt die Gebühren anhand des jeweils gültigen

---

1 Die Statistiken der SCC sind unter http://www.sccinstitute.com/hem-3/statistik-2.aspx verfügbar.
2 Wie vor.
3 Die SCC-Schiedsregeln sind unter http://www.sccinstitute.com/filearchive/3/35894/K4_Skiljedomsregler%20eng%20ARB%20TRYCK_1_100927.pdf verfügbar.
4 Die Schiedsregeln der SCC für beschleunigte Schiedsverfahren sind unter http://www.sccinstitute.com/filearchive/3/35892/K3_Skiljedomsregler%20eng%20EXP.%20TRYCK_4_100927.pdf verfügbar.
5 Art. 12 der SCC-Schiedsregeln für beschleunigte Schiedsverfahren.
6 Ein Überblick über den von der SCC angebotenen Emergeny Arbitrator ist unter http://www.sccinstitute.com/skiljeforfarande-2/emergency-arbitrator.aspx verfügbar.
7 Art. 4, Appendix II zu den SCC-Schiedsregeln.
8 Art. 8, Appendix II zu den SCC-Schiedsregeln.
9 Art. 10, Appendix II zu den SCC-Schiedsregeln. Für Schiedsverfahren nach den SCC-Schiedsregeln für beschleunigte Verfahren sind die Kosten niedriger.

Kostenverzeichnisses fest[1]. Die Honorare des Schiedsgerichts richten sich nach dem Streitwert. Die für die genaue Berechnung maßgebliche Gebührentabelle sieht die Mindest- und Maximalhonorare für verschiedene Streitwertkategorien vor, von denen der SCC-Vorstand nur in besonderen Fällen abweichen darf[2]. Für die beschleunigten Schiedsverfahren gilt eine eigene Vergütungstabelle, die niedrigere Kosten vorsieht[3].

d) Internationales Schiedsgericht der Wirtschaftskammer Österreich

82   Das Internationale Schiedsgericht der Wirtschaftskammer Österreich, Vienna International Arbitration Center („VIAC"), bietet seit 1975 Unterstützung bei der Beilegung internationaler Streitigkeiten an[4]. Die VIAC hält neben einer Schiedsordnung eine Schlichtungsordnung bereit. Beide stammen aus dem Jahr 2006. Die Schiedsordnung ist auf die Entscheidung von internationalen Streitigkeiten zugeschnitten. Bei rein nationalen österreichischen Streitigkeiten ist das ständige Schiedsgericht der Wirtschaftskammer Wien oder einer anderen österreichischen Wirtschaftskammer, je nach Schiedsort, zuständig[5].

83   Auch die VIAC-Schiedsordnung steht unter dem Zeichen weitreichender Parteiautonomie. Die Parteien entscheiden über die Anzahl der Schiedsrichter. Liegt insoweit keine Parteivereinbarung vor, entscheidet das Präsidium, ob der Rechtsstreit vor einem Einzelschiedsrichter oder einem aus drei Schiedsrichtern bestehenden Schiedsgericht entschieden werden soll[6].

84   Zu den Kosten des Schiedsverfahrens gehören die Honorare der Schiedsrichter zuzüglich Auslagen sowie die an die VIAC zu entrichtende Einschreibegebühr[7]. Der Generalsekretär der VIAC bestimmt am Ende des Schiedsverfahrens die Schiedsgerichtskosten aufgrund des Streitwertes entsprechend der Tabelle der Verfahrenskosten. Letztere bestimmt die Einschreibegebühr, die Verwaltungskosten sowie die Honorare für verschiedene Streitwertkategorien[8].

5. American Arbitration Association/International Centre for Dispute Resolution

85   Die American Arbitration Association („AAA") ist der weltweit größte Anbieter von Dienstleistungen im Bereich der Streitbeilegung. Die AAA verwaltet Schiedsverfahren und Mediationen. Sie zeichnet sich im besonderen Maße dadurch aus, dass sie für einzelne **Sektoren und Rechtsbereiche** spe-

---

1 Art. 43 der SCC-Schiedsregeln.
2 Appendix III zu den SCC-Schiedsregeln.
3 Appendix III zu den SCC-Schiedsregeln für beschleunigte Schiedsverfahren.
4 Vgl. http://www.internationales-schiedsgericht.at/de/schiedsordnung.html.
5 Art. 1 der VIAC-Schiedsordnung.
6 Art. 14 der VIAC-Schiedsordnung.
7 Art. 32 und 33 der VIAC-Schiedsordnung.
8 Tabelle der Verfahrenskosten gemäß Anhang 1 zu den VIAC-Schiedsregeln.

zielle Regelwerke anbietet, die die Besonderheiten des jeweiligen Bereichs abbilden. Derzeit gibt es eigene Schiedsregeln für die Bereiche „Commercial", „Consumer", „Employment", „Labour" und „Government". Teilweise gibt es darüber hinaus noch weitere Spezialisierungen. Beispielsweise für den Bereich der Commercial Disputes verfügt die AAA nicht nur über die „regulären" Schiedsregeln, sondern auch spezielle Regeln für große komplexe Streitigkeiten[1].

Bis vor einigen Jahren gab es auch spezielle Regeln für die Durchführung   86
von **Schiedsverfahren in patentrechtlichen Streitigkeiten**, die jedoch derzeit nicht mehr angewandt werden[2]. Um den Besonderheiten von IP-Streitigkeiten Rechnung zu tragen, führt die AAA allerdings eine separate Liste mit Schiedsrichtern und Mediatoren für den IP-Bereich, die über spezielle Expertise im Patentrecht, Markenrecht und den Bereich „Copyright" verfügen. Zukünftig soll diese Liste um die Bereiche Pharma/Biotech erweitert werden[3].

Das **International Centre for Dispute Resolution** („ICDR") ist der internatio-   87
nale Arm der AAA, das sich mit der Streitbeilegung auf internationalem Terrain befasst. Die ICDR verzeichnet seit Jahren kontinuierlich steigende Fallzahlen. Im Jahr 2010 gab es insgesamt 888 neu eingeleitete Verfahren[4]. Die ICDR wurde im Jahr 1996 gegründet und kümmert sich mit einem Team von internationalen Case-Managern um die Verwaltung der internationalen Schiedsverfahren[5]. Das Kernstück bilden dabei die ICDR-International Arbitration Rules[6]. Daneben bietet die ICDR Parteien Regeln für die Durchführung internationaler Mediationen an, die nach den ICDR-International Mediation Rules verwaltet werden[7].

a) ICDR-International Arbitration Rules

Die aktuelle Version der ICDR-International Arbitration Rules ist am   88
1.6.2009 in Kraft getreten. Nach diesen Regeln geführte Schiedsverfahren werden regelmäßig durch einen Einzelschiedsrichter entschieden, es sei denn, die Parteien haben sich auf eine andere Zahl von Schiedsrichtern verständigt oder der Administrator der ICDR hält aufgrund des Umfangs des Streits ein aus drei Schiedsrichtern bestehendes Schiedsgericht für angemessen[8]. Die Parteien können das Verfahren zur Benennung der Schiedsrichter

---

1 Ein Überblick über das Angebot der AAA ist unter http://www.adr.org/drs verfügbar.
2 Die Patent Arbitration Rules vom 15.9.2005 sind unter http://www.adr.org/sp.asp?id=22013 verfügbar, werden allerdings derzeit nicht angewandt.
3 Vgl. AAA 2010 Presidents' Letter & Financial Statements, S. 5 f., http://www.adr.org/si.asp?id=6534.
4 Vgl. AAA 2010 Presidents' Letter & Financial Statements, S. 7.
5 Vgl. http://www.adr.org/about_icdr.
6 Die ICDR-International Arbitration Rules sind unter http://www.adr.org/si.asp?id=6449 verfügbar.
7 Die ICDR-International Mediation Rules sind unter http://www.adr.org/si.asp?id=6449 verfügbar.
8 Art. 5 der ICDR-International Arbitration Rules.

selbst vereinbaren. Die ICDR kümmert sich um die Benennung der Schiedsrichter, wenn die Parteien dies wünschen oder das vereinbarte Verfahren
nicht zu fristgerechten Schiedsrichterbenennungen führt[1].

89   Die Verfahrensführung liegt im Ermessen des Schiedsgerichts. Das Schiedsgericht ist dazu angehalten, eine sog. **Preparatory Conference** durchzuführen, um mit den Parteien das weitere Verfahren zu organisieren[2].

90   Im Hinblick auf die Beweisaufnahme ist das Schiedsgericht befugt, den Parteien die Vorlage von Dokumenten aufzugeben. Die ICDR hat separate Empfehlungen für die Schiedsrichter entwickelt, wie mit dem Austausch von
Dokumenten umgegangen werden kann. Die sog. **Guidelines for Arbitrators
Concerning Exchanges of Information** sprechen Empfehlungen aus, wie mit
der Vorlage von Dokumenten, die im Besitz der gegnerischen Partei befind-
lich sind, umgegangen werden kann. Generelle Zielsetzung ist es, den Doku-
mentenaustausch gerade auch im Hinblick auf elektronische Dokumente
auf ein angemessenes Maß zu beschränken. Beispielsweise soll der Antrag
auf Vorlage von Dokumenten eine Beschreibung des speziellen Dokuments
oder der Kategorie von Dokumenten enthalten, sowie eine Begründung, warum diese relevant und erheblich für die Streitigkeit sind.

91   Für **elektronische Dokumente** wird empfohlen, dass die Vorlageanträge eng
sind, um die Suche möglichst effizient zu gestalten. Das Schiedsgericht kann
darauf hinwirken, die Suche zielgerichtet und begrenzt durchzuführen[3]. Insgesamt soll damit sichergestellt werden, dass der Umfang von Dokumenten-
vorlagen in Schiedsverfahren grundsätzlich weniger umfangreich ist als in
Verfahren vor amerikanischen staatlichen Gerichten.

b) Einstweiliger Rechtschutz

92   Das Schiedsgericht hat die Kompetenz, auf Antrag einer Partei Maßnahmen
des einstweiligen Rechtschutzes zu erlassen, die es für erforderlich hält.
Dies umfasst den Erlass von einstweiligen Verfügungen und Sicherungsmaßnahmen[4]. Die Möglichkeit, vor dem Schiedsgericht vorläufige Sicherungsmaßnahmen zu beantragen, schließt einen Antrag auf einstweilige Rechtschutzmaßnahmen an die zuständigen staatlichen Gerichte nicht aus. Ein
Antrag an die zuständigen staatlichen Gerichte gilt nicht als Verzicht auf die
Schiedsvereinbarung[5].

93   Soweit die Parteien nichts anderes vereinbart haben, besteht für Schiedsverfahren, die auf einer Schiedsvereinbarung beruhen, die nach dem 1.5.2006 abgeschlossen wurde, die zusätzliche Möglichkeit, einstweiligen Rechtschutz
im Rahmen des Schiedsverfahrens vor der Konstituierung des Schiedsge-

---

1 Art. 6 der ICDR-International Arbitration Rules.
2 Art. 16 der ICDR-International Arbitration Rules.
3 Die ICDR Guidelines for Arbitrators Concerning Exchanges of Information sind unter
   http://www.adr.org/si.asp?id=5288 verfügbar.
4 Art. 21.1 der ICDR-International Arbitration Rules.
5 Art. 21 der ICDR-International Arbitration Rules.

richts zu erhalten. Wenn einstweilige Rechtsschutzmaßnahmen vor Konstituierung des Schiedsgerichts dringend erforderlich sind, kann sich eine Partei mit einem Antrag an den Administrator der ICDR wenden, der innerhalb eines Werktages einen **Emergency Arbitrator** bestellt.

Der Emergency Arbitrator hat dieselben Kompetenzen wie das Schieds-   94
gericht, notwendige Maßnahmen des einstweiligen Rechtsschutzes zu erlassen. Sobald das Schiedsgericht konstituiert ist, hat der Emergency Arbitrator keine weiteren Befugnisse. Das Schiedsgericht kann die vom Emergency Arbitrator angeordneten einstweiligen Maßnahmen überprüfen, ändern oder aufheben. Der Emergency Arbitrator darf nicht Mitglied des Schiedsgerichts werden, es sei denn, die Parteien stimmen dem zu[1].

c) Kostenstruktur der ICDR

Die Kosten eines Schiedsverfahrens nach den International Arbitration Ru-   95
les der ICDR bestehen aus den Verwaltungsgebühren der ICDR und der Vergütung der Schiedsrichter. Die ICDR bietet in Bezug auf die Verwaltungsgebühren **zwei unterschiedliche Vergütungsstrukturen** an, die Standardvergütung, die aus einer Registrierungsgebühr und einer abschließenden Gebühr besteht sowie eine flexiblere Vergütungsstruktur, die zu Beginn des Verfahrens niedrigere Registrierungsgebühren ermöglicht. In jedem Fall orientieren sich die Verwaltungsgebühren an dem Streitwert[2].

Das Honorar der Schiedsrichter bestimmt sich nicht abhängig vom Streit-   96
wert, sondern der von dem Schiedsrichter für die Betreuung des Schiedsverfahrens aufgewandten Zeit und der Komplexität der Streitigkeit. Nach Beginn des Schiedsverfahrens setzt der Administrator der ICDR in Abstimmung mit den Parteien für jeden Schiedsrichter die **Vergütung pro Stunde** oder einen **Tagessatz** fest. Der so vereinbarte Stunden- bzw. Tagessatz wird der Berechnung der Vergütung zugrunde gelegt[3].

Das Schiedsgericht setzt die Kosten des Schiedsverfahrens im Schiedsspruch   97
fest. Das Schiedsgericht kann die Kosten zwischen den Parteien so aufteilen, wie es unter Berücksichtigung der Umstände des Verfahrens angemessen ist. Aufgeteilt werden können nicht nur die Honorare und Auslagen der Schiedsrichter, Kosten für Sachverständige sowie Verwaltungsgebühren der ICDR, sondern auch die angemessenen Kosten für rechtliche Vertretung der obsiegenden Partei[4].

6. Hong Kong International Arbitration Centre

Das Hong Kong International Arbitration Centre („HKIAC") wurde im Jahr   98
1985 als Reaktion auf die gestiegene Nachfrage bei der Verwaltung von

---

1 Art. 37 der ICDR-International Arbitration Rules.
2 Vgl. Administrative Fee Schedules der ICDR.
3 Art. 32 der ICDR-International Arbitration Rules.
4 Art. 31 der ICDR-International Arbitration Rules.

Schiedsverfahren in Asien gegründet. Das HKIAC-Sekretariat ist für die Verwaltung von Streitigkeiten zuständig und bietet seine Dienstleistungen für Schiedsverfahren, Mediationen, Adjudikationen und Domain-Streitigkeiten an[1]. Im Jahr 2010 hat die HKIAC 291 Schiedsverfahren verwaltet. Ein Anteil von ca. 60 % betraf internationale Streitigkeiten[2].

99 Im Schiedsverfahrensbereich bietet die HKIAC neben den regulären Schiedsregeln, die sog. HKIAC-Administered Arbitration Rules, spezielle Schiedsregeln für beschleunigte Schiedsverfahren, Securities Arbitration Rules und Electronic-Transaction Arbitration Rules an[3]. Die am 1.9.2008 in Kraft getretenen HKIAC-Administered Arbitration Rules basieren weitgehend auf den UNCITRAL-Arbitration Rules und sind zudem von den Swiss Rules inspiriert[4].

a) HKIAC-Administered Arbitration Rules

100 Schiedsverfahren nach den HKIAC-Administered-Arbitration-Rules werden, soweit keine Parteivereinbarung vorliegt, entweder von einem Einzelschiedsrichter oder einem aus drei Schiedsrichtern bestehenden Schiedsgericht entschieden. Der **HKIAC-Council** trifft diese Entscheidung auf Antrag einer Partei unter Berücksichtigung des Streitwertes, der Komplexität und Eilbedürftigkeit des Streits sowie weiterer Faktoren[5]. Ein Einzelschiedsrichter wird durch die Parteien gemeinsam bestimmt. Können sich die Parteien nicht auf eine Person innerhalb der vorgesehenen Frist einigen, nimmt der HKIAC-Council die Benennung vor[6].

101 Ein aus drei Schiedsrichtern bestehendes Schiedsgericht wird dadurch gebildet, dass jede Seite einen Schiedsrichter benennt und die beiden parteiernannten Schiedsrichter einen dritten Schiedsrichter bestimmen, der als Vorsitzender des Schiedsgerichts tätig wird. Kommt es nicht zu den entsprechenden Benennungen innerhalb der jeweils vorgesehenen Zeiträume, ernennt der HKIAC-Council den entsprechenden Schiedsrichter. Besonderheiten gelten bei der Bestellung von Schiedsrichtern, wenn mehrere Parteien auf Kläger- oder Beklagtenseite auftreten[7].

102 Das Schiedsgericht bestimmt das Verfahren für die Durchführung des Schiedsverfahrens, einschließlich der Regeln der Beweisaufnahme. In einer frühen Phase des Verfahrens soll das Schiedsgericht mit den Parteien einen **vorläufigen Zeitplan** für die Durchführung des Verfahrens erstellen und dem

---

1 Vgl. http://www.hkiac.org/index.php/en/about-us.
2 Die Fallstatistik der HKIAC für das Jahr 2010 ist unter http://www.hkiac.org/index.php/en/hkiac-statistics verfügbar.
3 Die jeweiligen Schiedsregeln sind unter http://www.hkiac.org/index.php/en/procedural-rules verfügbar.
4 Vgl. http://www.hkiac.org/index.php/procedural-rules/hkiac-administered-arbitration-rules#1.
5 Art. 6 der HKIAC-Administered Arbitration Rules.
6 Art. 7 der HKIAC-Administered Arbitration Rules.
7 Art. 6 der HKIAC-Administered Arbitration Rules.

Sekretariat der HKIAC vorlegen[1]. Das Schiedsgericht kann die Parteien auch auffordern, bestimmte Dokumente vorzulegen[2].

Besondere Regeln gelten für Streitigkeiten, in denen der Streitwert den Be- 103
trag von 250 000 USD nicht übersteigt. Diese Streitigkeiten sollen möglichst vor einem Einzelschiedsrichter verhandelt werden unter Anwendung der in Art. 38.2 der HKIAC-Administered Arbitration Rules festgelegten **Regeln für beschleunigte Verfahren**. Es soll verkürzte Fristen geben. Wenn möglich soll eine Entscheidung aufgrund schriftlicher Beweismittel innerhalb von sechs Monaten ergehen.

b) Einstweiliger Rechtschutz

Das Schiedsgericht ist befugt, auf Antrag einer Partei, Maßnahmen des einst- 104
weiligen Rechtschutzes anzuordnen, die das Schiedsgericht für notwendig oder angemessen erachtet. Die Möglichkeit, einstweiligen Rechtschutz im Rahmen des Schiedsverfahrens zu beantragen, schließt es nicht aus, sich für einstweiligen Rechtschutz an die staatlichen Gerichte zu wenden. Art. 34.3 der HKIAC-Administered Arbitration Rules stellt insoweit klar, dass ein Antrag auf Erlass einstweiliger Maßnahmen an ein zuständiges staatliches Gericht nicht als Verzicht auf die Schiedsvereinbarung oder als mit der Schiedsvereinbarung unvereinbar gilt.

c) Kostenstruktur des HKIAC

Die Kosten eines nach den HKIAC-Administered Arbitration Rules durch- 105
geführten Schiedsverfahrens bestehen aus einer **Registrierungsgebühr** in Höhe von 1000 USD, der **Verwaltungsgebühr** des HKIAC sowie der **Vergütung der Schiedsrichter**. Die Verwaltungsgebühren des HKIAC werden abhängig vom Streitwert anhand einer Gebührentabelle bestimmt, die für eine gewisse Streitwertkategorie prozentuale Gebühren vorsieht[3].

In Bezug auf die Vergütung der Schiedsrichter haben die Parteien die Wahl- 106
möglichkeit entweder das Vergütungsverzeichnis der HKIAC anzuwenden oder sich mit dem Schiedsrichter auf eine Vergütung zu verständigen. Innerhalb von 30 Tagen nach Einleitung des Schiedsverfahrens soll die Entscheidung über das gewählte Vergütungsmodell fallen. Soweit keine Einigung über die Vergütungsmethode zustande kommt, bestimmen sich die Schiedsrichterhonorare nach den **Vergütungsvereinbarungen** zwischen den Parteien und den Schiedsrichtern[4]. Sofern die Parteien eine Vergütung entsprechend des Vergütungsverzeichnisses der HKIAC vereinbaren, bestimmt sich die Honorierung der Schiedsrichter abhängig vom Streitwert, wobei Minimal-

---

1 Art. 14 der HKIAC-Administered Arbitration Rules.
2 Art. 23.3 der HKIAC-Administered Arbitration Rules.
3 Das aktuelle Vergütungsverzeichnis der HKIAC ist unter http://www.hkiac.org/in dex.php/en/fees/46-hong-kong-international-arbitration-centre-administered-arbitrati on-rules-2#41 verfügbar.
4 Art. 36.2 der HKIAC-Administered Arbitration Rules.

und Maximalgebühren angegeben werden. Die genaue Höhe der Honorare wird durch den HKIAC-Council bestimmt, der insbesondere den Streitwert, die Komplexität der Angelegenheit und die von den Schiedsrichtern aufgewandte Zeit berücksichtigen soll[1].

107 Das Schiedsgericht entscheidet im Schiedsspruch über die Kostenaufteilung zwischen den Parteien. Grundsätzlich sollen die Kosten des Schiedsverfahrens von der unterlegenen Partei getragen werden. Eine andere Aufteilung ist allerdings möglich, wenn das Schiedsgericht aufgrund der Umstände des Falls eine andere Aufteilung für angemessen erachtet. In Bezug auf die Kosten der Parteien für rechtliche Vertretung ist das Schiedsgericht frei, diese zwischen den Parteien aufzuteilen. Auch hier sollen die Umstände des individuellen Falls berücksichtigt werden[2].

7. China International Economic and Trade Arbitration Commission

108 Die China International Economic and Trade Arbitration Commission („CIETAC") wurde im Jahr 1956 gegründet, um den gestiegenen Wirtschafts- und Handelsbeziehungen von chinesischen mit ausländischen Unternehmen Rechnung zu tragen. Die CIETAC hat sich seitdem zu einer weltweit führenden Schiedsinstitution entwickelt[3]. In den vergangenen Jahren sind die Fallzahlen kontinuierlich gestiegen. Seit 2007 liegt die Anzahl der neu eingeleiteten Schiedsverfahren erstmals jenseits von 1000. Dies umfasst allerdings sowohl nationale Schiedsverfahren wie Schiedsverfahren mit internationalem Bezug[4]. CIETAC verwaltet die Schiedsverfahren von dem Hauptsitz in Peking und drei weiteren Standorten in Shanghai, Shenzhen und Tianjin.

109 Die CIETAC bietet die Verwaltung von Schiedsverfahren nach den CIETAC-Schiedsregeln und verschiedenen spezialisierten Schiedsregeln für Finanzstreitigkeiten und Online-Schiedsverfahren an. Spezielle Schiedsregeln für Construction Disputes werden derzeit getestet[5].

110 Besondere Regelungen bestehen für **beschleunigte Verfahren**, die zur Anwendung kommen, wenn der Streitwert unter 2 000 000 RMB liegt oder die Parteien deren Anwendung vereinbart haben[6]. Die beschleunigten Verfahren werden im Regelfall von einem Einzelschiedsrichter und möglichst innerhalb von drei Monaten nach der Konstituierung des Schiedsgerichts entschieden[7].

---

1 Art. 36.3 der HKIAC-Administered Arbitration Rules.
2 Art. 36.4 und Art. 36.5 der HKIAC-Administered Arbitration Rules.
3 Vgl. http://www.cietac.org/index.cms.
4 Die Statistiken der CIETAC sind unter http://www.cietac.org/index.cms verfügbar.
5 Einen Überblick über die Angebote der CIETAC gibt http://www.cietac.org/index.cms.
6 Art. 54 der CIETAC-Schiedsregeln.
7 Art. 56, 60 der CIETAC-Schiedsregeln.

a) CIETAC-Arbitration Rules

Zum 1.5.2012 sind die überarbeiteten Schiedsregeln der CIETAC in Kraft ge-   111
treten. Die Überarbeitung der Schiedsregeln soll insbesondere aktuelle Entwicklungen im internationalen Schiedsverfahrensrecht aufgreifen. Wie auch
schon die Vorgängerversion aus 2005 stehen sie im Einklang mit dem
Schiedsverfahrensrecht der Volksrepublik China und dienen sowohl der Beilegung von internationalen als auch nationalen Streitigkeiten[1]. Die Parteien
können für ein nach den CIETAC-Schiedsregeln geführtes Verfahren den
Schiedsort frei bestimmen. Falls eine Parteivereinbarung fehlt, soll der Sitz
der CIETAC oder einer ihrer weiteren Standorte herangezogen werden, es sei
denn, die individuellen Umstände gebieten etwas anderes[2]. Dasselbe Konzept gilt in Bezug auf die Sprache des Schiedsverfahrens[3]: Gibt es keine Parteivereinbarung, ist Chinesisch die Verfahrenssprache, es sei denn aufgrund
der Umstände des Falls bestimmt die CIETAC eine andere Sprache.

Soweit die Parteien keine abweichende Vereinbarung getroffen haben, wer-   112
den Schiedsverfahren nach den CIETAC-Schiedsregeln durch ein aus **drei**
Schiedsrichtern bestehendes Schiedsgericht entschieden[4]. Die Parteien benennen jeweils einen Schiedsrichter und einigen sich nach der Benennung
der beiden beisitzenden Schiedsrichter auf einen vorsitzenden Schiedsrichter. Alternativ können sie den Vorsitzenden der CIETAC mit der Benennung
betrauen. Erfolgt keine fristgemäße Benennung eines Schiedsrichters oder
des Vorsitzenden, nimmt der Vorsitzende der CIETAC die Benennung vor[5].

Die Benennung der Vorsitzenden des Schiedsgerichts soll dergestalt erfolgen,   113
dass die Parteien eine Liste mit jeweils drei Vorschlägen möglicher Kandidaten austauschen. Sofern die ausgetauschten Listen eine Übereinstimmung
aufweisen, wird diese Personen der Vorsitzende. Gibt es mehr als eine Übereinstimmung, wählt der Vorsitzende der CIETAC den Vorsitzenden aus.
Gibt es keine Übereinstimmung, benennt der Vorsitzende der CIETAC einen
vorsitzenden Schiedsrichter von außerhalb der Liste der ausgetauschten Vorschläge[6]. Besonderheiten für die Schiedsrichterbenennung gelten bei der Beteiligung von mehr als einer Partei auf Kläger- oder Beklagtenseite[7].

Grundsätzlich sollen Schiedsrichter ausgewählt werden, die auf der von der   114
CIETAC zur Verfügung gestellten **Schiedsrichterliste** aufgeführt sind. Personen außerhalb der Liste können nur dann gewählt werden, wenn sich die
Parteien darauf verständigt haben und eine Bestätigung der Benennung
durch den Vorsitzenden der CIETAC erfolgt[8].

---

1 Art. 3 der CIETAC-Schiedsregeln, wobei die Art. 63 ff. besondere Regelungen für rein
  nationale Schiedsverfahren enthalten.
2 Art. 7 der CIETAC-Schiedsregeln.
3 Art. 71 der CIETAC-Schiedsregeln.
4 Art. 23.2 der CIETAC-Schiedsregeln.
5 Art. 25 der CIETAC-Schiedsregeln.
6 Art. 25.3 der CIETAC-Schiedsregeln.
7 Art. 27 der CIETAC-Schiedsregeln.
8 Art. 24 der CIETAC-Schiedsregeln.

115 Das Schiedsgericht ist befugt, das Verfahren so zu führen, wie es dies für an-
     gemessen erachtet, es sei denn, es gibt abweichende Parteivereinbarungen.
     Das Schiedsgericht ist, soweit die Parteien es nicht anders vereinbart haben,
     auch dazu befugt, den Fall **von Amts wegen** zu untersuchen[1]. Insbesondere
     kann das Schiedsgericht auf eigene Initiative Beweismittel sammeln, soweit
     es dies für notwendig erachtet[2]. Die vom Schiedsgericht gesammelten Be-
     weise werden den Parteien zur Stellungnahme vorgelegt[3].

116 Die CIETAC-Schiedsregeln ermöglichen eine besondere **Kombination von
     Schieds- und Schlichtungsverfahren**. Wenn dies von den Parteien gewünscht
     ist, kann das Schiedsgericht im Laufe des Schiedsverfahrens einen Schlich-
     tungsversuch vornehmen. Scheitert die Schlichtung, wird das Schiedsverfah-
     ren fortgesetzt[4].

117 Bevor ein Schiedsspruch unterschrieben wird, sendet das Schiedsgericht ei-
     nen Entwurf an die CIETAC. Die CIETAC prüft den Schiedsspruch. Sie kann
     dem Schiedsgericht Vorschläge hinsichtlich des Schiedsspruchs machen, vo-
     rausgesetzt, dass nicht in die Kompetenz des Schiedsgerichts eingegriffen
     wird, das Schiedsverfahren unabhängig zu entscheiden[5].

118 Kleine Streitigkeiten, in denen der Streitwert nicht 500 000 RMB übersteigt,
     werden in einem **beschleunigten Verfahren** entschieden. Es gelten hierfür
     die speziellen Regeln des Kapitels V der CIETAC-Schiedsregeln.

b) Einstweiliger Rechtschutz

119 Das Schiedsgericht kann auf Antrag einer Partei Maßnahmen des einstweili-
     gen Rechtsschutzes erlassen, die es für notwendig und angebracht erachtet.
     Daneben bestehen besondere Regelungen bei Anträgen, die auf den Erhalt
     von Eigentum oder die Sicherung von Beweismitteln gerichtet sind. In die-
     sen Fällen leitet die CIETAC den entsprechenden Antrag an das zuständige
     staatliche Gericht weiter, das von der betreffenden Partei benannt wird[6].

c) Kostenstruktur der CIETAC

120 Das Schiedsgericht entscheidet im Schiedsspruch über die Kosten des
     Schiedsverfahrens. Es kann insbesondere der unterlegenen Partei Kosten der
     obsiegenden Partei auferlegen[7].

---

1 Art. 23.3 der CIETAC-Schiedsregeln.
2 Art. 41der CIETAC-Schiedsregeln.
3 Art. 41.3 der CIETAC-Schiedsregeln.
4 Art. 45 der CIETAC-Schiedsregeln.
5 Art. 49 der CIETAC-Schiedsregeln.
6 Art. 21 der CIETAC-Schiedsregeln.
7 Art. 50 der CIETAC-Schiedsregeln.

Die Kosten eines Schiedsverfahrens nach den CIETAC-Schiedsregeln beste-   121
hen aus einer Registrierungsgebühr und den Schiedsverfahrensgebühren. Sie
bestimmen sich nach dem ab dem 1.5.2012 gültigen **Gebührenverzeichnis**
abhängig von der Höhe des Streitwertes[1]. Die Schiedsverfahrensgebühr wird
von dem Sekretariat der CIETAC festgesetzt. Zusätzlich werden Auslagen
berechnet.

8. Sonstige Schiedsinstitutionen

Die vorstehende Vorstellung von einigen Schiedsinstitutionen und deren   122
Schiedsregeln versteht sich selbstverständlich nicht als abschließende Aufzählung. Unternehmen können weltweit auf ein umfassendes Angebot von
Schiedsinstitutionen zurückgreifen. Insbesondere in Ländern mit wachsender wirtschaftlicher Bedeutung entwickeln sich international tätige Schieds-
zentren. Damit ist sichergestellt, dass Parteien in den unterschiedlichsten
Regionen auf das Angebot von Schiedsinstitutionen zurückgreifen können,
um Streitigkeiten losgelöst von den staatlichen Gerichten beizulegen.

---

1 Das aktuelle Gebührenverzeichnis ist unter http://www.cietac.org/index.cms verfügbar.

C. International jurisdictions and procedural laws

I. Introduction

In the following part of this book, renowned lawyers from the most impor- 1
tant jurisdictions as regards the IT industry show the specifics of their national procedural laws and how the different jurisdictions deal with mediation and arbitration in IT matters.

Besides the possibility to learn about how the different jurisdictions work, 2
this chapter should enable the German IT lawyer to choose the right venue
if there is a possibility for "Forum Shopping" in the specific dispute. In particular, IT cases often have an international connection. Due to the worldwide
internet, contracts are concluded between parties in different jurisdictions a
million times every day. Software licensors are often based in the US, hardware is manufactured in India or China. The most important consulting
firms have partners firms or affiliates in India. For a business lawyer dealing
with technology matters, it is therefore important to have a certain knowledge about the respective jurisdictions in order to be able to advise a client
properly on how to deal with the case. The lawyer should be able to give a
basic view on the chances of success of a particular case also in the light of
the procedural laws of the respective jurisdiction. This is important to develop an overall litigation strategy for the client.

II. United States of America

1. United States Courts Follow the Common Law Tradition

1 The courts in the United States are common law courts. Many IT claims litigated in both federal and state courts in the United States, such as claims for negligence and breach of contract, were created by English common law courts centuries ago. When statutory claims are litigated, such as claims for patent or copyright infringement, the courts apply the statutes as they have been construed in prior judicial decisions. The opinions of the United States Supreme Court, the 13 federal Courts of Appeal, and the highest appellate courts of the 50 states in the United States, provide interpretations of statutes that often determine how trial judges decide statutory IT claims.

2. Federal and State Courts in the United States

a) The two sets of courts

2 The federal government structure adopted in the United States Constitution provides for executive, legislative, and judicial institutions at both the national level (i.e., the President, Congress, and the federal courts) and in the states (governors, state legislatures, and state courts). As of October 2011, 677 federal district court judges[1], appointed by the President and confirmed by the United States Senate, preside in federal 90 district courts throughout the 50 states (and in federal district courts in the United States Territories of Puerto Rico, Guam, the Virgin Islands, and the Northern Mariana Islands).

3 Decisions in both civil and criminal cases from federal district courts may be appealed to one of the 13 federal Circuit Courts of Appeal. For example, the United States Court of Appeals for the Second Circuit decides appeals from federal district courts in New York, Connecticut, and Vermont. The First through Eleventh Circuits decide cases from other specified states. The United States Court of Appeals for the District of Columbia Circuit decides appeals from federal district courts in the District of Columbia and regarding certain federal government agency decisions. Additionally, the Court of Appeals for the Federal Circuit, also based in the District of Columbia, has exclusive jurisdiction to hear appeals related to patents from federal district courts throughout the United States (28 United States Code ("U.S.C.") § 1295). The Federal Circuit also hears appeals from certain federal adminis-

---

Randy Gainer is a partner in the Intellectual Property department of Davis Wright Tremaine LLP in Seattle, Washington. His practice emphasizes litigating computer-related disputes and advising businesses about data security and privacy issues. See http://www.dwt.com/people/RandyGainer. The views expressed in this chapter are those of the author and not of Davis Wright Tremaine or any of its clients. This chapter is not legal advice and should not be used as a substitute for legal advice.
1 The number of judges and other statistics about the federal courts is reported on the federal courts website, *available at* http://www.uscourts.gov/JudgesAndJudgeships/FederalJudgeships.aspx.

trative tribunals[1]. The Courts of Appeal hear cases as three-judge panels, although a larger group of judges may re-hear a case in response to a petition for rehearing en banc[2]. An appeal from a federal Court of Appeal, termed a "petition for writ of certiorari", may be filed with the United States Supreme Court. The Court has discretion to decide whether or not to hear an appeal.

State constitutions and statutes establish state courts in each of the 50   4 states, typically with trial courts that hear both civil and criminal cases, intermediate appellate courts that hear appeals from the state trial courts, and a highest state appellate court, usually (but not always) termed the state "supreme court", which makes final decisions in appeals from the state courts that do not raise federal issues. A party may ask the United States Supreme Court to hear an appeal from a final decision of a state's highest court if the state court's decision invalidates a federal constitutional provision or a federal statute or if the court rejects a party's attempt to rely on a federal statute or federal constitutional provision (28 U.S.C. § 1257). As with appeals from federal Courts of Appeal, the United States Supreme Court may or may not decide to hear an appeal from a state supreme court.

b) Procedures for litigating civil lawsuits

If a plaintiff contends that a defendant has violated a constitutional, statu-   5 tory, or common law right, the plaintiff may commence a civil lawsuit in a federal district court if the federal court has jurisdiction (as described in section 2.d. below). The plaintiff starts the lawsuit by paying a filing fee, filing the complaint with the court clerk, and serving a copy of the complaint on the defendant together with a summons that describes how and when the defendant must respond[3]. If the federal court does not have jurisdiction, the plaintiff may commence a lawsuit in state court through similar steps[4]. The Seventh Amendment to the federal Constitution gives both the plaintiff and the defendant the right to have most cases tried by a jury. A party that invokes its right to a jury trial must generally file a jury demand within the deadline prescribed by the court's rules.

When a civil case has been commenced in either federal or state court, the   6 court will generally issue an order setting deadlines to complete pretrial discovery (interrogatories, document requests, and depositions, each of which is described below) and pretrial motions, and establishing the date for the

---

1 Those administrative tribunals are the Court of Federal Claims; the Court of Appeals for Veterans Claims; the Trademark Trial and Appeal Board; the Board of Patent Appeals and Interferences; the Boards of Contract Appeals (for government contracts); the Merit Systems Protection Board (federal employment and employment benefits); United States International Trade Commission; and United States Court of International Trade. *See* 28 U.S.C. § 1295.
2 As of October 2011, 179 judges were serving on the Courts of Appeal. *See* the federal courts website, *supra* note 1.
3 *See* Federal Rule of Civil Procedure ("Fed. R. Civ. P.") 4.
4 Both federal and state courts have jurisdiction in some cases. Where there is such "concurrent jurisdiction", the case may be filed in either court.

trial. Such schedules vary but it is not uncommon for the court to require parties to complete discovery within a year to 14 months and to set a trial date 18 months after the date the case was filed. A party may ask the court to revise case-schedule deadlines for good cause.

7 If the facts alleged in a complaint would not entitle the plaintiff to relief under applicable law even if all the facts alleged in the complaint were true, the defendant can move to dismiss the case[1]. If the court agrees there is no merit to the claims, even if the plaintiff's factual allegations are presumed to be true, the case will be dismissed.

8 If a case is not quickly dismissed, federal court rules require that, shortly after the plaintiff files the complaint, each party must provide to the other parties copies of all documents on which the party plans to rely that are available to the party at that time[2]. In both federal and state courts, the rules permit the attorneys for each party to conduct wide-ranging pretrial discovery to identify and obtain any and all additional documents and electronic data that may help or hurt their clients' claims. There are three primary types of discovery: interrogatories, requests for the production of documents, and depositions. Interrogatories require the responding party to answer questions about its case in writing within 30 days. In most large commercial cases, counsel will initially send interrogatories together with requests for production of documents, which require copies of all responsive, non-privileged documents to be provided to the requesting lawyer, also within 30 days[3] (although it is common to grant extensions of time to respond to discovery requests). Because most business documents are now stored electronically, federal discovery rules explicitly require "electronically stored information" or "ESI" to be produced in response to requests for production, as well as paper documents[4].

9 Interrogatories also typically require the answering party to identify all known individuals who may have information about the dispute, whether favorable or unfavorable to the answering party. The most important witnesses for each party will then be deposed by an attorney representing each

---

1 *See* Fed. R. Civ. P. 12 (describing the bases for motions to dismiss). Most state courts have rules similar to each of the federal rules cited in this section. Some states' procedural rules, including those of California and New York, are not modeled on the federal rules but include analogous requirements.
2 *See* Fed. R. Civ. P. 26(a)(1). Such documents must be provided as part of each party's "initial disclosures."
3 *See* Fed. R. Civ. P. 33 and 34.
4 *See* Fed. R. Civ. P. 34(a)(1)(A). If the responding party can show that its ESI is not "reasonably accessible" because of costs or the burden to produce the ESI, an exception may be provided by the court to the general duty to produce ESI. *See* Fed. R. Civ. P. 26(b)(2)(B). State courts typically interpret their discovery rules to require production of responsive, non-privileged ESI, also subject to a potential exception if the responding party can demonstrate it would be unreasonably expensive or burdensome to provide copies of the electronic records.

of the other parties in the case[1]. By taking depositions, at which the witness must answer the lawyer's questions under oath, with the questions and answers being recorded in a verbatim transcript (and often on video and audio as well), each party's attorney can determine what each opposing witness will testify at trial, can assess how credible each witness appears, and can seek to have the witness agree with helpful assertions. If a witness answers a question differently at trial from how he or she answered the same question during a deposition, the transcript or recording of the witness's testimony can be read to or played for the judge and jury, which will undermine the witness's credibility.

By using interrogatories, requests for production of documents, and deposi- 10
tions, and by investigating the strengths and weaknesses their own evidence, civil litigants and their attorneys can determine before trial most of the evidence that will be presented at trial. For that reason, there are few surprises during most civil trials in the United States, especially for cases – including many IT cases – where the potential outcome may significantly impact a business. In such cases, the parties will generally pay the substantial amounts required to ensure that pretrial discovery either confirms the strength of, or exposes the weaknesses in, their claims.

For the same reason, i.e., because the evidence to be presented at trial is, for 11
the most part, known at the end of discovery, many cases are decided before trial in response to motions for summary judgment[2]. A party may ask the court to decide the case, or some part of it, on summary judgment by submitting affidavits, deposition transcript excerpts, and briefs setting out the party's written arguments. The other party or parties will typically oppose the motion by submitting affidavits, deposition transcript excerpts, and briefs presenting its opposing position. The judge will then decide the motion after reviewing the written submittals and after hearing oral argument from the parties' lawyers. If the judge decides the legally significant facts are not genuinely disputed, he or she will decide the case by applying pertinent legal principles.

Most civil cases that are not decided through motions to dismiss or for sum- 12
mary judgment are resolved through settlements[3]. Settlements are even more common in class-action cases, where a named plaintiff purports to represent a group or "class" of individuals[4]. In such cases, the named plaintiff

---

1 *See* Fed. R. Civ. P. 32 (procedures and other requirements regarding depositions). Depositions of local witnesses are typically taken at the offices of the attorney who schedules the deposition. They may be taken at any mutually-agreed location.
2 *See* Fed. R. Civ. P. 56 (procedures and other requirements regarding motions for summary judgment).
3 *See* Marc Galanter, *"Most Cases Settle": Judicial Promotion and Regulation of Settlements*, 46 Stan. L. Rev. 1339, 1340 (1994) (78 % of the cases in five federal judicial districts settled, excluding default judgments; 15 % were dismissed or ordered to be arbitrated; 7 % were tried) (citing Herbert M. Kritzer, *Adjudication to Settlement: Shading in the Gray*, 70 Judicature 161, 162–64 (1986)).
4 *See* Fed. R. Civ. P. 23.

must file a motion to certify the class, i.e., to persuade the court that the class is too numerous to practically join all members as plaintiffs, there are questions of law and fact common to the class, the named plaintiff's claims are typical of those of the class, and the named plaintiff will fairly and adequately protect the interests of the class[1]. If the court grants the motion to certify the class, the defendant will likely settle the case[2].

13   If the court does not dismiss a case in response to either a motion to dismiss or a motion for summary judgment, and the case is not settled, the case will be tried to a jury (if there is a right to a jury and one of the parties timely filed a jury demand) or to the judge. At the trial, after opening arguments by an attorney for each party, the plaintiff will present its witnesses, asking questions to elicit testimony in its favor and introducing documentary evidence through its witnesses. After each of the plaintiff's witnesses testifies "on direct", an attorney for the defendant will cross-examine the witness. When the plaintiff has presented all of its witnesses, the defendant may move to dismiss the entire case or some of the plaintiff's claims, arguing that plaintiff failed to present evidence required to prove the necessary elements of one or more of the claims. Such motions are rarely granted. If no motion to dismiss is made or if it is denied, the defendant must then present its witnesses, whom plaintiff's lawyer will cross-examine. Plaintiff may then present rebuttal witnesses.

14   If the case is tried to a jury, after all witnesses have been questioned by the parties' attorneys but before the case is submitted for decision, a party can ask the court to enter judgment as a matter law in its favor on some or all issues, on the basis that a reasonable jury would not have a legally sufficient basis to find against the party[3]. These motions, too, are rarely granted. If the case is not resolved by such motions, each party's lawyer presents a closing argument. The parties' lawyers and the judge will have conferred about jury instructions, which summarize the legal principles the jury must apply, before the trial began or during the trial at a time when the jury has been excused. The jury instructions are read to the jury in court before the jury begins to meet privately to reach a verdict. The jury's verdict will be announced in court, sometimes after hours of deliberations and sometimes

---

1 *Id.* at 23(a)(1)-(4).
2 *See, e.g., AT&T Mobility LLC v. Concepcion*, 131 S. Ct. 1740, 1752 (2011) ("[W]hen damages allegedly owed to tens of thousands of potential claimants are aggregated and decided at once, the risk of an error will often become unacceptable. Faced with even a small chance of a devastating loss, defendants will be pressured into settling questionable claims. Other courts have noted the risk of 'in terrorem' settlements that class actions entail.") (citation omitted). *See also* Thomas E. Willging & Shannon R. Wheatman, *An Empirical Examination of Attorneys' Choice of Forum in Class Action Litigation*, 50 (Federal Judicial Center 2005) ("A certification decision appears to mark a turning point, separating cases and pointing them toward divergent outcomes. ... Certified cases concluded with a court-approved, class-wide settlement 89 % of the time."), *available at* http://www.fjc.gov/public/pdf.nsf/lookup/clact05.pdf/$file/clact 05.pdf.
3 *See* Fed. R. Civ. P. 50(a).

after days or weeks. After the jury returns its verdict, the party the jury finds against will often renew its motion for judgment as a matter of law, asking that court to overrule the jury because no reasonable jury could have reached the conclusion the jury reached and to enter judgment for the moving party or grant a new trial[1]. The court will enter its judgment in writing and enter an order specifying the relief awarded to the plaintiff or stating that the claims against the defendant are dismissed with plaintiff to recover nothing[2].

In non-jury trials, after all witnesses have testified, the lawyers for each   15 party will present closing argument. The judge may ask each side to present proposed findings of fact and conclusions of law. In cases where many witnesses have testified and tens or hundreds of documents have been entered as evidence, the court will typically take the case "under advisement" and issue a written decision several days later.

A party may file post-judgment motions for a new trial and to alter or amend   16 the judgment within 28 days after the court enters the judgment[3]. The losing party may then file a notice of appeal with the pertinent appellate court. In federal courts, a notice of appeal must be filed within 30 days after the date judgment was entered or after a post-judgment order being challenged was denied, unless a federal government agency or officer was a party, in which case the deadline is 60 days[4].

If the losing party does not file a timely notice of appeal, or if it loses its appeal, the party who won the trial court judgment can enforce the judgment,   17 if necessary, through additional proceedings in the trial court. For example, to satisfy a money judgment, the winning party can obtain writs of execution and attachment to obtain funds or other property belonging to the losing party[5].

c) Litigation costs

Estimates of the cost of litigating civil cases in the United States vary   18 widely. A survey of Fortune 200 firms reported the companies' average legal fees in 2008 were approximately $2 million per case[6] and the companies' average discovery costs were approximately $622,000 per case[7]. A 2007 survey found the average total cost of litigating a patent case with potential da-

---

1 *See* Fed. R. Civ. P. 50(b) and 59.
2 *See* Fed. R. Civ. P. 58.
3 *See* Fed. R. Civ. P. 59.
4 *See* Federal Rule of Appellate Procedure 4(a)(1)(A) & (B).
5 *See* Fed. R. Civ. P. 69–71.1.
6 U.S. Chamber Institute for Legal Reform, *Litigation Cost Survey of Major Companies*, 14, Figure 10 (March 2010), *available at* http://www.uscourts.gov/uscourts/RulesAnd Policies/rules/Duke%20Materials/Library/Litigation%20Cost%20Survey%20of%20 Major%20Companies.pdf.
7 *Id.* at 15, Table 11.

mages from $1 million to $25 million was $2.6 million[1]. A 2009 survey for the Federal Judicial Center showed defense attorneys from various-sized firms reported the cost of litigating cases that included e-discovery averaged $40,000[2]. The average amount at risk in those cases was $200,000[3]. The same study reported that, in the 95th percentile of the cases, where multiple forms of discovery were used and the amount at risk averaged $5 million, average defense costs were $400,000[4].

d) Subject matter and personal jurisdiction in federal and state courts

19   Article III of the federal Constitution states that the judicial power of the federal government is vested in the United States Supreme Court and in other courts that Congress creates. The same Article provides that federal judges may decide issues that arise under the Constitution, federal statutes, international treaties, between citizens of different states in the United States, and between citizens of the United States and other countries, among other things. Federal statutes implement this constitutional grant of authority. For example, the jurisdiction of federal courts to resolve disputes regarding federal statutes, referred to as "federal question jurisdiction", is stated in a statute codified at 28 U.S.C. § 1331: "The district courts shall have original jurisdiction of all civil actions arising under the Constitution, laws, or treaties of the United States." Another statute, the "diversity jurisdiction" statute, 28 U.S.C. § 1332, gives federal courts jurisdiction to decide claims brought by citizens of a U.S. state against residents of another state or a foreign state, if the amount at issue exceeds $75,000. For purposes of diversity jurisdiction, a corporation is considered a citizen of the state by which it was incorporated and of the state in which it has its principal place of business, i.e., "where the corporation's high level officers direct, control, and coordinate the corporation's activities", typically referred to as the corporation's "nerve center"[5].

20   The federal question and diversity jurisdiction of federal courts are examples of "subject matter jurisdiction." Other examples of subject matter jurisdiction pertinent to IT claims are the exclusive jurisdiction of federal courts to decide claims of patent and copyright infringement[6].

---

1 American Intellectual Property Law Association, *Report of the Economic Survey 2007*, I-91, Table Q36d.
2 Emery G. Lee III & Thomas E. Willging, *Preliminary Report to the Judicial Conference Advisory Committee on Civil Rules*, 37, Table 5 (Oct. 2009), *available at* http://www.fjc.gov/public/pdf.nsf/lookup/dissurv1.pdf/$file/dissurv1.pdf.
3 *Id.* at 42, Table 9.
4 *Id.* at 37, Table 5, and 42, Table 9.
5 *Hertz Corp. v. Friend*, 130 S. Ct. 1181, 1185 (2010).
6 *See* 28 U.S.C. § 1338 ("[D]istrict courts shall have original jurisdiction of any civil action arising under any Act of Congress relating to patents, plant variety protection, copyrights and trademarks. Such jurisdiction shall be exclusive of the states in patents, plant variety protection and trademark cases."). "Exclusive jurisdiction" means that cases alleging patent and copyright infringement must be brought in federal courts; state courts cannot decide such claims. On the other hand, federal and state

In addition to subject matter jurisdiction, a U.S. court must have "personal   21
jurisdiction" over the defendant to decide a case. The due process provisions
of the federal Constitution[1] have been interpreted to require that, for a federal or state court to exercise jurisdiction over a non-resident defendant who
has not consented to such jurisdiction, the defendant must have "minimum
contacts" with the forum state so that requiring the person to defend himself in that court does not offend traditional notions of fair play and substantial justice[2].

There are, in turn, two ways that a defendant may have sufficient contacts   22
with a forum state to give a court personal jurisdiction regarding the defendant. If a person resides in the forum state or has other substantial or "systematic and continuous" contacts with the forum state, the court has "general" or "all-purpose" jurisdiction to decide claims against the defendant[3]. If
the defendant's contacts with the forum state are not sufficient to justify
general jurisdiction, the court may have "specific" jurisdiction over the defendant to decide claims that arise from the defendant's conduct in the forum state[4]. To meet due process requirements, a non-resident defendant must
have purposefully availed himself of the privilege of conducting activities in
the forum state, thereby invoking the protection of the forum state's laws[5].
A non-resident defendant's contacts with the forum state must be such that
he would reasonably anticipate having to defend himself in court in that
state[6].

In addition to meeting federal constitutional tests that limit a court's exer-   23
cise of jurisdiction over a non-resident defendant, the conduct that provides
the basis for jurisdiction must satisfy the state's "long-arm" statute, that is,
the statute that describes the circumstances in which a non-resident may be
served with papers to commence a lawsuit. Most states interpret their long-
arm statutes to allow out-of-state service of such papers in all circumstances
permitted by constitutional due process principles[7]. In those states, there is
only one inquiry regarding whether there is specific jurisdiction over an out-

---

courts have concurrent jurisdiction in trademark cases. Factors that should inform a
decision to bring a case in federal court or state court when there is concurrent jurisdiction are discussed below in section 4.

1 "No person shall ... be deprived of life, liberty, or property, without due process of
law" U.S. Const. amend. V (applies to the federal government); "No State shall ... deprive any person of life, liberty, or property, without due process of law ..." U.S. Const.
amend. XIV (applies to state governments).

2 *See Int'l Shoe Co. v. Washington,* 326 U.S. 310, 316 (1945).

3 *See, e.g., Goodyear Dunlop Tires Operations, S.A. v. Brown,* 131 S. Ct. 2846, 2851
(2011); *Burger King Corp. v. Rudzewicz,* 471 U.S. 462 (1985).

4 *J. McIntyre Machinery, Ltd. v. Nicastro,* 131 S. Ct. 2780, 2787–88 (2011); *Int'l Shoe
Co.,* 326 U.S. at 316.

5 *Hanson v. Denckla,* 357 U.S. 235, 253 (1958).

6 *World-Wide Volkswagen Corp. v. Woodsen,* 444 U.S. 286, 297 (1980).

7 *See McIntyre,* 131 S. Ct. at 2794, 2800 & n.8 (Ginsburg, J., dissenting) (describing
New Jersey's long-arm statute as providing for the exercise of jurisdiction "consistent
with due process of law" and listing 27 additional states whose long-arm statutes "allow the exercise of jurisdiction subject only to a due process limitation").

of-state defendant: whether the defendant has sufficient contacts with the forum state to satisfy federal constitutional due process requirements.

24   In states whose long-arm statutes do not extend to the limit permitted by federal due process requirements, the plaintiff must first show that the long-arm statute permits the court to exercise personal jurisdiction over the out-of-state defendant. Typically such statutes provide for jurisdiction over individuals or entities doing business in the state. There are, however, some states whose long-arm statutes may present challenges. New York's long-arm statute (34 C.P.L.R. § 302(a)), for example, explicitly excludes claims for defamation[1].

e) Constitutional limits on personal jurisdiction

25   It is more difficult to obtain general or all-purpose personal jurisdiction over a person who does not reside in the United States or business entity that is not incorporated in and does not have its principal place of business in the United States than it is to obtain "specific jurisdiction" over non-resident individuals and companies for claims related to their actions in the United States. The United States Supreme Court has upheld the exercise of general jurisdiction over a foreign defendant only once[2] since the Court first described the concept of general jurisdiction. In that case, where the Court found sufficient "continuous corporate operations" to uphold general jurisdiction, the defendant had temporarily moved its corporate headquarters to the United States from the Philippines during the Second World War. Federal appellate and trial courts have frequently held that defendants did not have sufficient contacts with the forum state for the forum states' courts to exercise general jurisdiction[3]. On the other hand, if a company targets advertisements at residents of a state, sells substantial products or services to the state's residents, and maintains an interactive website that enables such

---

1   *See, e.g., Best Van Lines v. Walker*, 490 F.3d 239 (2nd Cir. 2007) (allegedly defamatory posting on website did not provide basis for jurisdiction under New York long-arm statute).
2   *Perkins v. Benguet Consol. Mining Co.*, 342 U.S. 437 (1952).
3   *See, e.g., Johnson v. Arden*, 614 F.3d 785, 795 (8th Cir. 2010) (website owner's two visits to Missouri, operation of a different website there for four years, and numerous phone calls and email exchanges with plaintiffs in Missouri not "continuous and systematic"; no general jurisdiction); *Cassaboon v. Maine Medical Center*, 600 F.3d 25, 33–39 (1st Cir. 2010) (defendant's advertisements to New Hampshire residents, operation of a website accessible in New Hampshire, license to do business there, participation in a patient transfer system in New Hampshire, contract with a New Hampshire medical school, and treatment of New Hampshire residents (three percent of total patients) insufficient to establish general jurisdiction); *Revell v. Lidov*, 317 F.3d 467, 471 (5th Cir. 2002) (no general jurisdiction for defamation claim in Texas court against Massachusetts resident and Columbia School of Journalism in New York for article posted online about former FBI agent residing in Texas; neither defendant's contacts with Texas were substantial).

sales, there may be general jurisdiction to decide claims against the company in the targeted state[1].

It is more common for a court to hold that there is specific jurisdiction to de- 26
cide a claim against a non-resident individual or company that relates to the defendant's activity in the forum state[2]. If, however, the non-resident individual or company has not had sufficient minimum contacts with the forum state[3] or has not purposefully directed tortious conduct towards the state[4], courts will refuse to exercise specific jurisdiction. Further, simply placing a product in the "stream of commerce" without intentionally directing the product toward the forum state is insufficient to satisfy the "minimum contacts" test to permit a court to exercise jurisdiction over a defendant[5].

That a company operates an interactive website that can be accessed in the 27
forum state is not enough for most courts to conclude that they have perso-

---

1 *See, e.g., Gator.com Corp. v. L.L. Bean, Inc.,* 341 F.3d 1072, 1079–80 (9th Cir. 2002), *vacated as moot on rehearing en banc on basis of settlement,* 398 F.3d 1125 (9th Cir. 2005).
2 *E.g., Adelson v. Hananel,* 652 F.3d 75 (1st Cir. 2011) (affirming exercise by Massachusetts court of specific jurisdiction to decide employer's breach of contract claims against Israeli former employee); *Illinois v. Hemi Group LLC,* 622 F.3d 754, 757–60 (7th Cir. 2010) (specific jurisdiction upheld for the state of Illinois to pursue claims in Illinois federal court against New Mexico firm for alleged illegal sale of cigarettes to Illinois residents via an interactive website); *Securities & Exchange Comm'n v. Compania Internacional Financiera S.A.,* No. 11 Civ. 49904, 2011 WL 3251813 (S.D.N.Y. July 29, 2011) (specific jurisdiction found for S.E.C. injunction action against Swiss firm regarding alleged insider trading in Europe of instruments affecting U.S. securities); *Bird v. Parsons,* 289 F.3d 865, 874–76 (6th Cir. 2002) (affirming finding of specific jurisdiction for Ohio resident to pursue trademark-related claims in Ohio court against domain name registrar and domain name auction site based in Washington and New York; registrar had interactive website to enable domain name registrations and allegedly registered more than 4,666 domain names for Ohio registrants).
3 *E.g., Northern Ins. of New York v. Construction Navale Bordeaux, d/b/a Lagoon,* No. 11-60462, 2011 WL 2682950, at *4 (S.D. Fla. July 11, 2011) (no specific jurisdiction in Florida federal court for insurer's claims against French boat builder for breach of warranty related to fire that damaged boat in Florida waters; boat was not sold in Florida or to Florida resident but was repaired in Florida; boat builder cannot have anticipated being sued in Florida based only on the fortuitous circumstances of the one-time repair and fire in Florida).
4 *E.g., Shrader v. Biddinger,* 633 F.3d 1235, 1244, 1246–48 (10th Cir. 2011) (affirming dismissal of defamation and related claims by Oklahoma resident against Internet-based companies based in other states; allegedly defamatory comments posted on-line were not specifically directed toward residents of Oklahoma; email recipients not shown to be in Oklahoma).
5 *E.g., Goodyear Dunlop Tires Operations, S.A. v. Brown,* 131 S. Ct. 2846, 2855–56 (2011) (no general or specific jurisdiction over Goodyear subsidiaries based in Luxembourg, Turkey, and France for claim in North Carolina state court related to bus crash near Paris allegedly caused by defective tire manufactured in Europe; that some of the subsidiaries' tires may have been sold in North Carolina was insufficient); *Asahi Metal Co. Ltd. v. Superior Court,* 480 U.S. 102, 105 (1987) (Japanese company's awareness that product components it manufactured outside the United States would reach California in the stream of commerce held insufficient to allow California court to exercise jurisdiction of claim against Japanese company).

nal jurisdiction over the company. Although a Pennsylvania trial court held in 1997 that operating an interactive website could subject a company to personal jurisdiction in states whose residents accessed such sites and had claims related to the sites[1], most courts apply traditional "minimum contacts" or "purposeful direction" (for tort claims, such as defamation claims) tests to determine whether a company that operates an interactive website may be subject to the courts' jurisdiction[2].

3. Venue

28 In all states in the United States and in many federal court districts, if a state or federal court has jurisdiction to decide a case under the constitutional principles described above, there is typically more than one trial court in which the case may be brought. State venue statutes typically require that state cases be brought where one of the defendants resides, where property at issue is located, or where the acts at issue occurred. Similarly, a federal civil case may be brought in "(1) a judicial district in which any defendant resides, if all defendants are residents of the State in which the district is located; (2) a judicial district in which a substantial part of the events or omissions giving rise to the claim occurred, or a substantial part of property that is the subject of the action is situated; or (3) if there is no judicial district in which an action may otherwise be brought as provided in this section, any judicial district in which any defendant is subject to the court's personal jurisdiction with respect to such action" (28 U.S.C. § 1391(b))[3].

29 For purposes of the federal venue statute, "an entity with the capacity to sue and be sued in its common name under applicable law, whether or not incorporated, shall be deemed to reside, if a defendant, in any judicial district in which such defendant is subject to the court's personal jurisdiction with respect to the civil action in question and, if a plaintiff, only in the judicial district in which it maintains its principal place of business" (28 U.S.C. § 1391(c)(2)). If a corporation is sued in a state with more than one federal district that would have personal jurisdiction over the corporation if the district were a separate state, the corporation will be deemed to reside in any district in that state within which its contacts would be sufficient to subject the corporation to personal jurisdiction and, "if there is no such district, the

---

1 *Zippo Manufacturing Co. v. Zippo Dot Com*, 952 F. Supp. 1119, 1124 (W.D. Pa. 1997).

2 *See, e.g., Shrader*, 633 F.3d at 1250 n.5 (*Zippo* interactive website test is "adjunct to, rather than substitute for, traditional analysis"); *Illinois v. Hemi Group*, 622 F.3d at 759 ("*Zippo's* sliding scale was always just short-hand for determining whether a defendant had established sufficient minimum contacts … But we think that the traditional due process inquiry … is not so difficult to apply to cases involving Internet contacts that courts need some sort of easier-to-apply categorical test."); *Best Van Lines v. Walker*, 490 F.3d 239, 252 (2nd Cir. 2007) ("While … the *Zippo* sliding scale of interactivity may help frame the jurisdictional inquiry in some cases, it does not amount to a separate framework for analyzing internet-based jurisdiction.") (interior quotation marks omitted).

3 The Federal Courts Jurisdiction and Venue Clarification Act of 2011, effective January 6, 2012, amended 28 U.S.C. § 1391.

corporation shall be deemed to reside in the district within which it has the most significant contacts" (28 U.S.C. § 1391(c)(3)).

Copyright-related claims may be brought in any federal district in which   30
"the defendant or his agent resides or may be found" (28 U.S.C. § 1400(a)). Patent *infringement* claims may be brought in any federal district "where the defendant resides, or where the defendant has committed acts of infringement and has a regular and established place of business" (28 U.S.C. § 1400(b)). Claims that a patent has *not* been infringed and claims of patent invalidity, however, are subject to the general federal venue statute (28 U.S.C. § 1391).

4. Choosing among courts with personal jurisdiction

a) Contractual choice of law and forum-selection clauses

Many IT disputes relate to the terms of contracts, such as software licenses,   31
software development contracts, website terms of use, social network privacy policies, or hardware purchase agreements. Such contracts often include a choice of law clause stating that the laws of a certain state in the United States, or the laws of another country, will be applied to determine any dispute that arises related to the contract. The contracts may also include a "forum-selection" clause that requires any dispute to be litigated in the courts of a certain state or country.

If the parties to such a contract ask a court in the United States to decide a   32
dispute about an issue the parties could have resolved by an explicit provision in their contract, the court will typically uphold the "choice of law" clause in the contract and apply the law chosen by the parties in their contract[1]. Even if the dispute between the parties pertains to an issue the parties could *not* have resolved by an explicit provision in their contract, courts in the United States will nonetheless apply the parties' choice of law unless (a) the state whose law was chosen by the parties has no substantial relationship to the parties or to the transaction and there is no other reasonable basis for the parties' choice; or (b) applying the law of the parties' chosen state would be contrary to a fundamental public policy of the state whose law would be applied if the parties had not agreed on the choice of law clause[2]. Where the laws of another country are chosen by the parties, the court may consider whether the laws of the chosen country would violate safeguards required by the United States Constitution, such as the due process clauses of the Fifth and Fourteenth Amendments, in determining whether to apply the parties' choice of law[3].

Most courts in the United States will also enforce contractual forum-selec-   33
tion clauses. Several United States Supreme Court decisions have enforced

---

1 *Restatement (Second) Conflict of Laws* § 187(1) (1971).
2 *Id.* § 187(2).
3 *Id.* § 10 cmt. d.

such clauses. In *M/S Bremen v. Zapata*, applying federal admiralty law in the context of a contract negotiated by two commercial parties, the Court held that forum-selection clauses "are prima facie valid and should be enforced unless enforcement is shown by the resisting party to be 'unreasonable' under the circumstances"[1]. The Court similarly upheld a forum-selection clause in a standard-form agreement between a consumer and a cruise line[2]. More recently, the Court upheld forum-selection clauses in through bills of lading entered into by Chinese exporters and United States importers[3]. The bills of lading covered the cargo for the entire course of shipment, beginning in China and continuing to an inland destination in the United States. After deciding that neither the Carriage of the Sea Act nor an amendment to the Interstate Commerce Act prohibited the clause[4], the Court held:

> The forum-selection clause the parties agreed upon is an indispensable element in international trade, commerce, and contracting because it allows parties to agree in advance on a forum acceptable to them. A clause of this kind is enforced unless it imposes a venue so gravely difficult and inconvenient that the plaintiff will for all practical purposes be deprived of his day in court. The parties sensibly agreed that because their bills were governed by Japanese law, Tokyo would be the best venue for any suit relating to the cargo[5].

34 This excerpt from the *Kawasaki* case summarizes the views of United States federal courts towards forum-selection clauses.

35 Not only will federal courts enforce forum-selection clauses, if a party files a lawsuit in a forum other than the court in which the party contractually agreed to litigate disputes, the court may enjoin the party from continuing the prohibited lawsuit. For example, in *Applied Medical Distribution Corp. v. Surgical Co. BV*[6], the defendant entered into a contract with a California company that described the terms under which Surgical Co. BV would purchase surgical supply products to distribute in Belgium, the Netherlands, and Luxembourg. The "Governing Law and Jurisdiction" paragraph of the contract stated the contract would be governed by and construed under California law and that state and federal courts in California would have exclusive jurisdiction "to adjudicate any dispute arising out of this Agreement"[7].

---

1 407 U.S. 1, 10 (1972) (footnote omitted).
2 *Carnival Cruise Line, Inc. v. Shute*, 499 U.S. 585, 595 (1991) ("[F]orum-selection clauses contained in form passage contracts are subject to judicial scrutiny for fundamental fairness. In this case, there is no indication that the petitioner set Florida as the forum in which disputes were to be resolved as a means of discouraging cruise passengers from pursuing legitimate claims ... [T]here is no evidence ... [of] overreaching ... [R]espondents have conceded that they were given notice of the forum provision ... ").
3 *Kawasaki Kisen Kaisha Ltd. v. Regal-Beloit Corp.*, 130 S. Ct. 2433, 2438 (2011).
4 *Id.* at 2440–47.
5 *Id.* at 2448 (interior quotation marks and citations to *Bremen* omitted).
6 587 F.3d 909 (9th Cir. 2009).
7 *Id.* at 911.

The appellate court upheld the trial court's ruling that Surgical Co. BV's claims for post contract-termination compensation were barred by the terms of the contract and by California law[1]. The appellate court also held that the trial court should have ordered Surgical Co. BV to dismiss the lawsuit it had filed in Belgium to obtain contract-termination damages[2].

If the validity of a forum-selection clause is decided under state law rather   36
than under federal law, some state courts may apply policies disfavoring such clauses and refuse to enforce them[3]. Most state courts, however, will enforce such clauses unless doing so in a particular case would be unfair or unreasonable[4].

b) Strategic issues regarding choosing a forum

When a defendant has conducted business in several states within the Uni-   37
ted States or has "purposefully directed" publications to individuals in several states, multiple state and federal courts may have jurisdiction to decide claims against the defendant. In such circumstances, before deciding which court would be the best to decide the client's claims, counsel will need to determine whether the courts may interpret pertinent statutes and common law principles differently and, if so, whether one court's probable interpretation of the law would be more favorable to the client.

For example, some courts have held that, if the "exclusive remedies" that a   38
software licensor provides in its contracts for problems with the software (the remedies are usually to replace the software or to repair defects) "fail of their essential purpose", then the licensee may recover consequential damages even if another section of the contract states that consequential damages cannot be recovered[5]. The United States Court of Appeals for the Se-

---

1 *Id.*
2 *Id.* at 914–21.
3 *See, e.g., Matunas v. PracticeWorks Sys.,* No. CV-06-484, 2007 WL 1729738, at *2–4 (D. Idaho, June 13, 2007) (refusing to enforce forum-selection clause in software contract, relying on an Idaho statute that stated a "strong public policy against enforcing forum-selection clauses").
4 *See Restatement (Second) Conflict of Laws* § 80 ("Limitations Imposed by Contract") (1980 supp.) ("The parties' agreement as to the place of the action will be given effect unless it is unfair or unreasonable."). *See also Principles of the Law, Software Contracts* § 1.14 ("Forum-Selection Clauses") (Am. Law Inst. 2009): The parties may by agreement choose an exclusive forum unless the choice of law is unfair or unreasonable. A forum choice may be unfair or unreasonable if:
  (a) The forum is unreasonably inconvenient for a party;
  (b) The agreement as to the forum was obtained by misrepresentation, duress, the abuse of economic power, or by other unconscionable means;
  (c) The forum does not have power under its domestic law to entertain the action or to award remedies otherwise available; or
  (d) Enforcement of the forum-selection clause would be repugnant to public policy as expressed in the law of the forum in which suit is brought.
5 *See In re Enron Corp.,* 367 B.R. 384, 397 (Bankr. S.D.N.Y. 2007) ("The issue of whether a contractual limitation on damages survives when the exclusive remedy fails in its

venth Circuit, applying Illinois law, held that a waiver of consequential damages should be enforced if the contracting parties were of relatively equal
bargaining power[1]. On the other hand, the Ninth Circuit, applying California law, held that in cases that are primarily for the delivery of off-the-shelf
software, so that the Uniform Commercial Code applies, a licensee may pursue consequential damages if contract-specified remedies fail of their essential purpose[2]. Therefore, if a software licensee wants to bring claims for consequential damages in a situation where contractual remedies have failed
and either California or Illinois law may apply, and if federal courts in both
California and Illinois have personal jurisdiction over the defendant, if all
other considerations are equal, it would be advantageous for the plaintiff to
bring its claim in federal court in California rather than in Illinois. Even if
one decides to litigate a claim in federal court rather than in state court[3], it
is important to determine if there are differences in state laws, or in courts'
interpretation of state laws, that may affect the outcome of the case. Federal
courts apply state substantive law in cases that are in federal court pursuant
to diversity jurisdiction.

39   Other factors may also affect the decision regarding which court to choose
when more than one court has jurisdiction. More patent cases are filed in
some federal courts than in others[4]. Some of these courts have extensive local rules regarding patent cases[5] and some federal courts typically decide patent cases more quickly than others[6]. These federal courts may be attractive
to a plaintiff who wants a prompt decision on a patent infringement claim.
At the other end of the efficiency continuum, states facing budget crises
have reduced the resources available to their courts and these cutbacks have
substantially increased the amount of time it takes state courts to process
paperwork and to decide cases[7]. In California, which permits parties effec-

---

essential purpose thrust parties into a legal quagmire that has divided courts across
the nation.") (interior quotation marks and citation omitted).

1   *Smith v. Navistar Int'l Transp. Corp.*, 957 F.2d 1439, 1444 (7th Cir.1992).
2   *RRX Indus., Inc. v. Lab-Con, Inc.*, 772 F.2d 543, 547 (9th Cir. 1985).
3   Many attorneys in the United States will choose to litigate a claim in federal court
rather than in state court if both courts have jurisdiction. Federal judges typically have
more experience than state court judges and they are perceived to be more capable.
4   Based on patent-case filings in 2006–2010, more cases were filed in the Eastern District of Texas, the Northern and Central Districts of California, the District of Dela-
ware, and the District of New Jersey than in other district courts. *See Top 5 patent reports*, LegalMetric, http://www.legalmetric.com/top5reports/ (last visited Aug. 30,
2011).
5   *See, e.g.*, N.D. Cal. Patent Local Rules, *available at* http://www.cand.uscourts.gov/lo
calrules.
6   For courts with at least 30 contested patent judgments, the courts that decided such
cases most quickly over the last five years were the Central District of California,
the District of Oregon, the Eastern District of Virginia (often referred to as the "rocket
docket"), the Western District of Washington, and the Western District of Wisconsin.
See LegalMetric, supra note 66.
7   *See, e.g.*, Jesse McKinley, As Budgets Continue to Shrink, the Lines Will Grow in California Civil Courts, N.Y. Times, Aug. 23, 2011, *available at* http://www.nytimes.

tively to hire a private judge or "referee" to decide civil cases[1], extensive case delays caused by cuts to the state court budget may cause more parties to choose private judges to resolve disputes that cannot be filed in federal courts or in other states' courts.

5. Arbitration

a) United States law favors arbitration

The federal Congress enacted the Federal Arbitration Act ("FAA") (9. U.S.C.   40 §§ 1–16) "to reverse the longstanding judicial hostility to arbitration that had existed at English common law and had been adopted by American courts, and to place arbitration agreements upon the same footing as other contracts"[2]. The FAA makes arbitration agreements "valid, irrevocable, and enforceable as written, subject to such grounds as exist at law or in equity for the revocation of any contract" (9 U.S.C. § 2). Section 3 of the FAA requires courts to stay litigation of claims pending in arbitration and section 4 requires courts to compel arbitration "in accordance with the terms of the agreement" on the motion of either party to an arbitration agreement" (9 U.S.C. §§ 3, 4). An arbitration award must be enforced unless it was procured by fraud, corruption, or similar misfeasance (9 U.S.C. §§ 9, 10)[3]. The Supreme Court held that "[t]he FAA was designed to promote arbitration"[4].

The FAA succeeded, at least in part, in reducing judicial hostility towards ar-   41 bitration. There is a "warm judicial regard for arbitration evident in modern cases – a warmth that in part reflects modern caseload pressures"[5]. Arbitration of cases, including IT cases, has also proven attractive to contracting parties, for several reasons. "It can be specified, for example, that the decisionmaker be a specialist in the relevant field, or that the proceedings be kept confidential to protect trade secrets. And the informality of arbitral proceedings is itself desirable, reducing the cost and increasing the speed of dispute resolution"[6]. These benefits do not come without risks: "The absence of multilayered review [i.e., appellate judicial review] makes it more likely that errors will go uncorrected"[7]. Contracting parties, however, "are willing to accept the costs of these errors in arbitration, since their impact is limited

---

com/2011/08/24/us/24courts.html (last visited Aug. 30, 2011) (describing effects of $350 million cut in 2011–2012 budget for California state courts).

1 Cal. Code of Civil Procedure § 638(a) (2011) (providing that a referee may be appointed by agreement of the parties to "hear and determine any or all of the issues in an action or proceeding, whether of fact or of law, and to report a statement of decision." The "statement of decision ... is the equivalent of a statement of decision rendered by a superior court." *Cent. Valley Gen. Hosp. v. Smith*, 162 Cal.App.4th 501, 513 (2008).

2 *Gilmer v. Interstate/Johnson Lane Corp.*, 500 U.S. 20, 24 (1991) (citations omitted).

3 *See* section 5.d below.

4 *AT&T Mobility LLC v. Concepcion*, 131 S. Ct. 1740, 1749 (2011).

5 *Saturday Evening Post Co. v. Rumbleseat Press, Inc.*, 816 F.2d 1191, 1197 (7th Cir. 1987).

6 *AT&T Mobility*, 131 S. Ct. at 1749.

7 *Id.* at 1752.

to the size of the individual disputes, and presumably outweighed by savings from avoiding the courts"[1].

42   While most arbitration proceedings resolve disputes regarding contractual terms, parties may also agree to arbitrate statutory claims. The Supreme Court has held that several types of statutory claims "may be the subject of an arbitration agreement, enforceable pursuant to the FAA"[2]. In *Gilmer*, for example, the Court held that a claim under the Age Discrimination in Employment Act (29 U.S.C. § 621 *et seq.*) could be subjected to mandatory arbitration[3]. The court noted in *Gilmer* that "in recent years we have held enforceable arbitration agreements relating to claims arising under the Sherman Antitrust Act, the Securities Exchange Act of 1934, the civil provisions of the Racketeer Influenced and Corrupt Organizations Act (RICO), and the Securities Act of 1933"[4].

43   Regardless of whether a statutory claim or a dispute regarding the interpretation of a contract term is at issue, "[t]he FAA limits the role of the courts to determine: (1) whether the parties entered into a valid arbitration agreement; and (2) whether the specific dispute falls within the scope of the agreement"[5]. If a contract has an arbitration clause, "a presumption of arbitrability arises"[6]. The Supreme Court has instructed that "any doubts concerning the scope of arbitrable issues should be resolved in favor of arbitration"[7].

44   Most states in the United States similarly favor arbitration. Forty of the 50 states have adopted either the Uniform Arbitration Act of 2000 or the 1956 version of the Act[8]. Similar to the FAA, both versions of the Uniform Arbitration Act provide that agreements to arbitrate are valid and may be enforced by courts[9]. In several states that have adopted arbitration statutes other than one of the Uniform Arbitration Acts, appellate courts have held that arbitration is favored[10].

---

1   *Id.*
2   *Gilmer v. Interstate/Johnson Lane Corp.*, 500 U.S. 20, 26 (1991).
3   *Id.* at 23.
4   *Id.* (citations omitted).
5   *BAE Systems Aircraft Controls Inc. v. Eclipse Aviation Corp.*, 224 F.R.D. 581, 585 (D. Del. 2004).
6   *1mage Software, Inc. v. Reynolds and Reynolds Co.*, 273 F. Supp. 2d 1168, 1171 (D. Colo. 2003) (interior quotation marks and citation omitted).
7   *Moses H. Cone Mem. Hosp. v. Mercury Constr. Corp.*, 460 U.S. 1, 24–25 (1983).
8   *See 7 Uniform Laws Annotated* (2009 & Supp. 2011). Alaska and Arizona adopted the 2000 Act without repealing the 1956 statute.
9   *See* 2000 Uniform Arbitration Act, §§ 6, 7; 1956 Uniform Arbitration Act, §§ 1, 2 (quoted in 7 *Uniform Laws Annotated* (2009) at 25, 31, and 106, 248, respectively.
10 *See, e.g., Moncharsh v. Heily & Blase*, 832 P.2d 899, 902 (Cal. Sup. Ct. 1992) ("Through this detailed statutory scheme [Civ. Proc., Title 9], the Legislature has expressed a strong public policy in favor of arbitration as a speedy and relatively inexpensive means of dispute resolution.") (interior quotation marks and citations omitted); *Smith Barney Shearson Inc. v. Sacharow*, 689 N.E.2d 884, 890 (N.Y. Ct. App. 1997) ("this State favors and encourages arbitration as a means of conserving the time and resources of the courts and the contracting parties") (interior quotation marks and citations omitted).

b) Intellectual property disputes may be arbitrated

The Patent Act (9 U.S.C. § 294(a)) states that "[a] contract involving a patent   45
or any right under a patent may contain a provision requiring arbitration of
any dispute relating to patent validity or infringement arising under the contract." Section 294(b) requires that "awards by arbitrators and confirmation
of awards shall be governed by" the FAA. Federal courts, including the Federal Circuit, which has jurisdiction to resolve appeals of most patent-related
issues, have enforced these pro-arbitration provisions of the Patent Act[1].

Agreements to arbitrate copyright claims have also been enforced by federal   46
courts, although there is no counterpart in the Copyright Act to section 294
of the Patent Act. In 1987, the Court explained in *Saturday Evening Post
Co. v. Rumbleseat Press, Inc.*[2], that there is no practical reason why arbitrators should not be allowed to decide issues of copyright validity, together
with other issues that arise in copyright disputes:

> It is true that a copyright is a form of monopoly, so that a decision uphold-
> ing the validity of a copyright might have the effect of continuing an un-
> lawful monopoly in force. But there is no reason to think that arbitrators
> are more likely to err in copyright cases than state or federal judges are[3].

Federal courts now regularly enforce parties' agreement to arbitrate copy-   47
right disputes[4].

Similarly, "[t]here are no legal barriers to arbitration of trademark disputes"[5].   48
Federal courts regularly order arbitration of trademark disputes[6].

---

1   *See, e.g., Deprenyl Animal Health, Inc. v. Univ. of Toronto Innovations Found.*, 297 F.3d
   1343, 1357–58 (Fed. Cir. 2002) (citing section 294 and ordering dispute regarding patent license to be arbitrated in Canada pursuant to the parties' agreement); *Polymer Tech. Sys.,
   Inc. v. Roche Diagnostics Corp.*, No. 1:10-cv-0061, 2010 WL 3782173, at *2–3 (S.D. In.
   Sept. 20, 2010) (granting motion to compel arbitration in Germany of patent infringement
   claim); *Innovative Eng'g Solutions, Inc. v. Misonix, Inc.*, 458 F. Supp. 2d 1190, 1194–96
   (D. Or. 2006) (holding rule against claim-splitting precluded patentee from litigating infringement claims that it withdrew from completed arbitration).
2   816 F.2d 1191 (7th Cir. 1987).
3   *Id.* at 1198. Two leading commentators endorse this view. *See* Melville B. Nimmer
   and David Nimmer, 3 *Nimmer on Copyright*, § 10.15[B][2] at 10-130 (2011).
4   *See, e.g., BAE Systems Aircraft Controls Inc. v. Eclipse Aviation Corp.*, 224 F.R.D.
   581, 585–87 (D. Del. 2004) (citing FAA, granting motion to compel arbitration and to
   stay litigation of claims defendant infringed plaintiff's copyrights, misappropriated
   its trade secrets, and disclosed confidential information); *1mage Software, Inc. v. Reynolds and Reynolds Co.*, 273 F. Supp. 2d 1168, 1171–75 (D. Colo. 2003) (citing FAA,
   granting motion to compel arbitration and to stay litigation of software copyright
   and trade secret misappropriation claims); *Positive Software Solutions, Inc. v. New
   Century Mortgage Corp.*, 259 F. Supp. 2d 531, 537–39 (N.D. Tex. 2003) (citing FAA,
   granting motion to compel arbitration and to stay litigation of software copyright,
   misappropriation of trade secrets, and related claims).
5   J. Thomas McCarthy, 6 *McCarthy on Trademarks and Unfair Competition* § 32:197,
   at 32-428 (2011).
6   *See, e.g., Answers in Genesis of Kentucky, Inc. v. Creation Ministries Int'l, Ltd.*, 556
   F.3d 459, 469–72 (6th Cir. 2009) (affirming decision that arbitration of parties' trade-

49 Not all federal courts that have decided whether IP disputes should be arbitrated, however, have applied the test that asks whether there was a valid
agreement to arbitrate and whether each claim asserted falls within the
scope of that agreement[1]. Some judicial tests are more demanding. For example, in *NCR Corp. v. Korala Associates Ltd.*[2], the Court stated "while we
must bear in mind the presumption of arbitrability, the cornerstone of our
inquiry rests upon whether we can resolve the instant case without reference to the agreement containing the arbitration clause." Applying this standard, the court held that the parties were required to arbitrate the plaintiff's
copyright infringement claim regarding software loaned to a software developer and the claim the developer committed unfair competition related to the
parties' agreement[3]. The Court held, however, that the parties were not required to arbitrate alleged infringement of other software, a contributory
copyright infringement claim, and a tortious interference claim[4].

50 The language used in the arbitration clause of a commercial contract may
provide another potential obstacle to compelling arbitration of intellectual
property claims. Contracting parties who contend their disputes should **not**
be arbitrated often assert that the disputes do not fall within the scope of the
arbitration clauses in their contracts. Courts generally resolve such assertions by determining whether the subject arbitration clause is "narrow" or
"broad"[5]. If the arbitration clause is "narrow", stating, for example, the parties will arbitrate only issues "arising under the agreement", the court may
find that statutory claims, including those for copyright, trademark, or patent infringement, do not "fall within the scope of the agreement"[6].

---

mark and copyright licenses, as well as related claims, were arbitrable under broad arbitration clause); *Nulife Ent., Inc. v. Torres*, 698 F. Supp. 2d 409, 413–14 (S.D.N.Y.
2010) (citing FAA, holding federal and New York trademark claims must be arbitrated); *Marine Life Sciences, Inc. Unique Sea Farms, Ltd*, No. 2:09-CV-914, 2010
WL 1506910, at *1–2 (D. Utah April 9, 2010) (granting motion to compel arbitration
of all claims, including trademark claims). *Cf. Similiv, Inc. v. Autoliv, Inc.*, 175 F.3d
716, 721–25 (9th Cir. 2001) (affirming order compelling arbitration of claims for misrepresentation under Lanham Act, antitrust violations, defamation, and misappropriation of trade secrets).

1 See text accompanying note 4, page 394.
2 512 F.3d 807, 814 (6th Cir. 2008).
3 *Id.* at 815, 818.
4 *Id.* at 815–18.
5 *See, e.g., Kuklachev v. Gelfman*, 600 F. Supp. 2d 437, 459 & n.10 (E.D.N.Y. 2009) (listing "broad" and "narrow" arbitration clauses); *Innovative Eng'g Solutions, Inc. v. Misonix, Inc.*, 458 F. Supp. 2d 1190, 1194–95 (D. Or. 2006) (same).
6 *Compare Innovative Eng'g Solutions*, 458 F. Supp. 2d at 1194–96 (finding phrase "any
dispute relating to the interpretation or performance of this Agreement" to be
"broad"; holding plaintiff's patent infringement claim should have been arbitrated)
with Desktop Images, Inc. v. Ames, 929 F. Supp. 1339, 1345–46 (D. Colo. 1996) (finding phrase requiring arbitration of "disputes or questions arising under [the Agree-
ment] including the construction or application of the Agreement" to be "narrow";
holding the parties did not intend to arbitrate copyright and trademark infringement
claims).

c) Issues related to motions to compel arbitration

aa) The FAA does not provide federal court jurisdiction

Before filing an action to compel arbitration in federal court, the party seek-   51
ing arbitration must determine whether the court has jurisdiction to decide
the case. The FAA's jurisdictional section, § 4, states a party "may petition
any United States district court which, save for such agreement, would have
jurisdiction under Title 28, in a civil action or in admiralty of the subject
matter of a suit arising out of the controversy between the parties, for an order directing that such arbitration proceed." Interpreting this section, the Supreme Court determined that the FAA "is something of an anomaly in the
realm of federal legislation: It bestows no federal jurisdiction but rather requires for access to a federal forum an independent jurisdictional basis over
the parties' dispute"[1]. If there is complete diversity of citizenship among the
parties or if the dispute involves a maritime contract, then there is the basis
for federal court jurisdiction independent of the action to compel arbitration
and the case may proceed in federal court[2]. If however, as is often the case,
the parties reside in the same state and their contract is not a maritime contract, the court may "look through" the federal court pleadings to determine
if it would have jurisdiction to decide the underlying dispute between the
parties, i.e., the dispute the plaintiff asks the court to order to be arbitrated[3].

If the dispute the court is asked to order arbitrated is a claim the defendant   52
violated the plaintiff's patent, copyright, or trademark rights, for example,
the underlying dispute is one over which the federal court would have jurisdiction[4]. Under the "well-pleaded complaint rule", however, the court may
consider "only the plaintiff's statement of his own cause of action" to determine whether the underlying dispute "arises under federal law"[5]. The well-
pleaded complaint rule precludes federal jurisdiction from being predicated
on an actual or anticipated defense or counterclaim[6]. If the underlying dispute is not one that a federal court would have jurisdiction to decide, the
party seeking to compel arbitration must file its action to compel arbitration
in state court[7].

---

1 *Vaden v. Discover Bank*, 556 U.S. 49, 129 S. Ct. 1262, 1271 (2009) (interior quotation
  marks, brackets, and citations omitted).
2 *Id.* at 1275.
3 *Id.* at 1273–75.
4 *See, e.g., Saturday Evening Post Co. v. Rumbleseat Press, Inc.*, 816 F.2d 1191, 1201
  (7th Cir. 1987) (holding the court had jurisdiction to decide the FAA action because
  the plaintiff sought to enforce its copyright).
5 *Vaden*, 129 S. Ct. at 1272, 1275–78.
6 *Id.* at 1272.
7 *Id.* at 1278–79 (holding that the plaintiff should have sought an order to compel in
  Maryland state court under that state's Arbitration Act). If, however, the dispute relates to an international arbitration agreement, the well-pleaded complaint rule may
  not apply. See the section 5.d. below.

bb) Parties may waive the right to arbitrate

53   Although federal and state law favors arbitration, a party may waive its right to enforce its contractual right to force its opponent to arbitrate rather than litigate a dispute. "There is nothing irrevocable about an agreement to arbitrate. Both of the parties may abandon this method of settling their disputes"[1]. Even if parties signed a contract agreeing to arbitrate, the parties cannot be "forced to arbitrate against their present wishes"[2]. Applying this principle, defendants in court sometimes intentionally waive their right to arbitrate and elect to remain in court if they decide litigation rather than arbitration best serves their then-current interests, for whatever reason. Some courts have held, however, that an intention to waive arbitration is not to be inferred from ambiguous conduct, but must be clear and unequivocal[3].

54   Additionally, a party may not proceed in court for a substantial time-period to determine how he will fare in litigation and then decide belatedly to invoke his right to compel arbitration – if the other party will be prejudiced by the delay. For example, where defendants litigated their claims for four years, moved to compel discovery of documents, sought a protective order, filed motions for summary judgment, and were sanctioned for failure to comply with discovery orders, causing their opponent unnecessary delay and expense, the court held the defendants waived their right to compel arbitration[4]. On the other hand, where a party's participation in litigation does not prejudice his adversary, the party has not waived his right to arbitrate[5].

cc) International agreements to arbitrate are especially favored

55   Chapter 2 of the FAA (9 U.S.C. §§ 201–208) states that the 1958 United Nations Convention on the Recognition and Enforcement of Foreign Arbitral

---

1   *Baker & Taylor, Inc. v. Alphacraze.com Corp.*, 602 F.3d 486, 490 (2d Cir. 2010) (interior quotation marks, brackets, and citations omitted).
2   *Id.* at 491 (holding guarantors cannot force principal parties to arbitrate dispute).
3   *See, e.g., Brendsel v. Winchester Constr. Co., Inc.*, 898 A.2d 472, 479 (Md. Ct. App. 2006) (contractor did not waive right to compel arbitration by filing lien).
4   *Burns v. Imagine Films Entertainment, Inc.*, 165 F.R.D. 381, 388, 391 (W.D.N.Y. 1996) (citing other cases where participation in litigation that caused prejudice to adversaries caused courts to hold that a party had waived his right to compel arbitration).
5   *See, e.g., Paten Grading & Paving, Inc. v. Skanska USA Building, Inc.*, 380 F.3d 200, 205-09 (4th Cir. 2006) (reversing trial court's finding that subcontractor had waived right to compel arbitration by participating in litigation for four months after discovering a contract rider stating a duty to arbitrate because adversary was not prejudiced); *United Computer Sys., Inc. v. AT&T Corp.*, 298 F.3d 756, 765–66 (9th Cir. 2002) (litigating motion to dismiss and appeal caused defendant insufficient prejudice to find plaintiff waived right to compel arbitration); *Affiliated Foods Midwest Coop. v. Integrated Distribution Solutions, LLC*, 460 F. Supp. 2d 1068, 1072 (D. Neb. 2006) (no prejudice to plaintiff and therefore no waiver of right to compel arbitration where defendant did not use discovery unavailable in arbitration or litigate substantial issues on the merits).

Awards (referred to as the "New York Convention")[1] shall be enforced in the United States. Chapter 2 of the FAA applies if (1) there is a written agreement to arbitrate a dispute; (2) the arbitration is to be held in a country that signed the New York Convention; (3) the dispute arises out of a commercial legal relationship; and (4) at least one party to the agreement is not a citizen of the United States[2]. The Supreme Court has held that the federal policy favoring arbitration "applies with special force in the field of international commerce"[3] to prevent courts' parochial refusal to enforce international arbitration agreements from frustrating the "orderliness and predictability essential to any international business transaction"[4].

The broad protection for international arbitration agreements is reflected in   56
a section of Chapter 2 of the FAA that permits a case filed in state courts that "relates to" an arbitration agreement "falling under" the New York Convention to be removed to federal court even if that relationship does not "appear on the face of the complaint" (9 U.S.C. § 205). This section "abrogates the well-pleaded complaint rule and permits removal on the basis of a federal defense, allowing courts to determine whether a defendant's defense arises under federal law from the petition for removal alone"[5]. Further, the requirement that a case "relates to" an international arbitration agreement has been interpreted to require only that the agreement "could conceivably affect the outcome of the plaintiff's case", thus permitting "easy removal" of such cases to federal court[6]. Applying this standard, courts have held, for example, that a state court claim for tortious interference with a contract was properly removed to federal court because the claim related to the plaintiff's lease of technology from a Dutch company, which was necessary to perform the underlying contract, and the lease required arbitration of disputes in the Netherlands[7].

dd) Courts in the United States enforce "clickwrap" arbitration agreements.

Arbitration agreements between commercial entities and customers are of-   57
ten contained in online agreements rather than in manually-signed contracts. One common form of online agreement, a "clickwrap agreement", "appears on an internet webpage and requires that a user consent to any terms and conditions by clicking on a dialog box on the screen in order to

---

1 21 U.S.T. 2517, *available at* 1970 WL 104417.
2 *See, e.g., Qpro Inc. v. RTD Quality Services, USA, Inc.,* 718 F. Supp. 2d 817, 820 (S.D. Tex. 2010); *Invista North America S.A.R.L. v. Rhodia Polymide Intermediates S.A.S.,* 503 F. Supp. 2d 195, 201 (D.D.C. 2007).
3 *Mitsubishi Motors Corp. v. Soler Chrysler-Plymouth, Inc.,* 473 U.S. 614, 631 (1985).
4 *Id.* (interior quotation marks and citation omitted).
5 *Qpro Inc.,* 718 F. Supp. 2d at 821.
6 *Id.* at 820, 823.
7 *Id.* at 818–19.

proceed with the internet transaction"[1]. Federal and state courts in the United States enforce arbitration agreements in clickwrap contracts[2].

58   In the past, courts reached conflicting results regarding whether to enforce a customer's a waiver, in a clickwrap or other form contract's arbitration provision, of the right to bring class-action claims. The Supreme Court resolved the issue in 2011, holding that the FAA's pro-arbitration policies make such waivers enforceable and that a contrary finding by the California Supreme Court was preempted by the FAA[3].

d) Enforcement of arbitration awards

59   Section 9 of the FAA (9 U.S.C. § 9) authorizes expedited federal judicial action to enforce an arbitration award. That section requires the court to enforce the award unless it vacates, modifies, or corrects the award as prescribed in Sections 10 and 11. Section 10 permits expedited judicial review to vacate an arbitration award, but only on narrow grounds:

(1)   where the award was procured by corruption, fraud, or undue means;

(2)   where there was evident partiality or corruption in the arbitrators, or either of them;

(3)   where the arbitrators were guilty of misconduct in refusing to postpone the hearing, upon sufficient cause shown, or in refusing to hear evidence

---

1 *Feldman v. Google, Inc.*, 513 F. Supp. 2d 229, 236 (E.D. Pa. 2007) (footnote and citations omitted) (enforcing clickwrap agreement regarding Google's AdWords program). A second common type of online agreement, a "browsewrap" agreement, is different: "browsewrap agreements do not require the user to manifest assent to the terms and conditions expressly – the user need not sign a document or click an 'accept' or 'I agree' button. Instead, browsewrap agreements typically involve a situation where notice on a website conditions use of the site with certain terms and conditions, which may be included on the same page as the notice or accessible via a hyperlink." *Van Tassell v. United Marketing Group, LLC*, 795 F. Supp. 2d 770, 790 (N.D. Ill. 2011) (interior quotation marks omitted). Courts may refuse to enforce browsewrap agreements absent proof that a user actually saw the terms and conditions. *Id.* at 792-94 (denying motion to compel arbitration).

2 *See, e.g., Hancock v. AT&T Co., Inc.*, No. Civ-10-822, 2011 WL 3626785, at *7–8 (W.D. Okla. Aug. 11, 2011) (applying Uniform Arbitration Act as adopted by Oklahoma; granting defendants' motion to compel arbitration of state and federal claims challenging bundled online services; enforcing contract's preclusion of class action arbitration claims); *Swift v. Zynga Game Network, Inc.*, 805 F. Supp. 2d 904, 906-07, 911, 917-18 (N.D. Cal. 2011) (applying FAA, granting video game developer's motion to compel arbitration and enforcing waiver of class-action claims regarding Facebook user's complaint about "special offers" by game developer); *Hill v. Hornbeck Offshore Services, Inc.*, 799 F. Supp. 2d 658, 661 (E.D. La. 2011) (applying Louisiana arbitration and electronic signatures laws; granting motion to compel arbitration agreement in clickwrap employment contract); *Hubert v. Dell Corp.*, 835 N.E.2d 113, 118, 121–22, 125–26 (Ill. Ct. App. 2005) (applying federal and Texas law; reversing trial court's denial of defendant's motion to compel arbitration agreement in clickwrap contract; enforcing computer buyers' waiver of right to bring class action claims).

3 *AT&T Mobility LLC v. Concepcion*, 131 S. Ct. 1740, 1749–53 (2011).

pertinent and material to the controversy; or of any other misbehavior by which the rights of any party have been prejudiced; or

(4) where the arbitrators exceeded their powers, or so imperfectly executed them that a mutual, final, and definite award upon the subject matter submitted was not made.

9 U.S.C. § 10(a). Similarly, Section 11 authorizes expedited judicial review to modify an arbitration award, but again, only for narrowly-defined reasons: 60

(a) Where there was an evident material miscalculation of figures or an evident material mistake in the description of any person, thing, or property referred to in the award.

(b) Where the arbitrators have awarded upon a matter not submitted to them, unless it is a matter not affecting the merits of the decision upon the matter submitted.

(c) Where the award is imperfect in matter of form not affecting the merits of the controversy.

(9 U.S.C. § 11). If a party relies on the FAA in a federal court action to vacate or modify an arbitration award, the party may not invoke a different, contractually-agreed basis in its petition to vacate or modify; the bases listed in Sections 10 and 11 are exclusive[1]. 61

Just as a party must have an independent basis for federal jurisdiction to maintain an action to compel arbitration[2], federal courts have subject-matter jurisdiction over cases seeking to enforce, vacate, or modify domestic United States arbitration awards only if the case satisfies diversity of citizenship or 62

---

1 *Hall Street Associates, LLC v. Matel, Inc.*, 552 U.S. 576, 579, 583–84 (2008) (party seeking to vacate or modify award under FAA could not rely on contract provision that permitted court to vacate, modify, or correct an arbitration award if it were not based on substantial evidence or if the arbitrator's conclusions of law were erroneous; statutory grounds in 9 U.S.C. §§ 10–11 are exclusive). Although neither section 10 or 11 of the FAA permits setting aside an arbitrator's award on the basis of the arbitrator's "manifest disregard of the law", some courts held – prior to the Supreme Court's decision in *Hall Street Associates* – that such "manifest disregard" could also serve as the basis to vacate an award. *See, e.g., Hudson v. ConAgra Poultry Co.*, 484 F.3d 496, 504 (8th Cir. 2007). After *Hall Street Associates*, "[t]here is now considerable doubt as to whether 'manifest disregard of the law' is a proper basis for setting aside an arbitration award." 13D Charles A. Wright, et al, *Federal Practice & Procedure* § 3569, at 36 (3d ed. Supp. 2011) (footnote omitted). A "well-reasoned and thorough" Fifth Circuit opinion and a "persuasive" Eleventh Circuit opinion each conclude that *Hall Street Associates* prevents courts from relying on the "manifest disregard" standard. *Id.*, citing *Citigroup Global Markets, Inc. v. Bacon*, 562 F.3d 349, 355–58 (5th Cir. 2009); *Frazier v. CitiFinancial Corp.*, 604 F.3d 1313, 1324 (11th Cir. 2010). Nevertheless, some courts continue to vacate arbitration awards applying standards equivalent to "manifest disregard of the law." *See, e.g., Broom v. Morgan Stanley DW Inc.*, 236 P.3d 182, 186 (Wash. Supreme Ct. 2010) (citing cases).

2 See section 5.c) aa). above.

arises under a federal law other than the FAA[1]. If there is no basis for federal court jurisdiction, a party may file an action in state court to enforce, vacate, or modify an award[2]. State-law bases for enforcing, vacating, or modifying awards are similar to those applied under the FAA.

63   Federal court actions to enforce, vacate, or modify **international** arbitration awards are subject to different rules. A provision of Chapter 2 of the FAA (9 U.S.C. § 203) states that "[a]n action or proceeding falling under the [New York] Convention shall be deemed to arise under the laws and treaties of the United States" and provides that federal courts have jurisdiction over such actions regardless of the amount in controversy. Federal courts have jurisdiction under this statute to enforce arbitration awards issued pursuant to the New York Convention[3]. Section 207 of the FAA states the court must grant the petition to confirm the award "unless it finds one of the grounds for refusal or deferral of recognition or enforcement of the award specified in the [New York] Convention." The grounds specified in the Convention are stated in Article V(1), which authorizes the court to deny confirmation of the arbitral award under the following circumstances:

(a)   The parties to the agreement ... were, under the law applicable to them, under some incapacity, or the said agreement is not valid under the law to which the parties have subjected it or, failing any indication thereon, under the law of the country where the award was made; or

(b)   The party against whom the award is invoked was not given proper notice of the appointment of the arbitrator or of the arbitration proceedings or was otherwise unable to present his case; or

(c)   The award deals with a difference not contemplated by or not falling within the terms of the submission to arbitration, or it contains decisions on matters beyond the scope of the submission to arbitration, provided that, if the decisions on matters submitted to arbitration can be separated from those not so submitted, that part of the award which contains decisions on matters submitted to arbitration may be recognized and enforced; or

(d)   The composition of the arbitral authority or the arbitral procedure was not in accordance with the agreement of the parties, or, failing such agreement, was not in accordance with the law of the country where the arbitration took place; or

---

1 See, e.g., Minor v. Prudential Securities, Inc., 94 F.3d 1103, 1104–07 (7th Cir. 1996) (affirming dismissal of action to vacate arbitration award; no basis for federal jurisdiction); Harris v. Sycuan Band of Diegueno Mission Indians, No. 08cv2111, 2009 WL 5184077, at *1, 4–8 (S.D. Cal. Dec. 18, 2009) (dismissing action to enforce arbitration award; no basis for federal jurisdiction).

2 See, e.g., Uniform Arbitration Act (2000) §§ 22–24; Uniform Arbitration Act (1956) §§ 11–13 (quoted in 7 Uniform Laws Annotated (2009) at 76–78, 87–88; and 488, 514–15, 698–99, respectively).

3 See, e.g., National Development Co. v. Khashoggi, 781 F. Supp. 959, 962 (S.D.N.Y 1992) (enforcing $4.4 million award issued by International Chamber of Commerce arbitrators).

(e) The award has not yet become binding on the parties, or has been set aside or suspended by a competent authority of the country in which, or under the law of which, that award was made[1].

Article V(2) of the New York Convention provides two additional grounds   64
for denying recognition of an arbitral award: "(a) The subject matter of the difference is not capable of settlement by arbitration under [United States] law ... or (b) The recognition or enforcement of the award would be contrary to the public policy of [the United States]."[2] Under the standards stated in both Article V(1) and V(2) of the Convention, judicial review of arbitral awards "is extremely limited" and a court "does not sit to hear claims of factual or legal error by an arbitrator in the same manner that an appeals court would review the decision of a lower court"[3]. International arbitration awards that do not fall within one of the Article V(1) and V(2) categories should be enforced[4].

6. Examples of IT disputes in the United States[5]

a) Disputes related to purchasing IT system hardware and licensing software

Disputes often arise between IT vendors and their customers regarding   65
whether the hardware, software, or both, are performing the way the customer believes they should perform. Most computer hardware and software contracts include limitations of liability, warranty disclaimers, and limited remedy provisions intended to prevent customers from prevailing on unfounded claims and recovering significant damages. Because fraud that induces a contract may vitiate such contractual limitations[6], customers often allege fraud or misrepresentation claims, together with breach of contract claims, to attempt to avoid or nullify the limitations and disclaimers.

Vendors have several defenses to such breach of contract and misrepresenta-   66
tion claims. If the customer is using the IT system, the vendor can often point to such use to help prove the system substantially conforms to warranties and representations in the contract. If the customer can demonstrate significant problems, the contract may include mandatory notice and "opportu-

---

1 New York Convention, *supra* note 1, page 399.
2 *Id.*
3 *Int'l Trading & Indus. Inv. Co. v. Dyncorp Aerospace Tech.*, 763 F. Supp. 2d 12, 20 (D.D.C. 2011).
4 *Id.* at 31–32; *National Development Co.*, 781 F. Supp. 2d at 962–63.
5 The following examples are obviously not intended to describe all IT-related disputes. The examples include frequently-litigated disputes and those where recent judicial decisions have resolved or clarified important legal issues.
6 *See, e.g., Clements Auto Co. v. Service Bureau Corp.*, 444 F.2d 169, 188 (8th Cir. 1971) (fraud in misrepresenting the characteristics of a data processing product vitiated both a warranty disclaimer and a limitation of remedy provision); *Wagner v. Dan Unfug Motors, Inc.*, 529 P.2d 656 (Colo. Ct. App. 1974); *Commercial Property Inv. v. Quality Inns Int'l*, 61 F.3d 639, 644 (8th Cir. 1995) (fraud vitiated a written disclaimer).

nity to cure" provisions the customer may have overlooked. The customer
may also have formally "accepted" the system or its allegedly defective components, which will often prevent the customer from later asserting the system is defective[1]. Misrepresentation claims require a customer to prove the
vendor misrepresented a material fact that the vendor knew or should have
known was false, that the vendor intended the customer to rely on the misrepresentation and the customer reasonably relied on the assertion, and the
customer was damaged[2]. Vendors may defeat misrepresentation claims by
showing that the customer cannot establish one of the elements of the
claim[3].

b) Intellectual property claims

aa) Software copyright infringement claims

67   Software owners may bring copyright infringement claims against customers[4], competitors[5], unauthorized distributors[6], and others who illegally
copy the software. Software owners must apply to register their copyrights
before they may file an infringement claim. A "copyright owner may not sue
for copyright infringement under the federal Copyright Act until the owner
has delivered 'the deposit, application, and fee required for registration' to
the United States Copyright Office"[7]. The "deposit" required to be submitted with the registration application varies, but generally consists of the
first 25 and last 25 pages of source code for the software[8].

---

1 *See* Gerald D. Silver, "Information Technology Litigation", in *Commercial Litigation
   in New York State Courts*, 710–13 (Robert L. Haig, ed. 2010).
2 *See, e.g., Dunn Appraisal Co. v. Honeywell Info. Sys., Inc.*, 687 F.2d 877, 882 (6th
   Cir. 1982). *See also* Thomas F. McKim and Sandra Bullington, "Computer Litigation",
   in 4 *Business Torts* (Joseph D. Zamore, ed., 2011), 35-13–35-15 (citing cases in which
   IT system customers prevailed on misrepresentation claims).
3 *E.g., Applications, Inc. v. Hewlett-Packard Co.*, 672 F.2d 1076, 1077 (2d Cir. 1982)
   (*per curiam*) (affirming trial court finding that there was no reasonable reliance where
   customer's president was more knowledgeable than vendor's sales representatives).
4 *See, e.g., Wall Data, Inc. v. Los Angeles County Sheriff's Dept.*, 447 F.3d 769, 773–82
   (9th Cir. 2006) (affirming copyright infringement judgment where customer installed
   software on 6,007 computers after purchasing licenses to install the software on only
   3,663 computers).
5 *See, e.g., Dun & Bradstreet Software Serv., Inc. v. Grace Consulting, Inc.*, 307 F.3d
   197, 200–16 (3d Cir. 2002) (reversing trial court and entering judgment as a matter of
   law on copyright infringement claim where competitor admitted copying key parts
   of business software source code and then marketing derivative program to the copyright holder's customers).
6 *See, e.g., Island Software & Computer Serv., Inc. v. Microsoft Corp.*, 413 F.3d 257,
   259–62 (9th Cir. 2005) (affirming copyright infringement judgment against pirate dis-
   tributor of Windows operating system).
7 *Action Tapes, Inc. v. Mattson*, 462 F.3d 1010, 1013 (8th Cir. 2006) (quoting 17 U.S.C.
   § 411(a)). *See also Reed Elsevier, Inc. v. Muchnick*, 130 S. Ct. 1237 (2010) (pre-suit registration required, but failure to obtain registration before filing suit does not deprive
   court of jurisdiction).
8 *Action Tapes*, 462 F.3d at 1013 (citing United States Copyright Office Circular 61). Circular 61 is available at http://www.copyright.gov/circs/circ61.pdf.

To establish a claim of copyright infringement, the software owner must es-   68
tablish "(1) ownership of a valid copyright; and (2) unauthorized copying of
original elements of the plaintiff's work"[1]. "Originality remains the *sine
qua non* of copyright"[2]. The Copyright Act states that "[c]opyright protection subsists … in original works" (17 U.S.C. § 102(a)).

A software owner can show the defendant copied its program through direct   69
evidence of copying or by indirect evidence[3]. Where there is no direct evidence of copying, the owner "may establish an inference of copying by showing (1) access to the allegedly-infringed work by the defendant(s) and (2) a
substantial similarity between the two works"[4]. "Substantial similarity"
does not require literal or verbatim copying of source code[5]. A defendant
may also infringe by copying protectable elements of a software program's
"structure, sequence, organization, user interface, screen displays, and menu
structures"[6]. On the other hand, the Copyright Act states that copyright protection does not extend to ideas or methods of operation (17 U.S.C. § 102(b)).
To determine which original elements of a software program are protectable,
many courts apply the "abstraction-filtration-comparison" test first developed in *Computer Associates Int'l, Inc. v. Altai, Inc.*[7], which compares any
protectable elements of the allegedly infringed program with the infringing
program[8].

The initial **abstraction** component of the test is "a conceptual tool that   70
helps the court separate idea from expression"[9]. A computer program can be
viewed from a high level, such as by examining its purpose, and by examining its many layers of organization down to its object code. The purpose of
the program is a non-protectable idea. The software developer's expression of

---

1 *Dun & Bradstreet*, 307 F.3d at 206 (emphasis added; citations omitted).
2 *Feist Publications, Inc. v. Rural Tel. Serv. Co.*, 499 U.S. 340, 348 (1991). The requisite
   level of creativity is, however, "extremely low; even a slight amount will suffice.
   The vast majority of works make the grade quite easily, as they possess some creative
   spark, 'no matter how crude, humble or obvious' it might be … Originality does not
   signify novelty; a work may be original even though it closely resembles other works,
   so long as the similarity is fortuitous, not the result of copying." *Id.* at 345 (citations
   omitted).
3 *See, e.g., R.C. Olmstead, Inc. v. CU Interface, LLC*, 606 F.3d 262, 274 (6th Cir. 2010).
4 *Id.* (interior quotation marks and citation omitted).
5 *See Softel, Inc. v. Dragon Medical & Scientific Communications, Inc.*, 118 F.3d 955,
   963 (2d Cir. 1997).
6 *General Universal Sys., Inc. v. Lee*, 379 F.3d 131, 142 (5th Cir. 2004); *Softel*, 118 F.3d
   at 963–67; *Computer Associates Int'l, Inc. v. Altai, Inc.*, 982 F.2d 693, 702 (2d Cir.
   1992) (as amended) (a program's structure "includes its non-literal components such
   as general flow charts as well as the more specific organization of inter-modular rela-
   tionships, parameter lists, and macros").
7 *Computer Associates*, 982 F.2d at 702–11.
8 The Fifth, Sixth, Tenth, and Eleventh Circuit Courts of Appeal have adopted the Second Circuit's "abstraction-filtration-comparison" test. *See R.C. Olmstead*, 606 F.3d
   at 274; *General Universal Sys.*, 379 F.3d at 142; *Mitel, Inc. v. Iqtel, Inc.*, 124 F.3d
   1366, 1372 (10th Cir. 1997); *MiTek Holdings, Inc. v. Arce Eng'g Co., Inc.*, 89 F.3d
   1548, 1555–56 (11th Cir. 1996).
9 *Mitel, Inc.*, 124 F.3d at 1371 n.4.

his idea may be protectable. Certain elements of that expression are next *"filtered"* or excluded from what may be infringed. For example, elements in an allegedly infringed program that were borrowed from the public domain must be excluded, as well as elements that flow from the work's theme ("scènes à faire"), and elements dictated by external business factors, such as standard business practices[1]. Once the protected elements have been filtered out, "the remaining protectable expression is *compared* to the allegedly infringing program"[2]. If the allegedly infringing program is substantially similar to the "core of protectable expression" of the infringed program and the defendant had access to the original work, there is indirect proof of infringement[3].

71   Civil remedies potentially available for copyright infringement include injunctive relief; impoundment of the infringing work; the copyright owner's damages *and* the infringer's profits, or alternatively, statutory damages; and, in the court's discretion, the copyright owner's litigation costs and attorneys' fees (17 U.S.C. §§ 502–506).

bb) Patent infringement claims

72   An owner of a United States patent may bring a claim against a person for directly infringing the patent if the person, without authority, makes, uses, offers to sell, or sells the patented invention with in the United States, or imports into the United States a patented invention during the term of the patent (35 U.S.C. § 271(a)). The owner may also bring claims for indirect patent infringement against a person who actively induces another person to infringe the patent (35 U.S.C. § 271(b)) and against a person who contributes to another's infringing conduct by selling, offering to sell, or importing material components of a patented apparatus into the United States that do not have substantial non-infringing uses (35 U.S.C. § 271(c)). Both forms of indirect infringement require that the indirectly-infringing party know the activity it is inducing, or to which it is contributing, constitutes direct infringement.

73   Proving patent infringement is a two-step process. The judge must first interpret the patent claims to determine their scope[4]. Next, the judge (or the jury, if either party requested a jury) compares the patent's claims, as previously interpreted by the judge, with the process or device that allegedly infringes the patent[5].

74   A process or device "accused" of infringing a patent may infringe it literally if all the elements in one of the claims of a patent are found in the allegedly

---

1 *Kohus v. Mariol*, 328 F.3d 848, 856 (6th Cir. 2003).
2 *Softel, Inc. v. Dragon Medical & Scientific Communications, Inc.*, 118 F.3d 955, 963 (2d Cir. 1997).
3 *R.C. Olmstead, Inc. v. CU Interface, LLC*, 606 F.3d 262, 274–75 (6th Cir. 2010).
4 *Markman v. Westview Instruments, Inc.*, 52 F.3d 967, 976 (Fed. Cir. 1995) (en banc), *aff'd*, 517 U.S. 370 (1996).
5 *Id.*

infringing process or device[1]. Infringement may also be established if the accused product includes each element of a patent claim under the "doctrine of equivalents." Under that doctrine, "[a]n element of an accused product is equivalent to a claim limitation if the differences between the two are insubstantial, a question that turns on whether the element of the accused product performs substantially the same function in substantially the same way to obtain the same result as the claim limitation"[2]. Further, "insubstantial alterations [to the design] that were not captured in drafting the original patent claim but which could be created through trivial changes" are considered equivalents[3].

Patent owners have proven infringement claims regarding computer hardware and software by alleging both literal infringement[4] and infringement under the doctrine of equivalents[5]. Patent owners have also prevailed on contributory infringement and inducing infringement claims where patented software components were incorporated into the defendant's software[6].   75

The standards that should be applied to decide claims for infringing patents for "methods of doing business", including software patents for such business methods, remain unsettled. The Federal Circuit held in 1998 that business method patent applications should not be rejected *per se*, that such patent applications may be granted if they meet patentability requirements applied to all other method patents, and that a computer system that transformed financial data into useful results was patentable[7].   76

In 2008, the Federal Circuit amended the test for finding a business method patentable, holding in *In re Bilski* that a method claim is directed to patentable subject matter only if the method is tied to a particular machine or transforms a particular article into a different state or thing, a test referred to as the "machine or transformation" test[8]. After accepting review of the case,   77

---

1 *Kegel Co., Inc. v. AMF Bowling, Inc.*, 127 F.3d 1420, 1425 (Fed. Cir. 1997).
2 *Absolute Software, Inc. v. Stealth Signal, Inc.*, 659 F.3d 1121, 1139 (Fed. Cir. 2011) (interior quotation marks and citation omitted).
3 *Festo Corp. v. Shoketsu Kinzoku Kogyo Kabushiki Co., Ltd.*, 535 U.S. 722, 733 (2002).
4 *See, e.g., CIF Licensing, LLC v. Agere Sys., Inc.*, 727 F. Supp. 2d 337, 344–46 (D. Del. 2010) (denying motion for judgment as a matter of law to set aside jury verdict that defendant literally infringed three patents regarding software and hardware for modems).
5 *See, e.g., Interactive Pictures Corp. v. Infinite Pictures, Inc.*, 274 F.3d 1371 (Fed. Cir. 2001) (affirming verdict that substituted digital viewing format infringed under doctrine of equivalents, affirming damage award of one million dollars).
6 *See, e.g., i4i v. Microsoft Corp.*, 598 F.3d 831, 850–52 (Fed. Cir. 2010) (affirming judgment entered on verdict finding contributory infringement and inducing infringement by including patented custom XML editor in Word; affirming damage award of $200 million and enhanced damages of $40 million), *aff'd on other grounds*, 131 S.Ct. 2238 (2011).
7 *State Street Bank & Inv. Trust Co. v. Signature Fin. Group, Inc.*, 149 F.3d 1368, 1375 (Fed. Cir. 1998).
8 *In re Bilski*, 545 F.3d 943, 949–61 (Fed Cir. 2008) (en banc), *affirmed sub nom. Bilski v. Kappos*, 130 S. Ct. 3218 (2010).

the Supreme Court affirmed the Federal Circuit's finding that the claimed methods at issue, which were for hedging investments in the energy market, "are not patentable processes because they are attempts to patent an abstract idea"[1]. The Court held: "The concept of hedging, described in [one claim] and reduced to a mathematical formula in [another claim], is an unpatentable abstract idea ... Allowing petitioners to patent risk hedging would pre-empt use of this approach in all fields, and would effectively grant a monopoly over an abstract idea"[2]. The Supreme Court also held, however, that the "machine-or-transformation" test should not be the only test to determine whether method claims are patentable[3]. This amounted to a reversal of the Federal Circuit's narrow view of the patentability of business methods.

78   The Federal Circuit, district courts, and the United States Patent and Trademark Office continue to use "machine-or-transformation" test as "one indicator of patentability"[4]. When district courts have applied that test together with the Supreme Court's renewed direction in *Bilski*, they have found several software business method patents to be invalid[5]. In late 2011, however, the Federal Circuit reversed one such district court decision, finding that a patent disclosing a method for Internet users to view copyrighted materials free of charge in exchange for watching certain advertisements was "not so manifestly abstract as to override the statutory language" of the Patent Act[6]. The Supreme Court, however, granted certiorari, vacated the Court of Appeals' decision, and directed the appellate court to reconsider its decision in light of another patent case the Supreme Court decided earlier in the 2012 term[7]. It appears likely that the Federal Circuit and perhaps the Supreme Court will continue to refine the tests to determine when business method patents are patentable.

79   When a party prevails on a patent infringement claim, the court may issue an injunction prohibiting the infringer from continuing its activities and may award money damages for past infringement. Monetary damages are designed to compensate a patent owner for the infringement and may be calculated by estimating the patent owner's lost profits, utilizing an established royalty, or by determining a reasonable royalty (35 U.S.C. §§ 283–284). If the infringement is found to be willful, the court may impose enhanced damages

---

1 *Bilski v. Kappos*, 130 S. Ct. at 3229–30.
2 *Id.* at 3231.
3 *Id.* at 3226–27.
4 *See Bancorp Services, LLC v. Sun Life Assurance Co. of Canada*, 771 F. Supp. 2d 1054, 1061–61 (E.D. Mo. 2011).
5 *See, e.g., Id.* at 1063–67 (finding computerized method and system for tracking book value and market value not directed to patentable subject matter); *CLS Bank Int'l v. Alice Corp. Pty. Ltd.*, 768 F. Supp. 2d 221, 238–56 (D.D.C. 2011) (finding computerized methods and system to help lessen settlement risk of trades of financial instruments not directed to patentable subject matter).
6 *Ultramercial, LLC v. Hulu, LLC*, 657 F.3d 1323, 1330 (Fed. Cir. Sept. 15, 2011), *vacated sub nom. Wild Tangent, Inc. v. Ultramercial, LLC.*, 2012 WL 369157 (S. Ct. May 21, 2012).
7 *Wild Tangent, Inc. v. Ultramercial, LLC.*, 2012 WL 369157 (S. Ct. May 21, 2012).

of up to three times the amount assessed by the jury (35 U.S.C. § 284). In exceptional cases, a court may impose attorneys' fees, which may exceed actual damages in some cases (35 U.S.C. § 285).

cc) Trademark claims

Some trademark owners contend that the use of their trademarks as key- 80
words in Google's AdWords program and in other search engines' similar
paid-search programs violates the trademark owners' rights under the Lanham Act (15 U.S.C. § 1125(a)). The Second Circuit Court of Appeals described the AdWords program:

> AdWords is Google's program through which advertisers purchase terms
> (or keywords). When entered as a search term, the keyword triggers the
> appearance of the advertiser's ad and link. An advertiser's purchase of a
> particular term causes the advertiser's ad and link to be displayed on the
> user's screen whenever a searcher launches a Google search based on the
> purchased search term. Advertisers pay Google based on the number of
> times Internet users "click" on the advertisement, so as to link to the advertiser's website[1].

The Second Circuit held that Google's use of a trademark in its AdWords 81
program is a "use in commerce", which is one of the prerequisites to finding
trademark infringement under the Lanham Act[2].

Claims against Google for using trademarks in its AdWords program have 82
been dismissed because Google is entitled to immunity as an "interactive
computer service" pursuant to Section 230 of the Communications Decency
Act (47 U.S.C. § 230)[3]. Trademark infringement claims against Google were
also dismissed on summary judgment when the plaintiff failed to present
evidence that Google's use of the trademark created a likelihood of confusion among users of search results[4].

Trademark infringement claims against companies that **purchase** keywords 83
through Google's AdWord program that include trademarks of their competitors have also been unsuccessful in 2010 and 2011. For example, in *Network
Automation, Inc. v. Advanced Systems, Inc.*[5], the Ninth Circuit vacated an
injunction against a company that used a competitor's trademark in the AdWords program. The Court held the trial court failed to consider that "the

---

1 *Rescuecom Corp. v. Google, Inc.*, 562 F.3d 123, 125 (2d Cir. 2009) (footnote omitted).
2 *Id.*, 562 F.3d at 130–31. Because the trial court had resolved the case on the basis that
the trademark was not used in commerce through the AdWords program, the Court
of Appeals remanded the case to the trial court for further proceedings. *Id.* at 131.
3 *See Rosetta Stone, Ltd. v. Google, Inc.*, 732 F. Supp. 2d 628, 632–33 (E.D. Va. 2010) (dismissing the plaintiff's claim for unjust enrichment); *Jurin v. Google, Inc.*, 695 F.
Supp. 2d 1117, 1123 (E.D. Cal. 2010) dismissing Lanham Act and state law claims).
4 *Rosetta Stone, Ltd. v. Google, Inc.*, 730 F. Supp. 2d 531, 540–45 (E.D. Va. 2010).
5 638 F.3d 1137 (9th Cir. 2011).

likelihood of confusion will ultimately turn on what the consumer saw on the screen and reasonably believed, given the context"[1]. The Second Circuit similarly found that eBay was not liable for using the trademark "Tiffany" in a sponsored link advertisement on various search engines "to describe accurately the genuine Tiffany goods offered for sale on its website"[2].

84 Although a trademark owner succeeded in obtaining an injunction against its competitor's continued use of its trademark in the Google AdWords program when it demonstrated likelihood of confusion[3], these cases clarify that trademark owners will need to make such a showing to prevail on trademark infringement claims. Mere use of a trademark in Google's AdWords program or in other sponsored-link ads will not be enough to establish trademark infringement.

c) Privacy and security-related disputes

aa) Federal privacy and security laws

85 Several of the first ten amendments to the federal Constitution, known as "The Bill of Rights", include privacy protections that apply against the federal and state governments. Most importantly in the context of IT issues, the Fourth Amendment prohibits unreasonable government searches and seizures. The Supreme Court has interpreted that prohibition to prevent government agents from intercepting the content of electronic communications without a judicially-issued search warrant if the participants to the communication have a "reasonable expectation of privacy" in the communication[4]. Constitutional protections apply only where there is "state action", however, and do not generally affect how businesses and other entities may act towards individuals.

86 Many federal statutes and administrative regulations establish privacy and security duties of businesses on a sector-specific basis. For example, the Health Insurance Portability and Accountability Act of 1996 ("HIPAA")[5] established criminal penalties for misuse of protected health information ("PHI") and authorized the federal Department of Health and Human Services to adopt rules requiring health care providers to protect the privacy and

---

1 *Id.* at 1153 (interior quotation marks and citation omitted). *See also College Network, Inc. v. Moore Educ. Publishers, Inc.*, 378 Fed. Appx. 403, 413–14, 2010 WL 1923763 (5th Cir. 2010) (unpublished) (affirming judgment as a matter of law dismissing Lanham Act trademark infringement claim where the evidence did not support a finding of likelihood of confusion).
2 *Tiffany (NJ) Inc. v. eBay Inc.*, 600 F.3d 93, 101-03 (2d Cir. 2010), *cert. denied*, 131 S. Ct. 647 (2010).
3 *See CJ Products LLC v. Snuggly Plushez LLC*, 809 F. Supp. 2d 127, 157-1 (E.D.N.Y. 2011).
4 *Katz v. United States*, 389 U.S. 347, 361 (1967) (Harlan, J., concurring).
5 *Codified at* 42 U.S.C. § 1320d-5.

security of PHI[1]. Other federal statutes regulate financial services[2], the privacy of information children provide online[3], federal employees' privacy rights in personal records[4], students' privacy rights in their educational records[5], the privacy of drivers' license records[6], and the privacy of video rental records[7].

On the other hand, several other federal privacy and security laws apply   87 across industry sectors to all businesses, to individuals, or to both. For example, pursuant to section 5 of the Federal Trade Commission Act ("FTC Act") (15 U.S.C. § 45), which prohibits unfair business practices, the FTC has brought civil actions against businesses subject to its jurisdiction[8] for failing to implement reasonable security measures to protect customers' electronic information and for failing to comply with online privacy policies that businesses have publicized[9]. Three other statutes prohibit the interception of electronic communications without authorization[10], prohibit accessing stored electronic communications without authorization[11], and prohibit accessing computers used in interstate or international business without authorization or in excess of authorization[12]. Defendants who violate these three statutes may be subject to criminal prosecution by law enforcement officials and civil actions for injunctive relief and damages by the businesses and individuals whose communications were obtained or whose computers were accessed[13].

---

1 See the HIPAA Privacy Rule, 45 Code of Federal Regulations ("C.F.R.") 164.500-.534, and the HIPAA Security Rule, 45 C.F.R. 164.302-.318.
2 The Gramm-Leach-Bliley Act ("GLBA"), Pub. L. No. 106–102, 113 Stat. 1338 (1999) (codified as amended in scattered sections of 12, 15, 16 and 18 U.S.C.).
3 See the Children's Online Privacy Protection Act ("COPPA"), codified at 15 U.S.C. §§ 6501–6506, and the regulations adopted regarding that act, 16 C.F.R. § 312.
4 The federal Privacy Act, codified at 5 U.S.C. § 552a.
5 The Family Educational Rights and Privacy Act, codified at 20 U.S.C. § 1232g, and the regulations adopted regarding that act, 34 C.F.R. Part 99.
6 The Driver's Privacy Protection Act, codified at 18 U.S.C. §§ 2721–2725.
7 The Video Privacy Protection Act, codified at 18 U.S.C. § 2710.
8 The FTC is the federal agency with principal responsibility for the protection of consumers from unfair and deceptive trade practices, and it is broadly empowered to prevent such practices in or affecting commerce, by "persons, partnerships, or corporations", except for certain expressly excluded entities such as "banks." 15 U.S.C. § 45(a)(2).
9 See http://business.ftc.gov/privacy-and-security (FTC orders regarding data security and privacy).
10 Title I of the Electronic Communications Privacy Act of 1986 ("ECPA"), codified at 18 U.S.C. §§ 2510–2522, which amended the federal Wiretap Act ("WTA") and is therefore sometimes referred to as the "Wiretap Act" or "WTA."
11 Title II of the ECPA, codified at 18 U.S.C. §§ 2701–2712, which is often referred to as the "Stored Communications Act" or SCA.
12 The Computer Fraud and Abuse Act ("CFAA"), codified at 18 U.S.C. § 1030.
13 See 18 U.S.C. § 1030(c) (CFAA criminal penalties); 18 U.S.C. § 1030(g) (CFAA civil remedies, including actual damages); 18 U.S.C. § 2511 (WTA criminal penalties); 18 U.S.C. § 2520 (WTA civil remedies, including actual damages or statutory damages of $100 per day or $10,000, attorneys' fees and litigation costs); 18 U.S.C. § 2701 (SCA criminal penalties); 18 U.S.C. § 2707 (SCA civil remedies, including actual damages or statutory damages up to $1000, attorneys' fees and litigation costs).

bb) State privacy and security laws

88   Similar to the federal Constitution, many state constitutions guarantee state residents' privacy rights. California's right to privacy provision is the broadest; it gives each citizen "inalienable right" to pursue and obtain "privacy"[1].

89   States have also enacted IT privacy and security statutes. For example, as of October 31, 2011, 46 states, Washington, D.C., and Puerto Rico have enacted data breach notification laws[2]. These laws require that an entity that suffers a data breach, i.e., the theft or loss of unencrypted "personal information" of customers or employees, must send a written notice to each person whose data was lost or stolen. The laws typically define "personal information" as a person's first name or initial, the person's last name, and one of three or four other types of information: the person's Social Security number, his or her driver's license or state ID card number, the individual's financial account number; or, in some states, the person's "medical information."

90   Mass. Gen. Laws Ch. 93H § 2(a) goes further than data breach notice laws by requiring the commonwealth's Department of Consumer & Business Affairs to "adopt regulations relative to any person that owns or licenses personal information of residents of the commonwealth ... [to] safeguard the personal information of residents of the commonwealth."[3] The Massachusetts regulations are detailed and specific[4]. To comply with the regulations, businesses that own, license, store, or maintain paper or electronic records that include personal information of Massachusetts residents must implement comprehensive security measures. If a business required to comply with the regulations fails to do so, the Massachusetts Attorney General may bring an action under Massachusetts' consumer protection statute for injunctive relief, to recover a fine payable to the commonwealth of up to $5,000 for each "method, act or practice" that the business knew or should have known violated the regulations, and to recover the costs of such litigation, including reasonable attorneys' fees (Mass. Gen. Laws Ch. 93H § 6 and 93A § 4).

91   Failure to comply with the Massachusetts regulations could have a second effect. If a thief steals data from a business, and (1) the data includes personal information of Massachusetts residents; (2) the business has not complied with the regulations; and (3) either the Massachusetts residents or other

---

1 California Constitution, art. 1, § 1.
2 As of that date, Alabama, Kentucky, New Mexico, and South Dakota had not enacted such laws. The state data breach notice statutes are listed and summarized at http://www.dwt.com/files/Uploads/Images/StateDataBreachChart.pdf.
3 California has a statute that requires all business to adopt information security practices. California's information security mandate is vague. It states only that "[a] business that owns or licenses personal information about a California resident shall implement and maintain reasonable security procedures and practices appropriate to the nature of the information, to protect the personal information from unauthorized access, destruction, use, modification, or disclosure." Cal. Civ. Code § 1798.81.5(b).
4 See 201 CMR 17.00, available at http://www.mass.gov/ocabr/docs/idtheft/201cmr 1700reg.pdf.

businesses incur damages related to theft, the business would be subject to claims under Massachusetts' consumer protection law (Mass. Gen. Laws Ch. 93A § 11)[1]. If successful, the plaintiffs in such an action could recover treble damages, costs, and attorneys' fees (Ch. 93A § 11). Because many large businesses collect data regarding Massachusetts citizens, the Massachusetts statute and regulations set the minimum data security requirements for such businesses.

Some other state laws require businesses to take specific actions to secure   92
certain types of electronic data. Minnesota and Washington statutes, Minn. Stat. 365E.64 and RCW 19.255.020 respectively, require merchants that fail to take steps to secure credit and debit card data to reimburse financial institutions for costs to replace credit and debit cards after a data breach. Merchants who have complied with the Payment Card Industry Data Security Standard ("PCI DSS")[2] before a data breach occurs are exempt from the repayment obligation. A Nevada statute (Nev. Rev. Stat. § 597.970) requires businesses in Nevada to encrypt "customers' personal information that is transmitted over the internet to recipients outside of the businesses' secure systems."

Additionally, if a business or an individual violates privacy or security rights   93
of another business or person, that injured party may recover damages from the defendant for negligence, breach of contract, and invasion of privacy, among other common law claims, in civil litigation. The possibility that damages may be awarded for such claims – especially in class-action cases, where multi-million dollar settlements are common – may motivate potential defendants to avoid violating privacy and security rights at least as much as they are motivated to comply with statutes and regulations.

cc) Privacy and security litigation

Numerous thefts of digitally-stored personal and business records have gen-   94
erated dozens of civil lawsuits against the businesses from which the records were stolen. Courts have almost always dismissed these cases when the plaintiffs did not allege the thieves misused the plaintiffs' electronic data[3].

---

1 See In re TJX Companies Retail Security Breach Litig., 524 F. Supp. 2d 83, 92–95 (D. Mass. 2007) (denying motion to dismiss banks' Ch. 93A § 11 claims against TJX), affirmed, 564 F.3d 489 (1st Cir. 2009).
2 The PCI DSS, available at https://www.pcisecuritystandards.org/security_standards/, is a set of security requirements adopted by the major credit card associations.
3 See, e.g., Ruiz v. Gap, Inc., 622 F. Supp. 2d 908, 918 (N.D. Cal. 2009) (750,000 employee applications on stolen laptop; court holds "[the plaintiff] has no actual damages to mitigate since he has never been a victim of identity theft"), affirmed, 380 Fed. Appx. 689 (9th Cir. 2010) (unpublished); Caudle v. Towers, Perrin, Forster & Crosby, Inc., 580 F. Supp. 2d 273, 284 (S.D.N.Y. 2008) (money spent to combat increased risk of identity theft is not compensable injury where no data misuse occurred); Forbes v. Wells Fargo Bank, N.A., 420 F. Supp. 2d 1018, 1020–21 (D. Minn. 2006) ("expenditure of time and money [for monitoring credit is] not the result of any present injury, but rather anticipation of future injury that has not yet materialized").

In cases where data thieves fraudulently used stolen personal data, courts have allowed the plaintiffs to maintain their claims to recover costs they reasonably spend to protect themselves from fraud[1].

95 Employers frequently bring claims against employees or former employees under the CFAA. Employers typically claim that employees accessed the employers' computers without authorization (or by exceeding authorization) to take confidential employer data, usually to start or assist a new business competing against the employer[2]. The outcomes of these cases are generally dictated by the facts each side can prove, although courts are divided on whether an employee who was authorized to access an employer's computer for work-related issues "exceeds" that authorization when he accesses the computer for purposes directly opposed to the employer's interests[3].

96 Finally, several class-action cases are pending or were dismissed in 2010 or 2011 in which customers of electronic communications service ("ECS") providers (such as Internet access companies and social media platforms) claim the defendants violated the Wiretap Act, Stored Communications Act, and other statutes and common law rights, by harvesting customer' data[4]. These

---

1 *See, e.g., Anderson v. Hannaford Bros. Co,* 659 F.3d 151, 164-67 (1st Cir. 2011) (where data thieves intentionally targeted customer data and made more than 1,800 fraudulent charges on stolen personal accounts, plaintiffs may recover funds reasonably spent to mitigate potential damages).

2 *See, e.g., Pacific Aerospace & Electronics v. Taylor,* 295 F. Supp. 2d 1188, 1196 (E.D. Wash. 2003).

3 *Compare LVRC Holdings LLC v. Brekka,* 581 F.3d 1127, 1135 (9th Cir. 2009) (employee did not access a computer "without authorization" nor "exceed authorized access" in violation the CFAA when he emailed documents from his work computer to himself and to his wife while he was still employed) *with Int'l Airport Centers, LLC v. Citrin,* 440 F.3d 418, 420 (7th Cir. 2006) (employee can lose authorization to use a company computer when the employee resolves to act contrary to the employer's interest).

4 *See, e.g., In re iPhone Application Litig.,* No. 11-MD-02250, 2011 WL 4403963 (N.D. Cal. Sept. 20, 2011) (plaintiffs alleged Apple and mobile app developers unlawfully collected plaintiffs' location data; the court dismissed the complaint with leave to amend because plaintiffs did not adequately allege standing based on vague allegations of injury due to deprivation of the economic value of their personal information); *In re Facebook Privacy Litig.,* 791 F. Supp. 2d 705 (N.D. Cal. 2011) (the court denied Facebook's motion to dismiss WTA claims on standing grounds, despite the absence of any allegation of concrete injury); *La Court v. Specific Media, Inc.,* No. SACV 10-1256, 2011 WL 2473399, at *6, 8, 12 (C.D. Cal. April 28, 2011) (plaintiffs challenged the defendant's alleged use of "persistent" tracking cookies and alleged plaintiffs suffered injury due to deprivation of the economic value of unspecified personal information; after holding the plaintiffs "haven't offered a coherent and factually supported theory of what [their actual or imminent] injury might be", the court dismissed the case); *Mortensen v. Bresnan Communications,* No. CV 10–13, 2010 WL 5140454 (D. Mont. Dec. 13, 2010) (class action Wiretap Act claims, among others, against an ISP that allowed a third party, NebuAd, to install an appliance on the ISP's network to gather information to create profiles of the ISP's customers to target the customers with preference-sensitive advertisements; the court held that the Wiretap Act claims should be dismissed because the Internet access users had consented to the interceptions).

cases have met with mixed results, but they have generated heightened interest among both ECS providers and privacy rights advocates in the question of whether a plaintiff who cannot show any actual injury from the violation of a statute has standing to litigate claims in federal court for statutory damages[1].

---

1 Statutory damages may be awarded in lieu of a plaintiff's actual damages. Statutory damages available pursuant to the Wiretap Act and Stored Communications Act are described in note 13, page 411. The Supreme Court accepted a case for review in 2011 that could have helped resolve this issue, but the Court later dismissed review as having been "improvidently granted". See *Edwards v. First America Corp.*, 610 F.3d 514 (9th Cir. 2010), *cert. granted*, 131 S.Ct. 3022 (2011), *cert. dismissed*, No. 10-708, 2012 WL 2427807 (June 28, 2012).

III. England & Wales

1. Introduction

1 Over the last two decades, IT litigation has become a familiar part of the business of the Courts in England and Wales, particularly in the High Court in London. There are now several Judges, barristers and solicitors with both expertise and substantial experience of dealing with technically complex IT disputes, whether relating to failed system implementations, telecommunications networks, software patents or licences. The ability of the courts to try complex IT cases is exemplified by *BSkyB v EDS*[1], a case that required the dissection and analysis of a six-year systems implementation from tender to completion. That case involved thousands of documents, tens of factual witnesses, ten expert witnesses, 109 days of Court time and a 2350-paragraph judgment. Whilst the vast majority of cases before the courts are not of that magnitude – *BSkyB v EDS* is probably the largest IT case ever to be tried in the High Court – it illustrates the willingness and ability of the judges to grapple with the complexities of IT litigation on the largest scale.

2 In this chapter we explain the system within which this is achieved. We provide an overview of the legal system as it applies to IT arbitration and litigation, and then offer some insight into what is involved in litigating such disputes in the courts. In doing so, we have necessarily had to be selective and to over-simplify some of our explanations of law and practice: a few topics covered here in a mere half a page would require an entire book in their own right to explain properly! As a result, this chapter cannot provide the reader with everything he or she needs to know in order to litigate an IT dispute in the courts of England and Wales; what it seeks to do instead is to provide practitioners of other jurisdictions with sufficient knowledge and understanding such that, if their clients are involved in IT litigation in the courts of England and Wales, they will know broadly what to expect and what questions to ask.

Sources of Law

3 England & Wales is a common law jurisdiction. For present purposes, this has two important practical consequences. First, not all aspects of the law are codified. For example, many of the rules of contract law cannot be found in statutes but must be read from judgments (or, in relation to well established areas of law, from respected text books that summarise the effect of the judgments). Secondly, there is a system of precedent whereby all courts are required to follow the decisions of more senior courts: the Court of Appeal must follow decisions of the Supreme Court, and the High Court must follow the decisions of the Court of Appeal. Moreover, save in exceptional circumstances, the Court of Appeal must follow its own previous decisions. The High Court is not technically bound by its own previous decisions, but

---

1 [2010] EWHC 86 (TCC).

those decisions are persuasive and will generally be followed unless there is good reason not to do so.

Whilst this concept of precedent is a central feature of the legal system of   4
England & Wales, its purpose and impact should not be over-stated. The facts of each case are different, as are the circumstances in which parties make agreements. In that context, the role of precedent is to ensure consistency of judgments in relation to matters of law, such as the interpretation of statutes and the rules governing agreement of contracts; it is not to prevent a Court from looking at the facts before it and reaching a decision appropriate to those facts. A similar concept is now familiar across the European Union in the form of judgments emanating from the European Court of Justice.

Although many elements of commercial law remain un-codified, substantial   5
areas of law relevant to IT disputes are found in Statutes (primary legislation) and Statutory Instruments (secondary legislation). By way of example, an IT supplier's ability to rely on contractual terms to exclude liability for losses caused by its defaults is restricted by the Unfair Contract Terms Act 1977; copyright protection for computer software is provided by the Copyright Designs and Patents Act 1988; an intentional denial of service attack is a criminal offence by virtue of the Computer Misuse Act 1990.

In the domain of IT as elsewhere, the European Union is an increasingly im-   6
portant source of law. Most EU Directives are implemented in the United Kingdom as Statutory Instruments, although those involving substantial or wide-reaching changes to the law may be implemented as Statutes. For example, the Communications Framework Directive (2002/21/EC) was largely implemented in the Communications Act 2003. There is not necessarily a one-to-one mapping between individual EU Directives and the United Kingdom Statutes or Statutory Instruments that transpose them into UK law, as many EU Directives are implemented as amendments to existing UK legislation. Where litigating parties are in dispute as to the meaning of legislation that implements an EU Directive, the Courts invariably look to the EU Directive itself in order to ascertain the meaning.

Many large-scale IT projects involve long, elaborate contracts. Such con-   7
tracts often govern not only the services to be provided by the supplier and the price to be paid but also prescribe matters such as the types of losses that are recoverable on breach, the processes to be adopted for dispute escalation and resolution, rights of termination, and treatment of intellectual property. These types of contracts are almost entire legal systems in their own right and, in conjunction with the rules of contractual interpretation, can be the most important source of "law" in IT litigation.

Civil Procedure

Litigation procedure in the Court of Appeal, High Court and the County   8
Courts is governed by the Civil Procedure Rules ("the CPR"). These rules,

which can be viewed online[1], cover the whole litigation process from pre-action steps that litigants must undertake through to enforcement of judgments. The CPR is split into a number of "Parts", a few of which cover general matters (such as the Court's case management powers – Part 3) but most of which cover a distinct part of the litigation process (such as how to start proceedings – Part 7). Some of the Parts are supplemented by Practice Directions, which provide more detailed instruction and guidance in relation to certain procedures or issues. The meaning and effect of many provisions of the CPR have been considered in judgments of the senior courts. As with other areas of the law, the system of precedent applies to such judgments, so practitioners need to be aware of their existence.

9   In addition to the CPR, the divisions and specialist sections of the High Court publish Court Guides. These do not have the force of law, but provide practical guidance as to the working practices of particular courts and are recommended reading for anyone involved in litigation in those courts. Litigants will be expected to be familiar with the Court Guides and to follow the practices set out in them.

10 At the heart of the CPR and the court's approach to handling litigation are two central concepts: the "over-riding objective" and active case management[2]. The over-riding objective is a requirement that cases should be dealt with justly. That means ensuring insofar as possible that parties are on an equal footing, that expense is saved, that cases are dealt with expeditiously, fairly and in a way that is proportionate to the issues at stake, and that appropriate court time is allotted. The court is under a positive duty to seek to give effect to the over-riding objective when exercising its powers; litigants are under a duty to help the court do so.

11 Active case management is about judges taking a pro-active role in the dispute resolution process, not just at trial, but from the very early stages. Judges are required to encourage co-operation between parties, to identify issues that need to be resolved and decide on an appropriate process for resolving them, to encourage alternative dispute resolution processes and facilitate settlement, to fix timetables and to ensure that those timetables are maintained. Whilst approaches vary from court to court, judicial intervention and guidance throughout the litigation process is a feature of every case from the smallest to the very largest.

2. Recognition of Jurisdiction Agreements by State Courts

12 The United Kingdom is subject to Council Regulation (EC) No. 44/2001 on jurisdiction and the recognition and enforcement of judgments in civil and commercial matters ("the Regulation"). As readers will be aware, Article 23 of the Regulation provides that "*if the parties, one or more of whom is domi-*

---

1 http://www.justice.gov.uk/guidance/courts-and-tribunals/courts/procedure-rules/civil /menus/rules.htm.
2 Both of these concepts are set out in Part 1 of the CPR.

ciled in a Member State, have agreed that a court or the courts of a Member State are to have jurisdiction to settle any disputes which have arisen or which may arise in connection with a particular legal relationship, that court or those courts shall have jurisdiction. Such jurisdiction shall be exclusive unless the parties have agreed otherwise". It follows that in relation to disputes to which Article 23 applies, the courts of England & Wales will recognise and abide by jurisdiction agreements.

In relation to jurisdiction agreements that are not subject to the Regulation the position is similar: the court will generally accept jurisdiction where the parties have agreed to confer it; conversely, the court will generally stay proceedings issued in breach of a jurisdiction agreement[1].   13

3. Arbitration in England & Wales

Many IT disputes are arbitrated, either pursuant to contractual arbitration clauses or, less frequently, pursuant to stand-alone arbitration agreements entered into by the parties after the dispute has arisen. Confidentiality of proceedings, the ability to choose a tribunal and cost saving are often cited as reasons for arbitrating disputes rather than litigating them. It is undoubtedly true that in some circumstances confidentiality is commercially advantageous for both parties. In our experience, however, the other so-called advantages are often perceived rather than real in the context of IT disputes in this jurisdiction: provided that proceedings are issued in an appropriate court, parties can expect to find judges with experience and expertise in IT litigation just as easily as arbitrators; the cost of dispute resolution depends less on whether arbitration or litigation is the chosen route and more on the approach to dispute resolution adopted by the parties. The advantages of arbitration must in any event be weighed against an important disadvantage: limited right of appeal. Arbitration is certainly a popular form of dispute resolution, and London is a well-known centre of commercial arbitration.   14

The Arbitration Act 1996

Arbitrations whose seat is in England or Wales are governed by the Arbitration Act 1996 ("the Act"). The subject matter of this Statute is wide-ranging, and covers (amongst other things) the definition of arbitration agreements, the powers of arbitrators, enforcement of awards, costs, appeals and limitation.   15

Some parts of the Act set out rules that apply only where the parties have not agreed their own rules or adopted standard model rules that address the issue concerned. For example, section 16 of the Act sets out a full procedure for appointing arbitrators, but the statutory procedure does not apply where   16

---

1 For a detailed analysis and explanation of this subject see Dicey, Morris & Collins on the Conflict of Laws, chapter 12.

the parties have chosen to use, say, UNCITRAL rules, because UNCITRAL rules set out their own procedure for the appointment of arbitrators.

17 Other parts of the Act are mandatory and apply regardless of what the parties have agreed or what set of procedural rules they have adopted[1]. It is not possible in the limited space available in this chapter to describe all of the mandatory provisions or explain their effect[2]. However, we summarise below some of the mandatory provisions that we believe have a particularly significant effect on the nature and characteristics of arbitration within the jurisdiction:

- Section 9 provides that the court is required to stay legal proceedings brought in breach of an arbitration agreement (unless the court is satisfied that the arbitration agreement is void, inoperative or incapable of being performed). This provision is a mechanism allowing the courts to recognise and give effect to arbitration agreements.

- Section 24 provides that a party to arbitral proceedings may apply to the court to remove arbitrators if there are justifiable doubts as to their impartiality, if they are not suitably qualified, if they are physically or mentally incapable of conducting proceedings, or if they have caused or will cause substantial injustice by failing to conduct the proceedings properly or expeditiously.

- Section 29 ensures that arbitrators, their employees and agents are not liable for anything done in the discharge of their functions unless they have acted in bad faith. Section 74 makes a similar provision in relation to arbitral institutions and appointment bodies.

- Section 33 imposes a duty on an arbitral tribunal to act fairly and impartially and to give each party a reasonable opportunity to present their case and to deal with the case presented by their opponent.

- Section 40 imposes a duty on the parties to do all things necessary for the proper and expeditious conduct of the proceedings.

- Section 43 provides that where the tribunal gives permission or the parties agree, parties may use the courts to compel witnesses to attend to give evidence at an arbitration hearing or to produce documentary evidence.

Enforcement, Challenges and Appeals

18 Unless the parties agree to the contrary, the award of an arbitral tribunal is final and binding both on the parties and on *"any persons claiming through or under them"*, such as legal assignees[3]. A valid award is enforceable in the same way as a judgment or court order[4]. An award that is valid on its face

---

1 The mandatory provisions are listed in Schedule 1 to the Act.
2 For a detailed account of these matters and arbitration in England & Wales generally, see Merkin on Arbitration Law.
3 Section 58 of the Act.
4 Section 66 of the Act.

may nonetheless be challenged on the basis that the arbitral tribunal lacked jurisdiction[1] or on the basis of a serious irregularity[2]. An award may also be the subject of an appeal to the court on a point of law, unless the parties have agreed otherwise or agreed that the tribunal need not give reasons[3].

Subject to agreement to the contrary, any award of costs of the arbitration   19
will be based on the general principle that the losing party pays, unless the circumstances are such that application of that principle is inappropriate[4]. Any agreement between the parties that one or other of the parties must pay the costs of the arbitration regardless of the outcome is invalid unless such agreement is made after the dispute has arisen[5].

What disputes may be arbitrated

Many (perhaps most) commercial arbitrations are concerned with disputes   20
over contractual rights. However, the scope of arbitration is not so limited. Whilst certain issues may not be arbitrated owing to public policy considerations – for example, parties could not agree to arbitrate the question of whether a crime had been committed – it is difficult to conceive of any dispute in the context of IT litigation that could not be subject to arbitration.

That said, the fact that arbitration awards bind only the parties and those   21
who claim through or under them means that the process may be unsuitable for certain kinds of dispute. An example in an IT context might be a dispute concerning the validity of a patent. Whilst we can see no objection in principle to parties choosing to arbitrate such an issue, the award would not bind the world at large and would have no effect on the register of patents.

Other forms of dispute resolution

Although this section of the chapter is primarily concerned with arbitration,   22
it is important to note that arbitration is not the only alternative to litigation; there are many other forms of alternative dispute resolution ("ADR") commonly used in relation to IT disputes. In addition to providing alternatives to litigation, many forms of ADR (albeit not arbitration) are also frequently used as an adjunct to litigation. In our experience, disputes that seem intractable prior to litigation can often be resolved by ADR once litigation has commenced because the litigation process itself, which forces parties to set out their claims and defences formally and fully, can clarify and narrow the issues in a way that allows sensible negotiations or other forms of ADR to take place. This allows parties to settle their dispute without incurring the costs of a full trial.

---

1 Section 67 of the Act.
2 Section 68 of the Act.
3 Section 69 of the Act.
4 Section 61 of the Act.
5 Section 60 of the Act.

23 Amongst the most commonly used forms of ADR used in the context of IT disputes in this jurisdiction are:

– Mediation: this is a structured negotiation process, conducted on a without prejudice basis (see below), where the parties are helped to negotiate a settlement by an independent third party. A mediator may be a lawyer, someone with a commercial background or a technical expert, depending on the nature of the dispute. Although the role of mediators is not to *determine* the dispute, they will often give the parties a view as to the merits, with the aim of trying to persuade the parties of the benefits of compromise. Mediation can be used as a standalone dispute resolution technique or as a means of settling a dispute once the litigation process has begun. The courts strongly encourage mediation – indeed refusal of a party to mediate may lead to adverse cost consequences in the litigation.

– Expert Determination: this is a contractual process whereby the parties agree to be bound by the conclusions of an independent expert (who can be a lawyer or, in the context of IT disputes, a technical expert). This can be a cheap and effective means of swiftly resolving narrow disputes in the context of an on-going IT project. However, it is often inappropriate for large or more complex disputes, especially where the contract in question has been terminated for breach, not least because the ruling made at an Expert Determination can be difficult or even impossible to appeal, which can lead to serious injustice if the decision is wrong.

– Adjudication: this is also a contractual process, whereby the parties agree to be bound by the conclusions of an independent adjudicator unless or until the dispute is litigated. Adjudication is usually a quick process (typically being complete in one or two months) and can be a very effective way of resolving disputes. Although it is open to a party to litigate subsequently if it does not like the adjudicator's decision, that does not usually happen in practice. Adjudication brings the speed and cost benefits of Expert Determination without the risk of injustice; the disadvantage is that there is no guarantee of finality. Adjudication has been mandatory in construction contract disputes in the UK for around 15 years, and is generally accepted to have significantly reduced the number of such disputes progressing to formal legal proceedings[1]. Its use in IT disputes is dependent on agreement between the parties. As such it is not used as often. However, we anticipate that it could develop as an increasingly important mode of dispute resolution in this field.

– Negotiation: many disputes are resolved without any special process – the parties simply negotiate between themselves and reach a resolution that they are both prepared to accept. As with mediation, negotiation can avoid the need for litigation or can be used as a means of settling a dispute once litigation is on foot.

---

1 It is "mandatory" in the sense that either party may elect to adjudicate a dispute regardless of whether the contract specifically provides for adjudication.

– Early Neutral Evaluation: this is a process whereby an expert (who could be a lawyer, a Judge or a technical expert) is appointed by the parties jointly to provide an independent opinion on the merits of the claim. Whilst the opinion of the expert is not binding on the parties, it provides insight into the view that a Judge or arbitrator may ultimately take if the case continued to fight. In cases where there is a genuine dispute on a matter of law or narrow technical issue, early neutral evaluation can be a useful aid to negotiations by giving both parties a steer as to the likely outcome at trial.

In mediation, negotiation and early neutral evaluation, where ADR takes place as an adjunct to litigation, the process almost invariably proceeds on a "without prejudice" basis. This means that neither party can rely in court on what was done or said during ADR. An alternative basis is "without prejudice save as to costs", where the parties *can* rely in court on what was done or said during ADR, but only at the end of the trial for the purposes of arguing about what costs orders the court should make. Expert Determination, being a binding alternative to litigation, is not "without prejudice". Adjudication is something of a hybrid, as explained above. It is also generally not "without prejudice".   24

4. Courts of Law

The civil court system in England and Wales consists of the County Courts, the High Court and the appellate courts (being the Court of Appeal and Supreme Court). The appellate courts are located in London as is the High Court (although the High Court also has a number of regional "District Registries" located elsewhere); County Courts are located in cities and towns across the country. Cases in the High Court are generally tried by a High Court Judge and are managed either by a High Court Judge or by a Master (depending on the particular part of the High Court involved). Cases in the County Court are generally tried by a Circuit Judge and managed either by a Circuit Judge or by District Judges.   25

A number of rules govern whether a claim should be issued in the High Court or a County Court[1]. In the context of a commercial claim, a claimant generally has a choice, and will choose the appropriate court based on the financial value of the claim and complexity of the dispute[2]. IT litigation with a financial value in excess of around £100,000 will almost invariably be issued in the High Court[3].   26

---

1 The rules are summarised in Practice Direction 7A of the CPR.
2 A defendant who objects to the claimant's choice of court can apply to have proceedings transferred subject to the provisions in Part 30 of the Civil Procedural Rules.
3 It should be noted that although a claim worth £100,000 may be issued in the High Court, it is unlikely to be tried by a High Court Judge. It will instead probably be tried by a Circuit Judge sitting in the High Court or by a Deputy High Court Judge.

27   The High Court itself is split into three divisions, and contains a number of specialist courts. The specialist courts are comprised of Judges who have particular expertise in certain areas of law or practice. The parts of the High Court most relevant to IT litigation are:

   – The Technology and Construction Court ("the TCC"): part of the Queen's Bench Division of the High Court. This court specialises in disputes with a technical subject matter and those concerned with the construction and engineering industries. It is often the court of choice for IT disputes. The Judges have extensive experience of IT litigation and are familiar with the anatomy of IT projects.

   – The Commercial Court: also part of the Queen's Bench Division of the High Court. This court specialises in high-value litigation relating to trade, shipping, banking, commercial transactions and the like. Whilst it would not normally be an appropriate choice for an IT dispute with a technical subject matter (such as a failed system implementation or a dispute over the meaning of a technical clause in a contract) it may be an appropriate court to choose where the dispute is predominantly concerned with financial or legal issues.

   – The Patents Court: part of the Chancery Division of the High Court. This court specialises in intellectual property disputes. Claims relating to patent rights *must* be brought in this court (or, in the case of low-value claims, the Patents County Court)[1].

28   It is for the claimant to issue the claim in the appropriate part of the High Court. A defendant who considers that a claimant has made an inappropriate choice can apply to the court for a transfer[2].

29   The litigation process is similar in the various parts of the High Court, and indeed in the County Court, because all are governed by the CPR. However, there are different practices and conventions in the different courts. These are set out in the respective Court Guides and must be followed by litigants and their advisers. As the majority of IT litigation commences in the TCC, we will describe the process of litigating in that court. Readers should note that whilst the general concepts and steps apply across the board, the detail will differ in the other courts.

An outline of IT litigation in the TCC

30   Litigation can develop in many different ways depending on the nature and subject matter of the dispute, the number of parties involved, the amounts at stake and a myriad of other factors. The court process is flexible, and the TCC Judges will use that flexibility to make directions that are appropriate in the context of a particular case. However, all IT litigation in the TCC in-

---

1 Rules 63.2 of the CPR.
2 As with transfers between County Courts and the High Court, transfer between parts of the High Court is governed by Part 30 of the CPR.

volving two parties is likely to include the following steps in, broadly, the following chronological order:

1. The parties will follow the requirements of the pre-action protocol.

2. A Claim Form and Particulars of Claim will be served by the claimant.

3. A Defence and, if appropriate a Counterclaim will be served by the defendant.

4. The first Case Management Conference will take place at which a timetable and detailed directions for the remainder of the litigation process will be set.

5. Any further formal statements of case will be served.

6. Mediation will occur (if it has not already taken place prior to commencement of proceedings).

7. Documentary evidence will be exchanged (the "disclosure" process).

8. Witness statements will be exchanged setting out the evidence of all witnesses of fact.

9. The parties' expert witnesses will meet and produce a Joint Statement.

10. Expert reports will be exchanged.

11. Any supplementary witness statements will be exchanged.

12. A pre-trial review will be held.

13. Skeleton Arguments for trial will be exchanged.

14. The trial will occur.

15. Judgment will be handed down.

16. Any arguments in relation to costs and applications for permission to appeal will be heard.

17. Any judgment sum will be paid or enforcement action will be taken.

The timescale from the issue of proceedings to delivery of judgment in a rea-   31
sonable-sized IT dispute would typically be around 1 to 2 years.

The nature and purpose of each of these steps is summarised below. For   32
more detailed information about the practical aspects, the reader is referred
to the TCC Guide[1].

Pre-action protocol (Step 1)

Whether a dispute is a simple matter of unpaid invoices or involves a com-   33
plicated technical argument as to whether software meets its specification,
parties are not permitted immediately to issue proceedings. Rather, they are
expected to correspond with each other first, in an attempt to resolve the dis-

---

1 http://www.justice.gov.uk/downloads/guidance/courts-and-tribunals/courts/tech-court
/tech-con-court-guide.pdf.

pute without recourse to litigation, or at the very least to narrow the issues. The steps that the parties are required to follow are set out in the Pre-Action Conduct Practice Direction[1]. As set out at paragraph 4.1 of the Practice Direction, a party who does not comply may be penalised in costs. Moreover, the court may insist on compliance by staying the proceedings until compliance has been achieved.

34   Whilst the Pre-Action Conduct Practice Direction sets out the general requirements for pre-action conduct, more detailed sets of requirements, known as Pre-Action Protocols, apply to certain types of claim. One such detailed set of requirements is the Pre-Action Protocol for Construction and engineering Disputes ("the Protocol")[2]. The Protocol would apply to most IT disputes that are anticipated to litigate in the TCC.

35   Compliance with the Protocol involves, at a minimum, the claimant writing a letter to the defendant which provides a clear summary of the factual and legal basis of the claim, the nature of the relief sought and (if possible and appropriate) a breakdown of the damages sought. The defendant must acknowledge the letter within 14 days and provide a full reply within 28 days (or such other period as the parties agree up to a maximum of 3 months). The reply must state which issues set out in the claim are agreed and which are contested. If either party has instructed expert witnesses to provide evidence on their behalf, the name of the experts should be provided together with an explanation of the issues to which the expert evidence relates. After letters have been exchanged, the parties must meet and must consider whether they can agree on a form of ADR to try to resolve the dispute. They must also discuss and attempt to agree matters relating to the efficient conduct of litigation, such as the expert issues that need to be addressed and the extent of disclosure that will be needed. During the pre-action protocol process, parties are expected to exchange information openly, provide documentation and generally co-operate in ensuring that the issues are narrowed even if not resolved.

36   The Protocol is sometimes criticised on the grounds that (a) compliance can be expensive, time-consuming and causes delay, (b) the Protocol can be used by defendants as a stalling tactic, and (c) where cases do not settle during the pre-action period, much of the work in formulating claims and defences must be repeated in the form of formal statements of case (see below). We agree with this criticism in part: it is certainly true that the process can be expensive and time-consuming; on the other hand, in compelling parties to set out their case clearly at an early stage, the Protocol can often lead to settlement of disputes without recourse to full litigation, thereby saving significant time and costs. Where Protocol costs spiral out of control, it is often because parties are not reasonable in the information they provide or seek.

---

1   http://www.justice.gov.uk/civil/procrules_fin/pdf/practice_directions/pd_pre-action_conduct.pdf.

2   http://www.justice.gov.uk/guidance/courts-and-tribunals/courts/procedure-rules/civil/contents/protocols/prot_ced.htm.

Paragraph 1.5 of the Protocol provides that *"the costs incurred at the Proto-col stage should be proportionate to the complexity of the case and the amount of money which is at stake. The Protocol does not impose a require-ment on the parties to marshal and disclose all the supporting details and evidence that may ultimately be required if the case proceeds to litigation".* That is a paragraph that parties should keep firmly in mind when they en-gage in the process.

Formal statements of case (Steps 2, 3 & 5)

If a dispute is not settled during the pre-action protocol process, the claimant   37
must issue a Claim Form and serve it together with Particulars of Claim[1]. That marks the beginning of the formal litigation process. The Particulars of Claim is the document that sets out (rather more formally than in the pre-action letter) the facts and matters that the claimant will seek to prove at trial and that, if proven, will entitle the claimant to the relief sought. Unlike many arbitral Statements of Claim, the Particulars of Claim does not in-clude full argument and evidence, but should provide sufficient detail that the defendant understands the scope and nature of the claim and can respond to it properly. The defendant's response is in the form of a Defence, another formal document in similar style. Usually, the Defence will respond indivi-dually to each paragraph of the Particulars of Claim, stating clearly which points are admitted, which are denied and which can be neither admitted nor denied. In respect of all points which are denied, the Defence must ex-plain the basis for the denial (so that the Claimant knows the case it must meet).

The Defence may be accompanied by a Counterclaim. In the context of IT   38
disputes, it often is, as it is very common for both parties to assert claims against the other. For example, a supplier will assert a claim for unpaid in-voices and the client will assert a claim that the system or software is defec-tive. In this situation, one party will be the claimant; the other will be the defendant with a counterclaim. The question of which party adopts which role may turn on no more than which party issued proceedings first.

Following service of the Defence, the claimant may optionally serve a Reply.   39
If there is a Counterclaim, the claimant will serve a Defence to Counter-claim, in the same document as the Reply. The defendant may then serve a Reply to the Defence to the Counterclaim. Any further "pleadings" (as for-mal statements of case are generally known) require the permission of the court. Typically, by the time that there have been Particulars of Claim, a De-fence and Counterclaim, a Reply and Defence to Counterclaim and a Reply to Defence to Counterclaim, the issues in dispute are sufficiently clearly de-fined that the scope of the litigation is apparent and the parties know what they will need by way of disclosure and factual and expert evidence. How-

---

1 The provisions governing service are set out in Part 6 of the CPR. The rules relating to commencement of claims are set out in Part 7, and the requirements for the Parti-culars of Claim (and other pleadings) are set out in Part 16.

ever, if a party genuinely requires further information or clarification in order to understand an aspect of the other party's case, it can serve a Request for Further Information seeking further detail or explanation[1].

Case Management Conferences (Step 4)

40   In the TCC, the first case management conference usually takes place soon after the Defence has been served – or sometimes even earlier. It takes the form of a relatively informal hearing before a High Court Judge. Its purpose is to set a trial date, a timetable and directions for the conduct of the litigation. Often the parties will have agreed between themselves what many of the directions should be; in those circumstances, the court will usually be content to make directions as per the parties' proposals, but will want to be satisfied that those proposals are sensible and appropriate. The Court has a wide discretion in relation to how the case is managed and will use such discretion to ensure insofar as possible that the litigation process is proportionate, fair and efficient.

41   Amongst the most important directions that will be made at the case management conference are those relating to disclosure and expert evidence, because in the context of an IT dispute, these have a profound effect on the shape and cost of the litigation. Disclosure is the process of searching for, listing and exchanging documents. The Court will need to decide on the extent of documentation that the parties should be required to disclose, the method by which the process should be achieved and the timescales. Given that large-scale IT projects invariably generate enormous volumes of electronic documentation, directions will be needed that ensure that the scope of disclosure is kept within reasonable bounds and that documentation is dealt with in a proportionate and sensible way (see further below). In relation to expert evidence, the key question for the court will be whether there are any issues in dispute that require expert evidence and, if so, in what disciplines.

42   For large, complex litigation, it may be difficult at the first case management conference to make all the directions needed up until trial because too many factors may be unknown. In these circumstances, the court may make directions in relation to part of the process – for example, in relation to disclosure and witness statements – and order that a further case management conference be held at a later date to deal with the remainder. In any event, the directions once made are not set in stone; the court will always be willing to re-consider if a change in circumstance renders the directions unachievable or impracticable.

43   Usually, the High Court Judge who hears the first case management conference will hear and decide all matters relating to the case up to and including the trial. This is an excellent feature of the TCC and for complex IT disputes it is invaluable: it means that when the parties come before the court (whether for subsequent case management conferences, applications or for

---

1 This process is governed by Part 18 of the CPR.

the trial itself), the Judge is familiar with the issues, and time is not wasted explaining everything from scratch. It also means that it is practical and cost efficient to seek the court's help in resolving procedural disputes that may arise in relation to matters such as disclosure or expert evidence as the litigation progresses.

Mediation (Step 6)

If the parties have not already mediated or engaged in some other form of 44 ADR, the court may either stay proceedings (i.e. freeze the case so that no procedural steps need to be taken until such time as the stay is lifted) at the first case management conference to allow the parties to do so or, more usually, will ensure that there is sufficient slack in the timetable after the pleadings have all been exchanged to allow parties to engage in ADR before incurring the costs of disclosure and preparation of witness evidence.

Evidence (Steps 7 to 11)

The first step in evidence exchange is disclosure, not least because the con- 45 temporaneous documents relevant to a dispute are likely to form the basis of the witness evidence and will probably need to be analysed by the technical experts. The disclosure process is discussed further below.

The next stage in the directions is usually the exchange of witness state- 46 ments. Save in exceptional circumstances, parties must serve witness statements from every person that they intend to call to give evidence at trial. A witness statement is a document signed by the witness, and must be the witness' own account of the matters on which they are to give evidence. At trial, the contents of a witness statement are treated as though the witness had spoken the words under oath in court; if the content is contentious, the witness will be cross-examined at trial[1].

The final piece of the evidential jigsaw is the expert evidence. The directions 47 made by the court at the case management conference will usually provide for the experts for both parties to meet and to produce a Joint Report setting out issues that are agreed, those that are not agreed and the reasons for any disagreement; expert reports will follow subsequently, and must usually be limited to those issues of disagreement identified in the Joint Statement. The process of expert meetings and the drafting of the Joint Statement is intended to ensure that expert reports are tightly focussed and that court time and costs are not wasted reading lengthy reports on technical matters that are not actually in dispute!

It should be noted that whilst the procedural steps set out above are de- 48 scribed as following on from another chronologically, in a complex dispute there is often substantial overlap between the tasks involved: disclosure

---

1 Rules in relation to witness statements and oral evidence at trial are set out in Part 32 of the CPR.

may take place incrementally, and the parties may have started work on their witness statements and expert reports long before disclosure is complete. Moreover, issues that arise once documents have been disclosed may lead to applications by the parties for further disclosure; issues that arise after witness statements have been exchanged may lead to one or both parties seeking permission of the court to serve further statements.

Trial, Judgment and Enforcement (Steps 12 to 17)

49 A few weeks before the trial date, a pre-trial review will be held, at which practical arrangements will be agreed as to the conduct of the trial. By that stage, the court will expect all of the procedural directions to be complete and the parties to be ready for trial.

50 The first stage of the trial itself is usually for the parties to exchange written Skeleton Arguments. The content and style of these documents varies from case to case and indeed from draftsman to draftsman. Typically, however, they would be expected to set out the legal and factual basis of the case, and introduce the witnesses, the key documentary evidence, and the expert issues. In the context of an IT dispute, they may explain technical concepts that the Judge will need to understand when trying the case (unless these have been adequately covered by the expert reports or in a stand-alone document agreed between the parties) and provide an outline chronology of events. Provision of these documents permits most of the time at the actual hearings to be taken up with cross-examination of factual and expert witnesses. This will be followed by closing submissions, which are sometimes oral, sometimes written and sometimes both.

51 Unless there is any urgency (as may be the case, for example, where injunctions are sought) the court will not usually deliver judgment immediately at the end of trial in relation to a substantial or complex dispute. Therefore, a further hearing is usually needed at which judgment will be delivered, and any applications for permission to appeal and arguments about costs are made. Judgments are usually circulated to the parties (on a strictly confidential basis) shortly before the judgment hearing, but will not be made publicly available until the hearing itself. Judgments in the TCC are often very substantial documents, containing detailed analysis of facts, law and the expert evidence.

52 If a party does not pay a judgment sum, there are a number of enforcement mechanisms, such as a charging order, third-party debt orders and warrants of execution. These are not specific to the TCC or to IT litigation but apply in the same manner throughout the jurisdiction[1].

---

1 The relevant provisions are set out in Parts 70 to 74 of the CPR.

The Disclosure Process

In our experience, the disclosure process – the collecting, listing and ex-   53
change of documents – is usually the aspect of litigation that instils most
fear in overseas litigants who are not familiar with the system. Hence, it deserves its own section in this chapter. Collecting, reviewing and disclosing
documentation in relation to a failed IT project that involved hundreds of
technical personnel over a period of several years can undoubtedly be a difficult and expensive challenge. However, if well managed, the process can be
kept within reasonable bounds. Recent changes to the rules that require parties to cooperate, exchange information and seek to agree at an early stage
how the process should be conducted should help make the process significantly more efficient and less costly than it has been in the past[1].

The usual direction given by the court is for "standard disclosure", which re-   54
quires that a party not only disclose the documents on which they rely but
also undertake a reasonable search for documents that are adverse to their
case or that support the case of another party[2]. The term "document" in this
context means *"anything in which information of any description is recorded"*[3]. This is a wide definition, which includes electronic documents of
all sorts, such as source code and databases as well as hard-copy documents
of all sorts, such as notebooks and diaries. The challenge of disclosure in the
context of IT litigation is how to find the relevant material amongst the hundreds of thousands of documents that might have been created by a long-run-
ning IT project, given that it is usually impossible to review all or even most
of the material created.

In our experience, the solution to this problem is for both parties to accept at   55
an early stage that it is not cost-effective to seek out every document that
may be of relevance, and to agree that the scope of the search should be limited by timeframe, by document type, and by document owner. For example,
the parties should agree to limit email searches to the mailboxes of the key
individuals in the dispute (such as the project manager, lead developer or IT
manager) and then to expand the list later if need be. A more radical solution
that is appropriate in some cases is for the parties to agree not to embark on
standard disclosure at all, but to adopt a narrower, more targeted procedure
such as that used in arbitrations under the IBA rules.

The new Practice Direction on disclosure mandates that the parties must   56
discuss these sorts of issues prior to the first case management conference
and attempt to agree them. Amongst topics that parties are specifically required to discuss are keyword searching, data sampling, de-duplication, and
mechanisms for data exchange. Parties are also encouraged to fill in an Electronic Documents Questionnaire, which helps the collation and analysis of
information about their data sources in a structured and coherent way.

---

1 Practice Direction 31B of the Civil Procedural Rules.
2 Rule 31.6 of the CPR.
3 Rule 31.4 of the CPR.

57   If parties are unable to agree, the court will need to order detailed directions in relation to disclosure at the first case management conference. In doing so, the court will be anxious to ensure an appropriate balance between ensuring that relevant documents are available for trial but that the cost and effort involved in finding them is proportionate to the case. The TCC judges are now very familiar with the challenges of electronic disclosure in the context of complex, document-heavy IT litigation and are becoming increasingly familiar with advanced tools and techniques that can be used to manage those challenges. Litigants who are unable or unwilling to agree a reasonable approach amongst themselves can expect the court to impose a reasonable solution on them.

Interim Relief and related in-Court strategies

58   Although the timescale from issue of proceedings to judgment for a typical IT dispute is measured in months and years, that does not mean that a claimant can have no relief at all in the interim. A number of remedies are available to a party who needs urgently to prevent an ongoing wrong or to preserve assets pending trial[1]. Two of the most useful interim remedies in the context of IT litigation are injunctions and security for costs. These two remedies are considered below, along with a selection of other particularly useful pre-trial litigation strategies and procedures.

Injunctions

59   Where an IT outsourcing agreement has come to an end acrimoniously, there is often scope for dispute about what assistance the supplier must give to the customer to ensure an orderly transition of the services back to the customer's in-house IT department, or to an alternative supplier. Whilst a degree of commercial leverage may be exerted on both sides in this scenario, the customer is often in an invidious position, because it needs the supplier's cooperation to effect the transition without major business disruption. Faced with this situation, the customer may apply for (or threaten to apply for) an injunction: an order made by the court that compels a party to do something or restrains it from doing so. Failure to abide by the terms of an injunction is a criminal offence which can lead to a fine or imprisonment. It is therefore a powerful tool.

60   Injunctions may be "final" or "interim". A final injunction is one granted after a trial, where it has been established that the claimant's rights have been infringed and that the circumstances are such to make it appropriate to grant an injunction as part of the final relief. For example, if it is established at trial that a claimant's copyright is being infringed or that a software developer is using confidential information to set up a competing business, the claimant's primary concern may be to stop this wrong continuing, and an injunction will be the primary remedy sought. A claim for a final injunction

---

1 See Part 25 of the CPR.

would proceed in the same way as a claim for damages as set out above; no special procedure is necessary.

An interim injunction, by contrast, is an injunction ordered *before* trial, 61 where the court has not yet determined whether the claimant's case will succeed. Its purpose is to ensure insofar as possible that no injustice occurs as a result of steps taken or not taken by a party before the dispute can be finally determined. The circumstances in which it will be appropriate for an interim injunction to be granted in the context of an IT dispute are many and various. The exit provision scenario described above is one example. Another example is that of an on-line retailer who is in dispute with its hosting provider and finds that prior to or during the litigation process the hosting provider threatens to take down the retailer's site; if the site is taken down the retailer will suffer incalculable damage to its reputation and thus its business; the trial will not be heard for months; therefore the retailer may well be advised to seek an interim injunction immediately, to restrain the hosting provider from carrying out its threat.

If the court grants an interim injunction, it is inevitably doing so at a stage 62 where it has not yet determined the rights and wrongs of the underlying dispute. There is a risk, therefore, that it later turns out that the claimant had no right to the injunction sought. In the retailer example above, it may be established at trial that the hosting provider was in fact contractually *entitled* to take down the on-line retailer's site, and that the interim injunction should never have been ordered. To protect against such risk, the party in whose favour an interim injunction is granted will be required to give a cross-undertaking in damages: if the injunction causes loss and it turns out that it should not have been granted, the party that sought the injunction will be required to make good the loss. Thus, whilst an interim injunction can protect a claimant in the short-term and can put it in a tactically powerful position, the decision to apply for an interim injunction may prove to be expensive in the long term and should never be taken lightly.

As the court is not able to assess the merits of the underlying dispute when 63 an application for an injunction is made (because that would require the full trial to take place), when deciding whether or not to grant the injunction, the court applies a test intended to minimise the risk of injustice if the decision turns out to have been wrong. The test used where a restraining injunction is sought is that set out in the case of *American Cyanamid Co Ltd v Ethicon Ltd*[1]. In summary, it consists of the following steps:

1. The court must be satisfied that there is a serious question to be tried; although the merits of the claimant's case cannot be determined, the court must be sure that the claimant's case is not frivolous or vexatious – that there is a real dispute. If there is not a serious question to be tried an injunction will not be granted.

---

1 [1979] AC 396.

2. If there is a serious question to be tried, the court must consider whether, if no injunction were granted, the claimant would be adequately compensated for its losses by an award of damages at trial and, if so, whether the defendant would be able to pay them. If the claimant would be adequately compensated by an award of damages and if the defendant would be able to pay, an injunction will not normally be granted, because no injustice would be caused to the claimant if it must wait until trial for the dispute to be resolved.

3. If there is a serious issue to be tried and the claimant would *not* be adequately compensated by an award of damages at trial, the court must consider whether the cross-undertaking would provide adequate compensation for any loss caused to the defendant if it turned out at trial that the injunction should never have been granted. If the answer to that question is "yes", an injunction will normally be granted, because that would be the most just course.

4. If the previous questions do not provide a clear answer as to whether an injunction should be granted, the court will go on to consider the balance of convenience: what would be the practical consequences of granting or not granting an injunction? For example, would any third parties be affected? If *that* question does not provide guidance as to what the most just outcome would be, the court will attempt to preserve the status quo.

64 Where an injunction is sought that compels a party to do something positive (a "mandatory" injunction), the court follows a similar reasoning process, but the first stage of the above test is altered: a claimant must prove not only that there is a serious issue to be tried but that there is a high degree of assurance that its claim will succeed at trial[1]. The reason for this tougher test is that an injunction compelling a party to do something is likely to cause more injustice if it turns out to have been wrongly granted than is an injunction that merely restrains a party from doing something.

65 Although the basic test for the grant of an interim injunction is as set out above, it should be noted that the law of injunctions is complicated, and there are factors that may cause a court to refuse an injunction even if the test is satisfied; conversely there are factors that may cause a court to grant an injunction even if the test is not satisfied. One factor to which we draw readers' particular attention is timing: a party who seeks an interim injunction from the court must do so promptly, as an injunction will not be granted if there has been undue delay[2].

66 An application for an injunction, just like any other application to the court, should usually be made on notice to the other party. A hearing can then be held at which both parties are represented and the court can reach a balanced view. However, in cases of extreme urgency, or where informing the other

---

1 *Shepherd Homes Ltd v Sandham* [1971] Ch 340.
2 For a more detailed discussion of interim injunctions in a commercial context, see Gee on Commercial Injunctions.

party would defeat the whole purpose of an injunction, it is permissible to apply without giving notice. In such circumstances, the party applying is under a duty to explain the circumstances to the court fully, fairly and frankly; if a judge orders an injunction, there will be a second hearing a few days later at which both parties are represented, giving the defendant an opportunity to argue that the injunction should immediately be discharged.

Two specific remedies related to injunctions that are worthy of note in the 67 context of without-notice applications are freezing injunctions and search orders. These two remedies protect a claimant where there is reason to believe that a defendant is attempting to evade judgment by removing assets from the jurisdiction or by destroying or removing evidence. A freezing injunction restrains a defendant from disposing of its assets or removing them from the jurisdiction; a search order permits the search of a defendant's premises and the seizure of evidence. These powerful remedies have been described as the law's *"nuclear weapons"*[1] and, unsurprisingly, there are strict rules as to the circumstances in which they can be granted and the means by which they are executed[2].

Security for costs

IT litigation is often an expensive process, involving as it often does exten- 68 sive factual and expert evidence. A claimant who issues proceedings does so in the knowledge that it may be expensive and chooses to litigate nonetheless. A defendant is in a different position, as it has not generally *chosen* to litigate; rather, litigation is forced upon it. A great fear for a defendant is that it will incur significant costs in defending a claim and that it will never recover those costs even if its defence succeeds, because the claimant will be unable or unwilling to meet the terms of a costs order against it.

A defendant in such a position might consider applying for security for costs, 69 an order whereby the claimant is compelled to pay money into court as security for any costs order subsequently made against it. An application can be made on a number of grounds[3]. That which is most commonly invoked is that *"the claimant is a company ... and there is reason to believe that it will be unable to pay the defendant's costs if ordered to do so"*[4]. A court will not always order security for costs, and in particular will not do so if the claimant establishes that the effect of an order would be to stifle a valid claim. However, if the application is made out of genuine concern and not as a tactical ruse, it will often be successful.

---

1 Donaldson LJ in Bank Mellat v Nikpour [1985] FSR 87.
2 The Practice Direction to Part 25 of the CPR sets out the process to be followed and provides standard form documentation.
3 Set out in rule 25.13(2) of the CPR.
4 Rule 25.13(2)(c) of the CPR.

Preliminary Issues

70   It is not uncommon for IT litigation to involve both wide-ranging technical disputes (for example, as to whether software conformed to its specifications or the reasons for delay) and also narrow points of law or contractual interpretation. In circumstances where the narrow points of law or construction may be determinative of a dispute or are of such significance that their outcome is likely to have a substantial effect on the shape of the litigation, the court may well agree to order an early trial of those issues. It is not uncommon for cases to settle after the trial of a preliminary issue, thereby saving substantial costs from being incurred.

71   A recent example of this approach is the case of *GB Gas Holdings Ltd v Accenture (UK) Ltd.*[1]. The dispute concerned a contract for the design, supply, installation and maintenance of (amongst other things) a large SAP-based billing system for a major utility company. Allegations included complaints about testing, functionality, performance and delay, the trial of which would no doubt require extensive factual and expert evidence. In addition to these factual and expert issues, the parties were in dispute as to the meaning of a number of key provisions of the contract, such as whether the allegations, if proven, would amount to a Fundamental Defect as defined in the contract and, if so, what type of losses would be recoverable. These points were vitally important to the dispute, not least because they had a profound effect on its potential financial value. The court decided them as preliminary issues without the need to be weighed down by the technical detail of the main dispute, and the case subsequently settled[2].

Summary Judgment

72   Where a party is faced with a claim or a defence that is so weak that it has no real prospect of succeeding at trial, it may apply at any early stage for "summary judgment"[3]. If the court concludes that the application is well founded, it will dismiss the claim, or enter judgment as appropriate, without the need for a full trial. A summary judgment hearing is dramatically shorter than a trial: it typically takes between 2 hours and 2 days to complete. Moreover, it involves no live factual evidence. Rather, if factual evidence is needed at all, it takes the form of witness statements alone, and there is no cross-examination. The court generally proceeds on the assumption that the facts set out in a respondent's witness evidence are true; therefore, a party who seeks summary judgment must (generally) persuade a court that it is entitled to that relief *even* if the other party is correct as to all of the facts. It follows that summary judgment is rarely appropriate in the context of a dis-

---

1 [2009] EWHC 2734 (Comm), and subsequently [2010] EWCA Civ 912 in the Court of Appeal.
2 Whether, and if so the extent to which, the settlement in this particular case was driven by the outcome of the preliminary issues is not public knowledge and is not known to the authors.
3 The process is governed by Part 24 of the CPR.

pute involving contested issues of fact; it is rather better suited to disputes that turn on the interpretation of contractual clauses, or other matters of law.

Summary judgment is not often used in IT litigation, because IT disputes so often involve complex disputes of fact that require a detailed enquiry into the evidence such as can only be effected at trial. However, summary judgment is nonetheless an important tool and, in an appropriate case, can provide swift and cost effective resolution of disputes. We mention it in this chapter for this reason.

Part 36 Offers

One of most effective litigation strategies requires no applications to the court, but its importance to the litigation process is such that it too deserves mention in this section. The strategy in question is to make a formal offer to settle proceedings pursuant to Part 36 of the CPR – a so-called "Part 36 Offer". The effect of a Part 36 Offer, if well judged, is to put enormous pressure on the opposing party by substantially increasing that party's litigation risk. The result can often be a favourable, or at least a sensible settlement.

The reason why Part 36 Offers have that effect is that a refusal to accept them can have dire consequences: save in exceptional circumstances, a claimant who refuses a Part 36 Offer, subsequently wins at trial but does not obtain a judgment more advantageous than the terms of the offer, will be ordered to pay the defendant's costs from the date when the offer should have been accepted plus interest[1]; likewise, a defendant who refuses a Part 36 Offer, subsequently wins at trial but does not obtain a more advantageous judgment will be required to pay interest on damages at a rate of up to 10 %, and must pay the claimant's costs on an indemnity basis plus interest at a rate of up to 10 % on those costs[2]. In the context of IT litigation, where there is often uncertainty not only as to whether a claim will succeed at trial but also as to the quantum of damages that might be awarded, the reason why a well-pitched Part 36 Offer can often lead to settlement is obvious!

The Alternative Claims Procedure

The court processes described above apply to the majority of IT disputes, which typically litigate after termination of a project – the supplier has left the site, the client has engaged an alternative contractor to supply a replacement system and the question at the heart of the litigation is whose fault it was and whether either party is entitled to compensation. However, not all disputes have those characteristics. Sometimes, particularly in the context of long-term outsourcing arrangements, disputes arise in the context of an ongoing relationship – for example, in relation to obligations imposed by ser-

73

74

75

76

---

1 Rule 36.14(2) of the CPR.
2 Rule 36.14(3) of the CPR.

vice level agreements, operation of price review mechanisms or change control. These disputes typically do not involve significant disputes of fact, but turn on narrow points of contractual interpretation. Moreover, nothing has yet gone wrong (for example, there is no question of a damages claim); the issue, rather, is that the parties disagree about how to proceed. For these sorts of disputes, the timescales, costs and disruptive nature of the standard litigation process are entirely inappropriate. However, there is an alternative claims procedure, governed by Part 8 of the CPR, that is well suited to resolving such disputes.

77   The Part 8 procedure is a fast, streamlined process where the scope of pleadings, evidence and disclosure is much reduced. It can be used in most cases which do not involve a substantial dispute of fact, but perhaps its most valuable use is in the context of a *bona fide* dispute as to the meaning of contractual provisions in the context of a long-term IT outsourcing contract, where the court can simply be asked to decide the meaning of the contested provisions, and the parties can then proceed accordingly.

78   The timescale for a Part 8 claim issued in the TCC is short: the entire process from issue of the claim form to handing down of judgment can be completed in a matter of weeks. It is a cost-effective process that is compatible with the needs of an on-going business relationship.

Appeals

79   The losing party in an IT dispute may wish to consider appealing to the Court of Appeal. However, the Court of Appeal is a busy court, and there is no automatic right of appeal from an unfavourable decision; permission must first be obtained either from the trial judge or from the Court of Appeal itself[1]. Permission will only be granted if the appeal has a real prospect of success or if there is some other compelling reason why the appeal should be heard.

80   The substantive and procedural law governing appeals is complex and cannot usefully or safely be summarised within the confines of this chapter[2]. However, we note the following characteristics of appeals of which the reader should be aware: an appeal must generally be put on the basis that the Judge erred in law or that there was some other procedural irregularity in the proceedings; it is difficult to overturn findings of fact on appeal (the trial judge heard the witnesses and the experts – the appeal court will not have that benefit); it is even more difficult to overturn technical findings of the TCC; generally, the judgment will not be stayed pending the outcome of any appeal, so any judgment sum must be paid even if an appeal is to take place; strict timescales apply to the appeal process.

---

1 The procedural rules governing appeals are set out in Part 52 of the CPR.
2 For a full treatment of the practice, procedure and substantive law of appeals see *Civil Appeals: practice and procedure* by Leabeater et al.

An appeal from a decision of the Court of Appeal lies with the Supreme 81
Court. Permission to appeal to the Supreme Court is given sparingly, and
only on points of general public importance.

Process costs

The usual rule is that costs follow the event: the unsuccessful litigant must 82
pay the costs of the successful litigant. This rule applies both to individual
applications and to the litigation overall. Costs are usually payable on the
"standard basis", which means that a successful party is entitled only to
costs that were proportionate to the matters in issue, and that any doubt as
to the reasonableness of costs are resolved in favour of the unsuccessful
party; occasionally they are payable on the "indemnity basis" which means
that doubt as to reasonableness is resolved in favour of the successful party.
Indemnity costs are awarded where a defendant fails to beat a Part 36 Offer
as explained above, or where the court otherwise considers such award to be
appropriate.

Although this is the usual rule, the court has wide discretion as to the award 83
of costs and will not hesitate to depart from the usual order where the justice
of the case or the conduct of the parties requires it. Moreover, there are a
great many rules governing the award of costs and the approach that the
court should take[1].

In complex IT litigation, there may not always be an overall "winner"; or 84
even if there is, the "losing" party may have been successful in relation to a
number of the issues at trial. In such circumstances, the court may make an
issue-based costs order whereby the successful party in relation to each issue
must pay the costs of that issue. Given that much of the cost of litigation
may well be concentrated in a small number of issues (such as those involving complex technical evidence) an issue-based costs order is often the fair-
est way of allocating costs. An alternative approach that can make quantifi-
cation more straightforward is for the court to make an assessment of the
proportion of costs that the successful party should recover based on the
number and nature of issues on which they succeeded. A good example of
how the court undertakes the assessment process in the context of complex
IT litigation can be found in the second judgment in the *BSkyB v EDS* case[2].

As already noted, Part 36 Offers can have a profound effect on the costs order 85
ultimately made after trial. Likewise, a party who has refused to mediate
may find that it suffers as a result when it comes to the question of costs. IT
litigation is inevitably expensive and the potential liability for costs is an
important factor that must be considered when forming a litigation strategy
and considering the best timing, approach and quantum for settlement.

---

1 These rules are set out in Parts 43 to 48 of the CPR.
2 [2010] EWHC 862 (TCC) [http://www.bailii.org/ew/cases/EWHC/TCC/2010/862.
  html].

86   Anyone advising clients in relation to IT litigation in the jurisdiction will be keen to understand the level of costs likely to be incurred in pursuing or defending a claim. There is no easy answer and, as IT disputes can take so many forms, it is very difficult to generalise: a technical dispute about defects in safety-critical software involving complex and highly specialist expert evidence will be much more expensive to litigate than a narrow commercial dispute that turns on the meaning of a contractual clause. With that very important proviso, we consider that as a general rule of thumb for a substantial IT dispute, a potential litigant should consider establishing a fund for legal costs of around 10 % of the value of the sums in dispute. Some litigation will cost substantially more and some substantially less; however, in most cases where large sums are in dispute, a sum calculated on that basis should provide an adequate fighting fund that will allow the litigation to progress sufficiently to bring about an acceptable settlement.

87   It is fair to note that, in our experience, this rule of thumb does not work very well in relation to low-value disputes. It is also fair to note that the cost of litigating such disputes can be difficult to justify. The fundamental problem is that even a small IT dispute can raise complex technical issues or require the review and analysis of substantial quantities of material. For example, a supplier may bring a nominally simple claim seeking payment of an outstanding invoice of £50,000. However, if its former customer seeks to justify non-payment by alleging deficiencies in software quality (as is frequently the case) the claim can suddenly become rather complex and involved even though no more money is at stake. Dealing with the defendant's allegations – even if they are unjustified – is likely to require substantial work by solicitors, barristers and possibly even technical experts. The cost of initial legal advice, the pre-action correspondence and preparing and serving proceedings could easily involve legal costs of £10–20,000. If input from an independent expert is needed, overall costs will be higher. The key in a scenario such as this is for the client and its advisers to devise a strategy which will limit the amount of work required at the early stages and bring about a settlement as soon as possible.

5. Important Claims and their Basis

88   IT disputes arise out of numerous different circumstances and can involve a myriad of different types of claims with different legal bases. That said, the vast majority of claims are based on the law of contract: whether the dispute concerns a failed system implementation, project termination, use of software contrary to licence terms or entitlement to payment, the principal question is usually what a particular contractual provision means and whether or not there has been a breach of it. If there has been a breach, the primary remedy is damages: the wronged party is entitled to be compensated for foreseeable loss caused by the breach. If the breach is sufficiently serious, the wronged party may also be able to treat the contract as terminated. In the context of a system implementation, a party so entitled may claim as damages either the costs wasted on the failed project or the additional cost of

completion with an alternative supplier. It may also be able to claim consequential losses, such as business disruption and loss of profit. Although the remedy of specific performance (whereby a party is compelled to perform its contractual obligations) exists in English law, it is available only in very limited circumstances – a wronged party must generally be content with its remedy in damages.

Contractual interpretation

It is neither appropriate nor possible in a chapter such as this to explain or   89
even summarise the principles of English contract law[1]. However, given the large number of disputes that arise in IT litigation as to the meaning of contractual provisions (often in relation to important provisions such as those that define the services to be provided, the price to be paid or the grounds for termination), it is perhaps instructive to provide a brief explanation of the way in which the courts approach issues of contractual interpretation.

The modern law of contractual interpretation is set out in the case of *Inves-*   90
tors Compensation Scheme v. West Bromwich Building Society[2]. Lord Hoffman summarised the relevant principles as follows:

"(1) Interpretation is the ascertainment of the meaning which the document would convey to a reasonable person having all the background knowledge which would reasonably have been available to the parties in the situation in which they were at the time of the contract.

(2) The background was famously referred to by Lord Wilberforce as the 'matrix of fact', but this phrase is, if anything, an understated description of what the background may include. Subject to the requirement that it should have been reasonably available to the parties and to the exception to be mentioned next, it includes absolutely anything which would have affected the way in which the language of the document would have been understood by a reasonable man.

(3) The law excludes from the admissible background the previous negotiations of the parties and their declarations of subjective intent. They are admissible only in an action for rectification. The law makes this distinction for reasons of practical policy and, in this respect only, legal interpretation differs from the way we would interpret utterances in ordinary life. The boundaries of this exception are in some respects unclear. But this is not the occasion on which to explore them.

(4) The meaning which a document (or any other utterance) would convey to a reasonable man is not the same thing as the meaning of its words. The meaning of words is a matter of dictionaries and grammars; the meaning of the document is what the parties using those words against the relevant background would reasonably have been understood to mean. The background may not merely enable the reasonable man to

---

1 The interested reader is referred to Chitty on Contracts.
2 [1998] 1 WLR 896 at 912.

choose between the possible meanings of words which are ambiguous but even (as occasionally happens in ordinary life) to conclude that the parties must, for whatever reason, have used the wrong words or syntax ...

(5) The 'rule' that words should be given their 'natural and ordinary meaning' reflects the common sense proposition that we do not easily accept that people have made linguistic mistakes, particularly in formal documents. On the other hand, if one would nevertheless conclude from the background that something must have gone wrong with the language, the law does not require judges to attribute to the parties an intention which they plainly could not have had. Lord Diplock made this point more vigorously when he said in Antaios Compania Naviera S.A. v. Salen Rederierna A.B. [1985] A.C. 191, 201: 'if detailed semantic and syntactical analysis of words in a commercial contract is going to lead to a conclusion that flouts business commonsense, it must be made to yield to business commonsense.'"

91   Although the contract under scrutiny in that case was in the field of banking, the principles set out above apply equally to the interpretation of an IT contract.

Misrepresentation

92   If the most common legal basis of claims in IT litigation is breach of contract, the second most common is perhaps misrepresentation. Such a claim is typically predicated on the grounds that the client was induced to enter into a contract on the basis of mis-information provided by the supplier as to its capabilities, the technology that it was to supply or the timescales in which it could supply such technology. Less commonly, such a claim is brought by a supplier who alleges that it was induced to enter into a contract with a client on the basis of a misrepresentation by the client as to the state of its existing systems or data.

93   Whilst the law recognises various different species of misrepresentation, in an IT context, those most commonly found are negligent misrepresentation (where a party makes a representation without believing and having reasonable grounds for believing that the representation is true)[1] and fraudulent misrepresentation (where a party makes a representation knowing it to be false or being reckless as to whether it be true or false). In either case, if a party is induced into entering into a contract by the misrepresentation and suffers loss as a result, it is entitled to be compensated for any loss caused, regardless of whether or not the loss is foreseeable[2].

---

1 Technically, such a claim is not a claim in negligence but a claim under section 2(1) of the Misrepresentation Act 1967.
2 Section 2(2) of the Misrepresentation Act as interpreted in Royscott Trust Ltd v Rogerson [1991] 2 AB 297. The reader is referred to Spencer Bower, Turner & Handley on Actionable Misrepresentation.

A recent illustration of a misrepresentation claim in an IT context is *BSkyB* 94
v EDS[1], a dispute arising out of the implementation of a customer relationship management system at Sky's call centres. Following a competitive tender process, the contract was awarded to EDS in July 2000, who had represented (amongst other things) during the tender process that it could build
the system in nine months. They could not, and the project was a disaster.
After two contract re-negotiations EDS was removed as systems integrator
and Sky took over the role itself. Go-live was finally achieved in September
2005 at a cost far exceeding EDS' projections. In the litigation that followed,
the court found that the managing director of the relevant part of EDS told
Sky what it wanted to hear about timescales, even though he knew that his
team had not undertaken a proper analysis and had no reason to believe that
go-live could be achieved in a nine-month timeframe. Sky's case, which the
court accepted, was that but for EDS' misrepresentation it would have appointed PwC as systems integrator instead of EDS. Sky was therefore entitled to recover as damages the entire cost of the project, less what it would
have paid had PwC been appointed from the outset. Sky was also entitled to
recover damages for the business losses caused by late delivery of the system. As EDS' misrepresentation was fraudulent, liability caps in the contract did not apply.

Another finding made by the court was that during the first set of contract 95
re-negotiations in 2001 EDS negligently misrepresented that it had developed an achievable remedial plan, and that, but for the misrepresentation,
Sky would have replaced EDS at that stage. In consequence, the court concluded that had Sky not been entitled to damages for the fraudulent misrepresentation, it would instead have been entitled to the cost incurred on the
project subsequent to the contract re-negotiations, less the costs that would
have been incurred had an alternative systems integrator been appointed at
that stage. Unlike damages for fraud, such damages *would* have been limited
by the contractual damages cap.

The judgment in *BSkyB v EDS* is extensive: in addition to misrepresenta- 96
tion, it addresses Sky's allegations of breach of contract, and matters such as
the interpretation of important contractual clauses, the proper basis for
awarding damages and how such damages should be calculated. It is recommended reading as a case study of a large-scale IT project that went spectacu-
larly wrong and the way in which the TCC dealt with that when it came before the court.

6. Concluding Remarks & Practical Considerations

This chapter has sought to provide an overview of the main features of for- 97
mal resolution of technology disputes in the jurisdiction of England &
Wales. We conclude by offering a few more informal observations about
managing IT disputes within the jurisdiction.

---

1 [2010] EWHC 86 (TCC) [http://www.bailii.org/ew/cases/EWHC/TCC/2010/86.html].

98 Overall, the various methods of dispute resolution available provide an effective framework for the parties to an IT dispute to resolve their differences. Certainly the formal frameworks provided by litigation and arbitration, when followed through to conclusion, tend ultimately to lead to a just outcome having regard to the merits of the parties' respective legal and factual cases. Whilst the processes may be regarded as imperfect by some (and, as with all systems, there is undoubtedly some room for improvement), they are fundamentally reliable, consistent and sound. This is reflected in the large number of commercial contracts that specify English law as the governing law and opt for the exclusive jurisdiction of the English courts, or provide for arbitration in London.

99 The litigation framework and processes are highly sophisticated. This is both good and bad: it allows the system to readily accommodate the needs of complex large-scale IT disputes; the downside is a perhaps inevitable corollary, namely that the court rules governing litigation are extensive and quite complex. Successful navigation of the litigation process, and achieving a satisfactory outcome for the client, requires not only predicting with reasonable accuracy at an early stage what the likely outcome at trial will be, but also managing the various processes and procedures in a way that maximises the prospects of reaching that outcome.

100 The vast majority of IT disputes do not reach trial, but are settled at an earlier stage. That is unsurprising, as most sensible commercial parties will be keen to settle their dispute (provided that this is achievable on acceptable terms) as soon as possible, so that they can leave behind a failed project and get on with running their business. Thus, an extremely important part of the legal adviser's role in IT litigation is to assess what the parameters of settlement should be and work to achieve settlement within those parameters. Theoretically, if each side performs a similar analysis of the legal merits and reaches similar conclusions, the dispute should readily reach an early settlement satisfactory to both sides. In practice, however, matters are rarely so simple; often, achieving a satisfactory settlement involves much strategic and tactical planning.

101 Whilst all cases are different, and it can be dangerous to generalise, it is possible to identify a number of stages at which a settlement may be achievable:

– Many cases are resolved before formal proceedings are commenced. This is particularly so in lower value disputes (owing to the comparatively high cost of litigating such disputes) or where the parties have a good understanding of the merits of their respective positions. The pre-action protocol process can, and often does, help significantly in this regard. Even where parties do not have a good understanding of the merits of their positions (or take diametrically opposing views on the point), cases can settle at the pre-action stage where parties are keen to avoid the publicity of formal proceedings. Indeed, a supplier in particular may be prepared to pay a substantial settlement sum rather than face public proceedings where the quality of its work is called into question.

– Once proceedings are commenced, it is unusual for a case to be settled until each side has set out its case in detail in statements of case, since neither will want to negotiate from a perceived position of weakness. The process of exchanging statements of case can take a few months. By the end of the process, the battle lines are clear and it is sensible for both parties to take stock of their respective positions. Settlement at this stage is often desirable because it can avoid the potentially substantial costs of disclosure, instruction of experts, and preparation of evidence.

– If settlement is not achieved at this stage then the next realistic opportunity is usually after disclosure of documents. Litigants may wish to wait until disclosure is complete if they suspect that the other side will be compelled to disclose "smoking guns", documents damaging to their case. Although it is rare, there are cases where the disclosure process reveals a document that so undermines a party's case that it profoundly affects the likely outcome and leads to prompt settlement (usually at great cost to the losing party).

– If settlement has not been reached in the aftermath of disclosure, the parties' positions can become increasingly entrenched as they start to focus on preparation for trial. By this stage increasing costs can also become an impediment to settlement. If the case is to settle now, it becomes gradually more likely that the settlement will occur in a heated context shortly before – or even during – trial. Whilst cases can and frequently do settle at this stage, it is rarely satisfactory for either party, as much money, time and energy has already been incurred. Ensuring that settlement is attempted at the right point is therefore crucial to a satisfactory outcome.

It goes without saying that the heart of a successful litigation strategy is to have the right team in place. Whilst it may be surprising for lawyers to suggest this, we are firmly of the view the most important members of the team will be not the lawyers but individuals employed by the client. As well as the commercial personnel who have overall management of the dispute, the client's technical team are likely to be an invaluable resource in building and developing the case, especially if the client is a supplier and has detailed knowledge of the technology or project that gave rise to the dispute.   102

A legal team will obviously also need to be instructed (unless the client   103
chooses to litigate "in person" without legal representation – which is possible in this jurisdiction but unusual in the context of a complex or high-value dispute). Typically the legal team will comprise a firm of solicitors with specialist IT disputes expertise, together with one, or possibly two, specialist barristers. The solicitors generally assume conduct of correspondence with the other party's solicitors, will take evidence from witnesses, manage disclosure and so on. The barristers' primary focus will typically be on the drafting of statements of case and the written and oral advocacy at court or arbitration hearings. The whole legal and commercial team need to work to-

gether to reach a view as to the merits of the case and to devise the strategy and tactics to reach a successful outcome.

104 In addition to the lawyers, the client may need to instruct one or more independent expert witnesses to give evidence on:

(i)   technical matters, such as the quality of software developed;

(ii) delay and the parties' respective culpability for delay; and

(iii) accounting matters, to establish the extent of the loss suffered.

105 Unless the client has in-house expertise, the independent expert will often be a critical source of information and understanding about technical aspects of the dispute.

106 The pool of practitioners with the appropriate experience and expertise in resolving high-value IT disputes is quite small, comprising a small number of solicitors firms, barristers and certain highly regarded experts. Potential litigants may need to move quickly to secure the right team!

107 A final observation we make is perhaps the most obvious: within the parameters of any given case, the party best prepared for IT litigation will usually achieve the best outcome. The legal team, experts and clients alike will often need to work to develop strategy for some weeks before engaging with the other party. On high-value contracts, it is common for the team to be put in place and to advise in the background before any formal dispute has begun. Large IT disputes are substantial projects in their own right, and can involve significant expenditure of time, effort and money. Just as any other large project, the litigation must be managed pro-actively and continuously if a satisfactory outcome is to be achieved at an acceptable cost.

IV. India

1. Introduction (for instance common law/civil law)

India is a common law country, which derives most of its modern legal and 1
judicial framework from the British legal system. Similar to most of the
commonwealth countries in the world, it was the British rule that sowed
the seeds of the common law legal system in India, on which rests our present judicial system. Most of the common law introduced in India has been
codified, such as the Code of Civil Procedure, 1908, the Indian Evidence Act,
1872, The Criminal Procedure Code, 1973 and the Indian Penal Code, 1860.

The common law legal system as opposed to the civil law system, places 2
great weight on non-statutory law, that is, rules of natural justice, case law
precedents, custom and usage, etc. The advantage of common law is that it
is more malleable and dynamic and adapts to the changing social times and
needs. Although most of India's common law has been codified, the law of
torts still remains uncodified, and is majorly influenced by the British common law.

2. Recognition of jurisdiction agreements (choice of law and venue) by state courts

Contracts in India, are governed by the *Indian Contract Act*, 1872 (**'Contract** 3
Act'), which respects the concept of 'freedom of contract' subject to certain
exceptions, such as contracts that are against public policy, or in restraint of
trade etc.

Section 28 of the Contract Act provides that agreements in restraint of legal 4
proceedings are void. However, it is established law that the restraint should
amount to an absolute restraint from enforcing the rights in respect of the
contract, by the usual legal proceedings in the ordinary tribunals or courts of
law, or limit the time within which a party may enforce his rights. This is
based on the principle that parties cannot, by agreement, render statutes in-
effective, that is, they cannot contract out of statutory provisions.

Under this provision, parties cannot, by private agreement, confer jurisdic- 5
tion upon a court that does not already have jurisdiction in that matter[1], or
divest a court of jurisdiction that it possesses under ordinary law[2]. However,
this Section does not proscribe parties from granting jurisdiction to one of
the competent courts, where more than one court has jurisdiction to try the
matter. The validity of such a contract is dependent on the fact that all the
courts have jurisdiction to decide the matter[3]. Further, such an agreement to
grant jurisdiction upon one of the competent courts does not *per se* oust the

---

1 *Patel Roadways Ltd. v. Prasad Trading Co.* AIR 1992 SC 1524.
2 *ABC Laminart Pvt. Ltd. v. AP Agencies, Salem* AIR 1989 SC 1239; *Hakam Singh v. Gammon (India) Pvt. Ltd.* AIR 1971 SC 740.
3 *Hanil Era Textiles Ltd. v. Puromatic Filters (P) Ltd.* (2004) 4 SCC 671.

jurisdiction of the other courts, except where such an intention is clearly and unambiguously expressed in the contract itself[1].

6   It is a well-settled principle that by agreement the parties cannot confer jurisdiction, where none exists, on a court to which the Civil Procedure Code, 1908 ('**CPC**') applies. However, this principle does not apply when the parties agree to submit to the exclusive or non-exclusive jurisdiction of a foreign court. The Honourable SC in the landmark judgment of *Modi Entertainment Network and Anr. v. W.S.G. Cricket PTE Ltd.*[2], held that parties to an agreement have the freedom to consensually agree to grant jurisdiction upon any neutral foreign court. In such circumstances, the court of natural jurisdiction usually does not grant an injunction for the stay of proceedings in the foreign court since the same would amount to abetting a breach of the agreement, and a violation of the principles of comity. However, the court of natural jurisdiction in India can, on its discretion, grant stay of proceedings, based on a consideration of various aspects of justice and equity. Usually, the party pleading a grant of stay must prove that the foreign court is a *forum non-conveniens*, and proceedings therein are oppressive and vexatious in nature.

3. Arbitration possibilities

a) Arbitrability of validity of intellectual property rights

7   The arbitrability of a particular 'subject matter' or dispute is in essence, a matter of public policy. The law regarding arbitrability of the validity of intellectual property rights ('**IPR**') is not well settled in India. There are varied opinions and views expressed on this point by scholars and legal professionals.

8   The Arbitration and Conciliation Act, 1998 ('**Arbitration Act**') as well as the various intellectual property ('**IP**') laws, including The Patents Act, 1970 ('**Patent Act**'), The Trademarks Act, 1999 ('**TM Act**') and The Indian Copyright Act, 1957 ('**Copyright Act**') are silent regarding the enforceability of arbitral awards involving findings of IP validity or infringement. Therefore, there is no express restriction to initiate arbitration proceedings for the determination of the validity or infringement of IPR. However, grant of exclusive jurisdiction to certain courts of law under the IP legislations might be interpreted as to create an implied restriction of any private settlement of a dispute regarding such matters.

9   Further, IPR are statutorily conferred rights and hence, revocation of such rights may not be objectively arbitrable since they would amount to extinguishment of statutory rights. The SC in the case of *Haryana Telecom Ltd.*

---

1 *New Moga Transport Co. v. United India Insurance Co. Ltd.* (2004) 4 SCC 677.
2 AIR 2003 SC 1177; Relied upon in *Man Roland Druckmachinen AG v. Multicolour Offset Ltd. and Anr.* (2004) 7 SCC 477.

v. Sterlite Industries (India) Ltd.[1] has held that the power to order a 'winding up' of a company is entrusted to a specific court and thus not objectively arbitrable. The rationale behind this decision is that such a right is statutorily conferred and not a contractual right and that the winding up of a company has social implications, affecting third parties. If the same reasoning is applied, then IPR being statutory rights should not be arbitrable.

However, commercial agreements relating to licensing of patents, trade-   10
marks or copyright may be arbitrable since the subject matter of arbitration is purely contractual in nature[2].

Since the law relating to the arbitrability of IPR is not well settled in India,   11
it is believed that arbitral awards relating to the invalidity of IPR may be enforceable between the parties to the proceedings, that is it might have only an inter parties effect.

b) Recognition of arbitration agreements by state courts

Section 28 of the Contract Act provides that any agreement in absolute re-   12
straint of legal proceedings is void. However, it validates arbitration agreements by way of an exception to the section[3].

Resolution of disputes by arbitration is governed by the Arbitration Act, un-   13
der which parties may, by means of agreement in writing, agree to refer to arbitration of all or certain disputes which have arisen or which may arise between them in respect of a defined legal relationship.

c) Enforcement of arbitration awards

The Arbitration Act makes an arbitral award final and binding on the parties   14
and persons claiming under it, as per Section 35. Section 36 of the Arbitration Act makes the arbitral award enforceable under the CPC in the same manner as if it were a decree of the Court. Therefore, it creates a legal fiction in this regard. However, the enforceability is subject to Section 34 which makes provision for making an application to set aside the arbitral award, on certain specific grounds as laid down in the provision itself. Under such circumstances, the award may stay in place until it is set aside, or the time for

---

1 AIR 1999 SC 2354, 2355.
2 *Cf. Grandlaw Electricals (India) Ltd. v. Batra*, AIR 1999 Del.1, 2.
3 Section 28, *Exception 1* – "**Saving of contract to refer to arbitration dispute that may arise** – This section shall not render illegal a contract by which two or more persons agree that any dispute which may arise between them in respect of any subject or class of subjects shall be referred to arbitration, and that only the amount awarded in such arbitration shall be recoverable in respect of the dispute so referred.; *Exception II* – **Saving of contract to refer questions that have already arisen** – Nor shall this section render illegal any contract in writing by which two or more persons agree to refer to arbitration any question between them which has already arisen, or affect any provision of any law in force for the time being as to references to arbitration."

filing such an application under Section 34, that is three months from the date of the award, has expired.

15   Part II (Section 36 to Section 74) read with Order XXI of the CPC details the procedure for the execution of decrees. Section 54 of CPC states that on an application for execution being made by the decree holder to the Court, the Court may execute the decree either by delivery of property, sale or attachment of the property, arrest and detention in prison, etc. depending upon the nature of suit and decree thus obtained.

16   Further, the legal position as to objections at the stage of enforcement of a decree/arbitral award is clearly settled. At this stage there can be no challenge as to the validity of the arbitral award. The Honourable SC in the case of *Vasudev Dhanjibhai Modi v. Rajabhai Abdul Rahman*, has held that the court executing the decree cannot entertain any objection that the decree was incorrect in law or facts. This principle was affirmed in the subsequent cases[1], where it was held that the executing court cannot go beyond the decree and the only ground of challenge at this stage is on the ground of jurisdiction of the executing court itself.

4. Courts of law

a) Legal system

aa) Which courts?

17   *Introduction to Indian Judiciary* – The judiciary in India is an independent tier of the Government, free from the control or authority of the Legislature and the Executive. The Judiciary consists of the lower courts at the District level, the High Courts, which are the most superior courts for every State, and the apex court of the country, that is, the Supreme Court of India.

18   The two broad categories of courts in India are the civil courts and criminal courts, dealing with civil suits and criminal complaints respectively. The Code of Civil Procedure 1908 ('**CPC**') and the Code of Criminal Procedure 1963 ('**CrPC**') deal with the structure and procedure of approaching the courts to initiate civil and criminal proceedings respectively.

19   For the purposes of civil proceedings, at the lowest stage lies every Court of Small Causes which is subordinate to the District Court which is subordinate to the High Court and thereafter, the Supreme Court. The different classes of criminal courts, as per the CrPC are Courts of Session, Judicial Magistrates of the first class, Metropolitan Magistrates, Judicial Magistrates of the second class and Executive Magistrates, apart from the High Courts and the Supreme Court.

---

1 *Bhawarlal Bhandari v. Universal Heavy Mechanical Lifting Enterprises* (1999) 1 SCC 558; *State Bank of India v. INDEXPORT Registered and Ors.* (1992) 3 SCC 159.

The High Courts and the Supreme Court, apart from having original writ jur-   20
isdiction, are also the most superior courts of the country and vested with
the power to exercise appellate jurisdiction in both, civil and criminal matters.

IT Specific Courts – For dispensing effective and speedy justice, the legisla-   21
ture has also created various statutory bodies/courts vested with the exclusive jurisdiction to try certain matters related to the particular statutes.

The Information technology law in India is governed by the *Information*   22
Technology Act, 2000 ('**IT Act**'), as amended from time to time, and the various rules and regulations thereunder. The IT Act provides for the appoint-
ment of a Controller by the Central Government through notification in the
Official Gazette[1], who shall exercise various functions as outlined under
Section 18 of the IT Act, including exercising supervision over the activities
of the Certifying Authorities, specifying conditions subject to which the
Certifying Authorities shall conduct their business, and resolving any conflicts of interest between the Certifying Authorities and the subscribers.
Further, the Controller is also responsible for the issue of license or electronic signature certificates to any person who shall make an application thereof, and is thus also empowered with the right to grant or reject such application[2], as well as suspend or revoke such license[3]. Section 28 of the IT Act
further gives the Controller or any officer authorised by him to investigate
any contravention of the provisions of the IT Act, rules or regulations made
thereunder.

The Central Government may also appoint any person possessing legal or ju-   23
dicial qualification and knowledge in the field of IT, as an adjudicating officer to adjudge any matter of contravention of any of the provisions of the IT
Act, or any rules and regulations thereof. It is imperative that the person so
appointed should not be any officer below the rank of a Director to the Government of India, or an equivalent officer of a State Government. The Adju-

---

1 Section 17, IT Act – **Appointment of Controller and other officers** – "(1) The Central
Government may, by notification in the Official Gazette, appoint a Controller of Certifying Authorities for the purposes of this Act and may also by the same, or subsequent notifications appoint such number of Deputy Controllers [Assistant Controllers, other officers and employees] as it deems fit; (2) The Controller shall discharge
his functions under this Act subject to the general control and directions of the Central Government; (3) The Deputy Controllers and Assistant Controllers shall perform
the functions assigned to them by the Controller under the general superintendence
and control of the Controller; (4) The qualifications, experience and terms and conditions of service of Controller, Deputy Controllers [Assistant Controllers, other officers
and employees] shall be such as may be prescribed by the Central Government; (5)
The Head office and Branch office of the office of the Controller shall be at such places
as the Central Government may specify, and these may be established at such places
as the Central Government may think fit; (6) There shall be a seal of the Office of
the Controller.
2 Section 24, IT Act.
3 Section 25, IT Act.

dicating Officer shall have jurisdiction to try and decide matters where the claim for injury or damages does not exceed Rupees Five Crore.

24 The IT Act has provided for the establishment of Cyber Appellate Tribunals under Section 48, and vested the same with exclusive appellate jurisdiction under the Act. Section 57 of the IT Act provides that any person aggrieved by an order of the Controller or the Adjudicating Officer may prefer an appeal to the Cyber Appellate Tribunal, which shall have the same powers as vested in a civil court under the CPC, while trying a suit. No other court shall have the jurisdiction to entertain any suit or proceeding in respect of any matter that the Adjudicating Office or Cyber Appellate Tribunal is empowered to determine, and consequently no injunction can be granted by any other court or authority in respect of any such action.

25 Lastly, appellate jurisdiction is exercised over the Cyber Appellate Tribunal by the High Court which is empowered to adjudge an appeal filed by any person aggrieved by a decision of the Cyber Appellate Tribunal.

bb) Stages of appeal

26 *Civil Proceedings* – According to Section 15 of the CPC every suit must be instituted in the Court of the lowest grade competent to try it. Every appeal from an original decree passed by the lowest court competent to try it, shall be filed in the District Court which has jurisdiction over it. Further, second appeal from the appellate decree passed by the District Court or any such court subordinate to the High Court, shall lie before the High Court exercising jurisdiction over the matter, if the High Court is satisfied that the cause involves a substantial question of law, as provided under Section 100 of the CPC. Lastly, an appeal shall lie to the Supreme Court from any judgment, decree or final order in a civil proceeding of a High Court, if the High Court certifies that the case involves a substantial question of law of general importance, and that in the opinion of the High Court the said question needs to be decided by the Supreme Court[1].

27 *Criminal Proceedings* – The CrPC, under Section 6 has established four classes of Criminal courts other than the High Courts, namely, the Courts of Session, Judicial Magistrate of the first class and Metropolitan Magistrate (in any Metropolitan area), Judicial Magistrate of the second class and Executive Magistrates. Every State is divided into districts that shall be, for the purposes of the CrPC, sessions divisions, falling within the jurisdiction of the Court of Sessions Judge. Any city or town whose population exceeds one million shall be a metropolitan area for the purposes of the CrPC, and shall fall under the purview of the jurisdiction of the Metropolitan Magistrate. Further, there may be established as many Courts of Judicial Magistrates of the first class and second class in every District, as notified by the State Government, in consultation with the High Court.

---

1 Section 109, CPC.

Section 26 read with the First Schedule to the CrPC provides that any of- 28
fence under the IPC may be tried by the High Court, Court of Session or any
other court as specified in the Schedule. Section 374 of CrPC provides for
stages of appeal from convictions. Any person convicted on a trial held by a
Metropolitan Magistrate, Assistant Sessions Judge of Magistrate of first class
or second class may appeal to the Court of Sessions Judge. Any person convicted on a trial held by a Sessions Judge or an Additional Sessions Judge or
on a trial held by any other court in which a sentence of imprisonment for
more than seven years has been passed against him, may appeal to the High
Court. Finally, any person who has been convicted in a trial held by the High
Court may appeal to the Supreme Court of India.

Proceedings under the IT Act – As already provided in the previous section, 29
the Cyber Appellate Tribunals have been vested with exclusive appellate jurisdiction under Section 48 of the IT Act. All appeals from decisions of the
Controller or the Adjudicating Officer may be filed before the Cyber Appellate Tribunal as per Section 57 of the IT Act. Appellate jurisdiction is exercised over the Cyber Appellate Tribunal by the High Court which is empowered to adjudge an appeal filed by any person aggrieved by a decision of the
Cyber Appellate Tribunal.

cc) Types of procedures

As already discussed above, the IT Act creates the office of Controller, and 30
Adjudicating Officer, to investigate into, and deal with contraventions under
the IT Act. The Adjudicating Officer has a pecuniary jurisdiction of Rs.
5,00,00,000 (Rupees Five Crores only). The IT Act provides for both, criminal
offences, as well as civil wrongs within its purview. Therefore, the IT Act
provides for both civil and criminal actions, that is, damages as well as pun-
ishments for various contraventions. The same is discussed in detail in the
following section.

b) Important claims and their basis

The IT Act provides punishment for various kinds of cyber offences. Cyber 31
crimes are peculiar insofar as, they necessarily involve the use of computer
systems or networks, are intangible in nature and the jurisdiction of the
crime is difficult to ascertain. However, they are essentially of two kinds,
that is, crimes which are committed in respect of the computer itself, and
those which are committed by means of the computer. One noteworthy feature of the IT Act is that its provisions apply to offences or contraventions
committed outside India by any person irrespective of his nationality, if the
act or conduct constitutes an offence involving a computer, computer system or computer network located in India[1]. Some of the common types of
cyber offences that have been dealt with specifically under the IT Act are as
follows:

---

1 Section 75, IT Act.

aa) Damage to computer/computer system

32 Section 43 of the IT Act provides that any person who damages a computer, computer system, gains unauthorised access to the same, destroys or alters any data in another's computer system, introduces any computer contaminant or virus, etc. shall be liable to pay damages by way of compensation to the person so affected. It is a general provision for compensation relating to unauthorized access (hacking) and damage in any form to another's computer system or information stored therein. This provision must be read in consonance with Section 66 of the IT Act that states that any act as described under Section 43, relating to unauthorized access etc., shall be punishable with imprisonment for a term which may extend up to three years, or with fine which may extend up to Rupees Five Lakhs, or with both.

bb) Failure to protect data

33 Section 43-A provides punishment for omission to protect data stored in a computer system or network. It is a rather stringent provision that makes a body corporate liable to damages for failure to protect any sensitive personal information or data stored in its system or network. A body corporate is expected to maintain "reasonable" security practices and procedures for the protection of such data, and any negligence in doing the same shall make the body corporate liable to damages by way of compensation to the person so affected.

cc) Tampering with Computer source documents

34 Section 65 of the IT Act specifically deals with tampering of computer source codes that are required to be maintained by law, and the punishment thereof. It incorporates the *mens rea* component of knowledge or intention, in order to constitute this offence. Therefore, any person who "knowingly or intentionally" conceals, destroys or alters any computer source code[1] may be punishable with imprisonment up to three years, or with fine which may extend up to Rupees Two lakhs, or both.

dd) Punishment for sending offensive messages

35 Section 66-A of the IT Act makes it an offence to send any grossly offensive, menacing, or false information for the purpose of causing annoyance, inconvenience, danger, obstruction, insult, injury, criminal intimidation, enmity, hatred etc., by means of a computer resource or communication device, including electronic mail. It is punishable with imprisonment for a term extending up to three years and with fine.

---

1 "Computer Source Code" means the listing of programmes, computer commands, design and layout and programme analysis of computer resource in any form.

ee) Dishonest receipt of stolen computer resource/communication device

Any person who dishonestly receives or retains any stolen computer re- 36
source or communication device, with the knowledge or reason to believe
that the same is stolen, is punishable with imprisonment of either description, for a term which may extend up to three years, or with fine which may
extend up to Rupees one lakh, or with both, as per Section 66-B of the IT
Act.

ff) Identity Theft

Section 66-C of the IT Act punishes for the offence of identity theft invol- 37
ving the fraudulent or dishonest use of the electronic signature, password or
other unique identification features of any other person, with imprisonment
of either description for a term which may extend up to three years, or fine,
or both.

gg) Cheating by personation

Section 66-D punishes the offence of cheating by personation, through the 38
use of computer resource or communication device, with imprisonment of
either description for a term which may extend to three years, and also fine
which may extend up to Rupees One lakh.

hh) Violation of privacy

Section 66-E defines the scope and punishment for the violation of privacy of 39
a person through computer resources, communication device or network. It
provides that any person who intentionally or knowingly captures, publishes
or transmits the image of a private area of any person without his or her consent, is liable for the violation of privacy of that person and may be punishable with imprisonment extending up to three years, or fine not exceeding
Rupees Two Lakhs, or both.

ii) Cyber-terrorism

Section 66-F provides punishment for the offence of cyber-terrorism. The 40
scope of the offence of cyber-terrorism is defined in the provision as any attempt to penetrate or access a computer resource without authorization, introduction of computer contaminants in a computer resource, or denying or
causing denial of access to a computer resource to any person authorized to
gain such access, with the intention to threaten the unity, integrity, security
or sovereignty of India or to strike terror in the people or any section of the
people. Further any person who knowingly or intentionally gains unauthorized access to information, data or computer database restricted for reasons
of security of the State, or obtaining data which is likely to cause injury to
the interests of sovereignty and integrity of India, foreign relations, public
order, decency or morality, or which is in relation to contempt of court, defa-

mation or incitement of an offence, etc. commits the offence of cyber-terrorism. Any conspiracy to commit any such offence is also an offence under this section, and is punishable with imprisonment which may extend to imprisonment for life.

jj) Publication or transmission of obscene material

41 Sections 67, 67-A and 67-B make the publication and/or transmission of obscene and/or sexually explicit material in electronic form an offence under the IT Act.

42 Section 67 provides that publication or transmission of any material in electronic form, which is lascivious or appeals to the prurient interest or tends to have an effect of depravity or corruption is punishable with imprisonment of either description, for a term which may extend up to three years and with fine which may extend up to Rupees Five Lakhs. It provides for enhanced punishment of imprisonment for a term which may extend up to five years and fine extending up to Rupees Ten lakh in case of a second or subsequent conviction for the same offence.

43 Section 67-A makes it an offence to publish or transmit in electronic form, any material containing sexually explicit act or conduct and makes it punishable with imprisonment of either description for a term which may extend up to five years and with fine which may extend up to Rupees ten lakh. In case of second or subsequent conviction enhanced punishment of imprisonment up to 7 years and fine up to Rupees ten lakh may be imposed.

44 Section 67-B specifically punishes the publication or transmission of material in electronic form depicting children in sexually explicit acts or conduct with imprisonment of either description for a term of five years and with fine which may extend to Rupees Ten lakhs. Enhanced punishment of imprisonment up to seven years and fine up to Rupees ten lakhs may be imposed in case of second or subsequent conviction for the same offence.

kk) Misrepresentation

45 Misrepresentation or suppression of material fact from the Controller or Certifying Authority for obtaining any license or Electronic Signature Certificate is punishable under Section 71 of the IT Act with imprisonment for a term which may extend up to two years, or with fine which may extend up to Rupees One lakh, or both.

ll) Breach of confidentiality and privacy

46 Section 72 of the IT Act provides that any person who in breach of the powers conferred to him under the IT Act to access any electronic record, book, register etc., discloses the said information to another person without consent of the person concerned, is punishable with imprisonment for a

term which may extend to two years, or with fine which may extend to Rupees One lakh, or both.

mm) Disclosure of information in breach of contract

Section 72-A of the IT Act provides that any person, including an intermedi-   47
ary who has secured access to any confidential material or personal information during the course of providing services under a lawful contract, breaches the same by disclosing the said material to any other person without the consent of the person concerned, knowing that the same is likely to cause wrongful loss or wrongful gain, is punishable with imprisonment for a term which may extend to three years, or with fine which may extend to Rupees five lakhs, or both.

nn) Publication of Electronic Signature Certificates false in certain particulars

Section 73 of the IT Act makes it an offence to publish or make available an   48
electronic signature certificate, knowing that the same has not been issued by the Certifying Authority, or the subscriber listed in the certificate has not accepted it, or the same has been revoked or suspended. The punishment for this offence is imprisonment for a term which may extend up to two years, or with fine which may extend to Rupees one lakh, or both.

oo) Publication of Electronic Signature Certificate for fraudulent purpose

Section 74 of the IT Act makes it an offence to publish or otherwise make   49
available an Electronic Signature Certificate for fraudulent or unlawful purpose, punishable with imprisonment for a term which may extend up to two years, or with fine which may extend to Rupees one lakh, or with both.

c) Common steps in enforcing a claim

aa) Civil liability

Chapter IX (Section 43 to 47) of the IT Act provides for cyber contraventions   50
creating civil liability on the part of the person contravening the said provisions. Section 43 covers a range of violations relating to unauthorized access to computer, computer system, computer network or resources, such as introduction of computer contaminants or viruses, destruction or alteration of information on a computer system, denial of access to authorized persons etc. Further Section 43-A provides for negative contravention by corporate bodies, due to failure to protect data, or sensitive personal information through maintenance of reasonable security practices and procedure.

The Adjudicating Officer appointed under Section 46 of the IT Act has been   51
empowered to adjudge any matter regarding the contravention of these aforementioned provisions. The Adjudicating Officer has the power of a civil

court that has been conferred on the Cyber Appellate Tribunal under Section 58(2) of the IT Act, which includes amongst others, the power to summon and enforce the attendance of any person and examine him on oath, receive evidence on affidavits, requiring the discovery and production of documents or other electronic records, etc.

52 While awarding compensation for contravention of the aforementioned provisions, the Adjudicating Officer is required to take into consideration the amount of unfair gain made as a result of the default, or the amount of loss caused to any person, and the repetitive nature of the default.

bb) Criminal liability

53 Chapter XI (Sections 65 to 78) provides a whole range of cyber offences as outlined in the previous section, and prescribes punishment of imprisonment as well as fine for the commission of these offences, depending on the gravity of the offence. It also provides for enhanced punishment in case of repetitive offences.

54 The jurisdiction of the Adjudicating Officer extends only to contraventions under Chapter IX of the IT Act, that is, the Adjudicating Officer has jurisdiction to adjudge disputes relating to payment of compensation for contravention under Sections 43 and 43-A, and payment of penalty for not furnishing information or returns as required under Section 44 of the IT Act. This is further evidenced by the fact that Section 46(5) of the IT Act specifically vests the Adjudicating Officer with certain powers of the civil court.

55 Therefore, in case of cyber offences provided in Chapter XI of the IT Act, the jurisdiction vests with the concerned Jurisdictional Magistrate under the provisions of CrPC.

cc) Maintainability of claims made in other courts

56 A civil suit filed before a civil court having original jurisdiction relating to various causes of action including contravention of the IT Act will be maintainable as per the recent Delhi High Court judgment in the case of *Mr. Abhinav Gupta v. JCB India Limited and Ors*[1]. In this case, an application was filed challenging the maintainability of the suit before a single judge of the High Court exercising Original Jurisdiction in the said matter. It was argued by the Respondents that since the petitioners have alleged contravention of Section 43 of the IT Act, the appropriate authority to try it would be the Adjudicating Officer and hence, the suit was not maintainable in the civil court of original jurisdiction and ought to be rejected under Order VII Rule 11 of the CPC. However, it was held by the High Court that civil court's jurisdiction is not entirely barred by the IT Act. It was stated that the nature of the jurisdiction conferred upon the Adjudicating Authority under the IT Act is extremely restricted and that he is not a special tribunal empowered to de-

---

1 2010(119) DRJ 397.

cide upon all causes as between parties who have disputes including those under the Act. Therefore, it was held that "in cases where there are claims or causes forming part of the same cause of action, or series of acts constituting causes which are not covered by the Act, or infringe other legal obligations, the Adjudicating Authority would have no power to decide them." The HC also relied on the rulings of the Honourable Supreme Court of India in *Roop Lal Sathi v. Nachhattar Singh Gill*[1] and *Raptakos Brett and Co. Ltd. v. Ganesh Property*[2] where it has been held that only a part of the plaint cannot be rejected and the pleadings cannot be viewed piece meal. The averments in the plaint must be seen as a whole to find out whether it should be rejected under Order VII Rule 11 of the CPC[3].

d) In-court strategies (IT-specific)

Sometimes it may be a cumbersome process to approach a court of law for   57 the resolution of disputes, and parties may prefer, to instead, negotiate the same amicably, and reach a consensual settlement of the disputes. However, in such cases, the risk of further injury and violation continues, thus, driving parties to court. In light of this, the most commonly used in-court strategy is that of stay order and injunction, whereby a party may approach a competent court of law with the plea to pass an injunction order, after which the parties may proceed to negotiating in a risk free environment.

The law relating to injunctions is contained in Sections 36 to 42 of Specific   58 Relief Act, 1963 (**'Sp Rel. Act'**) and in Order XXXIX, Rules 1 to 5 of the CPC. The Sp Rel. Act deals with permanent injunctions and the CPC provides for temporary injunctions. An injunction is "a judicial process whereby a party is ordered to refrain from doing or to do a particular act or thing."[4]

A perpetual injunction forms a part of the decree made at the hearing upon   59 the merits, whereas, an interlocutory or temporary injunction continues only until the hearing of the cause upon merits, in the court of competent jurisdiction. Therefore, the purpose of a temporary injunction is to maintain *status quo* until the issues between the parties are finally decided. The general purpose of granting injunction is to restrain the alleged wrongful act.

In order to obtain a temporary injunction, the plaintiff must satisfy the fol-   60 lowing three conditions[5]:

(i)   There should be a *prima facie* case in favour of the plaintiff;

(ii)   The balance of convenience should be in favour of the plaintiff; and

---

1 1982(3) SCC 487.
2 1998 (7) SCC 184.
3 *Popat and Kotecha Property v. State Bank of India Staff Association* 2005 (7) SCC 510.
4 Halsbury's *Laws of England* (3rd Ed.), Vol. 21, p. 343.
5 *Gujarat Botting Co. v. Coca Cola Co.*, AIR 1995 SC 2372, 2388: (1995) 5 SCC 545.

(iii) Irreparable injury may be suffered by the plaintiff if temporary injunction is not granted, and the comparative mischief or inconvenience which is likely to issue from withholding the injunction will be greater than that which is likely to arise from granting it.

61   Therefore, in order to arrive at a speedier settlement of the disputes, the complainants may, first, approach the court for grant of a temporary injunction, and then proceed to negotiation and out-of-court settlement of the disputes.

62   However, Section 61 of the IT Act bars jurisdiction of civil courts to try any matter relating to contravention under the IT Act, and expressly states that no injunction or stay may be granted. Therefore, such a strategy would not be possible with respect to IT claims in India.

e) Law of evidence

63   The Indian Evidence Act, 1872 (**'Evidence Act'**) allows both, oral as well as documentary evidence to be led in a court of law, and also lays down the procedure for the examination of witnesses. Further, the Evidence Act has also made a provision regarding the admission of evidence of expert witnesses[1].

64   The IT Act was enacted to legally validate electronic transactions. Legal recognition was accorded to electronic documents, signatures, etc. that, much like physical signatures, were used to provide authenticity to a document. However, it was realized that this by itself would not facilitate electronic commerce, since the Evidence Act did not recognize the same. Therefore, appropriate amendments were brought about in the Evidence Act, to incorporate facets of the IT Act.

65   Suitable amendment was brought about to include electronic records within the meaning of permissible 'evidence'. Section 3 defines documentary 'evidence' to mean and include all documents including electronic records produced for the inspection of the Court.

66   Further, Chapter V of the Evidence Act, which deals with Documentary Evidence has also been amended to include the proof and admissibility of electronic records[2] and digital signature[3]. In light of these provisions, in case of a matter before a court of law, it is now possible to produce documentary evidence in the form of electronic records. Further, a special provision has also been made with respect to expert witnesses who may be eligible to provide opinion with regard to digital signatures[4].

---

1 Section 45, Evidence Act.
2 Section 65B, Evidence Act.
3 Section 67A, Evidence Act.
4 Section 47A, Evidence Act.

f) Process costs

Civil suits filed in India would involve various process costs, ranging from   67
Court Fees, under *The Court Fees Act*, 1870, to attorney expenses. Court
fees are calculated on the value or the monetary equivalent of the value of
the subject matter of the suit.

With respect to IT cases however, the money involved may be considerably   68
less in order to appeal to the Cyber Appellate Tribunal. The Cyber Regulations Appellate Tribunal (Procedure) Rules, 2000 lays down the process for
filing an application in appeal to the Tribunal, under the IT Act. *Rule* 6 of
these Rules state that every application filed with the Registrar is required
to be accompanied by a fee of Rs. 2000 (Rupees Two Thousand only), either
in the form of a crossed demand draft, or a pay order drawn on a Scheduled
Bank, in favour of the Registrar and payable at New Delhi. Therefore, the
court fees in case of IT matters would be restricted to Rs. 2000 (Rupees Two
Thousand) only.

However, it may be difficult to estimate the costs involved in employing a   69
legal practitioner. The same would depend upon the complexity of the matter in dispute. On an average, a civil or criminal case may continue for a period of three to four years, before being decided or settled, and would consequently involve substantial expenditure in the form of appealing against
numerous orders, and continuing to pay attorney's fees for the same. In IT
specific cases though, the expenditure involved may be substantially less,
since *Rule* 14 of the aforementioned Rules, clearly provides, that every application made to the Cyber Appellate Tribunal is, as far as possible, required
to be heard and decided, within six months from the date of presentation. It
empowers the Tribunal to decline plea for adjournments and limit the time
for oral arguments.

V. China

1. Introduction

a) The Legal System of the People's Republic of China

1 The People's Republic of China (PRC) was established in 1949 following the civil war between the Communist Party and the National Party. The current legal system has been developed and evolved from a socialist legal system originally copied from the Soviet Union, and is officially known as a socialist legal system with Chinese characteristics, which in principle is a civil law system.

2 The National People's Congress (NPC) is the supreme legislator in the PRC, and local level congresses are also empowered to legislate in respect of local matters in accordance with legislations enacted by the NPC and the people's congresses above each of the local congresses. In addition to the legislations enacted by congresses, the State Council and its ministries or commissions can also make rules and regulations, which in practice are equally enforced by courts.

3 The PRC legislations consist of statutes enacted by the NPC, administrative rules and regulations issued by State Council and its ministries. In addition, the Supreme Court of China also issues judicial interpretations which the lower courts must follow in adjudication cases. Due to the lack of a case law system, the lower courts of PRC, however, do not have to follow the rulings of higher courts, although they usually follow them voluntarily.

4 International treaties the PRC has joined are automatically incorporated into the PRC law subject to reservations.

5 The PRC courts are hierarchically structured, consisting from the top down of the Supreme People's Court in the capital Beijing; the Higher People's Courts in the capitals of each province or autonomous region and special municipalities; the Intermediate People's Courts at the prefecture level and also in parts of provinces, autonomous regions and special municipalities; and the Basic People's Courts in counties, towns, and municipal districts. There are also parallel special courts dealing with matters affecting the military, railway, water transportation and forestry.

6 PRC adopts a two level trial system, where the litigant has an automatic right to appeal to the higher court against the judgment or ruling of the first instance, and the judgment or ruling so obtained is the final judgment or ruling, only subject to judicial review initiated by the prosecution services.

7 The PRC legal system briefly introduced above applies to mainland China only, and due to historical reasons and the current arrangement, Hong Kong, Macao and Taiwan have legal systems separate and different from the mainland China, for example, the legal system in Hong Kong is more of an Eng-

lish one and Macao more of a Portuguese one as a result of past occupations of the regions by Britain and Portugal.

b) The legal framework for the protection of intellectual property rights and information technology in China

The general legal framework in the PRC consists of the fundamental Consti- 8
tution of the PRC, primary legislations enacted by the standing committee of the National People's Congress of the PRC, and secondary implementing regulations, guidance, directions and opinions by the Supreme People's Court of the PRC, the Supreme People's Procuratorate of the PRC, and ministries of the State Council of the PRC, together with the policies at the state and local levels. All the international treaties the PRC acceded to are automatically incorporated into the domestic law of the PRC subject to reservation.

The Constitution of the PRC provides the foundation for legislations, regula- 9
tions, guidance, directions and opinions relating to the protection of IPRs in IT industry. Articles 2, 20, 22, 35, 47 and 89, for example, provide the basis for such legislations in the PRC.

The primary PRC legislations concerning the protection of IPRs on techno- 10
logy in the IT industry include:

i.   The Patent Law of the PRC, adopted at the 4th Meeting of the Standing Committee of the Sixth National People's Congress on 12th March 1984, amended in accordance with the Decision of the Standing Committee of the Seventh National People's Congress on Amending the Patent Law of the PRC at its 27th Meeting on 4th September 1992, and amended again in accordance with the Decision of the Standing Committee of the Ninth National People's Congress on Amending the Patent Law of the PRC adopted at its 17th Meeting on 25th August 2000;

ii. The Copyright Law of the PRC, adopted at the Fifteenth Session of the Standing Committee of the Seventh National People's Congress on September 7th 1990, and revised in accordance with the Decision on the Amendment of the Copyright Law of the PRC adopted at the 24th Session of the Standing Committee of the Ninth National People's Congress on 27th October 2001;

iii. Trademark Law of the PRC, adopted at the 24th Session of the Standing Committee of the Fifth National People's Congress on 23rd August 1982, revised for the first time according to the Decision on the Amendment of the Trademark Law of the PRC adopted at the 30th Session of the Standing Committee of the Seventh National People's Congress on 22nd February 1993, and revised for the second time according to the Decision on the Amendment of the Trademark Law of the PRC adopted at the 24th Session of the Standing Committee of the Ninth National People's Congress on 27th October 2001;

    iv. The Law against Unfair Competition of the PRC, adopted at the Third Session of the Standing Committee of the Eighth National People's Congress on 2nd September 1993, promulgated by Order No. 10 of the President of the PRC on 2nd September 1993 and effective as of 1st December 1993;

    v. The General Principles of the Civil Law of the PRC, adopted at the Fourth Session of the Sixth National People's Congress, and promulgated by Order No. 37 of the President of the PRC on 12th April 1986, and effective as of 1st January 1987, with the relevant sections concerning IPRs being section 94, 96, 97 and 118;

    vi. The Criminal Law of the PRC, adopted at the Second Session of the Fifth National People's Congress on 1st July 1979, revised at the Fifth Session of the Eighth National People's Congress on 14th March 1997 and promulgated by Order No. 83 of the President of the PRC on 14th March 1997, with the relevant sections concerning IPRs being section 7 of Chapter 3 dedicated to crimes on infringing on IPRs;

    vii. The Law of the PRC on Science and Technology Progress, adopted at the Second Meeting of the Standing Committee of the Eighth National People's Congress on 2nd July 1993 (as amended in 2007), promulgated by Order No. 4 of the President of the PRC, and effective as of 1st October 1993, with Section 7 of Article 1, Section 20 and 21 of Article 2 and Section 65 of Article 6 specifically concerning IPRs.

11   In addition to the above legislations, there are numerous other principal legislations and regulations in China governing business in the context of IT transactions and disputes, such as Electric Signatures Law, Advertising Law, Regulations on the Protection of the Right of Communication through Information Network, Telecommunication Regulations, Regulations for Protection and Administration of Computer Information Network, Measures for Patent Administrative Enforcement, Measures for the Administration of Internet Information Service, Provisions on Technical Measures for Internet Security Protection, Interim Measures on Administration of Internet-based Goods and Service Transaction, Measures for the Administration of Electronic Certification Services, Measures regarding the Recordation of Patent License Agreement.

12   Related international treaties to which the PRC has acceded include:

    i.   Convention Establishing the World Intellectual Property Organisation, signed at Stockholm on 14th July 1967 and amended on 28th September 1979, acceded to by the PRC on 3rd June 1980;

    ii.   Paris Convention for the Protection of Industrial Property of 20th March 1883, revised at Brussels on 14th December 1900, at Washington on 2nd June 1911, at The Hague on 6th November 1925, at London on 2nd June 1934, at Lisbon on 31st October 1958 and at Stockholm on 14th July 1967 and amended on 28th September 1979, acceded to by the PRC on 19th March 1985;

iii. Madrid System for the International Registration of Marks, established in 14th April 1891, and acceded to by the PRC on 4th October 1989;

iv. Berne Convention for the Protection of Literary and Artistic Works of 9th September 1886, completed at Paris on 4th May 1896, and acceded to by the PRC on 15th October 1992;

v. International Copyright Convention signed on 6th June 1950 and acceded to by the PRC on 30th October 1992;

vi. Convention for Protection of Producers of Phonograms against Unauthorised Duplication of their Phonograms, concluded at Geneva, Switzerland on 29th October 1971 and acceded to by the PRC on 30th April 1993;

vii. Patent Cooperation Treaty, concluded on 19th June 1970 and acceded to by the PRC on 1st January 1994;

viii. International Classification of Goods and Services for the Purposes of the Registration of Marks, concluded in Nice on 15th June 1957 and acceded to by the PRC on 1994;

ix. Agreement on Trade related Aspects of Intellectual Property Rights, acceded to and signed by the PRC in November 2001.

2. Recognition of Jurisdiction Agreements (Choice of Law and Venue) by State Courts

Freedom of choice of law and venue is generally recognized by the Chinese judicial. However, due to the nature of IPRs, rights created by local law, the substantial law applicable in all matters relating to ownership, exploitation, enforcement, IPRs, IT products and services in PRC would be PRC law, subject to international treaties that PRC has acceded. Where there is a conflict between the PRC law and the international treaty, the international treaty prevails unless there is a reservation by the PRC. 13

3. Arbitration Possibilities

a) Recognition of Arbitration Agreements by State Courts

According to the Civil Procedure Law of China, if the IT transaction and/or dispute is based on a contract and there is a dispute resolution clause selecting a Chinese court, provided such selection does not contravene the laws of China, the Chinese court shall have jurisdiction over the case. If the contract is signed or performed in China, or the object of the action is in China, or the defendant has distrainable property in China, or the defendant has its representative agency, branch or business agent in China, the dispute may be under the jurisdiction of the court in the place where the contract is signed or performed, or where the object of the action is located, or where the defendant's distrainable property is located, or where the representative agency, branch or business agent is located. If the dispute is with a tort 14 cause, the court located in the place in which infringing activities took place shall have jurisdiction.

b) Enforcement of Arbitration Awards

15 As long as the arbitration clause is valid and in compliance with the specific arbitration procedural rules, the PRC court will not intervene unless there is a flaw in procedures against the general principle of fair trial, where on application by one party the court may hear the case.

16 If the parties involved in a foreign arbitration case apply for the evidence preservation, the foreign arbitration commission, as specified in Article 68 of the China Arbitration Law, shall submit the application to the Intermediate People's Court at places where such evidences are produced. The People's Court, pursuant to Article 70 and Article 71 of the China Arbitration Law, shall subsequently form a collegiate bench to verify the evidences provided and order either the cancellation or the non-performance of the award in accordance with the circumstances set forth in Article 260 of the Civil Procedure Law. In the event that one party intends to apply for the enforcement of the award that has taken legal effect, the party, as stated in Article 72 of the Arbitration Law, shall apply directly to a foreign law court with the jurisdiction for recognition and enforcement if the party that should implement the award or its property is not in the territory of China. The rules for foreign arbitration, as specified in Article 73 of the Arbitration Law, shall be formulated by the China International Chamber of Commerce pursuant to this law along with the relevant provisions of the Civil Procedure Law.

4. Courts of Law

a) Legal System

aa) Jurisdiction of the Courts

17 As stated in 3.1, the court can be the court where the defendant permanently resides, or in case of an infringement claim where the infringing act took place. If it is a contract related IPRs and IT dispute, the court with jurisdiction can either be the one where the defendant resides, or where the contract was signed, or where the contract was performed. Depending on the type of the dispute, there can be one or more courts with jurisdiction. And the general principle to identify the most appropriate court with jurisdiction for commencement of proceedings is which court serves best the claimant's interests.

(1) Dedicated Court with Exclusive Jurisdiction for Patent Related Cases

18 Where the IT transactions and/or disputes are in relation to the grant of a patent, administrative decision on validity of a patent or the grant of a compulsory license or its licensing fee of a patent, in the first instance the only court with jurisdiction is the First Middle Level People's Court of Beijing.

On appeal the court with jurisdiction to hear the case is the Higher People's Court of Beijing. All the above cases are proceedings against the administrative decisions by the State Intellectual Property Office of the PRC (SIPO), and any other administrative action against the SIPO in respect of patent application shall also be commenced with the First Middle Level People's Court of Beijing on the first instance.

(2) Special Provisions on Level of Courts with Jurisdiction on Patent Related Cases

Under Section 3 of Article 19 of the Civil Procedural Law, and Section 2 of the Opinions on Issues concerning application of the Civil Procedural Law by the Supreme People's Court of PRC, the Supreme People's Court of PRC provides that it is the Middle Level People's Courts that has been appointed and authorised by the Supreme People's Court who has the jurisdiction on patent related civil disputes for the first instance.   19

(3) Jurisdiction for other IPRs and IT related Cases

In addition to the special provisions on disputable IP cases occurred in the IT industry, the rules stipulated in the Civil Procedural Law shall apply. For contractual disputes relating to IPRs and IT, the courts with jurisdiction for the first instance are either the court where the defendant resides, or where the contract was performed; for IT-related IPRs infringement cases, the courts with jurisdiction for the instance are the courts where the infringing act took place, or where the computer server is located, or where the result of the infringement occurred.   20

bb) Types of Proceedings

There are three types of paralleled proceedings available in PRC for the protection of IPRs in IT transactions and disputes: civil proceedings, administrative proceedings, and criminal proceedings.   21

(1) Civil Proceedings

Pursuant to the provisions of Article 108 in the Civil Procedure Law, the claimant can be any individual, body corporate or organisation who has a direct interest in IT transactions and/or disputes in question. Take software for example. The claimant can be a party to a software and technology contract, a proprietor of the software or a related party. A related party can be a party to an exclusive license agreement on the software, a successor to a deceased IPRs proprietor of the software, or a party to a joint venture entity that owns the IPRs of the software but is unfit for initiating proceedings.   22

When filing a claim with the court, the claimant, as stipulated in the provisions of the Civil Procedure Law, shall identify the correct defendant(s), and state clearly the nature of the claim and on what grounds the claim is based.   23

24 Once the claim is accepted by the appropriate court with jurisdiction, the general civil procedural rules set forth in the Civil Procedure Law apply to IT-related IPRs case, namely the preparation for the hearing, examination and cross examination of evidence, in-court enquiries, rebuttal and submission during the hearing, and mediation by the court with the parties' consents or passing judgement following the hearing.

25 For any civil lawsuits involving foreign elements within the territory of China, the special provisions stipulated in Part IV of the Civil Procedure Law shall apply. For a foreign national, a foreign organization, or an international organization that enjoys diplomatic privileges or immunities, according to Article 237 of the Civil Procedure Law, the relevant laws of the PRC and the international treaties acceded to or concluded by the PRC shall apply. In the event that an international treaty acceded to or concluded by PRC contains provisions that differ from those covered under this Part, the provisions of the international treaty shall apply, unless the provisions are the ones on which China has announced reservations.

26 Procedures specifically applicable to a hearing concerning IPRs are:

(i) In-court enquiries: In China, each party is responsible for presenting evidence in support of its claims. All evidence presented in court is subject to cross-examination. Generally, commenced by oral statement of facts from the claimant's perspective by the claimant or the representative of the claimant including the claim and grounds for the claim, followed by the defendant's statement of facts from the defendant's perspective including the disputed facts and counter claim where applicable, finished by a related third party's statements with or without independent claim; giving evidence and examining the other side's evidence by the claimant or the claimant's representative and by the defendant or the defendant's representative respectively, including evidence given and examined by related third parties.

It is worth noting that under the current PRC civil procedural rules, the claimant's or defendant's representative is permitted to give evidence on behalf of the client. Moreover, it is the court that has the sole right to determine the authenticity and validity of evidence presented.

(ii) Rebuttal and Submissions: commenced by claimant or claimant's representative and followed by defendant or defendant's representative in one or more rounds; followed by mediation offered by the court, failure of which, judgements will be given either at the end of the hearing or on a later date.

(2) Administrative Proceedings

27 Administrative proceedings are proceedings by the relevant parties against public administrations in respect of their decisions or lack of actions which have infringed the parties' IPRs, such as the grant of patent rights, maintenance of patents or grant of compulsory licence. In administrative proceed-

ings, the general Administrative Law applies as well as the relevant IPRs laws.

In determining the court with jurisdiction on administrative proceedings, level and location of court shall both be considered. Section 13 of the Administrative Law provides that the basic people's court has jurisdiction on administrative proceedings for the first instance; section 14 provides the middle level people's court has jurisdiction in the first instance on proceedings concerning: (i) invention patents and custom control; (ii) decisions by ministries of the State Council. 28

IPRs related administrative proceedings mainly involve two types of cases: challenging the decisions by ministries of the State Council concerning the grant of patent rights or other IPRs, or compulsory licence, and decisions by the local administrations concerning IPRs. For the patent related matters dealt with by the relevant ministry of the State Council, the jurisdiction falls with the First Middle Level People's Court of Beijing; the jurisdictions on the other patent related matters fall with the middle level people's court as designated and appointed by the Supreme People's Court; for all other matters the general administrative procedural rules apply. 29

In addition to the level of court, when determining the location of the court for jurisdiction, section 17 of the Administrative Procedural Law provides that the court at the place where the relevant administration is has the jurisdiction in the first instance. 30

Upon receiving application for administrative proceedings, the court with jurisdiction shall make a decision to either accept or reject the case within 7 days. Where the application is rejected, the applicant has a right to appeal against the decision to the higher court. 31

The procedure in administrative proceedings includes pre-hearing preparation, in-court enquiries, submissions, assessment by the tribunal or single judge and passing judgement. In administrative proceedings, there is no simplified or special procedure; the trial shall only be conducted by way of a hearing open to public unless there are specific rules which provide otherwise. 32

The time limit to complete the first instance administrative proceedings is 3 months from the date of accepting the case unless the time limit is extended by a Higher People's Court, whose time limit can only be extended by the Supreme People's Court. 33

Decisions made by the first instance court are subject to appeal to a higher court by following the appeal procedure provided in the Administrative Procedural Law, and the time limit to complete such appeal is 2 months. The procedure for the extension of the time limit is the same as that of the first instance case. In deciding appeal on administrative cases, the appeal court is not restricted to considering only what is specified by the appellant; the ap- 34 peal court shall take into account all the circumstances concerning the case both in law and facts. This is a significant difference between the appeal in an administrative case and a general civil case.

(3) Criminal Proceedings

35 Criminal proceedings in IPRs refer to criminal proceedings commenced by victims directly or through prosecution by the prosecution services following criminal investigation by the police under the Criminal Law, Criminal Procedure Law and the relevant IPRs law.

36 Section 18 of the Criminal Procedural Law provides that police is the only authority empowered with criminal investigation power including the power to conduct crime scene investigation, make arrest, detention and criminal enquiries. Accordingly, where criminal investigation becomes necessary to establish a crime concerning IPRs, the victim will have to report the crime to the police for investigation.

37 Following criminal investigation by the police, if it is found that a crime has been committed concerning IPRs criminal prosecution is necessary. The police shall submit its prosecution proposal to the public prosecution service for a decision to determine whether the suspect should be prosecuted to the court.

38 In determining whether to prosecute a suspect concerning an IPRs related crime, the prosecution services shall consider the following aspects: whether a crime has been committed and its seriousness; whether the prosecution limitation period has passed; whether any amnesty policies apply; whether it is a requirement that a formal report by the victim is necessary and no such report has been received or the report has been withdrawn; whether the suspect is deceased; and whether there is any other circumstance that the law provides for non-prosecution. If the prosecution services decide not to prosecute the suspect, the victim has a right to appeal against such decision to the higher prosecution service within 7 days from receipt of such decision, and the victim can also choose to bring the case directly to the court by way of private prosecution.

39 When prosecution is made to the court by the prosecution services, ancillary civil proceedings can also be brought to the court for a decision. If the prosecution services have decided not to bring the civil proceedings along with the criminal prosecution, the victim or the related parties concerning the IPRs can choose to bring such civil proceedings along with the criminal prosecution to be tried at the same hearing.

40 When civil proceedings are brought to the court along with the criminal prosecution, the same court shall determine the matters all together. If it is determined that the civil proceedings may delay the criminal prosecution, the court can decide to try the criminal case first, but on completion of the crim-

inal trial, the same tribunal or a single judge hearing the criminal case shall continue to hear the civil proceedings.

If the victim wishes to challenge the decision by the first instance court con- 41 cerning the ancillary civil proceedings, the procedures within the Criminal Procedural Law shall apply.

Section 177 of the Criminal Procedural Law provides that where the victim 42 is able to establish a crime has been committed, and the police or the prosecution services have decided not to prosecute, the victim or the related parties can commence a private prosecution directly to the court. Together with the private prosecution, the victim can also at the same time bring civil proceedings against the suspect seeking damages.

In criminal proceedings, if the prosecution services disagree with the deci- 43 sion by the court, the prosecution services may decide to appeal to the higher court. Equally the victim has a right to appeal against the decision by the court in the private prosecution proceedings if the victim wishes to challenge the decision by the first instance court.

cc) Appeal and Retrial

(1) Appeal

When a decision or order is made by the first instance court in an IPRs case 44 and the party wishes to challenge such decision or order, the party has an automatic right to appeal against the decision or order to a higher court. The party making the appeal is called appellant and the responding party respondent. In respect of civil or administrative cases, the appellant has 15 days from the receipt date of the decision or 5 days from the receipt date of the order to make an appeal; in respect of criminal cases, the appellant has 10 days to appeal a decision and 5 days to appeal an order.

When making an appeal, the appellant needs to submit to the court an ap- 45 peal bundle with a copy for each of the respondents, together with a court fee. The appeal bundle is normally submitted to the first instance court to be forwarded to the higher court. The appellant can also choose to submit such bundle directly to the higher appeal court.

Upon accepting an appeal, a decision will be made within 3 months from 46 the date of acceptance for appeal against a lower court's decision, and decision within 30 days in respect of an appeal against a court order, unless the time is extended where necessary with the approval from the chief judge within the court.

In deciding an appeal case in respect of the facts and applicable law, a trial 47 committee will be formed. Upon review of the file and further enquiries where necessary, the case can either be decided on paper or through a hearing. If it is decided to hold a hearing, the hearing can take place either at the first instance court or at the appeal court.

48 For an appeal case, the following results are possible:

(iii) Where it is found that there is no error either in facts or law in the first instance, the appeal will be rejected and the original decision upheld;

(iv) Where there is an error in law in the first instance, a changed decision will be made by the appeal court;

(v) Where it is found that there is an error in facts or lack of supporting evidence of the relevant facts, the original decision by the first instance court will be nullified, and the case will be returned to the first instance court for retrial or a change of decision made by the appeal court;

(vi) Where it is found that there is a breach of the procedural rules by the first instance court that may have affected the just disposal of the case, the case will be returned to the first instance court for retrial with the appellant's rights to re-appeal against any new decision, order or judgement by the first instance court.

49 Upon receiving an appeal case, the appeal court may choose to mediate. And if the mediation leads to a mediation agreement between the parties, such agreement will be endorsed by the appeal court; and the original decision by the first instance court is nullified with immediate effects.

(2) Retrial

50 Where a litigant considers a valid and enforceable decision or order was made in error, within 2 years from such decision or order, a request for retrial can be made to the court which made the original decision or order, or to a higher court.

51 When a request for retrial is made, it does not affect the enforcement of the original decision or order.

52 When one of the following conditions is met, a retrial shall take place: there is new evidence sufficient enough to overturn the original decision or order; there is a lack of substantial evidence to support the facts that the original decision or order is based upon; there is an error in applicable law in the original decision or order; there is a breach of procedural rules which may have affected the just disposal of the case; there is evidence to establish that the judges took a bribe or acted in breach of law with intention in the course of giving the judgement. If none of the above conditions is met, the request for retrial shall be rejected.

53 Where a party makes a request for retrial and can establish that in the course of reaching a mediation agreement through the court, the principle of free will has been breached or the contents of the mediation agreement is in breach of law, then the court with jurisdiction shall retrial the case.

b) Important IPRs and their Contents

aa) Patent

The idea behind the patent system in China is the same as that in the wes- 54
tern developed countries: in exchange for publishing details of an invention,
the State grants the inventor a monopoly over his invention for a fixed period.

The Patent Law of PRC provides protection for inventions (both products 55
and processes), utility models (creations or improvements to the form, construction or fitting of a product, but not processes) and designs (the shape,
pattern or their combination, or the combination of the colour with the
shape or pattern, of a product).

Section 11 of the Patent Law of PRC provides what constitutes infringe- 56
ment. No person may, without the authorization of the patent owner and for
production or business purposes, make, use, sell, offer to sell, or import the
patented product, use the patented process, or use, sell, offer to sell, or import any product directly obtained from the patented process.

In process patent infringement civil proceedings, it is typically upto the pa- 57
tent owner to prove that the alleged infringer has infringed his patent. However, Article 57 of the Patent Law of PRC contains a provision in relation to
patented processes for making new products. This provision reverses the
burden of proof for a manufacturer of an identical product. It is for the maker
of the identical product to show that its manufacturing process falls outside
the claims of the process patent. In the event that the defendant refuses to
provide the process utilized, the defendant pursuant to Article 75 of the Rule
of Evidence by the Supreme Court will bear any and all adverse consequences.

bb) Trademark (registered and unregistered)

In the PRC, a trademark can be protected by registration under the Trade- 58
mark Law of the PRC. The law extends trademark registration to words, designs, letters, numerals, 3-dimensional symbols, colours and colour combi-
nations which are distinctive and not identical or similar to an existing
trade mark registration. A trade mark registration lasts for an initial period
of 10 years and is renewable indefinitely for further 10 year periods. Register-
ing a trade mark enables the trademark owner to prevent others from making unauthorized use of trade marks that are identical with, or similar to,
his, on identical or similar goods or services.

Under the PRC law, it is also possible to protect an unregistered trademark 59
under the Law against Unfair Competition of the PRC, and under the Trademark Law of the PRC if the trademark has acquired well-known status or reputation. To establish a case of unfair competition, the brand owner must
first prove that: (i) the goods or services in question are well-known in China; (ii) the name, packaging or decoration of the good is unique to the clai-

mant; (iii) the use by another person of the allegedly infringing name, packaging or decoration is likely to cause confusion as to the origin of the allegedly infringing goods or services (e.g. that they emanate from the well-known brand owner).

cc) Copyright

60 Under the PRC law, copyright protects original works (works created by the author independently and not copied from other works) including: (i) Literary works; (ii) Oral works; (iii) Musical, dramatic, quyi (traditional Chinese musical art forms) dance, and choreographic works; (iv) Works of fine art and architectural works; (v) Photographic works; (vi) Cinematographic works and works expressed by a process analogous to cinematography; (vii) Drawings of engineering designs, product designs maps, sketches and other graphic works and model works; (viii) Computer software; and (ix) Other works as provided for in laws and administrative regulations.

61 However, in the PRC, copyright does not protect the following: (i) Laws and regulations; official documents (such as Government circulars or judicial decisions) and their official translations; (ii) News reports (not commentary) relating to current affairs; and (iii) Calendars; general numerical tables; and general forms and formulas.

62 As in most of the western developed countries, copyright arises automatically after an original work is created and registration is not required for the work to be protected. Since China is a member of the Berne Convention for the Protection of Literary and Artistic Works, works of foreign individuals and entities of member countries are also protected. China does, however, operate a voluntary registration system for copyright works. With registration, when a copyright dispute arises, it can help the copyright owner prove both subsistence and ownership. A copyright registration certificate is required if the copyright owner wishes to take administrative action through the local Copyright Administration against infringement.

63 Protection of computer software is covered by the Regulations on the Protection of Computer Software. In the event of litigation, the court will look at the registration certificate as prima facie evidence of the creation date and ownership of the work.

64 A copyright owner enjoys proprietary rights during the term of copyright protection (which ends 50 years after the death of the author) including the exclusive right to reproduction, distribution, leasing, exhibition, performance, broadcasting, and dissemination over the Internet, adaptation, annotation, compilation, and translation, of the work. A copyright owner also enjoys certain personal rights such as the right to be named as the author, the right to alter his work, and protection against distortion of the work by others, which are not restricted by time.

The Copyright Law of PRC, however, lists specific circumstances where a   65
third party may use the copyright work of another person without a licence.
These include: (i) For the purposes of private study, research or entertainment; (ii) When quoting an appropriate part of the work for demonstrating a
point in that work; (iii) When quoting to report current affairs in newspapers,
magazines, or on radio or television; (iv) When translating or reproducing a
small quantity of the work for use by teachers or scientific researches for
teaching or scientific research; (v) As part of a performance which is given
free of charge; (vi) When a copy, drawing, photograph or recording of an artistic work is placed or displayed in an outdoor public space; and (vii) Government authorities may use a copyright work in the performance of their official duties. However, the above uses will only be allowed provided they do
not affect the normal use of the work or unreasonably jeopardise the legitimate rights and interests of the copyright owner.

In addition to reproduction violation, more and more cases in respect of   66
modification of software come into disputes due to the rapid development in
the IT industry and the fast growing of the Internet. The dispute over a software named "Rainbow Display" attached to the QQ software (one of the
most popular softwares similar to MSN) has been hotly debated over 2011
on this regard. The software, Rainbow Display, developed by the defendant,
Network Technology Co., Ltd. Shanghai Rainbow in 2008, is designed to
modify the order of objective code instruction in the QQ software so that it
could display the QQ user's invisible status and IP address once the QQ software is run by the QQ user. The court affirmed that software modification
on source code or object code of the same computer program shall be convicted of copyright infringement.

dd) Domain Name

The China Internet Network Information Centre (CNNIC) administers the   67
management and registration of the top level domain name, <.cn>. The first
to file is entitled to the domain name, whether or not the applicant has any
prior rights to the name.

In China, as it is internationally, the domain name registration system does   68
not require the applicant for a domain name to show a legitimate prior interest in or right to the name it applies for. However, a trademark owner is able
to challenge a domain name that is the same as, or similar to, its trademark.

ee) Layout Designs of Integrated Circuits

The Regulations on the Protection of Layout Design of Integrated Circuits of   69
the PRC provide protection for the layout of integrated circuits (IC). The
right is acquired through registration and payment of a fee to SIPO.

A layout design of an IC is defined as the 3-dimensional disposition of an IC,   70
consisting of two or more elements with at least one active element and

some or all of the interconnections, or such a 3-dimensional disposition prepared for the manufacture of an integrated circuit.

71 The duration of protection for the layout design of an IC is ten years starting from the date of application for registration or from the date of putting it into commercial exploitation anywhere in the world: whichever is the earlier. However, a layout design, whether or not it is registered or put into commercial exploitation, is not protected after 15 years from completion of the layout design.

ff) Commercial Secret

72 As is the case in most countries, the protection of confidential information in a business context (i.e. commercial secrets, including formulas, business methods, recipes, technical specifications, inventions, marketing strategies, client lists, manufacturing techniques, etc) in China depends largely on the owner keeping the information confidential. Protection can last forever provided the proper safeguards have been established and are well maintained. Conversely, if the commercial secret is somehow leaked to the public, or members of a particular industry, then all protection is lost.

73 The term 'commercial secrets' is defined in the Law against Unfair Competition of the PRC as technology or business information which is: (i) Not available to the public; (ii) Beneficial to the owner of the commercial secret; and (iii) Protected by some measures employed by its owner to keep it confidential.

c) Common Steps in Enforcing a Claim

74 Three different types of rulings, decisions or orders may require enforcement actions by the enforcement division of the courts, namely effective court order and decision, administrative decision, and valid and enforceable arbitral decision. The limitation period for applying for enforcement action is 1 year from the date of the relevant decision or order against a natural person, and 6 months against a body cooperate.

d) Law of Evidence

75 The general civil procedural rules, such as the provisions set forth in Article 64 of the PRC Civil Procedure Law, provide that those who make the claim bear the burden of proof. However, in certain IPRs related proceedings, the burden of proof can be shifted or reversed. The burden of proof may shift from the claimant to defendant and then vice versa at different stages of the proceedings. In an IPRs infringement case, once the IPRs have been established, the burden of proof would shift from the claimant to the defendant, and then when proof of losses becomes the subject matter the burden of proof shifts back to the claimant.

When a litigant is able to establish the existence of evidence but unable to   76
obtain the same for lack of legal power the litigant can apply to the court to
have such evidence collected by the court itself provided the litigant can establish the existence, location of the evidence, and reasons why such evidence is not accessible by the litigant.

e) Process Costs

The costs involved in IPRs civil proceedings include the following: 77

(1) Court fee payable to the court with jurisdiction, and court file copying
    fee (if any);

(2) Where applicable, search fees, examination fees, public announcement
    fees, translation fees, compensation for travel, accommodation and loss
    of earnings by witnesses;

(3) Guarantee costs where pre-trial order is sought;

(4) Travel and accommodation expenses actually incurred by the court in
    accordance with the relevant rules when the court has been involved for
    collection of evidence on the litigant's application within the rules, and

(5) Enforcement application fee and actual costs incurred by the enforce-
    ment action.

The above fees are paid in advance by the party initiating the proceedings or   78
making the relevant request.

The court fee, enforcement fee and pre-trial guarantee costs are to be reim-   79
bursed by the losing party to the claimant if the claimant wins the case. And
the court will determine who, and on what percentage the other costs would
be paid or reimbursed. Where there is no clear losing party or winning party,
the court will determine how the relevant fees and costs shall be shared between the claimant and defendant.

VI. Russia

1. Introduction

1 The Russian Federation (Russia) is a democratic, federal state operating under the rule of law with a republican form of government[1]. From the perspective of comparative law, Russian law belongs to the continental system of law, and Russian civil law, as follows from its name, falls under the civil law system.

a) Sources of Substantive Civil Law

2 As a state with a continental system of law, Russia has as main source of law normative acts (the simplest example of which are laws). Russia's international treaties also play an important role in regulating relations: international treaties to which Russia is a party have priority over Russian domestic legislation[2]. The place of court practice in the system of sources of Russian law is debatable; whereas court judgments are not regarded formally as a source of Russian law, court judgments of the highest courts (which include the Constitutional Court, the Supreme *Arbitrazh* Court, and the Supreme Court) in certain cases are mandatory for lower courts regarding questions of interpretation of provisions of law and other normative acts.

3 The Constitution of the Russian Federation, adopted on 12 December 1993, and the four parts of the Civil Code of the Russian Federation constitute the basis of modern Russian civil law. Part One of the Russian Civil Code was adopted on 30 November 1994 and regulates in particular general provisions of civil law (principles, sources, persons, objects of rights, etc.), property law, general provisions of contract law, and of the law of obligation. Part Two of the Civil Code was adopted on 26 January 1996 and is devoted to special types of contracts. Part Three, dated 26 November 2001, regulates inheritance law and private international law issues. On 18 December 2006, Part Four of the Civil Code, devoted to intellectual property rights, was adopted.

4 Russia is a party to important international treaties related to intellectual property issues including: the Berne Convention for the Protection of Literary and Artistic Works of 1886, the Convention Establishing the World Intellectual Property Organisation of 1967, the Universal Copyright Convention of 1971, the Paris Convention for the Protection of Industrial Property of 1883, and the Madrid Agreement Concerning the International Registration of Marks of 1891 along with the Protocol of 1989.

---

1 Art. 1.1 of the Constitution of the Russian Federation (which is what paragraph 1 of Art. 1 in this paper refers to).
2 Art. 15.4 of the Constitution of the Russian Federation.

b) Sources of Civil Procedure Law

Russian civil procedure is characterised by the existence of two systems of 5
courts hearing civil matters: *arbitrazh* courts, whose competence generally
includes business disputes between commercial parties (mostly commercial
legal entities), and courts of common jurisdiction, which are generally competent to hear pleas involving individuals not registered as entrepreneurs.

Civil procedure in *arbitrazh* courts is governed first and foremost by the *Ar-* 6
bitrazh Procedural Code of Russia (adopted on 25 July 2002), whereas the
procedure in courts of common jurisdiction is governed by the Civil Procedural Code of Russia (14 November 2002).

In addition, certain issues of procedure are affected by the provisions of the 7
Constitution and international treaties of the Russian Federation. The most
important international treaties of the Russian Federation related to civil
procedure issues include the Convention on the Recognition and Enforcement of Foreign Arbitral Awards of 1958, the European Convention on International Arbitration of 1961, the Convention on the Service Abroad of Judicial and Extrajudicial Documents in Civil or Commercial Matters of 15
November 1965, the Convention on Civil Procedure of 1954, the Convention on the Taking of Evidence Abroad in Civil or Commercial Matters of
1970, and the Convention Abolishing the Requirement of Legalisation for
Foreign Public Documents of 1961.

2. Recognition of Jurisdiction Agreements (Choice of Law and Venue) by State Courts

a) Choice of Law Issues

Conflict of laws provisions and other issues related to choice of law in Rus- 8
sian state courts are governed, above all, by Part Three of the Russian Civil
Code.

Under Russian private international law, the question of application of for- 9
eign law arises with respect to civil law relations involving a foreign element[1]. Which types of foreign elements are serious enough to raise the issue
of conflict of laws is a rather controversial question, both in Russian court
practice and in scholarly writings. Whereas such "traditional" foreign elements as foreign parties, the object of a right abroad or a causative event that
happened abroad are generally recognised as appropriate for application of
conflict of laws provisions, such an element as participation of a foreign
company (individual) in the charter capital of a Russian company is in dispute.

Russian law does not provide for conflict of laws provisions specifically deal- 10
ing with either IP or IT issues. Nevertheless, most of the general provisions

---

1 Art. 1186.1 of the Civil Code.

of the Civil Code are well applicable to them. The most important of such general provisions are as follows.

11 First, there is a default rule for all cases which are not covered by specific conflict of laws provisions: if it is not possible to determine the applicable law in accordance with other provisions of the Civil Code, the law of the country with which the civil law relation involving the foreign element is most closely connected applies[1].

12 In accordance with the principle of party autonomy, the Civil Code allows the parties to a contract to choose the law applicable to their relations arising out of the contract. The choice of law may be made either at the time the contract is entered into, or later, with respect to the whole contract or parts of it. The choice of law must be either clearly expressed or follows with certainty from the terms of the contract or all the circumstances of the case. If it follows, however, from all the circumstances of the case that exist at the moment the choice of law was made that the contract is in fact connected only with one country, then the choice of law of any other country may not affect application of the imperative provisions of law of the first country[2].

13 In the absence of a choice of law by the parties, the law applicable to the contract is the one with which the contract is most closely connected. Generally, such law would be the law of the country where the place of residence or major place of activities of the party whose performance has decisive significance for the content of the contract is located[3].

14 The law applicable to the contract determines, inter alia: interpretation of the contract terms, rights and duties of the parties, contract performance, consequences for non-performance or improper performance, termination of the contract and consequences of contract invalidity[4]. The Civil Code does not contain a general conflict of laws provision with respect to the grounds for invalidating the contract. Such grounds may follow either from the law applicable to the contract or from other statutes, e.g. on the contract form.

15 The form of the transaction is governed by the law of the place of its execution. The form of foreign economic transactions (i.e. those which have some international commercial character[5]), in which one of the parties is a Russian legal entity or individual entrepreneur, is governed by Russian law irre-

---

1 Art. 1186.2 of the Civil Code.
2 Art. 1210 of the Civil Code.
3 Art. 1211 of the Civil Code.
4 Art. 1215 of the Civil Code.
5 The notion of a foreign economic transaction is rather controversial in Russian legal doctrine and court practice. Generally, most transactions involving the international trade of goods, services, and work are regarded as foreign economic transactions. An international licence agreement is also regarded as such.

spective of the place of its execution[1]. Failure to comply with a simple written form of a foreign economic transaction leads to its invalidity[2].

Tort obligations are generally governed by the law of the country where the   16
act or other circumstance which is a ground for the claim took place[3]. The obligations arising out of unfair competition are governed by the law of the country where the market is affected by such competition, unless the law or essence of the obligation[4] determine otherwise.

Other important provisions of Russian private international law include the   17
following. Russian conflict of laws provisions do not affect application of mandatory rules of Russian law. Moreover, a Russian court may take into account mandatory provisions of a third country which is closely connected with the relations in question[5]. Russian law also contains a public policy reservation: a provision of foreign law to be applied by virtue of Russian conflict of laws provisions is not applied in exceptional cases where the consequences of its application would clearly contradict the fundamentals of legal order (public policy) of the Russian Federation. In this case, if necessary, a corresponding provision of Russian law applies[6].

Russian courts must determine and apply foreign law *ex officio* as substan-   18
tive law provisions[7]. The parties may assist the court in determining the content of foreign law, in particular, by providing appropriate documents (e.g. expert opinions prepared by foreign attorneys and scholars, texts of foreign laws and judgements). In trials related to entrepreneurial (i.e. commercial) activities, the burden of proving the content of foreign law may be levied by the court on the parties. If the content of foreign law has not been determined within a reasonable period of time, despite all the methods provided by law, Russian law applies.

Despite the fact that the Civil Code stipulates application of foreign law in   19
many cases, in practice Russian courts (as do courts in many other countries) often try to avoid application of foreign law, even in those cases where it clearly must be applied. Therefore in the course of preparation for a trial, appropriate provisions of Russian law should be taken into account, even though foreign law seems to be applicable to the matter in question.

---

1 Art. 1209.1 of the Civil Code.
2 Art. 162.3 of the Civil Code. There is a bill aimed at deleting this provision from the Civil Code; however, as of this writing, it remains in force.
3 Art. 1219 of the Civil Code.
4 Art. 1222 of the Civil Code.
5 Art. 1192 of the Civil Code.
6 Art. 1193 of the Civil Code.
7 This follows from Art. 1191 of the Civil Code, Art. 14 of the *Arbitrazh* Procedural Code, and Art. 11 of the Civil Procedural Code, and it is generally confirmed by court practice.

b) Choice of Venue

20   Generally, Russian procedural law recognises the validity of prorogation agreements in relation to civil law disputes (including those related to IP and IT matters) to the extent that such agreements do not violate the exclusive competence of Russian or foreign state courts[1]. However, Russian law does not contain provisions which clearly specify the consequences of entering into a prorogation agreement in favour of a foreign state court (e.g. which oblige the Russian court not to consider the claim brought in violation of such an agreement). Nevertheless, some Russian courts do not allow conduct of court proceedings in Russia in violation of such prorogation agreements by stopping such proceedings upon the motion of one of the parties to the agreement.

21   Russian procedural law stipulates the exclusive competence of Russian state courts in relation to the following types of IP disputes: disputes related to registration and issuance of patents, registration and issuance of trademark certificates, industrial designs, utility models, and registration of other results of intellectual activity, which require registration or issuance of a patent or certificate in Russia[2].

3. Arbitration Options

a) Arbitrability of IP and IT Disputes

22   As mentioned above, Russia is a party to the New York Convention of 1958 and the European Convention on International Arbitration. Moreover, on 7 July 1993, the Russian Law on International Commercial Arbitration was adopted on the basis of the UNCITRAL Model Law on International Commercial Arbitration of 1986. Thus, Russian courts recognise the validity of international arbitration agreements. Domestic arbitration is also permitted[3].

23   The questions of whether and to what extent IP and IT disputes can be arbitrated have not definitively been answered, either in *lex lata*, in modern court practice, or in legal doctrine. Russian law provides that disputes related to the protection of violated or disputed rights to intellectual property are considered by courts (including state courts and arbitration tribunals)[4].

24   It was recently confirmed by Resolution No. 10-P of the Constitutional Court of Russia dated 26 May 2011 that arbitration tribunals may not consider cases arising from administrative and other public law relations or cases which are considered by way of special proceedings, whereas with respect to civil law disputes federal legislators are entitled to put certain cate-

---

1 Art. 404 of the Civil Procedural Code, Art. 249 of the *Arbitrazh* Procedural Code.
2 Art. 248 of the *Arbitrazh* Procedural Code.
3 Please see the Federal Law No. 102-FZ, On Arbitration Courts in the Russian Federation, dated 24 July 2002.
4 Art. 11 and Art. 1248 of the Civil Code.

gories of civil rights disputes under the exclusive competence of state courts. At the same time, the Constitutional Court has stressed that Art. 248 of the *Arbitrazh* Procedural Code (mentioned above), which provides the exclusive competence of Russian state courts, deals with delimitation of competence between Russian and foreign state courts and does not limit the possibility of arbitrating the disputes listed in it[1].

Based on the above, and taking into account the absence of special provi-   25
sions limiting arbitration possibilities with respect to IP and IT disputes, it can be concluded that such disputes can generally be arbitrated in Russia. However, since court practice on this point is not very developed, it might happen later that certain restrictions on the possibility of arbitrating such disputes will arise.

b) Recognition and Enforcement of Arbitration Awards

The recognition and enforcement of foreign arbitration awards in Russia is   26
generally conducted according to the terms provided in the New York Convention of 1958. At present, and in contrast to the past, a pro-arbitration approach is becoming discernible in Russian court practice. This trend may be shown through several examples.

First of all, the sphere of application of the public policy objection by Rus-   27
sian courts is decreasing. The following court judgements are notable. The Supreme *Arbitrazh* Court's resolutions No. 9899/09 dated 13 September 2011 (*Stena RoRo AB vs Baltiiskii Zavod JSC*), No. 1787/11 dated 14 June 2011 (*Hipp GmbH & Co. Export KG vs. Sivma*), No. 11861/10 dated 13 January 2011 (*Delta Wilmar CIS vs Efirnoe JSC*), and No. 10680/08 dated 3 February 2009 (*Energo-Management Anstalt vs Teplocodokanal*) have confirmed that (i) the recovery by the arbitral tribunal of liquidated damages, unknown in Russian law, (ii) the nonexistence (according to Russian courts' opinion) of the obligation in question, (iii) the wrong determination of the applicable law by the arbitral tribunal, and (iv) the invalidity (according to Russian courts' opinion) of the contract in question are not substantial enough to refuse recognition of the arbitral award on the basis of the public policy objections. Shareholders' claims for invalidation of agreements which were the basis for claims considered by arbitral tribunals aimed at hindering recognition of arbitral awards by Russian courts seem to be becoming an inappropriate measure to prevent enforcement of awards[2].

Second, a pro-arbitration approach may be seen in some recent cases, where   28
Russian courts considered the questions of the existence and validity of arbitration agreements.

---

1 It should be noted that the Constitutional Court's resolution was devoted to an analysis of the issues related to domestic – not international – arbitration. However, the reasoning used by the court may well apply to international arbitration.
2 Since 2000, such claims have become a popular and effective method of preventing enforcement of arbitral awards in Russia.

29   For example, in Resolution No. 1787/11 of the Presidium of the Supreme *Arbitrazh* Court dated 14 June 2011 (*Hipp GmbH & Co. Export KG vs. Sivma*), the Supreme *Arbitrazh* Court confirmed the competence of the arbitral tribunal to hear the plea arising out of multi-contract and multi-party relations, where the competence was established by two arbitration clauses, one of which was not definite enough and stipulated the competence of the *"arbitration court of the country of the seller"*.

4. Courts of Law

a) Which Courts?

30   As mentioned earlier, two systems of state courts for civil matters exist in Russia: *arbitrazh* courts for commercial disputes and common jurisdiction courts for others. Russian law stipulates criteria for the competence of each court's system. *Arbitrazh* courts are competent to hear cases involving economic disputes, arising out of entrepreneurial and other economic activities. At the same time, as a general rule, *arbitrazh* courts hear such disputes when the dispute involves legal entities and individuals conducting entrepreneurial activity and registered as entrepreneurs[1]. Courts of common jurisdiction hear all those disputes that do not fall under the competence of the *arbitrazh* courts[2].

31   Despite the above criteria, in practice there are frequent cases in which the competence of *arbitrazh* courts and courts of common jurisdiction overlaps. For example, during the last ten years, cases regarding protection of trademark rights from infringement related to registration and administration of domains by individuals not registered as private entrepreneurs have been heard by courts of both systems. The competence of *arbitrazh* courts to hear such disputes was recently confirmed by Resolution No. 18012/10 of the Presidium of the Supreme *Arbitrazh* Court dated 18 May 2011 (*G.H. Mumm & Cie vs Usupov Sh.D.*) and Resolution No. KG-A41/4373-11 of the Federal *Arbitrazh* Court of the Moscow circuit dated 30 May 2011 (*Swatch AG vs Kazakbaev R.Sh.*). The competence of common jurisdiction courts was confirmed by the Ruling of the Moscow City Court dated 6 June 2011 in Case No. 33-17179 (*VRN-T LLC vs Bobrovnich S.S.*).

32   Taking into account that the conclusion about the absence of competence to hear the dispute at hand (and corresponding termination of court proceedings) could be reached by the higher instance court after the case has been heard by several court instances, claimants should pay serious attention to determining the competent court and substantiating its competence in trials involving individuals.

33   Moreover, when discussing the competence issues in higher court instances, the views of the European Court of Human Rights should be kept in mind.

---

1 Art. 27 of the *Arbitrazh* Procedural Code.
2 Art. 33 of the Civil Procedural Code.

In particular, in the judgement on the case *Sutyazhnik vs the Russian Federation* (application no. 8269/02), the ECHR stated that violation of the rules on competence may be grounds for setting the lower judgements aside only when, due to the circumstances of the particular case, such a violation could be considered a serious violation.

Since the vast majority of IP and IT disputes are heard by *arbitrazh* courts, all the following issues will be considered from the perspectives of rules of procedure in *arbitrazh* courts. 34

b) System of *Arbitrazh* Courts

The Supreme *Arbitrazh* Court of the Russian Federation, ten federal circuit *arbitrazh* courts, 20 appellate *arbitrazh* courts, and 83 first instance *arbitrazh* courts in the republics, regions, oblasts and cities of federal importance, autonomous oblast and autonomous districts constitute the system of *arbitrazh* courts[1]. 35

c) Stages of Appeal

The competence of a particular court is established by the *Arbitrazh* Procedural Code. As a rule, first instance *arbitrazh* courts in the republics, regions, oblasts, cities of federal importance, autonomous oblast and autonomous districts hear pleas as first instance courts[2]. As a rule, rendered judgements that have not entered into force may be appealed before the appellate *arbitrazh* court within one month after they are rendered[3]. After that, the judgement of the appellate court (with or without the first instance court's judgement) may be appealed before the federal circuit *arbitrazh* court, acting as final appeal court within two months[4]. The last possible instance (which is not, however, guaranteed) is the Presidium of the Supreme *Arbitrazh* Court. A supervisory appeal to the Presidium may be filed within three months after the date of the last judgement in the case[5]. In cases related to recognition and enforcement of arbitration awards in Russia there are no appeal instance proceedings, but only final appeal ones. The appeal may be filed within one month after the first instance judgement is rendered. 36

Generally, first instance court proceedings take from three to six months, while appeal and final appeal instance proceedings each take around two months. Controversial trials may take more time, since the final appeal court/or the Presidium of the Supreme *Arbitrazh* Court may set the lower courts' judgments aside and return the case for reconsideration. 37

---

1 Art. 3 of Federal Constitutional Law No. 1-FKZ, On *Arbitrazh* Courts in the Russian Federation, dated 28 April 1995.
2 Art. 34 of the *Arbitrazh* Procedural Code.
3 Art. 257 of the *Arbitrazh* Procedural Code.
4 Art. 273 of the *Arbitrazh* Procedural Code.
5 Art. 292.3 of the *Arbitrazh* Procedural Code.

38 The following features of the abovementioned court instances should be spelled out. Appellate courts repeatedly consider cases on the basis of submitted and newly submitted evidence; however, certain procedural rights of the parties are limited in comparison with first instance proceedings. In particular, new evidence may be provided to the appellate court only if it is proven that it could not have been provided earlier to the first instance court because of objective reasons (e.g. a motion on an expert opinion was dismissed by the first instance court). It is not allowed to combine or divide claims, change their subject matter, grounds, or amounts, file counter-claims, change the defendant, or summon third (interested) persons to the trial[1]. Final appeal courts (federal circuit courts) examine the lawfulness of judgements rendered by the first and appellate instance courts and check the correct application of substantive and procedural law by those courts. The final appeal court may neither accept new evidence nor reconsider the circumstances established by lower courts[2]. In practice, however, when the final appeal court does not agree with the circumstances established by lower courts, it may set them aside with reference to improper application of procedural law by lower courts (in particular, of the rules related to evaluation of evidence).

39 The Presidium of the Supreme *Arbitrazh* Court has a special role in Russian court proceedings. The Presidium considers judgements that have entered into force as a supervisory court instance. A supervisory appeal brought by a party to the trial is initially considered by a panel of three Supreme *Arbitrazh* Court judges, who decide whether there are grounds to transfer the case to the Presidium for consideration. If the panel finds such grounds, the case is considered by the Presidium of the Supreme *Arbitrazh* Court.

40 The formal grounds for transferring the case to the Presidium are (i) violation of a unified approach in interpretation and application of law by *arbitrazh* courts, (ii) violation of human rights and freedoms according to the generally recognised principles and provisions of international law and international treaties which Russia has signed, and (iii) violation of rights and legitimate interests of an indefinite group of people or other public interests[3].

41 In practice, however, only a tiny number of cases is considered by the Presidium. More specifically, according to the official statistics for 2010, only 2.5 % (459) of supervisory appeals (18,081) were forwarded to the Presidium for consideration[4]. As a rule, the Presidium accepts cases either to formulate a legal position with respect to a certain controversial issue from the standpoint of court practice[5], or to set aside court judgements rendered in viola-

---

1 Art. 266.3 and Art. 268 of the *Arbitrazh* Procedural Code.
2 Art. 286 and Art. 287.2 of the *Arbitrazh* Procedural Code.
3 Art. 304.1 of the *Arbitrazh* Procedural Code.
4 http://arbitr.ru/_upimg/ABB739E6657079D763C2E5A005FA9779_1.pdf.
5 E.g. as expressly stated in the Supreme *Arbitrazh* Court's rulings No. VAS-9646/11 dated 3 October 2011, No. VAS -8472/11 dated 30 August 2011, No. VAS -7677/11 dated 16 August 2011, No. VAS -1302/11 dated 17 June 2011, the cases are transferred to

tion of fundamental procedural rules (e.g. signing a judgement by a judge other than the one who heard the case).

At the same time, according to the views of the ECHR on the principle of le-   42
gal certainty as part of the principle of the rule of law, reflected in its judge-ments on the cases *Sutyazhnik vs the Russian Federation* (application no. 8269/02), *Kot vs the Russian Federation* (application no. 20887/03), and *Rya-bykh vs the Russian Federation* (application no. 52854/99), reconsideration of a case in supervisory proceedings may not be used as a surreptitious form of appeal, and **the mere existence of two views on one issue may not be a ground for a new consideration of the case**.

It is justifiable to deviate from this principle only under circumstances of an   43
essential and insuperable character. Thus, on the one hand, the tiny number of cases which is reconsidered by the Presidium of the Supreme *Arbitrazh* Court comply with the principle of legal certainty protected by the ECHR; on the other hand, reconsideration of a case with the purpose of unification of court practice on a certain topic does not correspond to the views of the ECHR. This fact may be used as an argument against reconsideration of a specific case by the Supreme *Arbitrazh* Court.

5. Types of Procedures

According to official statistics, in the first six months of 2011, *arbitrazh*   44
courts considered 3,990 cases related to intellectual property, as follows. 2,543 cases were on administrative liability for violation of trademark rights, whereas most civil law cases (1,294) related to claims for protection of exclu-sive rights (including authorship rights, trademark and company name rights). A small part of the cases (121) were disputes related to challenging acts of the Russian state authorities dealing with registration of IP[1].

Claims for Protection of IP Rights

Claims for the protection of IP rights are considered in court proceedings   45
within so-called claim proceedings, a typical type of proceeding in Russian *arbitrazh* courts, the stages of which were outlined above.

Challenging decisions of Russian state authorities dealing with registration of IP and the protection of IP rights

Decisions of Russian state authorities dealing with the registration of IP (in   46
particular, patents and trademarks), e.g. of the Federal Service for Intellectual Property (*Rospatent*), may be appealed in court. However, in some cases pro-vided by law, protection of IP rights in relation to registration of patents (in-ventions, utility models and industrial designs), trademarks and other forms

---

the Presidium to create a unified court practice regarding corresponding types of dis-putes.
1 http://arbitr.ru/_upimg/A440D94058BE1BC7E83AFF3C91B0081C_15.pdf.

of IP must be conducted in administrative proceedings by competent state authorities, e.g. by the Chamber for Patent Disputes. Their decisions may also be appealed in court.

47 Challenges to the above decisions before *arbitrazh* courts are governed by provisions of the special chapter of the *Arbitrazh* Procedural Code (Chapter 24). Despite the fact that this type of proceeding is similar to a claim proceeding, there are some important distinctions. In particular, an application challenging a government decision may generally be brought within three months after the applicant learnt about the violation of its rights by that decision[1]. The burden of proof as to the lawfulness of the adoption of the decision challenged, the existence of powers to adopt this decision and the circumstances which served as the grounds for its adoption lie with the state authorities who adopted the decision being challenged[2].

Cases of Administrative Liability for Violation of Trademark Rights

48 This type of cases is also considered under provisions of a special chapter of the *Arbitrazh* Procedural Code (chapter 25). The main features of such proceedings are: (i) the applicants in such cases are competent state authorities who have conducted administrative proceedings against an infringer (e.g. customs or police authorities); (ii) the holder of the violated IP rights is summoned to the trial as a victim and is entitled to provide arguments and objections, as well as to challenge the case judgements[3]; and (3) the application on administrative liability of the infringer may be filed by the state authorities with the *arbitrazh* court either at the infringer's location or the place where the offence occurred[4].

6. Important Claims and their Basis

49 The Russian Civil Code (in particular, Art. 1252) establishes different claims (remedies) for the protection of IP rights. As a rule, only those claims (remedies) provided by law are allowed.

Claim for Recognition of a Right

50 This claim is generally brought against a person who denies or by other means does not recognise an IP right and thus violates the interests of the right-holder.

51 One type of this claim is frequently used in domain disputes. Under the Terms and Conditions for Domain Registration in RU Domains, registration

---

1 Art. 198.4 of the *Arbitrazh* Procedural Code.
2 Art. 200.5 of the *Arbitrazh* Procedural Code.
3 Clause 11 of Resolution No. 11 of the Plenum of the Supreme *Arbitrazh* Court dated 17 February 2011.
4 Art. 203 of the *Arbitrazh* Procedural Code.

of a domain will be annulled after the registrar's receipt of a court's judgement, inter alia, recognising the administration of the domain as a violation of the claimant's rights. In this case, the claimant has a priority right to register the domain in its own name. In reference to this rule, there are frequent claims against cybersquatters aimed at, inter alia, recognising their acts as violating the claimant's IP rights or recognising the claimant's rights violated by the cybersquatter's actions[1].

Claim for Restraining Actions Violating or Creating a Risk of Violating a Right

This type of claim is brought against a person acting in violation of or preparing to violate an IP right (e.g. selling fake goods through the Internet). 52

This type of claim is the most frequent in IP and IT disputes. For example, in domain grabbing cases, the claim for prohibition of use of a protected designation in the domain name (in full or with respect to certain classes of goods and services) is used; in cases related to unlawful use of audiovisual works in the Internet, the claim for prohibition of use of the audiovisual work is used in cases related to parallel import, the claims to prohibit the use of the protected designation with respect to the good not imported into the country by the right-holder or imported without its consent is used. 53

In practice, there could be problems in relation to claims for restraining actions that create a risk of violation of a right or that indicate preparation in this regard. Some Russian courts are rather demanding with respect to the claimant's proving that the defendant will certainly violate the claimant's rights. 54

Claim for Damages

Again, in practice, a claimant asking a Russian court for compensation of damages often meets rather rigid requirements for proving the actual existence of damages, their amount, and the causative link between the defendant's actions and the resulting damages. Nevertheless, recently a trend on softening such requirements has appeared which can be seen from cases considered in Informational Letter No. 145 of the Supreme *Arbitrazh* Court dated 31 May 2011[2]. 55

---

1 Please see, e.g., Resolution No. KG-A41/4373-11 of the Federal *Arbitrazh* Court of the Moscow Circuit dated 30 May 2011 (*Swatch AG vs Kazakbaev R.Sh.*), Resolution No. 09AP-18551/2011-GK of the Ninth *Arbitrazh* Appellate Court dated 30 August 2011 (*Longines Watch Co. Francillon Ltd. vs Holmrook Limited*).
2 Despite the fact that this informational letter deals with torts committed by state authorities, the reasoning is also of importance for claims of compensation of damages resulting from breaches of IP rights.

Claim for Compensation

56 In cases of violation of certain IP rights (in particular, trademark rights), the right-holder is entitled to claim compensation from the infringer instead of claiming damages suffered[1]. In the former case, it is not necessary to prove the amount of damages, since the compensation is due for each case of violation of IP rights. For trademark rights violations, the following types of compensation may be demanded: either (i) compensation in the amount determined by the court based, inter alia, on the duration of the violation, possible damages to the right holder, and the degree of the infringer's fault, with the maximum amount of RUB 5,000,000 (approximately EUR 120,000), or (ii) compensation of double the price of the goods unlawfully marked with the trademark, or double the market price of the right of use of the trademark[2].

Claim for Withdrawing Goods from the Market and Destroying them

57 The Civil Code provides that, when producing, distributing, and otherwise using, importing, carrying, or storing goods containing IP lead to a violation of IP rights, such goods are regarded as counterfeit and, upon court judgement, are subject to withdrawal from the market and destruction without any compensation, unless other consequences are provided by law[3]. It could be interpreted that such other consequences are stipulated in the Civil Code in relation to trademarks. Not all the goods whose use leads to violation of trademark rights are regarded as counterfeit with respect to trademark infringement: only those on which the trademark was unlawfully placed. As a result, the distribution of original goods that are parallel imported may violate trademark rights, but not be grounds for a claim for withdrawing such goods from the market and destroying them[4].

7. Common Steps in Enforcing a Claim

a) Pre-trial Settlement

58 IP and IT claims often involve pre-trial and trial stages of dispute settlement. Russian law does not provide a pre-trial settlement (filing a formal cease-and-desist letter) as a mandatory stage for such claims; however, in certain cases it may be rather advisable or even necessary.

59 More specifically, in cases involving claims of right-holders to audio and video productions (audiovisual works) against Internet hosting providers and social networks for compensation in relation to unlawful use of such produc-

---

1 Art. 1252.3, Art. 1515.4 of the Civil Code.
2 Art. 1515.4 of the Civil Code.
3 Art. 1252.4 of the Civil Code.
4 Russian court practice is not unified in this respect. Some courts have allowed claims for the destruction of original goods distributed by parallel importers on the basis of general provisions of the Civil Code on IP rights protection (Art. 1252.4).

tions, the Supreme *Arbitrazh* Court has pointed to the need to take into account whether cease-and-desist letters were sent to the infringer, and how the infringer reacted to such letters[1]. As stated by the panel of the Supreme *Arbitrazh* Court's judges in one such case, the court must assess the actions of the Internet provider in deleting or blocking the disputed content or the access of the direct infringer to the Internet site after obtaining notification about violation of IP rights from the right-holder. Should the Internet provider not take measures to stop the violation within a reasonable time, the court may recognise the provider as being guilty of a violation, and thus hold it liable[2].

In domain-grabbing cases, filing a cease-and-desist letter is advisable when   60
the infringer is not a serial cybersquatter and there is a realistic possibility to settle the dispute out of court. Regarding a potential dispute with big professional cybersquatters, filing a cease-and-desist letter may result in the loss of the element of surprise, giving the defendant the chance to take measures aimed at hindering judicial protection of the violated rights (e.g. by creating the appearance of good faith use of the domain, or transferring the domain to another person).

b) Collection of Evidence

Evidence in Trials in *Arbitrazh* Courts

Written and material evidence, explanations from the parties to the trial, ex-   61
pert reports, witness testimony, audio and video recordings, and other documents and materials are allowed as evidence in the Russian civil procedure. Evidence obtained in violation of the law is not permitted[3].

In practice, the most common evidence in proceedings before *arbitrazh*   62
courts (including the ones related to the protection of IP rights) are parties' explanations, written and material evidence, and other documents (e.g. notarial minutes). Witness testimony and audio and video recordings are less frequently used.

Written evidence comprises documents containing information which is of   63
importance for the trial, including contracts, acts/orders, certificates, business correspondence and other documents in any form allowing the authenticity of the document to be established. At the same time, documents obtained through facsimile equipment or electronic or other similar connections (including the Internet) are allowed as written evidence in those cases and using the procedure established by law, agreement, or the Supreme *Arbitrazh* Court[4]. Since Russian law barely provides such cases and procedures,

---

1 Please see, in particular, Resolution No. 10962/08 of the Presidium of the Supreme *Arbitrazh* Court dated 23 January 2008 (*Kontent i Pravo vs Masterhost*).
2 Ruling No. VAS-6672/11 of the Supreme *Arbitrazh* Court dated 29 July 2011 (*Top 7 vs Agava-Soft*).
3 Art. 64 of the *Arbitrazh* Procedural Code.
4 Art. 75.3 of the *Arbitrazh* Procedural Code.

in practice some Russian courts do not allow the parties to use documents obtained from the Internet, e.g. printed e-mails or Internet pages, at the trial. However, the dominant court practice does allow it, albeit not in all cases.

64   A document in a foreign language (in full or in part) to be used in the trial must be accompanied by a certified translation into Russian[1]. According to the established practice, the translation is approved by the translator's signature, certified by a notary.

65   A document produced by foreign state authorities is recognised as written evidence if it has been properly legalised[2]. Since Russia is a party to the Convention Abolishing the Requirement of Legalisation for Foreign Public Documents of 1961, in most cases approval of the document (including statements by foreign notaries) by an apostille is sufficient.

66   It should also be noted that written evidence may be submitted to the court as originals or duly certified copies. Duly certified copies may be produced by notaries, the person who created the document, and some others (in particular, court representatives of the parties). The court may request that the original be submitted into court files or shown in the court hearing[3].

Procedure and Methods of Collection of Evidence

67   Under Russian procedural law, each party must prove the circumstance to which it refers. Therefore, evidence is provided to the court by the parties to the trial. If a person does not have the means to get the evidence from its possessor, it may ask the court to request such evidence from the possessor[4]. Taking into account that asking the court to request the evidence requires that the party shows that it is impossible to get the evidence by itself, the evidence collection procedure starts from the parties' getting evidence and continues with filing motions for assistance with the court. Moreover, before commencement of the trial, it is also possible to petition the court to secure evidence (please see below).

68   The most frequent and relatively effective method of evidence collection by the parties is filing attorney's requests for information or documents to the persons possessing such documents or information. Russian law provides the right of an attorney to file such requests and the obligation of a recipient to turn over the requested documents and information[5]. However, Russian law imposes no liability to enforce the above obligation; therefore, in practice, some private persons – and even state authorities – ignore attorney's requests. Nevertheless, the absence of an answer to an attorney's request is a

---

1 Art. 75.4 of the *Arbitrazh* Procedural Code.
2 Art. 75.6,7 of the *Arbitrazh* Procedural Code.
3 Art. 75.8, 9 of the *Arbitrazh* Procedural Code.
4 Art. 66.4 of the *Arbitrazh* Procedural Code.
5 Art. 6.3.1 of Federal Law No. 63-FZ, On Attorney's Activities and Advocacy in the Russian Federation, dated 31 May 2002.

good way to prove the impossibility for a party to obtain evidence and grounds for a petition for the court's assistance in collecting evidence.

One more method of evidence collection, frequently used in IP and IT dis- 69 putes, is securing evidence through a notary[1]. The notary secures evidence for future use in civil or administrative proceedings upon request of an interested person if there are reasons to believe that its submission will become difficult or impossible. In securing evidence, the notary may verify different circumstances related to the trial, in particular, inspect Internet sites, take photos and shoot videos, or make test purchases. As a result, the notary produces notarial minutes reflecting the actions taken and their results, attaching to the minutes the evidence of verification, e.g. photos or CD recordings. Under Russian law, securing evidence through a notary is allowed only before the trial commences[2]. The court may reject any notarial minutes obtained after commencement of the trial as inadmissible evidence.

On similar grounds (if there are reasons to fear that the submission of evi- 70 dence will become difficult or impossible), securing evidence may be done through the court, before or after commencement of the proceedings[3]. Notably, in several cases the courts ordered court bailiffs to conduct surveys of Internet sites and verify the results of the surveys. In certain circumstances, securing evidence through the court may be advisable in terms of cost (notary fees may exceed EUR 2,000, depending on the scope of work); however, this is connected with higher risks of the court refusing to secure evidence, since most Russian courts are rather reluctant to secure evidence.

c) Interim Injunctions

Interim injunctions play an important role in IP and IT disputes. They can be 71 granted by a court following a claimant's motion after or even before filing the claim (i) if the absence of interim injunctions may hinder or make impossible the enforcement of the future judgement, or (ii) to avoid causing substantial harm to the claimant[4]. A motion before a Russian state court for interim injunctions in relation to the arbitration proceedings is also allowed[5].

Russian law does not provide an exhaustive list of types of interim injunc- 72 tions. Possible measures include arresting the defendant's assets and other property in possession of the defendant or other persons, prohibiting the defendant and other persons from performing certain acts in relation to the subject matter of the dispute. The court may grant several interim injunctions from one motion[6].

---

1 The grounds and procedure for securing evidence through notaries are provided by No. 4462-1, The Fundamentals of the Russian Federation on Notary activities, dated 11 February 1993.
2 Art. 102 of the Fundamentals of the Russian Federation on Notary Activities.
3 Art. 72 of the *Arbitrazh* Procedural Code.
4 Art. 90.2 of the Civil Code.
5 Art. 90.3 of the Civil Code.
6 Art. 91.1 of the Civil Code.

73 A widely used interim injunction in domain trials is a prohibition on the do-
    main administrator's assigning the administration rights to other persons,
    changing the registrar of the domain, or withdrawing from the domain. In
    trials related to parallel import and the sale of counterfeit goods, arrest of
    the goods in dispute is rather common.

74 The court which granted the interim injunctions, whether through the de-
    fendant's motion or on its own, may request that the claimant provides a se-
    curity for compensation of possible damages which could be caused by the
    injunctions (reciprocal security). Payments to the court's deposit account,
    bank guaranties, suretyships and other securities may be used as reciprocal
    security. Generally, the amount of the reciprocal security may not be less
    than half of the amount of the claim; however, since the reciprocal security
    is not mandatory in order to obtain interim injunctions, the claimant's pro-
    viding a reciprocal security in a lower amount sometimes suffices.

75 The defendant and any others whose rights were violated by an interim in-
    junction may demand compensation of damages or payment of compensa-
    tion, the amount of which is determined by the court with a view of all the
    circumstances of the case, but which may not exceed RUB 1 million (ap-
    proximately EUR 24,000).

76 In practice, Russian courts are rather reluctant by granting interim injunc-
    tions[1]; however, in certain types of cases, e.g. domain-grabbing cases, inter-
    im measures are granted quite often. To increase the chances of getting an
    interim injunction, it is advisable to provide some reciprocal security simul-
    taneously with the motion on the interim injunctions.

8. Procedural Costs

77 In Russian court proceedings, procedural costs comprise state fees and trial
    costs. The state fee is paid to the state for consideration of the case by the
    court and for some other procedural actions (e.g. for filing a motion on inter-
    im injunctions). The state fee for a pecuniary claim depends on its amount;
    nonetheless in any case it does not exceed RUB 200,000 (approximately EUR
    4,800). The state fee for a non-pecuniary claim generally amounts to RUB
    4,000 (approximately EUR 100). Trial costs include, among other things, re-
    muneration to experts, witnesses, translators and attorneys' fees.

78 Procedural costs incurred by the parties that win the trial are reimbursed by
    the losing parties upon the court's decision[2]. However, attorneys' fees are re-
    imbursed in a reasonable amount only; Russian courts are rather conserva-
    tive in determining the reasonable amount of attorneys' fees, which in prac-
    tice means that in big trials most of the attorneys' fees may not be

---

1 According to the official statistic for 2010, only 38 % of motions on interim injunctions were granted: http://arbitr.ru/_upimg/ABB739E6657079D763C2E5A005FA9779
  _1.pdf.
2 Art. 110.1 of the *Arbitrazh* Procedural Code.

reimbursed. A similar rule applies when the attorneys' fees are determined on the basis of a success fee arrangement (Russian courts deem such agreements non-enforceable, although amounts voluntarily paid may not be demanded back).

9. Other Peculiarities of Russian Court Proceedings

In practice, Russian court proceedings may be characterised as lacking strict   79
requirements with respect to the service of (i) claims and (ii) court notifications, as well as to (iii) disclosing evidence to the other party to the trial.

Service of Claims

To file a claim with the court and to initiate court proceedings, the claimant   80
must attach to the claim evidence that the claim and attachments thereto were sent to the defendant and other parties to the trial (if any)[1]. The claimant is required neither to comply with any formal procedure for service of the claim, nor even to prove that the claim was actually delivered to the defendant. A simple post office receipt is enough for the court to start the proceedings[2].

Service of Court Notifications

Under Russian procedural law, the court must inform the parties to the trial   81
about the first court hearing in the trial. After that the parties have to monitor on their own the dates of further hearings through all the available sources including the official web page of the court[3].

Since international treatises signed by Russia (which prevail over Russian   82
domestic law) may provide a different service procedure, Russian courts must comply with such a service procedure. However, in practice it is not advisable to fully rely on service provisions of international treatise to protract the trial, since in several cases Russian courts have applied domestic provisions – instead of international ones – on the service of court documents, to speed up the trial.

It is notable that Russian courts often consider the requirement of Art. 10 (a)   83
of the Hague Convention on the Service Abroad of Judicial and Extrajudicial Documents in Civil or Commercial Matters of 1965 satisfied, in particular, when a court notification is sent to one party to the trial by the other party (provided that the country of the recipient has not objected to the application of Article 10 (a) of the Convention).

---

1 Art. 126.1.1 of the *Arbitrazh* Procedural Code.
2 Cl. 14 of the Resolution of the Plenum of the Supreme *Arbitrazh* Court No. 11 dated 09 December 2002.
3 Art. 121.6 of the *Arbitrazh* Procedural Code.

Disclosing Evidence to the Other Party

84 Russian law provides that each party must disclose to the other party evidence to which the first party will refer in the trial before the court hearing or within a term established by the court, and that the party may refer only to the evidence which was disclosed to the other party in advance[1]. However, in practice despite these provisions of law *arbitrazh* courts admit and assess the evidence provided directly in the court hearing without its prior disclosure to the other party[2]. In most cases the courts allow the other party to familiarise itself with such evidence in the course of the hearing and, if necessary, adjourn the hearing to a later date. However, not all Russian courts will adjourn a hearing on that basis. In any event, the possibility of submitting evidence without its prior disclosure is frequently used to protract the trials.

Creation of the Court on IP Disputes

85 At the end of 2011, several laws providing for creation in Russia of the Court on IP Disputes were adopted[3]. According to these laws by 1 February 2013, the Court on IP Disputes is to be created[4].

86 The Court on IP disputes will be competent to hear certain types of pleas as first instance and final appeal court[5]. In first instance proceedings it will consider, in particular, the pleas related to challenging executive federal state authorities' normative acts concerning intellectual property, and the pleas related to granting and revocation of protection over intellectual property by state authorities. In final appeal proceedings the court will reconsider its own first instance judgements, as well as the judgements of other first instance and appeal courts rendered in IP disputes[6]. All disputes shall be heard by the court in panels[7].

---

1 Art. 65.3,4 of the *Arbitrazh* Procedural Code.
2 Please see, in particular, Informational Letter No. 82 of the Supreme *Arbitrazh* Court dated 13 August 2004.
3 Federal Constitutional Law No. 4-FKZ dated 6 December 2011; Federal Law No. 422-FZ dated 8 December 2011.
4 Art. 3 of Federal Constitutional Law No. 4-FKZ dated 6 December 2011.
5 Art. 43/2 of Federal Constitutional Law No. 1-FKZ, On *Arbitrazh* Courts in the Russian Federation, dated 28 April 1995 (as amended by Federal Constitutional Law No. 4-FKZ dated 6 December 2011).
6 Art. 43/4 of Federal Constitutional Law No. 1-FKZ, On *Arbitrazh* Courts in the Russian Federation, dated 28 April 1995 (as amended by Federal Constitutional Law No. 4-FKZ dated 6 December 2011).
7 Art. 43/3 of Federal Constitutional Law No. 1-FKZ, On *Arbitrazh* Courts in the Russian Federation, dated 28 April 1995 (as amended by Federal Constitutional Law No. 4-FKZ dated 6 December 2011).

VII. Brazil

1. Introduction

Brazil is a civil law country and its legal system is based on codified law and 1
legislation enacted primarily by the Federal legislative power as well as by
the states and municipalities each within their own sphere of authority, as
defined in the Brazilian Federal Constitution of 1988. Brazil is a federative
republic formed by 26 states, 5,564 municipalities and the Federal District,
where the capital city Brasília is located.

Brazilian court decisions entail correct application of current Brazilian laws 2
and judges are only bound to follow the existing laws. When no specific legal
provision exists, courts decide based upon analogy, custom, and general legal
principles. Legal precedents do not bear the force of law in Brazil, though
they may play a significant supporting role in specific court decisions. Recently an Amendment to the Brazilian Constitution introduced the *Súmula
Vinculante*, a sort of higher court decision applicable to similar cases still
pending before lower instances. Nevertheless one is allowed to affirm Brazil
does not have a rule of *stare decisis* and, therefore, lower courts are not ob-
liged to follow the decisions rendered by upper courts. The underlying reason behind this refers to "an entirely logical consequence of the Brazilian judiciary's subordinate relationship to the legislative branch"[1].

Also as an introductory note on the Brazilian legal landscape, it is important 3
to describe the Brazilian judicial system[2]. Brazil has a dual system incorpor-
ating federal and state courts as well as regular and specialised courts at the
federal level. The various divisions of the court system include a Supreme
Federal Court (STF), a Superior Court of Justice (STJ), Regional Federal
Courts, Federal Labour Courts, Electoral Courts, Military Courts, State
Courts and Federal District Courts.

As Brazil's highest court, STF has jurisdiction over the entire national terri- 4
tory and its main function is to protect the Federal Constitution. STF, therefore, has exclusive jurisdiction over constitutional matters related to direct
actions of unconstitutionality, declaratory actions of constitutionality of federal and state laws or administrative acts and actions of unconstitutionality
by omission. STF also has appellate jurisdiction to decide on issues of habeas
corpus, writ of mandamus, and habeas data (a writ allowing citizens to access and correct personal information contained in databanks of public agencies), that have been decided in the first instance by any court of appeal.

---

1 Stringer, Dana, *Choice of Law and Choice of Forum in Brazilian International Commercial Contracts: Party Autonomy, International Jurisdiction, and the Emerging
Third Way*, Columbia Journal of Transnational Law 44:959, 2006, p. 966.
2 Part 4 of the present paper addresses more specifically courts of law in connection
with intellectual property rights disputes.

5   In addition, STF has mandatory original jurisdiction to institute judicial pro-
    ceedings and trials of criminal offences of the President of the Republic, the
    Vice-President, Ministers of State, members of the National Congress, the
    Procurator-General of the Republic and STF justices themselves. Further-
    more, STF also resolves disputes between foreign countries or international
    organizations and the federal or state government, disputes and conflicts be-
    tween the federal government and states, between the federal government
    and Federal District and between states themselves as well as extradition re-
    quested by a foreign state, and conflicts of power between STJ and any other
    courts.

6   STJ, as Brazil's second highest court, was established by the Federal Consti-
    tution of 1988 for the purpose of enforcing federal laws. It is primarily a
    court with powers of appellate jurisdiction deciding cases in which the final
    decision of a lower court is contested as being contrary to an international
    treaty or federal law, or contested for upholding the validity of a state or local
    law that is alleged to be inconsistent with federal law or else in cases where
    the relevant decision is based on interpretation of the federal law that con-
    tradicts a previous STJ decision.

7   In the hierarchical system, below the STJ are the so-called *Tribunais Regio-
    nais Federais* (TRFs) located in the cities of Rio de Janeiro, Brasília, São Pau-
    lo, Porto Alegre, and Recife. TRFs hear appeals on cases decided by first level
    federal judges and deal with writs of mandamus, habeas corpus, and habeas
    data, and against previous decisions coming from either the TRF itself or fed-
    eral judges.

8   Brazil also has specialised labour courts to resolve disputes between employ-
    ees and employers and to decide on disagreements arising out of labour rela-
    tions and laws. The main labour court is the *Superior Tribunal do Trabalho*
    (TST). There are also *Tribunais Regionais do Trabalho* (TRTs), which are
    hierarchically below the TST. In addition, an electoral court system adjudi-
    cates on matters in relation to electoral disputes and is composed by the
    highest court, which is known as *Tribunal Superior Eleitoral* (TSE), and by
    Tribunais Regionais Eleitorais (TREs). Thirdly, there are also military courts
    that try military personnel.

9   Finally, on a state level, each Brazilian state has its own court system, pur-
    suant to the federal and state Constitutions. Basically, state courts deal with
    all matters which federal courts do not cover. The state's highest court is
    called *Tribunal de Justiça* (TJ) and each TJ hears appeals from first level state
    judges[1]. Appeals against decisions rendered by the TJs are to be addressed to
    the STJ, unless the disputed matter involves a breach to the Brazilian Federal
    Constitution, whereby the STF would have jurisdiction as mentioned above.

---

1 Zimmermann, Augusto, *How Brazilian Judges Undermine the Rule of Law: A Critical Appraisal*, 2008, 11 International Trade and Business Law Review, pp. 179–217.

2. Recognition of Jurisdiction Agreements (Choice of Law and Place of Jurisdiction) by State Courts

a) Choice-of-forum Clauses

Under Brazilian law, the general rule regarding the jurisdiction of a lawsuit 10
is that it shall be brought before the court of the domicile of the defendant.
The consent of the parties and the election of a different jurisdiction, i.e. jurisdiction clause in private agreements, are accepted if there is no specific
rule in the legislation providing for a compulsory jurisdiction or if such a
choice is not declared prejudicial for the weakest part of the contract, as for
instance in consumer or labour law cases.

It is important to note that the two federal statutes regulating private inter- 11
national law rules and the jurisdiction of Brazilian courts in international
matters are the Brazilian Civil Code Introductory Law (BCCIL)[1] and the Brazilian Code of Civil Procedure (BCCP)[2]. Such statutes establish two categories of competency of Brazilian courts to hear and determine international
matters: the exclusive and the non-exclusive jurisdiction. Exclusive jurisdiction refers to those cases where the Brazilian courts have sole jurisdiction to
resolve the dispute, as for instance lawsuits related to real estate property located in Brazil, reorganization and bankruptcy of companies domiciled in
Brazil or related to the Brazilian units or assets, and labour disputes arising
out of employment in Brazil.

Non-exclusive or concurrent jurisdiction, conversely, relates to the exercise 12
of jurisdiction by Brazilian courts in cases where a foreign court is competent to hear and try the same case. According to Article 12 of the BCCIL and
Article 88 of the BCCP, Brazilian courts have concurrent jurisdiction when
the defendant is domiciled in Brazil, when the obligation is to be performed
in Brazil or when the claim arises out of an act or event that occurred in Brazil. In non-exclusive jurisdiction cases and in the absence of a choice of place
of jurisdiction by the parties, filing a lawsuit abroad does not prevent the institution of parallel proceedings in Brazil (international *litis pendens*). As a
rule of thumb, parties are entitled to choose a different jurisdiction than the
Brazilian one, provided for that such a choice is not made in breach of exclusive jurisdiction rules. In fact, according to Article 111 of the BCCP, parties
to a contract can select a non-Brazilian forum.

However, Brazilian case law is generally hesitant on party autonomy regard- 13
ing choice of a foreign forum. On the one hand, it is understood that parties
may not, by expressing their will in a contract, dispose of the jurisdiction of
a Brazilian court, since such rules constitute the basis for national sovereignty and are not subject to party autonomy[3]. In other words, private parties

---

1 Decree-Law No. 4,657/1942.
2 Law No. 5,869/1971.
3 Stringer, Dana *Choice of Law and Choice of Forum in Brazilian International Commercial Contracts: Party Autonomy, International Jurisdiction, and the Emerging
  Third Way, Columbia Journal of Transnational Law 44:959, 2006*, pp. 980–981, quotes

would be free to modify the internal territorial competence, but may not modify the extent of national jurisdiction. On the other hand, it is understood that there is no express prohibition to provide for the choice of forum in an international contract[1].

14   In view of this still undefined state of affairs, it is advisable to carefully negotiate and draft clauses establishing the choice of a foreign forum in international contracts signed with parties domiciled in Brazil, or having an obligation to be performed in Brazil, or yet if there is an act or a fact which may be performed or may occur in Brazil.

b) Choice-of-law Clauses

15   With regards to private agreements on the choice of law, the fundamental rule under Brazilian law is determined by the preamble of Article 9 of the BCCIL[2]. According to this rule, the applicable law to an agreement will be the law of the place where the agreement was concluded (*lex loci contractus*), i.e. where the obligation was established. Section 1 of Article 9 of the BCCIL thus seems to deny party autonomy by declaring that "[when the parties to the contract are in the same physical location], contractual obligations shall be governed by the law of the country where the contract was formed". Section 2 of Article 9 of the BCCIL provides for that a contract formed between persons physically located in different jurisdictions is governed by the law of location of the offeror at the time of the offer.

16   In respect to this second rule, it should be noted that sometimes defining the location of the offeror or even the time at which the relevant offer was made (whether already by an initial offer or only afterwards following an exchange of offers and counteroffers) may not be easily solved. In this sense, the Brazilian case law was being preferring the rule of the place where the obligations of an international contract are to be carried out to the detriment of the *lex loci contractus* rule embodied in Article 9 of the BICCL, as in general disputes arise during the performance of the contract and the plaintiff usually files the claim where the contractor is domiciled and has his assets[3].

---

for instance the decision rendered by the STJ in a case of denial of appeal to US insurance companies seeking to enforce a clause of forum selection pointing back to the Unites States (RE [Special Appeal] No. 251.438/RJ, August 8, 2000). In this case, the STJ pointed out that "the norms of concurrent jurisdiction in Brazil are public law and cannot be abdicated since the availability of jurisdiction is one inherent manifestation of the State's sovereignty".

1 TJSP [Sao Paulo State Appeals Court], *Apelação* [Appeal] No. 7.030.387-8, October 18, 2007.

2 The BCCIL dates back to the 1940s, when the principle of party autonomy was not yet largely widespread. This is also the reason behind any inconsistencies or mismatches between the conflict of laws rules established in the BCCIL and more modern private law statutes, such as the Brazilian Civil Code of 2002 or the Brazilian Arbitration Law of 1996.

3 Drebes, Josué Scheer, *O Contrato à Luz do Direito Internacional Privado Brasileiro* [The Contract under Brazilian International Private Law], Revista Eletrônica de

At the same time, the Brazilian Arbitration Law (BAL)[1] requires Brazilian courts to enforce the choice of law and arbitral forum made *ex ante* by the parties in a private agreement by means of an arbitration clause. Therefore, Article 2 of the BAL grants individuals the right to freely choose the rules of law to be applied in the arbitration, provided that they do not violate good customs or the public order. Brazilian courts rarely invoke the public order exception when interpreting arbitration agreements. For this reason, any legal risk associated with the unenforceability of choice of law and choice of forum clauses in international commercial contracts with Brazilian counterparties is to be best managed by way of an arbitration clause.

17

As a result, an intriguing, contradictory situation emerges: while Brazilian judges routinely enforce party autonomy in arbitration clauses, the BCCIL compels these same judges to invalidate a choice of law clause. It allows one to understand that the Brazilian conflict of law rules is far more restrictive outside of the arbitration context[2]. The slow, but growing acceptance towards choice of foreign law clauses can be evidenced, for instance, by the fact that Brazil has signed the Inter-American Convention on the Law Applicable to International Contracts (Mexico, 1994), which respects party choice of law in Article 7. However, for the moment being at least, Brazil has not yet ratified this convention[3].

18

3. Arbitration Possibilities

According to Article 1 of the BAL, individuals and entities which are legally qualified to enter into agreements may resort to arbitration to settle disputes concerning certain eligible, disposable rights. Eligible rights are to be construed as those that can be the object of a settlement by the respective parties. The applicable rules that will regulate the subject matter submitted to arbitration may be freely established by the parties. Usually, such applicable rules comprise general principles of law, customs, usage and the rules of international commerce.

19

An arbitration clause inserted into an agreement, i.e., a provision stating that any and all disputes arising under the said agreement shall be resolved by arbitration, is legally binding to the parties. In this sense, Article 7 of the BAL provides for a special proceeding which entitles a party to demand in court the institution of the arbitration, should the other party fail to comply

20

Direito Internacional [Electronic Magazine of International Law], Vol. 6, 2010, pp. 190–212.

1 Law No. 9,307/1996, which is based on the UNCITRAL Model Law and on the Spanish Arbitration Law of 1988.

2 Stringer, Dana *Choice of Law and Choice of Forum in Brazilian International Commercial Contracts: Party Autonomy, International Jurisdiction, and the Emerging Third Way, Columbia Journal of Transnational Law 44:959*, 2006, p. 977.

3 Calleros, Charles R., *Toward Harmonization and Certainty in Choice-of-Law Rules for International Contracts: Should the U.S. Adopt the Equivalent of Rome I?*, January 2011, available at http://works.bepress.com/charles_calleros/1.

with the arbitration clause. In this case, the judge will set a hearing and try to conciliate the dispute. Should this attempt be unsuccessful, the judge will try to induce the parties to enter into an arbitration submission and, if even in this case no agreement is reached between the parties, the judge will have powers to render a judgement deciding upon the content of the arbitrations submission but respecting the arbitration clause (substituting, thus, the private autonomy of will).

21 Furthermore, according to Article 267, VII of the BCCP, whenever there is an arbitration clause in an agreement, proceedings before local courts should be dismissed without prejudice whenever brought in violation of the arbitration agreement.

a) Arbitrability of Claims Regarding the Validity of Intellectual Property Rights

22 Even before the enactment of the BAL, Brazilian scholars have been discussing the arbitrability of disputes related to or arising out of intellectual property rights infringement and validity[1]. Nowadays, there is widespread consensus that any controversies in connection with merely pecuniary effects in connection with patent licenses, trademark assignments, franchising and any other contracts establishing commercial obligations between private parties are arbitrable under the intelligence of Article 1 of the BAL. In the specific context of licensing agreements, it should be noted that the Brazilian Industrial Property Institute (INPI) accepts arbitration clauses included in such agreements which are submitted for recordal. Indeed, as licenses agreements cover proprietary rights, disputes in connection with such agreements are subject to the BAL and parties may freely choose to solve any conflicts by arbitration[2].

23 However, it should be emphasized that disputes related to intellectual property rights usually involve an essentially public interest sensitive analysis, for instance when the validity or nullity of such rights have to be resolved. Non disposable rights associated with public interest (even though not expressly regulated by the law) are not considered arbitrable. This would include the validity, expiration and grant of compulsory licenses of intellectual property rights.

24 To be precise, the validity of intellectual property rights while necessarily invoking public order matters, which cannot be disposed by private parties, and pursuing the award of *erga omnes* effects, i.e. generalized binding effects and not only between the parties to the specific dispute, is not to be resolved

---

1 Queiroz, Raul Loureiro, *Arbitragem Internacional na Solução de Controvérsias em Propriedade Intelectual* [International Arbitration in Intellectual Property Disputes Resolution], Master in Law Thesis by the Federal University of Rio Grande do Sul (UFRGS), 2008, available at http://www.lume.ufrgs.br/handle/10183/13869, p. 62.
2 Carneiro, Rodrigo Borges, *A New Era for Arbitration in Brazil*, available at http://www.dannemann.com.br/site.cfm?app=print&dsp=rbc2&pos=5.51&lng=pt.

by arbitration but rather by courts having exclusive jurisdiction or by the competent intellectual property office[1].

b) Recognition of Arbitration Agreements by State Courts

It is important to note that after enactment of the BAL followed by the STF's   25 decision upholding the constitutionality of arbitration agreements in 2001, judicial courts are clearly embracing arbitration as an effective form of dispute resolution. Moreover, Brazil's overloaded judicial system also constitutes an important factor that weighs in favour of accepting arbitration as an effective means of dispute resolution in the country.

This trend was further solidified by Brazil's ratification of the UN Conven-   26 tion on the Recognition and Enforcement of Foreign Arbitral Awards of 1958 (New York Convention) in 2002 and of the Agreement on International Commercial Arbitration of Mercosur in 2003, as well as by the continuing establishment of a pro-arbitration body of case law.

Moreover, specifically in IP and IT cases, arbitration is viewed as a particu-   27 larly attractive dispute resolution mechanism as the parties may select experts as arbitrators for disputes which usually involve highly specific, technical matters, as well as rely on full confidentiality and on a dispute mechanism which by its own nature is indicated for parties having a continuing relationship.

With respect to the recognition of arbitration agreements by Brazilian courts,   28 a very interesting decision upheld an arbitration agreement even though it was executed prior to the enactment of the BAL. In this particular case, STJ confirmed a French ICC arbitration award against a Brazilian company for breach of contract regarding the construction of power lines in Ethiopia[2].

It is, therefore, possible to state that one of the main reasons for the steady   29 development of arbitration in Brazil is the support of Brazilian courts. Brazil is today a convenient place of arbitration and provides foreign and Brazilian parties with a reliable, binding and faster than the judicial court method for dispute resolution, particularly in cases involving complex contracts.

Finally, it is important to note that, pursuant to Article 8 of the BAL, an arbi-   30 tration clause is separable from the main contract. Thus, the validity and enforceability of the agreement to arbitrate must be analyzed separately from the validity and enforceability of the main contract. In other words, the inva-

---

1 Lemes, Selma Ferreira, *Arbitrabilidade de Litígios na Propriedade Intelectual* [Arbitrability of Intellectual Property Disputes], *Presentation at the XXIII Seminário Nacional da Propriedade Intelectual – Associação Brasileira da Propriedade Intelectual em São Paulo* [XXIII National Intellectual property Conference – Brazilian Intellectual Property Association in Sao Paulo], August 18 and 19, 2003, available at http://www.mundojuridico.adv.br/sis_artigos/artigos.asp?codigo=201.
2 SEC 831/FR [*Sentença Estrangeira Contestada*] 2005/0031310-2, October 3, 2007.

lidity of the main contract will not automatically entail the invalidity of the arbitration clause.

c) Enforcement of Arbitration Awards

31   Despite the autonomy of the parties to international agreements to establish the mechanism of dispute resolution of their choice, an arbitral award issued outside of the Brazilian territory requires recognition by the STJ, just as a judgement of a foreign court of law does. Especially with regard to international commercial arbitrations, it is important to note that Brazil has abolished the necessity of double ratification of the arbitration award. Prior to the edition of the BAL and the ratification of the New York Convention, it was necessary to have the arbitration award ratified in the country where it was issued, and again in Brazil.

32   STF's case law on the recognition of foreign arbitral awards along the past years has been generally favourable. Upon becoming competent for the recognition of foreign arbitral awards in 2004, the STJ has followed STF's rather favourable treatment towards international arbitration involving parties domiciled in Brazil, in compliance with the established interpretation of the New York Convention.

33   Article 31 of the BAL provides that an arbitration award has the same effect as a judicial decision. In that sense, it is also stated in the BAL that the ratification of foreign arbitration awards shall follow the same rules regarding the ratification of foreign judicial awards as set forth in the BCCP.

34   In order to be enforced in Brazil, foreign arbitral awards must first be ratified by the STJ[1], which has no jurisdiction to analyze the merits of the award, but will only examine the formal requirements specified in the BAL, which are very similar to those set in the New York Convention, and in Resolution No. 9, of 2005, issued by the Presidency of the STJ, which provides the domestic rules for the recognition procedure.

35   Such recognition requirements include the presentation by the requesting party of the duly certified original award or a duly certified copy of it, the original agreement of the parties to submit the dispute to arbitration, as well as a sworn translation of any foreign documents into Portuguese language.

36   Pursuant to the BAL[2] the ratification of a foreign arbitration award shall follow the same rules of the BCCP and the Internal Rules of STF regarding the ratification of foreign judicial awards. The ratification may be refused in case:

---

1 Prior to the Constitutional Amendment No. 45/2004, the STF had jurisdiction to ratify foreign awards.
2 Articles 38 and 29 of the BAL.

i.   the parties to the arbitration clause or to the arbitration convention were not vested with legal capacity to execute the agreement or the agreement itself is not valid;

ii.   the arbitration clause or the arbitration convention is not valid under the laws of the jurisdiction chosen by the parties or, if the agreement is silent, under the laws of the jurisdiction where the award was rendered;

iii.   the party against whom the award was issued was not given proper notice of the appointment of the arbitrator or of the arbitration proceedings, or was otherwise unable to present her or his defense;

iv.   the award contains decisions on matters beyond the scope of the arbitration (*extra petita*);

v.   the composition of the arbitral panel or the procedure is not in accordance with the agreement of the parties or the law of the country where the arbitration took place;

vi.   the award has not yet become binding for the parties (*res judicata*) or has been set aside or suspended by a competent judicial authority of the country under whose law the award was made;

vii.   the subject matter of the dispute is not to be resolved by arbitration (for instance, inalienable rights); or

viii.   the ratification or enforcement of the award would be contrary to the Brazilian public order.

According to a research report accomplished by researchers at the Getulio   37
Vargas Foundation and the Brazilian Committee on Arbitration (CBar)[1], the STJ has ratified 17 out of 23 arbitral awards until July 2009. The next step after the recognition of the arbitral award is its enforcement. Since a recognized award has the status of an enforceable judicial instrument, the enforcement procedure is fairly straightforward in Brazil.

4. Courts of Law

Having in mind the introductory notes made in the first part of this chapter,   38
which comprises a general overview of the Brazilian judiciary system, we will now cover the Brazilian procedural law aspects more closely related to intellectual property (IP) and information technology (IT) rights disputes.

---

1 Mange, Flavia Foz, Aymone, Priscila Knoll (coord.), *2ª Fase da pesquisa "Arbitragem e poder judiciário". Relatório do tema: Homologação de sentença arbitral estrangeira* [2nd Phase of the research "Arbitration and judiciary power", Issue Report: Foreign arbitral setences homologation]. Working Papers DIREITO GV. São Paulo: DIREITO GV, No. 61, Set 2010.

a) Legal System

39   The Brazilian Federal Constitution states that the Judiciary, the Executive and the Legislative branches are independent and coordinated powers of the Union. Article 5 of the Brazilian Federal Constitution prescribes as a fundamental right that no actual or threatened lesion to a right shall be excluded from consideration by the Judiciary. Jurisdiction to adjudicate is therefore deemed a matter of sovereignty.

40   Due to the federative structure of Brazil, the judiciaries of the states are granted power to adjudicate also by the State Constitutions. In addition, Article 1 of the BCCP establishes that civil jurisdiction is exercised by judges in the entire national territory. Furthermore, Article 86 of the BCCP states that civil cases shall be adjudicated by judicial courts according to their respective competence without prejudice to the right of the parties to submit their disputes to arbitration.

aa) Which Courts?

41   Since the enactment of the Brazilian Industrial Property Law (BIPL)[1] in 1996, underlying the recent and intense development of the IP field in the country, IP cases became more common. Between 1996 and 1998, patent litigation cases rose from 80 to 200 per year. Such development is further evidenced by the setting up of state and federal courts specializing in IP litigation. For this purpose, Article 241 of the BIPL authorizes the Judiciary to establish specialized IP courts.

42   In the State of Rio de Janeiro, where the INPI is located and where, therefore, most trademark and patent nullity actions are filed, new rules have been adopted by the federal courts in order to secure top notch decisions been issued within a reasonable timeframe in IP lawsuits. In this sense, since 2001 IP cases have been sent to four specific and specialized federal courts.

43   Also the Federal Court of Appeals of the Second Region (comprising the states of Rio de Janeiro and Espírito Santo) has two chambers with solely competence to judge in IP cases. The court structure in the State of Rio de Janeiro further offers seven corporate courts, which are prepared to handle any corporate law matters, including IP infringement lawsuits to be filed before state courts. For these reasons, Rio de Janeiro has become a preferred jurisdiction for IP lawsuits in Brazil[2].

44   As mentioned in Part 1 above, the structure of the judiciary framed in the Brazilian Federal Constitution organises the judicial system into federal (specialised or common) and state courts. Unless one of the parties is a federal authority or entity (as the INPI is), disputes are tried at the state courts. Part 4 Section b below will analyse in detail which courts (federal or state courts)

---

1 Law No. 9, 279/1996.
2 Cabral, Filipe Fonteles, Holfinger, Bruno Lopes, *The Particulars of Brazil, World Intellectual Property Review – BRIC Report 2010*, p.12.

are competent to try the relevant IP claims related to nullity and infringement of IP rights.

The right to appeal is ensured by the Brazilian Federal Constitution in both   45
before federal and state courts. In specific cases, determined by law, the parties are also entitled a higher instance to appeal to the STF or STJ, which are the upper courts responsible for deciding matters of a constitutional and legal nature, respectively.

bb) Stages of Appeal

The Brazilian system allows many sorts of appeals to both final and interloc-   46
utory decisions. The so-called interlocutory decisions encompass those that do not dismiss the case. A party may appeal to an interlocutory decision, if a serious damage of difficult reparation exists, such as the non-admission of the appeal to a final decision. The party can also appeal whenever this legal requirement is not satisfied. Nevertheless, in these instances, the judicial appeal will not be forwarded immediately to the immediate superior court, but will be attached to the main files of the proceeding before the lower instance and will be analyzed by the time of the decision on the appeal against the award. When the decision is not final, the appeal, in general, does not suspend the process. The same counsel may proceed with the case in all superior courts. The appeals are judged by a panel of a state court composed of a even number of judges, who may revise the decision in respect to the law and the facts.

The parties may appeal further to the superior federal courts, which are the   47
STJ and the STF. If the party claims violation of a treaty, a federal law or conflicting interpretation of federal law by other state courts, he or she can appeal to the STJ. If it is claimed a violation of the federal constitution, it can appeal to the STF. Both these appeals can be proposed at the same time. No discussion of the facts is admitted and only the legal issues are subject to be reviewed in the superior federal courts. The superior federal courts also sit in panels. The appeal to the superior federal courts does not suspend the process and the party can initiate the enforcement proceedings.

cc) Types of Procedures

The existing types of civil procedures covered by the BCCP are the cognitive,   48
executory and provisional procedures. Cognitive procedures deal with contested claims and may follow a special procedure (*procedimento especial*) and common procedure (*procedimento comum*). Common procedures may be broken into the so-called ordinary proceedings (*processo comum ordinário*) and summary proceedings (*procedimento sumário*).

We will focus our analysis on ordinary proceedings, which are the most   49
usual in contractual or tortuous cases where the amounts under dispute are

over 60 minimum salaries (equivalent to approximately 15,500 Euro) and where there is no other specific proceeding stated by the law.

50   A civil or commercial lawsuit is initiated when the plaintiff's counsel files a petition before a court having jurisdiction over the case, according to the state legislation. The next step is the service of process to the defendant. This will be conducted in general either by mail or by a court official. In both cases, a copy of the complaint shall be delivered to the defendant, who shall answer the claim in a short period of time (generally fifteen days). When it is not possible to find the defendant, the service of process can be made by publication in a local paper.

51   The defendant shall seek a counsel to defend him, who will submit to the court a response to the allegations of the plaintiff. This petition may confirm or deny the facts and may also give a different interpretation to them as well as discussing the legal basis of the plaintiff. The plaintiff will then file another petition, expressing his answer to the defendant's factual and legal points. The judge will then request the parties to state the evidence they wish to produce before the court. Following that, if the parties can compromise about the rights discussed in the lawsuit, the court must hold the reconciliation hearings, where the judge will try to have the parties come to a settlement to dismiss the case.

52   In the event that the reconciliation is not successful and the case has conditions to proceed the judge must render an interlocutory decision, which as stated above is a preliminary judgement by the court of all procedural formalities and issues raised by the parties, except the merits of the case per se. The judge can, at this point, for instance, dismiss the case if he finds that some statutory prerequisite is not present (as standing to sue, interest to sue, and cause of action) or if he deems that the defendant is not answerable in respect of the claim. The judge will also decide on the kind of evidence he will admit to be produced by the parties.

b) Important Claims and their Basis

53   The two most relevant types of IP claims comprise, on the one hand, patent[1] and trademark nullity actions and, on the other hand, patent and trademark infringement actions. In IT-related disputes these issues may for instance arise in conjunction with software patents.

aa) Nullity Claims

54   Under Brazilian legislation, all nullity lawsuits (whether or not related to infringement actions) are to be filed with federal courts, as the INPI, when not

---

1 Under the BIPL there are two types of patents: patents of invention and utility model patents. Industrial design shall be awarded protection and registration according to Article 94 of the BIPL.

a plaintiff, will be named as defendant or co-defendant in cases seeking the invalidation of patents or trademarks[1].

The administrative request for nullifying a patent on the grounds provided 55
for in Article 50 of the BIPL[2] may be filed with the INPI within six months as of grant; a nullity lawsuit may be filed at any time during the term of validity of a patent.

The BIPL does not specify under which conditions a patent's nullity can be 56
declared by a judge. However, Article 18 of the BIPL lists the prohibitions related to patent applications comprising:

i.   anything contrary to morals, standards of respectability and public security, order and health;

ii. substances, materials, mixtures, elements or products of any kind, as well as the modification of their physical-chemical properties and the respective processes for obtainment or modification, when resulting from the transformation of the atomic nucleus; and

iii. all or part of living beings, except transgenic microorganisms that satisfy the three requirements of patentability – novelty, inventive step and industrial application – provided for in Article 8 and which are not mere discoveries.

According to Article 165 of the BIPL, a trademark may be declared null and 57
void in case it was granted in breach of Article 124 of the BIPL, which lists the marks which cannot be registered as trademarks:

i.   official, public, national, foreign or international escutcheons, coats of arms, medals, flags, emblems, badges and monuments, as well as the respective designations, figures, or imitations;

ii. letters, numerals and dates, standing alone, except when endowed with sufficiently distinctive form;

iii. expressions, figures, drawings or any other signs that are contrary to morals and standards of respectability or that offend the honour or image of persons or attempt freedom of conscience, belief, religious cult or ideas and feelings worthy of respect and veneration;

iv. designations or initials of public entities or agencies, when registration is not required by the public entity or agency itself;

---

1 In Appeal No. 9202086737, the 5th Group of the TRF of the Second Region decided unanimously that in nullity actions of patents and trademarks, the INPI should be named as co-defendant as it is the authority competent for granting such rights.

2 Nullity of a patent will be declared administratively when: I – any of the legal requisites have not been met; II – the specification and the claims do not meet the provisions of articles 24 and 25, respectively; III – the subject of protection of the patent extends beyond the contents of the application as originally filed; or IV – any of the essential formalities indispensable for grant were omitted during prosecution.

v.   reproductions or imitations of a characteristic or differentiating ele-
        ment of a title of an establishment or a name of a company belong-
        ing to third parties, likely to cause confusion or association with
        such distinctive signs;

vi.   signs of generic, necessary, common, ordinary or simply descriptive
        character, when related to the product or service to be distinguished,
        or those commonly employed to designate a characteristic of the
        product or service regarding its nature, nationality, weight, value,
        quality and time of production or rendering of the service, except
        when endowed with a sufficiently distinctive form;

vii.   signs or expressions employed only as a means of advertising;

viii.   colours and their names, unless arranged or combined in a peculiar
        and distinctive manner;

ix.   geographical indications, imitations thereof likely to cause confu-
        sion, or signs that may falsely induce a geographical indication;

x.   signs that induce to a false indication regarding the origin, source,
        nature, quality or usefulness of the product or service to which the
        mark is applied;

xi.   reproductions or imitations of an official seal normally used to guar-
        antee a standard of any kind or nature;

xii.   reproductions or imitations of a sign that has been registered as a
        collective or certification mark by a third party, with due regard to
        the provisions of Article 154;

xiii.   names, awards, or symbols of a sporting, artistic, cultural, social, po-
        litical, economic or technical event that is official or officially sanc-
        tioned, as well as an imitation likely to create confusion, unless
        authorized by the competent authority or entity that is promoting
        the event.

xiv.   reproductions or imitations of titles, policies, coins, and paper cur-
        rency of the Union, the States, the Federal District, the Territories,
        the Municipalities, or of a country;

xv.   personal names or signatures thereof, family names and patrony-
        mics, or the image of third parties, except with the consent of the
        titleholder, his heirs or successors;

xvi.   well-known pseudonyms or nicknames, individual or collective ar-
        tistic names, except with the consent of the titleholder, his heirs or
        successors;

xvii.   literary, artistic or scientific work, as well as the titles protected by
        copyright and likely to cause confusion or association, except with
        the consent of the author or titleholder;

xviii. technical terms used in industry, science and art, that are related to
        the product or service to be distinguished;

xix.   reproductions or imitations, in whole or in part, even with an addition, of a mark registered by another party, to distinguish or certify an identical, similar, or alike product or service, likely to cause confusion or association with the other party's mark;

xx.   duality of marks of a single titleholder for the same product or service, except when, in the case of marks of the same nature, they are endowed with a sufficiently distinctive form;

xxi.   the necessary, common, or ordinary form of the product or packing, or also that one which cannot be dissociated from a technical effect;

xxii. an object that is protected by a third party industrial design registration; and

xxiii. signs that imitate or reproduce, wholly or in part, a mark of which the applicant could not be unaware because of his activity, and whose titleholder is headquartered or domiciled in Brazilian national territory or in a country with which Brazil has an agreement or that assures reciprocity of treatment, if the mark is intended to distinguish an identical, similar or alike product or service likely to cause confusion or association with that other party's mark.

According to Article 169 of the BIPL, a trademark nullity administrative request may be filed within one hundred and eighty days as of issuance of the registration certificate. The limitation period for bringing a trademark nullity lawsuit comprises five years as of the registration date.   58

During a nullity action – both in trademark and patent cases – the judge may, as a preventive or incidental measure, determine the suspension of the effects of a patent or of a trademark registration, should the relevant procedural requirements be met. The court may declare the partial nullity of the trademark in case part of it is considered registrable per se.   59

Similarly, in some cases, the patent may be partially nullified, provided that the subsisting part(s) of the patent is (are) patentable per se. In any case, whether partial or in total, the nullity of a trademark registration or of a patent is to produce effects as of the filing date of the application, i.e. *ex tunc*, according to respectively Article 167 and Article 48 of the BIPL.   60

bb) Infringement Claims

Under Brazilian law, patent and trademark infringements constitute both a tort and a crime. A private criminal action (so-called *queixa-crime*) should be brought before the courts of the locality of infringement or, when such place is not known with certainty, of the domicile of the defendant[1]. A civil lawsuit for the recovery of losses and damages should be initiated before the state courts of the jurisdiction of the domicile of the defendant or in the   61

---

1 Articles 70 and 72 of the Brazilian Penal Code (Decree-Law No. 2,848/1940).

place where the infringement occurred. Such civil actions follow the normal procedure provided for in Article 282 of the BCCP.

62 Basically, both criminal and civil actions may be filed by the patentee, by the owner of the trademark right or by exclusive or non-exclusive licensees, which may join as a co-plaintiff or even act as a sole plaintiff provided that a written licensing agreement expressly contains a clause providing the licensee with the right to enforce the industrial property right against infringers[1]. In addition, it should be noted that the relevant license agreement should be recorded before the INPI in order to have effects against third parties as mandated by Article 62 of the BIPL.

63 With regards to liability for patent and trademark infringement, the sentence rendered in a criminal procedure is only applicable to the individual responsible for the infringing act, as for instance the director of a company; the recovery of losses and damages after the civil proceeding, however, may be applied to legal entities. Furthermore, the criminal action does not solve the infringement problem as the criminal court is not legally entitled to stop the commercialization of the infringing product.

64 Articles 183 to 185 of the BIPL provide for the basis of an infringement claim in connection with an invention or utility model patent, and cover the following situations:

i. manufacturing a product that is the object of an invention or utility model patent, without authorization from the titleholder;

ii. using a means or process that is the object of an invention patent, without authorization from the titleholder;

iii. exporting, selling, displaying or offering for sale, having in stock, concealing or receiving, with a view to use for economic purposes, a product manufactured in violation of an invention or utility model patent, or obtained by a patented means or process;

iv. importing a product that is the object of an invention or utility model patent, or obtained by a means or process patented in Brazil, for the purposes set forth in the preceding item, and that has not been placed on the foreign market directly by the patentee or with his or her consent; or

v. supplying a component of a patented product or material or equipment to execute a patented process, provided that the final application of the component, material or equipment leads necessarily to the exploitation of the object of the patent.

---

1 Dannemann, Gert Egon, Carneiro, Rodrigo Borges, *International Patent Litigation – Brazil*, published in International Patent Litigation: A Country-by-Country Analysis, BNA Books, 2003, pp. 3–4.

Trademark infringement crime, on the other hand, is considered pursuant to   65
Articles 189 and 190 of the BIPL to take place whenever anyone:

i.   reproduces a registered mark, in whole or in part, without the authoriza-
     tion from the titleholder, or imitates it in a way that may induce to con-
     fusion;

ii. alters the registered mark of another person already affixed on a product
     placed on the market; or

iii. imports, exports, sells, offers or displays for sale, conceals or has in stock
     a product bearing a mark illegally reproduced or imitated, in whole or in
     part, of another person, or a product of his own industry or commerce,
     contained in a vessel, container or package that contains the legitimate
     mark of another person.

Defences used by the defendant in industrial property rights usually include   66
the denial of infringement and the assertion of nullity of the patent or of the
trademark. In this sense, the defendant may argue that the relevant trademark is non-registrable under Article 124 of the BIPL (as detailed above) or
that the protection afforded to a patent does not apply in accordance with
the following limitations or acts of permissible use set forth in Article 43 of
the BIPL as amended by Law No. 10,196/2001:

i.   acts practiced by unauthorised third parties privately and without com-
      mercial ends, provided they do not result in prejudice to the economic
      interests of the patentee;

ii.   acts practiced by unauthorised third parties for experimental purposes,
      related to studies or to scientific or technological research;

iii. the preparation of a medicine according to a medical prescription for in-
      dividual cases, executed by a qualified professional, as well as to a med-
      icine so prepared;

iv.   a product manufactured in accordance with a process or product patent
      that has been placed on the internal market directly by the patentee or
      with his or her consent;

v.   to third parties who, in the case of patents related to a living matter,
      use, without economic ends, the patented product as the initial source
      of variation or propagation for obtaining other products;

vi.   to third parties who, in the case of patents related to a living matter,
      use, place in circulation or commercialize a patented product that has
      been introduced lawfully onto the market by the patentee or his or her
      licensee, provided that the patented product is not used for commercial
      multiplication or propagation of the living matter in question;

vii. acts practiced by unauthorized parties, related to the invention pro-
      tected by the patent, aimed exclusively to the production of informa-
      tion, data and test results, with the purposes of obtaining the certificate
      for commercialization, in Brazil or in other countries; and

viii. exploration and commercialization of the product object of the patent, after the expiration of the terms of the patent stipulated in Article 40 of the BIPL.

67 Last but not least, the remedies available to patent and/or trademark rights holders include the cessation of the infringement by the defendant under threat of payment of a daily fine, destruction of products and material involved in the infringing act, recovery of damages and payment of costs. In a final court decision, the losing party will normally be condemned to bear the payment of court costs as well as a proportion of the legal fees in the 10 to 20 percent range of the value attributed to action.

68 Should losses and damages caused by the IP rights infringement be satisfactorily proven during the action, the winning party is entitled to recovery under Article 209 of the BIPL. Further, Article 210 of the BIPL determines that such losses and damages are to be calculated in accordance with one of the following factors (the one which is more favourable to the injured party):

i. the profits that the injured party would have made if the relevant violation of rights had not occurred;

ii. the illicit profits obtained by the infringer; or

iii. the royalties which would have been paid if the infringing use had been licensed.

c) Common Steps in Enforcing a Claim

69 After the winning party has a final judgement he will have the right to initiate collection proceedings to enforce the judgement granted in his or her favour. Such a lawsuit starts when the plaintiff's counsel files a petition before the same court that has decided the merits of the case.

70 The plaintiff will state the amount he claims to be paid but in many cases the judge-ment has just stated that damages have to be paid and on which basis they have to be calculated, and therefore the actual recovery will have to be determined in a special proceeding to arbitrate the amount of the indemnification.

71 The debtor will be then notified to pay or present defence through his counsel. At this stage, the defendant may file objections he deems necessary, but in any event he must either realize a provisory deposit with the court of the amount due or will have an asset attached by a court clerk to guarantee the payment of the amount due. In case an award adjudicates that a certain or uncertain good must be delivered by the defendant, the judge will determine measures that assure a practical result equivalent to payment. In case it refers to positive or negative covenant, the judge will set a deadline for the defeated party to comply with the sentence. In both instances, no impugnation is admissible and the debtor will be able to defend himself only incidentally.

In a collection action, in case the debtor does not pay the debt and does not   72
appeal within fifteen days as of the notification to his attorney, the condem-
natory judgement contained in the original award will be increased by ten
per cent. In this case, the creditor will be given the opportunity to appoint
the assets owned by the debtor that he wishes to be attached.

Once the record and evaluation of attachment are realized, the debtor will   73
once again be notified through his attorney in order to, if desired, submit an
impugnation. This impugnation does not affect the enforcement proceedings, unless the judge, based on his conviction, determines otherwise. Even
in instances where a upholding effect is granted to the impugnation, the enforcement can temporarily proceed, if the creditor presents a guarantee in
the amount of the debt. If at the end the defendant is not able or willing to
pay the recovery or to perform the action required by court, the attached asset shall be evaluated and sold in a public auction and the amount received
is transfered to the winning party.

d) In-court Strategies (IT-specific)

With regards to in-court strategies in connection with IT litigation, we   74
would like to initate by analyzing the preliminary injunction provisions, as
well as the measures available under Brazilian law to preserve evidence.

From the perspective of an IP right holder, it is essential to collect and pre-   75
serve key pieces of evidence even before initiating a litigation, as the infringer may at any time destroy the evidence at his or her possession. The importance of collecting evidence at an early stage is equally relevant in other
IT-related disputes. This applies in particular to digitally stored evidence
which can easily be destroyed. In order to obtain the necessary evidence to
lodge a patent infringement claim, the interested party may resort to the preliminary criminal search and seizure action.

This type of preliminary lawsuit is filed before the criminal court and it is   76
based on Articles 200, 201 and 203 of the BIPL and on the Brazilian Code of
Criminal Procedure (BCCrP). In this procedure, the judge will nominate an
expert to accompany the court clerk in the search and seizure procedure.
The expert will collect samples of the infringing product and issue an opinion, which will be examined by the criminal court. This is a very effective
tool, as any patent infringement identified in the expert report will provide
the right holder with strong evidence to submit his infringement claim before both the competent civil and criminal courts. Furthermore, this procedure is very cost and time effective, usually taking less than a month.

After the right holder has collected all necessary evidence to lodge the civil   77
action, there are some important further preliminary measures that may be
taken in order to immediately stop the infringement. According to Article 209 of the BIPL, in patent infringement cases the judge is allowed to
grant a restraining order to prevent future violations. In this situation, the

defendant will not be permitted to sell the infringing goods during the civil lawsuit unter the threat of a daily fine.

78 Additionally, the BCCP provides for an inaldita altera pars search and seizure order of the infringing products at the defendant's premises, which is also strategic to avoid the continuance of the infringement. The granting of these preliminary injunctions depends upon fulfilment of the following requisites:

    i. *fumus boni juris:* the plaintiff has to demonstrate that it is entitled to a right which deserves protection and that there is a reasonable probability that the defendant is infringing such right; and

    ii. *periculum in mora:* the judge must be convinced that the plaintiff's right is threatened by any act of the defendant and that the plaintiff could be severely damaged if no action is taken before a final decision is rendered.

79 It is important to note that in Brazil a preliminary injunction can be requested at any time and even before the defendant is notified on the court proceedings. Actually, in extreme cases, the judge may even grant a preliminary injunction without an express request by the plaintiff.

e) Rules of Evidence

80 In Brazil, the whole process and specifically the production of evidence is entirely conducted by the judge presiding the case. In principle, documentary evidence is presented to the court together with the complaint. The defendant will also present his documentary evidence together with his answer. As a general rule, both parties are time limited by the presentation of their rebuttals. All documents have to be presented during this initial written phase of the proceeding, only what we call "new-documents" shall be presented in the course of the proceeding. New-documents are the ones discovered by one party after presenting its initial written arguments. In order to be allowed to the court files, the party has to prove that it could not have access to the document before the date it requests the filing for new-documents.

81 The evidence to be produced in the next step is the expert witnesses. In Brazil this is made by means of a report or reports by experts, such as those rendered by an accountant, an engineer, a doctor, an appraiser or any other specialized professional. Expert reports are especially relevant in IT litigation given the technical nature of the matters under dispute. The judge will appoint the court's expert, parties have the right to indicate own expert assistants to formulate questions to the court's expert. The parties appointed expert assistants may also present separate comments on the report of the court's expert.

82 Afterwards the hearings are to take place on a date determined by the presiding judge, following the opportunity secured to the parties to thoroughly discuss the documentary evidence and the expert reports.

During the hearings, the judge will first examine the witnesses and then give   83
the lawyers of the parties the right to pose questions. Referred questioning
shall not be conducted directly to the witness, but rather to the judge, who
may repeat, restate or refuse such questions. Also an important feature is
that either party can give testimony, but a personal depositiory being the
party a legal person, this is made through a company's representative.

In a nutshell, in the Brazilian ordinary proceedings there is no trial hearing   84
in the sense of an uninterrupted event where all evidence is produced. In
fact, the evidence is produced step by step and is progressively incorporated
into the court files and the findings are focused on the formation of the conviction of the judge.

f) Process Costs

The litigating parties have to pay for the jurisdictional services, which vary   85
from state to state. The general rule is that an initial payment shall be made
by the plaintiff, usually calculated on a percentage of the amount under dispute and other payments in the event of appeals by the party who presents
the appeal.

Lawyers' compensation for the services rendered to their clients is usually   86
established on the basis of a percentage of the amount under dispute or to be
recovered. This percentage results from an agreement between the counsel
and his client and is calculated taking into consideration a number of factors
such as the amount of the expected recovery, the complexity of the work to
be executed, the length of the lawsuit, the capacity of the client to pay and
the competence and reputation of the lawyer. In most cases a retainer is negotiated and, in case of success, it is set off against the final fees.

Additionally, the BCCP provides that all expenses incurred by a winning   87
party be paid by the loser. This includes reimbursement of those fees
charged for the jurisdictional services and the fees paid to experts, but also a
payment to lawyers. The fees are arbitrated by the court according to the
statutory rules, are due to the lawyer, and are independent of the compensation agreed between the lawyer and his client.

g) Country Specific Issues

To conclude, we are addressing two relevant matters to IT litigation in Bra-   88
zil. At first, an overview on the development of the IP field in Brazil as well
as the current state of affairs with regards to the treatment towards IP rights
protection by Brazilian courts; and secondly, the growing use of information
technology (IT) resources in the Brazilian courts as an attempt to mitigate
delays in court final decisions and the judicial system shortcomings.

aa) IP Law in Brazil

89   Over the past fifteen years, Brazil has undergone a considerable legislative change in the field of IP law. After the enactment of the BIPL which entered into force in 1997, trademark filing has increased by 55 percent over the last 10 years and patent filing rose by roughly 30 percent between 1998 and 2008[1]. These figures reflect, on the one side, the economic growth of the Brazilian market and, on the other side, the consolidation of a new institutional framework embodied by the INPI.

90   In Brazil, the protection to IP is one of the fundamental rights and guarantees enshrined in the Brazilian Federal Constitution (Article 5, XXIX). In addition, as mentioned above, the BIPL governs the matter in both civil and criminal spheres. Moreover, the procedural aspects of IP litigation, including taking evidence, are covered by the BCCP and the BCCrP.

91   At the international level, Brazil is a member of the Paris Convention for the Protection of Industrial Property, of the Patent Cooperation Treaty, and of the General Agreement on Tariffs and Trade (GATT), including the Trade-Related Aspects of Intellectual Property Rights (TRIPS) Agreement. With regards to trademarks, Brazil is not yet a member of the Madrid Protocol, but the country's accession is expected to be formalized soon.

92   Protection of IP rights is getting more and more effective in Brazil. Brazilian courts have generally understood the utmost importance of such protection for a successful insertion of Brazil in the international trade system, as well as for the maintenance of foreign investments in the country.

bb) IT Resources and the Brazilian Judicial System

93   It is widely known that during the past years the Brazilian judicial system has been struggling with serious efficiency and effectiveness shortcomings. Besides the lack of social confidence in the system actually achieving justice goals, judicial delay is a major problem in Brazil. On the one hand, extremely lengthy proceedings cause final decisions to be rendered only after a considerable period of time. On the other hand, and as a subsequent problem, enforcement of such judicial final decisions is mostly only accomplished at the cost of undesired delays.

94   There is widespread consensus that such time costs result basically from (a) the overly formalistic nature of judicial proceedings in Brazil, which unfortunately might even make it possible for parties willing to pursue procrastination strategies to resort to appeal mechanisms of a purely procedural nature, and (b) work overload born by Brazilian judges, who face an increasing number of pending cases from year to year.

---

1 Cabral, Filipe Fonteles, Holfinger, Bruno Lopes, *The Particulars of Brazil, World Intellectual Property Review – BRIC Report 2010*, p. 1.

In addition to the over formalistic nature of judicial proceedings, the Brazi-   95
lian Federal Constitution and the BCCP allow virtually every sentence (including even minor civil, family and criminal matters which have been
transformed into constitutional cases) to be appealed all the way up to the
higher constitutional and federal courts. Indeed, as a research conducted by
Fundação Getúlio Vargas indicates, 91.64 % of all lawsuits filed before the
STF between 1988 and 2009, corresponding to a total of 1,120,597 lawsuits,
were appeals[1].

In reference to the work overload born by Brazilian judges, it is worth noting   96
the great imbalance between the number of lawsuits and the number of magistrates. According to a report prepared by the National Council of Justice
(*Conselho Nacional de Justiça*) in 2010, there are only 0.9 federal magistrates for every 100,000 Brazilian citizens. Furthermore, caseload and backlog ratios displayed in such report provide clear evidence of the referred work
overload, which is aggravated by the rigorous selection of magistrates and
the resulting growing number of vacant court positions.

At the first instance, the average caseload in 2009 amounted to the impress-   97
ive figure of 5,493 lawsuits per magistrate. The backlog ratio (i.e. percentage
of lawsuits being processed which have not yet been closed in definite) was
equivalent to 59.6 % for pre-trial lawsuits and to 86.6 % for execution stage
lawsuits. At the second instance, the caseload and backlog ratios in 2009
were respectively 2,623 cases per magistrate and 51.7 %[2]. In the State of Sao
Paulo, where the situation is very critical in terms of the number of pending
proceedings and time delay for the decision process, the current challenge is
to recruit new judges. To recruit new judges in Brazil, it is necessary that
each jurisdiction proceed to a public contest. In the State of Sao Paulo during
the past years, there were always remaining places, since not all candidates
were qualified to become a judge.

Thus, litigation in Brazil very often being an undesired procedure, arbitration   98
proceedings have emerged as an effective method for resolving disputes in
the last years. As mentioned above, arbitration has attained an increasing level of use in Brazil. Nevertheless, arbitration is still an expensive alternative
to the judicial system and is not available for everyman's pocket. For that
reason, it is important to observe that a remarkable development in the Brazilian judicial system seeking to mitigate the time costs associated with
highly bureaucratic, cumbersome proceedings has been taking place during
the last two decades, which is the deformalizing and digitalization of court
proceedings, by means of what we will call here the Electronic Proceeding.

Based on the principle of efficiency and on the fundamental rule that proce-   99
dural acts must not follow a specific form (unless otherwise prescribed by

---

1 "I Relatório Supremo em Números" ["First Report – The Supreme Court in Numbers"], FGV DIREITO RIO, Escola de Matemática Aplicada – EMAp-FGV, April 2011.
2 Justice in Numbers 2009 – Indicators of the Judiciary Power, National Council of Justice (*Conselho Nacional de Justiça*), September 2010.

law), both principles embraced by the BCCP, a series of legislative reforms have been implemented in order to speed up and simplify judicial proceedings. However, it is important to note that reforms have not only taken the form of innovative legislation but also effective, positive experiences of Brazilian courts have reinforced such modernization trend, as for instance, initiatives by the Special Federal Courts ("Tribunais Especiais Federais") of the Federal Regional Court of the 4th Region ("Tribunal Regional Federal da 4a. Região")[1].

100   Following the enactment of laws fostering the introduction of IT resources in the judiciary system since the late 1990s, Law No. 11,419/2006 providing for the digitalization of judicial proceedings has been passed. Its broad scope of application set forth in Article 1 expressly allows for procedural acts to be performed electronically, as well as the conduct of a proceeding, with all phases being communicated and implemented electronically in civil, criminal and labour judicial procedures by both lower and upper courts.

101   The purpose of this law was clearly not only to reduce the large number of paper court files, thus, meeting a legitimate environmental concern, but also to fundamentally simplify and speed up proceedings by applying IT resources to merely bureaucratic tasks and eliminating redundant work which could be simply automated.

102   It is important to note that the implementation of digital procedural systems and solutions does not change the structure of Brazilian procedural law, but simply promotes innovation in order to have procedural acts put in progress in the most efficient and modern way possible. In fact, such innovation concerns judicial proceedings solely from a formal perspective[2]. The court website and the documents must be certified by the Brazilian Public Keys Infrastructure and, therefore, have the same authenticity and validity as the printed, original version[3].

103   Article 4 of Law No. 11,419/2006 allows each court to create its own electronic official gazette (*Diário da Justiça Eletrônico*), which certainly facilitates procedural follow-up and search to be conducted by attorneys. This is not compulsory, as one could logically understand that in Brazil (which is a

---

1 Lazzari, João Batista, "O Processo Eletrônico como Solução para a Morosidade do Judiciário" ["The Electronic Proceeding as a Solution to Judiciary Delay"], Revista de Previdência Social: RPS, São Paulo: LTr, Ano 30, No. 304, March 2006, pp.173–174.
2 For a critical analysis about this formal reform of the judicial procedure in Brazil, please refer to Cavalcante, Montavanni Colares, "A Supremacia da Imagem no "Processo Eletrônico" e a Ameaça à Inteligência do Texto Escrito" ["The Image Supremacy in the "Electronic Procedure" and the Threat to the Meaning of the Written Text"], Revista Dialética de Direito Processual n° 100, 2011, pp.69–77.
3 Aquino, Ramon Ramos Ferreira de, "O Processo Eletrônico no Direito Brasileiro: A Lei de Informatização do Processo Judicial e Breves Comentários à Informatização do Processo Administrativo" ["The Electronic Procedure in the Brazilian Law: the Digitalization of Judicial Proceedings Law and Brief Comments to the Digitalization of Administrative Proceedings"], available at http://www.iesb.br/ModuloOnline/Atena/arquivos_upload/TCC_Ramon%20Ramos.pdf.

country with continental dimensions and displaying considerably contrasting regions in terms of economic and social development) there are judicial districts where the adoption of information technologies still represents a real challenge or the costs of implementation do not compensate for the resulting benefits. In this vein, Article 5 and Article 12 of Law No. 11,419/ 2006 provide for carve-out rules which, respectively, allow courts to resort to traditional, non-electronic means of communication and establish that any procedural documents and files sent to such courts be printed.

The use of technology has given courts, judges and legal practitioners the tools to conduct and to participate in judicial proceedings in a more efficient manner, such as the digital filing of documents and online seizures abovementioned. Besides that, recent institutional cooperation between courts and the Federal Revenue Secretariat, the Central Bank and the National Registers of Automobiles has, for instance, granted judges the possibility of having computer access to debtors' tax information without disrespecting any fundamental rights[1]. 104

To conclude, the legislative developments discussed above and the recent experience of Brazilian courts demonstrates, therefore, that (even where there might be challenges to be overcome) the use of information technology shall be intensified in the years to come. 105

---

[1] Fragale Filho, Roberto, "The use of ICT in Brazilian Courts", Electronic Journal of e-Government, Volume 7, Issue 4, 2009, pp. 349–358, available at www.ejeg.com.

Stichwortverzeichnis
(Teil A und B)

Fett gedruckte Ziffern verweisen auf das Kapitel, magere Ziffern auf die jeweilige Randziffer.

527

Subject index
(Teil C)

The numbers refer to the margin numbers.